개정판

글로벌시대의

경 제 학

송병락 지음

博 英 社

개정판 서문

"모든 기관은 글로벌경쟁력을 전략적 목표로 설정해야 한다. 기업, 학교, 병원은 물론 어떤 기관도 그 분야 세계적인 리더가 설정하는 기준을 따라가지 못하면, 세계 어느 곳에서든지 성공은 커녕 생존할 수 있을 것으로 바라서도 안 된다."

— 피터 드러커(경영학의 시조)의 『21세기 경영도전』에서

지금은 글로벌시대이고, 지식기반시대이며, 경제전쟁의 시대이다. 저자는 많은 사람들로부터 이러한 '글로벌 지식기반시대'에 적합하고, 우리의 경제현실을 잘 반영하는 경제학 입문서를 아주 쉽게 쓸 수 없겠느냐는 말을 많이 들어왔다. 경제위기가 발생하고부터는 국제경쟁력, 재벌, 기업그룹, 경제구조, 선단식 경영, M&A, 다각화, IMF, 지식기반경제, 주거래은행 등의 말을 수없이 듣고 있는데, 왜 한국의 경제원론 교과서들은 이런 문제에 대해서는 자세한 언급도 하지 않는지 이해가 안 된다는 말도 많이 들었다. 저자는 이러한 시대변화에 맞고, 우리 경제현실을 토대로 하며, 기본경제원리를 바탕으로, 그리고 각종 현실 문제를 아주 쉽게 잘 설명할 수 있는 경제학 입문서를 써 보려고 오랫동안 생각하다가, 이 책을 출간하게 되었다. 어느 나라의 경제이든 그 나라 국민의 경제지식 수준 이상으로 발전하기는 어려워 보인다. 우리도 이런 시대를 맞이하여 국민의 경제IQ를 빨리 선진국 수준으로 높였으면 한다.

이 책은 특히 다음과 같은 문제를 쉽게 설명하려고 한 점에서 다른 경제원론 교과서들과 차이가 있다. 그러나 경제원론 교과서들이 다루어야 할 기본경제원리들은 모두 포함시키려고 했다.

첫째, 일상적으로 매스컴 등에서 많이 거론되나 국내 경제원론 교과서들이 다루지 않고 있는, 위에서 말한 주제들을 쉽게 설명하려고 했다. 그 과정에서 다루게 된 정책문제는 어떤 것이든, 가능한 한 그 분야 국내외 최고전문가들의 객관적인 분석 결과를 반영하려고 노력했다. 저자는 *The Rise of the Korean Economy*를 옥스퍼드 대학에서 제 3 판을 내면서 많은 외국인들로부터, 많은 한국경제문제에 관하여, 많은 평을 받았다. 그 중 가능한 한 객관적인 것을 이 책에 포함시키려고 했다. 또한 수많은 국내외 전문가들을 찾아다니면서 배우고 논의한 것도 반영하려고 했다.

둘째, 경제원리는 참으로 재미있고, 유용하고 귀중하나 많은 사람들은 이를 어렵고 딱딱한 것으로 생각하고 있다. 그러나 이 책은 우리에게 친숙한 주제와 표현을 통하여 이를 아주 쉽고 재미있게 현실 경제문제와 연결시키려고 하였다. 노벨 경제학상을 수상한 더글라스 노스 교수는 경제학은 오락처럼 즐길 수 있는 것이고, 니시무라 가즈오 일본 교토대 교수는 일본인들이 21세기를 맞이하여 활력을 찾는 최선의 방법은 경제원리를 잘 공부하는 것이라고 했다. 세상이 아무리 바뀌어도 변하지 않는 것이 있는데, 이는 바로 기본경제원리이다. 글로벌 무한경쟁시대에 우리 기업과 산업과 나라의 경쟁력과, 우리의 생활수준을 세계수준으로 높이는 길은 이런 경제원리를 잘 이해하고 잘 활용하는 것뿐이다. 경제전쟁시대의 병법(兵法)은 경제원리인 것이다. 경제전쟁시대를 살아가야 하는 우리는 모두 최소한 이런 기본경제원리는 잘 알아야 될 것으로 보인다. 이 책은 제 1 장에서부터 이를 설명하려고 했다. 사실 국내에는 많은 훌륭한 경제원론 교과서들이 있다. 그러나 이들은 원론서이므로 현실 경제문제에 대한 해설과 해법을 잘 제시할 것으로 기대하기는 어렵다. 경제이론에 더 관심 있는 분들은 이 책과 더불어 이들 교과서들을 참고하기 바란다.

셋째, 이 책은 세계화시대에 글로벌기업, 글로벌은행, 이들이 출자하여 만든 각종 단체나 IMF 등 국제기구들의 역할과 영향 등을 살펴보기로 한다. 국내에는 이미 수많은 외국의 글로벌기업들과 글로벌은행들이 들어와 있다. 앞으로 우리가 잘못하면 애써 번 돈을 이들에게 다 빼앗길 수도 있다. 세계에서 이런 기업들이 제일 많은 나라는 미국이다. 미국에서는 대규모 글로벌기업들, 이들이 조직한 단체, 이들이 설립한 싱크 탱크, 그리고 이들이 출자하여 설립한 IMF나 세계은행 같은 국제기구들이 어떻게 이들의 이익, 국가의 이익, 세계화, 전세계의 자유기업경제 창달 그리고 미국 시스템의 보급을 위하여 부단히 노력하고 있는가를 설명하려고 한다. 우리는 IMF 경제정책 처방의 속사정도 잘 이해할 필요가 있다. 한국은 세계에서 미·일·중·러의 4대 강국 속에서 살아가야 하는 유일한 나라이다. 4대 강국 경제도 잘 알지 않으면 안 된다. 글로벌시대에는 우리 경제문제를 항상 세계경제의 흐름 속에서 그리고 이들과 관련하여 파악할 필요가 있다. 이러한 문제는 제 2 장과 제 3 장에서 검토한다.

넷째, 세계의 수많은 후진국들은 한국모델을 배우고 한국식으로 경제발전을 하려고 하고 있다. 그럼 한국은 어느 나라를 모델로 하여 성장해야 하는가? 통일한국의 인구는 7천여 만 명으로 영국이나 프랑스 인구보다 많게 된다. 어떤 사람은 한국이 인구 4백 3십만의 싱가포르를, 또 어떤 사람은 인구 2천 3백만 명의 대만을 따라 가야 된다고 한다. 이런 말이 맞는가? 한국은 앞으로 북미 중심국가인 미국, 동아시아 경제대국인 중국과 일본, 그리고 유럽 중심국가인 독일을 모르고서는 살아갈 수가 없다. 이 네 나라를 이해하지 못하고서 세계경제는 물론 한국모델을 논하기도 어렵다. 이 네 나라를 제쳐두고 따라 갈 나라를 정하는 것도 설득력이 약하다. 특히 동서양의 대표국가인 미국과 일본을 잘 알아야 될 것으로 보인다. 이 책은 제 2 장과 제11장에서 이런 문제를 검토한다.

선진국들은 심지어 작은 나라들도 대부분 경제학파가 있기 마련이다. 예를 들면, 인구 8백만의 오스트리아는 '자유시장은 홀로 설 수 있다'는 식의 오지리학파가 있다. 인구 7백 5십만의 스위스는 로잔학파가 있었고, 인구 9백만의 스웨덴은 스톡홀름학파가 있었다. 그러나 인구가 이들보다 비교할 수 없을 정도로 많은 한국에는 경제학파가 없어 보인다. 미국 경제시스템을 그대로 따라 하기만 하면 된다는 사람들만 많다. 한국에도 '한국경제학파,' 또는 '서울경제학파'가 생겼으면 한다.

다섯째, 지식기반경제의 특성과 영향을 공업화시대의 경제와 비교하여 설명하려고 하였다. 세계는 이미 지식기반시대로 접어들었다. 이미 노동, 자본, 토지와 더불어 지식(knowledge)이 중요한 생산요소가 되었다. 지식이라는 자원은 쓰면 쓸수록 오히려 늘어나므로, 수확체감이 아니라 수확체증의 법칙의 적용을 받는다. 지식기반시대는 공산품 생산능력 과잉시대이고, 무형의 투입물과 재화가 중요하게 되는 시대이다. '부존자원'을 바탕으로 한 '비교우위'보다 '창출된 자원'을 바탕으로 한 '경쟁우위'의 중요성이 커지는 시대이다. 전자상거래, 지식근로자, 두뇌산업, 네트워크 경제, 경쟁 속의 협동, 전략적 제휴 등이 중요하게 되며, 소득격차를 증가시키고 정부의 기능을 줄어들게 하는 등 많은 변화를 일으킨다. 지식이란 말의 뜻도 근본적으로 변화하고 있다. 이를 바로 아는 것이 그야말로 지식의 근본이 된다. 지식사회는 교육, 창의력, 융통성, 감성 등이 중요하므로, 잘만 하면 다가오는 시대는 교육열이 높고 창의력과 융통성과 감성이 풍부한 한국인의 시대로 만들 수도 있는 것이 아닌가 한다. 지식경제문제는 제 4 장에서 설명된다.

여섯째, 글로벌경제시대에 한국의 근본경제문제가 무엇이고, 또한 어떻게 변화하는가를 설명하려고 했다. 선거에서 정치가들이 필요로 하는 "탄환"이 현찰이라면, 세계경제전쟁시대에 우리가 필요로 하는 탄환은 세계의 돈인 달러가 아닌가 한다. 많은 나라가 외환위기를 맞이하는 것도 이러한 탄환의 부족 때문이다. 최근 우리 경제가 그렇게 어려운데도 경제위기가 재발하지 않는 것은 많은 외환보유고 때문이다. 우리가 경제구조조정을 아무리 잘 해도 반도체 한 품목의 수출만 안 되어도 경제위기를 맞이할 수 있다. 수출이 수입보다 계속 적게 되면 문제가 생긴다. 경제전쟁시대에서 경제구조조정의 목표는 결국 달러를 버는 능력의 향상이다. 그야말로 달러가 말한다! 지구상의 256개 국가 중 200여 개국 이상이 후진국대열을 벗어나지 못하는 것은 이런 능력의 부족 때문이다. 그럼 달러는 누가 버는가? 어떤 나라에서는 정부가 나서서 밀수도 하고 무기도 팔아보지만 벌지 못한다. 글로벌경쟁력(GC: global competitiveness)이 있는 기업들이 버는 것이다. 선진국이란 이런 기업들이 많은 나라이다.

이 시대에 가장 중요한 근본경제문제는 바로 한국의 기업과 산업과 국가의 GC의 향상이다. 그러나 적잖은 경제원론 교과서들은 경제안정이나 소득분배를 가장 중요한 문제라고 하고 있다. 폴 사무엘슨 MIT 교수는 국가경제가 안정되면 거시경제학의 할 일은 없어진다고 했다. 기업과 산업의 GC 향상을 위한 미시경제 처방이 중요하게 된다는 것이다. 국가의 GC가 강하여 경제성장이 잘 될 때 진정한 의미의 경제안정이나 소득분배가 이룩되는 것이다. 우리가 각종 경제문제를 논의함에 있어서 가장 중요한 것은 그 뿌리가 되는 '근본경제문제'를 바로 파악하는 것이다. 이와 같은 주제는 제 5 장과 제10장에서 설명된다.

일곱째, 이 책은 사상으로서의 자본주의, 국가경제 시스템으로서의 자본주의(= 시장경제 = 자유경제), 미·일 자본주의의 차이, 시장경제의 문제점 등을 자세히 설명하려고 한다. 한반도는 세계에서 자본주의와 공산주의가 가장 첨예하게 대립해 온 곳이다. 아직도 남북이 대치하고 있는 것은 옛날 한국인들이 그야말로, 잘 모르는 상태에서 남한은 자본주의, 그리고 북한은 공산주의의 줄을 섰기 때문이라고 한다. 우리는 세계 어느 나라 사람들보다 이 두 경제체제를 잘 알아야 한다. 잘 알 수 있는 위치에도 있다. 그러나 적잖은 경제학원론 교과서들은 이를 소홀히 다루고 있다. 때문에 많은 사람들은 사상으로서의 자본주의와 나라경제 시스템으로서의 자본주의, 그 장·단점, 그리고 미·일의 자본주의 시스템의 차이점 등에 대하여 잘 이해하지 못하고 있다. 때문에 우리 나라는 수시로, 특히 정권이 바뀔 때는 이데올로기 면에서 큰 혼동을 겪는 것 같다. 지금은 자본주의 시스템간의 경쟁시대이다. 미·일의 시스템을 잘 알지 못하면 이들 나라와 경쟁하기가 어렵다. 우리 나라에는 심지어 자본주의를 백 퍼센트 미국식으로 할 것을 주창하는 사람들도 많다. 과연 그렇게 할 수 있는가, 또한 그렇게 하는 것이 바람직한가? 이 책은 이와 같은 문제들에 대해 제 6 장을 비롯하여 여러 곳에서 논의하려고 했다.

여덟째, 이 책은 우리 특성과 새 시대에 맞는 기업과 산업의 GC 향상 방법을 제시하고자 한다. 미국은 이미 1980년대에 대통령이 주관하는 경쟁력위원회를 만들어서 GC 강화를 위한 많은 노력을 했다. 지금은 국가경쟁력 세계 최고수준의 나라가 되어 있다. 스위스는 그 유명한 WEF가 오랫동안 주장하는 바와 같이 기업의 GC를 강화한 결과, 지금은 국가경쟁력이 유럽 최고 수준의 나라가 되어 있다. 그런데 많은 경제원론 교과서들은 국가경쟁력이란 말을 언급조차 하지 않고 있다. 심지어 GC는 이론적으로 성립 안 된다는 사람도 있다. 이 얼마나 안타까운 노릇인가? 이 책은 세계적인 권위자들의 자문을 받아 개발한 우리 모델을 통하여 우리 기업과 산업 및 국가 차원의 GC를 향상시킬 수 있는 방법을 설명하고자 한다. 이는 제10장에서 논의된다.

아홉째, 한국은 일본과 무역을 많이 하고 있지만 제1차 5개년계획이 시작된 1962년부터 지금까지 대일 무역흑자를 낸 적이 별로 없다. 매년 많은 폭의 무역적자를 내고 있는 이유는 무엇인가? 왜 우리는 다른 나라와 무역해서 어렵게 번 돈을 일본에 계속 갖다 주어야만 하는가? 일본은 세계 제일의 무역흑자 대국인데, 그렇게 많은 무역흑자를 내도록 하는 일본기업들은 어떤 특성이 있는가? 미국 「포춘」지는 일본 도요타자동차사를 세계에서 가장 존경받는 자동차회사라고 했다. 이 회사는 도요타 케이레츠나 린생산방식 등으로 유명하다. 미츠이그룹 소속회사이기도 하다. 일본에는 이외에도 '세계에서 가장 존경받는 기업(most admired companies)리스트'에 들어가는 기업들이 수없이 많다. 이 책은 일본기업의 각종 형태와 조직을 미국과 비교하여 검토하고 이를 토대로 우리 나라의 기업을 살펴보려고 한다.

한국은 주력 수출품이 반도체, 자동차, 전자, 조선, 철강 등으로서 일본과 거의 같다. 일본기업을 잘 알지 않으면 안 되게 되어 있다. 그럼에도 한국의 경제원론 교과서들은 일본기업, 케이레츠, 종합상사, 기업그룹에 대해서는 하등의 언급도 없다. 모회사, 자회사, 계열회사, 기업집단, 종합상사, 세계적인 대기업 등에 대해서도 마찬가지이다. 마이클 요시노 하버드 경영대 교수는 미국경제학자들 중 일본기업을 제대로 아는 사람을 만나 본 적이 없다고 했다. 한국의 경제원론 교과서들은 미국기업만을 기업으로 간주하고, 일본기업은 거의 도외시하고 있다. 많은 일본기업을 미국인들은 세계에서 가장 존경받는 기업이라고 하는데, 우리는 무시하고 있는 것이 아닌가 한다. 지금은 세계경제전쟁시대인데, 실제로 우리 나라 기업들과 치열한 경쟁을 하는 일본기업을 제대로 모르는 한, 대일 무역적자 상태를 면하기는 어려운 일이 아닌가 한다. 그러므로 이 책은 이런 문제를 제11장을 비롯하여 여러 곳에서 설명하려고 했다.

열째, 글로벌지식사회는 조직사회이고, 시스템사회이며, 무한경쟁사회이다. 개인기도 중요하지만 팀경영과 전략이 중요하다. 나의 경쟁력도 중요하지만 내가 속한 조직체의 경쟁력도 중요하다. 우리는 기업뿐만 아니라 각종 조직체의 기본경영이론과 전략을 잘 이해할 필요가 있다. 그러나 적잖은 경제원론 교과서들은 이에 대해서는 거의 언급을 하지 않는다. 이 책은 조직체의 가장 기본이 되는 경영이론, 시스템사고 및 경영전략 등을 설명하려고 했다. 많은 사람들은 경영이론 중 X이론과 Y이론만 알아도 큰 도움이 된다고 한다. 글로벌지식사회에서 우리는 시스템과 더불어 살고, 시스템 속에서 살아간다. 피터 셍게라는 유명한 경영학자는 『제5의 기율』이란 책에서 앞으로 조직체의 경쟁력에는 시스템 사고가 핵심이라고 했다. 시스템 사고, 시스템 경영이론 및 전략 등은 제10장, 제12장 등에서 논의된다.

이 책이 2001년에 나온 이후 경제통계면에서 많은 변화가 있었다. 이를 모두 반영시키려고 했다. 그러나 큰 틀은 유지하려고 했다. 제11장의 GC 시스템도 부분적으로 개선했다. 이 점에 대하여 마케팅의 최고 권위자 필립 코틀러 교수께 감사드린다. 이 책을 쓰면서 많은 사람들의 많은 도움을 받았다. 우선 이 책의 원고를 자세히 읽고, 많은 유익한 평을 해주신 윤 택, 신혁승, 김인준, 김완진 교수님들께 진심으로 감사를 드린다. 평소 많은 것을 깨우쳐 주신 '경제학한국화연구팀'의 김수용 서강대 교수, 손길승 SK 회장, 안충영 중앙대 교수, 이영선 연세대 교수, 이재웅 성균관대 교수, 이종윤 한국외국어대 교수, 좌승희 한국경제연구원장께 깊은 감사를 드린다. 평소 세계적인 석학들을 찾아다니면서 국내에서 많이 거론되는 각종 경제문제에 관해서 많은 것을 배우려고 노력했다. 경영학의 시조인 피터 드러커, 노벨상 수상자들인 게리 베커, 폴 사뮤엘슨, 허버트 사이먼, 제임스 토빈, 로버트 포겔 교수님들께 감사드린다. 제10장의 GC모델에 대해서는 이 분들뿐만 아니라 에프엠 셔러 및 드와이트 퍼킨스 하버드대 교수, 마이클 요시노 및 알프레드 찬들러 하버드 경영대 교수님들로부터도 많은 조언을 받았다. 이 분들께 심심한 감사를 드린다. 무엇보다 항상 친절하게 많은 성원과 도움말을 주신 서울대 동료교수님들 특히 김인준 교수, 이지순 교수, 이영훈 교수께 깊은 감사를 드린다.

이 책을 쓸 수 있도록 주선해 주신 박영사 황인욱 님, 출판을 위하여 노고를 아끼지 않은 박영사 조성호 님, 우선진 님, 이선주 님, 홍석태 님, 그리고 이 책의 원고를 더 좋게 만들려고 노력을 아끼지 않은 고미경, 송경은, 고경희 양, 곽용선, 김세익, 이현태, 임건태, 진문균 및 조홍종 군들께 깊은 감사를 드린다. 써 놓고 보니 부족한 점이 많아 보인다. 앞으로 많은 훌륭한 분들의 귀중한 평을 받아 더 좋은 책을 쓰려고 한다. 아낌없는 성원과 지도편달을 삼가 부탁드리는 바이다.

서기 2006년 2월

저 자 올림

차 례

제 3 편 새 시대의 새로운 생존모델과 전략

제 4 편 나라 전체 차원의 경제문제

한국경제성장의 주요연표

1962	제 1 차 경제개발 5개년계획(1962~66)으로 고도성장의 시작.
1963	한국의 경제 도약단계(take-off stage) 진입. 1인당 GNP 100달러 수준 도달.
1964	수출 1억 달러가 됨.
1969	남한은 북한을 1인당 GNP, 공업화 수준 등에서 추월하기 시작함.
1970	신생공업국(NIC)이 됨. GNP 중 공업(= 광업 + 제조업 + 건설업 + 전기 · 가스 · 수도업)의 비중이 농업의 비중을 넘어서게 됨. 농경사회에서 공업화사회로 진입하기 시작함. 새마을 운동의 시작.
1973	중화학공업추진계획 발표(1981년까지 수출 100억 달러 및 1인당 소득 1,000달러 달성 목표). 1977년에 1인당 소득 1,000달러가 됨.
1980	경제성장률 −4.3% 기록(제 2 차 유류파동과 세계적인 농산물 흉작).
1985	외채가 최고 수준에 도달함(468억 달러).
1986	유사 이래 처음으로 국제수지가 흑자로 돌아섬. 흑자는 4년간 계속.
1988	GNP 중 제조업 비중이 피크가 됨. 1989년부터 감소됨. 서울 올림픽 개최.
1992	공업화사회에서 정보화사회로 진입하기 시작함. GNP 중 공업의 비중은 1991년에 피크가 된 후 1992년부터 감소하기 시작함.
1995	1인당 소득 1만 달러가 됨.
1996	선진국클럽이라고 하는 OECD의 회원국이 됨.
1997	자동차수 천만 대, 주택수 천만 호, 전화 가입자수 2천만 명, 그리고 신용카드 가입자수 4천만 명을 넘어서게 됨.
1997	IMF는 한국을 선진국으로 분류함. 1965년 이후 22년간 활동해 온 IMF서울상주대표사무소가 문을 닫음. 한국은 IMF졸업생이 되었음. 그러나 외환위기 때문에 다시 IMF서울상주대표사무소가 개소됨. 'IMF재수생' 이 됨. 경제개발 5개년 계획이 폐지되었음.
1998	경제성장률 −6.7%, 실업률은 2.6%에서 6.8%로 증가.
2000	한국은 1999년 경제성장률 10.7%를 기록한 후 다시 IMF를 졸업하게 됨.
2002	한 · 일 월드컵 공동개최
2003	외국인 주식소유 비중 40%를 넘어섬.
2004	한 · 칠레간 FTA체결. 구매력 환산 1인당 GNI 20,400달러가 됨.
2006	수출 3천억 달러로 증가.

참고문헌

김인준 · 이영섭, 국제경영론, 제 5 판, 2003.

이준구 · 이창룡, 경제학원론, 제 3 판, 2005.

이지순, 거시경제학, 제 3 판 법문사, 2000.

조순 · 정운찬 · 전성인, 경제학원론, 제 7 판, 2003.

한국은행, 「알기쉬운 경제지표해설」, 2004.

Anderson, Sarah and John Cavanagh, *Field Guide to the Global Economy*, The New press, 2000.

Bateman, Thomas S., & S. A. Snell, *Management: The New Competitive Landscape*, 6th ed., 2004.

Buchholz Todd, *New Ideas from Dead Economists*, 1997; *From Here to Economy*, 1998.

Drucker, Peter, *Management Challenges for the 21st Century*, 1999.

Drucker, Peter, Isao Nakauchi, *Drucker on Asia*, Butterworth-Heinemann, 1997.

Gillis, Malcolm and others, *Economics of Development*, 5th ed., 2001.

Hall, Robert E. & Marc Lieberman, *Economics*, 3rd ed., Thompson, 2005.

IMD, *The World Competitiveness Yearbook 2004*, Switzerland, 2005.

Miller, Roger L., D. Benjamin and Douglass C. North, *The Economics of Public Issues*, 12th ed., 2001.

Neef, Dale, ed., *The Knowledge Economy*, 1998.

Porter, Michael P., *The Competitive Advantage of Nations*, 1998.

Porter, Michael P., H. Takeuchi & M. Sakakibara, *Can Japan Compete?*, 2000.

Samuelson, Paul and William Nordhaus, *Economics*, 18th ed., 2005.

Song, Byung-Nak, *The Rise of the Korean Economy*, 3rd ed., Oxford Press, 2003.

Stiglitz, Joseph E. & Carl E. Walsh, Economics, 3rd ed., 2002.

World Bank, *World Development Report*, 2006.

World Economic Forum, *The Global Competitiveness Report 2005~6*, 2005.

ECONOMY

제 1 편

글로벌시대, 지식기반시대 그리고 경제의 시대

1. 경제원리를 모르고도 무한경쟁시대를 살아갈 수 있는가?
2. 세계 속의 한국경제
3. 세계화와 글로벌기업
4. 지식경제가 경제게임의 룰을 바꾼다

ECONOMY

1. 경제원리를 모르고도 무한경쟁시대를 살아갈 수 있는가?

"경제문제에 관한 한 국민 다수의 의견은 항상 틀리게 되어 있다."

— 존 겔브라이스

"왜 경제정책 토론에 참가하는 일반인들은 실로 지독한 무식을 드러내는가? 나는 왜 공직자들, 언론 및 TV해설자들이 경제문제에 관하여 이야기하는 것을 보면 울고 싶은 때가 많은가?"

— 노벨상 수상 경제학자 로버트 솔로

할 일도 많고 다른 책도 많은데, 왜 하필 경제학 책을 읽으려고 하는가?

경제학은 선택에 관한 학문이고 합리적인 사고방식을 기르기 위한 학문이다. 우리가 전공, 직업, 저축, 이재방법 등을 어떻게 선택하느냐에 따라서 우리의 장래가 달라진다. 위대한 경제학자 케인즈는 "경제학은 우리가 당면하는 경제문제에 대하여 올바른 결론을 내릴 수 있게 하는 사고의 기술이고 마음의 도구"라고 했다.

미국의 일류대학 학생들에게는 왜 경제학이 계속 인기 있는 과목인가? 경제학이 잘 발달된 나라치고 못 사는 나라도 있는가? 국민들이 경제게임의 룰을 잘 알고 잘 지키는 나라는 모두 선진국이 되었다고 하는데 사실인가? 정말로 경제학을 잘 아는 사람은 잘 살 수 있게 되는 것인가? 이 책을 읽는 사람들은 스스로 이런 문제에 대한 답을 찾아보기 바란다.

경제학이란, 인간의 물질생활을 더 개선하고 풍요하게 하는 학문이다.

우리는 항상 바라는 바는 많고 이를 이룩할 수 있게 하는 수단은 한정되어 있다는 사실, 즉 희소하다는 사실을 절실히 느끼면서 살아간다. 희소성에는 부득이 선택의 필요성이 따른다. 그런 희소성 속에서 살아가야 하는 우리는 어떻게 해야 하는가? 무엇보다 경제적 행위에 밝고 능통해야 한다. 경제적 행위에 밝고 능통하려면 어떻게 해야 하는가?

이러한 의문에서 출발하여 지금부터 경제의 세계, 경제학의 세계로 들어가 보기로 하자.

"경제적 행위란, 우리가 바라는 바를 최소의 비용으로 이룩하는 것, 또는 일정한 비용으로 최대의 효과를 얻도록 하는 것이다."

경제원리라고 하면 도대체 어려워서 학자들이나 따질 일이지, 나의 일상생활과는 무관하다고 하는 사람들도 있다. 그러나 그렇지 않다. 우리가 일상생활 속에서 당면하는 수많은 문제가 경제문제가 아닌가. 그러므로 이것을 쉽게 이해하도록 하자는 것이 경제원리이다.

사실 경제원리보다 더 재미있고 유익하고 중요한 원리도 별로 없을 것이다. 지금은 글로벌시대이고 지식기반시대이다. 이런 시대는 경제의 시대이고 경제전쟁의 시대이기도 하다. 남보다 앞장을 서보려고 하는 사람, 남을 이끌어 보겠다고 하는 사람, 사회 각계각층의 지도자가 되려고 하는 사람은 물론이려니와 국민 대중도 경제원리를 잘 알아야 하는 시대이다.

그럼 지금부터 잘 알아야 할 경제원리를 따져보기로 하자.

가 수요에 맞게 공급하라는 것이 황금률

공산경제에서는 중앙통제기관의 지시나 명령에 잘 따르면 되므로, 통제기관과의 관계만 무난하게 유지하면 된다. 그러나 시장경제에서는 한 사람의 통제자가 아니라 수많은 거래당사자나 이해당사자가 존재하므로, 이들 모두와의 관계가 다 좋아야 한다. 그러므로 우선 이와 관련된 경제원리부터 공부하기로 하자.

신혼 초에 남편과 부부싸움을 적잖이 했다는 어느 주부의 이야기이다. 서양요리에 자신이 있다고 자만한 그녀는 남편도 서양요리를 많이 먹어야 된다고 생각했다. 남편이 된장찌개를 바라건 비빔밥을 원하건 상관 않고 소신대로 연일 서양요리상을 차려 냈다. 남편은 밥상을 받아들 때마다 짜증을 냈다. 이를 본 부인이 자신의 요리솜씨와 정성을 몰라 주는 남편이 옹졸하다고 생각하면서 밥상을 치울 때마다 신경질을 내니 부부싸움이 끊이지 않더라는 것이다.

이 예에서 무엇이 잘못되었는가? 부인은 음식의 공급자이고 남편은 수요자인 셈이다. 그런데, 공급자가 수요자를 무시한 것이다.

수요자를 국민, 공급자를 기업으로 바꾸어 놓고 보자. 시장경제는 수요자인 국민이 싫어하는 제품을 만드는 기업은 반드시 손해를 보게 되고, 좋아하는 제품을 만드는 기업만이 돈을 벌 수 있게 하는 경제체제이다. 공산주의 통제경제에서는 수요자는 국민이고 공급자는 국가통제기관이다. 국민들은 통제기관이 공급하는 것을 마음 속으로는 몹시 싫더라도 감사하다고 외쳐대면서 소비해야 되는 경우도 허다하다. 싫다고 했다가는 어떤 처벌을 받을지 모르기 때문이다.

학생들의 전공도 장래에 사회가 필요로 할 분야를 잘 선택하면 좋은 미래가 기다리고 있다. 그러나 그렇지 못한 분야를 선택한다면 아무리 열심히 공부해도 고난을 면치 못할 것이다. 직업도 앞으로 사회가 필요로 할 것을 잘 선택하는 사람들은 성공하여 월급도 많이 받고 지위도 올라가게 된다. 반대로 사양업종에 취직하는 사람은 아무리 열심히 일하더라도 머잖아 큰 어려움에 봉착하게 될 것이다.

과거에 국민들이 연탄을 기피하여 연탄산업의 사양화가 시작될 때, 연탄사업을 확장한 사업가는 큰 고통을 겪었다. 세계시장의 반도체 수요 급증을 정확하게 예견하고 반도체산업을 시작한 삼성전자는 한때 돈을 그야말로 퍼 담을 지경이었다. 어떤 신발회사 사장은 성공의 비결이 신발을 "남의 발에 잘 맞게 만드는 것"이라고 했다. 사업에 성공하는 사람은 반드시 "남의 수요에 맞게 공급하라"는 황금률의 뜻을 잘 아는 사람이다.

회사원들도 우선은 상사가 바라는 것을 잘하는 것이 중요하다. 이를 무시하고 무엇인가 깜짝 놀랄 일을 하여 능력을 과시하겠다는 사람은 머지않아 직장을 떠나야 할지도 모른다. 수험생들도 출제자의 의도를 잘 파악하여 정확한 답안을 쓰면 좋은 점수를 받을 수 있다.

정치가의 경우는 어떤가? 정치가도 국민의 바람대로 정치를 하면 훌륭한 지도자가 될 수 있다. 그러나 이를 아랑곳하지 않고 국민이 깜짝 놀랄 일을 하여 능력을 과시하려고 하다가는 무능한 정치가로 국민의 지탄과 버림을 받기 십상이다. 국민의 버림을 받고 나서 아직도 국민이 지적 수준이 낮아 자신의 높은 정치철학을 이해하지 못한다고 원망할지 모르지만, 정작 지적 수준이 낮은 사람은 국민이 무엇을 원하는지도 모르는 정치가 자신인 것이다.

국민의 수요 변화를 잘 연구하여 그에 맞게 제품을 잘 만드는 기업이 성공할 수 있게 하는 것이 자본주의 시장경제의 근본철학이다. "너희는 남이 바라는 대로 해 주어라"는 성서의 황금률이야말로 가장 중요한 시장경제법칙인 '수요공급(=수급)법칙'의 핵심 철학이다. 이런 것을 모르고 경제학 책에서 수요공급의 법칙을 읽어보면 무미건조하기 짝이 없다. 시장경제가 많은 문제가 있음에도 불구하고 지금까지 계속 발전해 올 수 있었던 것은 이런 황금률 때문이다. 미래에도 자본주의 시장경제가 인류의 기본 경제체제가 될 것이라고 하는 것 또한 이런 맥락에서다.

시장경제체제에서 살아가는 사람은 상대방의 입장에 서서 상대방이 원하는 바를 잘 파악한 다음 경제행위에 들어감을 생활화해야 한다.

사회적으로 존경받는 어느 저명 인사는 말이든 행동이든 하기 전에 우선 남의 입장에 서본다고 했다. 황금률을 잘 알기 때문이다. 이 말의 참뜻을 깨닫고부터 자신의 인생이 근본적으로 변했다고 하는 사람들도 적지 않다.

나 정부가 시장경제원리를 무시하면 '시장의 보복'은 국민이 받는다

시장경제원리는 중력의 법칙처럼 확실하며, 또한 냉혹하기도 하다. 아무리 착한 사람이라도 중력의 법칙을 무시하고 높은 곳에서 뛰어내리면

죽거나 크게 다친다. 아무리 선량한 정부정책 담당자라도 시장경제원리에 어긋나는 정책을 펴면, 시장경제는 반드시 보복을 가한다. 그런데, 그 보복의 피해를 받는 것은 국민이다. 아무리 선량한 국민이라도 확실한 보복을 받는다. 정말 그런가?

얼마 전 정부가 무주택 서민을 위하여 집주인들에게 전세금을 2년간 올리지 못하게 했는데, 그 결과는 어떻게 되었던가? 집을 세놓는 사람들은 2년간 올리지 못할 전세금을 미리 올려서 계약하려고 했다. 그 결과 전세금이 갑자기 폭등하게 되어, 보호대상자인 무주택자들이 오히려 큰 피해를 보게 되었다.

만일 병원의 진찰비나 치료비를 수급(수요공급)에 따라서 결정되는 가격 이하로 정부가 통제하면 어떻게 될까? 병원은 고가의 시설자금으로 도입한 각종 최신 의료장비를 활용하지 않으면 안 된다. 또 노조를 의식하여 종업원들의 임금도 올려 주지 않을 수 없다. 그렇다면 추가 발생 비용을 어디에서 어떻게 충당해야 하는가?

여러 후진국의 경우, 정부가 의료수가를 너무 낮게 책정하여 통제한 결과, 병원에서는 불필요한 환자 진료행위가 만연해졌다. 약만 먹여도 될 환자에게 주사까지 놓고, 주사만 맞아도 될 환자를 입원시킨다. 입원시킨 다음에는 약물치료만 해도 되는데, 새로 도입한 첨단 의료장비를 사용하여 각종 질병의 진단을 다 실시하고, 심지어 수술까지 하게 된다. 하루만 입원해도 될 환자를 이틀 입원하게 하고, 1주일 입원할 환자는 2주일 입원하게 한다.

이렇게 되니까 간호사도 병실도 부족하게 되어, 외국으로부터 간호사를 들여오고 병원도 더 지어야 한다. 환자를 오랫동안 입원하게 만들어 놓으니 병원은 항상 만원이고, 몸이 아픈 사람은 좋은 의사를 만나 진찰받기가 하늘의 별따기나 다름없다. 그러니 좋은 진료를 받기 위해 금일봉을 호주머니에 넣어 줘야 하는 경우도 생긴다. 정부가 가난한 환자를 보호한다는 명분 아래 의료수가를 낮게 통제하다가 오히려 이들에게 큰 피해를 주는 꼴이 된 것이다.

우리 나라에서도 급한 환자가 유명 종합병원에서 우수한 전문의한테 진료를 받기가 쉽지 않고, 심지어 몇 달을 기다려야 되는 경우도 있다.

다른 예로, 가령 정부가 동대문시장이나 남대문시장 상인들에게 세금을 과다하게 물리면 어떻게 될까? 그 세금을 다 내고는 장사를 도저히 계속할 수 없다고 판단이 들면 위험을 무릅쓰고 탈세하려고 할 것이다. 장부를 허위로 기재하거나 장부거래조차 하지 않고, 심지어 상점 간판을 내린 채 뒷거래를 하게 될지도 모른다. 이런 사람들은 결국 지하경제로 들어간다.

이처럼 '지하경제'로 들어간 사람들을 다시 '지상경제'로 끌어내려면 세율을 낮추는 방법밖에 없다. 홍콩에서 한때 세율을 큰 폭으로 낮춘 결과 지하경제가 많이 줄어든 적이 있다.

이와 반대로 세금을 지나치게 높게 책정하면 당장 지하경제 규모가 커진다. 세율이 지나치게 높고 정부 통제가 심한 나라일수록 지하경제가 발달하는 것은 필연적이다. 공산경제는 통제경제이므로 지하경제가 없을 것으로 착각하는 사람들이 많으나 천만의 말씀이다. 지하경제는 경제통제 때문에 발생하므로, 지하경제가 광범위하게 존재하는 나라가 바로 공산주의 국가들이다.

주택임대료는 주택서비스의 가격이고, 의료수가는 의료서비스의 가격이다. 그리고 세금은 정부서비스의 가격이다.

수급의 법칙에 따라 시장에서 자율적으로 결정되는 어떤 상품이나 서비스의 시장가격도 이른바 국민의 마음, 곧 '민심'과 능력 및 기술 수준의 발현이다. 왜냐하면 시장가격이란, 구매자들이 자기의 소득과 기호 등 관련 사정을 감안하고, 판매자들도 생산기술과 생산비 등 관련 사정을 모두 감안하여 같이 정한 것이기 때문이다.

이렇게 시장가격이 결정되는 것을 '수요공급의 법칙(수급의 법칙)에 의한 가격결정'이라고 하는데, 이것은 제 7 장에서 자세히 설명할 것이다. 어떤 상품의 가격결정에 있어서 현재까지 인간이 발명한 어떤 방법도 이 법칙보다 더 나은 것은 없다. 경제법칙 중 제일 중요한 것이 바로 이 법칙이다. 우리는 이 법칙을 존중해야 한다. 무시하면 이 법칙은 반드시 엄청난 보복을 가한다. 이를 '시장의 보복'이라고 한다. 이 보복에는 예외가 없다.

다른 예로, 정부가 가난한 사람도 돕고 아파트 가격 상승도 막는다는 구실 아래 건설업자로 하여금 시장가격이 평당 1,000만 원이나 되는 아파트 분양가격을 200만 원만 받게 하면 어떻게 될까?

추첨으로 이 가격에 분양 받은 사람이 되팔면 순식간에 떼돈을 번다. 샐러리맨인 남편이 평생 모아야 될 정도의 거금을 부인은 추첨으로 순식간에 버는 셈이다. 그렇게 되면 수많은 사람들이 열심히 아끼고 저축하기보다 아파트 추첨으로 떼돈을 벌려고 덤빌 것이고, 민심은 알뜰저축보다 일확천금 쪽으로 기울어질 것이다. 정부가 정책적으로 분양가를 떨어뜨려 놓았으니, 누구든지 그 기회에 가급적 넓은 평수의 아파트를 분양 받으려고 할 것이다. 그 결과 추첨운이 좋은 독신자가 60평 아파트를 차지하는 경우가 생길 수도 있다. 국민들의 주거생활에 엄청난 거품이 생기는 것은 말할 것도 없다.

주택 건설회사들은 200만 원에 건설해서는 도저히 수지타산이 맞지 않으므로 건설을 기피할 것이다. 그 결과 아파트 공급물량이 많이 부족해진다. 그러다 보면 국제수지 흑자가 쌓이고 국민소득이 갑자기 높아져 아파트에 대한 수요가 급증했던 우리 나라 1980년대 후반처럼 극심한 공급부족 현상이 발생하게 되는 것이다.

당시 아파트가격이 치솟고 투기 현상이 심화되자, 정부는 서둘러 주택 2백만 호 건설계획을 발표했다. 그 결과는 과연 어떻게 되었던가?

건설회사들이 전국을 돌아다니면서 아파트를 건설할 토지 매입을 서둘렀다. 그 바람에 땅값이 천정부지로 치솟고, 자고 나면 생기는 것이 복덕방이었다. 건설경기 호황으로 인력 부족 현상이 심화되어 인건비가 치솟았다. 시멘트, 철근, 모래 등 모든 건설자재가 부족하여 값이 폭등했다. 건설용 모래가 부족하다 보니 소금기가 있는 바다모래마저 무차별 사용되었다. 건설자재산업과 복덕방은 대호황을 누렸고, 떼돈 번 졸부들도 수없이 배출되었다. 전국적으로 술집들이 많이 생기고 흥청거렸다. 서울의 유명 카페 골목의 술집들은 돈벌이가 잘되어 권리금까지 크게 불었다. 많은 여성들이 건전한 직업 대신에 돈을 쉽게 벌 수 있는 술집으로 몰렸다.

가장 심각한 문제점은 그런 상황에서 지어진 아파트의 상당수가 부실건물이라는 점이었다. 많은 사람들이 부실 아파트에 살면서 수리에 목돈을 지출해야 함은 물론이고 심지어 붕괴 위험에 떨게까지 되었다. 뿐만 아니라 급하게 짓느라 아파트단지 내에 각급 학교, 공공시설, 주차장 등도 제대로 마련되지 않아서 생활의 불편이 상당했다.

정부가 가난한 사람들에게 아파트를 값싸게 공급한다는 명분 아래 수급법칙에 따라 결정되어야 할 아파트의 시장가격을 통제함으로써 결과적으로 경제 전체에 막대한 피해를 끼친 것이다. 다시 말해서 정부가 이 법칙을 무시한 결과 국민이 심한 보복을 받은 셈이다. 이 법칙에 따른 보복은 그처럼 항상 확실하고 또한 예상외로 피해가 크다.

다른 예를 들어 보자. 한국의 무역적자는 1996년 200억 달러가 넘었고, 1997년에도 계속되었다. 이런 상태에서 환율, 곧 달러의 가격을 수급법칙에 의한 시장의 결정에 맡겼으면 달러당 1,200원 정도로 올라갔어야 했다. 그러나 정부는 달러가격을 900원대에 안정시켜야 된다고 하면서 값이 오를 때마다 국고에 보유하고 있던 달러를 내다 팔았다. 그러다 보니 달러는 금방 바닥이 났다. 이런 상태에 불안을 느낀 외국인들이 한국에 빌려 주었던 달러를 거두어들이자 금융위기가 발생했고, 달러가격은 순식간에 두 배 가까이 폭등했다. 그 결과 석유, 사료, 철강, 설탕, 종이 등 각종 수입품의 가격도 따라서 폭등했고, 달러가격으로 환산한 국민의 소득이나 재산은 바닥으로 폭락하고 말았다. 어쩌다가 이 지경이 되었느냐는 한탄의 소리가 전국 방방곡곡에서 아우성쳤다.

그 원인을 여러 가지로 말할 수 있겠으나, 분명한 것은 정부가 수급법칙을 무시하는 바람에 국민들이 엄청난 '시장의 보복'을 받았다는 것이다.

이런 경우는 또 어떨까. 가령 한국과 미국이 경제통합을 하는데, 미국이 한국인들을 크게 도와 준다는 생색으로 1,200원 정도를 줘야 살 수 있는 달러를 1원을 주고 살 수 있게 하면 어떻게 되겠는가? 즉, 환율을 1원 대 1달러로 만들어 놓으면 어떻게 되겠는가 하는 것이다. 그렇게 되면 아르바이트하여 한 달에 30만 원을 버는 학생은 30만 달러를 버는 셈이니 그야말로 만세를 부를지도 모른다. 그러나 5,000원 하던 곰탕 값은 5,000달러, 5만 원 하던 신발은 5만 달러로 순식간에 폭등한다. 그처럼 비싼 물건을 누가 살 수 있겠는가? 그렇게 되면 한국의 모든 상점이나 기업은 일시에 문을 닫게 될 수도 있다.

독일 통일 때 동독 마르크와 서독 마르크를 1대 1로 교환하도록 한 결과, 동독 국민들은 만세를 불렀으나 동독 기업은 한순간에 무너졌다. 환율을 시장의 수급법칙에 따라서 결정했으면 좋았을 것인데, 시장의 수급법칙을 무시하고 인위적으로 결정함으로써 동독산업을 무너뜨리는 결과를 낳은 것이다.

시장거래가 되는 것은 어떤 것이나 그 가격이 수급법칙에 따라서 자유롭게 결정되도록 해야 한다. 이것이 자유(시장)경제의 핵심원리이다. IMF가 한국에 바라는 가장 큰 요구사항도 정부가 가격통제 등의 행위를 하지 말라는 것이다. 곧 기본경제원리인 수급법칙을 존중하라는 것이다. 공무원의 수가 적고 청렴하고 대우가 좋은 싱가포르 같은 나라가 시장경제를 어떻게 그렇게 잘 운용할 수 있는지, 그 이유를 곰곰 생각할 필요가 있다.

"지금까지 수요와 공급의 법칙을 무효화할 수 있는 사람은 아무도 없었다."

㉰ 교환과 무역은 윈-윈(win-win)게임

남에게 돈이나 물건을 거저 주는 것만이 남을 돕는 것인가? 받는 것보다 더 많이 주는 것도 돕는 것이다. 그럼 서로 교환하는 것도 남을 돕는 일이 될 수 있는가? 물론이다.

예를 들어, 장 씨와 정 씨의 땅은 채소와 곡식의 재배에 적합한데, 두 사람 모두 채소와 곡식을 재배하기보다는 품목을 나누어 장 씨는 채소, 정 씨는 곡식만을 재배하면 총생산량은 훨씬 증가한다. 이처럼 각자 더 많이 생산하여 반반씩 교환하는 것이 서로에게 도움이 된다.

국가간의 경우에도 서로 비교적으로 더 잘 생산할 수 있는 상품, 곧 비교우위(comparative advantage)가 있는 상품을 생산하여 교환하는 것이 서로에게 도움이 된다. 이른바 '윈-윈(win-win)게임'이라는 것이다. 이것이 국제무역의 기본이론인 '비교우위론'의 핵심이다.

비교우위 이론이란 개인, 기업, 지역 또는 국가들이 상대적으로 싸게 생산할 수 있는 생산물을 각각 생산하여 비싼 생산물과 교환하는 것이 전체의 생산량을 증가시키므로 서로에게 득이 된다는 논리다. 이는

제20장에서 기회비용의 뜻을 이해하게 되면 더욱 쉽게 이해할 수 있을 것이다.

그런데 장 씨는 채소, 정 씨는 곡식 생산을 전문화하려면 서로간의 믿음이 중요하다. 각각 농사지어 반씩 교환하기로 했는데, 장 씨는 열심히 일하지만 정 씨는 게으름을 피운다면 장 씨는 전문화로 큰 손해를 보게 된다. 그러므로 다음에는 곡식 농사도 직접 지으려고 할 것이다.

프란시스 후쿠야마는 『신뢰』(*Trust*)라는 책에서 현대분업사회에서의 신뢰의 중요성을 강조했다. 신뢰가 없는 사회에서는 전문화보다 다각화를 중시하는 기업들이 늘어날 소지가 크다. 후진국에서는 기업들이 다른 기업의 의도나 능력을 믿지 못할 때 스스로 각종 생산물을 직접 생산하게 된다. 후진국에 기업그룹이 발생하는 한 요인인 셈이다.

한국의 대기업그룹들도 다른 기업에 맡기는 것이 믿음직하지 못하면 직접 생산으로 전환한다. 그러므로 일반인들에게는 문어발식으로 각종 사업에 손을 뻗는 것으로 비쳐진다.

이런 결과를 감안하면, 장 씨와 정 씨가 각자 생산한 것을 서로 반씩 교환하기로 한 이상 자신의 일을 더 열심히 하여 더 많이 생산하는 것이 자신은 물론 상대방에게도 도움을 주는 셈이다. 현대는 교환사회이며 상호 의존사회이므로, 자신의 일을 열심히 더 잘하는 것이 자신과 남을 똑같이 돕는 길이다.

그런데 사람에 따라서는 상품의 가치에 대한 생각이 다를 수 있다. 어떤 상품이든 그것을 가장 가치 있게 생각하는 사람이 소유하도록 하는 자유교환 행위 그 자체로도 서로에게 도움이 된다.

한국은 국토, 기후 등 자연 조건을 놓고 미국이나 중국과 비교할 때 목화, 소맥, 대두처럼 넓은 경작지가 필요한 농산품의 생산에는 비교우위가 없다. 그런 것은 이들 나라에서 수입하고, 우리 실정에 맞는 공산품 생산에 주력해서 이들 나라에 수출하는 것이 유리하다. 그러므로 우리가 비교우위가 있는 제품을 잘 선택하여 생산 수출하고, 다른 나라가 비교우위가 있는 제품을 잘 선택하여 수입하는 것이 우리에게는 물론이고 다른 나라에게도 도움이 된다. 교환과 무역은 이처럼 상부상조하는 일이다. 세계화 시대에서 잘 사는 길은 무역을 잘하는 데서 찾아야 한다. 무조건 수출은 좋고 수입은 나쁘다는 생각은 바람직하지 않다.

그런데 교환과 무역에는 반드시 비용이 발생한다. 교환을 하자면 대상을 찾고 협상을 하고 거래를 확정해야 하므로 시간과 노력과 자원이 소요되는데, 이러한 비용을 거래비용(transaction costs)이라고 한다. 복덕방 같은 거래중개자는 거래비용과 거래시에 발생할 수 있는 위험을 줄이는 역할을 한다.

라 인센티브(노력에 대한 보상)는 확실하게!

코피를 흘려가며 열심히 공부하는 학생은 더 많은 점수를 받고 더 좋은 학교에 진학할 수 있어야 한다. 한푼 두푼 아껴서 저축을 많이 하는 사람은 그 대가로 이자를 더 많이 받을 수 있어야 한다. 위험을 무릅쓰고 많은 돈을 들여서 신상품을 개발한 기업은 높은 영업이익으로 그 대가를 충분히 받을 수 있어야 한다. 열심히 일하는 샐러리맨은 봉급을 더 받을 수 있어야 한다.

세계적으로 성공한 기업들은 모두 종업원들이 열심히 일하도록 인센티브를 잘 운용한 기업들이다. 일류 선진국들은 개인이나 기업을 위한 인센티브제도를 잘 발전시킨 나라들이다.

인센티브는 인간은 물론 동물의 본성과도 잘 들어맞는다. 물개나 돌고래로 하여금 열심히 쇼를 하도록 만드는 길은 적당한 순간에 적당량의 먹이(인센티브)를 주는 것이다. 조련사도 노력에 대한 보상을 충분히 받아야 열심히 조련을 한다. 사람이든 동물이든 어떤 행동을 할 때는 항상 그 이해득실을 따진다. 물개나 돌고래에게 인센티브 없이 관중이나 동물원만을 위하여 쇼를 하도록 만들 수는 없다. 인간에게도 분명한 인센티브 없이 애사심이나 애국심만으로 노력을 강요해서는 좋은 성과를 얻을 수 없다. 공무원, 주부, 학생, 샐러리맨 할 것 없이 인센티브를 확실하게 하여 열심히 노력하도록 만들어야 한다. 백화점의 세일도 가격면의 인센티브이다.

옛날 몽고족이 한때 세계 최강의 군대를 가질 수 있었던 것은 진급과 상여를 철저히 무공 중심으로 시행했기 때문이라고도 한다. 전쟁에서 무공을 세운 자에게 지체없이 응분의 보상을 했으므로 모든 군사가 죽자살자 싸웠다는 것이다. 다시 한 번 강조하지만, 경제 선진국들은 개인이나 기업을 위한 인센티브제도를 잘 발전시킨 나라들이다.

공산국가의 경제가 몰락의 길을 걷게 된 것은 인센티브제도가 없고 부지런한 사람이나 게으른 사람 모두 똑같은 대우를 받았기 때문이다. 지난날 소련은 만민의 완전 평등을 부르짖으면서 공장에서 일하는 모든 사람에게 똑같은 봉급을 주었더니, 공장이 멈추더라는 것이다. 공장이 돌아가다가 멎는데 경제가 몰락하지 않을 수 있겠는가.

그런데 미국인들이 물질적 인센티브를 중시하는 것에 반해 동아시아인들은 비물질적 인센티브도 중시한다. 특히 한국인들은 지위를 상징하는 호칭으로 불러 주기를 바란다. 월급도 중요하지만 '자리'도 중요하다고 여긴다. 심지어 봉급이야 어떻든 자리만 올려 주면 되는 경우도 있다. 한국에서 장관이나 국회의원이었던 사람은 평생 '장관님', '의원님'이라고 불리기를 좋아한다. 그렇지만 미국인들은 상대가 장관이나 국회의원을 지낸 사람이라도 바로 이름을 부르는 것이 보통이다. 높은 '자리'를 한국인들처럼 중시하지 않는다.

한편, 부(負)의 인센티브를 통해 '공익'이라는 무형의 이익 효과를 기대할 수도 있는데, 대표적인 예가 교통위반에 대한 처벌이다. 음주운전을 가장 혹독하게 다루는 나라는 노르웨이다. 가혹한 처벌 때문에 노르웨이 운전자들은 거의 술을 마시지 않는다.

이처럼 인센티브를 통하여 인간의 소유본능을 잘 활용하고, 누구나 소유를 더 늘릴 수 있게 함으로써 잘 돌아가게 하는 것이 시장경제이다.

마 나의 생산성을 높여야 나의 생활수준도 나라의 경쟁력도 높아진다

"국가의 정책이나 전략수립에 있어서 가장 먼저 고려해야 할 사항은 세계경제에서 국가의 경쟁력이 어떤 위치를 차지하는가다."

— 피터 드러커

중국인들은 자기네 한 달 봉급을 서울에서 하루나 이틀에 벌 수 있다고 생각하기 때문에 기를 쓰며 건너오려고 한다. 중국인들의 낮은 소득은 낮은 생산성 때문이다. 그런데 한국인의 1인당 소득은 스위스인이나 룩셈부르크인에 비하면 몇 분의 1에 불과하다. 그들에 비하면 상대적으로 생산성이 그만큼 낮기 때문이다.

우리 나라의 근로자 1인당 생산성이란, 국민총생산을 총취업자로 나눈 것이다. 이 생산성을 취업자 한 사람이 한 시간 또는 일 년에 생산한 것으로 나타낼 수 있는데, 생산성을 달러로 표시한 것이 한국의 국제경쟁력지표가 된다.

경제성장은 취업자의 수와 그 생산성 증가에 따라서 결정된다. 취업자의 수가 증가하지 않을 때의 경제성장은 생산성 증가에 따라서 결정된다. 생산성의 향상은 국가경쟁력과 국민생활수준의 향상을 의미한다. 반대로 생산성의 하락은 무역수지 적자와 외채의 증가 등으로 나타나며, 심하면 외환위기 및 경제위기의 원인이 된다. 그렇기 때문에 국민 개개인의 생산성 향상은 자신은 물론이고 국가를 위하는 길도 된다.

생산성 향상의 방법에는 여러 가지가 있다. 개인이나 기업뿐 아니라 국가 차원의 방법에도 차이가 있다. 국가 차원의 방법에 대해서는 제10장에서 글로벌경쟁력 모델과 관련하여 다시 설명하겠지만, 기업 차원의 방법은 다음과 같은 것을 들 수 있다.

· 교육훈련 등을 통한 노동의 질적 향상
· 더 많고 더 좋은 생산설비 사용
· 더 좋은 기술 사용
· 더 좋은 경영기법 개발
· 부가가치가 더 높은 산업제품 생산
· 적절한 다각화, M&A(인수합병), 전략적 제휴(strategic alliance), 네트워크 형성, 기업의 성장전략 등

제조업은 서비스업에 비하여 일반적으로 생산성이 높다. 그런데 한국의 국내총생산 중 제조업의 비중은 1988년을 정점으로 하여 감소하기 시작했다. 한국경제가 1989년부터 서비스경제로 접어든 것이다. 따라서 잘못

하면 전체적인 생산성 하락으로 이어질 소지가 커졌다.

서비스산업 가운데 생산성이 특히 낮은 부문은 이발, 미용, 음식점, 변호사, 의원 등 개인 대상의 서비스업 및 공무원의 서비스이다. 그러나 정보통신업, 소프트웨어산업, 국제금융업 등은 생산성이 높다. 룩셈부르크의 생산성이 높은 것도 국제금융업 덕택이다. 우리는 경제 위기를 다시 당하지 않기 위해서도 자신과, 소속 조직체 및 국가사회 모두의 생산성을 계속 높여 나가야 할 것이다. 그런데 근로자들의 생산성은 주로 기업을 통해서 이루어지니, 이런 점에서도 기업의 중요성이 그만큼 크다고 할 수 있다.

생산. 우리는 생산의 뜻을 확실히 알 필요가 있다. 바다에 나가 물고기를 잡는 것은 생산인가? 물론이다. 중동지방에 가서 석유를 채굴하고, 동남아시아에 가서 원목을 베어 오는 등 자연에서 자원을 채취하는 행위는 생산인가? 물론이다. 이런 나무로 책상을 만드는 것도 생산이다. 겨울옷을 여름에 만들어서 겨울까지 창고에 저장하는 것도 생산이다. 옷에 물감을 잘 들이고 모양을 좋게 하여 가격표에 동그라미를 하나 더 그려 넣을 수 있게 하는 디자인도 생산이다. 자원을 사용하여 인간에게 유용한 재화나 서비스를 만드는 것은 물론이고, 생산된 재화나 서비스는 물론 자원(노동, 자본, 토지, 기업가적 역량)에 가치(또는 효용)를 높이는 행위는 어느 것이나 생산이다.

효용(utility)이란 만족감, 유용성 등을 나타내는 경제학의 학술용어이다. 결국 가치를 증대시키는 모든 행위(가치부가 행위)가 곧 생산이다. 국민 전체가 가치(value)를 부가(added)한 것의 총계, 곧 부가가치의 총계를 국민총생산(GNP: Gross National Product)이라고 한다.

가치나 효용은 형체, 장소, 시간, 디자인 및 소유의 변경 등을 통하여 증가될 수 있다. 그러므로 다음과 같은 행위는 모두 생산활동이 된다.

- 자연으로부터 원료를 채취하는 행위(농업, 임업, 수산업, 광업 등)
- 형체변경에 의한 가치부가 행위: 나무를 다듬어서 책상을 만들거나 천으로 옷을 만드는 등의 제조가공업

- 소유변경을 통한 가치부가 행위: 책상, 책 등은 제조업체보다 실수요자(학생 등)가 소유할 때 가치가 더 커진다. 그러므로 도매업이나 소매업 등도 생산활동이다.
- 공간변경을 통한 가치부가 행위: 채소나 과일을 생산지에서 소비지인 도시로 옮기거나, 공산품을 도시생산자에서 농촌소비자까지 옮기는 운수업은 생산활동이다.
- 시간변경을 통한 가치부가 행위: 풍작으로 가을에는 값이 폭락하고 봄철에는 생산이 안 되어 값이 폭등하는 사과나 땅콩 등을 가을에 잘 저장했다가 봄철에 팔면 가을의 가격 폭락을 막고 봄철의 가격 폭등을 막을 수 있다. 뿐만 아니라 그 가치도 높이므로 생산활동이다.
- 디자인에 의한 가치부가 행위: 상품의 색깔, 모양, 디자인, 포장 등을 더 아름답게 하는 디자인업이나 포장업도 가치를 증가시키므로 생산활동이다.
- 기타: 이러한 각종 생산활동을 지원하는 금융, 보험, 전기, 수도, 교육훈련, 기술개발 및 정부행정관련 서비스업도 생산활동이다.

이와 같이 생산활동은 그 범위가 넓고 다양하다. 과거 프랑스 중농학파 경제학자들은 농업만이 생산활동이고, 제조업이나 상업, 서비스업은 생산활동에 포함시키지 않았다. 옛날 우리 나라 사람들도 농업을 중시하여 "농자는 천하지대본"이라 하고 공업이나 상업은 천시했다. 그와 같은 사농공상(士農工商)식의 잘못된 생산관(산업관) 때문에 당시의 우리 사회는 못살 수밖에 없었다. 지금도 생산활동이라고 하면 제조업만을 생각하는 사람들이 많은데, 이것은 잘못이다. 자유시장경제는 다양한 산업이 자유롭게 골고루 발달해야 되는 경제인 것이다.

생산활동과 관련하여 다음과 같은 예를 생각해 보자.

열심히 공부하는 학생은 자신의 가치를 그만큼 높이므로 생산적 행위를 하는 것이다. 그런 학생이 훌륭한 기술자가 되어 자동차회사에 취직하여 좋은 차를 만든다면 자동차의 가치를 크게 높이는 셈이 된다. 더 좋은 차를 타는 사람들은 일을 더 잘할 수 있게 되므로 자신들의 가치를 높이게 된다. 생산적인 활동은 이와 같이 상승작용을 유발한다. 온 국민이 더 생산적이 되면 온 국민의 가치가 더 올라가게 되므로 상승작용이 아주 커진다.

우리는 '잘난 사람'이란 말을 흔히 쓴다. 어떤 사람이 잘난 사람인가?

전통사회에서는 전통을 잘 지키고, 관혼상제 등의 예절을 잘 알고, 말 잘하는 사람이 잘난 사람이었다. 그러나 지식기반사회에서는 혁신적 지식으로 자신의 생산성을 크게 높임으로써 다른 사람의 생산성도 크게 높일 수 있는 사람이 잘난 사람이다. 이렇게 남을 도울 수 있는 사람이 잘난 사람이다. 지구촌 무한경쟁시대에서는 나의 높은 생산성만이 나와 가족과 소속 조직체와 나라를 도울 수 있음은 물론 보호할 수도 있는 것이다.

바 저축 잘하는 사람은 경제의 근본을 튼튼하게 하는 사람

IMF 경제위기 이후 국민의 소비생활에서 거품을 빼자는 소비절약 캠페인이 시작된 바 있다. 거품을 빼고 또 빼서 더 이상 뺄 수 없는 상태의 소비생활이 능률적 소비생활이 된다.

다른 측면으로 말하면 될 수 있는 대로 저축을 많이 하자는 것이다. 저축이란 소득에서 소비를 뺀 것이다. 국민의 건전한 경제활동은 건전한 소비에서 시작되고, 건전한 소비는 철저한 저축을 통하여 이룩된다.

저축은 다음과 같이 여러 면에서 개인과 국가경제를 튼튼하게 한다.

- 절약은 부자를 만들고 절제는 인간을 만든다. 저축은 절약과 절제를 전제로 하는데, 이는 정신건강에도 좋은 것이다.
- 절약과 절제는 각종 쓰레기 등의 오염물질을 줄이므로 환경보호에 도움이 된다.
- 저축은 재산 증식의 길이다.
- 국민 소비생활의 거품이 완전히 빠진 상태에서 소비하는 제품들이 생산될 때 국가경제의 능률이 올라간다. 그렇게 되면 가치가 낮은 제품의 생산이 줄어든다.
- 우리 나라 공산품에는 최소한 가격의 평균 28% 정도나 수입원자재가 들어간다. 소비절약은 외화절약으로 이어진다.

케인즈학파 저축관과 정부관의 이런 점은 유의하자

경제성장을 위해서는 투자를 많이 해야 하는데, 그 길은 저축을 많이 하는 것이다. 그런데 케인즈는 저축에 대하여 혼돈스러운 견해를 폈다. 즉, 저축은 소득에 의해, 그리고 소득은 경제성장에 의해 결정되므로 경제성장은 저축을 자연적으로 증가시킨다는 것이다. 저축이 투자보다 많게 되면 경기가 위축되는데, 이는 결국 저축의 감소로 이어진다는 것이다. 사람들이 저축을 특히 경기침체 때 많이 하려고 하면 할수록 수요가 줄어들어 경기침체는 더욱 심화되므로 결과적으로 저축을 적게 하게 만든다는 것이다. 이를 '절약의 역설(paradox of thrift)'이라고 한다. 따라서 케인즈는 경기침체 때는 정부가 지출을 늘리는 등 경제에 개입해야 된다고 했다.

케인즈의 이러한 주장을 따르는 경제학자들이 그 이후 많이 나왔다. 세계적으로 유명한 경제학 교과서를 쓴 폴 사뮤엘슨 MIT 교수도 그 예이다. 그런데 영국의 「이코노미스트」지는 케인즈학파의 주장은 다음 두 가지 면에서 비판받아 마땅하다고 했다.

- 케인즈학파 학자들은 저축의 중요성을 오도했다. 결과적으로 미국을 저축률이 아주 낮은 나라로 만드는 데 많은 공헌을 했다. 저축이 많아지면 수요 부족으로 경제가 침체한다는 이들의 주장은 잘못된 것이다. 저축의 장단기 영향을 구분하여 잘 설명하지 못했다.
- 이들은 자유시장경제에 대한 정부 간여를 계속 증가하게 만들었다. 정부 간여의 폐단은 정부가 모든 것을 통제하는 공산주의 국가들의 붕괴에서도 잘 드러났다.

— 이상 「이코노미스트」지 설명 참조

- 국민이 잘사는 길은 미래를 위한 투자를 많이 하는 것인데, 투자자금의 원천은 저축이다. 앞으로 해외투자를 위해서도 저축을 많이 해야 한다.
- 현재의 소비를 줄이고 장래의 소비를 증가시키는 것이 저축이다. 저축은 개인이나 국가의 미래성장을 위한 길이다.
- 소비를 최대로 줄일 줄 아는 사람이 돈의 진정한 가치를 알고, 심신도 건강한 사람이다.

일본은 서구의 어느 선진국보다 저축률이 높은 나라이며, 경제성장에 필요한 자금을 모두 국민 저축으로 충당했다.

아시아의 모범 선진국 싱가포르는 국민의 저축 증대를 핵심정책으로 삼고 있다. CPF(Central Provident Fund: 중앙준비기금)제도를 통해서 직장 생활자들로 하여금 한때 매달 봉급의 16.5%를 저축하고, 고용주도 같은 금액을 저축하게 하고 있다. 싱가포르인은 매달 봉급의 33%나 되는 금액을 CPF에 저축하게 된다. 이 비율은 물론 다소 변동의 여지가 있기는 하지만, 아무튼 부러울 정도의 저축률이다. 대만의 높은 경제성장도 높은 저축률에 기인한다.

한국은 경제성장 초기 국민저축이 부족하여 외국돈을 많이 끌어다 썼다. 외화로 경제성장을 시작했고, 외화 부족 현상이 항상 문제가 되고 있다. 요컨대 외화의 중요성이 몹시 큰 나라라고 할 수 있다.

저축의 중요성은 아무리 강조해도 지나침이 없다. 지금까지 말한 생산성과 저축을 높이는 것은 나와 나라경제를 다같이 튼튼하게 하는 길이다.

(사) 트레이드오프는 항상 잘해야!

일본인들은 제 1 차 유류파동(1973)이 발생하자, 나라경제의 장래에 대하여 심한 비관론을 폈다. 자원 빈국인 일본으로서는 생활의 양적 팽창을 가져오는 경제성장은 더 이상 불가능하게 되므로, 자동차 매연 등 각종 공해 방지를 통하여 생활의 질적 향상 쪽으로 국가정책의 방향을 돌려야 된다고 믿었다. 사실 이 때문에 당시 일본은 자동차 매연 통제에 투자를 많이 하여 그 기술면에서 세계 제일이 되기도 했다.

그러나 1980년대에 들어와서부터 석유가격이 계속 하락하게 되자, 이번에는 반대로 지나친 자원낙관론에 사로잡혔다. 즉, 앞으로 자원 부족은 전혀 문제가 되지 않으므로 일본은 고도성장을 얼마든지 다시 할 수 있다는 믿음이 확산되었다. 이런 자원낙관론은 1980년대 중반에 특히 심했다. 주목할 만한 점은 일본의 거품경제 현상이 낙관론이 팽배했던 1986년부터 시작되었다는 사실이다.

이런 자원비관론과 낙관론은 모두 잘못된 것이다. 올바른 자원관은 자원은 유한하다는 것, 곧 자원의 희소성(scarcity)에 대한 정확한 인식에 근거를 두고 있어야 한다. 자원희소성의 정도는 세월이 감에 따라 변화하므로, 그 변화의 정도를 올바로 판단하는 것이 중요하다.

그렇다면 어떻게 판단하는가? 자원의 가격을 통하여 판단하는 것이 가장 정확하다고 할 수 있다. 어느 자원이든 그 희소성이 증가하면 가격이 상승한다. 가격이 희소성 판단에 가장 좋은 지표가 된다. 인간생활에 필요한 모든 자원은 희소하므로, 그 가격 책정의 합리성을 높이고 또한 잘 파악하는 것이 중요하다. 자유시장경제가 가장 중시하는 것이 바로 가격이 자유시장에서 결정되도록 하는 것이다.

그러면 희소성이 어떤 문제를 일으키는가를 먼저 살펴보자.

희소성이란, 인간이 인적 및 물적자원으로 생산할 수 있는 재화와 서비스의 양이 무한한 욕망을 충족시키기에는 크게 부족하다는 것을 의미한다. 이를 '희소성의 법칙'이라고 한다.

이 법칙은 중력의 법칙과 같다. 인간생활은 이 법칙을 벗어나서 이루어질 수 없게 되어 있으며, 있는 사람이나 없는 사람에게 다같이 적용된다. 시간도 물론 희소한 자원이다. 잘 사용할 수 있는 방법을 항상 생각하지 않으면 안 된다.

그런데 희소성은 인간으로 하여금 선택을 하도록 만든다. 시간이나 자원을 어떤 목적에 사용하려면 다른 목적에 사용하는 것을 포기해야 한다. 공부하려면 노는 것을 포기하고, 놀려면 공부를 포기해야 하는 것과 마찬가지다. 그러므로 어떤 것을 얻기 위해 다른 어떤 것을 버려야 하는가가 중요하다. 이를 '트레이드오프(trade-off)문제'라고 한다. 경제학을 선택의 학문이라고 하는 이유도 여기에 있다.

트레이드오프 개념을 좀더 생각해 보기로 하자.

CD를 사려면 돈을 CD와 교환, 곧 트레이드오프해야 한다. 한 시간의 독서를 그만두고 음악감상을 한다면, 음악감상을 위하여 독서를 트레이드오프해야 한다. 어떤 농민이 곡물농사를 지을까 하다가 채소농사를 짓게 된다면, 채소 생산을 위하여 곡물 생산을 트레이드오프해야 한다. 어느 알뜰주부의 경우, 이 달 소득이 지난 달과 똑같은데, 지난 달보다 채소 소비를 늘리기 위해서는 육류나 생선 소비 등을 트레이드오프해야 한다. 가령 옷을 입을 때에도 품위를 중시하여 정장을 입는다면, 실효성 위주의 간편복을 트레이드오프해야 한다.

트레이드오프는 이와 같이 일상생활 속에서 누구나 당면하는 문제이다. 트레이드오프는 기회비용 등 다른 중요한 개념과도 긴밀한 관계가 있으므로, 이를 잘 이해하는 것이 근본경제문제의 이해에 기본이 된다.

이를 잘 알 수 있게 하는 것이 생산가능성모델이다. 예를 들어, 한국 어느 지역에 있는 자원을 모두 사용하여 생산할 수 있는 최대의 생산량이, 곡물만 생산하는 경우 8만 톤, 채소만 생산하는 경우 10만 톤이라고 하자. 그리고 이 두 가지를 다같이 생산하는 경우에는 많은 조합(組合)이 가능하다. 그 가능성을 모두 생각하여 선으로 연결하면 [그림 1. 1]의 생산가능성곡선과 같이 된다.

그러나 여기에서는 편의상 A, B, C, D, E 다섯 개의 경우만 생각하기로 한다. 즉, 곡물을 2만 톤 생산하면 채소는 9만 톤, 곡물을 6만 톤 생산하면 채소는 4만 톤 등으로 생산할 수 있다고 하자([표 1. 1]).

[표 1. 1] 곡물과 채소의 생산가능성 (단위: 만 톤)

배 합	A	B	C	D	E
곡 물	0	2	4	6	8
채 소	10	9	7	4	0

그런데 채소만 10만 톤 생산하다가 곡물도 2만 톤 생산해야 된다고 하면 어떻게 해야 하는가? 채소 생산을 어느 정도 줄여야, 곧 트레이드오프해야 한다. 얼마나 줄여야 하는가? 1만 톤이다. 그럼 채소 9만 톤과 곡물 2만 톤을 생산하고 있는 상태에서 곡물을 4만 톤까지, 즉 2만 톤을 더 생산하려면 채소 생산은 얼마나 트레이드오프해야 하는가? 2만 톤이다. 곡물생산을 4만 톤에서 6만 톤으로 2만 톤 더 늘리려면 채소생산을 얼마나 트레이드오프해야 하는가? 3만 톤이다. 그럼 곡물생산을 6만 톤에서 2만 톤 다시 더 생산하기 위해서는? 채소생산량을 4만 톤 트레이드오프해야 한다.

이 예에서 우리는 무엇을 알 수 있는가?

[그림 1.1] 생산가능성곡선

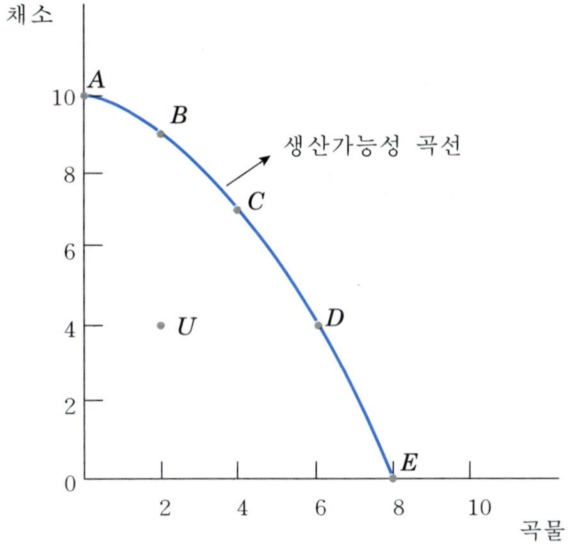

- 곡물 생산을 더하기 위해서는 채소 생산을 트레이드오프(희생)해야 한다.
- 곡물 한 단위 더 생산하기 위해서 트레이드오프해야 하는 채소의 양은 증가한다. 이를 '비용증가의 법칙'이라고 한다.

그런데 생산가능성곡선은 무엇을 나타내는가? ① 주어진 자원을, ② 일정기간에, ③ 주어진 기술로, ④ 효율적으로 사용할 때 기대되는 곡식과 채소의 최대생산량을 나타낸다. 이 곡선상에 있는 어떤 점도 최대로 생산 가능한 채소와 곡물의 조합량을 나타낸다. 이 곡선 안쪽에 어떤 점으로 나타나는 채소와 곡물의 조합량은 자원이 비능률적으로 사용될 때의 생산량을 나타낸다. 그 점이 나타내는 생산량이 최대 생산량보다 적음은 물론이다. 이 선 밖에 있는 점은 생산불가능량을 나타낸다. 그러므로 이 곡선은 그 안쪽 부분의 생산가능영역과 바깥쪽 부분의 생산불가능영역의 경계를 나타내므로 '생산가능성경계(PPF: Production Possibilities Frontier)'라고도 한다.

개인은 물론 나라도 항상 트레이드오프 문제에 당면하게 된다.

예를 들면, 무기를 많이 생산하기 위해서는 민생용품을 트레이드오프해야 한다. 소비재를 많이 생산하려면 투자재 생산을 트레이드오프해야 한다. 환경의 질을 높이려면 경제성장을 트레이드오프해야 하고, 성장을 더 많이 하려면 환경의 질을 트레이드오프해야 한다. 능률을 향상시키려면 형평을, 형평을 증진시키려면 능률을, 인플레를 억제하려면 일자리를 트레이드오프해야 되는 경우도 많다. 환율 인상으로 휘발유 값을 올려야 하는데 인플레 때문에 인위적으로 막으면, 결국 주유소가 문을 닫아야 하므로 실업자가 발생할 수밖에 없다.

이처럼 개인이나 기업이나 정부 할 것 없이 경제적 의사결정에는 트레이드오프 문제가 따르게 마련이다. 이는 일상생활의 문제인 것이다.

아 기회비용을 알아야 코스트(비용)의 참 뜻을 안다

경제학자들이 말하는 비용(cost)은 기회비용이다.

어떤 학생의 대학교육의 기회비용은 무엇인가? 등록금, 책값, 하숙비, 잡비 등 대학교에 다니는 데 드는 비용이라고 할지 모르나, 이는 화폐비용에 불과하다. 대학을 다니느라 좋은 직장에 취직해서 돈을 벌 기회를 포기하는 비용도 있다. 이를 시간비용이라고 한다. 사실 대학을 다니지 않더라도 생활비는 어느 정도 든다. 대학에 다니느라 생활비를 더 썼다면 그 만큼만 기회비용에 포함된다. 화폐비용과 시간비용의 합이 기회비용이다.

빌 게이츠는 대학을 중퇴하고 마이크로소프트회사를 설립하였다. 만약 그가 대학을 계속 다녔더라면 이 회사를 설립하지 못했을 것이고, 그의 대학교육 기회비용은 엄청나게 컸을 것이다. 일류 운동선수가 대학에 진학하려고 운동을 포기한다면, 대학교육의 기회비용은 엄청나게 커진다.

다른 예로, 가령 어떤 대학교가 모든 학생들에게 등록금, 기숙사비, 교재비를 모두 무료로 제공한다면 그 학생들의 교육비는 무료라고 할 수 있을까? 그렇지 않다. 기회비용 때문이다. 그 돈을 첨단산업연구소 건설에 사용할 수도 있기 때문이다. 어떤 상품의 비용은 그 상품을 생산하느라 포기한 다른 상품이다.

"공짜 점심이란 있을 수 없다"는 말의 뜻을 보기로 하자.

가령 학부모들이 서울 시내 일류 호텔에서 자녀들에게 점심을 매일 사 준다면, 이런 점심을 공짜 점심이라고 할 수 있을까? 이들이 먹을 점심을 외국 관광객들이 먹었다면 그만큼 외화 수입이 발생했을 것이다. 그러므로 학생들은 사실 공짜 점심이 아니라 귀중한 외화를 먹은 셈이다. 세상에 공짜란 없는 법이다.

다른 예로, 어떤 농민이 소를 키우려고 하다가 돼지를 키우게 되었다고 하자. 그런데 키운 돼지를 팔려고 하자 돼지파동으로 값이 폭락하고, 반대로 소 값은 폭등했다고 하자. 이 사람의 양돈의 참비용은 무엇인가? 사료 값이라고 할지 모르나 그렇지 않다. 소를 키워서 큰돈 벌 기회를 포기한 것이다.

세계적으로 유능한 기업가나 변호사 어느 쪽도 충분히 될 수 있는 학생이 변호사의 길을 걸었다면 그 참비용은 무엇인가? 변호사가 되려고 지출한 비용이 아니라, 세계적으로 유능한 기업가가 되어 좋은 일자리를 많이 만들고 자국민의 소득을 크게 높일 수 있는 기회를 포기한 것이다.

앞의 [표 1. 1]에서, 가령 곡물생산을 6만 톤에서 8만 톤으로 2만 톤 증산할 때 그 참비용은 얼마인가? 곡물생산에 들어가는 인건비, 농약비 등이라고 할지 모르나 그렇지 않다. 채소를 4만 톤 생산할 '기회'를 포기한 것이다. 즉, 채소 4만 톤 생산할 기회를 포기하는 것이 곡물생산 2만 톤의 기회비용이다. 이와 같이 경제학적으로 볼 때의 비용이 바로 기회비용이다.

이 개념의 설명을 좀더 진전시켜 보기로 하자.

가령 미국의 유명한 학자를 우리 나라에 초청해서 1년 동안 학생을 가르치게 하려면 보수를 얼마나 주어야 하는가? 그 교수가 우리 나라에 오려면 미국에서 1년 동안 상당한 정도의 소득을 벌 수 있는 기회를 포기해야 한다. 포기하는 소득이 그 교수의 기회비용이다. 그러므로 최소한 그 기회비용만큼 보수를 주어야 한다.

어떤 회사가 한 근로자를 계속 고용하려면, 그 근로자가 다른 회사에 취직하여 벌 수 있는 기회를 포기하는 소득만큼, 다시 말해 그 기회비용만큼 보상해 주어야 한다. 한 회사가 어떤 사람의 돈을 빌려 쓰려면, 그 사람이 그 돈을 다른 회사에 빌려 줄 때 받을 수 있는 만큼의 이자를 지불해 주어야 한다.

이와 같이 경제학에서 말하는 비용은 기회비용이다. 이를 '경제적 비용'이라고도 한다. 경제적 비용은 사실 우리가 생각하는 정도 이상으로 큰 경우가 많다.

대학교육의 기회비용을 다른 각도에서 좀더 생각해 보기로 하자.

대학생 개인의 입장에서 본 기회비용은 이미 앞서 말한 바와 같다. 그러나 사회적 관점에서 보면, 생산공장 건설에 사용될 수도 있는 물자가 대학교육을 위하여 사용된 셈이다. 그리고 기업체에서 생산활동에 종사할 수도 있는 사람들을 대학교육을 위한 교수요원으로 부려먹은 셈이다. 또한 정부는 대학교육의 지도감독에 많은 돈을 써야 한다. 그러므로 국가 차원에서 본 대학교육의 기회비용은 개인적 차원에서 본 기회비용보다 훨씬 크다.

이런 경우는 또 어떨까.

어떤 학생이 애지중지하는 책을 훔친 도둑은 그 학생에게 엄청난 피해를 주지만, 자신은 그 책을 팔아도 큰 이득을 보지 못한다. 또한 이 도둑은 책을 훔치고 파는 데 귀중한 시간과 인력을 많이 낭비한다. 그 시간과 인력은 다른 사람을 돕거나 생산적인 일에 사용될 수도 있는 것이다. 뿐만 아니라 도둑은 국가로 하여금 도둑을 잡는 데 많은 경찰인력과 예산을 낭비하게 한다. 재판소 운영과 감옥의 건설 및 운영에도 막대한 예산을 낭비하게 한다. 도둑이 많아서 재판할 일이 많게 되면 판사의 수요가 늘어나고, 이에 따라 세계적인 기업가나 과학기술자가 될 소질이 있는 인재들이 판·검사의 길을 걷게 된다. 도둑이 많게 되면 사람들은 담을 높게 쌓고, 철조망을 치고, 경보장치를 설치하고, 경비를 세우게 되므로 많은 자원을 낭비한다. 그러므로 국가경제의 관점에서 본 도둑의 기회비용은 엄청난 것이다.

우리는 지금 무엇을 하고 있는가? 어떤 일을 하고 있으며, 그 일 때문에 어떤 것을 포기하고 있는가?

자) 한계분석에서 합리적 행동이 나온다

삼계탕집이나 통닭집에서 팔리는 닭들은 태어나서 며칠 살다가 죽은 것들인가? 양계장은 태어난 지 며칠이나 키운 닭을 팔게 되는가? 매일 매일 사료를 먹이는 데 들어가는 비용보다 병아리가 자라남으로써 늘어나는 고기의 값이 더 많을 때는 사료를 계속 먹인다. 그러나 그 반대로 되려고 하는 순간 닭을 팔아버린다. 그럼 닭은 태어나서 며칠간 살다가 생을 마치게 되는가?

IMF 경제위기 이전에는 태어난 지 45일만에 대체로 죽어나갔다. 그러나, 외환위기로 사료값이 더 비싸게 되자 닭은 더 일찍 죽어나갔다. 사료값이 싸질수록 닭의 수명은 길어진다. 경제정책을 잘못 운용하여 외환위기가 발생하고 환율이 급등하자, 그 피해를 이 땅의 닭들도 받았던 것이다. 그렇다면 우리 나라의 닭은 몇 마리로 유지하는 것이 적정선인가? 다른 가축들의 경우는? 그 기회비용은 어떠한가?

	한국(2003)	일본(2003)
사람의 수	4,785만 인	12,762만 인
닭의 수	9,902만 마리	28,394만 마리

다른 예로서, 주부의 일상적인 문제를 가지고 생각해 보자.

이 달에는 지난 달에 비하여 가령 음식비를 얼마나 줄이고 대신 문화 및 오락비를 얼마나 더 늘리느냐, 또는 그 반대로 하는가가 문제일 것이다. 이것은 비용의 일부 변경을 뜻할 뿐, 음식비 모두를 없애고 문화 오락비를 대폭 증가시키는 식의 전체 지출 변경이 아닌 경우가 대부분이다. 현상태에서 얼마를 더 줄이고, 더 늘리는가와 같은 마진(margin), 곧 '가장자리'에서의 조정이다. 조금 더 늘리거나 줄일 때 기대되는 득을 '한계편익(marginal benefit)', 그리고 그 비용을 '한계비용(marginal cost)'이라고 한다. 경제적인 행위에서는 한계편익과 한계비용의 비교가 필요하다.

또 다른 예로, 비행기회사의 경우를 들어보자.

가령 서울에서 LA까지 747비행기를 운항하는 데 20만 달러의 비용이 들고, 평균 4백 명이 탄다고 하면, 한 사람당 평균비용은 500달러이다. 그래서 LA행 비행기표의 편도가격을 500달러로 정했다고 하자. 만약 좌석에 여분이 많을 때, LA까지 400달러로 가겠다고 하는 사람이 있으면 태우는 것이 득인가, 또는 실인가?

그 사람을 탑승시키더라도 비행기회사는 음식값, 음료값 정도의 비용만 지불하면 된다. 따라서 결론은 태우는 것이 득이라는 것이다.

사실 항공사가 서울에서 미국간 왕복비행기표의 가격을 여행날짜, 시간, 기간 등에 따라서 달리하고 있는 것은 여객운임을 한계수송비를 기준으로 정하기 때문이다. 비행기회사는 한 사람을 더 태울까, 덜 태울까 결정하는 데 있어서 득실을 따진다.

음식점들이 음식을 만들어 파는 경우도 마찬가지이다. 음식 한 그릇을 더 만드는 데 드는 비용(한계비용)보다 팔아서 얻는 수입(한계편익)이 더 크면 만들어 파는 것이 좋다. 양자가 같아질 때까지 만들어 파는 것이 이익을 극대화하는 길이고 합리적 경제행위가 되는 것이다.

개인이나 기업을 막론하고 합리적 경제행위에는 이와 같이 한계분석이 중요한 전제 관건이 된다.

차 '나'의 논리로 '나라' 경제를 논하면 안 되는 경우는?

"망원경이 끝나는 곳에서 현미경이 시작된다. 어느 것이 더 웅장한 것을 볼 수 있는가?"

— 빅토르 위고

내 집 값만 세 배 상승하면 나는 큰돈을 번다. 그러나 나라 전체의 집값이 세 배나 상승하면, 물가와 환율의 폭등으로 나는 물론 나라 전체가 큰 손해를 보게 된다.

어느 한 농가만 배추농사를 아주 많이 잘 지으면 큰돈을 벌 수 있으나, 모든 농가가 그렇게 하면 배추값 폭락으로 손해를 보게 된다. 뿐만 아니라 배추농사를 짓느라 무, 오이 등 다른 채소농사를 못 지은 바람에 심한 물량 부족 현상이 일어나 가격이 폭등한다. 배추가격은 폭락하고 다른 채소가격은 폭등하므로 농민들은 이중적으로 손해를 보는 셈이다.

어느 한 사람만이 현금을 아주 많이 갖게 되면 그 사람은 부자라고 할 수 있다. 그러나 온 국민이 현금을 많이 갖게 되면 심한 인플레로 오히려 모두가 손해를 본다. 1920년대 독일에서 우표 한 장에 1조 마르크가 될 정도로 인플레가 심했을 때, 국민들은 현찰을 아주 많이 갖고 있었다. 그러나 모두가 극히 가난하고 불안한 생활을 하지 않으면 안 되었다.

1990년대 초 우리 나라의 종합주가지수가 700에서 갑자기 1,000으로 상승하자, 주식을 갖고 있던 많은 사람들은 큰돈을 번 것으로 착각했다. 팔지 않고 갖고 있던 사람에게 주가 상승은 미실현 이익에 불과하다. 그런데도 이것을 정부가 모두 세금으로 환수해야 된다고 주장하는 사람들이 많았다.

만일 모든 사람들이 세금을 내려고 주식을 팔면, 종합주가지수는 1,000에서 금방 700 이하로 떨어질 수도 있다. 그러므로 주식값의 상승에 따른 미실현 이익을 모두 세금으로 거두어 들이자는 것은 현실성이 없는 말이다.

부동산의 경우에도 땅값이 오른 만큼 땅 가진 사람들로부터 세금으로 거두어 들여야 된다는 사람들이 많다. 그런데 전국민이 오른 땅값만큼 세금을 내려고 땅을 팔면 누가 사겠는가? 땅값은 순식간에 폭락하게 될 것이다.

오래 전 어느 국회의원이 자기 선거구 농민들에게 수입 소를 키우게 하여 큰돈을 벌게 만들었다. 그러나 수많은 국회의원들이 너도나도 그렇게 하자 소값의 폭락으로 모든 농민들이 큰 손해를 보고 말았다.

가령 교육인적자원부 장관이 어느 한 학생에게 열심히 공부하여 일류대학 일류학과에 입학하라고 말할 수는 있다. 그러나 전국의 모든 학생을 대상으로 그렇게 말할 수는 없다. 그 대학 그 학과에는 입학정원이 있으므로, 모든 학생들의 입학은 물리적으로도 불가능하기 때문이다.

나 또는 주위의 몇 사람을 기준으로 볼 때 타당하므로 나라 전체로 볼 때도 타당하리라고 생각하는 것은 열에 아홉은 잘못된 생각이다. 지금까지의 예에서 보는 것처럼, 우리가 전체를 '구성'하는 어느 '부분'이 타당하므로 전체에 대해서도 타당할 것이라고 생각할 때 범하는 오류를 '구성의 오류(fallacy of composition)'라고 한다. 경제문제에는 이런 오류를 범하기 쉬운 함정이 많다.

나라경제는 하나의 거대한 시스템이므로 시스템으로 돌아가야 한다. 시스템의 논리는 개인의 논리와 다르다. IMF사태가 발생하기 전에 경제정책 담당자들은 경제시스템의 개념이 전혀 없었다. 시스템이 무너지는데도 이를 모르고 한국경제의 기초는 튼튼하다고 했다. 시스템이 무너지면 경제위기는 발생하게 되어 있다. 경제위기 직후 환율이 두 배 가까이 폭등하고 돈이 돌지 않으니 수많은 기업이 도산하고 흑자기업도 쓰러졌다. 개인이 아무리 경제활동을 능률적으로 하더라도 시스템이 흔들리면 소용이 없는 것이다. 설령 시스템이 튼튼하다고 하더라도 공산주의 경제시스템처럼 구조적으로 문제가 있는 경우에도 개인이 아무리 합리적으로 경제행위를 해봐야 소용이 없다.

이와 같은 견지로 우리는 제10장에서 우리의 튼튼한 새로운 시스템을 만들고자 한다.

개인의 생활수준은 나라 전체가 공산주의 길을 가는가, 자본주의 길을 가는가에 따라서, 즉 경제시스템에 따라서 그 차이가 하늘과 땅이다. 정부가 환율, 이자율, 통화량, 세율 등 전반적 경제정책을 얼마나 잘 수립하고 운용하느냐에 따라서도 커다란 차이가 난다. 동아시아국가들의 수출주도형전략이나 남미국가들의 수입대체형전략처럼 정부가 경제성장전략을 어떻게 짜느냐에 따라서도 마찬가지다. 한국인의 경제활동은 한국뿐 아니라 동남아의 금융 위기, 일본의 '경제버블', 중국의 위안화정책, 미국의 금리 등 국제환경 변화에도 많은 영향을 받는다.

이와 같이 개인과 경제전체 차원에서 발생하는 경제문제는 그 발생원인과 해결책 및 환경적 요인에 따라 큰 차이가 나타날 수 있으므로, 개인이 잘하면 국가경제도 잘될 수밖에 없다는 주장은 지나친 단순논리에 불과하다. 나라의 경제시스템이 잘 돌아가고, 경제전체 차원의 정책도 잘 운용되고, 경제환경도 유리할 때 개인이 열심히 하면 전체 경제도 잘 돌아간다고 할 수 있다. 개인차원의 합리적 경제행위와 국가차원의 경제시스템이 맞아 떨어져야 개인도 나라경제도 순조로워지는 것이다.

카 주식회사와 자본주의를 발견하여 서양이 동양을 앞서게 되었다

"기업은 국가사회의 기둥이다. 기업이 돈을 쓰는 것은 부(富)의 창출을 위해서이다."

— 피터 드러커

선진국들이 기업우위형 사회를 만드는 이유. 기업이란 무엇인가? 우리가 살아가는 데에는 책방, 채소가게, 세탁소, 음식점, 편의점, 병·의원, 약국, 문방구, 백화점 등이 있어야 한다. 그런데 이런 것들은 모두 기업이다. 병원, 학교, 버스나 택시회사는 물론 한전, 철도청도 기업이다. 우리에게 필요한 재화와 서비스를 생산하는 조직체는 어느 것이나 기업이다. 삼성, LG, SK, 현대, 소니, 코카콜라사만이 기업인 것은 아니다.

세계경제전쟁시대에서 온전하게 살아남으려면 기업을 바로 알아야 한다. 기업이 잘되도록 돕고 우대하는 것이 곧 우리 생활을 윤택하게 하는 길이다. 각종 기업이 잘되어야 각종 재화와 서비스가 더 잘 생산된다. 선진국들이 기업우위형 사회가 된 이유가 바로 여기에 있다.

우리 나라는 90년대 말 실업자가 100만 명을 넘었다. 매년 배출되는 전문대 졸업자 21만여 명, 대학교 및 대학원 졸업자 23만여 명도 일자리가 필요하다. 외국유학을 마치거나 박사학위를 받고도 일자리를 구하지 못한 사람들이 적지 않다.

정부의 일자리(곧 공무원의 수)는 89만 개에 불과하다. 앞으로는 작고 능률적인 정부를 지향해야 하므로 그나마도 더 줄어들어야 한다.

그럼 앞으로 일자리를 만드는 것은 어느 것인가? 기업뿐이다. 채소가게, 편의점, 백화점, 음식점, 병·의원 등은 일자리 늘리는 데에 한계가 있다. 일자리를 많이 늘릴 수 있는 것은 삼성전자(6.7만 명), 현대자동차(5.3만 명), LG전자(3.4만 명)와 같은 주식회사들이다. 앞으로 이런 주식회사들이 많이 생기고 잘 성장해야 좋은 일자리가 많이 생긴다.

세계에서 종업원 수가 제일 많은 주식회사는 어느 것인가? 월마트 백화점으로 종업원이 무려 170만 명이나 된다. 우리가 이런 회사 하나를 만들면 적어도 당장의 실업난은 거뜬히 해결할 수 있다. 일자리는 거의 매년 공무원 수만큼 늘어나야 한다. 기업우위형 사회가 되어야 한다.

기업우위형 사회가 되어야 하는 다른 이유는 다음과 같다.

· 지금은 경제전쟁시대인데, 이 전쟁을 실제로 수행하는 것은 기업, 특히 주식회사들이다.
· 한국의 자연자원, 사람, 자본 및 기술을 생산 목적으로 사용되게 하는 조직체는 기업이다. 이들의 힘을 모으는 것도 기업이다.
· 한국은 세계 최초로 금속활자, 측우기, 거북선, 국제해운망이라고 할 수 있는 장보고의 청해진, 임진강 위의 현수교 등을 발명했다. 그런데 이런 뛰어난 발명들이 국민의 생활 향상이나 국력 향상으로 이어지지 않았던 이유는 무엇이었던가? 기업이라는 조직이 없었기 때문이다. 다시 한 번 강조하지만, 기술을 국민생활과 국력향상으로 이어질 수 있게 하는 것은 기업이다.

자본주의 경제시스템과 기업. 아무리 훌륭한 주식회사라도 옛 소련 같은 공산국가나 캄보디아, 소말리아 같은 후진국에 갖다 놓으면 시드는 것은 시간문제일 것이다.

축구선수는 개인적으로 아무리 우수해도 축구팀이 없으면 소용이 없다. 팀을 한 개 만들더라도 상대팀이 없으면 안 된다. 상대팀이 있더라도 축구장이 없으면 안 된다. 축구코치, 축구선수, 훈련시설, 기술 등이 골고루 갖추어지고 또한 양질이어야 한다. 개별 기업은 한 사람의 축구선수와 같다. 축구선수, 축구팀, 상대팀, 축구장, 축구공, 축구신발 등을 모두 합친 것을 '축구시스템'이라고 할 수 있다.

기업에게 이 축구시스템에 비견되는 모든 것을 있게 만드는 것이 자본주의라는 시장경제시스템이다. 자본주의라는 사상이 자본주의 시장경제라는 시스템이 되고부터 산업혁명이 일어나고 경제생활이 윤택하게 되었다. 우리는 경제시스템에 대한 이해를 높여야 한다. 제10장에서 구체적으로 설명할 것이다.

부연하면, 개별 기업이 기업 차원에서 아무리 잘하더라도 정부가 국가 차원에서 노조활동을 적극 조장하여 임금을 경쟁대상국보다 크게 올려 놓거나 환율을 턱없이 낮추어 수출을 해도 손해 보게 만들어 놓으면, 그 기업이 시드는 것은 시간문제이다. 세금이나 이자율을 너무 높여도 마찬가지이다. 기업이 잘 성장하자면 그 부대 조건이 잘 갖추어져야 한다. 그렇게 되도록 만드는 것이 시장경제시스템이다. 그러므로 주식회사가 잘 발전하고 아울러 자본주의 시장경제시스템도 같이 발전해야 국부(國富)가 쑥쑥 늘어나고 국민들도 잘 살게 된다.

노벨경제학상 수상자인 로버트 포겔 시카고대 교수는 서양이 동아시아(한·중·일 3국)를 앞서기 시작한 것은 1750년경부터인데, 그 이유는 다음의 단 두 가지를 발명하여 실용화했기 때문이라고 했다.

첫째, 주식회사라는 기업조직
둘째, 자본주의 시장경제라는 경제시스템

사실 인류 역사상 발명품은 무수히 많지만, 인간생활에 가장 큰 영향을 미친 중요한 발명품 두 가지를 꼽는다면 바로 이 두 가지이다. 주식회사라는 나무는 끝없이 자라고, 아름다운 꽃과 풍성한 열매를 얼마든지 맺을 수 있다. 그러나 잘 자라려면 물, 토양, 기후, 곧 풍토가 좋아야 한다. 그 풍토에 비견되는 것이 자본주의라는 경제시스템이다.

서양이 어느 시점부터 동아시아를 앞서게 되었는가에 대해서는 두 가지의 설이 더 있다. 하나는 아담 스미스의 『국부론』이 나온 1776년부터라는 설이다.

이 해는 미국 독립선언의 해이기도 하다. 그런데 이 해는 조선의 정조(正祖)가 규장각을 설립한 해이기도 하다. 규장각 관장을 역임한 정옥자 서울대 교수는 정조 때 한국문화가 서양 어느 나라에도 뒤지지 않았을 것이라고 했다.

다른 하나는 로버트 로이드 죠지가 『동서양의 시계추』에서 밝힌 1793년 설이다. 이 해는 영국 대사 메카트니가 중국 황제를 방문하여 선물을 바쳤으나 거절당한 해이다. 이 때부터 서양이 동아시아를 앞서기 시작했다는 것이다.

서양이 동아시아를 앞서기 시작한 해

1750년: 로버트 포겔 노벨상 수상 교수의 주장

1776년: 많은 경제학자들의 견해

1793년: 로버트 로이드 죠지의 주장

축구와는 많이 다르지만 자본주의도 하나의 게임이다. 자본주의는 전 국민이 참여하는 경제게임이다. 축구는 공, 운동복, 골대 등 몇 가지의 제품만 사용하는 게임이지만, 자본주의는 생산되는 모든 제품을 사용하는 게임이다. 축구는 정해진 선수가 정해진 시간에만 하나, 자본주의 경제게임은 국민 모두가 하루 24시간, 그리고 1년 365일 계속하는 게임이다. 자본주의라는 경제게임은 근본적으로 두 가지 규칙을 철저히 지키는 것이다. 그 두 가지는 무엇인가?

규칙 제 1. 개인의 소유, 즉 사유재산을 철저히 보호하고 또한 될수록 많이 늘어날 수 있게 한다.

규칙 제 2. 경제문제를 시장시스템을 통하여 해결한다.

사유재산은 왜 보호해야 하는가? 세상에는 남에게 도움되는 일을 열심히 하여 돈을 벌고, 번 돈은 한푼이라도 아껴 써서 재산을 조금이라도 더 모으려고 안간힘을 쓰는 사람들이 많다. 이런 사람들이 많이 나오고 재산도 더 잘 늘려갈 수 있도록 하자는 것이 자본주의이다.

세상에는 자신의 일은 열심히 하지 않고 남의 것을 얻어먹으려고 하는 사람, 결혼 때 신부나 신랑 측의 재물을 빼앗으려고 하는 사람, 도둑질하는 사람, 폭력이나 권력으로 남의 재산을 빼앗으려는 사람, 자·저울·되로서 남을 속이려고 하는 사람, 국민을 착취하려는 지도자들이 적지 않다. 어떤 사람이 쓴 좋은 책이 잘 팔리니까, 그 책에 자기 이름을 붙여서 팔려고 하는 사람, 많은 돈을 들여서 피땀 흘려 개발해 놓은 상품을 자기 브랜드를 붙여서 파는 사람, 외국에서 수입한 농산물을 국산품이라고 속여서 파는 사람들도 적지 않다.

이런 사람들이 이런 짓을 못하게 하자는 것이 자본주의라는 경제게임의 첫번째 규칙인 사유재산권의 보호라는 것이다. 인간은 소유재산이 불안한 상태에서는 재산을 늘어나게 하는 생산활동을 하려고 하지 않는다.

경제문제를 시장시스템을 통하여 해결한다는 것은 무엇을 의미하는가?

우리는 음식점에서 음식을 사먹을 때나 시장에서 어떤 물건을 살 때, 정말 값도 싸고 질도 좋아서 기분이 아주 좋을 때가 있다. 그 때 우리에게 음식이나 물건을 판 사람도 좋은 값에 잘 팔아서 기분이 좋아 또 오라고 친절하게 인사하는 것을 볼 수도 있다.

어떤 사람은 죽을 고생을 하여 모은 돈으로 조그마한 아파트를 사서 드디어 자기 집을 소유했다고 한없이 기뻐한다. 그 사람에게 집을 판 사람은 오랜 마음고생 끝에 집을 잘 팔아서 더없이 좋아한다.

시장시스템을 활용하여 경제문제를 해결한다는 것은, 어떤 물건이든지 사는 사람이나 파는 사람 모두 좋아할 수 있는 거래를 하도록 만들자는 것이다. 만들기 싫은데도 정부가 시켜서 할 수 없이 억지로 만들거나 사고 파는 것이 아니라, 좋아하는 사람들이 알아서 스스로 만들고 사고 팔도록 하자는 것이다. 그리고 소비하는 사람들도 정부의 지시 때문에 싫은 것을 억지로 소비하는 것이 아니라, 자발적으로 기분 좋게 하도록 하자는 것이다.

이렇게 하면 소비자들이 바라는 물건을, 만들고 싶은 사람들이 자기 뜻대로 만들어서 판다. 그리고 경쟁 때문에 가급적 싼 값에 만들려고 한다. 이런 것이 시장시스템을 통하여 경제문제를 해결하려는 근본취지이다. 국민들이 더 잘 살 수 있도록 하기 위해서는 이러한 시장경제의 근본규칙을 철저히 잘 지켜야 된다는 것이 자본주의 시장경제의 기본 이데올로기이다.

자유경제=자본주의=시장경제=자본주의 시장경제=자유기업경제

자본주의시장경제를 시장경제로 표현하든, 자유경제나 자유시장경제로 표현하든 간에 궁극의 목표는 사람들을 더 잘 살 수 있도록 만들자는 것이다. 시장경제를 연구하는 경제학의 근본목적도 바로 그런 것이다. 되풀이하면 시장경제의 목적은 국민들을 더 잘 살게 하는 것이고, 시장경제의 근본원리를 연구하는 것이 곧 경제학이다.

축구에서는 선수들이 공에 손을 대면 안 된다. 자본주의 경제게임에서는 선수들이 남의 재산에 손을 대면 안 된다. 축구에서는 선수들이 게임을 축구장 안에서 하지만, 자본주의게임에서는 국민들이 시장이라는 틀 안에서 게임을 해야 한다. 그렇지 않고 밖에서 하는 것은 지하축구, 곧 지하경제이다.

경제학이 과학의 차원으로 올라서게 된 것은 아담 스미스의 『국부론』(1776) 때문이다. 과학이란 개념을 쉽게 설명하면, 누구든지 똑같은 실험을 똑같은 방법으로 실시할 때 똑같은 결과를 얻을 수 있게 하는 이론의 보편화 작업이라고 할 수 있다.

그럼 아담 스미스가 『국부론』에서 밝힌 시장경제의 두 가지 근본규칙, 곧 사유재산권(property rights)의 제도적 보장과 시장제도를 통한 경제문제의 해결이라는 방법을 적용하면, 어느 나라도 똑같은 결과, 곧 잘 사는 나라가 된다는 것인가? 물론이다. 그럼 그 증거가 있는가?

영국은 『국부론』이 나온 이후 그 룰을 잘 지켜서 세계 최초, 세계 제일의 부자나라가 되었다. 미국도 이를 잘 적용하여 현재 세계 제일의 경제대국이 되어 있다. 홍콩도 마찬가지로 잘 적용하여 같은 인종의 나라인 중국에 비하여 1인당 소득이 20배(2004년)가 넘는 나라가 되었다. 일본은 시장경제원리를 잘 따른 결과 짧은 기간 안에 유럽 선진국을 모두 추월하게 되었다. 대만, 싱가포르도 같은 방법으로 눈부신 경제성장을 이룩했다. 특히 우리 나라는 세계 제일의 고도성장을 가장 오랫동안 지속할 수 있었다. 국민들을 잘 살 수 있게 하는 방법으로 지금까지 인류가 발명한 것 중에 가장 나은 것이 시장경제시스템이다.

시장경제의 원칙은 일견 아주 이해하기 쉬운 것 같으나, 실제는 그렇지 않다. 아무리 두뇌가 명석한 사람이라도 가장 이해하기 어려운 것이 바로 이것이다. 이를 잘 이해하기 위해서는 이를 뒷받침하는 다른 많은 원리, 우선 이 장에서 말하는 11가지 원리를 잘 이해할 필요가 있다.

싸움에서 이기는 데 소용없는 병법(兵法)은 탁상공론이다. 그런 병법은 수많은 병사를 죽음에 몰아넣을 뿐이다. 기업을 튼튼하게 하고, 산업의 경쟁력을 높이며, 생활을 향상시키는 것과 거리가 먼 경제학도 탁상공론이다. 우리가 세계경제전쟁시대를 살아가려면 우리 자신을 최소한의 경제지식으로 무장하지 않으면 안 된다. 기업과 자본주의 시장경제는 그 중요성을 아무리 강조해도 지나침이 없다. 그러므로 이 책에서는 기회 있을 때마다 이를 강조하려고 한다.

그리고 제 6 장에서는 이를 보다 체계적으로 살펴보기로 한다. 지금은 세계화시대이다. 세계경제를 잘 알아야 하고, 세계 속에서 한국의 위상을 잘 알아야 하고, 한국이 모델로 삼을 국가도 잘 알아야 한다. 모델 국가를 잘 정하고 잘 따라가고 궁극적으로는 앞서기 위해서는 어떻게 해야 하는가? 이러한 주제는 제10장에서 체계적으로 논의할 것이다.

지금은 글로벌시대이다. 세계 속에서 한국경제의 위치를 정확히 알 필요가 있다.

지금부터 이를 살펴보기로 하자.

2. 세계 속의 한국경제

가 나의 경제, 나라경제 및 세계경제는 긴밀하게 연결되어 있다

우리는 양곡의 68%, 에너지의 97%, 종이의 원료가 되는 펄프의 대부분을 수입에 의존하고 있다. 음식을 먹고 차를 타고 책을 보는 우리의 경제생활 그 자체가 수입을 유발하는 것이므로, 나라경제는 물론 세계경제에도 참여하는 셈이다. 한반도에서 생산되는 식량, 에너지, 광물자원 등이 턱없이 부족하기 때문에 자급자족은 꿈도 꿀 수 없다. 부족한 만큼 외국에서 수입해야 하고, 그러려면 많은 달러가 필요하며, 그 달러는 세계인을 상대로 벌어야 한다.

세계를 상대로 하여 살아가려면 세계경제와 그 원리를 잘 알지 않으면 안 된다. 앞으로 나의 경제, 나라경제 및 세계경제가 점점 더 긴밀하게 연결된다. 우리 나라는 아시아에서 석유의존도나 식량의존도가 가장 높은 나라 중의 하나이다. 세계적인 에너지파동 또는 식량파동이 일어나면 가장 큰 영향을 받기 쉬운 취약점을 안고 있다. 따라서 장기적으로 석유, 식량 등 자원의 안정적인 공급원을 확보하지 않으면 안 된다.

지금은 글로벌지식기반경제시대(글로벌경제 + 지식기반경제)이다. 기술혁신이 특히 빠른 시대이다. 우리 나라가 선진국만큼 기술혁신을 못하면 선진국과의 경쟁에서 이길 도리가 없다. 선진국과의 경쟁에서 진다면 후진국과 경쟁해야 하는데, 중국 같은 후진국과 경쟁하는 것도 쉬운 일이 아니다.

선진국이란 어떤 나라인가?

세계은행은 「세계개발보고서」(2006)에서 세계의 여러 나라를 1인당 GNP 기준으로 다음과 같이 분류하고 있다.

저소득국 $825 이하의 국가

중소득국 $826에서 $10,065까지의 국가

고소득국 $10,066 이상의 국가

(한국 $13,980)

세계에는 2004년 현재 34개의 고소득국가가 있다. 이 중 OECD회원국가는 모두 24개이다. 그렇다면 선진국은 어떤 나라이고, 또한 몇 개국인가? 선진국은 OECD회원국이면서 동시에 고소득국가이다. 그러므로 다음의 24개 국가가 선진국인 것이다.

미 국	스 위 스	오스트리아
일 본	스 웨 덴	네덜란드
독 일	스 페 인	룩셈부르크
프랑스	포르투갈	아일랜드
영 국	그 리 스	아이스랜드
이태리	핀 란 드	오스트레일리아
캐나다	덴 마 크	뉴질랜드
한 국	벨 기 에	노르웨이

옛날에는 후진국(= 저소득국 + 중소득국)을 제 3 세계, 선진국을 제 1 세계 그리고 공산권국가를 제 2 세계라고 하였다. 그러나 현재 제 2 세계는 해체된 상태이다. 이 24개국에 싱가포르, 이스라엘, 대만 및 한국을 포함하면 선진국의 수는 28개로 늘어난다. IMF는 이 28개국을 선진국이라고 한다.

중국은 특히 인건비가 우리 나라와 비교할 수 없을 정도로 싸다. 값싼 상품의 경쟁에서는 우리보다 유리한 점이 많다. 우리는 한편으로 선진국에게 견제 당하고, 다른 한편으로는 후진국에 추월 당할 수도 있다. 선진국들이 추진하고 있는 글로벌 지식혁명을 하루속히 추진하여 우리 경제를 선진국 수준으로 발전시켜 나가야 한다.

한국의 경제적 위상. 지구상에는 모두 몇 개의 나라가 있는가? 세계은행은 1999년에 세계 211개국의 통계를 작성한 바 있다(「세계개발보고서」, 1999/2000년판). 그런데, 이태리에만 해도 산마리노와 바티칸이라는 두 개의 나라가 더 있고, 이런 나라들을 다 포함하면 전세계의 나라 수는 256개다.

통계청 자료에 따르면 우리는 현재 이 중 231개국에 각종 상품을 수출하고 있다. 우리 나라의 경제규모, 곧 GNI는 2004년 약 6,730억 달러로서 세계 11위인데, 전세계 GNI 40조 달러의 1.7% 정도를 차지하고 있다. 2004년 1인당 GNI는 세계은행이 분류한 고소득국가 기준을 넘는다. 1인당 GNI 기준으로 볼 때 우리 나라는 세계 256개국 중 46위이고, 수출규모에서는 세계 11위이며, 세계 총수출의 2.8%를 차지하고 있다.

미국과 일본의 1인당 GNI는 한국의 2.5배가 넘는다. 그런데 일본에서 가령 120엔을 주고 자판기에서 살 수 있는 커피 한 잔을 한국에서는 500원에 살 수 있는 경우도 있다. 그러므로 돈의 '구매력을 감안한 1인당 GNI'를 기준으로 하면 일본의 평균 국민소득은 한국의 두 배가 못된다([표 2. 1]).

한국경제를 인도네시아, 말레이시아, 필리핀 및 태국 등 동남아 4대국

[표 2. 1] G7과 한국의 국민소득 비교

			GNI(10억)		1인당 GNI	
			달러	%	경상	구매력 감안
G7	G5	미 국	12,151	100	41,400	39,710
G7	G5	일 본	4,750	39	37,180	30,040
G7	G5	독 일	2,489	20	30,120	27,950
G7	G5	프랑스	1,859	15	30,090	29,320
G7	G5	영 국	2,016	17	33,940	31,460
G7		이태리	1,504	12	26,120	27,860
G7		캐나다	906	7	28,390	30,660
		한 국	673	6	13,980	20,400

자료: 세계은행, 「세계개발보고서」, 2006.

의 경제규모를 합한 것과 비교하면 어떠한가? 한국이 더 크다. 경제규모에서 인도는 우리 나라보다 약 10% 더 크고, 중국은 한국의 약 2.4배이다. 우리 나라와 아프리카대륙의 55개 국가 전체의 경제규모를 비교하면 어떠한가? 우리 나라가 더 크다.

우리는 1960년대 초까지만 해도 경제규모가 아주 작아서 세계경제에 미치는 영향력이 미미했다. 그러나 지금은 다르다. 수출품에 따라서는 우리 나라의 세계시장 점유율이 제일 높은 것도 적지 않다. 경제위기를 겪은 후 우리 나라와 멕시코를 비교하는 사람도 많다. 그럴 경우의 가장 큰 차이는 무엇인가? 우리 나라에는 세계적인 대기업이 11개나 있고 멕시코에는 2개밖에 없다는 사실이 아닌가 한다.

우리가 세계경제를 잘 알아야 할 이유는 많다. 세계무역의 총규모는 연간 약 19조 달러이므로, 세계무역에 필요한 돈은 그만큼만 있으면 된다. 그러나 매일 '돈 놓고 돈 먹기' 식의 전세계 돈 거래량은 1조 8천억 달러나 된다. 불과 10일만에, 연간 세계 총 무역에 필요한 돈의 양이 국제금융시장에서 거래되는 것이다.

이제는 전세계적으로 실물거래보다 금융투기를 목적으로 거래되는 돈의 양이 월등히 많다. "한국의 외환보유고가 2,000억 달러가 되더라도 이는 전세계 하루 금융거래량의 9분의 1이다. 하루 근무시간을 9시간으로 치면, 이는 불과 한시간 거래량에 불과하다." 레스터 서로우 MIT 경제학 교수의 말이다.

한국증권시장의 주식시세는 미국증권시장의 주식시세에 영향을 받는다. 미국의 금리 인상은 미국증시를 침체시키고, 이것이 한국증시 침체로 이어진다. 이 예에서 보듯이 미국의 경제정책의 변동은 한국경제에 절대적일 정도로 민감한 영향을 미친다. 미국 경제가 재채기를 하면 한국 등 많은 나라의 경제는 그야말로 심한 감기를 앓을 정도이다. 뿐만 아니라 일본엔화의 가치변화나 중국의 경기변동도 바로 한국경제에 영향을 준다.

미국, 일본 및 독일을 잘 알아야. 세계경제 전체의 규모 약 40조 달러 중 선진국이 차지하는 비중은 73%이다. 선진국 가운데서도 경제규모의 크기 순으로 5대국을 G5(Group of Five)라고 하는데, G5가 선진국경제 전체의 약 4분의 3을 차지한다. G5에 이태리와 캐나다를 더한 G7(Group of Seven), 즉 7대 경제대국은 선진국 경제전체의 80%를 차지한다. 선진국경제 전체를 100으로 했을 때, G5와 G7국가들이 차지하는 비중은 다음과 같다.

미국	일본	독일	프랑스	영국	이태리	캐나다
37.9	14.8	7.8	5.8	6.3	4.7	2.8

G5 = 72.6% (미국~영국)

G7 = 80.1% (미국~캐나다)

그러므로 세계경제를 알려면 우선 선진국 경제를 보아야 하고, 선진국 경제를 보려면 G7경제를 보아야 한다. 그런데 이 중에서도 미·일·독 세 나라가 61%나 차지한다. 최근에는 중국경제의 비중이 커졌으므로 중국경제의 동향을 잘 파악하는 것도 중요하다.

레스터 서로우 MIT 교수는 앞으로 세계경제는 미국 중심의 북미경제, 일본 중심의 동아시아경제, 그리고 독일 중심의 서유럽경제의 3극(poles)경제가 될 것이므로, 경제전쟁도 이 '3극간의 전쟁'이 된다고 예견했다. 우리는 곧 설명할 한국모델 개발과 벤치마킹할 나라를 정하기 위해서도 이 세 나라를 잘 알아야 한다.

그런데 많은 사람들은 일본경제가 과거 10년이 넘는 기간 경기침체로 형편없는 상태에 놓인 것으로 생각하고 있다. 그러나 아직도 그 규모는 영국의 2배가 넘고, 독일의 거의 2배나 된다. 유럽 선진국 어느 두 나라의 경제를 합쳐도 일본경제규모에 미치지 못한다.

미국경제는 현재 세계경제의 약 31%를 차지한다. 제 2 차 세계대전 직후 미국은 세계 GNP의 70%를 차지했다. 그러나 패전국인 일본, 독일, 이태리 등의 급속한 경제성장으로 이 비율은 1960년대 50% 정도까지 떨어졌다. 미국은 1971년까지만 하더라도 세계 5백대 기업 중 280개를 갖고 있었으나, 지금은 176개로 줄어들었다.

미국은 우리 나라의 제 2 의 교역대상국이다. 미국 달러값이 어떻게 되느냐에 따라서 우리 나라의 수출과 국제수지는 큰 영향을 받는다. 미국은 영화, 음악, 게임, TV프로그램, 컴퓨터소프트웨어, 레포츠 등을 수출하는 나라이다. 또한 하버드, MIT, 스탠포드대학 등의 대학을 통하여 전세계에 대한 교육서비스를 수출하고 있다. 이런 수출은 곧 미국문화의 수출이고, 문화 수출은 '미국시스템'의 수출이기도 하다. 미국은 현재 전세계를 대상으로 미국시스템을 수출하고 있다. 우리 나라도 물론 이를 수입하고 있다.

그렇다면 미국시스템이 한국에 그대로 적용될 수 있는가? 이는 이 장의 뒷부분과 제11장에서 검토된다.

(나) 4대 강국 틈에서 살아가야 하는 나라

4대 강국 틈에 낀 한국. 우리 나라는 세계에서 미·일·중·러의 4대 강국 사이에서 살아가야 하는 유일한 나라인 동시에, 이웃에 가장 큰 시장을 갖고 있는 유일한 나라이기도 하다. 피터 드러커에 따르면, 중국 연안지역의 경제규모는 이미 미국, 일본 다음인 세계 3위의 경제규모를 형성하고 있다고 한다. 그것 말고도 우리 주위에는 급속한 고도성장을 보이고 있는 동남아시아 경제권도 있다.

우리는 세계 4대 강국에 대해서 특히 잘 알아야 하는 나라이며, 앞으

[표 2. 2] 한국, 4대 강국 및 세계의 경제

	인구 (백만)	면적 (천㎢)	GNI (10억 달러)	1인당GNP (달러)	수출 (10억 달러)
1. 세 계(B)	6,345	133,572	39,834	6,280	9,122
한 국(A)	48	99	673	13,980	254
2. 한국의 비율(A/B)	0.8%	0.07%	1.7%	223%	2.8%
미 국	294	9,364	12,151	41,400	819
일 본	128	378	4,750	37,180	565
중 국	1,297	9,597	1,677	1,290	593
러시아	143	17,075	487	3,410	183
3. 4대강국 합계	1,862	36,414	19,065	10,253	2,160
4. 4대강국 비율	29.3%	27.3%	47.9%	163.3%	23.7%

자료: 세계은행, 「세계개발보고서」, 2006.

로 무역과 경제운영은 이들의 경제동향을 잘 보아가며 추진하지 않으면 안 된다.

이들 4대 강국 전체가 세계에서 차지하는 비중을 보면, 인구는 29%, 경제규모는 48%, 수출은 24% 등이다([표 2. 2]). 중국, 일본, 미국은 이미 우리 나라의 3대 교역대상국이 되어 있다. 우리는 현재 세계 2위의 경제대국 일본과, 21세기 세계 제일의 경제대국이 된다고 하는 중국 사이에 있어 전략적으로 매우 유리하며, 서울은 북경(Beijing), 서울(Seoul) 및 도쿄(Tokyo)를 잇는 BESETO축의 한복판에 위치하고 있다.

이러한 지경학적(地經學的) 조건을 잘 살린다면, 우리만의 강점을 잘 살릴 수 있다. 그러나 잘못하면 가장 가깝고 가장 힘센 경쟁자들에게 시장을 다 빼앗길 수도 있다.

다 한국은 개방경제

한국경제는 얼마나 개방되어 있는가? 국가경제 전체의 개방도는 수출과 수입의 평균치를 GDP로 나눈 것으로 따진다.

$$\text{개방도} = \frac{\text{수출입의 평균치}}{\text{GDP}}$$

이 기준에 따르면 한국경제의 개방도는 35%로서 미·일·독 등 선진국의 개방도 보다 높다([표 2. 3]). 그러나 유럽의 물류기지라는 네덜란드에 비하면 낮고, 자유무역항이라고 하는 싱가포르에 비하면 아주 낮다. 세계 제 1 과 제 2 의 경제대국인 미국과 일본의 개방도는 약 10%에 불과하니, 우리 나라에 비하면 아주 낮은 셈이다. 미국과 일본의 경우는 국내경제의 중요성이 비교적 크고, 우리 나라의 경우는 세계경제의 중요성이 절대적으로 크다.

윌리엄 보몰(William Baumol)과 알랜 블라인더(Alan Blinder)는 『경제학』(제 8 판)에서 미국은 상대적으로 폐쇄된 경제라고 했다. 일본도 마찬가지이다. 특히 미국은 각종 국내자원이 풍부하여 무역이 거의 없이도 살아갈 수 있다. 세계에서 자급자족을 가장 잘할 수 있는 나라 하나를 꼽는다면 아마 미국일 것이다. 미국경제의 개방도는 1970년대까지만 하더라도 5% 정도에 불과했다. 당시 미국 경제학 교과서들은 무역을 대수롭지 않게 생각했으며, 국내 경제문제를 주로 다루었다. 그러나 지금은 상황이 많이 달라졌다.

[표 2. 3] 한국과 주요국의 경제개방도(2004년)

	GDP	수 출 (10억 달러)	수 입 (10억 달러)	개방도 (%)
한 국	679.7	253.4	224.4	35
미 국	11,667.5	819.0	1,526.4	10
일 본	4,623.4	565.5	454.5	11
중 국	1,649.3	593.4	561.4	35
독 일	2,714.4	914.8	717.5	30
싱가포르	106.8	179.5	163.8	161
네덜란드	577.3	358.8	319.9	59
스 위 스	359.5	118.4	111.5	32

자료: 세계은행, 「세계개발보고서」, 2006.
주: 개방도=(수출+수입의 평균)/GDP.

라 한국은 고도성장국가

우리 나라는 IMF경제위기 직전 세계에서 가장 높은 경제성장률로 가장 오랜 기간 지속적 경제성장을 보인 나라이다.

세계은행은 「한국: 지식기반경제에로 이행」이란 보고서에서 한국은 1966~96년 사이 달러기준으로 연평균 6.8%나 성장했고, 그 결과 1996년에는 선진국 클럽이라는 OECD 회원국이 되었다고 했다. 영국의 「이코노미스트」지도 한국은 당시 세계에서 가장 빠른 기간에 가장 많은 성장을 한 나라라고 했다.

우리 나라는 GNI나 1인당 GNI, 어느 기준으로 보든 1962년 제 1 차 경제개발 5개년계획(1962~66)이 시작되고부터 세계에서 유례없이 빠른 경제성장을 이룩했다. 이 때문에 "한국의 경제성장은 압축성장(compressed development)"이라고 하는 사람도 많다. 우리 나라의 GNI와 1인당 GNI의 증가추세를 보면 이런 말이 실감 난다. 그러다가 최근 IMF경제위기가 발생하자 「이코노미스트」지는 "한국은 국제사회에서 가장 빠른 시간에 가장 많은 망신을 당한 나라"라고 했다.

1인당 GNI	GNI
100 달러 (1963년)	20억 달러 (1961년)
200 달러 (1969년)	50억 달러 (1968년)
500 달러 (1974년)	100억 달러 (1972년)
1,000 달러 (1977년)	500억 달러 (1978년)
2,000 달러 (1983년)	1,000억 달러 (1986년)
5,000 달러 (1989년)	2,000억 달러 (1989년)
10,000 달러 (1995년)	5,000억 달러 (1996년)
10,000 달러 (2001년)	5,000억 달러 (2001년)
15,000 달러 (2005년)	7,000억 달러 (2005년)

마 대만의 중소기업형 성장전략이 한국에도 맞는가?

대만은 국가의 규모, 국민성, 정치적 배경 등의 이유로 중소기업형 경제로 성장해왔다. 지금은 글로벌시대이므로 세계적인 대규모의 은행들이나 기업들이 짝짓기로 더욱 더 큰 규모의 조직체가 되어가고 있다. 우리 나라도 국가의 규모, 지정학적 위치, 그리고 국민성 등으로 볼 때 대만형 중소기업형 경제로 성장하는 것이 타당한가?

지금부터 이런 문제를 검토해 보기로 하자.

1) 한국의 주력 수출상품은 반도체, 조선, 전자, 철강, 화학제품 등 주로 대기업 제품들이다. 일본에서도 규모의 경제가 중요한 이런 제품은 대기업들이 생산한다. 중소기업은 이런 제품생산에서 경쟁력이 약하다. 만약 대기업 제품을 일본은 대기업들이, 그리고 한국은 중소기업들이 생산

한다면 어떻게 되겠는가?

규모의 경제를 특징으로 하는 업종을 중소기업이 하는 데는 한계가 있다. 미국의 「포춘」지는 세계에서 가장 존경받는 기업(most admired companies)리스트에 한국의 삼성전자, (주)SK, 포스코, 현대중공업 등을 포함시켰다. 이들은 모두 대기업이고, 대기업에 적합한 업종에 종사하는 기업들이다. 이 리스트에 한국의 중소기업은 포함되어 있지 않다.

중소기업도 규모의 경제가 중요한 사업을 시작하면 바로 대기업이 된다. 예를 들면, 어떤 중소기업이 747비행기 한 대만 사서 항공업을 시작해도 자산규모로 볼 때 당장 대기업이 된다.

그러나 중소기업이 할 수 있는 일에는 한계가 있다. 서울-뉴욕간 여객을 대형이 아니라 소형비행기로 수송할 수는 없다. 중동석유를 한국에 수송하는 데도 대형 유조선이 중소선박보다 월등히 유리하다. 포항제철 같은 대기업을 해체하고 소형 제철회사를 많이 세우면 어떻게 되겠는가?

중국은 문화혁명 때 마을 단위의 미니 제철회사를 수없이 많이 건설하여 운영하다가, 제철 제품을 모두 부실하게 만들었다. 연료를 조달하느라 산의 나무를 마구 베어 산을 모두 민둥산으로 만들었다. 규모의 경제가 중요한 산업의 경우는 대기업에 의한 생산이 훨씬 유리하다. 이런 규모의 경제를 무시하고 모든 업종을 중소기업으로 하자는 것은 설득력이 없다.

2) 대만이 중소기업형 경제로 간 중요한 이유의 하나는 소국이기 때문이다. 대만의 인구는 공업화를 시작할 때 원주민 800여만 명에 본토에서 장개석 정부를 따라서 온 사람들이 80여만 명이었다. 홀리스 체너리 하버드대 교수는 인구 2,000만 명 이하의 국가를 소국(小國)이라고 했다. 그리고 소국은 소국의 길을 가야 된다고 했다. 소국에는 중소기업형 경제가 잘 맞는다. 이는 글로벌경제가 본격 시작하기 이전에는 더욱 타당했다.

우리 나라는 어떤가? 현재 인구가 4,800만 명이 넘는 대국이고, 본격적인 공업화를 시작할 당시만 해도 이미 2,000만 명을 넘었다. 따라서 당연히 대국의 길을 가야 했고, 대기업을 많이 일으키지 않을 수 없었다.

석유를 수입해도 대량으로 해야 한다. 이를 위해서는 대형선박, 대규모의 항구, 대규모의 저장시설, 대규모의 화학공장들이 필요하게 된다. 이에 필요한 달러도 대규모로 있어야 한다. 한국은 반도체, 자동차 등 많은 달러를 벌 수 있는 제품을 대규모로 수출하지 않을 수 없다. 이런 관점에서 보면 한국경제에는 대기업이 많이 필요하다.

물론 대기업만 있어야 된다는 것은 아니다. 대국경제가 되어야 한다는 것은 대·중·소·영세기업 등 각종 규모의 기업이 균형을 이룬 경제가 되어야 함을 의미한다. 우리 나라를 대만처럼 주로 중소기업만 있는 국가로 만드는 것은 옳지 않다.

3) 대만인의 가족주의. 대만에서 경제 각료를 20년 이상 지낸 리 쿠오팅은 대만인에게는 자본주의나 공산주의보다 가족을 앞세우는 '가족주의'가 더 중요하다고 했다. 중국인은 자고로 믿을 수 있는 사람은 가족, 그 중에서도 가까운 가족뿐이라고 생각했다. 이들끼리 잘할 수 있는 기업형태는 중소기업이다. 대만의 중소기업인들은 기업이 망하면 가족이 모두 망하므로, 망하지 않기 위해서도 죽자살자 노력하게 된다.

4) 정치적 및 사회적 요인. 장개석을 따라 본토에서 대만에 건너온 사람들은 주로 군인, 정치가, 지주들이었다. 이들은 '본토 수복'을 국가경영의 최고 목표 또는 최고 가치로 간주했고, 원주민들에게는 농업과 중소기업을 권장했다.

5) 정부의 정책. 대만 정부는 이미 1960년대 초, 한국의 삼성그룹, LG그룹, 일본의 미츠이그룹 같은 대기업이나 그룹형 경제성장은 하지 않고 중소기업형으로 경제성장을 할 것이라는 정책을 공식적으로 밝힌 바 있다.

6) 지금은 글로벌경제이므로, 어느 나라의 기업이든 전세계를 대상으로 사업을 하여 대기업이 될 수 있다. 이제는 대만기업들도 그렇게 하는 경우가 많은데, 예를 들어 반도체 같은 대기업 업종의 제품을 생산하기 시작했다.

선진국 중에도 중소기업형 경제가 있는가? 한 나라가 있는데, 바로 이태리이다. 그 이유는 무엇인가?

이태리에서는 1948년 정부 수립 이후 정권이 58번 이상 바뀌었다. 이태리는 또한 마피아의 본산지이다. 이처럼 정치가 불안하고 범죄가 많은 나라에서 믿을 수 있는 것은 가족뿐이다. 가족끼리 잘 경영할 수 있는 기업은 중소기업이다. 이러한 이유로 이태리의 주요기업들은 거의 가족기업이다.

로마에서 오래 산 어느 교포는, 이태리는 좀도둑이 많기 때문에 자물쇠산업의 국제경쟁력이 아주 높게 되었다고 했다.

바 한국은 다른 나라를 닮아가야 하는가, 앞서가야 하는가?

"선진국들의 1인당소득 평균치는 약 3만 달러이다. 한국이 이들을 단순히 따라가려면 영 · 미식 경제이론과 모델을 그대로 따라 해도 될 것이다. 그러나 2~3배 앞서는 선진국을 건설하려면 그렇게 해서는 안 된다. 보다 좋은 기업이론과 경제모델을 만들어야 한다."

— 최종현 SK그룹 창설자

세계에서 국민들이 가장 잘 사는 나라(1인당 GNP 기준)는 어느 나라인가? 룩셈부르크이다. 세계에서 가장 잘 사는 인종, 그리고 우리가 벤치마킹할 인종은 어느 인종인가? 유태인으로 보인다. 세계 제일의 경제대국은 어느 나라인가? 미국이다. 세계에서 국민들이 저축을 제일 많이 하는 나라는 어느 나라인가? 일본이다. 유럽 제일의 경제대국은 어느 나라인가? 독일이다. 앞으로 유럽의 중심이 될 나라는 어느 나라인가? 마찬가지로 독일이다. 아시아 제일의 경제대국은 어느 나라인가? 일본이다. 북미 제일의 경제대국은 어느 나라인가? 미국이다.

앞으로 세계경제는 어떻게 되는가? 미국 중심의 북미경제권, 독일 중심의 유럽경제권, 일본과 중국 중심의 동아시아경제권 등 '3극 경제권'이 된다고 한다. 그러므로 우리가 벤치마킹할 대상은 이 3대 경제권의 중심이 되는 중심국가인 미국, 일본, 중국 및 독일의 네 나라를 통합한 '가상

선진국' 이라고 할 수 있다. 이 네 나라를 모르고 세계경제를 알 수 없고, 세계경제를 모르고 한국모델을 만들 수도 없다. 우리가 살아가려면 이 3대 경제권과 네 나라를 잘 알지 않으면 안 된다.

그런데 지금까지 우리가 벤치마킹해야 할 대상국가에 대해서 많은 사람들이 다양한 견해를 밝힌 바 있다. 지금부터 그 타당성을 검토해 보기로 하자.

우리 나라가 경제정책과 전략의 수립, 국제화, 경제시스템 개발 등에 있어서 모델국가, 곧 벤치마킹(benchmarking)해야 할 나라로서 정부의 어떤 정책담당자는 싱가포르를 꼽았다. 또 어떤 사람들은 그보다 대만식으로 한국경제를 이끌어 가야 된다고 했다. 사람에 따라서는 스위스, 네덜란드 또는 스웨덴을 모델로 해야 된다고도 말한다. 과연 타당한 주장인가?

싱가포르는 인구가 부산·경남지역 보다 적다. 따라서 이 지역이 싱가포르를 벤치마킹할 수는 있을 것이다. 싱가포르는 마실 물도 수입하고, 동물원의 새도 수입하고, 회사 사장도 수입한다. 수입의 규모가 GNP보다 큰 나라이다. 스웨덴은 인구가 900여 만 명으로 서울시보다 적다. 스위스는 인구가 700여 만 명으로 경기도보다 적다. 따라서 경기도가 스위스를 벤치마킹할 수는 있을 것이다. 독일, 이태리 및 프랑스 사이 산간 지방에 위치하고 있어서 '유럽의 지붕' 이라고 하는 스위스는 바다가 없는 나라이다. 나름대로의 발전모델로 세계 최고 수준의 선진국이 되었다. 그렇다고 스위스가 통일되면 인구 7,000만 명이 넘는 반도국(半島國)인 우리 나라의 벤치마킹 대상국가가 될 수 있겠는가? 대만은 인구가 서울과 경기도 인구를 합한 것과 비슷하니, 수도권이 대만을 벤치마킹할 수는 있을 것이다. 대만은 제품기술 국가가 아니라 공정기술 국가이다. 공정기술에 있어서는 우리 나라가 대만을 오히려 앞선다. 그러나 나라 전체가 대만을 따라가는 것은 옳지 않다. 어느 서울대학교 교수는 세계 대학 랭킹에서 서울대학이 대만대학과 싱가포르대학을 앞서는데 이들 대학을 벤치마킹하는 것이 말이 되느냐고 했다. 네덜란드는 인구가 1,600여 만 명으로 역시 서울과 경기도 인구를 합한 것 보다 적다.

우리 나라는 인구규모에서 대국이므로 대국을 모델로 삼는 것이 바람직하다. 그렇다고 소국들로부터 배울 것이 없다는 주장은 아니다. 그들의 산업정책, 경제정책, 전략 등은 얼마든지 배울 수 있다. 나라 전체의 방향을 소국방향으로 틀어서는 안 된다는 것이다. 우리는 이미 반도체, 조선, 전자, 철강, 자동차, 섬유 등에서 대만, 싱가포르 같은 소국들을 크게 앞서고 있다.

우리 나라는 수출상품구조가 일본과 비슷하기 때문에 세계시장에서 치열한 경쟁이 불가피하다. 과거 한때 공업화전략 수립과정에서 일본을 모델로 한 바도 있다. 그러나 교육제도나 군사제도 등에서는 미국제도를 도입했다. 지난날 우리 국가사회의 주역이었던 많은 전문가나 각계 각층 지도자들은 미국식 교육을 받았거나 일본식 교육을 받은 사람들이었다. 세계에서 미·일 모델을 두루 잘 아는 지도자가 가장 많은 나라는 아마 우리 나라일 것이다. 우리는 이 점을 잘 활용할 수 있는 위치와 조건에 있다.

중국, 미국, 일본은 우리의 3대 교역대상국이다. 우리는 앞으로 많은 종류의 수출상품에서 중국과 일본을 앞서지 않으면 살아남기가 어려울지 모른다. 여러 산업에서 중국과 일본을 앞서고 있는 미국 역시 잘 알지 않으면 안 된다. 미국은 기술혁신에서 세계 제일이니, 이런 점은 배우지 않을 수 없다.

그러나 우리가 미국 모델을 모방하여 경제를 운용할 수는 없다. 왜 그런가? 미국은 무엇보다도 달러를 찍을 수 있는 권한이 있다. 미국은 무역적자가 아무리 많이 쌓여도 큰 문제가 없다. 우리가 미국식으로 경제를 운영한다면 미국처럼 무역적자가 많이 쌓일 가능성이 큰데, 달러를 찍을 권한이 없는 우리는 위기에 처할 수도 있다.

미국은 친기업문화, 세계 제일의 대학 경쟁력, 유연한 노조, 개방적인 이민정책, 치열한 경쟁 등 장점이 많은 나라이다. 그러나 동아시아의 관점에서 보면 단점도 적지 않은 것으로 보인다. 우리는 무엇보다 미국과 일본의 차이, 동서양의 차이를 잘 알아야 될 것으로 보인다.

앞에서도 언급했듯이, 우리는 남북통일을 전제로 할 때 인구 7,000만 명으로 유럽 강대국들에 필적할 규모이다. 또한 세계 4대강국과 숙명적으로 긴밀한 관계이기 때문에 지경학적으로 아주 유리한 조건을 가지고 있다. 또한 반도국가로서 대륙진출과 해양진출 다 잘할 수 있다. 앞으로 한

[표 2. 4] 일본과 미국의 차이

일 본	미 국
1. 세계 제2위의 경제대국	1. 세계 제1위의 경제대국
2. 세계 제1위의 무역흑자대국	2. 세계 제1위의 무역적자대국
3. 세계 수준의 단일인종사회	3. 세계 제일의 다인종사회
4. 세계 수준의 공동체주의 국가	4. 세계 제일의 개인주의 국가
5. 세계 제일의 공정기술 보유국	5. 세계 제일의 제품기술 보유국
6. 한국과 지리, 문화, 인종 및 역사적으로 제일 가까운 나라	6. 한국과 안보면에서 제일 가까운 나라
7. 세계 제일의 장수국가	7. 세계에서 장수자가 제일 많은 나라
8. 세계 수준 대기업이 두 번째 많은 나라	8. 세계 수준 대기업이 제일 많은 나라
9. 기업그룹이 제일 많은 나라	9. 독자적이고 개인주의적 기업이 제일 많은 나라
10. 선진국 중 유통구조가 제일 복잡한 나라	10. 선진국 중 유통구조가 제일 단순한 나라
11. 선진국 중 자연자원이 제일 빈약한 나라	11. 선진국 중 자연자원이 제일 풍부한 나라
12. 이민을 제일 안 받아들이는 선진국	12. 이민을 제일 많이 받아들이는 선진국
13. 한국계 외국인이 제일 많은 나라	13. 독일계 외국인이 제일 많은 나라
14. 동아시아식으로 선진국이 된 나라	14. 서양식으로 선진국이 된 나라
15. 선진국 중 제일 큰 섬나라	15. 선진국 중 제일 큰 대륙국가
16. 달러를 미국 다음으로 많이 가진 나라	16. 달러를 찍을 수 있는 유일한 나라
17. 지진과 태풍이 제일 많은 선진국	17. 총과 변호사가 제일 많은 선진국
18. 주주와 종업원이 같이 기업을 지배하는 나라	18. 주주가 기업을 지배하는 나라
19. 한국의 두 번째 교역대상국	19. 한국의 첫번째 교역대상국
20. 비공식적·비법률적 및 인간적 관계를 중시하는 나라	20. 공식적·계약적 및 비인간적인 관계를 중시하는 나라
21. 세계 제조업 최강국	21. 세계 금융 및 서비스 최강국

국경제권을 중국과 일본을 포함하는 지역으로 확대할 수도 있다. 세계 제 2 위의 경제대국 일본에 우리처럼 동포가 많이 살고 있는 나라가 없다. 21세기에 제 1 또는 제 2 위의 경제대국이 된다는 중국에도 우리처럼 동포가 많이 살고 있는 선진국은 없다. 이러한 점에서 우리는 어느 선진국 못지 않게 유리한 조건을 갖추고 있는 셈이다.

일본의 공동체주의(communitarianism)와 미국의 개인주의(individualism)를 다같이 적용할 수 있는 나라는 한국으로 보인다. 동서양의 문화를 가장 잘 융합할 수 있는 위치에 있고, 또한 잘 융합할 수도 있다. 일본의 공정기술(process technology)을 따라갈 뿐만 아니라 앞설 수도 있고, 미국의 제품기술(product technology)을 가장 잘 도입할 수 있는 나라가 한국이다. 우리는 세계에서 이들 두 나라의 강점을 가장 잘 활용할 수 있는 위치에 있는 셈이다.

독일은 유럽 제일의 경제대국이고, EU의 중심국가이다. 우리는 미국, 일본과 더불어 독일 모델을 융합하고, 이에 한국의 특성을 가미한 '글로벌 지식기반시대의 한국 모델'을 잘 개발해 나가는 것이 중요할 것으로 보인다.

어느 나라든지 계속 발전하려면 발권 모델을 잘 정해야 한다. 어느 나라든지 자원부존도(資源賦存度), 지정학적 위치 및 문화적 전통 등에 특성과 장·단점이 있다. 강점을 살릴 수 있는 독자적인 모델을 잘 개발해야 하는 것이다.

우리가 '미국, 일본 및 독일의 모델을 융합한 모델을 개발해야 하는 이유를 생각해 보기로 한다.

· 미국은 북미, 일본은 동아시아, 독일은 서유럽을 어떤 면에서는 대표하는 나라들이다. 이 나라들을 잘 모르고서는 우리 모델을 잘 개발할 수 없음은 물론, 세계경제도 잘 알 수 없다. 미국과 일본은 세계 제 1 및 제 2 의 경제대국이다. 독일은 세계 3대 경제대국으로서 앞으로 서유럽경제를 주도해 나갈 위치에 있다. 또한 EU 최대의 경제대국이며, 우리에게 통일의 모델이 되는 국가이다.
· 우리가 이들 중 어느 한 나라만 벤치마킹해서 안 되는 이유는, 이

세 나라의 단점을 버리고 강점을 잘 살리기 위해서이다. 예를 들면, 미국은 국민 누구나 총을 소지할 수 있고, 변호사와 이혼자가 많은 나라이며, 무역적자가 최고로 많다. 일본은 혁신에서 미국에 뒤지지만 세계 제일의 장수국가이고, 선진국 중 범죄율이 가장 낮다. 독일은 통일 후유증으로 실업률이 11퍼센트나 된다.

· 우리가 어느 한 나라를 벤치마킹하면, 그 나라를 따라갈 수는 있으나 앞서기는 어렵다. '따라하기전략'이 아니라 '앞서기전략'을 채택하려면 이 세 나라의 장점만 따와야 한다. 그래야 그들 모두를 앞설 수 있다. 이와 같은 경제전략은 제10장과 제11장에서 다시 설명할 것이다.

우리는 세계에서 가장 잘사는 인종이 유태인임을 알고 있다. 미국에서 차이나타운은 어느 도시에서나 동대문시장처럼 왁자지껄한 곳인 반면, 유태인타운은 비버리힐즈 같은 부호들이 사는 곳이다. 우리가 벤치마킹할 인종이라면 유태인을 꼽아야 할 것이다.

참고로, 국가경쟁력의 세계적 권위자인 마이클 포터 하바드 경영대 교수는 『일본은 경쟁할 수 있는가?』란 책 속에서 "새로운 일본 모델의 필요성"을 설명하며 다음과 같은 사실을 강조했다. 즉, 일본은 특유의 공동체주의, 높은 교육 수준, 장기지향적 국민성, 잘 발달된 산업의 덩어리 같은 장점을 바탕으로 일본교육의 모델을 다시 개발할 필요가 있다는 것이다.

"분명히 일본을 이길 자신이 있다."

— 이병철 삼성그룹 창설자

사 중요한 경제주체는 기업

"경제성장을 위한 최선의 그리고 유일한 길은 기업이라는 사실을 이상하게도 주류경제학은 잘 인정하지 않으려고 한다."

— 토머스 매크로우 하버드 경영대 교수

"기업은 사회의 기둥이다."

— 피터 드러커

경제주체는 크게 가계, 기업, 정부, 해외부문(=외국인)의 넷으로 나눈다. 최근에는 각종 NGO(Nongovernmental Organizations, 비정부 조직)의 영향력도 커지기 시작했다. 국가경제의 글로벌지식화 이전에는 정부의 역할이 크고 외국인의 영향력은 적었으나, 그 이후 기업과 외국인의 영향력이 증가했다. 외국인의 영향력이란, 주로 외국기업들(금융기관 포함)과 국제기구(IMF, WTO 등)들의 영향력이다.

지금부터 우리의 경제주체인 가계, 정부 및 기업을 간단히 진단해 보기로 하자.

가계. 가구란 통계청에 따르면 "한 사람 또는 두 사람 이상이 모여서 취사, 취침 등 생계를 같이 하는 생활단위"이다. 가구는 경제생활의 기본단위인데, 경제학자들은 이를 '가계(household)'라고 한다. 가계는 한 지붕 아래에서 공통의 금융의사결정에 따라 사는 사람들의 공동체이다. 2005년 인구센서스에 따르면, 우리 나라에는 1,590만 가구가 있고, 평균가구원 수는 2.9인인 것으로 나타났다([표 2. 5]).

가구 수에는 집단(시설)가구도 포함된다. 우리 나라의 가구수는 자연적 인구증가뿐 아니라 핵가족화에 따라서도 크게 증가했다. 2005년 평균가구원 수는 2.9인으로 줄어들고, 가구 수는 1,590만으로 증가했다. 또 1인가구 비율은 1975년에서 2005년까지 30년간에 4.2%에서 17.0%로 급증했다. 이는 이혼이나 노인인구의 증가 등에 기인한다. 그러나 미국의 1인가

[표 2. 5] 한국의 인구 및 가구

	1966년	1995년	2000년	2005년
인 구	2,919만	4,461만	4,612만	4,725만
가 구	519만	1,296만	1,432만	1,590만
주 택	387만	957만	1,149만	1,259만
평균가구원수	5.6인	3.4인	3.2인	2.9인

자료: 통계청, 「한국통계연감」, 2004 및 2005년 인구주택총조사, 2006.

구 비율 26%에 비하면 퍽 낮은 편이다.

누구나 소비생활을 해야 하므로 소비자(consumer)가 안 될 수 없다. 많은 상품이나 서비스의 경우 소비는 개인(individual)에 의하여 이루어진다. 그러나 주택, 내구소비재 등의 소비는 가계 차원에서 이루어진다.

그럼 가계의 경제적 기능은 무엇인가? 우리는 경제의 순환적 흐름의 과정에서 가계는 다음과 같은 기능을 발휘함을 알 수 있다.

첫째, 인적자원 등 자원을 기업에 공급한다.

둘째, 그 대가로 소득을 분배받아 기업이 생산한 재화를 구매한다.

가계가 소득을 얼마나 분배받고, 또한 어떻게 지출하는가는 경제에 많은 영향을 미친다. 그런데, 사람들은 대체로 가계를 소비의 단위로 간주하나, 가계는 그 이상의 역할을 한다. 즉, 자녀들의 교육, 건강, 기강 등을 향상시키므로 인적자본 형성의 장(場)의 기능을 한다. 지식사회에서는 지식창출의 기능도 하므로, 가계는 생산단위의 역할도 한다. 가계의 소비와 저축 등에 관해서는 제 8 장에서 다시 논의할 것이다.

정부. 한국정부는 대통령, 입법부, 사법부, 행정부 등 중앙부처와 각 지방정부, 그리고 이들의 직접통제를 받는 조직체들을 포함한다. 입법부, 사법부, 행정부 등에서 일하는 공무원의 총수는 현재 약 89만 명이다. 정부에 대해서는 마지막 장에서 논의된다.

한국의 기업. 기업의 수는 2003년 현재 약 319만 개이고, 이들 기업에서 일하는 사람의 수는 1,473만 명이다. 인구 15명당 1개의 기업이 있는 셈이다([표 2. 6]). 미국의 경우는 인구 11명당, 그리고 일본은 20명당 각각 1개의 기업이 있다.

기업 1개당 인구 수: 한국 15명, 미국 11명, 일본 20명

우리 나라 기업 중 84%가 종업원 4인 이하의 영세기업이다. 대부분의 기업이 영세기업인 셈이다. 종업원 5인 이상인 기업의 경우 우리 나라는 51만 개로, 일본의 246만 개에 비하여 약 5분의 1에 불과하다. 일본이 인구규모에서 한국의 3배가 채 안되나, 기업의 수에서는 비교할 수 없을 정도로 많다.

[표 2. 6] 한국과 일본의 기업의 규모와 수

종업원 수		한 국(2003)		일 본(2003)	
		기업체 수 (1,000개)	종업원 수 (1,000명)	기업체 수 (1,000개)	종업원 수 (1,000명)
영세기업	1~4인	2,680.2	4,836.7	3,888.3	8,423
소 기 업	5~49인	477.0	5,369.7	2,296.5	28,972
중 기 업	50~299인	28.3	2,726.7	153.4	14,974
대 기 업	300 이상	2.5	1,796.0	11.9	7,789
합 계		3,187.9	14,729.1	6,350.1	60,158

자료: 한국통계청, 「한국통계연감」, 2004; 일본통계청, 「일본의 통계」, 2005.

우리 나라의 기업을 조직형태별로 보면 다음과 같다. 우리 주변에 '사장님'이 모두 몇 명이나 되는지 짐작이 간다.

개인기업	2,759 천 개
회사법인	260
회사 외의 법인	95
비 법 인	74
합 계	3,188 천 개

그럼 지금부터 기업이 왜 가장 중요한 경제주체인가를 알아보기로 하자.

글로벌지식사회시대에 정보통신 혁명은 기업이 시작한 것이다. 세계화도 기업이 주도해 나가고 있다. 지식을 창출하는 것도, 저장하는 것도 기업이다. 지식사회에서 학교의 기능을 하는 것도 기업이다. 이런 시대에 정부의 역할은 감소할 수밖에 없다. 지금은 기업을 모르고 나의 경제, 나라경제, 그리고 세계경제 어느 것도 논하기 어려운 시대이다.

다음과 같은 문제에 대답할 수 있는 사람은 기업의 중요성을 이미 잘 아는 사람이다.

유태인들은 왜 자녀에게 기업의 중요성을 가르치는가? 미국의 젊은이들은 왜 공무원보다 기업경영인이 되기를 원하는가? 미국은 왜 세계에서 기업하기 제일 좋은 나라인가? 영국이나 미국의 각 주는 왜 땅을 거저 주다시피 하면서 한국기업을 유치하려고 하는가? 일본은 왜 회사사회가 되었는가? 미국은 왜 중소기업의 천국뿐만 아니라 대기업의 천국이라고도 하는가?

미국의 실리콘밸리에는 2000년 초 현재 20만 명 이상의 백만장자가 있고, 매일 50명 이상의 백만장자가 새로 출현했다. 미국에는 매년 59만여개의 기업이 새로 등장한다. 그런데 그 중 약 5%는 사라지므로(2001년 출생기업은 58.5만 개, 소멸기업은 55.3만 개) 3만 개 이상의 기업이 매년 늘어나는 셈이다. 이 점에서 미국을 당할 나라는 없을 것이다. 미국은 기업중심의 사회다. 미국의 주요 국가정책은 기업인 출신 정책담당자들에 의하여, 기업을 위하여 이루어지는 경우가 많다. 미국의 대외정책도 마찬가지다.

중동의 국가 대부분은 종교인 중심의 국가이고, 과거 공산국가들은 공산당원 중심의 국가였다. 남미의 여러 나라는 한때 쿠데타로 정권을 잡으려는 군인이나 정치인 중심의 나라였다. 축구선수가 가장 존경받는 사람인 나라도 있다. 우리의 과거 조선은 선비 중심의 사회였다.

부강한 나라는 기업과 기업경영인 중심의 국가다. 미국에서 가장 존경받는 사람 중에는 월트 디즈니, 빌 게이츠 같은 기업인이 많다. 체코나 폴란드처럼 외국의 침략을 많이 받은 나라에서 국민의 존경을 받는 사람은 우리의 유관순, 안중근 같은 애국지사들이다.

선진국은 기업의 경쟁력을 키우는 나라. 노벨경제학상 수상자인 로버트 포겔 시카고대 교수는 국력을 키우는 길을 다음의 두 가지로 요약했다.

첫째, 군(軍)이라는 조직을 통한 국방력 향상.
둘째, 기업이라는 조직을 통한 국가경제력 향상.

그런데 오늘날의 무력전쟁에서는 첨단 고성능 무기가 승패를 좌우한다. 이를 구입하거나 개발하려면 경제력이 있어야 하므로, 국방력은 결국 경제력에 따라서 결정된다. 그런데 경제력을 좌우하는 것은 기업이고, 실제로 경제전쟁을 전개하는 것도 기업이다.

스웨덴에는 에릭슨과 같은 세계적인 전자회사가 있다. 그 때문에 외국 전자회사들이 스웨덴에 와서 제품값을 턱없이 올려 받거나 시장을 잠식하지 못한다. 세계 제일의 국가경쟁력연구소인 스위스의 IMD(국제경영개발원)는 기업경쟁력이 곧 국가경쟁력이라고 주장하며, 과거 50년간 줄곧 기업경쟁력 강화를 위한 연구를 해 오고 있다.

세계에서 경제학이 잘 발달된 나라치고 선진국이 안 된 경우는 없다. 스위스도 예외는 아니다. 부자나라 스위스에는 옛날 로잔학파라는 경제학파도 있었다. 지금의 학파는 IMD와 WEF(세계경제 포럼: World Economic Forum)를 중심으로 하는 세계경쟁력학파라고 할 수 있다. 이들은 이 분야 연구에서 그야말로 높은 세계경쟁력을 자랑하고 있다. 옛날의 경제학파가 경제이론에 치중했다면, 지금의 학파는 기업의 국제경제력 향상에 치중하는 극히 실용주의적이라는 차이가 있다.

소프트웨어 발명이 있어야 하드웨어 발명이 빛을 본다. 인류의 발명이라고 하면, 많은 사람들은 물질적 발명을 드나, 이에 못지 않게 중요한 것은 주식회사와 조직, 곧 소프트웨어의 발명이다. 이는 제품, 기계 같은 하드웨어 발명에 못지 않게 중요하다. 소프트웨어 발명이 있어야 하드웨어 발명이 빛을 본다. 하드웨어와 소프트웨어의 관계는 자동차와 운전자의 관계와 같다. 양자가 다같이 좋아져야 한다.

서양의 각종 발명이 국민생활 향상으로 연결될 수 있었던 것은, 앞서 말한 바와 같이 기업조직이라는 소프트웨어의 발명 때문이다. 동양인들은 지난 세기 중반까지만 해도 기업이라는 조직에 대해서는 개념조차 없었다. 서양이 동양을 크게 앞설 수 있었던 중요한 이유의 하나도 기업이라는 조직과 경영개념을 먼저 발견했기 때문이다.

기업은 소득을 창출하고, 사람의 가치를 높인다. 국민의 가치를 전반적으로 높이는 것이 기업이다. 기업은 옛날 호미나 낫밖에 만들지 못하던 사람들로 하여금 반도체를 만들게 하여 큰돈을 벌 수 있게 한다. 기업이 많이 생기고 성장하자 개인의 소득도, 가치도 올라갔다. 중국인들 중에는 한국에서 하루나 이틀이면 그 곳 한 달 봉급을 벌 수 있다고 하면서 우리 나라에 오려는 사람들이 많이 생겼다.

일본의 기업들이 급속히 성장할 때, 학자들이 기업사례를 잘 설명만 해도 국제적인 학자로 인정받았다. 그러나 많은 일본기업이 침체상태에 빠지자 그들의 권위도 떨어졌다. 국내 기업들이 잘 성장하면 학자들의 가치, 외교관의 가치는 물론 온 국민의 가치가 올라가게 되는 것이다.

사람, 기술, 자연, 자본시설 등의 힘을 뭉치는 것이 기업이라는 조직이다. 기업은 이들의 힘을 한 방향으로 모을 수 있도록 한다. '구슬이 서 말이라도 꿰어야 보배'라고 하듯, 우리의 유능한 인력, 아름다운 자연, 뛰어난 기술, 좋은 물건이라는 구슬을 실제로 함께 꿰는 것은 기업이다. 꿰는 목적은 좋은 제품을 생산하기 위해서다. 기업이라는 조직은 혼자서 또는 소수의 사람들이 할 수 없는 규모의 일을 가능하게 하고, 어떤 종류의 사업도 할 수 있게 한다.

영국은 동인도주식회사를 세워서 인도를 경영했다. 당시 이 회사 밑에는 사장과 군사령관이 같이 있었다. 에비앙 생수회사는 전세계를 대상으로 물장사를 한다. 레이 크록은 맥도날드 햄버거 회사를 만들어서 전세계를 대상으로 햄버거 장사를 한다.

기업은 산업사회의 농토다. 농경사회에서 인간을 먹여 살리는 것은 농토다. 산업사회나 지식사회의 농토는 기업이다. 인간에게 필요한 각종 제품을 만드는 것도, 일자리를 창출하는 것도 기업이다.

우리 조선시대 국가 엘리트들이 노론이니 소론이니 하면서 파당을 형성해 목숨을 걸고 싸운 것도 자녀의 수는 늘어나는 데 비하여 나누어 가질 수 있는 벼슬자리의 수는 한정되었기 때문이다. 어느 나라든지 기업이 일자리를 창출하지 못하면, 국가 엘리트들이 몇 개 안 되는 관직을 서로 차지하려고 치열한 경쟁을 한다. 기업이 성장하지 않으면 조직 경화로 직원들의 진급이 안 되므로 '인사의 동맥경화증'이 생긴다. 직장을 잃을까 봐 '실업스트레스'로 병에 걸리는 사람들도 많아진다.

기업은 기술을 발전시키고 실용화시킨다. 정보혁명은 기업이 시작하고 주도하는 혁명인데, 기업이 약한 국가는 뒤질 수밖에 없다. 지식사회에서 기업은 지식창출을 위한 연구소의 역할도 한다. 일본에서는 세계적인 인재들이 기업에서 많이 양성된다. 독일의 도제(徒弟)제도는 기업을 통해서 이루어진다. 미국에서는 존경받는 인물들이 기업에서 많이 배출되었다. 우리 나라에도 기업을 통해 길러진 세계적인 인재가 많다.

기업이 발전해야 문화도 발전한다. 일본의 기업들은 이미 90년대까지 세계 인상파 그림의 3분의 1 정도는 사서 모았다고 한다. 우리 나라 어느 기업그룹은 고미술품을 적극 수집해 해외유출을 막고 한국미술 발전에 혁혁한 공을 세웠다. 서울대학교 미대의 어느 교수는 그 그룹이 국내 미술발전에 반 정도의 공헌을 했을 것이라고 평가했다. 국내 직업스포츠도 기업들이 아니면 발전하기 어렵다.

일본 카메라회사들이 품질 좋은 카메라를 싸게 만들어 팔자, 일본의 가정주부들 중에는 촬영 취미를 발전시켜 사진작가가 된 경우도 있다. 우수한 카메라회사가 없는 옛날 동구공산권 국가에서는, 심지어 정부 고위직도 좋은 카메라를 사 쓰는 것이 어려웠다. 그 결과 일본 가정주부가 이들보다 사진을 더 잘 찍는다는 것이다.

기업은 국민의 능력과 가치를 높인다. 때문에 선진국일수록 기업을 더 잘 키우고, 그 경쟁력을 높이려고 안간힘을 쓰는 것이다. 기업이 가장 중요한 경제주체라는 사실은 제 3 장을 보면 더욱 확실하게 될 것이다.

학교 졸업자들이 진정으로 출세하는 길은 사업으로 출세하는 것이다.

세계적인 기업가가 되면, 그 어떤 사람보다도 더 큰 출세를 하는 셈이다. 아무리 유능한 사람이 아무리 노력하더라도 능력을 다 발휘할 수 없게 만드는 것이 기업이다. 말하자면 능력 발휘의 끝도 한도 없는 곳이 기업이다. 스스로 유능하다고 생각하는 사람도 사업을 해보면 능력의 한계를 잘 알게 된다.

그런데 우리 나라의 기업은 다른 나라의 기업과 어떻게 다른가? 지금부터 이를 알아보기로 하자.

> "경쟁기업들이 국가경쟁력의 주엔진이라는 점에는 의문의 여지가 없다."
>
> — 스위스 IMD

아 한국과 일본에만 있는 기업, 다른 나라에도 있는 기업

> "나는 거기(중국)에 갈 때마다 무얼 좀 배운다고 생각한다. 다음에 갈 때는 내가 얼마나 몰랐는가를 알게 된다. 중국은 너무 크고 판단하기가 매우 어렵다. 나는 답을 모른다. 그게 아마 내가 은퇴하는 이유일 것이다. 나 말고 다른 사람이 판단해야 할 것이다."
>
> — 잭 웰치 GE 회장

우리는 기업들 속에서, 기업과 더불어 살아간다. 기업에는 어떤 것이 있는가?

1) 소유형태, 영리추구 여부 및 조직형태에 따른 구분

㉮ 기업은 소유형태에 따라서 다음 두 가지로 나눈다.

· 공기업: 철도, 상하수도사업 등 정부나 공공단체가 소유하고 운영하는 기업.

· 사기업(=민간기업): 전자회사, 건설회사, 채소가게, 책방, 음식점 등 민간이 소유하고 운영하는 기업.

㉯ 사기업은 영리추구 여부에 따라서 다음과 같이 두 가지로 나눈다.

· 영리기업: 채소가게, 음식점, 문방구, 삼성전자 등 영리추구가 목적인 기업.

· 비영리기업: 교육서비스를 생산하는 사립학교, 종교서비스를 생산하는 교회나 사찰 등

㉰ 영리기업은 조직형태에 따라서 다음의 세 가지로 나눈다.

· 개인기업: 개업중인 의사, 농산물생산농가 등

· 합동회사: 합동변호사 사무실, 합동의원 등

· 주식회사: 삼성, SK, LG 등 대부분 규모가 큰 민간영리기업.

한국의 상법은 회사를 합명회사, 합자회사, 유한회사 및 주식회사의 네 가지로 나누는데, 이 중 앞의 세 가지는 합동회사이다.

2) 기업은 경쟁의 정도에 따라서 완전경쟁기업, 독점기업, 과점기업 및 독점적 경쟁기업의 네 가지로 나눈다. 이는 경제학자들이 가장 중시하는 기업 분류이다. 시장경제에서는 경쟁이 그만큼 중요하기 때문이다. 산업을 가정이라고 하면 기업은 식구다. 식구 수가 하나면 독점기업, 서너 개 또는 소수이면 과점기업, 상당히 많으면 독점적 경쟁기업, 그리고 아주 많으면 완전경쟁기업이다.

3) 기업은 규모에 따라서 중소기업과 대기업의 두 가지로 나눈다(「중소기업기본법시행령」, 2002년 개정). 중소기업과 대기업은 종업원 규모와 자산총액 두 가지 기준으로 구분된다. 한국인들은 대기업과 중소기업문제에 대한 관심이 아주 많다.

㉮ 종업원수 기준의 중소기업.

광업을 하는 기업은 종업원 300명 이하.

제조업을 하는 기업은 종업원 300명 이하. 전기, 가스 및 수도사업, 통신업을 종업원 200명 이하. 도매업, 뉴스 제공업, 통신판매업은 100명 이하 등이다.

㉯ 자산총액기준의 중소기업

제조업	: 자본금 80억 원 이하의 기업
대형종합소매업	: 자본금 300억 원 이하의 기업
도매 및 상품 중개업	: 자본금 100억 원 이하의 기업

4) 벤처기업. 벤처기업이란 신기술 또는 지식을 사업화하는 기업으로서, 일반적으로 예상수익이나 위험도가 높은 기업이다. 우리 나라의 「벤처기업육성에관한특별조치법」은 벤처기업을 중소기업으로 보고 있다.

5) 기업은 국제경쟁력의 유무에 따라서 음식점, 미장원, 구멍가게, 복덕방, 세탁소 등 특정지역에서 내수산업에 치중하는 '골목대장형기업'과 세계시장에서 다른 나라 기업들과 치열한 경쟁을 할 수 있는 '글로벌기업'의 두 종류로 나눈다. 이는 스위스 IMD가 강조하는 기업분류법이다. 글로벌기업은 삼성전자, LG전자, 코카콜라, IBM, 맥도널드 햄버거, 소니, 도요타회사 등 세계를 무대로 국경에 구애받지 않고 사업을 하는 초국가적기업(TNC: transnational corporations)기업들이다. 이들 다국적기업(MNC: multinational corporations)으로 표현하는 사람들도 많다. 그러나 국제연합은 TNC라는 용어를 사용하고 있으며, TNC를 우리는 글로벌기업이라 부르기로 한다.

6) 단일업종과 복수업종에 의한 구분

- 단일업종기업: 농심라면, 코카콜라, 맥도널드 햄버거회사처럼 단일업종에 전문화하는 기업.
- 복합기업(conglomerate): 미국의 GE(제너럴일렉트릭)나 한국의 기업그룹들처럼 다양한 업종을 영위하는 기업.

지금까지 말한 기업은 세계 어느 나라에도 다 있다. 그러나 지금부터 말하는 기업은 그렇지 않다. 우리 나라와 일본에 주로 많다.

7) 한국의 공정거래법(=「독점규제및공정거래에관한법률」)이 정하는 기업.

- 지주회사: 주식의 소유를 통하여 국내회사의 사업내용을 지배하는 것을 주된 내용으로 하는 회사. 이는 다른 나라에도 있다.
- 자 회 사: 지주회사에 의하여 그 사업 내용을 지배받는, 국내 회사. 이는 한국과 일본 등 동아시아에 많은 기업형태이다.
- 사업관련손자회사: 자회사에 의하여 사업내용을 지배받는 국내 회사.
- 대규모회사: 자산총액 또는 매출액의 규모가 대통령령이 정하는 규모에 해당되는 회사.
- 기업집단: 동일인이 대통령령이 정하는 기준에 의하여, 사실상 그 사업 내용을 지배하는 회사의 집단.
- 계열회사: 2개 이상의 회사가 동일한 기업집단에 속하는 경우에 이들 회사는 서로 상대방의 계열회사라고 한다.
- 대규모기업집단: 한국의 많은 기업집단 중 자산총액 기준으로 일정 크기 이상의 기업집단을 말한다.

8) 한국과 일본에만 있는 기업도 있는가?

- 종합상사(GTC: General Trading Company): 이는 한국과 일본에만 있는 기업이다. 한때 미국과 캐나다회사들이 이를 시도해 보았으나 성공하지 못했다.
- 케이레츠(系列): 일본형 기업과 산업의 조직이고 기업그룹이다. 한국에서도 찾아볼 수 있다.

기업집단, 자회사, 모회사, 계열회사는 미국에서는 찾아보기 힘들다. 이런 유형의 회사는 공동체주의를 특징으로 하는 우리 나라와 일본에 많으며, 인도 등 후진국에도 있다. 미국에서는 한국식 기업그룹을 찾아보기 힘들다. 이 문제는 제11장에서 논의할 것이다.

미국식 경제학 교과서들은 한국의 공정거래법이 정하는 기업이나, 일본의 종합상사나 케이레츠 등에 대해서는 거의 언급이 없다. 미국경제학 기준으로 보면 종합상사, 자회사, 계열회사, 케이레츠, 기업집단 등은 모두 잘못된 기업조직으로 보인다. 그러나 일본의 도요타자동차는 이런 조직으로 세계 제일의 자동차를 만들고 있다. 미국의 「포춘」지(2004년 3월 15일)는 세계에서 가장 존경받는 자동차회사는 도요타사라고 했다.

미국은 자유경쟁의 나라다. 대·중·소·영세기업들이 완전 평등한 상태에서 경쟁하는 나라다. 미국에서는 대기업이 경쟁에서 중소기업을 쓰러뜨린다고 해서 문제가 되지 않는다. 우리 나라에서 처럼 대기업·중소기업간의 불균등문제는 없다. 기업집단, 계열기업, 자회사 등의 개념이 없으니 이들이 발생시키는 문제도 있을 리가 없다. 미국에서는 남녀노소가 완전평등하고 독자적인 것처럼, 대·중·소·영세기업간의 관계도 마찬가지다.

경제학자들은 시장경쟁을 기준으로 한 기업구분, 즉 완전경쟁기업, 독점기업, 과점기업 및 독점적 경쟁기업을 중시한다. 그러므로 미국의 경제학 교과서들은 이런 기준으로 기업이론을 편다. 미국의 경제학원론 교과서에서 한국형 기업집단이나 종합상사 등에 관한 이론을 찾으려고 한다면 잘못이다.

지금까지 세계 속의 한국경제를 보았다. 그리고 어느 나라의 경우나 가장 중요한 경제주체는 기업이며, 세계 속에서의 그 경제적 위상은 기업 특히 글로벌기업에 따라서 결정된다는 사실도 알았다. 글로벌기업들, 특히 미국의 글로벌기업들은 세계화도 주도한다. 지금부터 이런 문제를 살펴보기로 한다.

3. 세계화와 글로벌기업

"경제전쟁은 무력전쟁과 달리 눈에 보이지 않는다. 그리고 자기가 전쟁을 하고 있는지, 또는 전쟁에 지고 있는지도 모르면서 망해간다. 보이지 않는 이 전쟁의 패자는 아무도 도와 주지 않는다."

— 이건희, 『이건희 에세이 — 생각 좀 하며 세상을 보자』

최근부터 급속하게 진행된 세계화는 IT(information technology: 정보기술)혁명과 교통기술의 발달 등에 의하여 촉진된다. 그런데 유럽국가들은 IT 대신 ICT(information and communication technology: 정보통신기술)라는 용어를 선호한다.

레스터 서로우 MIT 교수는 「글로벌리제이션: 지식기반경제의 산물」이라는 글에서 세계화는 지식경제의 산물이라는 사실을 주장하고 있다.

그런데 세계화는 글로벌기업(TNC: transnational corporations), 글로벌은행(global banks) 및 국제기구들이 적극 추진한 결과이기도 하다. 말하자면 세계화를 ICT혁명과 지식경제는 뒤에서 밀어 주고, 글로벌기업·은행·국제기구들은 앞에서 끌어 주는 격이다. 그러나 세계의 적잖은 NGO나 국가는 세계화에 대하여 반대하고 있다. 왜냐하면, 세계화 추세로 경쟁력이 있는 나라는 더욱 성장하는 데 비해, 경쟁력이 취약한 나라는 더욱 뒤처지리라고 보기 때문이다.

미국에서는 글로벌기업들, 이들이 조직한 단체, 이들이 설립한 싱크탱크(think tanks), 그리고 이들이 주도하여 설립한 국제기구들이 미국기업의 세계 진출을 적극 지원하고, 미국기업들이 진출하기를 원하는 나라를 자유기업경제체제로 바꾸거나 무역장벽을 제거하는 데 동분서주하고 있다. 세계화를 선도하는 것은 어떤 의미에서 미국기업들이다. 세계화 추진에서 미국을 당할 나라는 없다. 그러므로 여기서는 미국 사례를 중심으로 살펴보기로 한다.

먼저 세계의 글로벌기업부터 보기로 하자.

가 세계의 글로벌기업(TNC)과 글로벌리제이션 추세

글로벌기업(TNC=초국적기업=다국적기업)은 세계를 대상으로 활동하는 기업이다. 국제연합 통계에 따르면, 전세계 TNC의 수는 1970년 약 7,000개에 불과했으나, 2000년에는 5만여 개로 증가했다. 이들의 자회사나 계열회사 수는 모두 28만여 개나 된다. 사라 앤더슨과 존 카바나흐에 따르면, 이 중에 상위 200대기업이 세계 GNP의 4분의 1 이상을 차지하고 세계경제의 엔진 역할을 한다는 것이다.

그럼 글로벌기업의 경영활동과 산업의 세계화 추세는 어떻게 진행되는가? 다음과 같이 몇 가지로 요약할 수 있다.

- 세계적인 추세는 많은 산업제품의 생산보다 무역이 빠르게 증가한다. 이는 내수시장보다 해외시장의 비중이 더 커짐을 의미한다. 코카콜라는 매출의 약 80%가 해외시장 매출이다. 한국 글로벌기업의 수출비중을 보면, 현대중공업 82%, LG전자 78%, 삼성전자 82%(2005년) 등이다.
- 전자제품을 한국이 미국에 수출하면서 동시에 미국에서 수입도 하듯이 '산업내 무역'의 비중이 커진다.
- 삼성전자나 LG전자 등의 글로벌기업들은 여러 나라에 생산공장을 갖고 있다. 독일 벤츠자동차회사는 여러 나라에서 만든 자동차 부품을 조립하고 있다. 앞으로의 세계는 글로벌기업 때문에 생산면에서 점차 통합되어 가는 추세에 있다.
- 건물청소나 식당 운영 등을 직접 감당하던 회사가 외부업체에게 용역을 주는 것을 아웃소싱(outsourcing)이라고 하는데, 세계적인 추세

는 아웃소싱의 증가이다. 그 대상도 점차 국내기업에서 외국기업으로 확대된다.

- TNC 해외지사들간의 거래나 해외지사와 본사간의 거래, 즉 기업내부거래의 비중이 증가한다. 폴 크루그만(Paul Krugman)과 모리스 옵스트펠드(Maurice Obstfeld)는 『국제경제학: 이론과 정책』(제7판)에서 미국 수입의 절반은 미국기업들간의 수입이라고 했다.
- 상품과 서비스의 무역보다 해외생산을 위한 직접투자의 비중이 더 커지고 있다. 스위스의 네슬레사는 생산능력의 98%를 외국에 두고 있다. 도요타자동차는 직원의 약 70%가 외국인이다.
- 최근에는 TNC들이 서비스부문에도 많이 생기고 있다. 종전에는 주로 은행과 보험업에 편중되어 있었으나, 현재는 항공산업, 정보통신산업, 경영자문업, 광고업 등에도 많이 출현하고 있다.
- 정보재의 생산증가에 따라서 국제 지적재산권 보호, 특허 분쟁 해결 및 독점금지법 적용 등의 문제가 발생하게 된다. 데일 니프(Dale Neef)의 『지식의 경제의 영향』이란 책에 따르면, 전세계적으로 볼 때 재화와 서비스의 8%는 불법복제품이라고 한다. 소프트웨어의 불법복제 비율은 영국 43%, 일본 67%, 러시아 94%나 된다는 것이다. 그러나 이를 해결할 수 있는 마땅한 국제법이 아직은 없다. 그 결과 세계시장은 누구에게나 그야말로 '공짜시장' 비슷하게 되어 가는 측면도 있다.

그런데, 각국의 기업 중 세계적인 대기업은 어떤 것이고 몇 개나 있는가?

미국의 「포춘」지는 오래 전부터 매년 500개의 세계적인 기업을 선정하여 통계를 작성하여 발표하고 있다. 기업과 산업문제 전문가인 알프레드 챈들러(Alfred Chandler) 하버드 경영대 교수는 이 500대 기업이 '세계기준의 대기업'이라고 했는데, 그 대부분이 TNC이다.

이 중에서 상위 30대 기업에 관한 통계는 [표 3. 1]에 요약된 바와 같다. 이 표에는 미국과 일본의 대표적인 기업들이 많이 포함되어 있다.

많은 사람들이 미국기업들은 특히 1990년대 들어오고부터 상승가도

세계기준의 대기업

① 세계에서 제일 큰 기업은 어느 나라의 것이고, 어떤 제품을 만드는 것인가? 답: 미국의 월마트 회사로서 백화점임.

② 세계에서 매출액 기준으로 제일 큰 기업은 얼마나 큰가? 답: 약 2,880억 달러(한국GNI=6,730억 달러)

③ 자산 기준으로 세계 최대의 기업은? 답: 스위스 UBS 은행으로 1조 5,256억 달러(같은 해 한국의 30대 그룹 소속 총 587개 회사의 자산총액은 6,696억 달러임.

④ 인간이 현재까지 개발한 '경영 노하우'로 얼마나 큰 회사까지 경영할 수 있는가? 답: 매출액 기준은 약 2,880억 달러, 그리고 종업원 기준은 약 170만 명의 회사.

⑤ 한국에는 30대 기업집단이 있다. 세계의 30대 기업은 어느 것인가? 답: [표 3. 1]과 [표 3. 3] 참조.

⑥ 세계 30대 회사를 어느 나라가 각각 몇 개씩 차지하고 있는가? 답: 미국 12개, 일본 6개, 독일 4개, 영국 1.5개, 네덜란드 1.5개(Royal Dutch/Shell 회사는 영국과 네덜란드의 합작회사이므로 각각 0.5개씩 계산했음.)

⑦ 세계적인 대기업을 많이 가진 나라일수록 경제대국이라고 할 수 있는가? 답: [표 3. 1]을 보면 그렇게 보인다. 세계 500대 기업통계를 보더라도 그렇다.

를, 그리고 일본기업들은 반대로 침체의 길을 걷고 있는 것으로 믿고 있다. 그러나 세계 30대 기업을 보면 미국 것은 12개이고 일본 것은 6개에 불과하다. 아직도 많은 일본 대기업들이 건재하고 있는 것으로 보인다. 그리고 이 표를 보면 세계적인 대기업들을 갖고 있는 나라는 주로 미국과 일본이다.

우리는 [표 3. 1]에 나타난 미·일·독 등 선진국 대표기업들의 수입, 자산, 이윤, 종업원 규모 등을 통해 몇 가지 특성을 알 수 있다. 예를 들면, 일본기업들은 시장점유율을 중시하므로 이윤의 규모가 상대적으로 작다는 사실 같은 것이다.

TNC 중에는 경제규모가 웬만한 나라의 전체 경제규모보다 큰 것도

[표 3. 1] 세계의 30대 기업

순위	회 사	국 적	수입 = 매출액(억$)	이윤 (억 $)	자산 (억 $)	종업원 (천 명)
1	WAL-MART STORES	U.S.	2,880	103	1,202	1,700
2	BP	BRITAIN	2,851	154	1,911	103
3	EXXON MOBIL	U.S.	2,708	253	1,953	86
4	ROYAL DUTCH/SHELL GROUP	BRIT./NETH.	2,687	182	1,928	114
5	GENERAL MOTORS	U.S.	1,935	28	4,796	324
6	DAIMLERCHRYSLER	GERMANY	1,767	31	2,483	358
7	TOYOTA MOTOR	JAPAN	1,726	109	2,275	266
8	FORD MOTOR	U.S.	1,722	35	2,927	325
9	GENERAL ELECTRIC	U.S.	1,529	168	7,505	307
10	TOTAL	FRANCE	1,526	120	1,144	111
11	CHEVRONTEXACO	U.S.	1,480	133	932	56
12	CONOCOPHILLIPS	U.S.	1,217	81	929	36
13	AXA	FRANCE	1,216	31	6,537	90
14	ALLIANZ	GERMANY	1,189	27	13,520	162
15	VOLKSWAGEN	GERMANY	1,106	8	1,726	343
16	CITIGROUP	U.S.	1,083	170	14,841	291
17	ING GROUP	NETHERLANDS	1,059	74	11,774	113
18	NIPPON NTT	JAPAN	1,005	66	1,786	201
19	AMERICAN INTL. GROUP	U.S.	980	97	7,987	92
20	INTL. BUSINESS MACHINES	U.S.	963	84	1,092	329
21	SIEMENS	GERMANY	915	41	988	430
22	CARREFOUR	FRANCE	904	17	530	430
23	HITACHI	JAPAN	840	5	910	347
24	ASSICURAZIONI GENERALI	ITALY	833	16	3,824	58
25	MATSUSHITA ELECTRIC INDUSTRIAL	JAPAN	811	5	753	335
26	MCKESSON	U.S.	805	(2)	188	25
27	HONDA MOTOR	JAPAN	805	45	871	138
28	HEWLETT-PACKARD	U.S.	799	35	761	151
29	NISSAN MOTOR	JAPAN	798	48	921	170
30	FORTIS	BEL./NETH.	755	42	7,756	51

주: 2004년
자료: *Fortune*, 2005년 7월 25일자, 괄호 안 숫자는 적자임.

[표 3. 2] 경제규모로 본 국가와 기업

순위	국가 또는 기업	규모 (억 $)	순위	국가 또는 기업	규모 (억 $)
1	United States	116,675	26	Indonesia	2,576
2	Japan	46,234	27	Saudi Arabia	2,506
3	Germany	27,144	28	Norway	2,502
4	United Kingdom	21,409	29	Denmark	2,430
5	France	20,026	30	Poland	2,418
6	Italy	16,723	31	South Africa	2,128
7	China	16,493	32	Greece	2,034
8	Spain	9,914	33	General Motors	1,935
9	Canada	9,798	34	Finland	1,866
10	India	6,919	35	Ireland	1,836
11	Korea, Rep.	6,797	36	Daimlerchrysler	1,767
12	Mexico	6,765	37	Toyota Motor	1,726
13	Australia	6,313	38	Ford Motor	1,722
14	Brazil	6,049	39	Portugal	1,683
15	Russian Federation	5,824	40	Thailand	1,635
16	Netherlands	5,773	41	Hong Kong, China	1,630
17	Switzerland	3,595	42	Iran, Islamic Rep.	1,627
18	Belgium	3,498	43	General Electric	1,529
19	Sweden	3,464	44	Total	1,526
20	Turkey	3,020	45	Argentina	1,515
21	Austria	2,901	46	Chevrontexaco	1,480
22	Wal-Mart Stores	2,880	47	Conocophilips	1,217
23	BP	2,851	48	AXA	1,216
24	Exxon Mobil	2,708	49	Allianz	1,189
25	Royal Dutch/Shell Group	2,708	50	Malaysia	1,178

주: 세계은행, 「세계개발보고서 2006」, *Fortune*지

자료: 2004년 자료. 국가경제규모는 GDP, 기업의 규모는 매출액임.

많다.

미국의 GM자동차회사는 매출액이 1,900억 달러가 넘는다. 삼성전자

의 2005년도 이익은 몽고, 라오스, 아르메니아, 앙골라 등의 경제규모를 합한 것보다 오히려 클 정도이다.

[표 3. 2]는 세계의 국가와 기업을 통틀어 경제규모 순으로 50위까지 표시한 것이다. 다만 유의할 것은 국가규모는 GNI, 기업규모는 매출액이라는 사실이다. GNI는 부가가치의 총계이므로, 기업의 규모를 이와 비교하기 위해서는 매출액이 아니라 부가가치로 환산하여 표시하는 것이 옳다. 그러나 기업의 부가가치 통계를 구할 수가 없어서 매출액으로 표시했다. 부가가치는 일반적으로 매출액의 몇 분의 일에 불과하다.

그런데 이렇게 규모가 큰 세계적인 대기업들이 최근에는 M&A(인수 및 합병)로 서로 짝짓기를 하면서 더욱더 거대기업들로 탈바꿈하고 있다.

㉯ 한국의 글로벌기업

우리 나라에도 상당수의 글로벌기업이 있고, 그 중에는 중소기업도 적지 않다. 그러나 글로벌기준의 대기업의 수는 11개에 불과하다.

그렇다면 세계기준의 대기업은 어느 정도 규모 이상이어야 하는가? 「포춘」지에 따르면, 2004년 현재 매출액 123억 달러 이상의 기업이다. 이 기준에 따르면 전세계에는 500개 그리고 한국에는 다음과 같이 11개의 글로벌기준의 대기업이 있다.

그럼 공정거래법이 정하는 한국의 대규모기업집단들은 세계기준으로

[표 3. 3] 한국의 글로벌기업

순위	기 업	매출액(억 $)	순위	기 업	매출액(억 $)
1	삼성전자	716	7	한국전력	209
2	현대자동차	464	8	한 화	154
3	LG전자	378	9	K T	149
4	SK	377	10	삼성물산	139
5	삼성생명	223	11	SK네트웍스	138
6	포스코	209			

자료: 「포춘」지, 2005년 7월 25일 자료.

[표 3. 4] 세계기준으로 본 한국의 기업집단

순 위	회 사 명	매출액(억달러)	자 산	계열회사 수
1	삼 성	1,334	1,031	62
2	한 전	387	942	11
3	현 대 차	642	537	28
4	L G	604	488	38
5	S K	537	460	50
6	도로공사	24	310	3
합 계		2,963	3,110	182

자료: 공정거래위원회, 환율은 1달러당 1,043.8원, 2004년 매출액 기준.

보면 어느 정도의 규모인가?

삼성그룹 소속 모든 회사를 한 회사로 간주하면, 삼성그룹의 매출총액은 1,334억 달러로서 세계에서 12번째 큰 회사가 된다. 이는 미국 제너럴일렉트릭 한 회사보다 작고, 도요타자동차의 약 77%, 월마트의 약 46%가 된다.

한국의 20대 기업집단 각각의 소속회사들을 모두 한 회사로 간주하면, 다시 말해서 하나의 기업집단을 하나의 기업으로 치면, 한국의 20대 기업집단 중 세계기준의 대기업 리스트에 들어가는 것은 11개이다. 나머지 9개는 세계 기준의 대기업에 끼지 못한다.

다 미국기업들이 조직한 단체와 싱크탱크

기업들이 조직한 단체. 글로벌기업을 가장 많이 갖고 있는 나라가 미국임을 우리는 잘 안다. 미국이란 나라의 주요 목표는 자유기업경제의 창달과 미국 및 세계시민의 복지향상이다. 그러나 글로벌기업들의 기본목표는 이윤추구이므로, 그들이 진출한 나라의 이해관계에 앞서서 자신들의 이해를 먼저 따지게 되어 있다.

미국에서는 글로벌기업들이 개별적으로는 물론, 협회나 단체를 만들어서 직접 세계화를 추진하기도 한다. 그리고 이런 협회나 단체는 미국국회나 정부에 많은 로비를 하여 미국정부가 미국기업의 세계진출을 위한 적극적인 조치를 취하도록 만든다. 즉 미국정부로 하여금 다른 나라가 미국기업의 세계화에 역행하는 조치를 취하지 못하도록 하기 위하여 많은 노력을 하고 있다.

미국기업들이 조직한 주요 단체들은 다음과 같다.

- 미국상공회의소(US Chamber of Commerce). 세계에서 가장 큰 기업단체로서, 미국기업의 이익을 대변하는 대표적 단체다.
- 비즈니스 라운드테이블(Business Roundtable). 「포춘」지가 선정하는 미국 500대기업들이 만든 단체다. 우리 나라의 전국경제인연합회와 비슷하다.
- 국제비즈니스협의회(US Council for International Business). 미국의 글로벌기업을 위하여 WTO(국제무역기구), ILO(국제노동기구), OECD(경제협력개발기구) 등 국제기구를 대상으로 로비하는 단체다.

우리 나라의 기업들이 조직한 단체로서는 전국규모의 단체와 업종별 단체 등이 있다. 전국규모의 단체로서는 일반 상공인들이 조직한 대한상공회의소, 주로 대기업들이 조직한 전국경제인연합회(FKI), 중소기업들이 조직한 중소기업협동조합중앙회, 무역업자들이 중심이 되어 조직한 한국무역협회, 그리고 한국경영자총협회가 있다.

이 가운데 최근까지 기업의 이익을 대변하기 위하여 가장 활발하게 활동한 곳은 전경련(전국경제인연합회)이다. 상공회의소도 물론 다른 나라의 상공회의소처럼 많은 활동을 했다.

업종별 단체는 같은 업종의 기업들이 조직한 단체들로서, 한국섬유협회, 대한건설협회, 한국관광협회, 한국선주협회 등 수없이 많다.

일본에도 기업들이 조직한 단체가 수없이 많다. 가장 중요하고 대표적인 단체는 케이단렌(경제단체연합회)과 닛케이렌(일본경영자단체연맹)이다. 특히 케이단렌은 일본대기업들의 이익을 대변할 뿐만 아니라, 자유기업경제체제가 일본에서 뿌리를 내리도록 하는 데 결정적인 역할을 했다. 또한 일반국민 대상의 한 자유경제 교육과 홍보 활동의 공로도 크다. 서양인들이 말하는 일본주식회사(Japan, Inc.)의 성장에 통상산업성(MITI)과 더불어 중심적인 역할을 했다. MITI는 최근 경제산업성에 통합되었다.

기업의 싱크탱크(think-tanks). 미국에는 기업들이 조직한 단체뿐만 아니라 기업을 위한 싱크탱크(두뇌집단)들도 기업의 이익을 적극 옹호하려고 로비활동을 활발하게 전개한다. 뿐만 아니라 미국기업의 세계 진출을 위한 활동도 적극 추진한다. 대표적인 기업싱크탱크는 다음과 같다.

· 미국기업연구소(American Enterprise Institute). 「포춘」지가 선정한 미국 5백대기업들이 조직했으며, 주로 대기업을 위한 두뇌집단이다.
· 헤리티지재단(Heritage Foundation). 주로 미국의회에 매년 수백 종의 각종 보고서와 요약보고서를 작성하여 제출하고 있다. 상당수가 자유기업경제의 창달을 위한 내용이다.
· 브루킹스연구소(Brookings Institution). 미국의 국익 증진, 자유경제체제 창달, 미국기업의 세계 진출 등을 돕기 위해 활동하는 두뇌집단이다.
· 국제경제연구소(IIE: Institute for International Economics). 자유무역 창달, 국제무역에 대한 정부관여 제거, WTO나 NAFTA(북미자유무역협정) 같은 국제무역촉진기구 설립이나 옹호 등을 위한 싱크탱크다. 한국경제나 한국통일에 대한 보고서도 적잖이 내고 있다.

이처럼 미국에는 기업이익 옹호와 기업의 세계진출, 그리고 자유경제 창달을 위한 싱크탱크들이 많이 있다. 이들이 미국기업의 세계경쟁력을 높이고, 미국을 세계 제일의 경제대국으로 만드는 데 결정적인 역할을 한다.

우리 나라에는 한국능률협회, 국제경영원, 자유기업센터 등이 기업의 싱크탱크 역할을 하고 있다.

라 글로벌은행

신정보기술을 가장 먼저 실용화한 곳은 글로벌은행들인데, 그 목적은 전지구를 대상으로 한 금융업을 하기 위해서다. 현재 세계 100대 은행들이 세계금융업무의 약 4분의 3을 담당할 정도이다. 이 가운데 특히 다음

10대은행들의 역할이 크다. 2004년 현재 자산 크기 순으로 세계 10대 은행은 [표 3. 5]와 같다. 세계에서 제일 큰 은행인 시티그룹의 자산은 숫자상 우리 나라 GNP의 2배가 넘는다.

[표 3. 5] 세계 10대은행의 자산 규모

순위	기 업	자산액(10억 $)	순위	기 업	자산액(10억 $)
1	시티그룹(미국)	1,484	6	스코트랜드로얄뱅크(영국)	1,120
2	포티스(벨기에, 네덜란드)	776	7	크레딧 아그레꼴	1,240
3	HSBC홀딩스(영국)	1,277	8	크레디트스위스(스위스)	958
4	BNP Paribas(프랑스)	1,231	9	J.P.모간(미국)	1,157
5	뱅크오브아메리카(미국)	1,110	10	UBS(스위스)	1,526

자료: 「포춘」지, 2005년 7월 25일자, 2004년 기준임.

미국의 거대은행들(시티그룹, 뱅크 오브 아메리카, 제이피 모건, 웰스파고 등)은 태국, 인도네시아, 한국 등에 경제위기 직전 약 200억 달러의 돈을 빌려 주었다. 그러므로 아시아 금융위기를 초래하는 데 일조했다는 비난도 받고 있다.

이들 중의 일부는 상대국 사정이 어려움에도 불구하고 IMF(국제통화기금)의 협조로 빌려 준 돈을 모두 되돌려받고, 이자는 오히려 더 높여서 받기도 했다.

이들 글로벌은행 외에 미국의 뮤추얼펀드, 연금기금, 재단 등도 돈벌이를 위하여 세계금융시장에 진출하고 있다.

세계금융시장은 이제 실물의 거래보다, 금융투자기관들의 돈벌이를 위한 장(場), 심지어 거대한 '국제금융카지노' 판이 되어간다는 우려의 목소리도 높아지고 있다.

그런데 우리 나라에는 이런 글로벌은행들에 필적하는 은행이 왜 없는가? 관치금융을 그 대표적 이유로 드는 사람이 많다. 우리 나라의 은행들은 규모도 작을 뿐 아니라 국제금융 노하우나, 금융 건전성 면에서 선진금융기관들에 비하면 뒤떨어지는 것으로 보인다.

그렇다면 은행 건전성을 판단하는 국제적인 기준은 무엇인가? 국제결제은행(BIS: Bank for International Settlements)이 회원국 은행들에게 1992

년 말부터 시행하도록 의무화한 'BIS비율 8% 이상'이 바로 그것이다. 즉, 각 은행들이 보유한 위험자산에 비해 자기자본이 8% 이상은 되어야 국제적으로 건전성을 인정받게 된다는 것이다. 1997년 경제위기 이후 이 비율을 맞추느라 어려움을 겪은 우리 나라 은행들이 적지 않았다.

마 국제기구

미국에서 1929년에 발생한 대공황(Great Depression)은 유럽 선진국들을 경제태풍처럼 강타했다. 미국은 물론이고 유럽에서도 증권시장이 붕괴되었고, 취업자의 4분의 1정도가 실업자 신세가 되었으며, 수많은 공장은 가동을 멈추었고, 은행도 줄줄이 쓰러졌다.

그 지경에 이르자 미국은 1930년 유사이래 가장 높은 관세율을 적용하여 외국상품의 수입을 억제하는 등, 자국산업을 보호하는 강경한 조치를 취했다. 세계 제일의 경제대국인 미국이 그렇게 하자, 다른 선진국들도 비슷한 조치에 들어갔다.

독일에서는 엎친 데 덮친 격으로 정부의 잘못된 디플레정책 때문에 실업자가 1930년부터 1932년 사이 300만 명에서 600만 명으로 두 배로 증가했다. 그 결과 1933년에 마침내 정권이 바뀌어 히틀러가 집권하게 되었고, 독일은 자기네 국익을 위하여 이웃 나라들을 침략하기 시작했다.

일본도 오래 전부터 원료의 자급자족과 경제적 독립을 위하여 아시아를 침략하기 시작했고, 1930년대에 들어와 먼저 만주를 점령했다. 이처럼 각국의 경제적 민족주의가 정치적 민족주의로 변모함에 따라, 전세계는 제2차 세계대전(1939~45)의 소용돌이에 휩싸이게 되었던 것이다.

가까스로 전쟁이 끝났을 때, 유럽과 일본의 산업시설은 그야말로 깡그리 파괴되었고, 주요 도시들도 거의 완벽하게 파괴되었다. 일본의 나고야는 계속되는 폭격으로 완파된 바람에 전쟁 후에 전혀 새로운 도시로 태어났을 정도였다.

그러나 미국은 본토에 포탄 한 발 떨어지지 않았기 때문에 산업시설이 그대로 남아 있었다. 뿐만 아니라 전쟁특수(特需)로 말미암아 대공황의 후유증도 완전히 극복했고, 각종 산업은 오히려 대호황을 누릴 정도였다. 미국산업의 경쟁력은 제2차 세계대전으로 오히려 크게 향상되었던 것이다.

대전 직후 미국의 산업생산이 전세계의 반을 차지하고 금보유고는 전세계의 5분의 4를 차지할 정도였으니, 그 경제력의 규모가 얼마나 대단했는지 짐작하기 어렵지 않다.

미국은 대전 직후 경제적 우위를 계속 유지하기 위하여 패전국인 일본과 독일의 기업그룹과 대기업을 해체하기 시작했다. 표면적인 이유는 대기업과 기업그룹은 민주주의와 시장경제에 어긋난다는 것이었다. 이러한 시대적 배경과 대외정책의 결과, 미국은 그 후 상당기간 경제적인 패권을 계속 유지할 수 있었다.

동독에 진출한 소련은 독일의 주요 공장들에서 시설을 뜯어갔다. 당시 선진국 가운데 기업그룹이 강한 나라는 독일과 일본이었다. 동경대의 어느 교수는 미국이 일본의 기업그룹을 해체할 때, 일본지성인들은 밤마다 모임을 갖고 책상을 치면서 분통을 터뜨렸다고 했다. 뿐만 아니라 미국은 이른바 '페이퍼클립작전'으로 독일의 유명한 과학자들을 수없이 데리고 갔다.

아무튼 제2차 세계대전의 종전을 기점으로 미국은 여러 면에서 세계경제를 지배할 수 있는 위치를 점하고 있었다. 그래서 미국은 미국이 주도하는 세계경제의 틀을 짜기 위해 다음 세 가지 국제기구를 창설하는데 주도적 역할을 했다.

생산담당: 세계은행(IBRD 또는 World Bank)
무역담당: GATT(관세 및 무역에 관한 일반협정),
1994년 WTO(국제무역기구)로 대체.
금융담당: IMF(국제통화기금)

미국은 영국과의 긴밀한 협조 아래 미국 뉴햄프셔주 브레튼우즈라는 곳에서 전쟁 이후 가난한 나라의 경제적 부흥을 돕기 위하여 이들 세 기구를 창설했다.

먼저, 생산활동을 담당할 국제기구로서 IBRD(=World Bank: 세계은행)을 설립했다. 다음으로는 각국이 앞다투어 수입품에 대한 관세를 올리다가 전쟁에 휘말린 전철을 되풀이하지 않기 위하여, 각국의 수입관세 등 무역장벽의 철폐를 위한 GATT체제를 출범시켰다. 그리고 국제금융 및 통화질서를 바로잡기 위하여 IMF를 설립했다.

이 세 기구를 좀더 자세히 살펴보기로 하자.

세계은행. 세계 최대의 공공기관은 어느 것인가? 만 명 이상의 종업원, 180개의 회원국, 그리고 65개국에 사무실을 갖고 있는 세계은행이다.

세계은행은 '한 나라 한 표' 체제로 운영되는 것이 아니다. 돈을 많이 낸 나라일수록 더 많은 영향력을 행사할 수 있게 되어 있다. 세계은행은 결국 미국과 부자나라들이 지배하는 기구가 되는 셈이다. 사실 미국은 지난 냉전시대에 세계은행 지원자금 수혜대상에서 공산권 국가들을 제외하는 등, 대외정책의 일환으로 활용하기도 했다.

세계은행은 가난한 나라에게 지원하는 발전기금을 미국기업들의 해외투자 촉진에 활용하기도 한다. 미국 재무성의 어느 고위 관리는 미국이 세계은행에 기부하는 돈보다 미국기업들이 누리는 혜택이 더 크다는 사실을 밝힌 바 있다. 사라 앤더슨과 존 카바나흐에 따르면, 후진국에 대한 세계은행 융자의 주된 수혜자는 미국의 농업과 에너지관련 기업들이다. 요컨대 세계은행의 주목표는 궁극적으로 미국기업의 해외투자 촉진이라는 것이다.

세계은행은 1980년부터 가난한 나라에 구조조정차관을 제공하기 시작했다. 그 목적은 미국의 이상인 자유기업경제와 자유무역의 실현을 후진국에게 강요하기 위한 것이라고 비난하는 사람도 많다. 구조조정차관을 받은 나라는 미국기업들이 그 나라에서 자유롭게 활동할 수 있도록 한다는 조건을 수락해야 되는 경우가 비일비재하다.

IMF. 미국이 주도하여 IMF를 설립한 목적은 원래 두 가지였다. 하나는 어떤 나라가, 자국 돈이 미국 달러에 묶여 있는 상태에서 심각한 외환부족 문제에 봉착했을 때, IMF가 그 나라를 도와 주는 것이다. 또 하나는 가난한 나라들이 자원가격의 폭락 등으로 심각한 외화부족사태에 직면했을 때, IMF가 단기차관을 제공하여 도와주는 것이다.

그러나 미국이 1970년대에 고정환율제도를 폐기하자, IMF의 주된 기능도 다음과 같은 두 가지로 바뀌었다. 1980년대부터 IMF가 적극 추진하고 있는 사항이다.

첫째, 미국의 글로벌기업이나 글로벌은행들이 후진국에 투자하여 손해를 보는 경우, IMF가 도와 주는 것이다. 즉, IMF는 금융위기를 당해 도움이 절실하게 필요한 후진국보다, 그 나라에 돈을 빌려 주거나 투자하여 손해를 본 미국기업이나 은행을 돕는 데 우선순위를 둔다.

둘째, IMF는 1980년 멕시코가 외채상환 불능상태에 도달하게 된 것을 계기로, 돈을 빌려가는 나라에게 빌리는 조건을 더욱 까다롭게 만들었다. 돈을 빌려간 나라들이 어떻게 하든 그 돈을 미국금융기관들에게 갚도록 하기 위해서다.

바 IMF / World Bank의 약처방은 누구를 위한 것인가?

"미국의 최근 가장 중요한 수출품은 미국식 시장자본주의였다."

— 마리나 휘트먼(Marina Whitman), 『새로운 세계, 새로운 규칙들』

조셉 스티글리츠 세계은행 부총재가 IMF의 경제정책 처방은 위기를 맞은 아시아 국가의 경제를 오히려 악화시켰다고 개탄한 적이 있다. 그는 "IMF 경제학자들은 그 나라 최고급 호텔은 잘 알아도 경제 사정에는 캄캄하다"는 등의 비난을 서슴지 않았다. 왜 그는 미국인으로서 그런 비판을 했는가?

우리 나라가 1997년 경제위기를 당했을 때 IMF는 한국에게 IMF식 '구조조정정책 꾸러미'의 시행을 요구했다. 이는 IMF가 멕시코나 태국 등 경제위기를 맞은 다른 나라에 요구한 것과 거의 같은 정책꾸러미였다.

우리의 경제구조는 멕시코나 태국의 경제구조와는 다른데도 왜 같은 정책처방을 했는가? 그 이유는 IMF의 주목적이 위에서 말한 바와 꼭 같기 때문이다. 즉, 한국경제를 살리는 것보다 미국기업과 금융기관의 보호가 우선이기 때문이다.

IMF의 정책꾸러미를 풀어보면 보통 다음과 같은 대여섯 개의 정책처방이 들어 있음을 알 수 있다. 다시 말하면, IMF는 경제위기를 당한 나라에게 다음과 같이 거의 똑같은 정책처방을 내린다는 것이다.

1) 이자율을 올려라

우리 나라는 IMF경제위기 전의 법정 최고이자율이 연 25%였는데, IMF의 요구로 이자율의 법정상한선을 폐지했다. 그 결과 고리대금업자들이 기승을 부리고, 채무자들은 채권자 등살에 못 살겠다고 아우성을 치기에 이르렀다. 무엇보다 안타까운 것은, 아직 신생 채무기업 단계에 있는 수많은 유망기업들이 높은 이자율 때문에 도산하거나 퇴출당했다는 사실이다. 심지어 멀쩡하던 기업이 쓰러지는 경우도 많았다. 그 결과 글로벌기업들의 국내 진출무대는 잘 마련되었다.

2) 환율을 올려라

우리 나라의 환율은 1997년 경제위기 직전 달러당 900여 원이었으나, 경제위기 직후 이 두배 이상까지 올라갔다. 때문에 외채가 많은 한국기업들은 빚을 갚느라 허덕였다. 도산하는 기업들, 도산은 겨우 면했다고 하더라도 후일 퇴출 위기에 놓이게 된 기업들이 속출했다. 미·일 등에서 선진기술이나 자본장비를 수입하는 기업들은 엄청난 자금부담에 허덕였다. 그러나 환율이 급등하는 바람에 수출업체들은 원화를 많이 벌었다.

달러로 환산한 국내 인건비나 한국인의 재산은 줄어들었다. 경제위기 직후 심한 경기침체로 부동산가격이 크게 하락한 상태였으므로, 국민 개개인의 재산은 사실상 반 이상으로 줄어든 경우도 많았다. 온 국민이 심한 박탈감을 느꼈다. 아무튼 수많은 국내기업이 쓰러짐으로써 미국 TNC들과 글로벌은행들의 한국진출은 오히려 용이하게 된 셈이다.

3) 정부지출을 줄여라, 긴축재정정책을 펴라

정부는 보건의료, 복지, 교육, 환경관계 등 거의 모든 부문에서 지출을 줄여야 했다. 공무원들의 봉급도 크게 줄어들었다. 그 아픔이 사회 곳곳에서 느껴졌다.

4) 금융시장을 개방하라

그래서 보다 국제경쟁력이 강한 선진국 금융기관과 외자가 국내에 자유롭게 들어와서 활동하게 해야 한다는 것이다. 그래야 금융위기의 재발을 방지할 수 있다는 논리다. 그러나 이들 글로벌금융기관들은 선진금융기법으로 후진국의 금융시장이나 금융기관들을 떡 주무르듯 한다. 그리고 해외의 단기 투기성자금들이 많이 유입되어 금융시장을 불안하게 만든다.

우리의 증권시세도 이제는 외국인들이 사면 올라가고 팔면 떨어지는 상태가 되었다. 하늘이 비를 내리면 풍년이 들고 내리지 않으면 흉년이 드는 논을 '천수답'이라고 한다. 한국증권시장도 외국인 투자만 쳐다보는 천수답 신세가 되었다고 한탄하는 사람들이 늘어났다.

5) 임금을 삭감하고, 정부의 가격보조정책을 폐지하라

이런 정책은 잘 운용하면 경제를 활성화하지만, 자칫하면 인도네시아처럼 국민 폭동으로 이어질 수 있다. 후진국의 주산물은 농산물인데, 농산물에 대한 정부가 가격보조정책을 폐지하면 농가소득이 감소하게 된다. 그리고 임금 삭감은 근로자의 소득 감소를 의미한다. 환율 폭등으로 수입품 가격이 천정부지에 달한 상태에서 근로자와 농민소득의 감소는 여러 나라에서 폭동을 유발하는 원인이 되기도 했다.

6) 미국식 자본주의 자유경제시스템을 도입하라

국내시장을 개방해 미국을 비롯한 선진국 글로벌기업이나 금융기관들이 자유롭게 경쟁하도록 하고, 노동시장의 유연성을 확보함으로써 이들이 자유롭게 노동자를 고용하거나 해고할 수 있도록 하라는 것이다. 이것은 곧 '다자간투자협약'을 읽어보면 명확히 드러난다.

개중에는 IMF의 차관과 이와 같은 정책처방꾸러미로 말미암아 금융위기를 비교적 잘 극복하고 경제회복에도 성공한 나라가 없지는 않았다. 그러나 그보다 더 많은 후진국에서는 실업자가 크게 증가하고 임금은 대폭 하락하여, 그야말로 민생이 도탄에 빠진 경우가 적지 않았음을 유념해야 한다.

다자간투자협약(MAI: Multilateral Agreement on Investment). 이는 글로벌기업들과 글로벌은행들이 세계 각국 정부로 하여금 글로벌기업의 투자에 대하여 취하는 각종 규제를 못하도록 하는 협약이다. 근본 취지는 이들이 자유롭게 전세계를 누비고 다니면서 투자를 할 수 있도록 하는 것이다.

그런데 최근 글로벌기업이나 은행들이 OECD를 통하여 이러한 목적을 달성하려고 하였으나, OECD 회원국가의 여러 도시에서 많은 시민단체들이 반대운동을 전개하였기 때문에 성공하지 못했다. 지금은 WTO나 IMF를 통하여 이를 관철시키려고 하고 있다.

다자간투자협약 기본방향의 골자는 중앙정부든 지방정부든 간에 공사발주나 물품구매계약에서 국내기업을 외국기업보다 우대하지 못하게 하고, 외국기업에게 부품이나 고용의 일정부분을 국내에서 조달하도록 하는 조치나, 외국 자본의 이동에 대한 제약을 가하지 못하게 한다는 것이다. 이런 조치들이 글로벌기업과 은행들의 자유로운 경제활동을 보장하기 위한 것임은 물론이다.

국제무역기구(WTO: World Trade Organization). GATT의 일차적인 목적은 글로벌기업들의 재화와 서비스의 국제간 이동에 대한 관세 등 각종 장벽의 철폐다. 결코 개도국의 경제발전이나 고용증진이 아닌 것이다.

그런데 이 기구가 출범한 후 몇 십 년이 되었지만, 세계 여러 나라는 미국 등 선진국 기업들의 수출이나 글로벌기업 투자에 대하여 제재의 고삐를 풀려고 하지 않았다. 이렇게 되자 미국은 1980년대 중반부터 무역장벽을 제거하는 데 GATT보다 더 강력한 기구를 설립하고자 노력했고, 그 결과로 등장한 것이 WTO이며, 공식적으로 1994년에 GATT를 대체했다.

현재 적잖은 개도국과 후진국들이 국내시장을 글로벌기업들에게 빼앗기게 될까봐 걱정하고 있는 실정이다.

"(WTO 때문에) 우리는 모든 것을 잃었다. 머리를 단두대에 올려놓기는 하겠다. 그러나 품위는 지키겠다."

— 아프리카 어느 협상 대표

사 세계금융지식이 없으면 실물로 번 돈 다 빼앗긴다

금융이나 경제에도 MRI, 인터넷, GPS처럼 혁신적인 제품들이 많이 생겼는가? 물론이다. 선진국들이 혁신적인 금융기법으로 한국, 태국, 인도네시아와 같은 나라와 경쟁을 하니 상대가 될 리 없다. 그 결과 이들 나라가 모두 금융위기로 많은 것을 잃었음은 잘 알려진 사실이다. 멋도 모르면서 후진국들이 이른바 세계금융카지노판에 뛰어들었다가 돈을 다 털린 꼴이다.

옛날 국제간의 돈 이동은 주로 무역을 위한 것이었다. 지금은 주로 돈거래나 금융투기 목적으로 이루어진다. 이런 목적으로 하루에 거래되는 돈의 양은 2000년 가을 현재 1조 8,000억 달러나 된다. 우리 나라 GNP의 4배가 넘는 거액이다. 이 중에 국제무역이나 투자와 관련된 돈의 양은 전체의 1 또는 2퍼센트밖에 안 된다. 세계에서 3일 내지 4일에 거래되는 돈의 양은 1년치 세계무역량과 거의 맞먹을 정도가 되었다.

이러한 돈은 빛의 속도로 이동한다. 세계적인 금융투기꾼들이 마음을 바꾸기만 하면, 국내에 들어온 투기 목적의 돈은 단지 컴퓨터 키보드 몇 번 두드리는 것으로 순식간에 빠져나갈 수 있다.

금융산업은 세계 제일의 정보산업, 21세기 성장산업이라고 한다. 세계금융산업을 모르면 세계경제를 알 수 없다. 우리가 제조업으로 번 돈을 선진국 금융기관에 많이 빼앗길 수도 있다.

지식사회에서 가장 중요한 지식의 하나는 금융지식이다. 금융은 앞으로 국제전표금융이 전자금융이 되고, 전업금융이 종합금융이 되며, 토종금융업체간의 경쟁이 외국기업과의 경쟁체제로 바뀌는 등 격심한 변화를 경험하게 될 것이다.

우리 나라는 앞으로 무엇보다 선진금융대국과의 금융지식 갭을 줄여야 한다. 뿐만 아니라 전반적인 경제지식 갭(knowledge gap)을 줄여나가지 않으면 안 된다.

4. 지식경제가 경제게임의 룰을 바꾼다

"무식한 사람을 제외하면 가난한 사람은 없다. 지식을 가진 사람은 모든 것을 가진 사람이다. 그러면 지식이 없는 사람이 가진 것은 무엇인가?"

— 탈무드

가 '지식' 의 뜻이 이렇게 바뀌었다 !

우리 주위에는 그야말로 모르는 것이 없다고 할 정도로 상식이 풍부한 사람들이 더러 있다. 스스로를 최고의 지식인이라고 생각하는 사람도 많다. 그런데 가령 이들이 타고 가던 차의 타이어가 펑크가 났을 때 바꾸어 끼울 줄 모르고, 물에 빠졌을 때 헤엄칠 줄 모르고, 주위에 응급환자가 생겼을 때 어쩔 줄 몰라서 쩔쩔매고만 있다면, 이들이 생각하는 지식이 무슨 의미가 있는가?

옛날 어느 가난한 선비는 심지어 부인이 멍석에 널어놓은 곡식이 비에 다 떠내려갈 지경인데도, 아랑곳하지 않고 글만 읽었다고 한다. 자녀가 안방에서 병으로 죽어 가는데도 사랑방에 친구들을 모아놓고 "오늘따라 산천초목이 더없이 아름답다"는 등 붓글씨로 시를 써서 읊고 있었다는 것이다.

또한 옛날 스스로 선비라고 자처하는 많은 사람들은 평생 동안 글공부나 하면서 살고, 자기 집 벽이나 기둥에 남이 알아볼 수 없을 정도의 한자를 초서로 써서 붙이면서 자긍심을 느꼈다고 한다. 부인이나 가족은 여름 뙤약볕에서 구슬땀을 흘리면서 일하는데도 자신은 의관을 정제하고 다니면서 농사일에는 손가락 하나 까딱 않고 살았다. 깊숙한 산 속에 들어가 기(氣)를 받고 대자연의 깊은 이치를 깨닫는다면서 일생을 보내기도 했고, 일가 친척들의 경조사를 빼놓지 않고 다니고 이들과 원활한 인간관계를 유지함이 생의 목표라고 생각하며 가난하게 산 사람도 있었다.

우리 나라를 비롯한 동아시아의 지배사상 가운데 하나인 도교의 신봉자는 지식의 목적이 대자연의 이치를 깨닫는 것이라 생각했고, 또 하나의 지배사상인 유교에 젖은 사람들은 인간의 내적 및 외적인 자기개발을 달성하는 것이 지식의 목적이라고 생각했다.

이런 사람들이 스스로를 지식인이라고 생각했다면, 이들이 말한 '지식'의 의미는 무엇이었을까?

지식사회(knowledge society)라는 말을 보급시킨 피터 드러커에 따르면, 지식의 뜻은 동서양을 막론하고 1750년까지는 그야말로 똑같이, 말 잘하고 글 잘 쓰는 것을 의미했다는 것이다. 서양의 프로타고라스(Protagoras)는 지식의 목적이 "사람들로 하여금 어떤 말을 어떻게 하면 잘할 수 있는가를 알게 하는 것"이라고 했다. 이런 생각이 18세기 중반까지 서양을 지배했던 것이다.

1750년 이전의 동서양의 지식 = '논리, 문법 및 수사학'에 대한 지식
= 말 잘하고 글 잘 쓰는 것과 관련된 지식

그러나 서양에서는 1750년경부터 지식의 뜻에 혁명적인 변화가 발생했다.

드러커 교수에 따르면, 그 때부터 지식의 목적이 더 좋은 생산물, 생산공정 및 생산도구를 개발하는 것으로 바뀜으로써 지식은 '산업혁명'을 일으켰고, 지식의 목적이 일을 더 잘하는 것으로 바뀌자 '생산성혁명'을 일으켰으며, 지식 그 자체를 더 발전시키게 되자 '경영혁명'을 일으키게 되었다는 것이다.

지식 → 생산물, 생산공정 및 생산도구의 개선 → 산업혁명
지식 → 작업의 개선 → 생산성혁명
지식 → 지식 그 자체의 개선 → 경영혁명

동아시아에서는 1750년 이후에도 상당기간 지식의 목적은 '논리, 문법 및 수사학의 향상'에 계속 치우쳐 있었다.

옛날 우리 나라에서도 많은 자칭 지식인들은 사·농·공·상 식의 사고방식에 사로잡혀, 사(士)가 되는 데 관련 없는 지식은 지식으로 취급하지 않았다. 일상생활이나 기술향상과 긴밀한 관계가 있는 것은 어느 것도 지식이 아니었다. 심지어 근대에 와서까지도 어떤 사람들은 전기가 나갔을 때 전구를 갈아 끼우지 못하는 것을 자랑으로 생각할 정도였다.

이와 반대로 서양에서는 지식인들이 누가 어떤 상품을 얼마나 더 잘 만드는가, 그렇게 하려면 기업이나 국가차원에서 경제조직을 어떻게 해야 되는가 등에 관한 지식을 중시하게 되었다. 이와 같은 지식에 대한 이해의 차이로 1750년경부터 서양이 동아시아를 크게 앞서게 되었던 것이다.

우리 나라의 경우, 1960년대 초부터 사람들의 지식관에 대한 혁명적 변화가 일어났다. 기업을 잘 조직하여 "증산 수출 건설"을 잘할 수 있게 하는 지식이 우대 받기 시작했다. 그렇게 되자 기업과 국가경제는 놀라운 발전을 하기 시작했다.

지식사회를 맞이하여 우리가 정확히 인식해야 할 것은 "무엇이 지식인가?"하는 지식의 정의(定義)이다. 후진국일수록 국민들이 지식을 잘못 이해하고 있다. 닭싸움관련 지식을 최고로 치는 사람들이 많은 나라, 소싸움이나 소와 사람간의 싸움에 관한 지식을 최고로 치는 사람들이 많은 나라, 과거에 합격하여 출세를 하고 백성을 다스리는 지식을 최고의 지식으로 치는 사람들이 많은 나라는 후진국으로 남아 있을 수밖에 없다. 한 가지 분명한 사실은 지식사회는 혁신과 생산성향상이 아주 빠른 사회라는 점이다. 그러므로 지식사회에서는 이를 가능케 하는 것이 가장 중요한 지식이라고 할 수 있다.

우리는 현재 데이터, 정보, 지식이란 말을 많이 쓰고 있다. 우선 그 뜻

데이터: 다른 사람에게 보낼 수 있는 기호, 신호 및 자료는 어떤 것이나 데이터이다.

정 보: 어느 것이나 디지털화할 수 있는 것은 정보이다. 디지털화할 수 없는 것이라도, 받는 사람이나 보내는 사람의 이해에 도움이 되도록 처리된 데이터는 어느 것이나 정보이다. 책, 잡지, 음악, 영화, 주식시세 등을 정보재(information goods)라고 한다.

지 식: 받는 사람이 정보를 사용하여 축적한 경험이나 기술이다. 정보 그 자체는 지식이 아니다. 지식사회의 지식은 혁신과 생산성 향상을 가능하게 하는 지식이다.

을 분명히 하기로 하자.

쉬운 예를 통하여 기술혁신이 빠른 지식사회의 지식의 뜻을 더욱 분명히 하기로 하자.

세계에서 숟가락과 젓가락을 같이 가장 많이 쓰는 인종은 한국인이라고 한다. 우리는 포크와 나이프도 잘 쓴다. 손재주와 관련되는 것은 양궁, 사격, 배드민턴, 골프, 기능올림픽 할 것 없이 시스템과 전략만 잘 짜면 세계 일등도 할 수 있다. 과거에 병아리 감별에서도 한국인은 가히 세계 제일이었다. 한때 병아리감별사로 외국에 스카우트되어 가서 많은 돈을 번 사람도 있었다. 그런데 미국인들이 계란의 암수를 구분할 수 있는 MRI기계를 발명하자, 이들 중 상당수는 직업을 잃을 수밖에 없었다.

프랑스정부는 한때 프랑스어 사용운동을 전개했다. 프랑스어로 국제회의를 하는 교수들에게는 회의비 보조도 했다. 그러나 인터넷이 보급되고, 영어가 세계어로서 위력을 더해가자 최근부터 오히려 영어 사용 권장정책을 펴고 있다. 파리의 국제공항은 영어 사용정책을 채택했다. 이는 모두 인터넷이라는 새로운 지식 때문에 어쩔 수 없이 따라간 것이다.

깜깜한 밤중 구름 위에서 비행기는 어떻게 위치를 알고 방향을 바로 잡아가는가? GPS(global positioning system), 즉 인공위성을 통한 '전지구 자동위치 파악시스템' 때문이다. 즉, 고급승용차나 비행기, 배 등이 지구 위 높은 상공에 떠 있는 인공위성에 전파를 보내면 위성이 현재의 위치를 알려 주는 시스템이 그것이다.

옛날에는 소련 GPS와 미국 GPS 두 개가 있었다. 그러나 소련 붕괴와 러시아 경제의 침체로 구 소련 것은 없어지고 지금은 미국 GPS밖에 없다. 그러므로 세계 모든 나라의 모든 비행기들이 미국 GPS 영향 아래에 놓여 있다. 이런 상황에서 미국은 GPS의 주파수를 조작하여 어느 나라 비행기이든 방향을 혼란시킬 수 있다.

얼마 전 미국이 이라크와 걸프전쟁을 할 때 그렇게 한 결과 이라크 비행기는 날 수가 없었다. 이 GPS를 만들어 실용화하는 것이 바로 지식이다. '지식'의 영향력이 얼마나 큰지 알 수 있다. 우리는 무엇보다 지식의 뜻을 분명히 알아야 한다. 지식의 뜻을 바로 아는 것이 지식의 근본이다.

옛날 일본 사무라이들의 싸움에 대한 지식은 칼싸움에 관한 것이었다. 그러나 1853년 일본을 방문한 미국 페리 제독의 싸움에 대한 지식은 자동권총을 사용하는 싸움에 관련한 지식이었다. 페리 제독의 자동권총 앞에 무릎을 꿇고 나라를 개방한 사무라이들은 그들의 지식을 모두 버렸다. 칼싸움관련 지식은 자동권총관련 지식 앞에서 순식간에 무용지물이 되었다.

지금은 지식경쟁시대이다. 혁신적인 지식 앞에 낡은 지식은 무용지물이 된다. 무한 경쟁시대에는 혁신을 가능케 하는 지식만이 살아남을 수 있는 지식임을 알아야 한다.

"기술을 지배하는 자가 세계를 지배한다."

— 이병철 삼성그룹 창업자

"지식사회의 무한경쟁시대에는 새로운 지식을 끊임없이 창출하는 기업과 그렇지 못한 기업간의 격차가 계속 커질 수밖에 없다."

— 피터 드러커

나 농경사회 → 공업화사회 → 지식사회

농경사회는 사람들이 대자연을 상대로 아무리 열심히 일해도 굶어 죽기 쉬운 사회이다. 이른바 보릿고개를 넘는 것이 어려우므로 '보릿고개사회' 라고 한다. 나무 중 봄에 싹이 제일 늦게 트는 것이 대추나무인데, 대추나무의 싹이 틀 때가 보릿고개의 절정이다.

농경사회 다음의 사회는 공업화사회이고, 그 다음의 사회는 서비스산업이 중심이 되는 서비스사회이다. 공업화사회는 대표적 상품이 TV이므로 'TV사회' 라고 한다. 『후기산업사회』의 저자인 다니엘 벨은 서비스사회는 관광오락사회, 레포츠사회, 레크리에이션사회, 정보화사회라고 부를 수도 있으나, 정보의 절대적인 중요성 때문에 많은 사람들이 정보화사회로 부른다고 했다. 그런데 각종 서비스와 정보의 기초는 지식이므로, 서비스사회를 지식사회(knowledge society)라고도 한다. 지식사회는 인터넷(internet)사회 또는 네트워크(network)사회인데, 약하여 'Net 사회' 라고도 한다. 피터 드러커 교수는 이 중 올바른 표현은 지식사회라고 했다.

인터넷은 시간차와 공간차가 없는 의사소통을 가능케 함으로서 우리의 일하는 방법, 노는 방법, 사귀는 방법, 움직이는 방법, 생각하는 방법, 기업하는 방법 등을 바꾼다. 지식사회의 비즈니스는 인터넷 비즈니스 또는 'e-비즈니스' 로 발전되어 가는데, 이 때문에 산업지도, 사회지도 및 기업지도가 바뀌지 않을 수 없다. 인터넷을 즐겨 사용하는 젊은 세대를 N세대라고 한다. TV사회가 대량생산 및 대량소비사회라면, Net 사회는 전문생산과 개성적인 소비사회라고 할 수 있다.

공업화사회에서는 노동, 자본, 토지가 생산의 3대 요소이고 유형재(tangibles)가 중요하다. 그러나 지식사회에서는 지식(knowledge)이 주된 생산요소가 되고 무형재(intangibles)가 대세를 결정한다. 3대 생산요소는 2차적인 요소일 뿐이다.

이러한 사회에서는 총생산물(=재화+서비스) 중 재화의 비중은 줄어든다. 뿐만 아니라 재화의 가치 중에서도 자연자원의 비중이 줄어든다. 예를 들면, 반도체나 CD의 가격 중 자연자원의 비중은 30%가 채 안 된다. 70% 이상이 무형투입물(intangible inputs), 즉 디자인, 기술, 고객관리, 브랜드 이름, 마케팅기술, 창의력 등이다.

지금은 한국기업들도 넥타이, 핸드백, 구두, 시계 등은 기능면에서 세계 일류기업들과 똑같이 만들 수 있다. 그러나 브랜드 이름이나 디자인의 차이 때문에 세계 최고급 외제품만치 값을 받지 못한다. 그 가격차이는 재료비 때문이 아니라 무형투입물의 가치차이 때문이다. 일류화가의 비싼 그림값은 재료가 아니라 창의력의 값이다. 컴퓨터 소프트웨어의 값도 마찬가지다.

> "상품경쟁력의 요소는 기획력, 기술력, 디자인력의 세 가지로 볼 수 있다. 이것이 과거에는 더해지는 합(合)의 개념이었으나, 이제는 각각 곱해지는 승(乘)의 개념이 되었다. 즉, 과거에는 어느 한 가지가 약하더라도 다른 요소의 힘이 강하면 경쟁력을 유지할 수 있었다. 그러나 곱셈식으로 표시되는 요즈음에는 어느 하나가 제로가 되면 나머지도 모두 제로가 된다."
>
> — 이건희 삼성 회장

지식사회는 EQ(감정지수)가 중요한 사회이다. 부드럽고, 유연하고, 인간적인 성품이 중요하다. 부드러운 인간, 부드러운 기업, 부드러운 정부, 부드러운 사회, 부드러운 경제정책이 중요하게 된다. 그리고 서비스를 잘하는 것이 물건을 잘 만드는 것보다 이익을 더 많게 할 수도 있다.

돈은 현재 전세계적으로 넘쳐흐를 정도로 많다. 노동자들도 대체로 마찬가지다. 기업들은 국내에서 사람을 구하기 힘들면 노동력이 풍부한 나라에 가서 사업을 하면 된다. 미국에서는 이미 백 개 이상의 기업들이 인도기업에게 소프트웨어 제품개발을 위한 인력을 아웃소싱한다. 인도인의 인건비는 미국 인건비의 4분의 1이 채 안 된다.

글로벌지식사회에서 기업들은 세계 어느 장소에 가서나 제품을 만들고 팔 수 있게 되어 있다. 따라서 생산요소의 확보보다는 이를 더 잘 활용할 수 있게 하는 지식이 중요하다. 이 점을 다시 한 번 분명히 하도록 하자.

에비앙 생수회사는 그야말로 세계 사람들에게 물을 먹이고 돈을 번다. 이런 지식을 어디에서 얻었는가? 우리네 봉이 김선달에게서 얻었을까? 방글라데시는 물이 오히려 너무 많아서 걱정인데, 그들이 물장사를 못하는 이유는 무엇인가? 그럴 지식이 없기 때문이다.

되풀이 말하지만, 지식사회에서 부(富)의 주된 창출요인은 지식이다. 노동과 자본은 수확체감의 법칙의 적용을 받으나, 지식은 나누어 쓸수록 늘어난다. 즉, 수확체증의 법칙에 적용 받는다. 그러므로 지식을 잘만 늘리면 부를 얼마든지 증가시킬 수 있게 되는 사회가 지식사회이다.

보릿고개사회나 TV사회의 지식은 지식사회에서는 더 이상 지식이 못 되는 경우도 많다. 인터넷으로 찾아볼 수 있는 백과사전식 지식도 마찬가지다. 보릿고개(농경)사회나 TV(공업화)사회의 지식은 오히려 버릴수록 이득이 될 수도 있다. 지식 창출에 오히려 방해가 될 수 있기 때문이다. 그러므로 지식사회를 3－2=5와 같이 표시하는 사람도 있다. 보릿고개사회나 TV사회의 잘못된 지식 두 가지를 버리면 3이 오히려 5로 증가한다는 논리다. 시대에 뒤떨어진 지식은 오히려 약점이 될 수도 있다.

경영학의 시조인 피터 드러커(Peter Drucker)는 2000년에 91세가 되었는데, 그가 90세 때 쓴 『21세기 경영도전』이 그의 가장 베스트셀러책이라고 호평하는 사람들도 많다. 그는 다음과 같은 말을 한 바 있다.

"체중 74kg인 사람의 몸뚱이 무게는 70kg이고, 두뇌의 무게는 4kg이다. 그런데 농경사회는 주로 70kg을 쓰는 사회이고, 공업화사회는 70kg을 주로 쓰나 두뇌도 몇 그램 쓰는 사회이다. 그러나 지식사회는 주로 4kg, 즉 두뇌를 사용하는 사회이므로, 경쟁력은 이를 얼마나 잘 쓰느냐에 달려 있다."

되풀이하면 지식사회는 4kg(두뇌)의 경쟁력의 시대이다. 두뇌의 힘을 바탕으로 하는 산업을 레스터 더로우 MIT 교수는 '지력(知力)산업(brain-power industries)'이라고 말한다.

지식사회를 3D(Digital, DNA 및 Design)산업사회, 또는 3I, 즉 Information(정보), Idea(아이디어) 및 Intelligence(지력, 知力)사회라고도 한다. 정보, 아이디어 및 지력이 그만큼 중요하기 때문이다. 소프트뱅크회사를 설립하여 일본 제일의 부자가 된 손정의 씨는 Net 사회를 다음과 같이 '세 개의 제로사회'와 '세 개의 무한대사회'라고 했다.

3 제 로 사 회: 시차 제로, 정보가치저하 제로, 가변비용 제로
3 무한대사회: 사용자 무한대, 창의성 무한대, 공동체 무한대

지식사회는 시작된 지 얼마 안 되었고 또한 공업화사회에 비하여 많

은 특징이 있다. 그러므로 이를 나타내는 용어 또한 다음과 같이 많다. 그러나 우리는 지식사회 또는 글로벌지식사회라는 용어를 사용하기로 한다.

> 지식사회(knowledge society), 지식기반(knowledge-based)사회, 글로벌지식(global knowledge)사회, 정보사회, 지식정보사회, 서비스사회, 디지털사회

참고로 손정의 씨는 4천 권의 책을 읽었고, 2000년에 43세인데 50세가 될 때까지 세계 제일의 부자가 되며, 앞으로 800개 회사를 갖게 된다고 한다. 일본정부에게 일본의 모든 학생(초·중·고·대학생)들에게 PC를 한 대씩 선물로 주고 인터넷에 연결도 시켜주겠다고 말했다는 것이다. 그는 앞으로 5년 내에 인터넷 인구가 일본은 8,000만, 미국은 2억 그리고 중국은 3억 명에 이를 것이라고 예언했다. 공업화사회에서는 미국이 모든 산업의 중심이 되고 선도도 했으나, 인터넷산업에서는 중국이 중심이 될 것이라고 했다. 손정의나 빌 게이츠 같은 사람은 지식인의 대표격인 인물이다.

그렇다면 글로벌지식사회는 한국인에게 잘 맞는 사회인가?

손길승 SK회장은 그렇다고 강조한다. 지식사회는 지식근로자들이 이동전화를 들고 다니면서 일하는 기동성이 중요하고 유목민적(遊牧民的)인 사회인데, 한국인은 기마(騎馬)민족의 후예이고 융통성과 창의성이 풍부한 인종이므로 글로벌지식사회와 아주 적격이라는 것이다. 이런 식의 견해를 가진 사람들이 많다.

생산능력과잉의 시대. 공업화사회가 끝나고 지식사회가 시작되었다는 사실은 무엇을 의미하는가? 전세계적으로 볼 때 공산품 생산능력은 더 이상 문제가 안 된다는 것이다.

현재 제조업은 자동차, TV, 시계, 의류산업을 막론하고 거의 모두 생산능력 과잉상태에 있다. 전세계는 현재 공산품 생산능력과잉시대로 진입해 있다. 일본기업들은 얼마 전 '3대 과잉' 해소, 즉 과잉설비, 과잉비용, 과잉채무의 해소에 골머리를 앓은 적이 있다.

과잉생산능력의 한 예를 보자. 일본의 자동차산업은 연 1,500만 대 생산능력이 있다. 그러나 1999년 국내 자동차 판매 대수는 400여 만 대에 불과했다. 이와 같은 상황에 직면하여 IBM, GE, 소니 등 대표적 제조업체들이 탈제조업 선언을 하고 있다.

"고품질의 제품을 판매하는 글로벌 서비스회사가 GE의 21세기 기업상이다."

— 잭 웰치 GE 회장

"소니의 궁극적 목표는 종합 엔터테인먼트기업이다. 소니의 라이벌은 디즈니 같은 기업이다. 마쓰시다나 도시바 등은 경쟁업체로 생각하지 않는다."

— 이데이 소니 사장

다 지식경제는 무엇을 달라지게 하는가?

"기술은 변화하나 경제법칙은 변화하지 않는다."

— 칼 샤피로와 할 베리안, 『정보의 규칙들』

인류의 장구한 역사를 놓고 볼 때 기업이나 국가경제가 본격적으로 성장을 시작한 것은 18세기 후반 영국에서 시작된 산업혁명(Industrial Revolution)부터이다.

윌리엄 보몰과 알란 블라인더는 『경제학』(제 8 판)에서 산업혁명 이전 유럽경제의 성장은 1500년간이나 거의 제로에 가깝다고 했다. 당시의 산업혁명은 스팀엔진, 섬유, 제철 등 3대 기술의 혁신과 더불어 시작되었는데, 세월이 감에 따라서 더 많은 기술 혁신을 불러일으켰다. 이 3대 혁신의 중심은 '스팀엔진'이라고 한다. 그 결과 영국은 세계에서 처음으로 최강국과 최고의 부국이 되었다. 그런데 발명(invention)이란 신제품이나 공정을 발견하는 것이고, 혁신(innovation)이란 발명을 경제적으로 이용하는 것이다.

18세기부터 인류가 경험한 산업혁명은 다음과 같이 크게 넷으로 나눌 수 있다. 제 1 차와 2 차를 통합하는 경우도 많다.

제 1 차: 1780년대에서 1840년대까지 발생한, 스팀엔진 기술 중심의 산업혁명
제 2 차: 1840년대에서 1890년대까지 발생한, 철도기술 중심의 산업혁명
제 3 차: 1890년대에서 1950년대까지 발생한, 전기기술 중심의 산업혁명
제 4 차: 1960년대부터 발생한, 정보통신기술(ICT: information and communication technology) 중심의 산업혁명

제 2 차 및 제 3 차 산업혁명을 통합하여 하나의 산업혁명으로 간주하는 사람들도 있다. 그러나 우리는 철도 중심의 산업혁명과 전기 중심의 산업혁명을 구분하기로 한다. 영국은 철도 중심의 산업혁명을 가장 빨리 전개하여 세계 제일의 경제대국이 될 수 있었다.

현재 우리가 겪고 있는 제 4 차 산업혁명은 레스터 서로우 MIT 교수에 따르면 다음과 같은 6대 신기술을 중심으로 하고 있다.

컴퓨터
텔레커뮤니케이션
마이크로 일렉트로닉스
생명공학
로봇
신소재기술

이들 기술과 관련산업의 발전이 지식경제를 만들어 내고 있다.

그런데 지식경제(knowledge economy)란 무엇인가? 세계은행의 「한국—지식기반 경제로의 이행」이라는 보고서는 이를 다음과 같이 정의하고 있다.

"지식경제는 기업, 조직체, 개인 및 공동체가 더 많은 경제발전과 사회발전을 위하여 지식(부호화한, 그리고 묵시적인)을 보다 효율적으로 창출하

고, 획득하고, 사용하는 경제이다. 그리고 각종 경제활동에 기술지식, 정책지식 및 사회적 지식을 효율적으로 사용하는 경제이다."

지식경제는 아직 본격 시작된 지 얼마 되지 않았고, 또한 농업경제나 공업경제에 비하여 많은 특성이 있다. 그러므로 이를 지칭하는 용어 또한 다음과 같이 다양하다.

> **지식경제**(knowledge economy), **지식기반경제**(knowledge-based economy), **글로벌지식경제**(global knowledge economy), **신경제**(New Economy), **네트워크경제**(network economy), **디지털경제**(digital economy), **정보경제**(information economy), **네트경제**(Net economy), **IT경제**, **ICT경제**, **누드경제**(nude economy), **마찰 없는 경제**(frictionless economy), **무게 없는 경제**(weightless economy), **실시간 경제**(real-time economy), **전자경제**(E-economy)

그러나 우리는 지식경제 또는 글로벌지식경제라는 용어를 주로 사용하기로 한다.

지금부터 지식경제로 인하여 달라지는 것에는 어떤 것이 있는가를 보기로 하자.

1) 상호 연결된 세계, 세계시장이 하나로 연결된다. 글로벌지식경제에서는 제품이나 서비스뿐만 아니라 사람, 정보, 돈이 빠른 속도로 국경을 넘어서 이동함에 따라 우리가 살아가는 세계는 더욱 긴밀하게 '상호 연결되는 세계'가 된다. 특히 정보와 돈은 이미 초국가적이 되어 있어서 국경을 자유로이 넘나들고 있다. 전세계의 돈인 미국 달러가 특히 그러하다. 미국은 6,640억 달러(2004년)를 현금으로 유통시키고 있는데, 이 중 약 4분의 3은 미국 바깥에서 유통된다는 것이다.

디지털혁명으로 시간과 공간적 거리감이 없어짐에 따라서 기술적, 인적 및 물적 정보의 교환은 실시간으로 이루어진다. 따라서 세계경제는 하나로 긴밀하게 연결되는 이른바 '네트워크경제'가 된다. 인터넷은 24시간 활동을 가능케 하는 가상공간을 만든다. 근무시간이 '9 to 5'에서 24시간

체제로 바뀐다. 인터넷 덕분에 세계시장은 시공(時空)을 초월하여 연결된다.

더욱 많은 정보와 지식이 디지털화한다. 디지털이란 아날로그 신호를 '0과 1의 조합'으로 나타낸 것이다. 다음과 같은 특성 때문에 아날로그보다 정보전달 기능이 월등히 우수하므로 아날로그를 대체한다. 때문에 세계적이고 세계화를 촉진한다.

광 속 성 : 빛 속도의 정보전달
쌍방향성 : 정보의 쌍방향 전달이 가능
무한 반복 및 재현성 : 얼마든지 반복하고 다시 사용할 수 있다.
조작 및 변형의 용이성: 정보를 쉽게 가공하고 변형시킬 수 있다.

디지털화한 정보는 세계 어느 곳으로든지 싼 가격에 쉽게 전달할 수 있다. 그러므로 인터넷은 전세계에 더욱 많은 정보와 기술을 더욱 쉽게 전파하고, 제품시장, 노동시장, 자본시장 등을 더욱 빨리 세계화한다. 글로벌리제이션과 인터넷은 분리불가능한 관계에 있다.

우리 나라 증권거래시장은 뉴욕증권거래소에 연결되어 있어서 그 영향을 직접적으로 받는다. 일본이나 영국의 증시 또한 마찬가지다. 세계의 증권시장들은 하나로 더욱 긴밀하게 연결되고 통합되어 간다. 따라서 세계적인 금융전문가들은 세계의 증권시장 전체를 보면서 주식을 사고 판다.

사람과 돈은 국경을 자유로이 이동하면서 각국의 경제제도와 규범을 하나의 글로벌 스탠다드로 동질화시킨다. BIS(Bank of International Settlements)와 같은 회계기준도 세계적으로 통일되어 간다. 기업경영방식도 세계적인 수준의 기업들이 만드는 규칙에 따르지 않으면 안 된다. 글로벌지식경제시대는 세계경제전쟁시대이므로, 이 시대를 살아가는 우리 자녀들에게 세계경제 IQ를 높이는 것이 긴요하다.

그런데 세계화라고 하여 우리 것을 모두 버리고 외국 것을 그대로 받아들이자는 것은 결코 아니다. 우리는 한국사람과 문화의 특성과 장점을 잘 이해하고 이를 바탕으로 외국기술과 문화를 받아들여서 우리의 경쟁력을 높이는 것이 중요하다. 이를 '한국화(Koreanization)'라고 할 수 있다.

세계의 관점에서 보면 우리 나라는 하나의 지역이므로, 한국화는 국지화(localization)이다. 뿐만 아니라 한국은 동아시아지역의 중심에 위치하고 있으므로 이 지역을 가장 잘 활용할 수 있는 입장에 있다.

서양의 문화와 기술을 동아시아화하는 것도 필요하다. 동아시아화는 세계인의 관점에서 보면 지역화(regionalization)이다. 그러므로 globalization, regionalization 및 localization을 다같이 잘하는 것이 중요하다. 로칼리제이션을 바탕으로 글로벌리제이션을 잘하고, 글로벌리제이션 추세에 맞게 로칼리제이션을 해야 한다. 이 두 가지를 조화 있게 잘하는 것을 글로칼리제이션(glocalization = globalization + localization)이라고 한다.

> "연결된 세계의 건설이 GE의 21세기 비전이다. 인터넷은 GE(제너럴일렉트릭)성장의 새로운 원동력이다."
>
> — 잭 웰치 GE 회장

> "앞으로 5년 안에 인터넷을 활용하지 않는 기업은 도태될 것이다."
>
> — 앤드루 글로브 인텔 회장

> "앞으로는 '소형 개인용 디지털장비'가 우리가 원하는 어떤 것이나 어떤 사람을 막론하고 모두 연결시키게 될 것이다."
>
> — 로버트 라이히 하버드대 교수

2) 정보통신기술혁명의 효과는 경제전반에 미치므로 광범위하다. 제 1, 2 및 3차 기술혁명은 주로 공산품의 생산과 분배에 영향을 미쳤다. 그러나 제 4 차 혁명(ICT혁명 또는 인터넷혁명)은 금융, 보건, 교육, 행정, 디자인, 유통, 도소매 등 국가경제의 거의 모든 부문에 커다란 효과를 가져오고, 기업은 물론 소비자들에게도 많은 영향을 미친다. 과거 국가경제에 큰 영향을 끼친 기차 발명에 비할 바가 아니다. 철도는 물자수송에만 영향을 미쳤으나, 정보통신기술은 경제활동 전반에 영향을 미친다. 뿐만 아니라 컴퓨터와 통신장비 가격을 계속 떨어뜨리며 인터넷 보급을 급속히 확산시킨다. 이처럼 빠른 가격 하락은 역사적으로 유례가 없을 정도이다.

세계화와 ICT는 상승작용을 한다. 즉, ICT가 글로벌리제이션을 돕고 글로벌리제이션은 ICT를 크게 증폭시킨다. 인터넷은 국가경제에 유류파동과 정반대 되는 영향을 미친다. 유류파동은 물가는 상승시키고 경기는 침체시키나, 인터넷은 반대로 물가는 하락시키고 경기는 상승시킨다. 장기적으로는 경제성장도 높인다. 이런 경제가 바로 '신경제(New Economy)'이다. 미국의 1990년대 고도성장은 신경제 때문이다.

ICT와 더불어 중요한 신기술은 BT(bio technology), 즉 생명공학기술이다. 이런 기술의 발전은 수많은 벤처기업을 탄생시킨다. 미국에서는 많은 벤처기업이 가정집 차고에서도 시작된다. 헌차를 세워 두던 차고가 아이디어 공장의 역할을 하는 것이다.

미국 뉴욕은 작가, 예술가, 연예인들이 많은 곳이다. 이런 사람들도 상당수는 ICT기술 덕분에 벤처기업가나 지식근로자로 변신하고 있다.

> "한국의 20세기 10대 상품은 자동차, 라면, TV, 아파트, 전화, 컴퓨터, 소주, 연탄, 나일론, 신용카드이다. 그러나 21세기 상품의 키워드는 정보, 생명, 환경, 인프라 등이다."
>
> — 삼성경제연구소

3) 시장의 효율을 높인다. ICT경제는 현재의 경제를 거의 자유경제나 마찬가지로 만든다. 인터넷은 풍부한 정보, 제로에 가까운 거래비용, 누구나 참여할 수 있는 가능성 때문에 기업간의 경쟁을 갈수록 치열하게 만든다. 그야말로 완전경쟁에 가깝게 만든다. 인터넷은 또한 신정보시스템, 신시장, 신통신방법, 신유통방법을 제공한다. 따라서 기업경영방식을 혁신시킬 것이다.

ICT와 인터넷은 또한 기업간의 경쟁을 치열하게 만들므로 자원사용의 효율성을 높인다. 인터넷은 경제의 구석구석에서 능률을 향상시킨다. ICT기술과 제품을 사용하는 근로자와 산업의 생산성도 높인다. 제조업 중심의 '구경제'와 '굴뚝산업'을 더욱 능률적으로 만드는 것도 물론이다.

- 지식경제는 다음과 같은 측면에서 생산비를 감소시킨다. 인터넷은 전자상거래(E-commerce)를 가능케 하는데, 전자상거래는 기업과 기

업간, 기업과 소비자간, 그리고 기업과 정부간의 거래에 중간상인을 없앤다. 그 결과 중간 마진도, 거래비용도 줄어들게 된다. 또한 거래를 노출시키므로 투명하게 만든다. 그러므로 인터넷경제를 '누드경제(nude economy)' 또는 '마찰 없는 경제(frictionless economy)'라고 한다.

B2B(business to business)	: 기업과 기업간 전자상거래
B2C(business to consumer)	: 기업과 소비자간 전자상거래
B2G(business to government)	: 기업과 정부간 전자상거래

- 물품조달비용과 판매비용의 절감. 전자상거래는 각종 물자를 가장 싼 공급자로부터 가장 싼 거래비용으로 조달할 수 있게 한다. 또한 소비자를 대상으로 가장 싼 가격에 판매할 수 있게 한다.
- 재고품을 적게 할 수 있기 때문에 재고비용을 줄인다.
- 각종 물품을 납품하는 거래처들을 잘 관리할 수 있게 한다.
- '네트워크의 경제성(economies of network)'을 통하여 비용을 감소시킨다.
- 생산비를 크게 감소시킨다. 마이크로소프트사는 2,000달러가 넘는 브리태니커백과사전을 50달러짜리 CD로 출판했다. 백과사전의 생산원가는 300달러이나 CD의 생산원가는 1.5달러에 불과하다.

인터넷 거래의 증가는 이와 같이 생산 및 거래비용을 크게 떨어뜨린다. 그러므로 신경제는 인플레가 낮은 수준에 머물러 있게 한다.

4) 인터넷은 소비자의 중요성을 증가시킨다. 인터넷은 생산자보다 소비자에게 힘을 더 실어 준다. 신경제는 실시간(real-time)경제이므로 고객의 욕구변화가 기업생산에 바로 반영되게 한다. 또한 인터넷은 국경을 넘는 거래를 가능하게 한다. 유럽에서는 국가들이 서로 물건값을 싸게 하느라 세금 낮추기 경쟁을 벌인다. 서울의 양복점이 미국 뉴욕 변호사의 양복을 맞출 수 있게 한다. 인도의 컴퓨터 프로그래머가 실리콘밸리 회사의

소프트웨어 프로그램을 짜 줄 수 있게 한다. 인터넷으로 3C(Contents, Community, Commerce)가 발생하고 이동한다.

5) 신경제는 불확실성을 높인다. 기술급변, 국경을 넘나드는 투기자금의 이동, 세계차원의 치열한 경쟁, 경제게임 선수 수의 급증 등으로 불확실성을 크게 높인다. 제품간에 먹고 먹히는 것이 무상하여 글로벌 지식경제는 '정글경제'와 같이 될 소지가 크다.

그런데 아무리 B2B 또는 B2C가 발달해도 역시 거래되는 재화는 공산품과 농산품이다. 서비스경제시대가 되었다고 해서 농업이나 제조업을 가볍게 취급해서는 안 된다. 우리는 과거 공업화사회에 들어서면서 농업을 소홀히 했다가 혼이 난 경험이 있다. 중공업을 한다고 경공업을 소홀히 했다가 애를 먹었다.

지금은 서비스경제를 중시하면서 중공업을 소홀히 하려는 경향이 있는데, 이는 크게 잘못이다. 농경사회 → 경공업사회 → 중공업사회 → 지식사회가 되었다고 그 이전 단계의 중요성이 없어지는 것은 아니기 때문이다.

그런데 인터넷은 앞으로 미국이 주도할 것으로 예상된다. 미국이 인터넷 투자를 세계에서 제일 많이 하기 때문이다. 따라서 세계경제도 상당기간 미국경제가 계속 주도할 것이다. 세계어로서 영어의 위력도 더 커지고, 세계경제에서 차지하는 미국경제의 비중도 더 커질 것이다.

6) 비교우위에서 경쟁우위(=경쟁력)시대로. 과거 국제무역이 별로 없고 경제활동이 주로 국내에 국한되었을 때는 지니고 있는 자원을 어떻게 잘 활용하는가, 다시 말해서 자원배분이 경제학의 주된 관심사였다. 그러므로 경제학을 '자원배분'의 학문이라고 했다.

싱가포르는 동물원의 새도 수입하고, 마실 물도 수입하고, 주롱공업단지를 만들어서 외국회사와 사장들도 수입했다. 해외자원을 유치함으로써 살길을 찾으려고 했다. 영국도 수상이 직접 나서서 삼성전자 등 외국기업, 곧 해외자원 유치에 적극 노력했다. 미국의 주정부들도 다투어서 해외기업 유치에 발벗고 나서고 있다. 글로벌지식경제시대에는 세계적인 기업들과 외국자원(인력, 자본 등)의 국내유치도 중요하다. 따라서 '자원유치'가 중요하게 된다.

그런데 세계경제전쟁시대에는 비교우위(comparative advantage)도 중요하지만 경쟁우위(competitive advantage), 곧 경쟁력이 중요하게 된다. 그렇다면 경쟁력을 어떻게 창출하는가?

박세리는 자신을 국내 골프선수에서 글로벌경쟁력이 있는 세계선수로 '창출'했다. 조수미도 국내가수에서 가히 세계 제일의 경쟁력을 가진 세계가수로 자신을 창출했다.

교육과 훈련을 통하여 일반적 자원을 '전문적 자원'으로, 그리고 보통자원을 '고급자원'으로 창출하는 것이 경쟁우위를 기르는 길이다. 그러므로 글로벌경제시대에는 '자원창출'의 경제학이 중요하게 된다.

비교우위 → 경쟁우위
일반자원 → 전문화된 자원
보통자원 → 고급자원

글로벌지식기반시대를 맞이하여 우리가 앞으로 중점을 두고 추진해야 할 일은 이러한 '자원의 창출'이다. 누구나 자신을 글로벌경쟁력이 있는 인재로 창출하는 것이 중요하다.

우리 나라의 수출품은 반도체, TFT-LCD, 컴퓨터 등 선진국의 경우와 거의 같다. 우리가 옛날부터 이런 제품에 비교우위가 있었던 것이 아니다. 경쟁력을 잘 창출했기 때문에 지금은 선진국과 경쟁할 수 있게 된 것이다. 비교우위(comparative advantage)가 없으면 만들어 내라, 곧 창출하라는 것이 경쟁우위(competitive advantage)이론의 핵심 가운데 하나다.

자원배분경제: 국내 부존자원의 능률적 사용
자원수탈경제: 식민지 경영으로 자원을 다른 나라에서 빼어오는 것
자원유치경제: 외국자본, 근로자, 기업가 등 해외자원의 국내 유치
자원창출경제: 비교우위를 창출하는 것이 경쟁우위다. 지식사회에서는 일반자원을 전문화된 자원, 보통자원을 고급자원으로 창출하는 것이 중요하다. 때문에 교육 훈련의 중요성이 증가하게 된다.

라 지식근로자의 시대

소프트웨어분석가, 생명공학연구자, 마케팅전문가, 디자인 엔지니어, 법률가, 금융전문가, 경영컨설턴트 등은 지식근로자들(knowledge workers)이다. 이들을 골드칼라(gold-collar)라고도 한다.

블루칼라(blue-collar) : 생산직근로자
화이트칼라(white-collar) : 사무직근로자
골드칼라(gold-collar) : 지식근로자

근로자는 육체노동자(manual worker)와 지식근로자(knowledge worker)로 나뉘어진다. 지식경제에서는 육체노동자의 비율이 계속 줄어든다. 제조업 비중의 감소, 제조업 내부의 공장자동화, 아웃소싱의 증가 때문이다.

지식경제는 무게 없는 경제(weightless economy)로 되어 간다. 예를 들면, 굴뚝산업의 대표격인 미국의 유에스스틸(철강)회사는 종업원이 1980년 12만여 명에서 2005년 4.8만 여명으로 줄어들었다. 과거 30년간 세계 5백대 기업의 실질생산은 7배나 증가했으나, 종업원은 오히려 줄어들었다. 앞으로는 공장자동화나 아웃소싱의 증가에 따라서 노동자 없는 공장(workerless factory)이 앞다투어 생길 것으로 보인다. 미국 IBM사는 공장노동자가 없는 완전 자동화된 노트북컴퓨터 공장을 텍사스에 이미 건설했다.

지식사회의 발전은 지식근로자의 생산성에 따라서 결정된다. 그럼 지식근로자는 육체노동자와 어떻게 다른가? 피터 드러커에 따르면 다음 다섯 가지 면에서 차이가 있다.

- 육체노동자에게는 일이 주어진다. 주어진 일을 어떻게 잘 하는가가 문제이다. 그러나 지식근로자는 일을 스스로 찾아서 해야 한다. 어떤 일을 찾아서 해야 되는가가 문제이다. 일을 잘 선택해서 하는 것이 중요하다.

· 생산성향상을 육체노동자는 강요받으나, 지식근로자는 스스로의 책임하에 해야 한다. 지식근로자는 독립적이므로 자신이 자신을 경영해야 한다. 육체노동자는 남의 경영을 받으나 지식근로자는 자신의 경영을 받는다.
· 육체노동자는 같은 일을 되풀이하는 것이고, 지식근로자는 계속 새로운 일을 찾아서 하는 것이다. 지식근로자의 일과 책임은 혁신을 하는 것이다.
· 육체노동자는 한번 배운 것을 오랫동안 응용할 수 있으나, 지식근로자는 지속적으로 배우고 가르치는 것을 생활화해야 한다.
· 육체노동자의 생산성은 주로 양적으로 측정되나, 지식근로자의 생산성은 양적은 물론 질적으로도 측정된다.

그런데 대다수 지식근로자는 지식노동(knowledge work)도 하고 육체노동(manual work)도 한다. 피터 드러커에 따르면 지식노동만 하는 사람은 지식근로자이고, 지식노동과 육체노동을 다 같이하는 사람은 기술전문가(technologist)이다. 그 예는 X레이 기술자, 외과의사, 자동차 정비공, 치과의사 등 수없이 많다. 이들이 지식근로자의 상당 부분을 차지한다.

지금까지 말한 신경제(글로벌리지신경제)의 여러 가지 특징을 구경제와 비교하면 [표 4. 1]과 같다.

마 혁신이 급속하게 되는 시대, 혁신으로 경쟁해야 하는 시대

미래학자 앨빈 토플러(Alvin Toffler)는 장구한 역사를 놓고 볼 때 인류가 경험한 기술혁신은 크게 다음과 같이 셋으로 구분할 수 있다고 했다. 그는 이를 '세 개의 물결'이라고 했다.

농업혁명(기원전 7세기) : 제 1 차 기술혁명 = 제 1 의 물결
산업혁명(18~19 세기) : 제 2 차 기술혁명 = 제 2 의 물결
정보혁명(20세기 후반) : 제 3 차 기술혁명 = 제 3 의 물결

[표 4. 1] 구경제와 신경제의 비교

구 경 제	신 경 제
주된 산업은 굴뚝산업	주된 산업은 ICT, BT 등의 산업
같은 제품의 되풀이 생산이 중요	새로운 제품의 개발이 중요
가격으로 경쟁	혁신적 제품으로 경쟁
주된 생산요소는 노동, 자본, 토지	주된 생산요소는 지식
부존 자원이 중요	창출된 자원이 중요
주된 근로자는 생산직 근로자	주된 근로자는 지식근로자
소비자는 기업이 생산한 것을 소비	기업은 소비자가 원하는 것을 생산
공기업의 적극적 역할이 중요	공기업의 적극적 민영화가 중요
기업의 경영정책과 정부의 경제정책수립에 국경이 중요	국경의 중요성은 계속 줄어듦
기술발전은 정보의 공유를 제한	기술발전은 정보의 창출, 사용 및 공유를 촉진
상하관계가 중요한 경직적인 조직이 중요	부드럽고 유연한 조직이 중요
종업원의 채용 전 훈련이 중요	종업원의 계속적인 재훈련이 중요
종업원 개인의 역량이 중요	종업원간의 팀플레이가 중요
종업원의 전문화된 기능이 중요	종업원의 복합적 기능이 중요
안정된 직장과 봉급	불안정한 직장과 봉급

정보통신기술혁명이 시작되고부터 기술혁신은 더욱 빠르게 진행된다. 주요 제품이 처음 생산된 후 보급되어 이용자 수가 5천만 명이 되는데 걸린 시간은 다음과 같이 계속 빨라져 왔다.

라디오 38년
TV 13년
인터넷 5년

인간의 시간당 속도기술도 다음과 같이 발전했다.

마　　차	13km/h
증기기관차	48km/h (1830년경)
우 주 선	28,800km/h (현재)

'무어의 법칙을 넘어선 황의 법칙'. 전자컴퓨터를 최초로 만든 해는 1946년이나, IT혁명이 본격적으로 시작된 것은 마이크로 프로세서가 발명된 1971년부터이다. 그 때부터 디지털기술은 매 18개월마다 2배씩 발전했다. 이를 인텔회사의 창업자인 고든 무어(Gordon Moore)의 이름을 따서 '무어의 법칙'이라고 한다. 그런데 황창규 삼성전자사장은 18개월이 아니라 1년마다 2배씩 발전한다는 '황의 법칙'을 발표했다. 이는 무어의 법칙을 넘어선 법칙이다.

'메트카프의 법칙'. 생산성연구의 대가인 로버트 고든(Robert Gordon) 노스웨스턴대학 교수에 따르면, 컴퓨터산업의 생산성은 1965년부터 1999년까지 매년 20%씩 증가했고, 컴퓨터 가격은 매년 거의 같은 비율로 떨어졌다. 현재 세계 인터넷 사용인구는 3억 5,000만 명인데, 4년 내에 10억 명으로 증가할 전망이다. 네트워크의 가치는 사용자 수의 제곱으로 늘어나는데, 이를 로버트 메트카프(Robert Metcalf)의 이름을 따서 '메트카프의 법칙'이라고 한다.

2010년형 보통컴퓨터의 계산능력은 1975년형 컴퓨터의 천만 배가 될 것으로 예상된다. 현재 소형자동차에 탑재된 컴퓨터의 계산능력은 아폴로 우주계획 때 사용된 고가 컴퓨터의 계산능력을 앞서고, 2,000달러짜리 노트북컴퓨터의 계산능력은 1975년대 1,000만 달러짜리 컴퓨터의 계산능력을 능가한다. 현재 광케이블은 브리태니커백과사전 전체를 전송하는 데 5초밖에 걸리지 않는다. 미국의 전자상거래 규모는 1995년부터 연평균 175%씩 성장했다(「이코노미스트」지).

팩스기기의 보급은 1982년에 시작되었으나, 불과 5년 후인 1987년에는 거의 완료되었다. E-mail도 1996년에 보급되기 시작했으나, 지금은 이미 광범위하게 사용되고 있다. 지식경제에서는 혁신이 급속하기 때문에 제품의 수명주기(product life-cycle)가 짧아진다. 핸드폰의 경우에는 신제품이 나온 즉시 곧바로 성능이 더 좋은 제품이 나오기 때문에 기존제품은 고물처럼 되는 경우도 비일비재하다. 혁신제품의 가격은 계속 하락하고, 기술수준은 계속 상승한다.

혁신의 종류. 혁신은 다음 두 가지로 나눌 수 있다.

· 제품혁신(product innovation). 이는 전혀 새로운 제품의 개발이나 현재 생산되는 제품의 대대적인 개선이다. 유선전화기를 대체하는 핸드폰의 개발이나, 개발된 핸드폰 성능의 대대적인 개선을 그 예로 들 수 있다.
· 공정혁신(process innovation). 이는 제품의 제조 가공공정의 혁신이다. 즉, 제품을 더 잘 만들기 위한 생산과정의 혁신이다. 자동차를 손으로 만들다가 로봇을 사용하여 만드는 것, 또는 자동차 생산라인의 길이를 500미터에서 150미터로 단축하는 것 등을 예로 들 수 있다.

많은 제품의 생산에서 미국은 제품혁신, 일본은 공정혁신에 각각 세계제일이다. 예를 들어, 미국이 집채만한 컴퓨터를 발명하면, 일본은 이를 소형화하고 모양도 좋게 만들어서 미국시장을 휩쓴다. 미국이 자동차를 발명하면 일본은 이를 더 잘 만들어서 미국시장을 공략한다.

1980년대 일본기업이 미국기업을 앞설 수 있었던 것은 공정혁신경쟁에서 이겼기 때문이라고 한다. 그러다가 1990년대에 들어와서 미국기업이 일본기업을 앞서게 된 것은 제품혁신경쟁에서 이겼기 때문이다. 제품혁신경쟁을 하는 한 미국기업이 일본기업을 앞서고, 공정혁신경쟁을 하는 한 그 반대가 된다는 것이 많은 경영전문가들의 견해이다.

미국의 페리 제독이 1853년 일본의 사무라이들을 무릎꿇게 할 수 있었던 것은 그의 자동권총이라는 혁신적 무기가 사무라이들의 니폰도(일본칼, 사무라이칼)라는 전통적 무기를 제압할 수 있었기 때문이다. 미국이 제

2차 세계대전 때 일본을 이길 수 있었던 것은 미사일, 레이더, B29 전투기, 원자탄 등의 혁신적 무기 때문이다.

싸움을 더 좋은 방법으로 더 잘하는 것은 공정혁신, 신무기라는 새로운 방식으로 싸움하는 것은 제품혁신에 비유된다. 서양인들이 칼로 싸움을 하려고 했으면 아직도 일본사무라이들을 이기지 못했을 것이다. 오히려 떼죽음을 당했을지도 모른다. 그러나 자동권총을 사용하니 싸우지도 않고 사무라이들의 항복을 받았다. 이런 것이 혁신적 지식을 사용하여 전쟁에 이기는 방법이다.

같은 이치로, 서양인들이 말 타고 싸우려고 했으면 지금까지도 몽고족을 이기지 못했을지도 모른다. 그러나 기관총과 같은 혁신적 무기를 사용하면 사정이 백팔십도 달라질 수밖에 없다.

CD라는 혁신적 제품은 LP레코드판산업을 무너뜨렸다. 자동차는 우마차를 사라지게 했다. 값싸고 성능 좋은 화물자동차는 철도의 화물수송독점권을 무너뜨렸다. 석탄재벌의 독점권은 다른 석탄기업이 아니라 석유재벌에 무너졌다. 유리병 제조회사의 독점권은 독점 알루미늄캔 제조회사에 무너졌다. 철강회사의 독점권은 다른 철강회사가 아니라 알루미늄회사에 무너졌다. PC와 워드프로세서가 나오자 타자기산업과 시장이 무너졌다. 음반 생산업체는 카세트테이프가 나오면서, 카세트테이프 생산업체는 CD가 나오면서 각각 무너졌다. 386컴퓨터는 486컴퓨터가, 486컴퓨터는 586컴퓨터가 나오면서 무너졌다. 전쟁에서도 레이더, 미사일, 스텔스비행기 등의 신무기는 구식무기와 이런 무기를 사용하는 군대를 무너뜨린다. 혁신은 독점도 무너뜨린다. 혁신적인 제품은 낡은 제품과 생산기업 및 산업을 모두 무너뜨린다. 혁신을 하는 기업은 하지 않거나 하지 못하는 기업을 무너뜨린다.

이와 같은 혁신적 파괴를, 위대한 경제학자 조셉 슘페터는 '창조적 파괴(creative destruction)'라고 했다. 그는 창조적 파괴야말로 성장의 엔진이라고 했다. 이 슘페터가 말하는 혁신에는 다음 다섯 가지가 있다. ① 신제품, ② 신시장, ③ 신생산방법, ④ 신원료, ⑤ 신생산조직이 곧 그것이다.

혁신은 기업의 가장 강력한 경쟁수단이 된다. 자본주의는 망할 수밖에 없고, 하루 속히 망해야 된다고 하면서 그 대체이론으로 공산주의 이론을 개발한 마르크스와 엥겔스도 그 유명한 '공산당선언'에서, 자본주의야말로 성장과 혁신을 획기적으로 촉진하는 경제시스템이라는 사실을 강조했다.

그런데 항구나 공항 같은 사회간접자본시설은 누가 혁신하는가? 정부나 공공단체가 한다. 세계에서 혁신을 제일 잘하는 항구와 공항이 있는가? 네덜란드인들은 자기네 로테르담 항구와 스키폴공항이 바로 그렇다고 말한다.

사실 세계의 많은 항만과 공항은 이들을 모델로 했다. 로테르담 항구는 제2차 세계대전 때 독일공군에 의하여 모두 파괴되었던 곳인데, 전쟁이 끝나자 네덜란드는 최첨단시설로 이를 다시 세계 제일의 항만으로 건설했다. 세계에서 가장 능률적이라는 싱가포르의 창의공항은 스키폴공항을 모델로 한 것이다.

이처럼 네덜란드 사람들은 항만과 공항을 계속 혁신함으로써 유럽의 물류기지가 되려고 꾸준히 노력하고 있다. 그리고 싱가포르는 나라 전체를 유럽과 아시아를 연결하는 물류기지와 중계항(entrepot)으로 발전시키려고 노력하고 있다.

혁신 촉진의 조건. 그럼 혁신을 촉진하기 위한 조건은 무엇인가? 그것은 다음 세 가지로 요약된다.

- 기업들간의 자유경쟁. 기업들의 혁신이 얼마나 빠르게 진행되는가는 기업들간의 경쟁이 얼마나 자유롭고 치열하게 전개되는가에 따라서 결정된다. 이를 위해서는 기업들로 하여금 경쟁을 억제하는 정부규제나 관습의 굴레를 벗어나서, 자유경쟁(free competition)을 할 수 있도록 해 주어야 한다.
- 기업의 경쟁전략은 가격, 품질, 속도, 혁신의 네 차원으로 나눌 수 있다. 이 중 지식기반시대에 가장 중요한 것은 혁신이다. 기업들이 얼마나 혁신경쟁전략을 잘 채택하느냐에 따라서 혁신은 촉진된다.
- 혁신을 촉진하는 정부의 산업, 과학기술 및 교육관련 정책. 위의 두 가지는 기업 차원의 정책이고, 이것은 정부 차원의 정책이다.

바 혁신에는 이런 특성이 있다

1) 혁신은 혁신을 불러일으킨다. 글로벌지식사회는 혁신이 급속하게 이루어지고, 더 많은 혁신이 혁신을 불러일으키는 시대이다. 레이더 기술의 발전은 외과수술, 인쇄, CD, 통신기술 등 기대하지도 못했던 많은 기술혁신을 초래했다. 컴퓨터와 인터넷 기술의 발전은 보다 많은 양의 정보를 보다 빠르고 저렴하게 처리하게 만든다. 처음에는 계산을 더 빨리 처리하기 위하여 만들어진 컴퓨터가 책의 편집, 상거래 혁신, 디자인 혁신, 인간게놈 연구, 사이버교육의 혁신 등 기대하지도 못했던 수많은 분야의 혁신을 불러일으켰다. 컴퓨터는 또한 TV와 연결되고 인터넷기능과 결합되어 전자상거래를 촉진한다.

지식경제의 특징은 혁신적 제품이 출현하면서 종전의 제품과 서비스와 지식을 쓸모 없게 만들 뿐만 아니라, 신산업을 계속 출현하게 만든다. 일반적으로 혁신을 가능하게 하는 지식은 사용할수록 줄어드는 것이 아니라 축적이 되고, 축적된 지식은 더 많은 혁신을 가능하게 한다.

2) 혁신은 생산활동을 가속화시킨다. 반도체기술의 혁신은 고성능 반도체의 생산, 고성능 반도체의 생산은 고성능 컴퓨터나 핸드폰의 생산 등으로 이어진다.

3) 혁신은 공공재의 특성이 있다. 도로나 공원과 같은 공공재는 어느 한 사람이 사용한다고 하여 고갈되는 것이 아니다. 또한 어느 특정인을 사용하지 못하게 할 수도 없다. 이런 것이 공공재의 특성이다. 컴퓨터 사용기술이나 인터넷기술도 어느 한 사람이 사용한다고 하여 고갈되는 것이 아니고, 또한 어떤 사람을 사용하지 못하게 할 수도 없다.

4) 경쟁 속의 협동(co-opetition). 신제품이 발명되어도 실제로 상업화가 될 수 있는 것은 미국에서도 백 개 중 6 내지 7개에 불과하다. 따라서 신제품의 발명과 상업화에는 항상 많은 위험이 따른다. 그러므로 기업들

은 벤처사업을 자체적으로 하기도 하지만, 다른 기업과 공동으로 하기도 한다. 신시장 개척의 경우도 마찬가지다.

벤 처 기 업: 새로운 지식이나 기술을 제품화하기 위한 창조적이고 모험적인 기업.
조인트벤처: 둘 또는 그 이상의 개인, 기업들이 공동으로 출자하여 운영하는 합작투자 형태의 벤처기업

제품에 따라서는 여러 종류의 신기술이 필요한 경우도 있다. 그러므로 기업에 따라서는 그 중 한 가지를 집중 개발하고, 나머지는 다른 기업들로 하여금 개발하게 하여 서로 교환할 수도 있다. 예를 들면, 카메라의 경우 한국기업은 소형화기술, 독일기업은 자동렌즈기술, 미국기업은 광도자동조절기술을 각각 개발하여 서로 교환할 수도 있다. 이런 것을 기술교환(technology trading)이라고 한다. 우리 나라 컴퓨터회사는 공정혁신기술, 미국컴퓨터회사는 제품혁신기술을 개발하여 서로 교환하는 경우도 마찬가지다.

이와 같은 필요성이 기업들로 하여금 서로 경쟁(competition)하는 가운데 협동(cooperation)하게 만든다.

경쟁 속의 협동 co-opetition = cooperation + competition

사 지식경제의 발전조건

세계은행은 「한국—지식기반경제로의 이행」이라는 보고서에서, 한국에서 지식경제가 잘되려면 다음 네 가지가 조건이 구비되어야 된다고 했다.

· 경제적 및 제도적 장치. 기존지식의 효율적 사용, 신지식의 창출, 낡은 산업 활동의 해체, 보다 효율적인 새로운 산업활동의 창출 등을 잘할 수 있는 경제적 및 제도적 장치가 필요하다.

- 신지식을 창출하고 사용할 수 있는 교육수준이 높고 기업가적 역량이 풍부한 인재의 양성이 필요하다.
- 정보의 효과적인 전달, 전파 및 처리를 가능케 하는 역동적인 정보인프라의 개발이 필요하다.
- 효율적인 혁신시스템. 증가하는 세계적인 지식과 서로 교류하고, 즉각 파악할 수 있게 하며, 한국 실정에 맞게 수용하고, 또한 신지식과 신기술의 창출을 위한 효율적인 혁신시스템이 필요하다.

"나부터 변해야 한다. 오른손을 묶고 왼손을 써 보자. 마누라와 자식만 빼고 다 바꾸어 보자."

— 이건희 삼성그룹 회장

ECONOMY

제 2 편

근본경제문제와 그 해결방법

ECONOMY

5. 경제문제의 뿌리

"인구 7천만의 에티오피아의 경제규모는 77억 달러(1인당 국민소득 110달러)이나, 종업원 7만 여명의 삼성전자의 연 매출액은 770억 달러가 넘으며, 세계최대 회사인 월마트의 매출액은 2,700억 달러가 넘는다"

— 송병락

"세상에 가난보다 더 나쁜 것은 없다. 고통 중 가장 지독한 것이 빈곤이다. 가난에 찌든 사람은 세상의 모든 고민이 달라붙어 있는 사람과 같다. 성경이 말하는 모든 저주가 달라붙은 사람과도 같다. 우리들의 랍비(유태교회 목사)는 이렇게 말했다. 만약에 세상의 모든 고통과 아픔을 저울 한 쪽 끝에 놓고 가난을 다른 쪽에 놓는다면, 가난이 모든 것보다 무겁게 된다."

— 유태경전 *Exodus Rabbah*

"경제는 참으로 다루기 어렵다. 지식만으로, 열의만으로 되는 것이 아니다."

— 박정희 전 대통령

가 한국경제문제의 뿌리는 모두 몇 개인가?

사람의 병이나 경제문제는 무엇보다 뿌리를 찾아서 잘 다스려야 한다. 우리 나라의 근본경제문제, 곧 각종 경제문제의 뿌리는 무엇인가? 그리고 모두 몇 개인가?

제 1 차 경제개발 5 개년계획(1962~66)이 시작되었을 때, 우리 정부는 나라의 살길은 수출주도형 공업화정책을 적극 추진하는 것이라고 했다. 그러나 당시 많은 사람들은 이에 강력하게 반대했다. 농업국인 한국이 중농정책을 펴지 않고 이런 정책을 펴는 것은 말이 안 된다는 것이다. 분수에 맞지 않는 바로 이런 정책을 펴려고 하는 것 자체가 근본문제라고까지 했다.

저자가 대학생일 때, 대다수 지성인들은 기술도 능력도 없는 한국인이 심지어 문화재까지 외국에 내다 팔더라도 한 해에 최대로 수출할 수 있는 금액은 1억 5,000만 달러를 넘지 못할 것이라고 단언했다.

우리 나라 외채는 1985년까지 계속 증가했다. 당시 많은 사람들은 빚더미에 올라앉아 있는 한국경제의 근본문제는 바로 외채라고 목소리를 높였다. 그러나 1986년부터 4년간 계속 무역흑자가 쌓이자 외채는 더 이상 문제가 아니라고 했다.

저자가 『마음의 경제학』(1987)을 쓸 때, 많은 사람들은 기업이 이윤을 많이 내는 것이 근본문제라고 했고, 심지어 기업이윤을 적대시하는 사람도 없지 않았다. 1980년대 후반에는 많은 사람들이 우리의 근본경제문제는 맞지도 않는 자본주의를 운용하는 것이라고 했다. 한국은 사회주의를 도입해야 되고, 대학은 마르크스경제학을 대대적으로 가르쳐야 된다는 것이었다. 그 때가 소련 붕괴 직전이었다. 이는 마치 수많은 아마추어 증권투자자들이 증시폭락 직전에 높은 가격에 주식을 사려고 대대적으로 증권시장에 몰려드는 것에 비유할 수 있다.

우리의 근본경제문제는 재벌의 문어발식 확장, 소유와 경영의 미분리, 기업경영의 투명성 결여라고 하는 사람도 많다. 농어촌 부채, 높은 해외의존도, 금융산업 낙후가 근본문제라고 하는 사람도 있다.

1980년대에는 누가 경제장관이 되느냐에 따라서 우리의 근본경제문제는 '능률과 형평'의 두 가지가 되었다가 '성장과 안정' 두 가지로 바뀌는 등 갈팡질팡했다. 후진국에서는 경제장관이나 정권이 바뀔 때마다 근본경제문제도 바뀌고, 경제목표나 경제를 평가하는 잣대도 바뀌는 경우가 흔하다. 그러므로 국민들은 정권이 바뀔 때마다 혼동할 수밖에 없다.

실제로 정권을 잡은 후진국 지도자들이 뜻도 제대로 모르면서 자기네

가 운영하는 경제를 '신경제'라고 부르짖는 경우를 보는데, 이런 지도자가 집권하면 경제는 멍들기 시작한다고 봐도 과히 틀리지 않을 것이다. 사실 후진국이란, 지도자들이 근본경제문제를 몰라서 국가경제정책의 방향이 갈팡질팡하는 나라라고 단정해도 무방하다.

과거 여러 공산국가 지도자들은 경제의 근본을 "골고루 잘 사는 것"이라고 하여 균등한 분배에 치중하다 보니, 분배는 오히려 악화되고 온 국민은 거지 신세나 다름없게 되고 말았다. 그리하여 나라경제를 모두 거덜나게 만들었다. 공산주의 종주국 소련은 아예 나라 자체가 없어졌다. 공산국가 사람들은 술만 찾는 알코올 중독자처럼 자나깨나 균등분배만 강조했다. 과거 여러 남미국가 지도자들도 노동자들에게 더 많이 분배하면 근본문제는 해결된다고 외치면서 인기영합형 정책을 추진하다가 결국 나라경제를 망치고 말았다.

우리 나라의 적잖은 지도자들도 1990년대에 들어와 사회정의를 부르짖으면서 기업의 목을 조르고 노동자들에게 더 많이 분배하라고 주장하다가 경제위기를 초래했다. 또한 상당수 경제정책 담당자들은 물가안정이 근본문제인데 이는 통화긴축으로 해결된다고 믿고 통화긴축정책을 계속 추진하다가 금리를 경쟁국들보다 훨씬 높게 만들었다. 그리하여 고금리는 고임금과 더불어 한국기업의 수지를 악화시키고 증권시장을 침체시켜 기업의 자금조달을 곤란하게 만들었던 것이다.

나라경제가 올바른 방향으로 나아가기 위해서는 국가지도자는 물론 온 국민이 근본경제문제부터 정확하게 인식해야 한다.

우리의 근본경제문제는 무엇인가? 근본경제문제란 개인이나 국가가 궁극적으로 해결하고자 하는 문제이다. 그럼 그런 문제에는 어떤 것이 있는지 알아보자.

① 어떻게 하면 더 좋은 제품을, 더 잘 만들고, 또한 더 싸게 만들 수 있는가? 즉, 어떻게 하면 각종 귀중한 자원을 가장 잘(능률적으로) 활용할 수 있는가(경제적 능률 향상)?

② 어떻게 하면 귀중한 자원으로 생산한 것을 잘 나누어 가질 수 있는가(분배의 개선)?

③ 어떻게 하면 한국기업의 글로벌경쟁력을 향상시키고, 한국인의 생산성을 더 높여 더 잘 살 수 있게 하는가(경제의 성장)?
④ 어떻게 하면 더 안정된 경제생활을 누릴 수 있는가(경제의 안정)?
⑤ 어떻게 하면 세계화시대에 국제경제관계를 잘하고, 국제수지문제를 잘 해결할 수 있는가(국제수지의 개선)?
⑥ 어떻게 하면 생활의 질이나 환경을 더 좋게 할 수 있는가(삶의 질의 향상)?

저자가 노벨상 수상 경제학자 폴 사뮤엘슨 MIT 교수에게 "한국의 근본경제문제를 어떻게 구분했으면 좋겠는가"하고 물었더니, 위와 같이 경제적 능률의 향상, 분배의 개선, 경제의 성장, 경제의 안정, 국제수지의 개선, 삶의 질의 향상 등의 여섯 가지를 답으로 하는 것이 좋겠다고 말했다. 드와이트 퍼킨스 하버드대 경제학 교수나 레스터 서로우 MIT 경영경제학 교수에게도 같은 질문을 한 결과 마찬가지 대답이었다. 특히 한국의 통일문제에 관하여 저자와 논문을 같이 쓴 적이 있는 서로우 교수는 이 여섯 가지 중 경제성장이 과거와 현재는 물론 앞으로도 상당기간 한국의 가장 중요한 근본문제가 될 것이라고 단언했다. 이는 우리도 공감하는 문제이다.

우리는 1998년 경제위기 때 우리 기업들이 글로벌경쟁력을 상실하는 바람에 나라경제가 마이너스 성장으로 급강하하고 실직자가 쏟아져 나와 분배문제가 악화되는 쓰디쓴 경험을 맛보았다. 경제성장이 순조로울 때는 다른 근본문제들도 해결하기가 쉽다.

경제성장은 우리 생활의 양적 향상을 의미한다. 이와 더불어 중요한 것이 생활의 질적 향상이다. 뒤에 나오는 [그림 5. 2]에서 '성장'과 '삶의 질'을 굵은 선으로 나타낸 것은 그 비중이 크기 때문이다.

수많은 국민이 경제활동을 하는 가운데 발생하는 나라경제의 근본문제는 이처럼 한두 가지가 아니다. 이 여섯 가지를 골고루 잘 해결하지 않으면 안 된다.

지금부터 이들 문제를 하나하나 살펴보기로 하자.

1) 능률문제. 주부나 기업 할 것 없이 일상적으로 당면하는 문제는 능률문제이다. 우선 주부의 경우를 보면, 끼니 때마다 당면하는 문제는 어떻게 하면 음식을 잘 만드는가 하는 것이다.

어떻게 만드는 것을 잘 만든다고 할 수 있는가? 가족들이 싫어하는 것을 만들거나, 좋아하는 것이라도 너무 많이 만들면 안 되고, 만들더라도 값비싸게 만들어서는 안 된다. 첫째는 좋아하는 음식을, 둘째는 좋아하는 양만큼, 그리고 셋째는 최소의 비용으로 만드는 것이다. 이를 '능률(efficiency)달성의 조건'이라고 한다. 쉽게 말하면 가지고 있는 각종 자원을 가장 잘 활용하기 위한 조건이다.

기업의 경우도 능률달성의 조건은 같다. 즉, 첫째는 수요자들이 원하는 제품을 만드는 것이고, 둘째는 원하는 것이라도 원하는 양만큼 만드는 것이며, 셋째는 만들더라도 최소의 비용으로 만드는 것이다. 가령 컴퓨터 회사의 경우, 계속 신형이 나오는데 구형 컴퓨터를 많이 제조하는 것은 어리석은 짓이다. 신형 컴퓨터를 만들더라도 너무 많이 만들면 다 팔지 못하므로 손해를 본다. 수요자들이 필요로 하는 양만큼만 만들더라도 경쟁기업보다 싸게 만들어야 된다. 이는 국가의 귀중한 자원을 적게 사용(소비)함을 의미한다. 이와 같은 것은 능률의 문제이다.

컴퓨터를 학생, 직장인, 기업체 등 누구를 대상으로 만드는가, 임금이나 이윤 등은 얼마로 정하는가도 중요한데, 이는 분배의 문제이다. 이 중 첫째는 생산물의 종류와 양의 선택, 둘째는 생산방법 선택의 문제이다. 셋째는 음식을 자녀, 자신 등 누가 가장 좋아하는 대로 만드는가인데, 이는 분배의 문제이다. 때문에 미국의 많은 경제학 교과서들은 what(생산물의 종류와 양의 선택), how(생산방법의 선택) 그리고 for whom(분배대상의 선택)의 이 세 가지를 근본경제문제라고 한다.

학생의 경우에도 앞으로 사회가 원하는 분야가 어떤 것인가를 알아서 전공으로 선택하는가가 근본문제이다(what). 사회에 필요하지도, 자기 적성에 맞지도 않는 것을 전공한다면 그것도 역시 큰 문제이다. 전공을 정하더라도 국내외 어디에서 공부하며, 학사나 석사, 박사학위의 어디까지 공부하는가도 중요하다(how). 그리고 기업체, 학교, 자신, 가족 등 누구를 위하여 공부하는가(for whom)를 정하는 중요성도 빼놓을 수 없다.

기업들을 보면, 생산기술은 좋으나 생산물(업종)을 잘못 정하여 어려움에 처하기도 한다. 반대로 생산능력은 신통치 않으나 업종을 잘 선택하여 성공하는 경우도 있다. 학생의 경우에도 공부를 썩 잘하는 편은 아니나 전공분야를 잘 선택하여 성공하는 경우도 적지 않다. 이와 같이 귀중한 자원으로 무엇을 얼마나 어떻게 생산하는가는 '자원배분'의 문제로서 어느 개인, 조직, 국가 할 것 없이 공통적으로 당면하는 근본경제문제인 것이다.

그런데 경제학자들이 말하는 '능률'은 경영학자들이 말하는 '능률'과 다소 차이가 있다. 무슨 이야기인가?

우리가 일정량의 투입물로서 더 많은 산출물을 얻거나 같은 양의 산출물을 얻는 데 더 적은 투입물을 사용한다면, 우리는 효율(efficiency)을 향상하는 셈이다. 그리고 산출물이 우리의 목표 달성에 기여하면 효과적(effective)이라고 한다. 어떠한 투입물로 산출물을 만들 때는 효율(efficiency)과 효과(effectiveness)가 다같이 중요하다. 효율은 "일을 옳게 하는 것"이고, 효과는 "옳은 일을 하는 것"이다. 이 두 개념을 보급시킨 사람은 경영학의 시조 피터 드러커 교수이다. 그는 많은 사람에게 많은 감동을 준 사람이다. 세계적인 베스트셀러인 『목적지향적인 인생』(*The Purpose Driven Life*)의 저자, 릭 워렌 목사는 드러커 교수를 만나서 이 말의 참 뜻을 알게 되었고, 그 때부터 자신의 인생이 바뀌었다고 했다.

미국 인디언들이 멸망한 이유는 시사하는 바가 크다. 과거 프랑스와 영국이 서로 미국을 차지하려고 사활을 건 전쟁을 벌였는데, 결과는 영국의 승리로 끝났다. 인디언들은 이 때 프랑스편을 들었다. 미국 독립전쟁 때는 미국과 영국이 싸웠는데, 이번에는 영국이 졌다. 이 때 인디언들은 영국편을 들었다. 때문에 몰락의 길로 내몰린 것은 말할 필요도 없다. 요컨대 인디언들은 전쟁을 '효율'적으로 수행했는지는 모르나 '효과'면에서는 잘못한 셈이다.

능률= 옳은 일을 하는 것	+ 일을 옳게 하는 것
(효과)	(효율)
effectiveness	efficiency

효율이 왜 근본경제문제인가?

오래 전 어느 신문에 보도된 기사를 소개하기로 한다.

한 청년이 돼지값이 급등하는 것을 보고, 가진 돈을 다 투자하여 양돈업을 시작했다. 그런데 키운 돼지를 팔 때가 되니 돼지파동으로 가격이 폭락하여 큰 손해를 보았다. 양돈업을 포기하고 슬픔의 나날을 보내다가 배추값이 폭등하는 것을 보고, 이번에는 많은 빚을 내서 배추농사를 크게 짓기 시작했다. 그런데 배추를 수확할 때가 되니 공교롭게도 배추파동으로 값이 폭락하여 다시 큰 손해를 보고 많은 빚을 졌다는 것이다.

이 청년의 근본문제는 무엇인가?

많은 빚이라고 할지 모르나 그렇지 않다. 설령 정부가 빚을 다 갚아준다고 하더라도 다시 그런 식으로 농사를 짓는다면 머지 않아 빚을 또 크게 질 것이 뻔하다. 근본문제는 돼지파동 때 돼지생산, 배추파동 때 배추생산 등으로 생산할 품목을 잘못 정하는 것이다. 즉, 능률달성의 조건을 모른 것이다. 이 청년은 돼지생산이 과다하여 귀중한 인적 및 물적자원이 다른 곳으로 빠져나가야 될 때, 반대로 돼지생산에 낭비했다. 귀중한 자원을 돼지생산에 낭비했으므로 '낭비죄'를 지었다. 많은 빚은 '낭비죄'의 대가이다.

이와 같이 자유시장경제에서는 낭비죄를 지은 사람은 그 죄값을 톡톡히 받게 되어 있다.

1965년 무렵 대한민국 최대 기업은 동명목재였다. 당시 다른 합판회사들은 업종전환을 서둘렀는데, 이 회사는 반대로 합판공장을 대대적으로 확장했다. 합판공장 확장에 자원을 크게 낭비한 대가로 이 회사가 사라지고 말았다.

업종선택, 업종전환 및 다각화를 잘하는 것은 능률적인 기업활동에 긴요하다. 세계화시대에서는 국내외 수요자들이 원하는 제품을 원하는 양만큼 세계최저비용으로 생산하는 기업들이 생존하게 된다.

좁은 의미의 효율 = 효율
넓은 의미의 효율 = 능률

부연하면, 우리는 일을 옳게 하는 것, 곧 어떤 상품이건 최소의 비용으로 생산하는 것을 '효율'이라고 부른다. 옳은 일을 하는 것, 또는 소비자들이 원하는 제품을 생산하는 것을 효과라고 한다. 이 두 가지를 다 잘하는 것을 넓은 의미의 효율 곧, '능률'이라고 부르기로 한다. 영어로는 효율, 능률을 다같이 efficiency라고 하나 이를 구분하기로 한다.

효율은 또한 현재의 제품을 현재의 기술로 잘 생산하는 것을 나타내는 '정태적 효율(static efficiency)'과 혁신적 제품을 생산하거나 기존 제품을 혁신적인 방법으로 생산하는 것을 나타내는 '역동적 효율(dynamic efficiency)'의 두 가지로 나눌 수 있다.

> 정태적 효율: 같은 기술로 효율적인 생산을 하는 것.
> 역동적 효율: 혁신 즉, 제품 혁신이나 생산방법 혁신을 통하여 혁신적인 생산을 하는 것.

2) 분배의 개선. 공산주의가 생긴 것도, 멸망하게 된 것도 모두 분배문제 때문이다. 과거 우리 나라나 중국에서 발생한 많은 농민혁명의 원인도 잘못된 분배가 원인이었다. 도적들이 의형제를 맺고 굳은 단결을 외치다가도 갈라서는 것은 분배문제 때문이다. 부모가 자녀를, 그리고 스승이 학생을 편애하면 문제학생을 만들 수 있다. 말하자면, 관심의 분배도 중요하다는 것이다.

나라 전체로 볼 때도 선비만 대접받는 사회, 과거시험에 합격한 사람만 출세하는 사회, 어느 지역이나 학교 및 가문 출신만 득세하거나 특혜를 누리는 사회도 분배면에서 문제를 일으키게 된다. 올바른 분배가 어느 사회에서나 근본적인 경제문제가 되는 것은 이런 이치 때문이다.

그런데 왜 많은 경제학 교과서들이 능률과 형평만을 근본경제문제라고 하는가?

첫째는 이미 앞서 말한 바와 같이 이 두 가지는 어느 경제주체나 당면하는 근본문제이기 때문이다.

둘째는 경제학의 전통 때문이다. 경제학은 얼마 전까지만 해도 소비자나 생산자 등 경제주체의 합리적 행동의 분석에 치중했고, 경제 전반적 차원에서 성장과 안정의 문제를 다루는 경제학, 곧 거시경제학은 1936년에 출간된 케인즈의 『일반이론』으로부터 시작되었다. 그 이후부터 경제 전체의 성장과 안정이 근본경제문제로 취급되기 시작했다. 그런데도 아직 많은 개도국 경제학 교과서들은 능률과 형평만을 근본경제문제라고 하고 있다. 개도국의 근본문제 중의 하나는 성장을 못하는 것이다.

3) 경제의 성장. 주부가 가계소득을 능률적으로 사용하는 것도 중요하지만, 그 못지 않게 중요한 것이 가구소득을 늘려 가는 것, 곧 성장이다. 기업의 경우에도 능률적인 생산활동과 더불어 중요한 것은 신상품 개발, 신시장 개척 등을 통한 성장이다.

경제 전체의 경우에도 성장이 중요하다. 경제 전체가 잘 성장하면 경제주체의 문제 해결이 그만큼 쉬워진다. 이러한 점에서 장기적으로 가장 중요한 것이 경제성장이다. 이는 기업과 산업의 성장을 전제로 한다. 세계은행의 설립목적도 온 세계가 경제성장을 더 잘하도록 하자는 것이다.

> "우리가 2차에 걸쳐서 혁명을 겪은 소이도, 필경은 이 경제의 빈곤에서 온 것이며, 또한 이 경제사정을 개선하려는 절대한 국민적인 욕구의 폭발에서였다."
>
> — 박정희, 『국가와 혁명과 나』

4) 경제의 안정. 예를 들어 한국경제가 1980년의 경기침체나 1998년의 경제위기 때처럼 되면 도산하거나 조업을 단축하는 기업들이 많이 나오고 실업자들이 증가한다. 이런 문제는 개별 주부나 기업의 차원에서 해결될 성질의 문제가 아니다.

위와 같은 상황에서는 기업가나 주부들은 경제활동을 아무리 능률적으로 하려고 해도 되지 않는다. 경제 전체가 침체되는 것을 막아야 한다. 이런 것이 바로 경제안정문제이다. 경제 전체의 성장뿐만 아니라 안정도 근본경제문제인 것이다.

경제안정은 물가안정, 고용안정 및 국제수지안정의 세 가지로 나누어진다. 이 중 국제수지안정은 글로벌리제이션시대에 국가경쟁력과 관련하여 그 중요성이 계속 증가되므로 별도로 설명할 것이다.

물가안정 문제를 보자. 동서고금을 막론하고 경제가 불안할 때 민심이 불안하지 않은 경우는 없다. 물가가 급등하면 돈의 가치가 폭락하니, 사람들은 마치 자신의 재산을 도둑맞은 것처럼 심한 박탈감을 느끼게 된다.

인플레가 한창 심할 때 남미 어느 나라에 간 어느 한국 교수는 시내버스를 타고 가는 도중에 요금이 바뀌어 내릴 때 돈을 다시 냈다고 한다.

그 곳에서는 한 때 일기예보에 이어서 인플레예보도 했다. 이런 이야기도 있다. 어느 날 아침 9시에 회사에 출근한 근로자들이 그 날은 열심히 일을 해 보려고 마음먹고 막 시작하려고 하는데, 마침 뉴스에 오늘의 예상 인플레율은 100%라는 말이 나왔다. 근로자들은 곧바로 임금 100% 인상을 요구하며 노사협상을 시작했다. 오전 내내 협상 끝에 일단 예상 인플레율만큼의 임금인상에 합의했다. 그리고 점심식사 후에는 오전에 못한 일까지 마저 하기로 합의도 했다. 그런데 점심식사 후 작업을 막 시작하려고 하는데, 1시 뉴스에서 오늘의 예상 인플레율은 100%가 아니고 200%라는 말이 나왔다. 그래서 근로자들은 다시 임금협상에 들어갔다.

이와 같이 물가가 불안한 상태에서는 생산활동이 잘 이루어지기가 어렵다. 국민들은 물가가 더 오르기 전에 물건을 사려고 이리 뛰고 저리 뛰고 한다. 온 사회에 환물심리가 팽배해지고 투기 풍조가 만연하게 된다.

과거 독일에서는 제1차 세계대전 직후 우표 두 장 값이 1조 마르크나 될 정도로 폭발적인 인플레에 시달렸는데, 당시 이런 이야기가 있다. 알뜰한 형은 월급을 받아서 아껴 쓰고 남은 돈을 꼬박꼬박 은행에 저축했다. 술꾼인 동생은 받은 봉급으로 맥주를 실컷 사 마셨다. 그런데 인플레가 극심하니 병값도 폭등했다. 하루는 형제가 모여 자신들의 재산을 계산해 보니, 동생이 마시고 모아 놓은 맥주병의 값이 형의 은행 저축액보다 많았다. 인플레가 더욱 심해지자, 이제는 병은 그대로 남기고 병 뚜껑만 팔아도 동생의 재산이 형의 저축액보다 많았다. 그렇게 되자 동생이 형더러 삶의 지혜를 자기한테 좀 배우라고 큰소리쳤다는 것이다.

이와 같이 인플레가 극심하게 되면 열심히 저축한 사람은 바보가 되고, 먹고 마시고 소비한 사람은 오히려 현명한 사람이 되는 등, 사회의 도덕과 기강이 뒤집힌다. 옛날 프랑스혁명 때도 심한 인플레로 돈값이 종이 값보다 못하게 되자, 거지들도 물건은 받고 돈은 사양했다고 한다.

인플레가 심한 상태에서 실업자가 늘게 되면 사회불안은 더욱 증폭된다. 현대경제는 돈을 매개체로 하는 교환경제이다. 매개체인 화폐의 가치가 불안정적이 되면 경제체제가 무너지는 것은 당연한 이치다.

다른 예를 보자. 소련연방이 해체되기 전에 그 곳 공무원들은 봉급이 평균 500루블이 채 못되었다. 그러나 평생 열심히 일하고 은퇴하면 매달 이 정도의 연금을 받을 수 있기 때문에 노후 걱정은 할 필요가 없었다. 그런데 이미 오래전 심한 인플레로 환율이 미화 1달러당 5,000루블이 넘고 보니 1년치 연금이 고작 1달러에 불과하게 되었다. 평생 열심히 일한 대가로 받게 된 연금이 휴지조각이 된 것이다.

"돈은 모든 물건의 값을 재는 잣대이다. 인플레는 이러한 잣대를 고물줄 잣대로 만든다. 인플레가 심해지면 국민도 정부도 잣대를 안 믿게 된다. 결과는 불신의 사회가 되는 것이다."

고용의 안정문제를 보자. 경기침체가 심하여 기업이 도산하면 기업가는 그야말로 패가망신한다. 직원들도 졸지에 직장을 잃는다. 생활이 불안하게 됨은 물론 사회에 대한 소속감도 상실하게 된다.

도산은 아니더라도 기업이 신입사원 채용을 못하면 학교 졸업자들이 일자리를 못 구한다. 청운의 꿈을 품고 사회에 진출하려던 젊은이들은 커다란 좌절감을 맛본다. 인간으로서 가장 비애를 느끼는 것은 사회가 자신을 필요로 하지 않는다는 사실을 뼈저리게 느낄 때라고 한다.

경기침체(stagnation)와 인플레(inflation)가 동시에 발생하는 것을 스태그플레이션(stagflation)이라고 한다. 이것이 심하면 보통 정권이 바뀐다. 1790년대의 프랑스혁명, 조선조 말기, 4·19혁명, 10·26사태 등은 모두 이와 유사한 상태에서 발생했다. 히틀러가 독일의 정권을 잡은 것도, 이태리의 파시스트가 정권을 잡은 것도 심한 스태그플레이션과 관계가 있다.

요컨대 물가안정과 고용안정은 경제사회 안정을 위한 근본경제문제이다.

"이 세상에서 가정과 직장만큼 중요한 것은 없다."

— 정주영 현대그룹 창업자

5) 국제경쟁력 향상과 국제수지의 개선. 한국은 식량, 에너지 및 광물 자원을 대량으로 계속 수입하지 않으면 살기 힘든 나라이다. 따라서 외화가 많이 필요하다. 수입한 자원을 가공하여 수출하거나, 해외에 진출하여 외화를 많이 벌어들이지 않으면 안 된다. 그래서 더욱 국가경쟁력 향상과 국제수지의 개선이 근본경제문제가 된다. 이는 최근 외환위기를 맞아 국민들이 뼈저리게 느낀 것이기도 하다.

우리처럼 수입의존도가 높은 나라는 무역수지를 흑자 상태로 유지하는 것이 긴요하다. 계속적인 무역수지 적자는 생존과 직결되는 심각한 문제가 된다. 우리 나라는 1963년 고도성장기에 들어서고도 1985년까지 1977년 한 해를 제외하고 줄곧 국제수지가 적자상태에 있었다. 이는 국가적으로 큰 문제였다. 그러다가 1986년부터 연속 4년이나 많은 무역흑자가 나자, 무역적자의 심각성을 간과하는 잘못을 범하고 말았다. 최근 외환위기를 맞은 것도 그처럼 국제수지의 중요성을 도외시한 때문이다.

6) 삶의 질. 소득이 증가함에 따라 사람들은 삶의 양보다 질에 대한 관심이 더 커진다. 값싼 중국농산물보다 값이 비싼 국산농산물을 더 선호하는 것도 이 때문이다.

과거에는 자동차를 부실하게 만들어 브레이크 고장 등으로 버스가 언덕을 굴러 여러 사람들이 목숨을 잃는 사고가 빈번했다. 또한 수리하는데 귀중한 시간과 돈을 많이 허비했다. 약을 잘못 만들어 환자들의 병이 악화되는 경우도 적지 않았다. 1950년대에는 빈대, 벼룩 등의 곤충과 더불어 살고 식생활도 빈약해 한국인의 평균수명은 50세가 채 안 되었다. 부모들은 자식을 많이 낳았고, 낳은 아이 중 절반 가까이 목숨을 잃는 경우도 많았다.

이런 상태에서는 삶의 질이 좋을 수 없다. 옷도 제대로 못 만들어서 겨울에는 몹시 춥게 살았고, 에어컨은 고사하고 선풍기도 없어서 여름에는 몹시 덥게 살았다. 대부분의 한국인들은 의복과 표정 또는 행동, 어디를 보나 후진국 국민의 전형이었다. 당시 엘리트로 행세하던 사람들은 국산품 대신 외제옷, 시계, 가전제품 등을 사느라 귀중한 외화를 축내었다.

소득수준이 아무리 높더라도 수돗물을 못 마시고, 쓰레기가 쌓이고, 범죄와 교통사고 등이 빈발한다면 무슨 의미가 있겠는가? 부실공사가 된 아파트에 살면서 언제 무너질지 몰라 전전긍긍하는 사람들이 많다면, 소득수준이 높은 것이 무슨 의미가 있겠는가? 학생들이 학교를 가려면 버스를 두 번 이상 갈아탄다든지, 집 옆에 뛰놀 공간이 없어서 제대로 발육하지 못하는 것도 문제가 아닐 수 없다. 이처럼 삶의 질은 여러 차원에서 근본경제문제가 된다.

삶의 질과 관련된 문제는 다음과 같다.

① 우리가 사용하는 각종 재화나 서비스의 질은 좋은가?
② 학교, 도로, 동회, 파출소, 공원 등 공공서비스나 생활환경시설은 쾌적한가?
③ 이들은 주거 중심으로 사용에 편리하게 공간적으로 잘 배치되어 있는가?
④ 고체, 액체 및 기체 상태의 환경오염 물질로부터 잘 보호받고 있는가?
⑤ 각종 범죄나 재해로부터도 잘 보호받고 있는가?
⑥ 경제 및 사회생활이 안정되어 있는가?

지금까지 근본경제문제 여섯 가지를 살펴보았다. 이 여섯 가지는 물론 인간의 욕망은 무한하나 자원은 희소하다는 사실에 기인하는데, 이에 대해서는 다시 설명할 것이다.

근본경제문제를 잘 해결한 나라가 선진국이고 못한 나라는 후진국이다. 그렇다면 여러분은 후진국의 특성을 근본경제문제와 관련하여 설명할 수 있겠는가? 그렇게 설명할 수 있는 사람은 후진국의 근본경제문제를 상당정도 이해한 것으로 볼 수 있다.

그렇다면 후진국이란 어떤 나라인가?

첫째, 경제성장이 잘 안 되므로 소득수준이 낮고 가난한 사람들이 많다.

둘째, 실업자가 많고 인플레가 심하고 경제 전체가 불안정하다.

셋째, 국민이 바라는 물자(약품, 식품 등)가 생산되지 않거나, 생산되어도 부족하고 질도 나쁘며, 값도 비싸다.

넷째, 빈부간의 소득격차가 심하다.

다섯째, 국가경쟁력이 약하여 국제수지가 심한 적자상태에 있다.

여섯째, 각종 제품이 조잡하고 주거환경시설이 열악하여 삶의 질이 나쁘다.

가난한 나라들이 가난하게 되는 근본 이유는 국가지도자는 물론 국민들이 나라의 근본경제문제가 무엇인지조차 파악하지 못했기 때문이다. 여러분은 이제 북한의 근본경제문제와 그 해결의 길은 무엇인가를 이해할 수 있을 것이다. 그리고 우리 나라 경제정책의 근본목표도 무엇인지 알 수 있을 것이다. 이런 문제의 해결이 바로 경제정책의 목표가 되는 것이다.

㉯ 근본경제문제에는 이런 특성이 있다

· 근본문제의 상대적 중요성은 경제발전단계나 경기 상태에 따라서 변화할 수 있다. 예를 들면 소득수준이 아주 낮은 경제발전 초기단계에서는 경제안정보다 경제성장이 더 중요하게 된다. 그리고 소득수준의 상승에 따라 생활의 질의 중요성이 상대적으로 커진다. 국제수지도 흑자가 되면 다른 경제문제의 중요성이 더 커지게 된다.

· 근본경제문제 해결이 우리 경제정책의 궁극적인 목표이다. 뿐만 아니라 경제성과의 평가기준도 된다. 근본경제문제를 이상적으로 해결하면 우리 경제는 이상적인 경제가 된다.

· 능률과 형평은 소비자나 생산자 등 '개별경제 주체' 차원의 문제이고, 성장과 안정은 '경제 전체' 차원의 문제이다. 삶의 질은 경제주체와 경제 전체 차원에서 다같이 해결해야 할 문제이다.

· 앞의 다섯 가지는 '양'적인 문제이고, 마지막 것은 삶의 '질'적인 문제이다.

· 근본경제문제는 서로 긴밀하게 연결되어 있다([그림 5. 1] 및 [그림 5. 2]). 그러므로 하나하나 분리하여 해결할 수 있는 성질의 것이

아니다. 변수가 여럿인 연립방정식을 풀듯이 풀어야 한다. 그리고 근본경제문제는 서로 상승작용을 할 수도, 상충관계에 놓이게 될 수도 있다. 예를 들면 인플레율을 낮추려고 하면 실업이 늘고, 실업자를 줄이려고 하면 인플레율이 높아지는 경우가 많다. 인플레와 실업률은 서로 역의 관계에 있다는 이론을 '필립스곡선(Phillips curve)이론'이라고 한다. 그런데 미국에서는 최근 물가가 떨어지는 가운데 실업이 줄어들고 있으므로 이 이론이 더 이상 맞지 않는다는 주장이 일고 있다. 미국경제는 노동생산성 향상으로 물가가 떨어지고 고용이 증가하는 상태에 있는데, 미국인들은 이를 신경제(New Economy)라고 한다.

· 어느 나라의 경제문제이든 나라경제가 성장하는 가운데 해결하는 것이 가장 바람직하다. 성장이 뒷받침되지 않은 상황에서 이를 잘 해결한 나라가 없다. 그럼 어떻게 하면 나라경제가 계속 성장할 수 있는가? 이를 위하여 우리가 개발한 것이 기업과 산업의 GC모델이다(제10장 참조). 경제가 성장해야 우리의 생활수준이 향상된다. 경제성장은 우리의 능력이나 과학기술이 얼마나 발전하는가를 나타내

[그림 5. 1] 근본경제문제

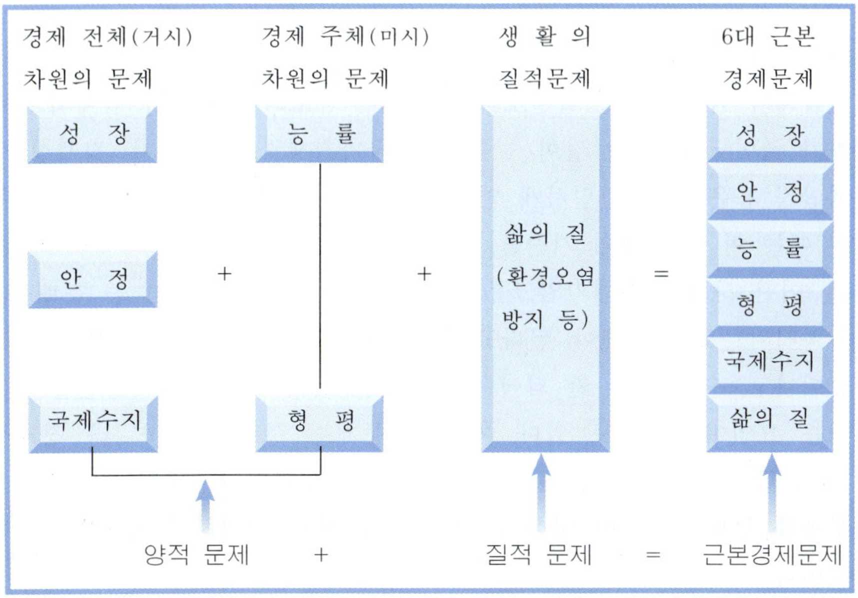

[그림 5. 2] 근본경제문제는 서로 연결되어 있다

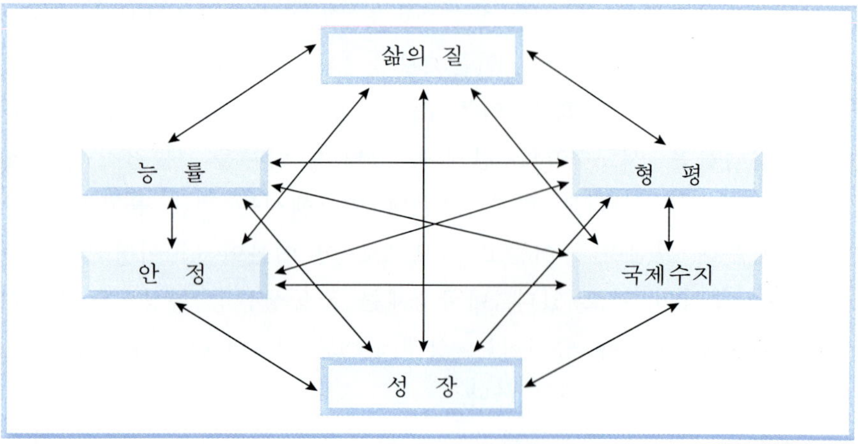

기도 한다. 경제성장이 되어야 일자리가 늘어서 학교를 졸업하는 사람들의 취업이 쉬워진다. 이러한 측면에서 보면 경제성장을 잘하는 것이 무엇보다 중요하다. 그러므로 [그림 5. 2]에서는 경제성장을 제일 위에 표시해 놓았다.

최근 들어 고임금, 고이자, 과소비 등으로 한국경제의 능률이 떨어져 국가경쟁력이 많이 약화되었다. 그 결과 수출보다 수입이 많게 되어 국제수지적자가 증가했으며, 덩달아 환율이 오르고 수입품 가격이 급등하면서 인플레가 심화되었다. 실질소득과 소비가 축소되니 경기가 침체되고 실업자가 늘어났다. 이와 같이 능률향상, 국가경쟁력, 국제수지, 경제성장, 경제안정 등은 모두 긴밀하게 연결되어 있음을 알 수 있다. 경제문제를 따질 때는 이 여섯 개의 기준을 모두 사용하여야 한다.

어떤 사람들은 대기업그룹이 중소기업 성장을 해치는 등 분배문제를 악화시키므로 해체해야 된다고 주장한다. 그러나 그렇게 하면 실업자가 늘어나고, 수출이 잘 안 되어 국제수지를 악화시키며, 사회불안을 심화시키는 요인이 될 수도 있다. 기업그룹문제는 형평뿐만 아니라 경제성장, 안정, 국제수지 등의 근본경제문제도 모두 고려하여 풀어가야 한다. 경제문제를 논할 때는 이 여섯 가지 기준을 모두 고려하지 않으면 안 되는 것이다.

이 여섯 가지는 변수가 여섯 개인 연립방정식 풀 듯해야 된다. 어느 하나의 변수에 치중해서는 쉽게 해결책을 찾기가 어렵다. 성장에 치중하다 보면 안정이 해치기 쉽고, 능률을 중시하다보면 형평이 도외시되며, 실업을 줄이다보면 물가가 상승하고, 물가를 억제하다보면 실업이 증가한다. 이들 조건들은 이처럼 서로 상충되는 관계에 놓여 있을 수도 있다.

국가에 따라서는 이 여섯 가지에 상대적 중요성의 차이가 있을 수 있다. 예를 들어 제2차 세계대전이 끝났을 때 일본, 독일, 프랑스, 이태리 등 주요 선진국들의 국토는 초토화되고 산업시설은 거의 파괴되었다. 그러나 본토에 총알 한 발 떨어진 일이 없는 미국은 멀쩡했다. 당시 미국경제의 규모는 세계 전체 경제규모의 3분의 2나 되었다. 따라서 당시에는 미국경제가 곧 세계경제라고 할 정도였다. 미국의 기업과 산업의 경쟁력이 세계 제일이었다. 나라경제의 성장도 전혀 문제가 되지 않았다. 뿐만 아니라 다른 선진국들이 전후복구와 산업시설투자를 할 때 미국 기업제품이 날개 돋친 듯이 팔렸다.

미국 기업과 산업의 고도성장은 1950년대까지 계속되었다. 그러므로 1950년대를 미국경제의 전성기라고도 한다.

당시에 쓰여진 미국의 경제원론 교과서들은 경제성장 문제를 별로 중시하지 않았다. 책 거의 맨 끝 부분에서 다룰 정도였다. 이런 전통은 최근까지도 계속되었다. 당시 미국 경제학 교과서들을 번역해서 사용한 많은 후진국 경제학 교과서들도 경제성장 문제를 소홀히 다루었다. 그러다가 최근에 들어와 미국경제가 성장면에서 문제점을 드러내자, 비로소 미국 경제학 교과서들은 경제성장 문제를 책 앞부분에서 다루기 시작했다.

미국은 20세기 초부터 1970년대 초까지 70여 년간 국제무역에서 계속 흑자를 기록했다. 그러므로 1970년대까지 쓰여진 미국 경제원론 교과서들은 국제무역이나 국제수지문제도 책의 맨 끝부분에서 다루었다. 또한 당시 미국의 수출은 GNP의 5%밖에 안 되었다. 미국은 국내시장이 방대하여 무역을 하지 않고도 살아나갈 수 있는 유일한 나라라고 했다. 미국 경제원론 교과서들을 국내경제 중심의 경제정책을 강조했다. 사정이 이렇다 보니, 당시 미국 경제원론 교과서로 경제를 배운 후진국들도 덩달아 국제무역이나 수지문제를 경시하게 되었다.

그처럼 강세이던 미국의 무역수지는 1970년대 중반에 적자로 돌아선 뒤 지금까지 계속되고 있다. 이 때부터는 그야말로 무역을 했다 하면 적자였다. 그렇지만 미국은 무역적자가 아무리 쌓이더라도 걱정할 필요가 없다. 여차할 경우 달러를 찍어내면 되기 때문이다.

만약 우리가 기업, 산업 및 경제정책을 100% 미국식으로 운용하면 국제수지도 미국처럼 적자상태를 면하지 못할 것이다. 그러나 우리는 달러를 찍을 권한이 없으니 대처할 방법이 없다.

이제는 미국도 자기네 경제에서 무역이 차지하는 비중이 커졌고, 또한 글로벌시대도 맞이했으므로, 경제학 교과서들도 국제무역과 해외직접투자 및 국제수지문제 등의 주제를 중시하기에 이르렀다.

능률과 형평은 경제 주체 차원의 문제이고, 경제성장과 경제안정 및 국제수지는 경제 전체 차원의 문제이다. 그런데 경제 전체 차원의 문제가 잘못되면 경제주체 차원의 문제에도 부정적 영향을 줄 수 있다. 예를 들면 최근의 경험처럼 국제수지 적자 증가로 외환위기가 발생하면 흑자기업도 도산하는 것과 마찬가지로 경제 전체는 물론 경제주체 차원의 능률도 떨어진다. 실업자가 증가하므로 분배문제도 악화된다. 반대로 경제주체의 능률이 떨어지면 국가의 경쟁력이 약화되므로 국제수지 적자 등 경제 전체 차원의 문제가 발생한다.

능률과 형평은 주로 경제주체 차원에서 따질 문제라는 뜻이지, 경제 전체 차원의 문제와 관련이 없다는 것은 아니다.

지금까지 한국경제의 근본경제문제는 무엇인가, 왜 근본문제가 되는가, 서로 어떤 관계에 있는가, 경제성장에 따라서 어떻게 변하는가 등을 살펴보았다. 그런데 경제문제를 잘 이해하는 데는 여러 가지 함정이 있을 수 있다. 그렇기 때문에 많은 사람들이 경제문제를 논할 때 그 함정에 빠지기 쉽다.

지금부터 어떤 함정이 있을 수 있는가를 보기로 한다.

다 경제문제에는 이런 함정이 있다

1) 경제용어는 학술용어. 많은 사람들은 주식, 빌딩, 주택 등의 구입

을 투자라고 한다. 주택을 사는 사람이 플러스의 투자를 한다면, 파는 사람은 마이너스의 투자를 하는 셈이다. 그러므로 플러스투자와 마이너스투자를 합하면 제로가 되니, 경제 전체로 보면 투자가 아니다. 소유권의 단순한 이전에 불과할 뿐이다.

주식 구입도 마찬가지다. 경제학에서 말하는 투자는 반드시 주택이나 공장 건설 등 생산능력의 확장을 수반하여야 한다. 그러므로 일반인과 경제학자가 모여서 투자정책을 논의할 때는 초점이 전혀 다를 수 있다.

일반인들이 '돈 많은 사람'이라고 할 때의 돈은 현찰뿐만 아니라 재산도 의미한다. 그러나 경제학자들이 가령 '협의통화(M_1)'라고 할 때는 '현금통화에 예금통화를 합한 것'이고, '광의통화(M_2)'라고 할 때는 '협의통화에 준통화를 합한 것'으로 각각 분명한 뜻이 있다. 경제학은 사회과학이므로, 경제용어는 어느 것이나 분명한 뜻이 있는 학술용어이다. 시인, 소설가들이 즐겨 쓰는 '사랑'이라는 말과 같이 다양한 뜻이 있는 것이 아니다. 외국어를 잘하려면 단어 뜻을 잘 알아야 하듯이, 경제학이라는 학문을 잘하려면 무엇보다 각종 경제단어(=경제용어)의 뜻을 확실히 파악하여야 한다.

2) 경제법칙은 확률법칙. 경제학은 물리학이나 화학처럼 정밀한 학문이 아니다. 가령 동전을 한두 번 던지면 앞면 뒷면 어느 쪽이 나올지 정확하게 맞힐 수 없다. 다섯 번, 열 번을 던져도 마찬가지다. 그러나 천 번, 만 번 내지 4,800만 번을 던지면, 앞뒷면 어느 쪽이든 확률은 거의 정확히 2분의 1이 된다. 국민 4,800만 명이 한꺼번에 동전을 던져도 마찬가지다. 한 사람인 경우는 던지는 회수가 증가할수록, 여러 사람인 경우는 던지는 사람의 수가 증가할수록 앞면이든 뒷면이든 그 확률은 2분의 1에 더욱 가깝게 된다. 경제법칙은 이러한 확률법칙과 밀접한 관련이 있다.

가령 누가 매달 200만 원의 월급을 받는다면, 그 사람이 얼마나 소비하고 저축하는가를 정확히 알아맞히기는 어렵다. 그러나 수많은 사람들이 매달 200만 원의 봉급을 받는다면, 그 평균저축률을 예측하는 것은 가능하다.

다른 예로, 어느 한 사람이 가령 교통사고로 금년에 사망할 것인가 아닌가를 예측하는 것은 거의 불가능하다. 그러나 우리 나라 인구 전체의 금년 교통사고나 사망자 수의 계산은 가능하다. 한국 20세 젊은이 어떤 특정한 한 사람의 평균수명 예측은 거의 불가능하나, 20대 청년 전체의 평균수명 예측은 가능하다. 다른 연령층 인구의 평균수명 예측도 마찬가지다. 실제로 이런 예측이 보험회사 생명표의 근거가 되는 것이다.

이처럼 경제법칙은 사람의 수가 많아질수록 정확하게 되는 것으로 '대수의 법칙' 또는 '확률의 법칙'이라고 한다. 경제법칙을 어느 한 사람이나 몇 사람에게 적용하여 맞지 않는다고 하는 것은 그 속성을 모르기 때문이다.

3) 통계의 함정. 서울시의 인구를 당장 천만 명에서 백만 명 이하로 줄일 수 있는가? 물론이다. 당장 2,000만 명 이상으로 늘릴 수도 있다. 어떻게 하면 그렇게 할 수 있는가? 법으로 서울의 행정구역을 종로구와 중구만으로 정하면 인구는 당장 백만 이하로 줄어든다. 반대로 현재의 서울시에 경기도를 포함하는 지역으로 정하면 당장 2,000만이 넘게 된다.

세계 주요 도시의 인구를 비교할 때, 미국 로스앤젤리스(LA) 지역은 인구가 천만을 훨씬 웃돌지만, LA시는 항상 세계적인 대도시 리스트에서 빠진다. 뉴욕시가 행정구역을 5개 군(county)에 걸쳐서 정해 놓았기 때문에 인구도 자연 많아지는 데 비해, LA시는 한 개의 군만을 행정구역으로 정해 놓았기 때문에 인구가 적기 때문이다.

세계은행의 「세계개발지표」(2005)에 따르면, 2003년 우리 나라 도시인구비율은 84%로서 미국의 78% 및 일본의 79%보다 더 높다. 그럼 우리 나라가 그만큼 더 선진화되었다는 것인가? 그렇지 않다. 우리 정부는 몇 년 전 영주시에 영주군을 통합하듯이, 많은 시(市)의 인접군을 그 시에 통합했다. 그 결과 도시인구가 갑자기 많아진 것이다.

각종 경제통계의 세계적인 비교에는 이런 점에 유의할 필요가 있다. 경제통계는 사람이 만들어 가는 사회를 대상으로 하는 것이다. 이를 잘못 알면 한 쪽 손은 얼음물에 넣고 다른 쪽 손은 펄펄 끓는 물에 넣으면 몸의 평균 온도는 50도가 된다고 하는 것이나 마찬가지이다.

물가상승률을 계산할 때도, 물가가 폭등한 해를 기준연도로 정하면 그 다음해는 크게 떨어진 것으로 나타난다. 반대로 크게 떨어진 해를 기준연도로 하면 그 다음해는 많이 오른 것으로 나타난다. 기업의 이윤도 땅, 건물, 기계, 장비 등의 값을 어떻게 계산하느냐에 따라서 크게 다르게 된다.

다른 예로, 우리 나라 기차의 장부가격을 보자. 철도청은 해방 전에 사용하던 화차를 아직도 사용하고 있다. 석탄을 싣는 화차는 이미 그 감가상각이 오래 전에 끝났으므로, 한 대의 장부가격은 얼마 전까지 1원이었다. 화차 한 대의 값이 계란 한 개의 값도 못되는 것이다.

4) 객관적 분석과 주관적 판단. 경제문제에는 개인의 주관이나 가치판단이 들어갈 소지가 많다. 가령 아주 가난한 사람이 순수한 동기로 병원에 헌혈하는데, 그 병원이 대가로 그 사람에게 조금이라도 돈을 주면 어떻게 될까? 돈을 받는다면, 그 사람은 결과적으로 잘사는 사람에게 피를 판 것이나 마찬가지다. 가난한 사람에게 헌혈과 매혈 중 어느 것을 적용하게 하는가에 관해서는 많은 사람들의 다양한 의견이 있을 수 있다.

어떤 젊은이가 교육을 많이 받고 좋은 직장에 취직해 봉급을 많이 받는 데 비해, 어떤 노인은 부양가족은 많으나 교육을 별로 받지 못하여 봉급을 조금밖에 받지 못할 때, 양자의 소득세율 차이를 어떻게 해야 되느냐에 대해서도 많은 다른 주장이 있을 수 있다.

"이자율이 하락하면 증권시장에서 주식가격이 상승한다." 이는 좋든 싫든 객관적 사실이다. 경제변수간의 객관적 인과관계를 따지는 경제학의 분야를 '실증경제학'이라고 한다. 그러나 "주식가격이 더 많이 올라야 한다, 또는 더 오르게 해서는 안 된다"고 하는 것은 주관적인 판단과 관련된다. 이러한 주제를 연구하는 경제학의 분야를 '규범경제학'이라고 한다. 실증경제문제는 객관적인 경제분석에 의하여 해결이 가능하나, 규범경제문제의 해결은 과학적인 분석보다 의견의 합의를 중시해야 될 경우가 많다.

그런데 어떤 경제문제이든 주관적인 판단을 하기에 앞서서 객관적 분석이 필요하다. 실증분석을 잘하면 문제가 잘 풀리는 경우가 많이 있다.

예를 들어, 지난날 서울에 인구가 계속 집중될 때, 어떤 수단을 사용해서라도 서울 인구를 강력하게 분산해야 된다고 주장하는 사람들이 많았다. 그러나 법으로 서울의 행정구역을 종로구와 중구만으로 한정하면 서울 인구는 당장 백만 이하로 줄어든다는 얘기가 나오자 이런 주장은 쑥 들어갔다. 인구 집중은 무슨 수를 쓰더라도 막아야 된다는 주장을 하기에 앞서 서울시라는 것이 무엇인가, 그 적정한 인구는 얼마인가, 그리고 집중된 인구 중 얼마가 분산의 대상인가 등에 대한 객관적 분석이 선행되어야 한다.

한국의 기업그룹에 대해서도 당장 모든 그룹을 해체해야 된다거나, 해체가 아니라 문어발식 확장을 막아야 된다거나, 기업그룹 총수의 재산을 사회에 환원해야 된다는 등 다양한 주장이 있다. 이를 논의하다가 심지어 싸우는 사람들도 있다.

이러한 문제를 논하려면 우선 재벌에 대한 정확한 정의가 있어야 한다. 재벌을 가령 족벌경영과 관련시킨다면, 기업그룹 중 족벌경영이 아닌 것은 제외해야 한다. 정부의 돈으로 성장했기 때문에 해체 대상이라고 한다면, 정부 돈을 정확히 얼마나 받았는지, 이자율은 얼마였는지, 정부 돈을 더 많이 받았으나 이미 망해버린 재벌은 어떻게 해야 되는지, 정부 돈을 받지 않는 기업그룹은 어떻게 해야 되는지에 관한 객관적 분석이 있어야 한다. 다각화경영이 무엇이며, 어느 정도의 다각화가 소망스럽고 또한 소망스럽지 못한가에 관한 것도 분석해야 한다. 우리 나라에서 기업그룹이 생성한 요인도 찾아내야 한다. 이런 객관적 분석의 뒷받침이 없는 재벌 대책은 개인의 주관적인 판단에 좌우될 가능성이 높다.

인플레는 무슨 일이 있어도 막아야 된다는 사람의 주장도 마찬가지이다. 우선 우리는 1960년대나 1970년대에 인플레 속에서 고도성장을 이룩했고, 국민의 평균 생활수준도 크게 향상되었다. 각종 생산품의 질이 계속 향상되는 상태에서 어느 정도의 인플레는 소망스러운 측면도 없지 않다. 약간의 인플레는 경제라는 기계를 잘 돌아가게 하는 윤활유 역할을 하기 때문이다. 따라서, 인플레의 정도, 원인, 상태, 결과를 정확히 분석하지 않고 무조건 퇴치해야 된다는 주장은 설득력이 약하다.

5) 전체에 관한 경제학, 부분에 관한 경제학, 그 중간 형태의 경제학. 경제문제의 해결을 위한 경제학이 학문으로서 발달되기 시작한 것은 1776년 아담 스미스의 『국부론』이 나오고부터이다. 그 때부터 세계대공황이 발생한 1929년까지 경제학자들은 나라경제라는 것은 전적으로 개인이나 기업이 어떻게 하느냐에 의존한다고 파악했다. 그러므로 당시의 경제학은 합리적인 개인의 소비행위와 기업의 생산행위 분석에 치중했다. 개인이나 기업이 합리적 행위를 하면 국가경제는 저절로 잘 될 수밖에 없다고 믿었다. 그러므로 경제문제는 모두 소비자나 기업 차원의 문제로 인식했다. 이런 식으로 경제문제를 보는 학자들을 '고전파' 경제학자라고 한다.

그러나 1929년 대공황이 발생하여 순식간에 국민소득이 반으로 줄고 전체 근로자의 4분의 1이 실업자가 되자, 경제문제는 개별 소비자나 기업의 차원만으로는 해결될 성질의 것이 아닌 것으로 판명되었다. 나라경제 전체가 대공황 상태가 되자, 개인, 기업이 아무리 합리적인 경제행위를 하려고 해도 되질 않았다. 흑자기업, 적자기업 할 것 없이 도산하니 도대체 공장을 가동할 수 없었던 것이다. 나라경제 전체차원에서 발생하는 문제의 해결에는 과거와는 다른 경제논리가 필요하다는 것이 판명되었다. 즉, 숲을 구성하는 나무의 입장이 아니라 숲 전체 차원의 논리가 필요하다는 이야기다.

나무 차원에서 경제문제를 대상으로 하는 것을 '미시경제학(microeconomics)', 숲 차원에서 경제문제를 다루는 것을 '거시경제학(macroeconomics)'이라고 한다. 미시경제학은 경제를 구성하는 개인소비자와 개별 생산자의 경제행위를 대상으로 하고, 거시경제학은 경제 전체의 경제행위를 대상으로 한다.

경제 전체란, 개별 소비자와 생산자의 단순한 집합체라고 생각하면 안 되는가? 그렇지 않고, 그 이상이라는 것이 거시경제학의 가정이다. 경제전체는 경제를 구성하는 부분과 다른 특성이 있고, 생명력과 역사가 있고, 작동원리가 있다는 것이다. 대만에서는 경제의 전체를 대상으로 하는 거시경제학을 '전체경제학', 구성부분인 소비자나 기업을 대상으로 하는 미시경제학을 '개체경제학'이라고 부른다.

대공황 이전의 경제학은 주로 미시경제학이었다. 그런데, 대공황이 발생하게 되자 거시경제학이 절실히 필요해졌다. 이런 시점에서 케인즈가 1936년 『일반이론』을 발표했는데, 이것이 거시경제학이 발생한 계기이다. 이러한 점에서 케인즈는 거시경제학의 시조라고 한다. 거시경제학은 일반이론이 나오고부터 급속히 발전하기 시작했다.

이처럼 나라경제 전체를 대상으로 하는 경제학을 거시경제학, 그 구성단위인 기업을 대상으로 하는 것을 미시경제학이라고 한다면, 일본의 케이레츠처럼 기업과 국가경제의 중간에 위치한 경제단위를 대상으로 하는 경제학도 있는가? 있다. 세계적인 문화경제학자인 찰스 함프텐터너와 폰스 트롬페나아스는 이를 '중시경제학(mesoeconomics)'이라고 했다. 이들은 미국은 경제학을 거시경제학과 미시경제학으로 양분하지만, 일본과 독일은 산업 전체의 발전과 산업정책을 대상으로 하는 중시경제학에 더 치중한다는 것이다. 그리고 중시경제학을 모르면 일본경제나 독일경제를 이해하는 것이 어렵다고도 했다. 사실 자동차의 경우, 자동차기업 하나가 아니라 부품산업을 포함한 자동차산업덩어리(cluster) 전체의 발전이 중요하다. 마이클 포터 하버드 경영대 교수의 주장이기도 하다.

미시경제학: 기업이나 소비자를 대상
중시경제학: 케이레츠 같은 기업그룹을 대상
거시경제학: 나라경제 전체를 대상

참고: Charles Hampden-Turner와 Fons Trompenaars의 *The Seven Cultures of Capitalism*.

라 근본경제문제의 근본원인은 무엇인가?

욕구의 5단계설. 인간의 욕망은 무한하나 이의 충족에 필요한 각종 재화와 서비스의 생산에 사용되는 자원은 유한(희소)하다는 사실이 모든 경제문제의 뿌리이다. 이 뿌리에서 각종 경제문제가 발생하게 된다. 무엇보다 이 뿌리를 잘 알아야 하는데, 그 핵심은 '무한한 욕망'과 '유한한 자원'의 두 가지이다.

> 제 1 단계: 생리적(육체적) 욕구(의 · 식 · 주 · 섹스 등)
> 제 2 단계: 안전에 대한 욕구(육체적, 정신적, 경제적, 사회적 안전 등)
> 제 3 단계: 사회적 욕구(소속감과 사랑에 대한 욕망)
> 제 4 단계: 명예적 욕구(출세, 지위 등 존경과 인정받으려는 욕망)
> 제 5 단계: 자기실현적 욕구(능력개발, 꿈의 실현 등)

인간의 욕망이 무한하다는 사실을 가장 잘 설명하는 것은, 세계적으로 많은 학자들이 받아들이는 다음과 같은 아브라함 마슬로의 '욕구의 5단계설'이다. 그는 『동기와 인간성』에서 "욕구에는 5단계가 있는데, 인간은 제일 낮은 단계의 욕구충족으로부터 시작하고, 한 단계의 욕구가 충족되면 다음 단계의 욕구충족으로 넘어가게 된다"고 했다.

인간 욕구의 제 1 단계는 생리(육체)적 욕구로서 생존과 직결된 것이다. 이를 충족한 사람은 그 다음 단계, 즉 제 2 단계 욕구를 충족하려고 한다. "부자 몸조심한다"는 말처럼 기본욕구가 충족이 된 사람은 다음 단계인 안전을 중시하게 된다.

나라 전체의 경우에도 국민이 경제발전 초기단계에서는 제 1 단계 욕구인 경제의 양적 성장을 중시하나, 소득수준 상승에 따라서 제 2 단계 욕구인 경제안정을 중시하게 된다. 미국과 같이 잘 사는 나라가 경제안정을 중시하는 것도 이런 맥락에서 설명이 될 수 있다. 우리가 과거 경제성장에 치중할 때 경제안정을 도외시한 것도 제 1 단계 욕구충족이 시급했기 때문이다.

제 2 단계 욕구가 충족된 사람은 다시 3 단계 욕구인 사회적 욕구(공동체에 대한 소속감, 애정 등)를 중시한다. 이런 욕구가 충족된 사람은 다시 4단계 욕구(출세욕, 지위욕 등)를 중시한다. 이런 욕구도 충족된 사람은 가장 높은 단계의 욕구인 자신의 능력개발이나 남을 돕는 등 꿈의 실현을 중시하게 된다.

이와 같이 욕망에는 끝이 없다. 인간이 이런 모든 욕구를 다 충족하기는 극히 어렵다. 많은 사람들은 제 1 단계 욕구도 잘 충족하지 못한 채 생을 마감한다.

일본의 저명한 의사 하루야마 시게오(春山茂雄)는 최근 화제의 베스트

용어해설

재화(goods). 인간에게 만족감(행복감)을 줄 수 있는 것은 어느 것이나 재화(財貨)이다. 예를 들면, 공기, 바닷물, 아름다운 일출 광경, 음식, 자동차, 의복 등은 모두 재화이다. 이 중 공기나 바닷물처럼 희소한 자원이 아니고 양도 충분한 것은 자유재(free goods)이고, 자동차나 의복, 음식물, 이발서비스 등 희소한 자원을 사용하여 만든 것은 경제재(economic goods)이다. 경제재는 옷, 핸드폰, 볼펜 등 눈에 보이는 유형재(tangible goods)와 보이지 않는 무형재(intangible goods)로 나누어진다. 무형재를 서비스(services)라고 하는데, 이발소나 세탁소, 병원, 세무사, 회계사, 변호사, 자동차수리소 등이 남을 위해서 하는 일을 말한다.

경제재 중 시장에서 거래가 되는 것을 사유재(private goods), 그리고 경찰서비스, 일기예보 등 정부나 공공기관이 생산하여 공급하는 것으로 시장거래가 되지 않는 것을 공공재(public goods)라고 한다.

보통 재화라고 할 때는 재화뿐만 아니라 서비스도 포함한다. 재화와 서비스를 동시에 나타내는 말로는 생산물(products), 상품(commodities), 산출물(outputs) 등이 있다. 산출물에 대응되는 개념은 투입물(inputs)인데, 이는 생산요소(경제적 자원)를 의미한다. 그런데 상품이란, 국제무역에서는 보통 농산물, 광산물 등 일차상품(자연에서 채취한 것)을 의미한다.

자동차, 전자제품 등 국제무역이 가능한 재화를 교역재(tradable goods)라 하고, 벽돌이라든지 콘크리트처럼 국제거래가 안 되는 재화를 비교역재(nontradable goods)라고 한다.

소비재(옷, 빵 등)는 욕구를 직접 충족시키는 재화이고, 자본재(capital goods)는 소비재 생산을 통하여 간접적으로 충족시킨다. 경제학에서 말하는 자본은 돈이 아니다. 기업경영인들은 자본재 구입에 사용되는 돈을 화폐자본(money capital) 또는 금융자본(financial capital)이라고 하나, 돈 그 자체는 실물을 생산할 수 없으므로 경제적 자원, 곧 생산요소는 아니다. 실물자본(기계장치나 공장 등)만이 경제적 자원이다. 지폐나 동전은 조폐공사가 실물자본을 사용하여 생산한 것이다.

욕구(needs). 인간의 기본적으로 필요한 것을 나타낸다. 기본욕구(basic needs)는 기초생활에 필요한 의·식·주 등에 대한 욕구이다. 욕구를 특정 재화로 나타낸 것이 욕망(wants)이다. 식사에 대한 욕구(needs)가 비빔밥, 햄버거에 대한 욕망으로 나타난다. 수요(demands)는 구매할 의도와 능력의 뒷받침이 있는 욕망이다.

동아시아인의 욕구의 특성

허버트 사이먼 교수는 박사학위는 행정학, 노벨상은 경제학으로 받았다. 참실력은 컴퓨터과학 분야이고, 취미는 심리학이다. 저자가 그를 방문했을 당시 미국 카네기멜론대 심리학과 교수로 재직중이었다. 그는 피아노는 거의 프로급이고 서양 장기는 선수급이다. 외국어도 20여 개는 한다.

그는 경제학이 인간의 물질적 욕망에 너무 치중하여 다섯 단계의 욕구 중 제1단계 및 제2단계 욕구에 치중하는 것이 문제라고 했다. 차원 높은 인간의 욕구충족을 잘 설명하지 못한다는 것이다.

경제학은 기업의 이윤추구와 소비자의 효용극대화를 중시하는데, 사실 이윤, 욕망 등을 극대화하는 인간들로 구성되는 사회는 인정이 메마른 사회가 될 수도 있다. 시장경제원리의 창시자인 아담 스미스는 그래서 인간의 높은 도덕률을 중시했다. 도덕적 및 종교적으로 건전한 사람들에 의한 이윤추구나 효용극대화가 바람직하다는 것이다.

한국인이나 일본인은 공동체사상이 강하므로 제3단계의 욕구(사회적 욕구)를 중시한다. 이 점에서 개인주의를 중시하는 미국인이나 영국인들과 큰 차이가 있다. 영미식 경제학은 개인주의를 바탕으로 하고 있음을 잘 알아야 한다. 한국기업들은 경기가 조금 나빠진다고 하여 종업원을 바로 해고하지 않는다. 외국에 공장을 설립하여 채용한 외국인도 한식구처럼 간주하려고 한다.

이러한 점에서 우리의 강한 공동체의식은 많은 장점도 있어 보인다.

셀러인 『뇌내혁명』에서 인간의 두뇌는 이런 욕구실현에 맞게 되어 있다고 했다. 그는 이미 8살 때 침술사 자격을 얻은 동·서양의학 통합 분야의 세계적인 권위자로서, 한국계 일본인이기도 하다.

이 책은 된장이 세계 최고의 자연식이고, 녹차는 항암제이며, 명상과 하루 5,000보 이상의 걸음이 건강생활에 필수라고 했다. 이 책은 1986년부터 10여 년간 발생한 거품경제에 시달린 수많은 일본인의 건강을 지켜주었다고 알려져 있다.

이 책에는 또 인간의 육체적 욕구와 정신적 욕구를 잘 억제하고 또한 충족하는 방법도 제시되어 있다. 맹자는 인간의 2대 본성은 식욕과 성욕이라고 했는데, 이는 제1단계 욕구를 나타내는 것이다. 한국인 중 정력에 좋다고 하여 녹용, 웅담 등 보약을 즐겨 먹는 사람들은 제 1 단계 욕구를 중시하는 사람들이라고 할 수 있다. 웅담, 녹용 등의 국제시세 결정에 큰 영향을 미치는 국민은 바로 한국인이다.

욕망과 물질적 행복. 인간의 물질(재화와 용역)적 행복은 다음 식으로 표시할 수 있다. 따라서 분자를 늘리거나 분모를 줄이거나 하면, 행복은 증가하는 것이다.

$$\text{인간의 물질적 행복} = \frac{\text{물 질}}{\text{욕 망}}$$

경제학은 인간의 욕망은 무한한 것으로 받아들이고, 대신 분자를 크게 하려고 한다. 불교는 선(禪)을 통하여 분모를 줄일 것을 강조한다. 기독교는 달란트의 비유 등을 통하여 분자는 늘리고 십계명의 마지막 계명(탐심의 억제)이 강조하듯 분모를 줄일 것을 강조한다. 이런 관점에서 기독교는 산속종교가 아니라 '시장종교'라고도 할 수 있다. 시장경제가 잘 발달된 서구선진국들이 모두 기독교국가임은 우연이 아니다.

마 경제학과 한국인의 궁합

"한국인은 가마민족의 후예이다. 이동전화 문화와 정보화사회에 잘 맞는다. 지식사회시대는 잘만하면 한국인의 시대가 될 수 있다."

— 손길승 SK그룹 회장

"'나'라는 인간을 형성하는 데 가장 큰 영향을 미친 책은 바로 이 『논어』(論語)이다. 나의 생각이나 생활이 논어의 세계에서 벗어나지 못한다고 하더라도 오히려 만족한다."

— 이병철, 『호암자전』

경제학은 인간과 인간의 사회생활을 대상으로 하는 학문이다. 그러므

한국인의 시대(?)가 오고 있다

사계절이 분명한 한국 땅에서 자란 배의 맛이 세계 제일이라는 사실에 대해서는 반론을 제기하는 사람들이 거의 없다. 한국인은 세계 어느 나라, 어느 기후에도 잘 적응할 수 있다고 한다. 서양인들이 가장 선호하는 고아는 한국 고아라고 한다. 비빔밥과 매운탕을 좋아하는 한국인은 세계 어느 나라의 음식에 적응하는 데에도 별문제가 없어 보인다. 이 점에서 보면 글로벌시대는 한국인에게 잘 맞는 시대가 아닌가 한다.

중국문명 발상지의 하나인 양자강 유역은 대홍수가 나면 한반도보다 더 넓은 땅이 물에 잠기고, 일본인구보다 더 많은 사람들이 이재민이 되었다. 옛날 홍수 뒤의 질병이나 전란을 피하여 다른 나라로 빠져나간 사람들이 화교들이다. 일본은 언젠가 9월 한 달에만 태풍이 아홉 번이나 발생했듯이, 태풍 피해가 많은 나라이다. 지진과 해일 피해도 상당하다. 이에 비하면 우리 나라는 그야말로 '고요한 아침의 나라'이다.

세계에서 제일 가벼운 모자는 우리의 갓이다. 햇빛이 통하게 만들어 놓은 모자도 우리의 갓이다. 바지춤이 제일 넓은 바지는 우리의 핫바지이다. 중국인들은 그 곳 우리 교민들이 왜 보자기를 그렇게나 좋아하는지 이해가 안 간다고 한다. 보자기는 한국인들의 것이다. 지게도, 온돌방도, 콩나물도, 김치도, 고추장도, 매운탕도, 비빔밥도, 탕국물도 모두 한국인의 것이다.

한국인은 한 때 국민의 5분의 1이 매년 이사를 했을 정도로 기동성이 매우 높은 인종이다. 기마민족의 후예가 틀림없다는 사람들도 많다. 그래서 이동전화문화와 잘 맞는다고 한다.

한국인은 이태리인들처럼 예술을 좋아한다. 다가오는 사회는 3D사회라고 하는데, 3D 중 디지털과 디자인 두 개는 한국인과 아주 잘 맞아 보인다. 또한 다가오는 사회는 지식사회인데, 잘만 하면 교육열이 세계 제일일 정도로 높은 한국인의 시대가 될 수도 있다.

이 책에서 주장하는 것처럼 시스템 사고방식을 잘 익히고 전략만 잘 짠다면, 다가오는 시대를 한국인의 시대로 만들어 갈 수 있을 것으로 보인다.

로 인간에 관한 학문이고 사회에 관한 학문이다. 19세기와 이번 20세기 초에 걸쳐서 경제학을 크게 발전시킨 영국의 경제학자 알프레드 마샬도

"경제학은 인간의 일상생활을 연구하는 학문"이라고 했다.

물리학은 자연을 대상으로 하므로 미국물리학, 한국물리학, 일본물리학 등이 있을 수 없다. 그러나 경제학은 다르다. 한국인과 한국사회는 경제행위나 조직면에서 미국이나 유럽 여러 나라의 경우와 다르다. 인간은 자동차나 TV와 같은 기계가 아니다. 인간의 경제행위는 눈이나 비 같은 자연현상과도 다르다. 예를 들면, 날씨는 일기예보의 영향을 받지 않는다. 그러나 나라경제의 동향은 경제정책 담당자들의 환율이나 통화량 등의 예측에 많은 영향을 받는다. 그러므로 정부는 가급적 환율에 관한 예측을 피하려고 한다.

경제정책은 따뜻한 마음, 경제문제의 분석에는 냉철한 두뇌가 필요하다. 마샬도 '냉철한 두뇌와 따뜻한 마음'의 중요성을 강조했다. 아무리 과학적인 분석을 토대로 한 경제정책이라도 국민의 특성을 잘 파악할 때 참효력이 발생하는 것이다.

우리는 미국의 경제학 교과서에 나타난 미국의 경제정책을 그대로 한국경제에 적용할 수는 없을까? 우리의 정부, 은행, 회사, 법률 등 모든 것을 미국과 똑같이 만들어서 한국경제를 미국경제의 복사판이나 축소판으로 만들 수는 없을까? 그렇게 한 다음 미국의 각종 정책을 그대로 따라서 하면 되는 것이 아닌가?

한국의 어느 유명한 퇴역 장군은 한국전쟁 때 미국의 군사교과서대로 작전을 짜서 한국군에게 적용해 보았더니 잘 맞지 않더라고 했다. 무엇보다 한국인들은 성질이 급한 면에서 미국인들과 이질적이라는 것이다. 한국전쟁 당시 한국군은 한강에서 낙동강까지 후퇴했는데, 아무리 무기가 없기로서니 그렇게 빨리 후퇴할 수가 없었다고 했다. 가히 세계신기록이 나올 정도의 신속한 후퇴였다는 것이다. 북한군이 낙동강에서 압록강까지 후퇴할 때에도 자동차를 타고 도망가는 것과 맞먹을 정도였다고 한다. 후퇴의 속도가 너무나 빨라, 국군은 총도 안 들고 따라갔을 정도였다는 것이다. 그는 이 점을 보더라도 남·북한 군인들은 같은 인종이라고 했다. 이런 예로 미루어 보더라도 군사전략이든 각종 경제정책이든 한국인의 특성에 잘 맞아야 된다.

그럼 한국인은 어떤 사람들인가? 다른 인종, 다른 나라 국민들과 어떻게 다른가? 여기서는 이런 문제를 생각해 보기로 하자.

여기에서 우리가 분명히 해야 할 것은 다음 두 가지이다. 첫째는 모든 인종, 모든 사회에 다 적용되는 근본경제원리가 있고, 둘째, 그렇더라도 경제조직이나 경제정책의 시행과 그 효과의 파급 등에 있어서는 인종이나 사회에 따라 큰 차이가 있을 수 있다는 것이다.

미국인과 한국인의 가장 중요한 차이는 기본 이데올로기이다. 하버드 대학의 에즈라 보겔 교수와 조지 롯지 교수는 『이데올로기와 국가의 경쟁력』이라는 책에서 이데올로기 면에서 영국과 미국은 세계에서 가장 개인주의적인 국가라고 했다. 이와 정반대가 되는 나라는 한국과 일본인데, 이 두 나라는 세계에서 가장 공동체주의적이라고 한다. 사실 한국인은 "우리," "우리는 하나," "우리끼리"라는 말을 많이 한다(송병락 및 조지 롯지 하버드 경영대 교수, 「한국의 발전과 서양경제학」이란 논문(하버드 경영대) 참조).

그런데 공동체주의의 핵심의 하나는 홀리즘(holism)이다. 예를 들어, 위(胃)에 병이 생기면 서양의학은 위를 잘라 내든지 위에 약을 발라야 된다고 생각한다. 그러나 동양의학은 손바닥이나 발바닥에 침을 놓거나 자극을 주든지 하여 치료해야 된다고 생각한다. 미국식 사고방식은 자동차와 부품간의 관계에 비유되는 기계식 사고방식이다. 자동차의 어느 부품이든 고장나면 들어내서 수리하거나, 또는 새것으로 교체할 수 있다는 것이다. 자동차와 이를 구성하는 부품은 항상 분리 가능하다고 생각한다.

그러나 동양식 사고방식은 사람의 몸과 내장과 같은 관계에 비유된다. 즉, 사람 몸의 어느 부분도 다른 부분과 긴밀하게 연결되어 있으므로 분리 가능한 것이 아니라고 생각한다. 예를 들어 위장은 심지어 손바닥이나 발바닥과 긴밀한 관계가 있다는 것이다. 되풀이하면 사람의 창자, 폐, 심장 등은 인체에서 분리하여 수리한 다음 다시 끼워 넣을 수 있는 성격의 것이 아니라는 것이다. 모두가 긴밀한 관계하에서 인체라는 전체를 구성하게 된다는 것이다. 이러한 사고방식이 바로 홀리즘인데, 한국 등 동아시아인들 사고방식의 핵심이다.

한국인들은 기업, 정부 할 것 없이 모두 국가라는 하나의 공동운명체의 일원으로서 생각하고 행동해야 된다고 생각하는 경우가 많다. 이 때문에 서양인들은 한국이나 일본이라는 나라 전체를 하나의 거대한 주식회사라고 한다. 이른바 '한국주식회사, Korea, Inc.'와 '일본주식회사, Japan, Inc.'가 바로 그것이다. 개인주의국가인 미국에서는 이런 것을 기대하기 힘들다.

한국인이나 일본인은 기업을 하더라도 그룹식으로 많이 하게 되는데, 이는 근본적으로는 공동체주의와 깊은 관련이 있다. 미국은 세계에서 총과 변호사가 제일 흔한 나라이다. 미국인들이 개인주의를 선호하다 보니 그렇게 되었다는 것이다. 미국인들은 개인주의 성향 때문에 이혼율도 매우 높다. 각종 소송도 제일 많은 나라이다. 이러한 측면에서 보면 개인주의는 분쟁비용을 크게 한다.

미국에서는 사람 · 기업 · 정부간의 관계가 법률적 · 공식적 · 비인간적인 경우가 다분하지만, 우리 나라에서는 이 관계가 대체로 비법률적 · 비공식적 · 인간적이다. 그런데도 미국인의 의식구조를 토대로 한 법률과 제도가 과연 한국인에게 맞겠는가? 미국식 경제학이 한국인에게도 잘 맞겠는가? 여기서 이런 문제를 생각해 보기로 하자.

[표 5. 1] 개인주의와 공동체주의

	영 · 미식 개인주의	한 · 일식 공동체주의
분배와 균등의식	기회의 균등 중시	결과의 균등 중시
	개인간의 격차 강조	개인간의 평등 강조
계약과 합의	법적인 계약 중시	비공식적인 합의 중시
	변호사가 많고 소송이 많게 됨	인간관계 중시
권리와 의무	재산권의 철저한 보호	공동체 구성원으로서의
	권리의 중시	권리와 의무 중시
개인 · 공동체의	소비자개인의 욕구 중시	공동체 전체의 필요성
욕구	이를 위한 경쟁의 강조	강조
정부의 역할	정부역할은 한정적이 되어야	정부역할은 적극적이고
	함을 강조	계획적이어야 함을 강조
분업과 전체	과학적 분업과 전문화 중시	공동체 전체를 중시

자료: Ezra Vogel and George Lodge, *Ideology and National Competitiveness*.

현대경제학은 아담 스미스의 『국부론』(1776)과 더불어 영국에서 비롯되었다. 국부론의 원리를 깨달은 영국은 세계 최초로 세계 제일의 부국이 되었다. 그 경제학이 20세기에 들어와서는 미국에서 크게 발전했다. 그 결과 미국이 세계 제일의 경제대국이 되었다. 사실 영국사람이나 미국사람과, 한국사람이나 일본사람은 소비행위, 기업조직, 분배 등에서 큰 차이를 보인다. 그럼 구체적으로 어떤 차이가 난다는 것인가?

에즈라 보겔과 조지 롯지 교수에 따르면 주된 차이는 [표 5. 1]과 같다.

기업조직의 차이. 미국의 기업들은 하나 하나가 모두 개인주의적인 기업들이다. 미국에서는 남녀노소가 모두 평등한 것처럼 대·중·소·영세기업들도 모두 평등한 존재여서, 우리 나라에 있는 중소기업 문제 같은 것은 없다. 중소기업이 대기업과 경쟁하여 졌다고 대기업을 원망하거나 비난하지도 않는다.

그러나 일본이나 우리 나라의 기업들은 다르다. 예를 들면 일본의 도요타자동차는 12개의 1차 자회사와 250여 개의 2차 자회사로 구성된 거대한 기업집단이다. 모회사와 자회사로 구성된 이런 기업집단을 '수직 케이레츠(系列, Keiretsu)'라고 한다.

도요타자동차는 도시바, 미츠이물산 등과 더불어 미츠이라는 거대 기업그룹을 형성하고 있다. 이런 기업그룹을 '수평 케이레츠'라고 한다. 미츠이그룹의 회원사는 25개나 된다.

이처럼 일본에는 일본을 대표하는 세계적인 기업그룹이 73개나 있다. 그러므로 일본의 많은 기업들은 미국기업처럼 단독기업이 아니라 어느 기업그룹의 회원사인 경우가 많다. 한국기업의 경우도 마찬가지다. 그럼 이런 기업조직이 새시대에 맞는가? 도요타는 이런 조직으로 세계 제일의 자동차를 만든다. 지식사회에는 모든 상황에 맞는 하나의 기업조직이란 있을 수 없다. 세계 제일의 제품을 만들 수 있는 조직이라면 어느 것이나 옳다고 봐도 무방하다.

고용면의 차이. 영미식 기업은 '노동자는 생산요소'로 간주한다. 그러므로 수지가 맞지 않는다고 생각하면 노동자를 언제든지 해고시킨다. 회사원을 연봉제로, 계약직으로 고용한다. 회사원은 언제든지 회사를 떠날 마음의 준비가 되어 있어야 한다. 미국 기업들은 과장, 부장, 이사, 사원, 사장 할 것 없이 누구나 항상 바뀔 수 있는 존재라고 생각한다. 미국 기업에서는 상사나 부하의 이동이 비일비재하며, 그렇기 때문에 미국에는 직장을 옮기는 도중에 있는 사람들이 많다. 이를 '마찰적 실업'이라고 한다. 미국의 실업 중에는 마찰적 실업의 비율이 높다.

그러나 한국기업과 일본기업은 신입사원을 잘 선발하여 채용한 다음, 훈련을 철저히 시켜서 평생토록 근무하게 한다. 회사원을 한집안 식구로 간주하며, 사원에서 임원까지 진급하는 동안 회사라는 공동체를 위하여 헌신할 것을 기대한다. 이처럼 한국기업은 회사 구성원을 한 공동체의 필요불가결한 존재로 간주하는 것이다. 그러나 IMF 경제위기 이후 많은 한국기업들이 영미식 기업과 같은 고용제도를 도입하기 시작했다.

생산면의 차이. 한국의 반도체관련 어느 세계적인 전문가의 이야기를 들어보자. 반도체의 생산공정(단계)은 약 4백여 개나 된다. 개인주의 성향이 한국인보다 강한 독일인들은 이 많은 생산공정을 세분한 다음 생산책임자를 정하고, 공정별로 작업상태를 점검하고, 이에 따른 책임도 따진다. 그러므로 시간이 너무 많이 걸린다고 하였다.

그러나 한솥밥 식구, 한 가족이라는 공동체주의가 강한 한국인들은 서로간의 책임을 따지지 않고 다같이 힘을 합하여 생산하기 때문에 불량품도 적고, 생산시간도 단축된다고 하였다. 그러므로 반도체 생산에 있어서는 공동체의식이 강한 한국, 일본, 대만인들이 개인주의 시장이 강한 유럽인들을 앞설 수 있다고 하였다. 공산품 생산에 있어서 일본이 세계제일이 된 것도 일본인의 이러한 공동체주의에 크게 기인한다는 것이다. 공동체주의가 강한 한국인도 이미 많은 공산품 생산에 있어서 빠르게 선진국을 따라잡고 있다.

소비와 분배면의 차이. 소비에 있어서도 공동체주의 사상이 강한 일인과 한인들은 동창회, 향우회, 경조사관련 모임 등 공동체의 활동과 관련된 소비지출을 많이 한다. 그러나 개인주의 사상이 강한 미국인들은 이런 모임을 일본인이나 한국인에 비교할 수 없을 정도로 적게 한다. 뿐만 아니라 모이더라도 자신의 음식값을 스스로 내는 등 지출을 적게 한다. 소비지출은 개인의 취미, 적성 및 활동과 관련된 것이 많다. 공동체의식이 강한 한국인들은 평준화사상이 강하다. 심지어 부자나 가난한 사람이나 같은 생활을 해야 된다고 주장하는 사람도 적지 않다.

정부역할의 차이. 개인주의적인 사상이 강한 미국인들은 큰 정부는 개인권한의 침해가 되므로 나쁜 것으로 간주한다. 정부는 작을수록 좋다고 믿는다. 그러나 한국인들은 국민들이 어려울 때는 정부가 나서서 구해야 되고, 어렵지 않을 때도 국민들을 잘 이끌어가야 된다고 생각한다. 옛날 국민들은 왕은 국부(國父), 왕비는 국모(國母)라고까지 생각했다. 정부는 국민을 교육하고, 지도하고, 이끌어가야 된다고 생각하는 사람도 적지 않다. 심지어 한강 물에 빠지는 사람도 정부가 나서서 건져야 된다고 생각한다.

그러나 미국인들은 정부 관리야말로 국민 개개인의 권리 침해나 하는 존재로 밖에 생각하지 않는다. 정부가 클수록 국민에게 해가 되므로 입법부, 사법부 및 행정부를 독립시켜 서로 견제함으로써 큰 정부가 국민의 권리를 침해하지 못하게 만든다. 이것이 미국 삼권분립의 기본취지이다.

경제학은 앞서 말한 바와 같이 원래 개인주의 사상이 강한 영국인을 대상으로 개발되었고 미국인을 대상으로 꽃을 피웠다. 그러나 일본인이 영·미식 경제학을 도입하여 자신들의 이데올로기와 문화에 맞게 잘 적용하자, 일본은 짧은 기간에 미국 다음 세계 제2의 경제대국이 되었다. 한국인도 영·미식 경제학을 도입하여 우리의 이데올로기와 문화에 맞게 잘 적용하자, 세계 제일의 고도성장을 제일 오랜 기간 계속 할 수 있었다. 이른바 한강의 기적도 창출했다. 한국인이 경제학의 기본원리를 존중하고 따르는 한, 경제학은 한국인에게 아주 잘 맞는다고 할 수 있다.

경제학의 기본원리는 영원하다. 어느 나라 사람에게도 잘 맞는다. 그러나 경제조직이나 능률달성의 절차 및 방법에 있어서는 한국인과 한국문화의 영향을 많이 받는다. 한국인의 이른바 헝그리 스피릿, 높은 성취

욕, 공동체 정신 등은 한국이 이룩한 경제기적의 원인의 하나가 되었다고 할 수 있다.

사회생활의 차이. 일본은 은퇴한 사람들이 소일 겸해서 일할 수 있도록 각종 구멍가게를 하게 둔다. 그러므로 미국인들은 일본의 유통구조를 복잡하고 전근대적이라고 한다. 반면 미국은 은퇴한 사람들을 사회보장제도를 통하여 보호하므로 이렇게 할 필요가 없다. 공동체주의 사상이 강한 일본에서는 노인들을 자식들이 돌보게 하는 가족복지의 중요성의 크다. 그러나 개인주의 사상이 강한 미국에서는 가족복지보다 사회복지의 중요성이 크다.

이처럼 한국문화는 여러 면에서 미국문화와 거의 정반대가 되는 특성도 가지고 있다. 그러나 그렇다고 해서 나쁘다는 것은 아니다. 미국문화와 마찬가지로 한국문화에도 장점과 단점이 있다. 장점을 잘 살려 나가야 함은 물론이다. 세계적인 문화학자인 찰스 햄프텐터너와 폰스 트롬페나아스에 따르면 이런 한국문화의 장점을 바탕으로 한국 고유의 경제시스템만 만든다면 미국도 앞서지 못할 이유가 없다는 것이다. 이들의 말에 따르면 세계에는 자본주의로 성공한 나라가 미국, 일본, 네덜란드, 독일, 스웨덴, 프랑스, 영국 등 일곱 나라인데, 이들은 모두 자본주의를 자기나라의 고유문화에 맞게 하여 성공하였다는 것이다. 그래서 이들은 책의 이름을 『자본주의의 일곱가지 문화』라고 했다.

6. 자본주의 시장경제란 경제문제의 해결방법

"자본주의 시장경제란 무엇인가? 정부가 기업을 협박하거나 공갈을 하지 못하는 경제체제이다. 자유시장의 큰 장점은 협박과 실수를 최소로 하는 것이다."

— 피터 드러커

우리는 제 1 장에서 이미 자본주의의 속성을 간략히 살펴보았다. 여기서는 좀더 자세히 검토하기로 한다. 어떤 사람들은 자본주의라는 말에 대해서 상당한 거부감을 느끼나, 시장경제라는 말에 대해서는 전혀 그렇지 않다. 그런데 이런 사람들이 이 두 말의 뜻이 같다는 사실을 알게 되면 의아해 한다. 우리가 자본주의를 살펴보기 전에 우선 다음과 같은 말들은 모두 뜻이 같다는 사실을 잘 알 필요가 있다.

자유경제 = 자본주의 시장경제 = 자본주의 = 시장경제 = 자유기업경제

자본주의 시장경제가 근본 경제문제를 어떻게 해결하는가를 알려면 다음 세 가지 기본적인 사실을 잘 알아야 한다. 첫째는 자본주의 시장경제라는 경기게임의 룰(rule)을 잘 아는 것이다. 둘째는 자본주의 시장경제 활동은 순환적 흐름이며, 경제주체들간의 관계, 경제주체와 시장(제품시장과 요소시장)간의 관계, 그리고 경제주체들간의 실물과 화폐의 흐름은 모두 서로 뗄래야 뗄 수 없는 관계에 있다는 사실이다. 셋째는 가격시스템의 역할과 장단점을 바로 이해하는 것이다. 지금부터 이를 차례로 살펴보

기로 하자.

가 근본경제문제를 가장 잘 해결하는 방법

우리는 근본경제문제가 무엇인가를 이미 논의하였다. 이제 그 해결방법을 알아야 할 차례이다. 그럼 그 해결방법에는 어떤 것이 있는가? 세 가지가 있다. 자본주의적 방법, 사회주의적 방법 및 전통경제적 방법이 곧 그것이다. 그럼 공산주의적 방법은 어떻게 되는가? 공산국가 사람들은 자기 나라를 사회주의 국가라고 한다. 공산주의와 사회주의를 동일시한다. 그러나 자본주의 국가 사람들은 사회주의와 공산주의에는 뚜렷한 차이가 있다고 생각한다. 공산주의와 자본주의를 양극으로 생각하면 사회주의는 공산주의 극(極)에 가깝게 위치한다. 약간의 자본주의 요소를 갖고 있다. 즉, 약간의 사유화와 시장기능을 인정한다. 그러나 공산주의는 이런 것을 모두 철저히 부정한다. 지금부터 이 세 가지 방법을 살펴보자.

전통경제(traditional economies)란 자손들이 조상들의 전통을 그대로 이어 받아 부모님이 물려준 땅에 조상전래의 방식 그대로 농사를 짓고, 수확한 것으로 관혼상제를 치르는 등, 조상전래의 가난한 생활을 되풀이하는 경제이다. 호미, 밥그릇, 가구 등을 생산하는 사람들도 조상들이 사용하던 것과 똑같은 것을, 똑같은 방식으로 생산하여 사용한다. 이런 전통경제의 특징은 제품, 생산기술, 생산조직의 발전이 거의 없으므로 변화가 거의 없다. 따라서 생산성이나 소득의 증가도 거의 없다. 때문에 가난이 지속된다. 자식들의 직업도 소양이나 적성과 상관없이 부모의 직업이나 가업을 이어 받는다. 이런 전통경제적 방식은 자본주의나 공산주의의 보급과 더불어 많이 없어진다. 그러나 모두 없어지는 것은 아니고, 그 중요성이 계속 줄어든다.

근본경제문제를 가장 잘 해결할 수 있는 방법으로 제시된 것이 자본주의 시장경제방식이다. 자본주의에는 두 가지의 뜻이 있다. 하나는 철학이나 사상으로서의 자본주의이고, 다른 하나는 경제문제 해결방식으로서의 자본주의방식이다. 후자는 자본주의 경제시스템을 의미하다. 자본주의는 1776년 아담 스미스가 『국부론』에서 처음으로 그 원리를 과학적으로 제시했다. 그러나 이를 공업화 초기, 특히 영국이 적용하는 과정에서 많은 문제가 발생했다.

농경사회란 인간이 자연으로부터 죽자살자 긁어모아도 겨우 입에 풀칠하기도 어려운 사회이다. 공업화가 막 시작할 때도 사정은 마찬가지였다. 자본주의가 막 시작되어 생산활동에 자본을 사용하기는 하였으나 그 양이 적고 생산성도 아주 낮았다. 그러므로 자본가와 노동자가 서로 나누어 가질 것이 별로 없었다. 서로 아무리 많이 빼앗아도 서로의 생활이 아주 어려웠다. 뿐만 아니라 그 과정에서 수많은 농민들이 도시 빈민굴에 몰리고 질병으로 죽어갔다.

공업화사회 초기 영국 런던의 빈민굴에서 살면서 이들의 비참한 생활을 직접 목격하고 경험도 한 칼 마르크스는 자본주의는 잘못된 체제이므로 전세계의 노동자들은 단결하여 하루라도 빨리 이를 타도하고 공산주의라는 이상적인 경제체제를 건설해야 된다고 주장했다. 그가 주창한 공산주의도 근본경제문제를 해결하기 위한 방식인데, 자본주의와 완전히 반대되는 방법이다. 그런데 소련, 체코, 중국 등의 국가들이 그 방법을 사용해 보았으나 그가 말한 이상적인 경제체제 건설이 불가능하다는 사실이 증명되었다. 그 결과 이들은 모두 공산주의를 포기했다. 지금까지 근본경제문제의 해결을 위하여 인류가 발명한 방법 치고 자본주의 시장경제보다 더 나은 방법은 없다는 것이 증명되었다. 시장경제는 지금까지 산업혁명, 생산성혁명과 경영혁명의 3대 혁명을 통하여 인간의 물질적 복지를 크게 향상시켰다.

일본이 칼을 쓰고 있을 때 미국은 자동권총을 발명했다. 미국은 훨씬 앞선 무기로 사무라이들의 무릎을 꿇리고 1853년 일본이라는 나라를 개방했다. 영국 왕이 보낸 선물을 오랑캐의 선물이라고 하여 거절하며 서양을 업신여기던 중국도 지난 세기 서양의 앞선 무기 앞에 무릎을 꿇었다. 중국은 아편전쟁에 지고 영국에게 홍콩을, 손바닥만한 포르투갈에게 마카오를 빼앗겼다. 소련은 소련제 레이더로는 추적이 불가능한 미국의 스텔스비행기라는 최신무기 앞에 무릎을 꿇었다. 그 이후 나라 자체를 해산했다. 이와 같이 무력전쟁에서 낡은 무기는 혁신적인 무기 앞에 무릎을 꿇을 수밖에 없다. 그럼 국가의 경제체제간에도 이런 상황이 발생할 수 있

[표 6. 1] 남북한의 주요 경제통계

	남 한	북 한
인 구(만 명)	4,808	2,271
1인당GNP(달 러)	14,162	914
GNI(억 달러)	6,810	208
수 출(억 달러)	2,538	10.2
수 입(억 달러)	2,245	18.4
쌀 생 산 량(만 톤)	445	172
발 전 량(억 kwh)	3,224	196
자동차생산(천 대)	3,118	5
평 균 수 명(%)	남 71, 여 78	남 61, 여 65

자료: 통계청, 「남북한 경제사회상 비교」, 2005. 12, 기준은 2004년.
한국은행, 북한경제성장률 측정결과, 2005

는가? 물론이다. 동아시아의 경제체제는 지난 세기까지만 해도 '전통경제체제'였다. 동·서양의 경제전쟁에서 동아시아의 이런 낡은 체제는 서양의 혁신적 체제인 '자본주의 시장경제체제' 앞에 무릎을 꿇은 것이다.

서양은 자본주의라는 혁신적인 체제를 개발하여 경제력을 동양에 비교할 수 없을 정도로 키웠다. 특히 영국은 제일 먼저 '주식회사'라는 기업조직을 발명하여 국력을 획기적으로 키운 결과 오랫동안 전세계를 제패할 수 있었다. 한국에서는 지난 세기까지 기업이라고 하는 개념조차 거의 없었다. 조직이라고는 정부조직, 전통 유교의식이나 사찰, 서원 등과 관련된 것밖에 없었다. 그러나 1960년대 초부터 주식회사라는 기업조직과 자본주의라는 체제를 도입하게 되자, 상당기간 세계에서 제일 빠른 성장을 할 수 있었다.

남한과 북한은 인종, 역사, 전통, 지정학적 위치 등의 면에서 같다. 그럼에도 불구하고 [표 6. 1]에서와 같이 국민의 생산수준이나 국가의 경제력 면에서 그렇게 큰 차이가 난다. 그 이유는 무엇인가? 남북한의 경제문제 해결방식이 다르기 때문이다. 그럼 어떻게 다른가? 지금부터 이런 문제를 보기로 하자.

나 공산주의 경제게임의 기본 룰

"공산국가 사람들의 딜레마는 잘못된 정부의 지시를 따르지 않으면 국법(國法)을 어기는 것이고, 따르면 경제법칙(經濟法則)을 어기는 것이다."

— 송병락

그럼 자본주의는 구체적으로 근본문제를 어떻게 해결하는가? 가장 머리가 좋다고 하는 사람들도 가장 이해하기 어렵고, 가장 잘 혼동하는 것이 바로 이 점이다. 이를 잘 알기 위하여는 자본주의의 정반대가 되는 공산주의를 채택한 동구권 국가들이 왜 경제문제를 잘 해결하지 못하고 쇠락하였는가를 알 필요가 있다.

우리가 공산주의 경제게임의 기본 룰(rule)을 살펴보는 것은 자본주의 그 자체를 더 잘 이해하기 위해서이다. 자본주의를 반대로 하는 것이 공산주의이기 때문이다. 옛날 어느 공산국가에서는 채소가 도시에서는 극심하게 부족하고, 농촌에서는 너무 많아서 썩어 가고 있었다. 소련에서도 붕괴 직전 농촌에서는 밀이 대풍작이었으나 도시에서는 빵의 부족이 극심했다. 어떻게 이런 황당한 일이 일어날 수 있었을까? 우리 나라에서 만약 이런 사태가 발생하면 어떤 일이 벌어지겠는가? 곧바로 상인들이 트럭을 몰고 농촌에 가서 채소를 사다가 도시에서 팔게 될 것이다. 그럼 왜 공산국가에서는 그렇게 할 수 없을까? 그리고 공산국가에는 각종 물자의 부족이 극심하고, 생산되는 물자도 조잡하기 이루 말할 수 없다. 그 이유는 무엇인가? 공산주의라는 경제게임의 기본 룰(rule) 때문이다. 그럼 그 룰은 무엇인가?

첫째 룰: 어느 누구도 개인의 재산을 가질 수 없다. 공산주의는 왜 사유재산을 부정하는가? 첫째, 사유재산이란 자본가가 노동자에게서 빼앗은 것이므로 사회정의에 어긋나기 때문이다. 둘째, 사유재산권은 개인간의 격차를 인정하는 것이므로 만인의 평등을 지향하는 공산주의의 이념에 어긋나기 때문이다.

사유재산이 인정되지 않는 공산국가에서는 사람들이 채소장사를 하려고 해도 트럭이 없어서 하지 못한다. 트럭은 모두 국가 소유의 것이기 때문이다. 채소나 채소밭도 모두 국가의 것이므로 이를 사거나 팔지 못한다. 능력이 있는 사람들이 각종 물자를 만들어 보려고 해도 생산장비나 도구를 개인이 소유할 수 없다. 사유재산이 없으니 이런 장비를 사려고 해도 돈이 없다. 설령 채소장사를 잘하여 돈을 번다고 하더라도 그것을 개인이 함부로 소유할 수 없다. 공산국가 사람들은 아무리 지위가 높은 사람이라고 하더라도 그야말로 집도 절도 없는 알거지(?)나 다름없다. 공산주의처럼 사유재산을 부정할 것이 아니라, 개인이 재산을 얼마든지 소유하고 처분하고 더 늘릴 수 있게 하자는 것이 자본주의이다. 그러므로 자본주의와 공산주의의 첫번째 차이는 사유재산권(property rights)의 제도적인 보장 여부이다(사유재산의 금지).

둘째 룰: 국민은 국가의 통제나 지시에 따라서 살아가야 한다. 공산국가에서는 설령 누가 트럭을 불법으로 사용하여 농촌 채소를 도시에 싣고 오더라도 시장이 없기 때문에 이를 팔 수가 없다. 시장이 없는데 누구에게 어디에서 어떻게 판다는 것인가? 제품을 개발할 수 있는 장비를 사려고 해도 살 시장이 없다. 신제품을 개발해도 이를 팔 수 있는 시장이 없다.

공산국가는 정부가 배추의 생산자와 소비자를 지시하고, 지시대로 이행하는가를 통제한다. 통제를 당하는 국민들은 암암리에 저항을 하는 경우도 적지 않다. 중앙에 있는 통제자들은 지방의 실정도 모른채 그야말로 탁상공론식 지시를 하는 경우가 많다. 잘못된 지시를 따르면 일을 그르치게 된다. 그러나 명령을 거역할 수도 없다. 잘못된 지시를 따름으로써 일을 계속 그르쳐 놓기도 한다. 그런데 지방사람들이 일을 적게 하려면 중앙에 허위보고를 하는 수밖에, 곧 속이는 수밖에 없다. 거짓말을 정말처럼 잘하는 사람들이 잘 생존하게 되어 있다. 중앙통제식 공산경제는 통제기구에 의존하고, 시장기구를 부정함으로써 비능률을 계속 쌓아 가는 체제이다(통제기구의 의존과 시장기구의 부정).

셋째 룰: 어느 누구도 마음대로 기업을 하면 안 되고 직업을 선택해도 안 된다. 공산국가는 자유기업을 인정하지 않는다. 경제활동이나 직업 선택의 자유가 없다. 정부의 통제기구가 모든 사람에게 직업을 정해 준다. 정해 준 일만 해야지 시키지도 않는 배추장사를 하다가는 처벌을 받는다. 트럭 운전자도 국가가 정하므로 아무나 운전할 수도 없다. TV나 컴퓨터를 비롯한 각종 공산품은 개인이 생산할 수 없다. 기업이라는 조직이 필요한데 공산주의는 기업을 인정하지 않으니 이런 것을 민간인들이 생산하려고 해도 생산이 불가능하다(기업과 선택의 자유의 부정).

넷째 룰: 어느 누구도 스스로의 이익을 위하여 행동할 수 없다. 사익(私益)추구를 인정하지 않으므로 개인은 항상 국익을 위해서 일해야지 사익을 위해서 채소장사를 할 수 없다. 설령 장사하여 돈을 벌더라도 개인이 차지할 수도 없다. 따라서 채소장사를 할 의욕도 없다(사익추구의 금지).

다섯째 룰: 서로 경쟁을 하면 안 된다. 공산국가는 배급국가이므로 경쟁이 없다. 시장경제에서는 먼저 트럭을 몰고 농촌에 가서 채소를 사서 도시에 파는 사람이 돈을 번다. 그러므로 서로 빨리 그렇게 하려고 경쟁적으로 노력한다. 그러나 공산국가에서는 모든 것이 지시와 통제에 따라서 이루어지니 수급불균형이 빨리 해결되지 않는다. 생산자들은 좋든 나쁘든 물건을 높은 사람의 지시대로 만들기만 하면 된다. 자본주의국가에서처럼 많은 생산자들이 서로 조금이라도 더 잘 만들기 위하여 경쟁하는 일이 없다(경쟁의 금지).

여섯째 룰: 국가가 모든 것을 알아서 다한다. 공산국가는 정부가 모든 것을 틀어쥐고 하는 나라이다. 개인이 국가의 잘못으로 채소 수급이 잘못된 것을 이용하여 돈을 벌려고 하다가는 어떠한 처벌을 받을지 모른다. 공산국가에서는 채소재배자, 배급자, 식당 종업원, 거리 청소원, 트럭 운전사, 감시요원 모두가 국가 공무원이듯이 정부와 공무원만이 있는 국가이다(국가통제경제).

이 여섯 가지, 즉 사유재산의 금지, 통제기구 의존, 기업과 선택의 자유의 부정, 사익추구의 금지, 경쟁의 금지 및 국가통제가 공산주의라는 경제게임의 기본 룰이다. 공산국가는 이를 철저히 지키면서 근본 경제문제를 해결하려고 했으나 실패했다. 공산국가에서는 각종 공산품이 조잡할 뿐만 아니라 생산량도 극심하게 부족하게 된다. 수출 가능한 공산품은 무기 이외에는 없다. 공산주의는 근본경제문제를 해결 못한다는 사실을 26개나 되는 소련 및 동구권 국가들이 보여준 바 있다.

그럼 공산주의는 왜 이런 황당한 원칙을 지키다가 그 지경이 되었는가? 무엇보다 잘못된 인간관과 재산관 때문이다. 그럼 무엇이 잘못되었다는 것인가?

첫째, 공산주의는 인간을 사악한 존재로 본다. 인간은 그냥 나쁜 것이 아니라 철저한 악질이라는 것이 공산주의의 기본 인간관이다. 그러므로 공산국가에는 국민을 감시하는 요원이 수없이 많다. 국민은 항상 감시를 받아 가면서 살아야 한다. 동독이 무너졌을 때 서독인들이 놀란 것은 동독에 국민을 감시하는 정보요원들이 상상을 초월할 정도로 많았다는 사실이다. 공산주의는 인간들은 항상 남에게서 빼앗거나 국가의 명령을 회피하려 하므로 항상 철저하게 감시해야 한다고 믿는다. 그리고 적발 당하는 인간은 가차없이 처벌한다. 이와 같이 공산주의는 철저한 성악설이라는 잘못된 인간관을 토대로 하고 있으니 인간에게는 맞지 않는다.

둘째, 공산주의는 재산관이 잘못 되어 있다. 인간의 재산은 모두 다른 사람에게서 빼앗은 것이라고 생각한다. 그러므로 사유재산을 인정하는 것은 재산 빼앗기를 인정하는 것이다. 인간은 재산을 소유하지 못하게 해야 남에게서 빼앗지 못하게 된다는 것이다. 공산주의가 사유재산을 부정하는 이유는 바로 여기에 있다. 공산주의의 인간관에 더 관심이 있는 분들은 저자의 『자본주의의 웃음, 자본주의의 눈물』(김영사 출판)을 참고하기 바란다.

다 자본주의 경제게임의 기본 룰(rule)

인간은 누구나 올바른 일을 열심히 하고 받은 돈을 모아서 재산을 늘릴 수 있다. 그리고 자식 부모간에 재산을 순수한 사랑의 동기로 주고받을 수도 있다. 그러나 공산주의는 이런 재산은 있을 수 없다고 믿는다. 이런 잘못된 인간관과 재산권 때문에 공산국가에서는 아무리 평생토록 열심히 일한 사람도 원칙적으로 사유재산을 가질 수 없다. 직업선택이나 기업할 자유도 없다. 또한, 항상 철저한 감시 속에서 살아가야 한다. 그리고 싫든 좋든 정부가 배급해 주는 물자로 살고 시키는 일만 하고 살아야 하는 것이다. 그럼 공산주의와 정반대로 하면 될 것이 아닌가? 그렇다. 바로 그렇게 하려고 하는 것이 자본주의이다. 그럼 자본주의라는 경제게임의 기본 룰은 무엇인가?

1) 사유재산권의 보장. 앞의 예에서 트럭이나 채소밭을 모두 개인이 소유할 수 있도록 하면 트럭을 가진 사람이 바로 농촌에 달려가서 채소를 사서 도시에 팔 수 있다. 채소밭 주인도 국가 허락을 받을 필요 없이 채소를 바로 판매할 수 있다. 신제품을 개발하려고 하는 사람은 사유재산을 사용하여 필요한 장비를 사서 소유하고 신제품 개발에 마음대로 사용할 수 있다. 뿐만 아니라 자본주의는 알뜰히 모은 다른 사람의 재산을 어느 누구도 권력이나 폭력이나 사기로 빼앗지 못하게 한다.

사유재산권은 또한 인간의 본성에 맞는다. 사유재산을 조금이라도 더 늘리려고 하는 본성이 인간을 더 활력 있게 만든다. 사유재산권은 구체적으로 무엇을 의미하는가? 다음 세 가지의 권리를 의미한다.

- 소유권: 나의 재산을 사기, 폭력 및 권력 등으로 빼앗으려고 하는 사람으로부터 법적인 보호를 받을 수 있는 권리.
- 사용권: 나의 재산(재화, 서비스 및 자원)을 배타적으로 소유할 수 있는 권리, 그리고 마음대로 사용할 수 있는 권리. 그러나 재산 사용에 있어서 남의 재산권을 침해해서는 물론 안 된다.
- 양도권: 나의 재산을 나의 재량에 의하여 남에게 양도할 수 있는 권리.

그럼 사유재산권을 보호하는 이유는 무엇인가? 다음 몇 가지를 들 수 있다.

① 인간의 본성과 부합. 동물도 강한 소유본능을 갖고 있다. 소유를 침해당할 때는 심지어 목숨을 걸고 싸우기까지 한다. 사유재산권을 포함하여 어떤 것이라도 인간의 본성에 맞지 않는 것은 하면 안 된다.
② 최적관리. 어떤 재산이든 가장 잘 알고 잘 사용할 수 있는 사람은 바로 소유자 자신이다. 귀중한 재산일수록 소유자가 관리하도록 하는 것이 재산관리의 제일 좋은 방법이다. 따라서 재산은 가급적 국가보다 개인이 소유하도록 해야 한다.
③ 최적사용. 재산을 소유자 자신뿐만 아니라 남을 위해서도 가장 잘 활용할 수 있도록 만드는 길은 사유화이다. 시장경제에서는 남에게 도움을 많이 주는 사람일수록 자신에 대한 혜택도 그만큼 크게 하는 사람이다.
④ 가치향상. 재산의 장래 가치를 가장 잘 높이는 길은 사유화이다. 재산의 장래가치를 가장 많이 올리려고 하는 사람은 바로 소유자 자신이기 때문이다.

그런데 지식사회에서 중요성이 계속 증가하는 재산권은 지적재산권(intellectual property rights)이다. 이는 물적재산권에 비하여 정의하기도 어렵고, 정부가 보호하는 것도 어렵다.

2) 시장에 의한 생산과 분배. 자본주의는 시장을 통하여 사람들이 자유롭게 경제문제를 해결토록 한다. 앞의 예에서 채소를 트럭에 싣고 온 사람은 바로 시장에서 팔 수 있고, 소비자들도 채소를 시장에서 바로 살 수 있다. 신제품 개발을 원하는 사람은 필요한 장비를 시장에서 살 수 있고, 개발한 신제품을 시장에서 판매할 수도 있다. 채소의 생산자나 소비자 모두 언제든지 시장거래를 할 수 있으므로 수급이 자동 조절된다. 국가가 나서서 채소의 생산자, 생산량, 소비자, 판매자를 일일이 지정하고 지정한대로 되어 가는가를 감시할 필요가 없다.

시장은 어떤 상품이든 그 가치를 결정한다. 가치를 결정함에 있어서도 거래 당사자들, 즉 이해관계가 있는 사람들이 자신의 각종 사정(소득, 취미, 기술, 생산비 등)을 모두 감안하여 결정되도록 한다(시장시스템 활용).

시장은 또한 어떤 상품이든 가장 잘하는 기업으로 하여금 생산하도록 만든다. 시장은 잘못하는 기업은 잘하는 기업에게 잡아먹히게 만든다. 그러므로 각종 기업들로 하여금 살아 남기 위하여 사력을 다 하도록 만든다. 이러한 점에서 자유시장은 기업의 정글과 같은 역할을 한다.

3) 기업의 자유와 선택의 자유. 현재 우리가 사용하는 신발, 볼펜, TV, 핸드폰, 자동차 등은 모두 개인에 의한 생산이 불가능하다. 기업에 의하여 생산되어야 한다. 또한 인간은 자신이 좋아하고 적성에 맞는 일을 할 때 가장 잘 하므로 자본주의는 기업의 자유와 직업의 자유를 인정한다. 누구나 트럭 운전자, 채소 생산자, 채소 소비자 등이 될 수 있다.

4) 사익추구의 인정. 개인은 스스로의 이해관계가 걸렸을 때 가장 빨리 그리고 열심히 활동한다. 배추장사나 신제품을 개발하여 번 돈을 갖게 해야 열심히 하게 된다.

5) 경쟁의 중시. 자본주의는 배추장사이든, 배추농사이든, 신제품개발이든, 각종 제품판매이든 경쟁적으로 할 때 더 잘하게 되고, 또한 어떤 것이든 가장 잘하는 사람이 하도록 한다. 또한 개인이 사익 중심으로 행동하더라도 자동적으로 공익을 증진토록 하는 길은 경쟁을 통해서이다.

6) 작은 정부와 법치주의. 자본주의는 정부가 아니라 가급적 국민이 나서서 근본경제문제를 해결토록 한다. 국가는 채소, 자동차, TV 등 민간기업이 생산할 수 있는 것에서는 손을 떼야 된다는 것이다. 그리고 국민(民)이 주(主)인인 경제, 곧 민주(民主)경제가 되어야 한다는 것이다.

그런데 자본주의 시장경제는 모든 문제를 시장을 통하여 해결할 수 없다. 문제에 따라서는 정부가 해결해야 하는 것도 있다. 그리고 국가의 모든 재산을 개인이 모두 소유하게 할 수도 없다. 정부도 필요에 따라 소유해야 한다. 그러므로 재산의 소유나 경제문제의 해결에 있어서 자유시장과 정부의 통제기능을 혼합하게 되는데, 그렇게 된 경제를 혼합경제(mixed economy)라고 한다. 한국경제는 혼합경제이다. 미국경제나 일본경제도 마찬가지이다. 그러나 시장기능과 정부기능의 혼합의 정도에 있어서는 차이가 있다.

그런데 이런 여섯 가지 자본주의 경제게임의 기본 룰은 다음 두 가지로 요약할 수 있다.

하나는 사유재산권의 보장이고, 다른 하나는 시장시스템 또는 제도를 통한 경제문제의 해결이다. 위의 둘째부터 여섯째까지는 모두 사실 시장제도와 관련된 것들이다. 이는 이미 우리가 제 1 장에서 간략히 살펴본 바와 같다. 그리고 제10장에서 신성장모델과 관련하여, 그리고 제11장에서 미·일의 기업을 비교하면서 다시 논의하기로 한다.

이제 우리는 다음 두 가지 사실도 잘 알게 되었다.

자본주의 = 자유경제
공산주의 = 통제경제

그런데, 자유시장과 정부의 통제기능을 어떻게 혼합하느냐에 따라서 경제체제를 구분할 수도 있다. 자유시장기능을 가장 중시하는 체제가 미국식 자본주의이고, 정부통제기능을 가장 중시하는 체제가 옛날 소련식 공산주의였다. 그 사이에는 독일식 사회시장경제(social market economy), 스웨덴식 복지자본주의(welfare capitalism), 중국식 사회주의적 시장경제(socialist market economy) 등 다양한 형태의 체제가 있다. 그러나 여기에서는 우리와 직접 관계가 있는 미국, 일본 및 한국의 자본주의를 논의하기로 한다.

라) 미국, 일본 및 한국의 자본주의 시장경제체제는 어떻게 다른가?

우리는 자본주의의 주된 특징은 '사유재산권의 보장'과 '시장제도를 통한 경제문제의 해결'로 요약될 수 있다는 사실을 알았다. 여기서는 이를 중심으로 미국, 일본 및 한국의 차이를 살펴보기로 한다.

사유재산권(property rights)의 보장. 미국 정부는 기업가에게 기업을 위한 사재(私財)출연을 강요하지 않는다. 기업가가 사재를 출연하여 회사를 살리든지, 출연 않고 망치든지 상관하지 않는다. 그리고 정당한 방법으로 개인이 아무리 많은 돈을 벌고 써도 관여하지 않는다. 미국에서는 부자들이 돈 자랑을 얼마든지 할 수 있다. 미국은 사유재산권을 철저히 보호하는 나라이다. 미국은 국민의 재산을 아주 잘 불려 나갈 줄 아는 나라이다. 기업이나 개인의 재산을 '주식시장 중심'으로 많이 늘려 나가는 나라이다.

미국인은 개인주의 신봉자이므로 재산도 가급적 '개인이 소유'해야 된다고 믿는다. 회사가 돈을 벌면 당장 개인이 대부분인 주주들에게 이익으로 배당해야 된다고 생각한다. 그리고 개인간의 소유의 격차가 아무리 크더라도 능력의 차이에 기인한 것일 때는 인정해야 된다고 믿는다. 그러므로 미국에서는 잘사는 사람과 못사는 사람의 격차가 크게 된다. 사실, 미국의 소득이나 재산분배는 심하게 불균등 분배되어 있다. 소득분배는 제24장에서 논의된다.

일본은 재산을 회사들이 주로 소유하고, 회사 중심으로 키워 가는 나라이다. 그러므로 회사는 부자이나 개인은 가난한 경우가 많다. 일본인들은 회사가 돈을 벌면 주주에게 배당하기보다, 종업원들의 생활공동체인 회사를 키우는 데 사용해야 된다고 생각한다. 그리고 같은 기업그룹 소속 회사들은 서로의 주식을 상호 보유하고 있다. 일본기업들은 개인주주에 대한 배당을 중시하지 않는다. 시장 점유율 확대와 성장을 목표로 한다. 그러므로 국민들은 주식투자보다 주택, 퇴직금, 연금 형태로 재산을 늘린다. 일본인들은 강한 공동체주의 때문에 회사원들간의 소득의 격차가 크면 안 된다고 생각한다. 그러므로 일본의 소득분배는 균등도가 높다. 위와 같은 점에서 일본의 증권시장은 미국 증권시장과 그 성격에서 많은 차이가 난다.

한국의 경우 땅은 개인이 많이 소유하고 있고, 주식은 회사소유가 많다. 같은 그룹소속 회원사들간 주식의 상호 보유도 많은 편이다. 정부는 얼마 전부터 미국처럼 주식의 개인소유를 늘리려고 하고 있다. 그러나 증권시장이 침체하여 개인, 기업 모두가 어려움을 겪은 바 있다. 많은 한국인들은 주택과 부동산 중심으로 재산을 늘려왔다. 국가 차원에서 국민의 재산소유를 늘리는 것은 정책적으로 소홀히 해 왔다. 많은 한국인들은 국가차원에서 재산을 어떻게 늘려야 할지 잘 모르는 것 같다. 시장경제의 중요한 목표의 하나는 국민의 재산소유의 확대인데, 많은 사람들은 이 점을 잘 모르는 것 같다. 정부정책 담당자들도 이 점을 너무나 소홀히 하고 있는 것이다. 이상을 요약하면 다음과 같다.

① 자유경제체제는 국가의 재산을 국가가 아니라 가급적 민간(개인과 기업)이 소유하도록 한다. 미국은 재산을 가급적 개인이 소유해야 된다고 생각하나 일본인은 회사중심으로 소유하고 키워야 된다고 생각한다.

② 국가는 개인의 재산권을 법으로 보장한다. 누구도 다른 사람의 재산을 권력, 폭력, 사기 등으로 빼앗지 못하게 한다. 정부도 과다한 세금으로 개인의 재산을 빼앗지 못하게 한다.

③ 국민들이 재산을 가급적 많이, 그리고 잘 늘릴 수 있도록 한다. 미국인은 재산을 증권시장을 통하여 늘리나 일본인과 한국인은 주택과 부동산을 통하여 늘려왔다.

시장. 미국의 시장은 ㉠ 재화, ㉡ 서비스(변호사나 장의사 서비스 포함), ㉢ 회사, ㉣ 총기 등 거래대상이 되는 것은 모두 거래하게 한다. 미국시장은 전세계 기업들이 와서 경쟁하므로 세계에서 경쟁이 가장 치열하다. 일본시장은 회사를 사고 파는 일은 원칙적으로 잘 하지 않는다. 미국시장에서는 미국을 대표하는 기업, 곧 '성조기 기업'도 외국기업에 팔려 나가는 일이 많다. 그러나 일본에서는 일본을 대표하는 기업, 곧 '히노마루기업'은 거의 팔려 나간 적이 없다. 가급적 팔려고 하지도 않는다. 미국인들은 돈벌이가 되면 기업도 사고 판다.

일본시장에서는 가전제품이나 자동차 등의 경우에는 수많은 업체들이 국내에서 목숨을 건 경쟁을 한다. 제품에 따라서는 일본 국내경쟁이 세계에서 가장 치열하다고 한다. 그러므로 일본기업들은 외국에 가서는 쉬어가면서 경쟁한다는 것이다. 일본시장에서는 총기나, 변호사 서비스 등 서비스의 거래도 적은 편이다.

> "일본 사람이나 한국 사람들도 앞으로 미국식으로 이혼하고, 이혼하는데 미국 변호사를 쓰라."
>
> — 미국변호사들

한국시장도 회사거래와 총기거래 등은 잘 하지 않는다. 변호사 서비스 등 서비스 거래도 적은 편이다. 그리고 미국시장은 세계에서 정부규제가 가장 적은 나라이다. 그러나 한국과 일본의 시장은 미국에 비하면 정부규제가 많다. 일본이나 한국의 자본주의는 시장도 강하고 정부도 강한 자본주의이다. 정부가 시장을 관리하는 자본주의라고도 한다. 그러나 미국은 자본주의 국가 중 정부간여가 가장 적고 시장의 자유를 최대한으로 보장하는 나라이다.

마 자유시장경제와 민주주의

> "사회의 잘못된 점을 계속 부각시키고 관련 인사들의 처벌을 주장하는 사람들은 사회주의 성향이 강한 사람들이다. 반대로 잘된 점을 부각시키고 관련 인사들에 대한 포상을 주장하는 사람들은 자본주의 성향이 강한 사람들이다."

> "단점의 보완보다 강점의 보완을 위하여 노력하라."
>
> — 피터 드러커

자유시장경제는 국민(民)이 주(主)인이 되는 경제이므로 민주경제이고 민주주의를 전제로 한다. 이런 의미에서 시장경제와 민주주의는 상승작용을 한다. 시장경제에서 어떤 제품이 생산되는가는 어떤 사람들이 돈이라는 표(票)를 얼마나 행사하는가에 따라서 결정된다. 민주주의 국가의 선거에서 어떤 후보가 당선되는가는 투표의 수에 따라서 결정된다. 그런데 민주주의에서는 모든 사람이 한 표를 행사하므로 완전평등하다. 그러나 시장경제에서는 사람들의 경제력에 차이가 있으므로 돈표의 차이가 아주 심하다. 시장경제는 개인의 능력의 차이에 따라 발생할 수 있는 돈표의 차이를 얼마든지 인정한다. 그러므로 시장경제와 민주주의간에는 상충되는 면이 있다.

민주주의는 다수결의 원칙을 전제로 하므로 잘못하면 국가정책이 소수인 부자의 재산을 다수인 가난한 사람들이 나누어 갖는 방향으로 이루어지기 쉽다. 국가의 지도자들이 앞장서서 그렇게 할 수 있다. 그런 지도자는 인기영합형 지도자, 곧 포퓰리스트(populist)가 된다. 뿐만 아니라 세계 수준의 경제전문가가 겨우 해결할 수 있는 복잡한 경제문제를 기본 경제지식도 없는 일반 시민들이 다수결로 해결하려고 하는 경우가 많다. 이런 사태는 실제로 많은 남미국가들에서 발생한 것들이다. 시장경제와 민주주의가 상승작용을 하기 위해서는 국가의 지도자, 경제정책 담당자 및 일반시민의 경제 IQ와 의식수준이 높아야 한다. 지금부터 자본주의의 정신면을 보기로 하자.

바 부자의 정신, 부자 나라의 정신

"근대화 과정에서 내가 얻은 제일의 교훈은 어떤 일이든 간에 그 일의 성패는 기술에 달린 것도 아니요, 물질에 달린 것도 아니며, 오직 우리 모두의 마음가짐으로 결정된다는 것이다."

— 정주영 현대그룹 창설자

시장경제란 더 많은 사람들로 하여금 더 많은 재산을 모아서, 더 잘 살도록 만들기 위한 것이다. 더 잘 살게 되더라도 올바른 일을 열심히 하여 돈을 벌고, 일단 번 것은 검소한 생활을 통하여 가급적 많이 저축하여 잘 살도록 하자는 것이다. 그리고 국민들로 하여금 국가의 간섭 없이 자유롭게 경제생활을 하도록 하고, 어떤 재화나 서비스이든 가장 잘 생산하는 사람이 생산하도록 하기 위한 경제체제이다.

그러나 이렇게 좋은 철학에도 불구하고 자본주의 시장경제로 부자 나라가 된 경우는 소수이다. 그 이유는 무엇인가? 국민들의 마음이 옳지 못하기 때문이다. 그럼 국민들의 정신은 어떠해야 하는가? 자본주의 시장경제는 경제체제인데, 체제가 아무리 좋아도 이를 운영하는 사람들의 정신상태가 옳지 않고서는 제대로 될 수가 없다. 막스 웨버는 『청교도 윤리와 자본주의 정신』이란 책에서 청교도 윤리(protestant ethics) 같은 것이 있어야 자본주의라는 경제체제가 제대로 구실을 한다고 했다. 그는 병으로 사경을 헤매는 상태에서 이 책을 썼는데, 자신이 이렇게 독하게 일을 할 수 있는 것도 어릴 적부터 칼뱅주의(Calvinism＝세속적 재산을 신성시하는 주의)식 교육을 받았기 때문이라고 했다.

지식기반사회는 네트워크사회이다. 수많은 사람들이 수많은 사람에게 영향을 주고받게 되어 있는 사회이다. 개인의 능력뿐만 아니라 정신도 중요한 사회이다. 어떤 사람이라도 작정만 하면 다른 사람에게 피해를 줄 수 있는 사회이다. 과연 그런가?

도덕적 해이(moral hazard). 예를 들어, 자동차 도난보험에 든 사람은 보험금이 충분할 때는 은근히 차가 도난 당하기를 바라고 차 도난에 신경을 별로 쓰지 않을 수도 있다. 실업수당이 많게 되면 은근히 실직 당하기를 바라는 사람도 있을 수 있다. 열심히 일하기로 하고 연봉 계약을 한 사람이 열심히 일하지 않을 수도 있다.

이와 같이 계약의 어느 당사자이든 상대방에게 손해가 되는 방향으로 자신의 행위를 변경하는 경우에는 도덕적 해이의 문제가 발생한다. 그런데 도덕적 해이만 막으면 되는가? 그렇지 않다. 도덕적 해이 문제는 잘못된 것을 바로 잡는 것이다. 잘못을 바로 잡은 뒤에 바른 방향으로 가도록 하는 적극적인 정신이 필요하다. 그것이 바로 다음과 같은 자본주의 정신이며 부자 나라의 정신이다.

① 근면과 절제. 우리 나라에서 기업그룹을 크게 일으킨 구자경, 이병철, 정주영, 최종현 회장 등의 가장 중요한 특징 중의 하나는 근면이라고 한다. 새벽에 일찍 일어나서 밤늦게까지 열심히 일한다는 것이다. 중남미에 진출한 어느 한국인 기업가의 말이다. 자기 회사 노동자들에게 월급을 주면 그날 저녁 밤새껏 술을 먹고 그 다음날은 4분의 1 또는 5분의 1이나 결근한다는 것이다. 잘사는 사람의 첫째 특징은 근면이다.

유태인들이 중시하는 탈무드는 "지혜의 징표는 절제"라고 한다. 경제에 좋은 약은 절약이고 몸에 좋은 것은 절제라는 말도 있다. 지금은 생활수준이 높아서 많은 사람들이 수돗물이나 전기 정도는 흥청망청 쓸 수가 있다. 이런 것을 누가 시키거나 지켜봐서가 아니라 스스로 절약해야 된다는 것이다. 절제와 절약은 환경오염과 파괴를 근본적으로 줄어들게 한다.

성서는 "일하기 싫은 자는 먹지도 말라"고 한다. 베블렌(Thorstein Veblen)은 그의 명저 『유한계급론』(*Theory of the Leisure Class*)에서 수많은 사람들이 생산활동보다는 자신의 명예나 과시욕을 채우기 위하여 쓸데없는 짓을 많이 한다고 하였다. 지성인은 문제해결보다 자기 지식을 과시하기 위하여 글을 쓰고, 많은 여성들은 옷을 좋아해서가 아니라 과시용으로 산다는 것이다. 이는 모두 자제의 필요성을 나타내는 말이다.

미국의 부모들은 자녀들에게 일찌감치 자본주의 정신을 기르도록 한다. 어려서 신문을 돌리거나, 옆집 잔디를 깎거나, 햄버거 가게에 가서 일하고 돈 버는 것을 가르친다. 노동은 신성하다는 사실을 가르치고, 돈은 노동의 대가로 받는 것이며, 돈 버는 것이 얼마나 어려운가도 가르친다. 그리고 고등학생들은 회사를 만들어서 사업계획을 짜는 등의 과외활동도 한다. 한국의 부모들은 사랑하는 자식들에게 오로지 '공부' 잘하여 일류대학에 진학하는 방법만 가르치는 것은 아닌가?

② 물질적 성공의 중시. 중국의 등소평은 "부(富)는 명예"라고 했다. 미국의 윌리엄 로렌스(William Lawrence)경은 "물질적 번영은 국민성을 보다 즐겁고, 유쾌하고, 덜 이기적이고, 더 신성하게 만든다"고 했다. 러셀 콘웰(Russell Cornwell) 목사는 다음과 같은 말로 유명한 분이다. "여러분, 부자가 되십시오. 부자가 되는 것이 기독교인의 신성한 의무입니다. 가난은 범죄의 어머니입니다. 가난하면서 정직하기는 힘듭니다." 부자는 미래를 설계할 수 있으나 가난한 사람은 오늘 일에 바쁘다. 일본은 1999년 7월에 발표한 경제신생 방침에서 '부국유덕(富國有德)'이라는 국가 목표를 밝혔다. 그런데 물질적 성공은 반드시 남에게 도움이 되는 일을 많이 하여 성공하자는 것이다.

③ 끊임없는 자기 향상. 이는 자신의 능력(=생산성=경쟁력)향상을 위하여 사력을 다하라는 것이다. 수많은 학생들이 심지어 코피를 흘려가

면서 밤새워 공부하는 것은 자신의 능력향상을 위해서이다. 어느 분야에서건 세계 제일인자가 된 사람은 어디가 달라도 다르다. 그 '어디'란 것은 정신이나 도덕을 말한다. 끊임없는 자기 향상은 정신적 향상을 필요로 한다.

④ 박애주의. 불경은 부드러운 표정, 상냥한 말씨 등 돈 없이도 남에게 베풀 수 있는 것이 일곱 가지나 있다고 했다. 이를 무재칠시(無財七施)라고 한다. 십계명의 핵심은 하나님에 대한 사랑과 이웃에 대한 사랑의 두 가지이다. 유태인들의 경전인 『탈무드』는 돈을 번 사람은 반드시 번 돈의 일부를 가난한 사람을 위하여 쓸 것을 강조한다. 미국인의 기부문화는 스탠포드, 하버드, MIT 같은 사립대학을 세계최고 수준의 명문대학으로 만들었다.

이들 대학들은 다시 미국기업을 세계최고의 기업으로 만드는 데 필요한 연구를 한다. 미국에서는 세계일류 기업들과 일류 대학들이 상승작용을 한다. 이 점에서 미국을 당할 나라는 없다. 돈을 벌 때 남에게 박탈감을 주고, 쓸 때 위화감을 조성하는 사람들도 있다. 자본주의 시장경제는 경쟁사회이므로 잘못하면 피도 눈물도 없는 냉혹한 사회가 될 수 있다. 박애사상이 있어야 인간다운 사회가 될 수 있다.

청교도들은 남에게 도움이 되는 직업에는 어느 것이나 귀천이 없다고 믿었다. 누구나 어느 직업이든 신의 부름을 받고 한다는 소명의식(召命意識)과, 하나님이 정해 준 직업이라는 생각, 즉 천직사상(天職思想)을 가지고 종사해야 된다고 믿었다. 미국에서는 이런 사상 때문에 다종다양한 직업이 생길 수가 있었다. 이런 사상이 부족한 나라에서는 과거시험 합격자, 삼바춤 선수, 투우사, 선비, 축구선수, 공산당원 등만이 인기 있는 직업이 될 우려가 있다.

⑤ 회개하고 거듭나는 사람이 되라는 것이다. 지금은 지식기반사회이고, 개인이나 기업의 경쟁력은 혁신(innovation)에 달렸다. 혁신이야말로 새롭게 태어나는 사람에게 돌아가는 상금이다. 자신을 새로 태어나게 하지 않는 사람 치고 크게 성공한 사람이 없다. 우리 조상들은 오일삼성오신(吾日三省吾身)이라고 하여 하루 세 번이나 자신을 반성해야 됨을 강조했다.

그런데 위의 다섯 가지 모두는 '넓은 의미의 자본주의 정신' 이고, 첫째, 즉 근면과 자제는 '좁은 의미의 자본주의 정신' 이다.

> "청소년 범죄 등 사회적 병폐가 증가하는 것은 인간의 몸과 관련되는 의술이나 과학은 많이 발전한데 반하여, 마음(心), 곧 정신과 관련된 것은 그만큼 발전하지 못했기 때문이다."
>
> — 최종현, 『21세기 일등 국가가 되는 길』

사 경제활동은 돌고 돈다, 순환적 흐름이다

공산경제에서는 국민들이 정부에 취직하고 받은 배급표를 정부가 운영하는 배급소에 가서 주고, 물건을 받아서 소비하게 된다. 그러나 시장경제에서는 대부분의 사람들이 기업에 취직하여 받은 돈으로써 기업이 생산한 생산물을 구매하여 사용하며 생활한다. 기업에 취직한다는 것은 노동이라는 생산요소를 기업에 판매한다는 것이다. 가계는 기업에게 자본과 토지라는 생산요소도 판매한다. 반대로 기업은 가계로부터 생산요소를 구입하여 이를 사용하여 생산물을 생산한 후 가계에 판매한다. 그 수입으로써 구입하는 생산요소 대금을 가계에 지불한다. 생산물의 경우에는 기업이 공급자이고 가계는 수요자이다. 반면 생산요소의 경우에는 가계가 공급자이고, 기업은 수요자이다. 그러므로 기업과 가계는 생산물시장과 생산요소시장을 통해서 상호 의존관계에 있다.

우리가 어떤 상품의 수요와 공급을 이야기할 때에는 소비자와 생산자는 소득이나 생산요소면에서 서로 관계가 없는 것처럼 보인다. 그러나 결코 그렇지 않다. 기업과 가계는 이처럼 서로 뗄래야 뗄 수 없는 관계에 있다. 그 관계는 [그림 6. 1]에 나타난 바와 같다.

[그림 6. 1]을 보면, 기업은 가계로부터 생산요소(노동, 토지, 자본, 기업가적 역량 등)를 구입하여 제품을 만든 후 이를 가계에 판매한다. 가계는 기업에 판매한 생산요소의 대가로 소득을 받아 기업이 생산한 생산물을 구입하는 데 쓴다. 기업은 생산물시장에 생산물을 공급하고, 가계는 생산물시장에서 생산물을 구입해서 소비할 수 있기 때문에 생산요소시장

[그림 6. 1] 시장시스템: 시장경제활동의 순환적 흐름

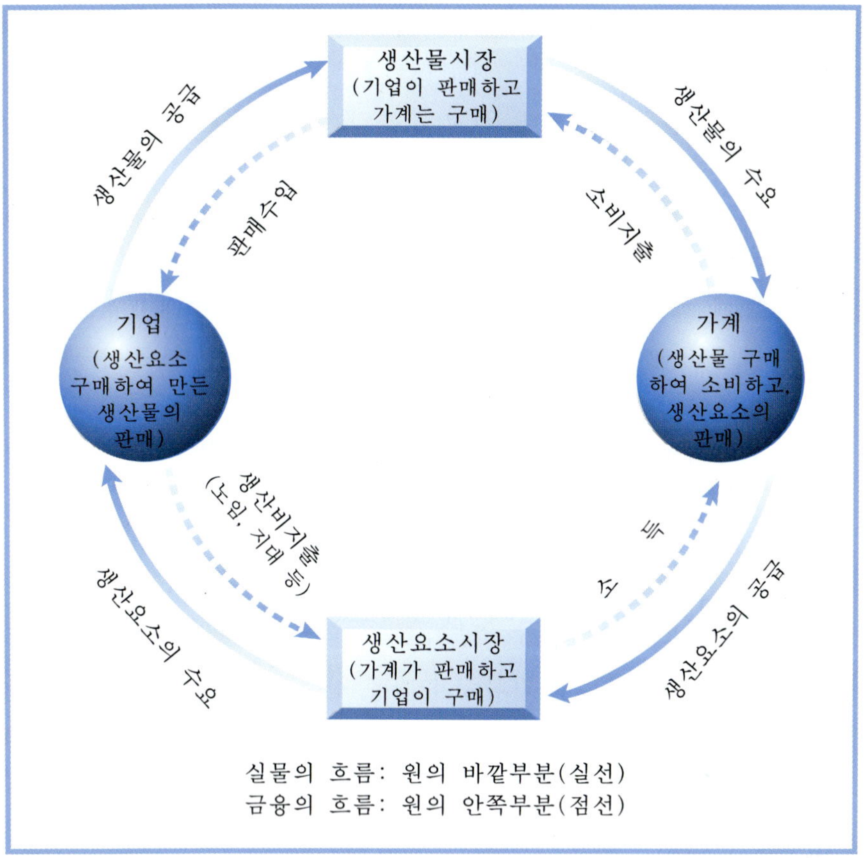

에 생산요소를 공급할 수 있게 된다. 이렇게 공급된 생산요소는 다시 기업이 구입하게 된다. 이와 같이 [그림 6. 1]의 큰 원의 바깥부분은 실물의 흐름을 나타낸다. 돈은 실물과 반대 방향으로 흐르게 된다. [그림 6. 1]을 보면 그야말로 돈은 돌고 돈다는 것을 알 수 있다. 경제는 곧 순환적 흐름이라는 사실을 알 수 있다. 실물의 흐름과 금융의 흐름이 밸런스가 맞아야 된다. 그리고 생산물시장과 생산요소시장도 밸런스가 맞아야 한다. 기업과 가계도 마찬가지이다. 실물이 빨리 성장하면 금융도 이에 맞게 성장해야 한다. 우리는 시장경제에서 경제활동이 다음과 같은 특성이 있음을 알 수 있다.

① 시장경제에서 기업은 어떤 제품의 판매수입이 그 제품생산에 사용된 자원의 비용을 충분히 커버할 수 있을 때만 그 제품을 계속 공급하게 된다.

② 경제활동은 흐름인데, 돌고 도는 흐름, 곧 순환적 흐름이다.

③ 가계와 기업은 상호 의존관계에 있다. 가계가 공급자일 때는 기업은 수요자이고, 반대로 수요자일 때는 기업이 공급자가 된다.

④ 생산물시장과 생산요소시장은 상호 의존관계에 있다.

⑤ 돈과 실물(재화, 서비스 및 생산요소)은 서로 반대방향으로 흐른다. 그리고 밸런스가 잘 맞아야 한다. 돈의 흐름이 줄어들면 실물의 흐름이 줄어든다. 그 반대로 말할 수도 있다. IMF 경제위기 직전 한국경제의 근본문제는 금융이 실물에 맞게 발달되지 못한 것이었다. 금융이 잘 발달되어야 실물이 발달된다.

㉵ 가격 메커니즘과 시장시스템

우리는 시장이라는 메커니즘이 각종 상품의 가격을 결정하게 됨을 알았다. 그리고 경제활동의 순환적 흐름을 통하여 수많은 상품과 서비스의 가격은 수많은 생산요소의 가격과도 서로 긴밀하게 연결되어 있음을 알았다. 이는 어떤 한 상품의 가격변동은 다른 수많은 상품의 가격변동에 영향을 주고받게 됨을 의미한다. 모든 상품과 생산요소의 시장가격은 마치 하나의 거대한 그물처럼 긴밀하게 연결되어 있다. 이를 가격망(price network) 또는 가격시스템이라고 한다. 시장으로 보면 시장시스템이다. 다음 예를 통하여 이를 좀더 살펴보기로 하자.

예를 들어, 제주도의 호텔 요금이 싸게 되면, 신혼부부들은 제주도 여행을 많이 한다. 제주행 비행기를 많이 타고 도착해서는 음식, 택시, 선물 등의 소비를 한다. 이렇게 되면 이와 관련된 일을 하는 사람들의 일자리와 임금이 증가한다. 그 정도가 심하면 육지에 있는 사람들이 제주도에 취직하러 간다. 그러나 반대로 제주도의 호텔값이 아주 비싸게 되면 제주도 대신 동남아 등에 신혼여행을 간다. 이와 같이 제주도의 호텔 요금은 사소한 것 같으나 수많은 제품 및 서비스의 가격과는 물론 임금, 지대 등 수많은 생산요소가격과도 긴밀한 관계가 있다.

그런데 가격시스템이라고 할 때 가격은 상대가격(relative price)을 의미한다. 신혼부부들이 신혼여행을 결정할 때는 제주도의 호텔과 동남아 호텔의 요금을 비교한다. 그 상대가격을 본다. 핸드폰 사용료 월 만 원이라고 할 때의 만원은 화폐가격(money price)이다. 그럼 월 만 원은 싼가 비싼가? 그 자체로서는 판단하기 어렵다. 유선 전화기 요금과 비교하면 분명해진다. 유선 전화기의 한 달 사용료가 5천 원이라고 하면, 유선전화기 서비스 가격으로 표시된, 핸드폰 서비스의 상대가격은 2(=10,000÷5,000)이다. 핸드폰 요금은 유선 전화기 요금의 2배이다. 상대가격은 다른 두 상품이나 서비스의 화폐가격의 비율을 말한다. 서울-부산간의 기차요금 3만 원은 싼가 비싼가? 이는 서울-부산간 고속버스나 비행기 요금과 비교하여 상대가격으로 따져봐야 한다. 지하철요금이 싼가 비싼가는 같은 구간 버스요금이나 택시요금과 비교한 상대가격으로 판단해야 한다. 그리고 각종 요금은 승객이나 버스회사 및 택시회사 종업원의 월급과도 비교하여 따질 수 있다.

어떤 상품의 가격이든 수많은 상품의 가격과 비교하여 상대가격으로 표시된다. 그러므로 상대가격은 헤아릴 수 없이 많다. 모든 상대가격의 조합이 곧 가격시스템이다. 수많은 가격이 서로 연결되어 있다는 사실은 가격을 결정하는 수많은 시장도 서로 연결되어 있다는 사실을 의미한다. 그물처럼 연결된 모든 상품과 서비스의 가격과 시장을 가격시스템(price system)과 시장시스템(market system)이라고 한다. 가격시스템=시장시스템=가격과 시장시스템이다.

그런데 상대가격의 변화는 중요한 신호의 기능을 한다. 버스요금이 오르면 지하철을 타라는 신호이다. 지하철로 버스를 대체하라는 신호이다. 유선전화기 요금이 오르면 이를 핸드폰으로 대체하라는 신호이다. 세상에는 어떤 상품도 다른 것으로 대체하지 못할 것이 거의 없다. 이를 '대체의 원리(principle of substitution)'라고 한다. 이 원리 때문에 음식점이든, 문방구이든, 다방이든 값을 마음대로 올리지 못하는 것이다. 대체의 원리가 판매자들에게 값을 마음대로 올리지 못하게 하는 기능을 한다.

자 보이지 않는 손과 근본경제문제

우리 나라의 가전제품회사들은 서로 치열한 경쟁을 하는 가운데 소비자들이 바라는 제품을 바라는 양만큼, 그리고 더 좋고 더 싸게 만들려고 열심히 노력한다. 또한 자사제품이 고장이라도 나면 한시라도 바삐 수리해 주려고 노력한다. 자동차회사들도 마찬가지이다. 심지어 추석, 설 등 명절에는 고속도로를 주행하는 차들이 고장이라도 날까봐, 주요 고속도로 휴게소에 수리반까지 파견하여 서비스를 해 준다. 무엇이 이들로 하여금 이렇게 노력하게 만드는가? 정부의 지시 때문인가? 아니다. 회사들이 자발적으로 한다. 그럼 누가 회사들을 시켜서 그렇게 하는가? 아담 스미스는 1776년 『국부론』(*The Wealth of Nations*)에서 '보이지 않는 손(*The Invisible Hand*)'이 그렇게 만든다고 했다. 그의 설명을 살펴보자.

> "인간은 누구나 자신의 자본을 생산물의 가치가 가장 크게 될 수 있게끔 사용하려고 노력한다. 일반적으로 공익(公益)을 증진할 의도도 없고, 얼마나 증진하는가도 알지 못한다. 인간은 자신의 안전만을 생각하고 자신의 이득만을 생각한다. 그런데, 보이지 않는 손의 인도를 받아서 그가 의도하지도 않았던 공익을 증진하게 된다. 자신의 이익을 추구하는 것이 사회의 이익을 의도적으로 추구하는 경우보다 더 효율적으로 증진하는 경우가 빈번하다."

전세계에 있는 돼지는 거의 모두 같은 식사를 한다. 그 식사는 바로 미국이 생산한 사료이다. 미국의 사료 생산업자는 사료를 한국 돼지를 위하여 생산하는 것이 아니다. 미국 사료를 태평양을 건너 한국까지 수송하는 선박회사나 한국 항구에 도착한 배에서 양돈장까지 수송하는 운송업자들도 돼지나 양돈업자를 위해서 하는 것이 아니다. 바로 자신들의 이익을 위해서 하는 것이다. 미국 농민, 사료업자, 선박회사, 운송회사들의 사익추구 때문에 미국 사료를 한국 돼지가 먹게 되는 것이다.

아담 스미스의 '보이지 않는 손의 원리'란 개인이 사리(私利, self-interest)에 따라서 경제행위를 하더라도 경쟁을 통해서 하고, 또한 시장가격에 따라서 한다면, 전혀 기대하지도 않았던 공익(公益)도 저절로 증진하게 된다는 것이다. 다시 말하면 시장과 가격이라는 시스템은 자신의 이익에 따라 행동하는 사람들로 하여금 사회의 경제복지를 증진하는 방향으로 경제활동을 하도록 만든다는 것이다.

부연하면, 치열한 경쟁을 하는 가전제품회사나 자동차회사들은 어느 것도 제품을 나쁘게 만들어서 높은 값에 소비자들에게 판매하려고 할 수가 없다. 그러다가는 경쟁업체들에게 시장을 빼앗긴다. 뿐만 아니라 더 좋은 제품을 만들기 위하여 열심히 노력하지 않을 수도 없다. 왜냐하면 그렇게 하지 않으면 경쟁회사에게 시장을 다 빼앗기므로 큰 손해를 보기 때문이다. 손해를 보지 않기 위해서는 물론 이익을 더 많게 하기 위하여, 지속적으로 노력하지 않으면 안 된다. 경쟁기업들은 마치 어디에서 감시를 받아서 하는 것처럼 더 좋은 제품을 더 싸게 만들려고 언제나 노력하게 된다. 시장경제 내부에는 '자동감시장치' 또는 '자율규제장치' 같은 것이 존재한다. 이는 모두 보이지 않는 손이 만들어 내는 것이다.

정부에서 일하는 공무원들은 공익증진을 위해서 스스로 열심히 일하기도 하지만 감사원 같은 공식적인 감시 또는 규제기관이 있기 때문에 하지 않을 수도 없다. 정부는 공무원뿐만 아니라 필요에 따라서 민간기업에도 각종 지시와 감시를 한다. 이를 정부의 '보이는 손(*The Visible Hand*)'이라고 한다. 시장경제에서는 원칙적으로 '보이지 않는 손'이 경제문제를 해결하게 된다. 그러나 보이지 않는 손이 잘 해결 못하는 문제가 있을 수 있다. 이를 시장의 실패(market failure)라고 한다. 이를 바로 잡기 위하여 정부의 보이는 손이 시장에 개입하게 된다. 그러나 정부도 잘못하는 것이 있을 수 있는데 이를 시장의 실패에 대응하는 말로 정부의 실패(government failure)라고 한다.

시장	→	보이지 않는 손	→	시장의 실패
정부	→	보 이 는 손	→	정부의 실패

그럼 시장과 가격시스템은 근본경제문제를 어떻게 해결하는가?

능률문제. 선거에서는 '유권자의 표'가 많이 모이는 후보가 당선된다. 시장경제에서는 '소비자의 돈'이 많이 모이는 제품이 생산된다. 돈은 민주주의에서 표(vote)와 같다. 돈이라는 표, 즉 돈표를 많이 모으는 제품이 생산된다. 그런 제품은 상대가격이 상승하므로 생산자들은 그 제품을 더 많이 생산하게 된다.

이윤을 추구하는 기업들은 소비자들이 원하는 제품을 최소의 비용으로 생산하려고 한다. 예를 들어 도시 한복판에 땅값이 비싸게 되면 건물 평당 가격을 낮추기 위해서 고층건물을 짓는다. 건축자재로서 구리 값이 비싸게 되면 그 대신 알루미늄을 더 많이 사용하게 된다. 이와 같이 가격시스템은 기업들로 하여금 최소비용 생산방법을 계속 찾지 않을 수 없게 만든다. 소비자들이 바라는 제품을 최소의 비용으로 생산하는 것이 능률문제인데, 가격시스템은 이와 같이 능률을 향상시킨다.

분배문제. 사람은 자신이 가진 생산요소, 즉 노동, 자본, 토지 및 기업가적 역량을 얼마나 많이, 그리고 좋은 것을 가졌느냐에 따라서 소득을 분배받는다. 가격시스템은 우리가 가진 생산요소의 상대가격을 정한다.

우리는 앞에서 자본에는 물적자본과 인적자본이 있음을 알았다. 그런데 기업가적 역량이 많아서 세계적인 기업을 일으킨 사람, 그리고 세계무대에서 활동하는 스포츠선수나 가수와 예술가들처럼 인적자본을 많은 형성한 사람들은 시장경제에서 많은 소득을 분배받는다. 부모로부터 땅을 많이 물려 받은 사람들도 재산소득을 많이 분배받는다. 대부분의 사람들은 노동의 대가로서의 소득을 분배받는다. 많은 학생들이 열심히 공부하는 것은 인적자본을 많이 축적하여 앞으로 소득을 더 많이 분배받기 위해서이다. 학생들이 이보다 더 많은 소득을 분배받는 길은 아마 기업가적 역량을 크게 키우는 것일지도 모른다.

성장문제. 앞서 말한 바와 같이 한국의 가전업체들은 치열한 경쟁 때문에 인적, 물적, 기술적 및 조직의 능력을 향상시키려고 안간힘을 다 쓴다. 이런 과정에서 한국의 가전산업 및 경제 전체의 능력도 향상된다. 생산능력의 향상이 곧 경제의 성장을 의미한다. 과거 기술혁신이 별로 없었을 때는 기업들이 주로 가격경쟁을 했으나 기술혁신이 빠른 오늘날에는 혁신경쟁이 중요하게 대두된다. 혁신이란 경제성장과 깊은 관계가 있다. 이에 관해서는 제 4 장과 제16장을 참조하기 바란다.

안정문제. 글로벌 지식경제시대에는 경제불안정이 큰 문제가 된다. 한국, 태국, 인도네시아 등은 최근 경제위기를 겪은 바 있고 일본은 1990년대 들어와서 거의 10년간 경기 침체를 겪은 바 있다. 그러나 미국의 1991~2000기간의 경제성장을 보면, 취업자는 늘어가는 가운데 물가는 안정되었다. 컴퓨터와 같은 혁신적인 제품은 계속 성능은 좋아지고 가격은 떨어진다. 그리고 보급률의 증가에 따라 생산이 증가하므로 고용도 증가한다. 글로벌지식경제시대에는 기업과 산업의 글로벌경쟁력이 높아서 국가의 글로벌경쟁력도 높아질 때 진정한 의미의 경제안정 목표가 달성될 수 있는 것이다.

국제수지문제. 시장시스템이 잘 작동하는 일본, 스위스, 싱가포르, 네덜란드, 대만 등은 모두 무역흑자국이다. 시장경제가 잘 작동한다는 것은 글로벌경쟁력이 있는 기업의 수가 많아진다는 것이다. 경쟁력이 강한 기업이 많은 나라는 국제수지흑자국이 된다.

생활의 질. 생활의 질은 몇 가지로 나누어 볼 수 있다. 첫째, 시장경제가 잘 발달하면 일상용품, 주택, 도서관, 위락시설이 많이 건설되므로 생활의 질은 향상된다. 둘째, 시장경제가 잘 발달하면 여러 가지 종류의 일자리가 많아지므로 근로생활의 질이 향상된다. 셋째, 시장경제가 잘 발달하면 소득이 상승하므로 여가나 여행 기회가 많아지므로 생활의 질이 향상된다.

지금까지는 시장시스템(=가격시스템)의 좋은 점만 집중적으로 보았다. 그런데 이런 것을 '시장경제의 장점'이라고 할 수 있다. 이제 가격시스템이 해결하지 못하는 문제, 즉 시장의 실패를 살펴보기로 하자.

차 시장의 실패

"그녀가 좋을 때는 너무 너무 좋고, 나쁠 때는 지독히 나쁘다."

— 헨리 롱펠로

시장이 어떤 생산물의 적절한 양을 생산할 수 없거나, 또는 각종 생산물을 종류별로 잘 생산할 수 없게 되는 것을 시장의 실패라고 한다. 시장이 기능을 하지 못하거나 잘못하는 것을 말한다. 그 원인은 다음과 같다.

1) 공공재의 공급. 시장에서 거래되는 재화는 옷, 컴퓨터, 자동차, 이발서비스 등 사유재(private goods)이다. 국방서비스, 일기예보서비스, 치안서비스와 같은 공공재(public goods)는 시장거래의 대상이 아니므로 시장시스템은 이를 공급하지 못한다. 사유재와 공공재를 구분하는 기준은 다음 두 가지이다.

- 배제성(excludability). 빵, 옷 등의 사유재의 경우에는 돈을 내지 않는 사람은 소비대열에서 배제된다. 그러나 국방서비스, 치안서비스 등의 공공재의 경우에는 돈을 내지 않는 사람도 소비대열에서 배제할 수 없다.
- 고갈성(depletability). 빵, 옷 같은 사유재는 어느 한 사람이 소비하면 고갈된다. 그러나 국방서비스, 서울시내 도로 등의 공공재의 경우에는 어느 한 사람이 사용한다고 해서 고갈되는 것이 아니다.

공공재의 경우 돈을 내지 않는 사람을 소비대열에서 배제할 수가 없으므로 돈을 내지 않고 이용하려고 하는 무임승차자(free-rider)문제가 따른다. 또한 어느 한 사람이 더 이용한다고 하여 한계생산비가 더 증가하는 것도 아니다. 그러므로 추가 사용하는 사람당 그 가격을 정하기도 어렵다. 이러한 특성으로 인하여, 공공재의 경우 시장가격을 정하는 것도 불가능할 뿐만 아니라 소망스럽지도 않다. 그러므로 공공재의 공급은 시장시스템이 아니라 정부나 공공기관이 하게 되는 것이다.

철도서비스는 한국에서는 철도청이 공급하는 공공재이다. 미국에서는 민간기업들이 공급하는 사유재이다. 일본에서는 국가가 공급하는 국철(國鐵)과 민간기업이 공급하는 사철(私鐵)서비스로 구분되어 있다. 홍콩은 지하철서비스, 교육서비스 등 거의 모든 서비스를 사유재로 간주하여 민간기업이 공급하게 하고 있다.

2) 외부효과에 잘 대처하지 못한다. 택시승객과 운전자가 요금으로 가령 5천 원을 주고받는 것은 택시서비스라는 사유재의 시장거래행위이다. 그런데 양자는 시장거래행위를 하는 가운데 매연을 발생시켜 대기오염을 시켰다고 하자. 대기오염은 거래 내부에 포함되어 있지 않다. 그 피해는 서울시민들이 나누어서 본다. 만약 그 대기오염을 서울시가 정화하는데 2천 원이 소요된다면, 이 비용은 사실은 승객과 택시운전자가 나누어 부담해야 될 성격의 것이다. 매연은 거래 외부자에게 영향을 미치므로 이를 외부효과(external effects) 또는 외부성(externalities)이라고 한다.

대기오염과 같이 유해한 외부효과를 외부불경제(external diseconomies)라고 한다. 반대로 남에게 도움이 되는 외부효과를 외부경제(external economies)라고 한다. 남의 병을 잘 고치는 유능한 의사는 남에게 외부경제를 발생시킨다. 과수원업자와 양봉업자는 서로 외부경제의 혜택을 주고받는다. 정원을 잘 가꾸는 사람은 이웃을 기분 좋게 할 뿐만 아니라 이웃의 집값도 올라가게 하므로 이웃에게 외부경제의 혜택을 준다. 도둑들은 다른 사람들로 하여금 개를 키우고, 담장을 높게 만들고, 도난경보장치를 하게 하고, 국가에게는 경찰과 감옥을 늘리게 하므로 온 국민에게 외부불경제를 초래한다.

미국의 앨런 그리스펀 연방준비제도이사회 의장은 경제대통령으로 불린다. 그는 경제정책을 잘하여 미국경제를 1991년부터 지금까지 상승국면으로 이끌어 왔다. 그 과정에서 무수한 기업과 사람들에게 외부경제의 혜택을 수없이 베풀었다. 반대로 인도네시아나 태국 등 후진국의 함량 미달의 경제전문가들은 나라경제를 위기로 몰아서 수많은 기업과 사람들에게 막대한 외부불경제의 피해를 보게 했다.

택시승객과 택시운전자가 매연과 같은 외부효과를 발생시킴에도 불구하고 가격시스템은 이를 요금 안에 잘 포함시키지 못한다. 시장시스템은 이런 문제를 잘 해결하지 못한다.

3) 독점력의 증가와 경쟁의 제한. 시장경제는 치열한 경쟁이 있어야 제대로 작동한다. 어느 한 기업이 독점력을 행사하거나 여러 기업들이 담합하여 카르텔을 형성하여 강한 독점력(=시장지배력)을 행사하게 되면 시장시스템은 제대로 작동하지 못하게 된다. 좋은 예로, OPEC(석유수출국기구) 회원국들은 담합으로 강력한 카르텔을 형성하여 세계 석유의 생산량은 줄이고 가격은 높게 하는 등 강한 독점력을 행사하고 있다. 다른 예로 국내 유원지 중 어떤 곳에서는 몇몇 음식점들이나 호텔들이 담합하여 질이 낮은 서비스의 가격을 높게 받고 있다. 철도청, 한국통신공사, 한국전력, 도시가스, 상하수도공사 등 사회간접자본 관련 공기업들이 독점력을 발휘하면 이들로부터 투입물을 공급받는 사기업들의 경쟁력은 약화될 수밖에 없다.

4) 불완전한 정보. 서울에 온 어느 외국인 관광객은 자신의 호텔에 백화점이 붙어 있는 줄도 모르고 택시를 타고 먼 곳에 있는 백화점에 가서 쇼핑을 한 적이 있다. 시골에서 서울에 오는 사람들 중에는 길을 몰라서 택시기사가 가는 대로 가는 경우도 있다. 많은 환자들은 병원에 가서 의사가 하자는 대로 수술도 하고 부작용도 모르는 채 약도 먹는다. 보험회사는 보험가입자의 건강상태를 잘 모르면서 건강보험을 계약할 수도 있다.

이처럼 거래 당사자 중 어느 일방만이 거래되는 상품에 관한 정보를 알고 있을 때의 문제를 비대칭적 정보에 의한 문제라고 한다. 이런 경우에는 시장시스템이 잘 작동할 수 없다. 거래대상 상품이나 거래조건에 대하여 거래 당사자가 알고 있는 정보가 완전할수록 시장은 잘 작동한다.

위의 네 가지가 시장의 실패를 가져오는 대표적인 요인들이다. 앞의 두 가지는 시장이 할 수 없는 것이고, 뒤의 두 가지는 시장이 하더라도 잘못하는 것이다. 세계은행은 1997년 「세계개발보고서」를 "변화하는 세계에서의 국가"라는 부제를 붙이고 시장의 실패와 정부의 역할들에 관한 특집기사를 실었다. 이 보고서에 따르면 시장의 실패는 이상의 네 가지와 같다.

그런데 시장은 불완전한 소비자와 생산자의 경제행위에 의하여 이루어지므로 그만큼 불완전할 수밖에 없다. 그러므로 소득분배 등 다음과 같은 문제도 시장의 실패라고 하는 사람들이 많다. 그러나 다음과 같은 것을 시장경제만의 문제라고 하는 것은 옳지 못하다. 왜냐하면 시장경제의 반대가 되는 통제경제도 지금부터 설명하는 다음과 같은 문제를 잘 해결하지 못하기 때문이다. 그러므로 이를 시장제도만의 문제라고 판단하여 정부의 과다한 경제개입을 촉구하는 것은 옳지 못하다. 그리고 시장이 잘못하는 것을 정부는 잘 해결할 수 있다고 생각하는 것도 마찬가지이다.

소득분배의 악화. 전세계의 운동선수 중 최고의 수입을 올리는 사람은 마이클 조던으로 연 수입이 얼마 전 천억 원이나 되었다. 그러나 같은 농구선수라도 연 수입이 1억 원이 안 되는 선수도 많다. 마이크로소프트를 창설한 빌 게이츠의 소득은 상상을 초월할 정도로 많다. 그러나 같은 정보통신산업에 종사하는 사람들 중에는 연 수입이 1억 원이 채 안 되는 사람이 대부분이다.

정보통신이나 생명공학산업 등 기술혁신이 빠른 산업에서는 먼저 기술혁신을 하여 특허권을 차지하는 사람과 그렇지 못한 사람간의 소득격차는 크게 될 수밖에 없다. 경쟁무대가 세계시장이 되고, 혁신할 수 있는 사람과 없는 사람간의 경쟁이 되는 시대는 그야말로 승자가 모든 것을 차지하는 시대가 될 수도 있다. 소득격차는 커지게 마련이다. 한국에서도 4대 기업그룹과 그 외의 그룹간에는 격차가 크다. 시장경제는 어떤 상품이든 가장 잘하는 기업들이 생산하도록 하는 시스템이다. 그러므로 가장 잘하는 기업과 그렇지 못한 기업간의 격차는 커질 수밖에 없다.

소득분배문제는 시장경제의 고유문제로 이해하기 쉬우나 실은 그렇지 않다. 지니계수로 볼 때 소득이 가장 불균등분배된 나라는 세계은행 「세계개발지표」(2005)에 따르면 나미비아이다. 짐바브웨, 레소토 같이 시장이 발달 안 된 나라들도 소득의 불균등분배가 아주 심하다. 아프리카 최후진국 다음으로 소득이 불균등하게 분배된 나라는 남미 여러 나라들이다. 러시아 소득의 불균등도 높은 편이다. 이 책 제24장의 통계를 보면 소득분배문제는 시장의 실패로 단정짓기는 어렵다. 시장이 발달되지 않는 나라의 소득분배가 나쁘고, 시장이 잘 발달된 선진국의 소득은 오히려 비교적 균등분배가 되어 있다.

경제불안. 일본은 거품경제로 인하여 부동산 가격이 폭등한 경험을 가지고 있다. 1991년 거품이 터진 후 2000년까지 계속 경기침체를 경험했다. 인도네시아, 태국, 한국, 멕시코 등은 시장경제를 하다가 경제위기를 맞이하여 온 사회가 불안하게 된 바 있다. 공산주의 이론의 창시자인 칼 마르크스는 시장경제의 심각한 문제는 대공황 같은 경기침체를 겪게 되는 것이라고 하였다. 그러나 현재 미국과 같은 선진국에서는 국가경제시스템과 경제정책의 발달로 말미암아 대공황과 같은 극심한 경기침체는 막을 수 있게 되었다.

장래보다 현재의 소비에 과다한 자원의 배분. 시장경제에서 생산자들은 소비자들이 현재 원하는 것을 생산한다. 그러므로 먹고 마시고 즐기는 것과 관련된 재화와 서비스들이 과다하게 생산되는 경향이 있다. 즉, 장래의 성장을 위한 저축과 투자에 자원이 과소하게 배분될 가능성이 크다.

렌트추구(rent-seeking)행위. 렌트추구행위란 개인이나 이해단체들이 직접 또는 간접적으로 다른 사람이나 사회에 손해를 끼치면서 자신들에게 소득이나 재산이 돌아올 수 있도록 하는 각종 행동을 말한다. 개인이나 이해단체들이 바라는 렌트는 보조금, 유리한 계약, 유리한 규정의 변경 등 여러 가지 형태를 띨 수 있다.

예를 들면, 어떤 도시의 시장이 건설업자 갑(甲)에게 수의계약으로 건설공사를 할 권리를 주는 경우, 건설업자 을(乙)은 시장과 갑을 상대로 소송을 제기하여 성공하는 경우 큰 건설공사를 수주할 수도 있다. 손해는 소송비용이다. 시장과의 협상으로 다른 이권을 얻을 수도 있다. 미국에는 100만 명 이상의 변호사들 중 상당수가 이런 일을 하고 있는 것으로 보인다.

민주화사회에서 정부나 공공단체는 각종 이해단체의 요구를 무시할 수 없다. 만약 각종 이해단체들이 정부의 각종 정책에 영향력을 행사할 수 있다고 판단하면, 자신들의 렌트추구를 위하여 가능한 방식을 다 동원하여 목표를 달성하려고 할 것이다. 렌트추구란 말을 유행시킨 앤 크루거(Anne Krueger) 스탠포드대 교수는 이런 렌트추구행위가 시장경제의 비능률을 크게 떨어뜨리는 중대한 요인이 된다고 했다.

정부는 시장이 잘 작동할 수 있도록 하기 위해서도 시장에 간여하나 시장의 실패 때문에도 시장에 간여하게 된다. 그러나 시장에 간여할 때는 '정부의 실패'가 발생한다. 이는 마지막 장(제25장)에서 설명된다.

7. 시장시스템은 인류 최대의 발명품

"폐지하지 못할 법이 하나 있는데, 바로 수요와 공급의 법이다."

— 윌리암 사파이어

가 시장은 시스템이다

우리는 가끔 어떤 음식점에 가서 음식을 사먹은 후 정말로 값도 좋고 잘 먹었다고 생각할 때가 있다. 만약 그때 음식점 주인도 우리들에게 음식을 정말로 좋은 값에 잘 팔아서 이익이 많이 남아서 더없이 기분이 좋다고 생각했다면 어떻겠는가? 우리들뿐만 아니라 수많은 사람들이 그 음식점에 몰려들고 그 음식점도 돈벌이가 잘되어 싱글벙글 한다면 얼마나 좋겠는가? 우리는 음식의 수요자이고, 음식점은 공급자이다. 어떤 분은 오랫동안 돈을 모아 최신형 PC를 샀는데, 성능도 좋고 모양도 마음에 든다고 하면서 만나는 사람마다 자랑을 했다. 이 때 PC를 판 사람도 좋은 값에 잘 팔아서 돈을 많이 벌었다고 생각한다면 얼마나 좋겠는가?

시장에서 거래되는 모든 상품마다 사는 사람은 값도 좋고 품질도 좋아서 기분이 좋고, 파는 사람은 값도 좋고 수지도 맞아 기분이 좋게 된다면 얼마나 좋겠는가? 수요자와 공급자가 이처럼 다같이 기분 좋고 실속있게 거래할 수 있게 만들 수 있는가? 물론이다. 그렇게 만들자는 것이 바로 시장시스템이다. 자본주의의 핵심이 바로 이런 것이다. 시장경제를 잘하면 그렇게 된다.

소비자들은 시장가격보다 더 높은 가격에라도 사려고 했는데, 싼 시장가격에 산다면 그 차이만큼 득을 보게 된다. 이를 소비자잉여(consumer surplus)라고 한다. 생산자는 시장가격보다 더 낮은 가격에라도 팔려고 했는데, 시장가격에 팔면 이익이 그만큼 증가한다. 이를 생산자잉여(producer surplus)라고 한다. 이 두 가지가 시장거래의 총잉여이다. 시장시스템은 이 두 가지의 합을 가장 크게 하므로 거래 당사자들에게 모두 유리하게 되도록 한다.

뿐만 아니라 시장시스템은 어떤 물건이든지 공급자로 하여금 수요자들이 바라는 것을 바라는 양만큼만 만들게 한다. 곧, 낭비를 최대한 줄이게 만든다. 다른 말로 하면 자원을 가장 능률적으로 사용하게 한다. 시장경제를 잘 하자는 근본취지의 하나가 바로 여기에 있다. 레이건 전 미국 대통령은 시장은 마법과 같다고 했다.

시장시스템이 만들어 내는 수요와 공급의 법칙, 곧 '수급의 법칙'(law of demand and supply)이 바로 그런 작용을 한다. 대자연이 만들어 내는 법칙 중에는 중력의 법칙이 있다. 어떤 의미에서 이런 법칙이 있어야 대자연이 유지된다. 마찬가지로 시장경제를 하는 인간사회가 만들어 내는 법칙에는 수급의 법칙이 있다. 이 법이 있어야 경제사회가 유지되고 발전한다. 그런데 수급의 법칙이 작용하기 위해서는 시장이라는 메커니즘이 잘 작동해야 한다. 그럼 어떻게 하면 시장이 잘 작동하게 되는가? 우선 시장의 뜻부터 보기로 하자.

시장이란 무엇인가? 아주 옛날 경제가 단순했을 때는 농촌 사람들이 나무를 지게에 지고 읍(邑)내라는 곳에 지고 가서 팔았다. 그 때는 나무를 파는 일정한 장소가 있기도 하고 없기도 했다. 있을 때는 장소가 시장의 역할을 했다. 원래 시장(市場)이라고 하는 말은 장소를 의미했다. 5일장, 7일장, 소시장, 생선시장 등이라고 할 때도 장소의 역할이 중요했다. 경우에 따라서는 건물도 시장의 역할을 했다. 그러나 경제가 복잡해짐에 따라서 시장의 역할을 하는 것이 많아지게 되었다. 전화로 물건을 거래하는 경우, 인터넷으로 주식을 거래하는 경우, 전화나 인터넷도 시장의 역할을 한다.

"현대적인 의미의 시장은 어떤 상품의 판매자와 구매자가 그 가격과 거래량을 결정할 수 있도록 하는 기구, 제도, 장치 등을 의미한다. 폴 사뮤엘슨과 윌리엄 노드 하우스는 「경제학, 제18판」에서 이를 나타내는 말로 '시장메커니즘' 이라는 용어를 사용했다. 시장은 메커니즘이라는 것이다."

시장 ⟨ 수요자 → 수요의 법칙 → 수요(수요의 결정요인) ┐
시장 ⟨ 공급자 → 공급의 법칙 → 공급(공급의 결정요인) ┘ → 개별상품의 가격과 거래량의 결정

시장의 규모라고 하면 어떤 상품의 거래량과 그 금액을 곱한 것을 말한다. 구매자들이 국내 어느 지역에 국한될 때 그 시장은 지역시장이라고 한다. 구매자들이 국내 전지역에 걸쳐서 있을 때 전국 규모의 시장이라고 하고, 전세계를 걸쳐 있을 때는 세계시장이라고 한다. 국산품 중 상당수는 아직도 국내시장을 대상으로 하고 있으나, 전자, 자동차, 반도체 등은 세계시장을 대상으로 하고 있다.

그런데 경제를 이해하는 데 가장 근본이 되는 시장은 어떤 것인가?

첫째는 시장을 경쟁형태에 따라서 완전경쟁시장, 독점적 경쟁시장, 과점시장 및 독점시장의 넷으로 나누는 것이다.

둘째는 시장을 생산물시장과 요소시장(노동시장, 자본시장, 토지시장 등)으로 나누는 것이다.

옛날 한국이 농경사회시대였을 때에는 대부분의 농민들이 필요로 하는 양식을 스스로 생산하려고 했다. 이런 경제를 자급자족경제라고 한다. 자급자족경제는 전통경제(traditional economies)로서 기술발전도 거의 없고 생산조직도 별로 중요하지 않는 경제이다. 조상 전래의 전통에 따라서 경제활동을 되풀이하는 경제이다. 그러나 시장경제는 교환경제이다. 개인이 필요한 물자를 스스로 생산하여 소비하는 것이 아니라, 분업과 전문화의 이점을 살려서 스스로 잘 할 수 있는 것을 많이 생산하여 다른 사람과 교환하는 경제이다.

그런데 개인이 생산하는 것보다, 개인의 힘을 잘 뭉칠 수 있는 기업이라고 하는 조직체를 만들어서 생산하면 더 많은 것을 생산할 수 있다. 그러므로 시장경제에서의 생산은 기업이라는 조직이 담당한다. 전통경제에서 생산주체는 개인이나 가족이지만 시장경제에서의 생산주체는 주로 기업이다. 시장경제에서 각종 생산물의 생산자는 기업이고 소비자는 국민이다. 그럼 시장은 구체적으로 상품의 가격과 거래량을 어떻게 결정하는가? 어떤 상품의 시장이건 반드시 그 판매자와 구매자로 구성된다. 그러므로 상품의 가격은 구매자의 수요와 판매자의 공급이 어떠한가에 따라서 결정된다. 구매자의 행위를 따지는 것이 시장수요이고 판매자의 행위를 따지는 것이 시장공급이다. 먼저 수요를 살펴보자.

㉯ 수 요

사실 수많은 사람들이 수요와 공급이라는 말을 일상적으로 사용하나 그 뜻을 정확히 이해하는 사람은 극히 드물다. 지금부터 CD의 예를 들어 이를 살펴보기로 하자. 우선 수요와 수요량의 뜻부터 분명히 하기로 하자.

수요와 수요량. 어떤 학생, 가령 A군이 CD를 얼마나 사려고 하는가는 CD의 가격, 카세트테이프의 가격, 용돈(소득) 등에 따라서 결정된다. 그런데 A군의 용돈이나 기호는 쉽게 변화하지 않는다. 의도, 취향 등을 경제학 용어로는 기호(preference)라고 한다. 그런 상태에서 A군이 이 달에 CD의 가격이 6천 원일 때는 6개, 만 원일 때에는 4개, 만 4천 원일 때 3개를 살 능력과 의향이 있다고 하자. 이와 같이 몇 개의 가격과 그 가격에 해당되는 몇 개의 구매량 간의 관계 모두를 나타내는 것을 A군의 CD에 대한 수요라고 한다. 다시 한 번 강조하지만 '수요'란 이 세 개의 가격과 각각의 가격에 해당되는 구매량과의 관계 모두를 말한다. 이 중 가령 가격이 만 원일 때의 구매량 4개는 수요가 아니라 '수요량'이다. A군의 수요는 [표 7. 1]과 같이 나타내게 된다. 이를 그림으로 나타낸 것이 [그림 7. 1]의 수요곡선이다.

다른 학생, 가령 B양의 CD수요도 같은 요령으로 설명할 수 있다. 그

[표 7. 1] CD의 수요표

가 격	소비자 개인의 수요		시장수요＝개인의 수요의 합계
	A군의 수요	B양의 수요	(＝A군 + B양 + 다른 소비자들)
14,000원	3개	5개	10만 개
10,000	4	9	18
6,000	6	14	28

[그림 7. 1] CD의 수요곡선

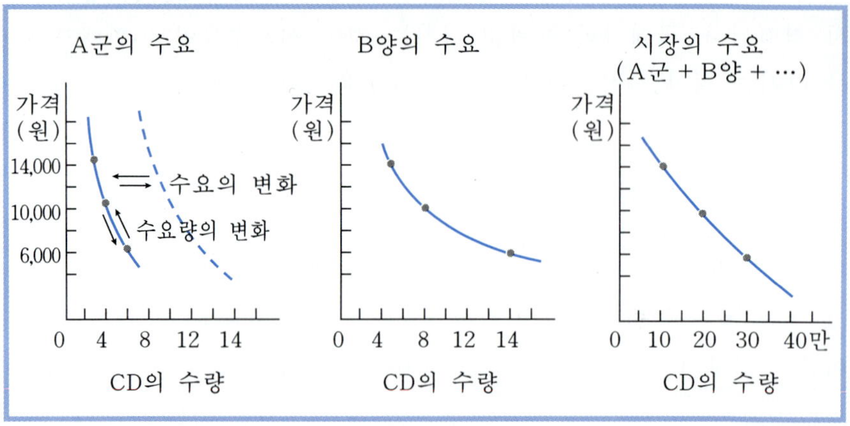

러나 B양은 용돈이나 기호가 A군과 다를 것이므로 각각의 가격에 구매를 원하는 양도 다를 수 있다. B양의 수요를 표로 나타내면 [표 7. 1], 그림으로 나타내면 [그림 7. 1]의 수요곡선과 같이 된다고 하자. 그런데 세상에는 이 두 사람 외에도 많은 구매자들이 있다. 이들의 수요를 모두 합친 것이 '시장수요'이다([표 7. 1] 우측). 이를 그림으로 나타내면 [그림 7. 1]의 시장수요곡선과 같이 된다.

수요와 욕망의 차이는 무엇인가?

'욕망(wants)'이란 대가를 지불하지 않아도 될 때 갖고 싶어하는 재화와 서비스의 양이다.

'수요(demand)'는 구매 '의욕'과 '능력'이 뒷받침되는 상태에서 갖고 싶어하는 재화와 서비스의 양을 말한다.

이 시점에서 수요와 수요량에 대한 우리의 이해를 다시 한번 분명하게 하자. 경제학을 배우지 않는 사람들은 이 말을 흔히 쓰나 그 뜻을 정확하게 모르는 경우가 대부분이다.

① '수요'란 [표 7. 1]에 나타난 바와 같이 각종 가격과 그 가격에 해당하는 구매량 간의 관계 모두를 나타낸다. 이 중 어느 한 쌍의 가격과 구매량, 가령 가격이 만 원일 때 구매량 4개는 '수요량'이지 수요가 아니다. 그러므로 수요는 보통 표로 나타낼 수밖에 없다. 이를 수요표 또는 수요(예정)표라고 한다. 이 표에 있는 숫자를 곡선으로 나타낸 것이 수요곡선이다. 되풀이하면 수요는 수요예정표나 수요곡선으로 나타나게 되어 있다.

수요량: 어느 하나의 가격에 해당하는 구매량
수 요: 각각의 가격과 그에 해당하는 구매량간의 관계 모두

② 수요량은 그 가격에 구매를 원할 뿐만 아니라 실제로 구매할 수 있는 수량을 의미한다. 단순한 희망 수량이 아니다.

③ 수요는 일정기간을 전제로 한다. 일정기간이 없으면 의미가 없다.

④ 수요자는 다른 조건이 같은 한 어떤 제품의 가격이 상승하면 수요량을 감소시키고, 반대로 가격이 하락하면 수요량을 증가시키게 된다. 이와 같이 어떤 상품의 가격과 소비자들의 수요량과는 역의 관계에 있는데, 이를 '수요의 법칙(law of demand)'이라고 한다.

수요의 변화와 수요량의 변화. 이제 수요와 수요량의 뜻을 알았으니 그 변화를 보기로 하자. 수요는 항상 수요표나 수요곡선으로 나타나므로, '수요의 변화'는 수요표나 수요곡선 전체의 변화를 의미한다. 그러나 '수요량의 변화'는 수요곡선 위의 어느 한 점에서 다른 점으로 이동하는 것을 의미한다. 예를 들어 A군의 소득이 취업이나 진급으로 인해서 증가하였다고 하자. 그 결과 각종 가격에 구매를 할 수 있는 양은 크게 증가한다. 이는 A군의 수요의 증가를 의미한다. A군의 CD의 새로운 수요곡선은 [그림 7. 1]에 나타난 바와 같다. 그럼 '수요량의 결정요인'과 '수요의

결정요인'은 어떻게 따르는가?

수요량의 변화는 수요곡선상의 어떤 한 점에서 다른 점으로의 이동을 나타낸다. 그러므로 어떤 상품에 대한 '수요량의 변화를 결정하는 요인'은 그 상품의 가격이다. 왜냐하면 수요를 결정하는 요인들이 변화하지 않는 것으로 하고 수요곡선이 그려졌기 때문이다. 다른 조건의 변화가 없는 것을 'ceteris paribus'라고 한다. 경제학에서 많이 쓰이는 용어이다. 그러나 '수요의 변화를 초래하는 요인', 곧 '수요의 결정요인'은 다음과 같다. 이들 요인이 변화하면 수요곡선 그 자체가 이동한다.

① 관련 재화(보완재, 대체재 등)가격의 변화. CD플레이어 가격의 급등은 CD수요를 감소시킨다. 핸드폰 가격의 하락은 무선호출기나 유선전화기의 수요를 감소시킨다.

② 구매자 기호(=취향)의 변화. 구매자가 핸드폰을 유선전화기보다 더 선호하면 핸드폰에 대한 수요가 늘어난다. 환경오염의 증가에 따라 자연식품을 선호하는 소비자들이 증가하고 있다. 그런데, 구매자의 기호는 주관적인 것이다. 사람에 따라서 재화의 가치(value)를 다르게 평가한다. 예를 들어, 우리가 좋다고 평가하여 보낸 선물을 받은 사람도 좋게 생각한다는 보장이 없다. 사실 선물을 잘하는 것은 참으로 어려운 일이다. 사람마다 재화의 가치를 다르게 생각하기 때문이다.

③ 구매자 소득의 변화. 소득의 증가는 각종 상품에 대한 수요를 증가시킨다. 그러나 헌옷이나 재생타이어 같은 열등재(inferior goods)에 대한 수요는 오히려 감소시킨다.

④ 구매자 수의 변화. 출산율의 감소로 인한 유아 수의 감소는 유아관련 제품의 수요를 감소시킨다. 방학이 되어 학생들이 귀향하면 학교 앞 상점들의 물건에 대한 수요는 감소한다.

⑤ 기대심리의 변화 및 기타. 겨울에 혹한이 예상되면 겨울 상품에 대한 수요증가와 가격 상승이 기대된다. 앞으로 경제침체가 심하게 될 것으로 예상되면 소비를 전반적으로 줄인다.

⑥ 기타요인, 소비자신용, 정보 등의 변화.

그런데 이 여섯 가지는 궁극적으로 무엇을 의미하는 것인가. 전국민은 소비자이므로 국민이 각종 소비재를 소비한다는 면에서 보면, 수요는 국민의 소득, 민심(기호), 국민이 소비하는 각종 상품의 가격, 국민의 수, 기대심리 등 관련요인 모두를 반영한다는 사실이다.

· 수요량의 변화를 결정하는 요인: 그 재화의 가격
· 수요의 변화를 결정하는 요인: 위의 ①에서 ⑥까지

다 공 급

지금까지 CD시장의 수요측면을 보았다. 이제부터 공급측면을 보기로 하자. 가위로 천을 자르려면 양날이 있어야 된다. 시장이라는 메커니즘이 어떤 상품의 가격을 결정하려면 수요와 공급의 양날이 있어야 한다. 사실 [그림 7. 3]의 수요곡선과 공급곡선은 가위의 양날과 비슷한 점이 있다. 공급은 수요에 대응되는 개념으로 그 설명도 수요와 비슷하다.

CD 생산회사인 M사의 공급은 [표 7. 2]에 나타난 바와 같다고 하자. 즉, CD의 가격이 6천 원일 때 매달 3천 개, 1만 원일 때 4천 개, 1만 4천 원일 때에는 5천 개를 공급하기를 원하고 또한 할 수 있다고 하자. 이 때 M사의 '공급'은 세 개의 가격과 그에 상응하는 세 개의 판매량간의 관계 모두를 나타낸다. 어느 한 개의 가격에 해당되는 수량은 '공급량'이다. 그런데 이렇게 보면 공급은 물건을 만드는 것을 의미하는 '생산'과 뜻이 다름을 알 수 있다. 생산은 이미 제 1 장에서 설명된 바 있다. 그러므로 공급은 수요와 마찬가지로 항상 표([표 7. 2])나 곡선으로 표시된다. 이 공급표에 있는 숫자를 그림으로 나타내면 공급곡선([그림 7. 2])이다.

M사가 CD의 공급을 이렇게 할 때에는 관련 재화의 가격, 투입물의 가격, 기술, 조세와 기대가격 등을 감안한다. 이는 곧 설명되는 바와 같이 공급의 결정요인들이다. 다른 CD 생산업체인 N사의 공급은 M사의 공급과 다르다. 그런데 이 두 회사를 포함하여 모든 CD업체의 공급을 합치면 [표 7. 2]의 우측에 나타난 바와 같다. 이를 그림으로 표시한 것이 음반의 시장공급곡선([그림 7. 2])이 된다. 여기에서 공급과 관련된 우리의 이해

[표 7. 2] CD의 공급표

가 격	생산회사별공급		시장공급=생산회사 공급의 합계
	M사 공급	N사 공급	(=M사 + N사 + 다른 회사들)
14,000원	5,000개	15,000개	26만 개
10,000	4,000	11,000	18
6,000	3,000	5,000	8

[그림 7. 2] CD의 공급곡선

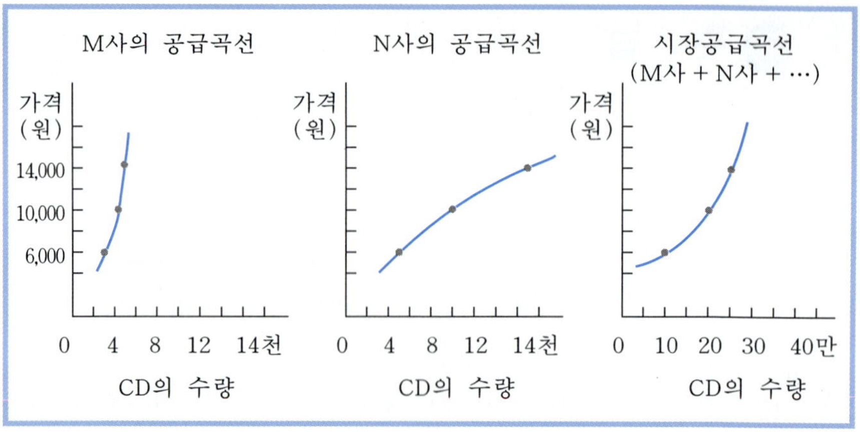

를 다시 한번 분명히 하기로 하자.

① 공급이란 각각의 가격에 해당하는 판매량과의 관계 모두를 나타낸다. 이 중 어느 한 쌍 가령 가격이 6천 원일 때 8만 개는 '공급량'이지 공급이 아니다. 그러므로 공급은 항상 공급(예정)표나 공급곡선으로 나타나게 된다.

② 공급량이란 생산자가 그 가격에 판매할 의향이 있고, 실제로 판매할 능력이 있는 양을 의미하지 단순한 희망수량이 아니다. '의향과 능력'이 뒷받침되는 양을 말한다.

③ 생산자는 다른 조건이 변화하지 않는 한 제품의 가격이 상승하면 공급량을 증가시키고, 반대로 가격이 하락하면 공급량을 감소시키게 된다. 이와 같이 가격과 공급량간의 정(正)의 관계를 '공급의 법칙(law of supply)'이라고 한다.

어떤 상품의 '공급량의 변화'를 결정하는 요인은 그 상품의 가격이다. 그러나 '공급의 변화'를 초래하는 요인은 다음과 같다.

① 다른 재화의 가격의 변화. 어떤 재화의 대체재나 보완재의 가격변화는 그 재화의 공급을 변화시킨다.
② 투입물(=자원)가격의 변화. 에너지 가격의 상승, 인건비의 상승 등은 생산비를 전반적으로 높게 하므로 이윤을 줄어들게 한다. 그러므로 공급은 감소한다.
③ 기술의 변화. 인쇄술의 발달은 책의 생산비를 감소시켜 공급을 크게 증가시켰다. 반도체기술의 발달은 컴퓨터, 핸드폰 등의 공급을 크게 증가시켰다.
④ 공급자 수의 변화. 우리 나라 아파트 건설업자의 수가 증가하여 아파트 공급이 증가했다.
⑤ 기대심리의 변화 등이다. 혹한이 기대되면 겨울상품 생산기업들은 생산을 더 많이 한다.
⑥ 기후와 자연환경의 변화. 폭설, 폭풍 등은 채소 등 농산물의 공급을 감소시킨다. 폭염이나 폭서는 청량음료나 바캉스제품, 혹한은 겨울상품의 공급을 증가시킨다.

그런데 이런 공급의 결정요인은 궁극적으로 무엇을 의미하는가? 나라 전체로 보면 한국기업들의 수, 기술수준, 생산능력, 생산비, 조세, 민심, 기업환경 등 모든 요인을 반영하는 것이다.

라 수급(需給)의 법칙: 균형가격과 거래량의 결정

메콩강 유역에서 잡히는 고기는 1톤의 가격이 백 달러인데 비해, 서울의 일류호텔에서는 고기 한 마리의 가격이 2백 달러나 되는데, 그 이유는 무엇인가? 아파트 가격이 치솟을 때 부동산 투기꾼을 처벌만 하면 된다고 하는 사람들도 있는데, 맞는가? 정부가 산부인과 의사에게 아기 출산진료비를 3만 원밖에 못 받게 하면 어떤 결과가 발생하는가? 이런 문

[그림 7. 3] 시장균형(균형가격의 결정)

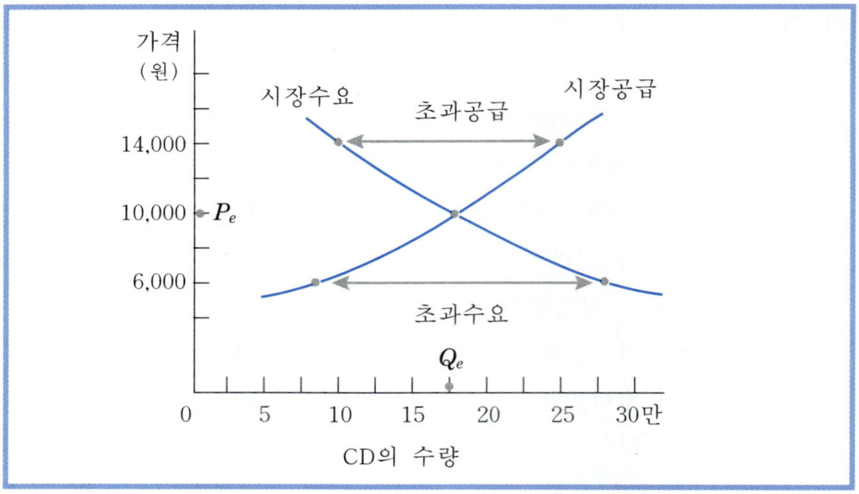

제를 이해하려면 무엇보다 수급의 법칙부터 알아야 한다.

지금까지 우리는 시장가격 결정의 수요측면과 공급측면을 따로 떼어서 보았다. 지금부터 이를 합쳐서 보자. 앞서 말한 시장수요곡선과 시장공급곡선을 한 그림에 표시하면 [그림 7. 3]과 같이 된다. 시장수요량과 시장공급량이 일치하는 가격은 개당 만 원이 되고, 이 때의 거래량은 18만 개가 된다. 이는 가격이 만 원일 때 소비자들은 18만 개를 사기를 원하고 생산자들은 18만 개를 팔기를 원한다는 것이다. 그러므로 이 양을 사는 사람이나 파는 사람 모두 이 가격과 거래량에 만족한다는 것이다. 그러므로 균형가격은 만 원이고 균형교환량은 18만 개이다. 그런데 균형이란 말은 도대체 무엇을 의미하는가? 균형이란 수요와 공급처럼 상반되는 세력이 평형을 이루는 상태를 말한다. 판매자와 구매자가 다같이 만족하므로 어느 누구도 그 상태를 변화시키려 하지 않는다.

가령 CD의 시장가격이 균형가격 수준을 벗어나면 어떻게 되는가를 보기로 하자. 예를 들어 만 4천 원이 되면 구매자들이 구매를 원하는 양은 10만 개에 불과하나 판매자들이 판매를 원하는 양은 26만 개나 된다. 그 차이가 '초과공급량'이다. 그러므로 판매자들은 가격을 낮추어서 팔고, 구매자들은 가격을 낮추어서 사려고 할 것이다. 그러므로 가격은 만 원

수준으로 떨어지게 된다. 반대로 가격이 만 원 이하, 즉 6천 원이 되면 어떻게 되는가? 판매자가 판매를 원하는 양은 8만 개뿐이나 구매자가 구매를 원하는 양은 28만 개나 된다. 그 차이가 '초과수요량'이다. 이와 같은 초과수요량이 존재하게 되면 가격을 높여도 판매가 가능하므로 판매자들은 가격을 높여서 받으려고 한다. 그러므로 가격은 만 원 수준까지 상승하게 된다.

이와 같이 시장가격이 균형가격 수준을 벗어나게 되면 수요측 요인과 공급측 요인 다같이 작용하여 균형가격수준으로 회복시킨다. 이는 무엇을 의미하는가? 시장이라는 시스템은 어떤 제품의 가격이나 거래량이든 거래 당사자들, 즉 구매자와 판매자들이 서로 좋아하는 수준에서 거래될 수 있도록 저절로 만든다는 점이다. 그리고 어떤 상품의 가격이 상승하면 두 가지 변화가 일어난다. 하나는 수요자들이 대체재를 찾아 나서므로 그 상품의 수요량을 줄어들게 하는 것이다. 다른 하나는 공급자들이 그 상품의 공급량을 늘리는 것이다. 어떤 상품이든 가격이 변화하면 이와 같이 수요자들과 공급자들이 다같이 이에 대한 적절한 대응을 하게 된다. 시장가격은 수요와 공급의 상반되는 세력을 균형으로 끌고 가는 기능을 한다. 이러한 점에 시장시스템의 오묘함이 있는 것이다.

여기에서 '수요의 법칙'과 '공급의 법칙'의 통합법칙인 '수급의 법칙(law of demand and surpply)'을 분명히 하도록 하자.

① 자유시장경제에선 어떤 상품이건 그 수요와 공급이 일치하는 선에서 균형가격과 균형교환량이 결정된다. 그리고 실제시장가격은 균형가격과 일치하는 경향이 있다.

② 다른 조건이 변하지 않는 상태에서 시장가격이 균형가격수준을 벗어나면 수요측 요인과 공급측 요인이 다같이 작용해서 가격을 균형 수준으로 회복시키게 된다.

③ 수요와 공급이 변화하게 되면 균형가격과 균형교환량도 변화한다. 어떻게 변화하는가는 다음과 같이 여러 가지로 나누어 볼 수 있다([그림 7. 4]).

[그림 7. 4] 수요와 공급의 법칙

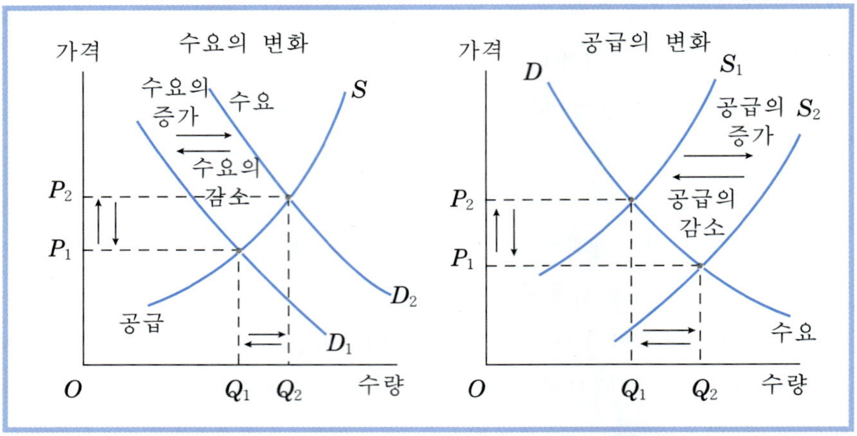

· 공급이 불변인 상태에서, 수요만이 증가하면 균형가격과 균형교환량은 증가한다.
· 공급이 불변인 상태에서 수요만이 감소하면 균형가격과 균형교환량은 감소한다.
· 수요가 불변인 상태에서 공급만이 증가하면 균형가격은 하락하고 균형교환량은 증가한다.
· 수요가 불변인 상태에서 공급만이 감소하면 균형가격은 상승하고 균형교환량은 감소한다.

이를 수급의 법칙이라고 한다. 독자들은 수요와 공급이 동시에 변화하는 여러 가지 경우를 가정하여 그림과 표로 표시해 보기 바란다. 많은 상품의 경우에는 세월이 흐름에 따라서 일반적으로 가격도 상승하나 거래량도 증가한다. 자동차, 가전제품 등의 경우에는 과거에 비해서 현재 가격은 약간 상승했으나 생산은 크게 증가했다([그림 7. 5]). 이런 것이 정상적인 수급의 변화이다. 그러나 컴퓨터와 같은 하이테크제품은 생산량은 과거 몇 년간 크게 증가했으나 가격은 오히려 하락했다. 여러분은 이제 어떤 상품의 수급조건이 여러 가지로 변화할 때 그 가격과 거래량에 어떤 변화가 나타날 수 있는가를 잘 알 수 있을 것이다.

그런데 수급조건이 변화하여 수요가 증가하게 되면 CD의 가격도 상

[그림 7. 5] 수요와 공급의 변화(가격은 약간 상승하고 거래량은 크게 증가함)

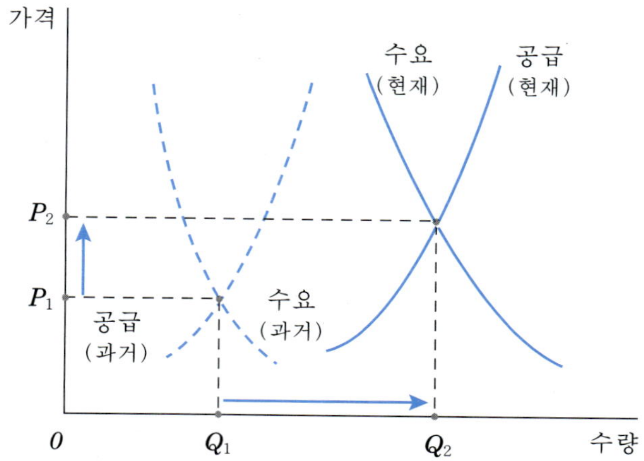

승하고 거래량도 상승하게 된다. 이 때 시장 상태에 따라서 완전경쟁시장일 경우에는 생산자들이 생산시설을 늘려서 공급을 늘리게 된다. 그러므로 가격은 떨어지고 수요량은 늘어나게 된다. 그러나 완전시장경쟁이 아닐 경우에는 판매자가 공급량은 늘리지 않고 가격만 증가시킬 수도 있다. 그러므로 시장이 완전경쟁인가, 독점인가, 독과점인가가 중요하게 된다. 시장구조에 대한 논의는 제19장부터 설명할 것이다.

마 가격통제와 '시장의 보복'

지금까지 우리는 수요와 공급의 법칙을 보았다. 이 법칙이란 되풀이 하자면 어떤 상품이든 자유시장에서 거래될 때는 그 가격과 거래량이 수요자와 공급자가 다같이 좋아하는 방향으로 결정되고, 만약 시장가격이 이와 다르게 될 때는 시장이 저절로 균형 수준을 회복하도록 만든다는 것이다. 이 얼마나 좋은 법칙인가? 이 법칙은 시장경제가 만들어 내는 가장 중요한 법칙이다. 이 법칙 속에는 국민의 민심, 소득, 기술능력, 생산능력 등이 모두 다 반영되어 있다. 그러므로 이 법칙을 위반하는 것은 그야말로 천심을 위반하고 국민이나 기업의 능력을 무시하는 것이다. 이럴 때

시장은 어김없이 보복을 한다. 이 보복은 확실하고 또한 철저하다. 그럼 이 보복은 누가 받게 되는가? 우리는 이미 제1장에서 알게 된 바와 같이 첫째는 국민이 받고 그 다음에는 결국 정부도 받는다.

라인강의 경제기적을 창출한 독일의 경제학교과서들이 한결같이 강조하는 것은 독일경제는 시장에서 자유롭게 결정되는 가격제도에 바탕을 둔 경제라는 사실이다. 세계제일의 경제대국인 미국의 경제학 교과서들이 강조하는 것도 마찬가지이다.

그러나 미국정부는 물론 독일정부도 재화와 용역에 따라서는 시장가격에 손을 댄다. 주된 이유 중의 하나는 소득재분배 때문이다. 예를 들어, 우리 정부가 아파트의 시세가 서민들의 소득수준에 비하여 너무 비싸다고 판단하여 신축아파트의 분양가격을 통제하는 것과 같다. 그러나 정부가 어떤 상품이든 그 수급법칙을 무시하고 가격을 통제하게 되면 시장시스템은 어김없는 보복을 한다. 그 보복은 보통 정부가 보호하려고 하는 사람들이 받게 된다. 어떤 보복을 하게 되는가를 보기로 하자.

[그림 7. 6]에서 아파트의 시세는 정부관여가 없이 시장의 수급조건에 따라서 결정될 때는 평당 5백만 원 가까이 된다. 그리고 교환량은 30만 호가 된다. 이 때 정부가 신축아파트의 분양가격을 평당 2백만 원으로 통제하면 어떻게 되는가? 분양가격 2백만 원에 아파트를 사려고 하는 사람들의 수요량은 수요곡선에 따르면 45만 호나 된다. 그러나 이 가격에 건설업자들이 원하는 공급량은 15만 호밖에 안 된다. 그 차이 30만 호가 '초과수요'이다. 수요곡선에 따르면 아파트의 수량이 15만 호일 때에는 평당 9백 만 원까지 지불하고 사려고 하는 사람들이 있다. 그리하여 2백만 원에 분양 받은 사람들이 분양 즉시 아파트를 모두 이들에게 평당 9백만 원에 팔면 그 금액은 얼마나 되는가? [그림 7. 6]에서 빗금친 부분이 아파트의 그 금액이 된다. 이는 '암거래 규모'이다. 아파트의 거래가격은 정부통제가 없을 때는 평당 5백만 원이 된다. 그러나 통제가 있을 때는 9백만 원으로 크게 올라가게 된다. 정부가 신규 아파트의 가격을 2백만 원으로 낮추려고 하다가 오히려 크게 올리게 된 셈이다. 정부통제 때문에 아파트의 초과수요량이 아주 많게 되었기 때문이다.

[그림 7. 6] 아파트 가격 통제의 효과

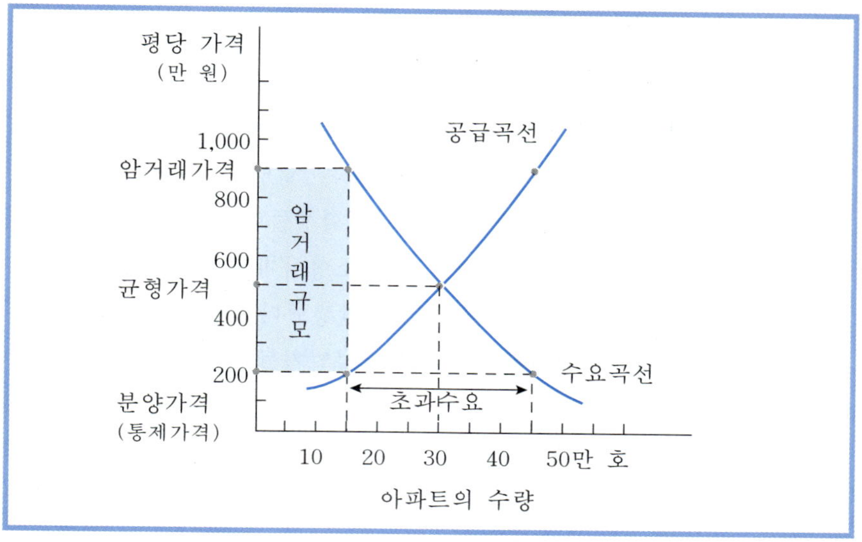

그런데 아파트에 대한 초과수요가 발생할 때, 부족한 물량을 어떻게 할당해야 하는가? 한국에서는 이를 추첨에 의해서 해결했다. 추첨에 당첨된 사람들은 운 좋게 암거래 규모에 해당되는 불로소득을 차지하게 되었다. 반면 건설업자들은 평당 통제가격인 2백만 원밖에 받지 못하므로 수지가 맞지 않아서 아파트 건설을 많이 하지 못했다. 때문에 장기적으로는 아파트의 공급량이 크게 줄어들어서 가격이 크게 상승하게 되었다. 그러다가 1980년대 후반 경험했던 것처럼, 무역흑자가 쌓이고 고도성장으로 국민의 소득이 크게 상승하게 되자 아파트에 대한 수요가 급증했다. 이에 따라 아파트 가격은 폭등했다. 정부는 이런 문제를 해결하기 위해서 서둘러 200만 호 주택건설계획을 발표하여 추진하기에 이르렀다.

많은 나라에서는 주택이나 아파트의 임대가격도 통제한다. 이런 통제도 심각한 사태를 불러일으키는 경우가 많다. 우리 정부도 한때 주택이나 아파트의 임대가격을 2년간 동결하는 법을 만든 바 있다. 그런데 그렇게 되자, 주택을 임대하는 사람들은 2년간 못 올릴 임대료를 미리 올려 받으려고 했다. 때문에 임대가격은 예상과 반대로 단기간에 크게 올랐다. 그 결과 집 없는 사람만 큰 손해를 본 적이 있었다. 수요공급의 원칙을 모르는 사람들은 전세 사는 사람들을 보호한다고 떼를 지어 외쳐 대다가, 오히려 이들에게 큰 손해를 입힌 것이다. 뿐만 아니라 다른 일에 바쁜 정부 공무원들에게도 입주자보호법을 만들게 하는 등 큰 피해를 입혔다.

이런 현상은 뉴욕에서도 발생했다. 예를 들어, 과거 뉴욕시의 소형아파트의 월세는 5백 달러인데, 뉴욕시 정부가 빌딩 소유자들에게 2백 달러만 받게 하였다. 그 결과 하숙을 해도 될 학생들이 아파트를 얻었다. 또한 보다 더 큰 평수에 살아도 될 사람들이 소형아파트로 이사를 했다. 그 결과 [그림 7. 6]에서와 같은 초과수요가 발생했다. 이런 상태가 오래 계속되니 임대아파트를 건설하려고 하는 건설업자들이 거의 없었다. 월 2백 달러의 임대료를 받아서는 수지채산이 맞지 않기 때문에 아예 건물주들은 건물을 포기하는 경우도 많았다. 그리하여 한때 뉴욕시의 주택문제는 포기하는 아파트를 어떻게 철거하느냐 하는 것이었다.

정부가 아파트나 임대료를 시장시세보다 낮게 통제하는 것이 보통이다. 그러나 또 하나의 사례로 과거 한국정부가 했던 것처럼 쌀값을 시장가격 이상으로 통제하는 경우도 있다. 그 이유는 정부가 농민의 소득을 보호하기 위해서이다. 정부가 쌀을 농민으로부터 시장거래 가격보다 더 비싸게 주고 사서 농민을 도왔다. 그리고 도시서민에게 시중시세보다 싼 값으로 팔아서 생활을 안정시키려고 하였다. 이러한 정부의 개입은 양곡재정 적자의 원인이 되었다. 정부가 쌀값을 균형가격 이상으로 받도록 최저가격제를 실시하면, 초과공급 상태가 발생한다. 높은 가격에 소비자들의 수요량은 감소하고 농민들의 생산량은 증가하기 때문에 그 차이가 초과공급된다. 이는 정부가 구매해야 한다. 정부가 초과공급된 쌀을 구매해서 창고에 저장하기도 하고, 손해를 보고 해외에 수출하기도 했다. 그 적자는 정부의 양특(양곡관리특별회계)적자가 되었던 것이다.

바 수요법칙의 응용

앞에서는 수급이 어떻게 상호 작용하여 균형가격과 교환량이 결정되는가를 보았다. 그런데, 왜 수요곡선은 [그림 7. 1]에서와 같이 현재 그 위치에 그 모양으로 있는가? 좌측이나 우측으로 이동하여 다른 모양으로 그릴 수도 있지 않았는가? 사실 그렇다. 그런데 수요곡선의 현 위치는 구매자의 소득, 기호, 수, 관련재의 가격, 장래 기대가격 등 수요조건을 모두 반영한 것이다. 이들 조건이 수요곡선을 그 위치에 그 모양으로 있게 만든 것이다. 상품에 따라서는 이들 조건이 다르게 된다. 그러므로 수요곡선의 기울기나 위치도 다르게 된다. 가격이 변화할 때 수요량이 얼마나 변화하는가도 다르게 된다.

가격이 변화할 때 수요량이 어떻게 변화하는가를 나타내는 것이 수요의 가격탄력성(price elasticity)인데, 이는 수요곡선의 기울기와 밀접한 관련이 있다. 가격변화에 따라 수요량의 변화가 많은 제품일수록 그 수요곡선은 수평선에 가깝게 된다. 반대의 경우에는 수직선에 가깝게 된다.

예를 들어보자. 빵집 주인인 M씨가 300원하는 빵의 값을 20% 올려서 360원으로 하면 빵은 얼마나 팔리고 수입은 어떻게 변화하겠는가? 빵의 판매량이 20% 이상 감소하면, 총수입은 줄어들고, 20%만 줄어들면 총수입은 불변이다. 이와 같이 빵의 가격이 몇 % 변화할 때 수요량은 몇 % 변화하는가를 비율로 표시한 것이 수요의 가격탄력성인데, 이는 수요곡선의 모양, 곧 기울기에서 나타난다. 지금부터 이런 문제를 보기로 하자.

그런데 가격변화에 따라서 수요량이 얼마나 변하는가를 따질 때에는 가격과 수요량의 '단위'가 다르기 때문에, 변화율을 사용한다. 예를 들어 빵의 값을 20% 올렸더니 판매량이 30% 줄었다면 빵에 대한 수요의 가격탄력성은 1.5(=30 ÷ 20)이다. 빵 값은 '돈'으로, 빵은 '개'로 서로 다른 단위로 표시하지만 그 변화를 비율로 표시하면 문제가 없다. 탄력성을 비율로 표시하는 이유는 여기에 있다. 그런데 가격이 예를 들면 20% 상승할 때 수요량이 20% 이상 감소하면 그 상품의 수요는 가격탄력적이라고 한다. 반대로 가격변화율보다 수요량 변화율이 더 작으면 가격비탄력적이

$$\frac{\text{수요량의 변화율}}{\text{가격의 변화율}} = \text{수요의 가격탄력성}(e)$$

$e > 1$: 탄력적
$e = 1$: 단위 탄력적
$e < 1$: 비탄력적

라고 한다.

지하철의 경우에는 요금이 10% 인상된다고 해서 이용자들이 승차횟수를 바로 10% 줄이는 것이 아니다. 특히 장거리 출퇴근하는 사람의 경우에는 더욱 그러하다. 이와 같이 가격이 가령 10% 상승해도 수요량이 이 비율보다 덜 감소하면 그 상품의 수요는 가격비탄력적이라고 한다. 생활필수품은 물론 소금이나 조미료처럼 가계비 중에서 차지하는 비중이 적은 품목의 수요도 가격비탄력적이 된다. 반대로 택시의 경우에는 요금이 10% 인상되면 수요량은 이 비율 이상 줄어들 수 있다. 택시, 보석, 고급의류 등의 수요는 일반적으로 가격탄력적이다. 사치품에 따라서는 가격탄력성이 아주 크게 될 수도 있다.

어떤 상품의 수요가 가격비탄력적일 때는 판매자가 가격을 인상해도 수요량은 가격상승 비율만큼 줄어들지 않기 때문에 판매자의 수입이 오히려 늘어나게 된다. 대표적인 예는 OPEC회원국들이 담합하여 석유카르텔을 만든 후 석유값을 대폭 인상하는 경우이다. 석유의 수요는 단기적으로 가격비탄력적이기 때문에 OPEC회원국의 수입은 크게 증가하게 된다.

그러나 장기적으로는 원자력, 수력, 풍력, 지열발전 등의 대체재 개발로 말미암아 석유수요는 가격탄력적이 될 수도 있다. 가격탄력성은 소비자의 지출이나 기업의 판매이윤에 결정적 영향을 미친다. 그러면 수요의 가격탄력성의 결정요인은 무엇인가? 다음과 같다.

① 그 상품을 대체할 수 있는 재화, 곧 대체재가 얼마나 많은가,
② 그 상품이 소비자의 가계부 중에서 얼마나 큰 비중을 차지하는가,
③ 대체재 개발에 시간이 얼마나 소요되는가이다.
④ 생필품인가 사치재인가에 따라서 차이가 있다.
⑤ 협의재화인가 광의재화인가에 따라서 다르다.

가령 버스요금을 많이 올리면 사람들은 버스의 대체재인 지하철을 많이 타게 된다. 지하철 요금이 많이 인상되면 마찬가지로 버스 이용객이 늘어난다. 설렁탕 가격이 올라가면 곰탕 수요가 증가한다. 소고기 가격이 인상되면 돼지고기 수요가 늘어난다. 어떤 제품의 가격변동이 다른 재화

의 수요에 영향을 미칠 때 이들 재화는 서로 간에 대체재라고 한다. 대체재가 많은 재화일수록 가격의 상승은 수요의 더 많은 감소로 나타난다. 그런데 세상에는 대체재가 수없이 많다. 서울-부산간의 교통수단인 고속버스, KTX, 기차, 택시, 자가용, 비행기 등의 서비스도 모두 서로간에 대체재이다. 한·중·일 음식도 마찬가지이다. 어떻게 보면 우리는 대체재의 홍수 속에서 살아간다. 대체재 때문에도 많은 기업의 독점력은 약해질 수밖에 없다.

㈔ 공급법칙의 응용

기업의 판매량은 가격에 따라서 다르게 된다. 어떤 제품의 가격이 올라가거나 내려갈 때 기업들이 그 공급량을 얼마나 변화시키는가를 따지는 것이 공급의 가격탄력성이다. 그런데 가격과 수량의 단위가 다르기 때문에 탄력성은 보통 비율로 표시한다. 가격이 10% 변화할 때 판매량이 몇 퍼센트 변화하는가, 즉 판매량변화율을 가격변화율로 나눈 것이 공급의 가격탄력성이다. 농산물과 같은 경우에는 가격이 10% 상승해도 공급량이 10% 이상 증가하는 경우가 드물다. 그럼 공급의 가격탄력성을 결정하는 요인은 무엇인가?

첫째는 제품의 특성이다. 사과주스와 사과자체의 공급탄력성은 다르다.

둘째는 대체재가 얼마나 많은가이다.

셋째는 시간이다. 철강가격이 오른다 하더라도 철강공급량을 늘리려면 제철공장을 지어야 하므로 오랜 시간이 걸린 반면 음식점과 같은 경우에는 음식가격이 상승하면 비교적 단기간에 늘릴 수 있다.

넷째는 비축가능성이다. 석유처럼 비축하는 상품의 경우에는 가격이 상승하면 비축된 것을 줄이면 되므로 당장 공급량을 늘릴 수가 있다. 그러나 비축할 수 없는 경우에는 그렇지 못하다.

8. 소득의 증가와 지출

"사람을 해치는 것이 세 가지가 있다. 근심, 말다툼, 빈 지갑이다. 이 중에서 빈 지갑이 가장 많이 해친다. 돈의 모든 부분은 마음에 의존하고, 마음은 돈지갑에 의존한다. 돈은 사람을 축복해 주는 것이다. 부는 요새이고, 빈곤은 폐허이다."

— 탈무드

"돈과 바보는 상극이다. 서로 잘 만나지도 않거니와 만나기만 하면 바로 헤어진다. 돈이 사람을 따라와야지 사람이 돈을 따라 다닌다고 오는 것이 아니다. 돈을 벌려고 하는 사람은 먼저 무엇인가 그에 상응하는 것을 주는 법을 배워야 한다."

가 근로자도 재산소득을 많이 벌 수 있게!

먼저 근로소득과 재산소득의 개념을 보자. 근로소득은 노동의 대가로 받는 소득이고, 재산소득은 다음과 같은 형태로 받는 소득이다.

- 기업경영인이 되어 버는 이윤 소득
- 주식을 통하여 버는 배당소득이나 자본이득(capital gain).
- 저축에 대한 이자 소득
- 자산을 빌려 주고 받는 임대료 소득

많은 사람들은 근로자는 근로소득만, 자본가는 재산소득만 번다고 생각하나 그렇지 않다. 특히 공산주의 이론의 창시자인 마르크스가 그렇게 생각했다. 그에 따르면, 근로자는 아무리 열심히 일하더라도 생존에 필요한 임금, 즉 생계임금(subsistence wage) 이상은 받지 못한다고 했다. 왜냐하면 나머지는 자본가에게 철저히 착취당하기 때문이라고 했다. 그러므로 근로자는 저축이 불가능하므로 재산소득은 한푼도 기대할 수 없다고 했다. 이런 소득관이나 재산관은 다음과 같은 점에서 볼 때 잘못된 것이다.

· 가령, 음식점 주인은 기업가이지만 혼자 음식점을 경영할 때는 노동자처럼 열심히 노동도 하지 않으면 안 된다. 노동자이면서 기업가이므로 그의 소득은 노동소득과 재산소득이 합쳐진 것이다.
· 음식점에서 일하는 종업원이 받는 소득은 근로소득이다. 그러나 그 소득의 일정부분을 저축하여 재산을 형성하면 그 재산에서 소득이 나온다. 그러므로 근로자도 재산소득을 벌 수 있게 된다.

이와 같이 기업가는 재산소득뿐만 아니라 근로소득도 벌고, 근로자는 근로소득뿐만 아니라 재산소득도 번다. 그러므로 근로자는 근로소득만, 기업가는 재산소득만 번다는 주장은 옳지 않다. 문제는 어떻게 기업가에게는 더 많은 재산소득을 벌 수 있게 하고, 근로자에게는 재산소득을 더 많이 축적할 수 있게 하는가이다. 근로자들이 더 많은 재산소득을 벌 수 있게 하는 길은 다음 두 가지로 나누어 볼 수 있다.

· 하나는 근로자들이 지식근로자나 기업가가 되어 재산소득을 많이 벌 수 있도록 하는 것이다. 우리는 실제로 그렇게 된 경우를 주위에서 많이 볼 수 있다.
· 다른 하나는 근로자들이 저축으로 재산을 형성하여 재산소득을 버는 것이다.

이를 그림으로 표시해 보자. 현재의 상태는 왼쪽 그림처럼 기업가의 주소득원은 재산소득, 근로자의 주소득원은 근로소득이라고 하자. 그럼 바람직한 상태는 무엇인가? 기업가는 더 많은 재산소득을 벌고, 근로자는 저축을 통하여 주소득원을 근로소득에서 재산소득으로 바꾸는 것이다. 주소득원을 나타내는 선은 굵은 선이다. 가는 선은 2차적인 소득원이다.

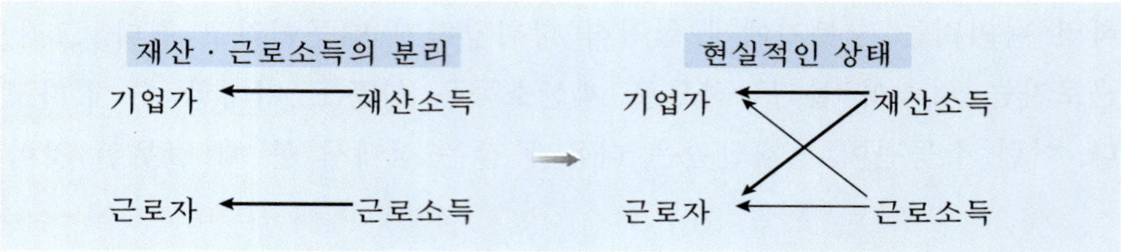

그럼 여기에서 소득 증가 방법을 요약해 보기로 하자.

① 글로벌경쟁력 우위기업에 취직하여 근로소득을 많이 버는 것이다.
② 근로소득을 저축하여 재산을 형성하여 재산소득을 증가시킨다.
③ 엔터프레누어나 '지식근로자'가 되어 이윤형태의 재산소득을 버는 것이다. 수많은 사람들이 돈과 명예를 걸고 벤처기업을 일으키고 갖은 위험을 다 무릅쓰고 아프리카나 남미의 오지를 다니면서 사업을 하는 것은 이윤형태의 돈을 벌기 위해서이다.
④ 재산소득을 재테크를 통하여 계속 증가시킨다.

돈을 늘리기 위한 목적으로 설립된 회사들도 많다. '○○펀드' 라는 이름의 회사는 전세계적으로 수천 개나 된다. 이런 펀드들은 투기자금을 운영하여 한국경제, 홍콩경제, 인도네시아경제 등을 무대로 돈을 벌려고 한다. 돈벌이가 되는 곳으로 빠르게 흘러 다니는 돈을 핫머니(hot money)라고 한다. 우리 나라도 1인당 소득이 2만 달러가 곧 되는 시점에서 세계 금융시장에서 '돈 늘리는 기술'을 잘 개발해야 할 것이다. 미국은 오래전에 나스닥 주식시장을 개설(1971년)하여 많은 벤처기업을 육성한 바 있다. 한국의 코스닥시장(1996년 개설)은 미국의 나스닥시장을 본떠 만든 것이다.

우리가 직접 사업을 하지 않더라도 발명 특허를 통하여 특허료를 받는다면 지식근로자가 된다. 특허를 이용하여 벤처기업을 일으키면 기업경영인이 된다. 그러나 지식근로자로 남아 있을 수도 있다. 이러한 면에서 보면 지식근로자는 기업경영인이 될 수도, 되지 않을 수도 있다. 그러나 기업경영인은 모두 '지식근로자'라고 할 수 있다.

경영학의 시조인 피터 드러커(Peter Drucker) 교수는 반도체나 인터넷 등 세상에 없는 새로운 제품이나 서비스를 만드는 사람을 지식근로자(knowledge worker)라고 했다. 이외의 사람을 서비스근로자(service worker)라고 한다.

(나) 우리의 국부(國富)는 얼마나 증가했는가?

한국의 국부(國富, wealth of nation)는 경제성장으로 지금까지 얼마나 증가했는가? 어마 아델만(Irma Adelman) 캘리포니아대 교수는 한국의 제2차 경제개발 5개년계획(1962~66)의 경제고문이었다. 지금까지 경제연구 관계로 한국을 여러 차례 방문했다. 그녀는 한국전쟁이 끝난 해인 1953년의 한국의 국부는 제로였다고 했다. 그 이유는(그가 말한 국부는 땅과 산림을 제외한 생산자본(생산설비, 기계 등)만을 의미한다.) 전쟁으로 생산시설이 거의 모두 파괴되었기 때문이라는 것이다. 한국 최초의 국부조사는 1968년에 시작되었다. 따라서 1953~67년 기간 한국의 국부가 얼마였는가는 잘 알 수가 없다. 한국의 국부조사는 제2차 1977년, 제3차 1987년, 그리고 제4차 1997년 등 매 십여 년마다 한 번씩 실시하였다. 다음 국부조사는 2007년경에 실시될 예정이다. 그러므로 최근의 국부자료는 1997년 국부통계조사 자료이다.

국부는 크게 유형자산과 대외자산으로 나눈다. 그리고 유형자산은 재생산 가능자산(자본)과 재생산 불가능자산(토지)으로 구분된다. 이는 넓은 의미의 국부이다. 좁은 의미의 국부는 생산활동과 긴밀한 관계가 있는 재생산 가능자산을 말한다.

유형자산	4,685조 원
① 재생산 가능자산	3,128
(유형고정자산 + 재고자산)	
② 재생산 불가능자산	1,557조 원
토지	1,548
입목	9
대외순자산	-527억 달러

그런데 여기서는 좁은 의미의 국부(國富)를 중심으로 살펴보기로 한다. 지금까지 4차의 국부조사 결과에 따른 국부총량과 국민 1인당 국부는 다음과 같이 증가했다.

[표 8. 1] 한국의 국부총량 및 국민 1인당 평균량

연 도	국부총량	국민 1인당 국부	
		당해년 가격	1997년 가격
1968	5.7조 원	19만 원	214만 원
1977	62.7	172	547
1987	539.9	1,297	1,765
1997	3,108.6	6,803	6,803

1968～97년 기간 한국의 국민 1인당 GNP는 6.7배 증가했는데, 1인당 국부는 32배나 증가했다. 소득보다 국부의 증가율이 월등히 높은 이유는 무엇인가? 하나는 기준 연도인 1968년의 국부가 너무나 빈약한 것이었고, 다른 하나는 그 이후 국부 축적이 급속히 증가한 것이었다. 한국의 1999년 말 현재 금융자산은 다음과 같다.

국가 전체: 3,233조 원 국민 1인당: 1,536만 원

국부를 호수에 고인 물, 국민소득을 강에 흐르는 물에 비유할 수 있

다. 국부의 축적이 많이 된 미국, 일본, 독일, 프랑스 같은 선진국들은 호수에 물이 많고, 대신 흐르는 강물은 상대적으로 적은 편이다. 반대로 국부축적이 상대적으로 적은 한국의 경우는 고인 물은 적으나 흐르는 강물이 상대적으로 많은 편이다. 호수의 물을 스톡(stock), 흐르는 강물을 플로우(flow)라고 한다. 한국은 아직 국부축적이 더 많이 되어야 한다. 경제성장은 그 과정에서 수준 높은 공항이나 항만, 성능 좋은 정보통신시설, 좋은 학교, 좋은 병원 등을 많이 건설되게 하는 것이므로 경제성장을 국부, 곧 스톡의 축적 과정이라고 볼 수도 있다.

다 소득은 기업에서 나온다

"경제는 우물과 같다."

— 다산 정약용

한국인의 소득은 어디에서 나오는가? 공무원의 예를 보자. 한국에는 약 89만 명(2004년)의 공무원이 있다. 이들이 정부에서 일하고 받는 소득은 근로소득이다. 그럼 정부는 공무원에게 줄 돈을 어디에서 조달하는가? 정부의 일반회계 수입의 약 93%(2005년)는 정부가 국민이나 기업에게서 세금으로 거두어들인 돈, 곧 '조세수입'이다. 나머지는 각종 수수료, 벌과금, 입장료 등의 '세외수입'이다. 그럼 세외수입은 누가 낸 돈인가? 기업이나 근로자가 낸 돈이다. 그럼 근로자는 어떤 소득에서 이 돈을 내는가? 기업에서 일하고 받은 소득에서 낸다.

결국 공무원이 받는 소득은 기업이나 국민들이 정부에 낸 돈이다. 그런데 국민들이 정부에 지불하는 돈은 어디에서 난 돈인가? 기업에서 일하고 받은 돈이다. 우리는 국민의 세금, 곧 '혈세'라는 것도 결국 기업들이 번 돈이 그 원천임을 알 수 있다. 그러므로 기업이 호경기를 맞으면 정부의 조세수입이 많아지고, 불경기를 맞이하면 줄어들게 된다. 시장경제에서는 세금이든, 근로소득이든, 재산소득이든 그 원천은 결국 기업에 있다. '국민의 혈세로 기업을 살리면 안 된다'는 사람은 혈세의 원천을 모르는 사람이다.

현대사회에서 돈이라는 물을 계속 흘러나오게 하는 우물은 결국 기업이다. 이렇게 보면 결국 기업이 잘 되어야 소득도, 혈세도 증가한다. 때문에 미국은 기업사회, 기업가의 사회, 비즈니스사회를 만들려고 애쓴다. 일본도 마찬가지이다. 정다산은 『목민심서』에서 경제는 우물과 같으므로, 잘 길러 쓰면 오래 간다고 했다. 한국경제라는 우물도 잘 길러 쓰면 얼마든지 오래 갈 수 있다.

정부는 돈을 바로 찍을 수도 있다. 아프리카 여러 나라에서는 아직도 쿠데타에 성공한 국가지도자들이 돈을 마구잡이로 찍어서 사용하는 경우가 있다. 그렇게 되면 어떤 일이 생기는가? 돈은 경제활동 규모에 꼭 맞게 적당한 규모로 있는 것이 바람직하다. 그리고 경제활동 규모의 증가에 맞게 늘어나야 한다. 너무 많이 늘어나면 인플레로 국민 모두가 손해를 볼 수 있다. 경제활동 규모는 근본적으로는 기업들의 활동 규모에 따라서 결정된다. 기업들이 많고 잘 자랄 때 국민들이 쓸 수 있는 돈도 잘 늘어난다. 국민 전체가 사용할 수 있는 돈의 총량을 '총통화'라고 하는데, 그 근본결정요인은 기업의 경제활동 규모이다. 이렇게 보면 기업이 얼마나 중요한가를 다시 한번 인식할 수 있다. 우리의 경쟁력모델이 기업경쟁력 강화를 위한 모델이 되어야 하는 것도 이 때문이다.

적잖은 사람들은 한국기업을 외국인에게 팔고 한국인은 그 회사에 근로자로 취직하여 일하면 되므로, 한국기업을 한국인이 소유하든 외국인이 소유하든 상관없다고 한다. 그런데 이런 말이 맞는가? 기업은 재산소득(이윤 등)과 근로소득을 만들어 내는 조직체이다. 위와 같은 주장은 재산소득의 중요성을 모르기 때문에 나온 것이다. 우리 기업을 선진국 기업에 넘겨 주고, 우리는 그 밑에 들어가서 취직하여 일하면 된다고 하는 후진국 사람들도 있다. 그런데 우리 나라에는 황당하게도 한국인이 일본식민통치 때문에 득을 보았다고 주장하는 사람들도 있다.

라 소비의 결정요인

돈은 벌기도 어려우나 쓰기도 어렵다. 어떤 면에서 보면 벌기보다 쓰기가 더 어렵다. 거지처럼 벌어서 정승같이 써야 한다는 말도 있다. 사실

돈을 어떻게 쓰느냐 보다 더 어려운 일도 드물다. 이는 경제학적으로 보면 저축이론이고 소비이론이기도 하다.

우리의 생존에 필요한 소득을 생계소득(subsistence income)이라고 하는데, 소득이 이 수준을 넘어서는 순간부터 저축이 중요하게 된다. 저축을 한 다음에는 저축한 돈을 어떻게 증식시키는가도 중요하게 된다. 같은 금액의 소득을 받는 사람도 이재술(理財術)의 차이 때문에 세월이 감에 따라 축적한 재산에 큰 차이가 날 수 있다. 그런데 개인의 이재술이 아무리 좋다고 하더라도 나라 전체 차원의 이재술이 나쁘면 경제가 잘 굴러가지 않으므로 재산축적이 어렵게 된다. 국민 전체가 이재술을 잘 할 수 있도록 하는 것이 경제학이다. 개인의 이재를 보기에 앞서서 소비술(消費術)을 보기로 하자. 저축이나 저축한 것을 더 크게 하는 기술을 이재술이라고 하고, 소비에서 얻는 효용(만족감)을 더 크게 하는 것을 소비술이라고 부르기로 하자.

소득 = 소비 + 저축

저축 = 소득 − 소비

그런데 저축이란 무엇인가? 소득에서 소비를 뺀 것이다. 소비와 저축을 합친 것이 소득이기 때문이다. 그러므로 소비를 설명하면 저축은 자동적으로 설명이 된다. 이제 소비의 결정요인들을 보기로 하자.

1) 나의 현재소득. 우리의 소비를 결정하는 가장 중요한 요인은 나의 현재의 소득이다.

2) 상대소득. 상대소득도 나의 소비의 중요한 결정요인이 된다. 상대소득은 두 가지로 나누어 볼 수 있다. 하나는 현재의 남의 소득이고, 다른 하나는 나의 과거의 소득이다. 공동체주의 사상이 강한 한국인에게는 상대소득이 나의 소비에 많은 영향을 미친다. "남이 큰 차를 사니 나도 큰 차를 산다," "남이 외국에 휴가를 가니 나도 간다" 등이 그 예이다.

이러한 현상은 나의 소비가 남의 소득에도 많은 영향을 받는다는 것을 의미한다. 나의 소비가 상대방의 소득의 영향을 받게 되는 것을 소비의 상대소득가설(relative income hypothesis)이라고 한다. 옛날 시골 사람들의 소비가 도시 사람들의 소득, 후진국 사람들의 소비가 선진국 사람들의 소득, 서민층의 소비가 부유층의 소득에 영향을 받아서 증가하게 되는 것은 모두 상대소득의 중요성을 나타내는 것이다. 이는 마치 전시회에 가서 새로운 물건이 있는 것을 보고 소비를 하게 되는 것에 비유하여 전시효과(demonstration effect)라고 한다. 부유층 부인들의 몸에 전시된 고급 옷이나 귀금속을 보고 서민층이나 중산층 부인들이 따라서 소비하게 되는 것을 그 예로 들 수 있다. 전시효과 때문에 소비가 증가하므로 저축이 잘 안 되어 후진국의 경제성장이 잘 안 된다는 주장도 있다.

또한 옛날에 잘 살았던 사람은 현재의 생활수준을 그때보다 낮추기가 힘든다. 이는 오늘의 나의 소비가 과거의 나의 소득에 영향을 받는다는 것이다. 옛날에 연탄을 사용하다가 현재 가스를 사용하는 사람은 계속 가스를 사용하려는 경향이 있다. 톱니는 한 방향으로만 돌아가도록 되어 있듯이 우리의 소비습성도 낮아지지는 않고 계속 높아지기 쉽다. 우리의 소비습성이 톱니처럼 한 방향으로만 계속 되어 가는 것을 소비의 톱니효과(rat-chet effect)라고 한다. 문제는 전시효과와 톱니효과가 다같이 작용하면 소비는 계속 증가하므로 저축은 계속 감소하게 된다는 것이다.

이와 같이 나의 소비는 현재의 나의 소득, 현재의 남의 소득, 그리고 과거의 나의 소득의 영향을 받는다.

3) 항상소득과 생애주기 소득. 나의 소비는 나의 소득 중 본봉이 많은가, 보너스가 많은가, 각종 수당이 많은가에 따라서도 다르게 된다. 우리의 소득은 항구적인 부분인 항상소득(permanent income)과 가변부분인 임시소득(transitory income)부분으로 나눌 수 있다. 장기적으로 일정하게 기대되는 소득, 즉 항상소득이 많으면 소비도 많이 할 수 있게 된다. 우리는 소득이 많다고 모두 소비하는 것이 아니다. 노후를 위해서 저축도 많이 해야 한다. 우리가 학생일 때는 소득이 없으므로 부모님께 빚을 지고 산다. 학교를 마치고 취직하여 돈을 벌 때는 소비도 많이 하나 저축도 많이 한다. 은퇴 후에는 젊을 때 벌어서 저축해 놓은 것으로 생활한다. 그러

므로 우리의 소비는 우리의 일생의 소득을 모두 고려한 후 결정하게 된다. 이를 소비의 생애주기(life-cycle)가설이라고 한다.

4) 재산. 우리가 재산(wealth)을 얼마나 축적하였는가, 즉 재산소득이 얼마나 많은가가 우리의 현재의 소비를 결정하는 중요한 요인이 된다.

5) 사회보장제도. 현재의 우리의 소비는 사회보장제도가 얼마나 잘 발달되어 있는가, 소비금융이 얼마나 잘 발달되어 있는가에 따라 영향을 받는다. 사회보장제도가 잘 발달되어 있는 미국에서는 사람들이 친척이나 이웃의 경조사 때 한국인들처럼 두꺼운 돈 봉투로, 곧 현찰로 인사하지 않는다. 친척이나 이웃의 경조사 때 현찰을 세계에서 가장 많이 사용하는 국민은 아마 한국인일지 모른다. 이는 사회보장 성격의 지출이기도 하나 국민성에도 크게 기인한다. 미국인들은 소비성향이 높은데, 이는 잘 발달된 사회보장제도 때문이라고 하는 학자도 많다. 전 미국대통령 경제고문이었던 마틴 펠드슈타인 하버드대 교수가 그 예이다.

6) 금융제도. 미국의 금융은 소비자 중심의 금융이고, 일본의 금융은 생산자 중심이다. 그러므로 미국의 금융제도는 소비를 조장하게 되어 있다는 것이 레스터 서로우 MIT 교수의 주장이다. 태국은 시골청년이 방콕에 와서 취직하면 곧 바로 외제자동차를 살 수 있을 정도로 소비자금융이 잘 발달되어 있다. 이와 같은 일은 한국에서는 1980년대까지도 어림도 없는 일이었다. 그러나 최근에는 모기지론의 발달에 따라서 집이나 자동차를 사는 사람은 금융기관에서 돈을 빌려 구입하는 것이 가능하게 되었다.

7) 기타 요인. 조세도 우리의 소비에 영향을 미친다. 한국정부는 최근까지 대형아파트, 골프, 칼라TV 등 수 많은 품목을 사치품으로 간주하여 높은 세율을 적용하여 국민들의 소비성향을 낮추려고 노력했다.

지금까지는 우리의 소비를 결정하는 각종 요인들을 보았다.

마 소비지출의 유형과 합리적 소비

"미국의 백만장자들은 돈을 다음과 같이 사용함으로써 가정의 생산성을 높인다.

· 가구는 새로 사지 않고 수리하여 다시 쓴다.
· 전화는 값이 싼 회사를 이용한다.
· 전화판매원으로부터 물건을 사는 일이 없다.
· 쇼핑할 때는 할인권을 사용한다.
· 일상용품은 다량으로 구입한다."

— 토마스 스탠리, 『백만장자의 마음』

우리가 소비지출을 할 때 어떻게 해야 되는가? 이를 보기 위해서는 우선 다음과 같이 네 가지 소비지출 유형을 알 필요가 있다.

① 우리의 생산성이나 이재능력의 증가를 위한 소비지출. 각종 교육비, 전문지식의 향상을 위한 연수나 독서비용, 이재(理財)능력 향상을 위한 경제학관련 공부비용, 체력 향상을 위한 지출 등을 예로 들 수 있다.

② 효용의 증가를 위한 지출. 효용(utility)이란 우리가 재화와 서비스의 소비에서 얻는 만족감을 나타내는 경제학 용어이다. 의·식·주 관련 비용의 지출, 교통·통신비, 오락비 등의 지출이다. 일상생활, 직장생활, 그리고 놀고 즐기기 위한 지출이 모두 포함된다.

③ 현상유지를 위한 지출. 병이 났을 때 보건·의료비 등을 지출하여 병으로부터 회복하기 위한 지출이다.

④ 효용을 줄이는 지출. 과음, 과식 등으로 몸을 탈나게 하는 지출, 불법적이거나 비도덕적 행위와 관련된 지출, 환경오염을 초래하는 지출 등은 자신이나 남의 효용을 줄이는 것이다.

그러므로 우리의 지출 중 생산능력 향상을 위한 지출은 많을수록 좋다고 할 수 있다. 인적자본 형성을 위한 지출도 마찬가지이다. 그러나 남의 효용을 줄이는 지출은 적을수록 좋다. 그런데 많은 사람들은 교육비를 소비 지출이라고 간주하므로 교육비 지출을 많이 하는 한국인을 소비를 많이 하는 사람으로 간주한다. 가정(가계)을 순수한 소비단위로 간주하는 사람도 많다. 가계는 자녀의 교육과 훈련의 장이고, 인적자본 형성의 기능을 한다.

우리가 어떤 재화의 소비를 증가할 때 소비증가분에서 얻어지는 추가적인 효용을 한계효용(marginal utility)이라고 한다. 이는 어느 단계를 지나면 소비단위가 늘어감에 따라서 오히려 줄어드는데, 이를 한계효용체감의 법칙(law of diminishing marginal utility)이라고 한다. 듣기 좋은 꽃노래도 한두 번이라는 말이 있듯이, 연거푸 들으면 한계효용이 체감한다. 커피도 한 잔, 두 잔, 석 잔 등으로 늘려 갈 때 각 잔에서 얻어지는 효용, 곧 한계효용은 체감한다. 다른 상품의 경우에도 마찬가지이다. 그러므로 우리가 재화와 서비스를 소비할 때는 각종 재화에서 얻어지는 한계효용을 같도록 해야 한다. 환언하면 돈 천 원을 어디에 쓰든지 거기에서 얻어지는 효용이 같아지도록 써야 한다. 이를 한계효용균등의 법칙이라고 한다. 이 법칙에 합당하도록 쓰는 것이 합리적인 소비이다. 지금까지는 돈을 어떻게 쓰는 것이 좋은가를 보았다. 지금부터 돈을 어떻게 모으는가를 보기로 하자.

바 재산소득의 증가 방법

재산소득을 증가시키는 방법에는 어떤 것이 있는가? 돈이 생기면 중국인은 금을 사고, 일본인은 금융기관(동네마다 개설된 우체국)에 저금을 하고, 한국인은 땅을 산다는 말이 있었다. 한국인은 땅에 대한 소유욕이 특히 강하다고 하는 사람들이 많다. 돈이 생기면 미국인은 최근 주식을 많이 샀다. 유태인은 자식들에게 돈버는 기술을 가르치는 데 많이 쓴다. 1인당 소득기준으로 보면 세계에서 유태인들이 제일 잘 살고, 그 다음은 아마 룩셈부르크인, 미국인, 일본인 순일 것이다.

중국인은 자고로 수많은 난리를 겪었다. 최근 인도네시아에서도 화교들이 야반도주를 해야 했다. 피난가는 데는 금이 최고였다. 한국인은 옛날부터 해외에 이주하러 갈 생각을 별로 하지 않았다. 조선이 5백년 계속되었듯이, 우리 나라에서는 평화가 계속되었다. 옛날 중국에서와 같은 난리도 별로 없었다. 우리 땅은 그야말로 금수강산이었다. 지진과 태풍이 많은 일본이나 난리가 많은 중국처럼 이사갈 필요가 없었다. 이러한 상황 때문에도 한국인들은 땅을 중시한 것으로 보인다.

일본인들은 메이지유신 이후 한국보다 여러발 앞서서 자본주의를 도입했다. 그리고 선진국과 대적하면서 국내저축을 중시했다. 큰 마을에는 거의 모두 우체국을 세워서 국민들에게 우편저금을 권장했다. 한편 미국은 특히 1990년대에 들어와서 기업활동이 왕성하게 되자 주식 값이 많이 올랐다. 미국인들은 주식을 사서 돈을 많이 벌었다. 그럼 우리도 주식을 사면 되지 않는가? 그러나 한국에서는 1990년대 주식을 거래한 사람은 대부분 손해를 보았다. 그럼 돈을 어떻게 해야 늘릴 수 있는가? 지금부터 이재술(=돈 늘리는 방법)을 몇 가지 보기로 하자.

금이나 다이아몬드. 1972년에 나온 로마클럽의 「성장의 한계」라는 보고서는 지구의 금 매장량은 그 때부터 13년간 더 사용하면 끝장이 날 것이라고 하였다. 때문에 금값은 이 보고서가 나온 직후 천정부지로 올랐다. 그러나 그 이후 크게 떨어졌다. 옛날 종이돈이 나왔을 때 이를 금으로 보증해 주었다. 이런 제도를 '금본위제도'라고 한다. 이 제도를 처음으로 시험했을 때는 금이 아주 귀하여 값이 비쌌다.

그러나 금본위제도는 얼마 전 전세계적으로 폐지되었다. 그리고 기술발전으로 금보다 좋은 물질이 개발되어 지금은 치아도 금뿐만 아니라 다른 대체재료를 많이 사용하게 되었다. 금을 바닷물에서도 캘 수 있는 기술도 개발되었다. 따라서 수요공급면으로 볼 때 금값이 별로 올라갈 이유가 없게 되었다. 다이아몬드도 마찬가지이다. 지금은 인조 다이아몬드가 실제 다이아몬드 못지 않다. 오래 전 다이아몬드를 결혼기념 선물로 받은 어떤 분은 그 동안 그 값이 올라가지 않았다는 것을 알고 크게 실망했다고 했다. 이렇게 볼 때 보석을 사 놓으면 값이 많이 올라갈 것으로 기대하는 것은 잘못이다. 한국 제일의 부자였던 고 정주영 전 회장은 금이나 다이아몬드 등의 보석 같은 것을 이재수단으로는 사지 않는다고 했다.

땅이나 부동산. 한국에서는 옛날부터 '돈을 땅에 묻는 것', 곧 부동산을 사는 것이 재산 증식의 확실한 방법이라고 했다. 그런데 이는 옛날 주식도, 채권도, 빌딩도 없을 때의 이야기이다.

그런데 땅값은 언제 올라가는가? 땅에 돈을 묻어 놓고 팔면 최소한 묻힌 돈값만큼 땅값이 올라간다. 이는 무슨 소리인가? 공장이나 아파트나 고속도로를 짓는 것이 곧 땅에 돈을 묻는 것이다. 한국에서 1970년대나 1980년대 공장, 도로, 공업단지, 아파트 등을 수없이 건설할 때 국토에 돈이 많이 투자되었다. 때문에 땅값이 많이 올랐다. 동시에 국민들의 소득도 많이 증가했으므로 땅에 대한 수요도 증가했다. 그러므로 땅값이 올라갈 수밖에 없었다. 또한 당시 회사가 많이 생기고 사무직 근로자들의 수가 많이 증가하였으므로 사무실에 대한 수요도 크게 증가했다. 이에 따라 빌딩값도 크게 올랐다. 그럼 앞으로는 어떻게 되겠는가?

한국에서는 앞으로 TV공장, 자동차공장, 컴퓨터공장 등을 옛날처럼 정신없이 지을 이유가 별로 없다. 고속도로도, 아파트도 이미 많이 건설되었다. 우리 나라의 가구 수는 2004년 현재 1,251만 가구인데, 주택 수는 1,267만 호나 된다. 가구에 대한 주택비율이 101.2%나 된다. 주택 수는 2002년부터 가구 수를 능가하게 되었다. 그러므로 땅값이나 집값이 옛날처럼 전반적으로 크게 올라갈 이유가 별로 없다. 그러나 역시 지역에 따라서 땅값이 수급사정의 변화로 많이 올라갈 소지는 얼마든지 있다. 그리고 인플레가 되면 문제는 다르다. 미국에서는 1991년까지 땅값과 집값이 떨어지다가, 그 이후 경제가 좋아지니까 서서히 오르기 시작했다. 일본과 홍콩에서는 반대로 1991년 이후 땅값이 크게 떨어졌다.

땅을 개인이 사는 것을 '투자'라고 하는 사람이 있다. 그러나 이미 앞서 말한 바와 같이 나라 전체로 보면 있는 땅의 소유권 이전에 불과하니 투자가 아니다. 나라 전체 차원에서 보면 투기 목적으로 땅을 샀다 팔았다 하는 것은 소망스러운 일이 아니다.

앞으로 땅값, 부동산값이 어떻게 되는가는 전적으로 우리 나라 기업들의 경쟁력이 어떻게 되느냐에 달렸다. 기업의 경쟁력이 떨어지면 집값, 땅값, 사무실값, 사람값 등 거의 모든 값이 떨어진다. 이는 우리가 IMF 경제위기 직후에 겪어서 잘 아는 사실이다. 반대로 기업의 경쟁력이 강해지면 땅값, 집값, 사무실값, 사람값 등이 모두 상승하고 국민들의 재산도 증가한다.

보험은 해약하면 왜 손해를 보는가? 예를 들어, 한국에서 매년 집 만 호당 불이 한 건 나고, 불이 나면 집이 타서 손해가 1억 원이 된다고 하자. 그래서 만 명이 1만 원씩 보험금을 내면, 그 중 누가 집에 불이 나더라도 1억 원의 보험금을 받을 수 있다. 그래서 만 명이 모두 2년 동안 2만 원짜리 보험을 들었다고 하자. 그런데 2년째 되던 해 보험을 해약하니 보험회사가 1만 원도 안 되게 되돌려 준다. 보험회사가 떼먹은 것이 아닌가? 아니다. 왜냐하면 첫 해에 한 집에 불이 났을 것이므로 이미 낸 보험금 2만원 중 1만 원은 날아갔다. 그리고 보험회사도 보험 모집인과 직원에게 봉급을 주어야 하니 그 돈도 공제해야 한다. 그러므로 되찾을 수 있는 돈은 1만원이 채 안 되는 것은 당연하다. 그러나 만약 첫 해에 자기 집에 불이 났으면 그 사람은 1억 원을 받을 수 있었을 것이니 많은 손실을 면할 수 있었을 것이다.

은행예금 이자. 은행은 예금자로부터 예금을 받아서 기업등 대출자에게 대출해 주는 것이 주요 업무이다. 예금자에게는 이자를 가령 연 6%를 주고, 돈을 빌려 가는 기업으로부터는 8%를 받으면 그 차이 2%가 은행의 수입이다. 은행은 이 2%의 수입으로 직원 봉급을 주고, 필요한 경비로도 쓴다. 우리가 은행에 예금을 할 때 이자로 받는 금액은 비교적 확실하나 그 금액은 적은 편이다.

주식투자. 미국의 경우 1991년 이후 많은 신기술의 발전으로 많은 산업과 기업이 생기고 왕성한 활동을 하는 가운데 기업의 이윤이 크게 증가하여 증권시장은 활황장세를 나타내었다. 그 때부터 최근까지 다우존스 주가지수는 상당정도 상승했다. 그 결과 수많은 미국인들이 주식으로 많은 돈을 벌었다. 각종 재단과 펀드들도 많은 돈을 벌었음은 물론이다.

그러나 일본의 경우는 1991년 거품경제가 터진 이후 부동산가격의 폭락으로 부동산회사들이 도산하고, 부동산회사에 돈을 빌려 준 은행들이 큰 손해를 보았다. 일본회사들은 서로가 서로의 주식을 갖고 있었으므로 한 회사의 손해는 다른 회사의 손해로 파급되었다. 그러므로 주식가격들이 모두 떨어졌다. 일본에서 주식을 산 사람들은 1991년 이후 모두 손해를 보았다. 1991년은 일본의 경우에는 거품경제가 터지고 경기의 장기하강국면이 시작된 해이고, 미국의 경우에는 반대로 경기 침체가 끝나고 경기의 장기상승국면이 시작된 해이다. 한국의 경우에는 1990년대는 이른바 문민정부가 집권한 시기다.

	1991년	2005년 11월
미국의 다우존스 주가지수	2,470	10,806
일본의 니케이 주가지수	23,350	14,872
한국의 종합주가지수	657	1,253

한국은 2000년 12월의 주가가 1991년 주가보다 낮으니 증권을 산 사람들은 거의 손해를 보았다. 그러나 그 이후 많이 상승했다. 대부분의 기업들도 증시에서 자금조달하는 것이 어려웠음은 물론이다. 그런데 기업의 주식 값은 이윤이 많아야 올라간다.

한국기업의 주식 가치를 높이는 방법. 예를 들어 자본금과 매출액이 같은 두 회사의 당기 순이익이 매출액의 5%이고 다른 조건이 모두 동일하다면 그 주식 값도 같게 된다. 그러나 한 회사의 매출액 이윤율이 7%이면 그 주식 값은 다른 회사보다 그만큼 더 높게 된다. 어떤 회사의 주식 값은 그 회사의 자본금, 매출액, 이익률 등에 따라서 결정된다. 자본금은 일정할 때 이윤이 많을수록 배당금은 많아진다. 참고로 한국은행의 기업경영분석 자료에 따르면 2004년 한국제조업의 평균 자기자본 경상이익률은 약 19.7%였다. 그럼 어떤 기업의 이윤율을 높이는 방법은 무엇인가? 수많은 방법이 있을 수 있다. 무엇보다 중요한 것은 각종 비용을 줄이는 것이다. 그러나 더욱 중요한 것은 새로운 성장전략이나 경쟁전략으로 매출액과 이윤율을 크게 증가시키는 것이다. 그런데 이들은 모두 개별기업

차원에서의 대책이다.

IMF 경제위기 발생 직후 많은 회사의 주가가 폭락한 이유 중의 하나는 매출액 감소와 이자율 급등에 따라 기업 이윤율의 급락에 크게 기인한 것으로 보인다. 그런데 1999년에는 한국기업의 이윤이 크게 증가하여 주가가 크게 오른 것은 환율 상승, 이자율 하락, 달러로 환산한 인건비의 하락 등에 크게 기인했다. 무엇보다 당시 한국기업들은 빚이 많았으므로 이자부담을 줄여야 이윤이 증가할 수 있었다. 한국에서는 2005년 주가가 많이 상승했는데 이는 기업경영의 개선, 상당기간의 주가 저평가, 풍부한 유동성, 부동산시장 규제 등에 기인한 것으로 보인다.

노동운동으로 인건비가 많이 올라가도 주가는 떨어진다. 1990년대 초 주가가 크게 떨어진 것은 복수노조제도 등 노동운동의 활성화에 따른 인건비 상승에 따른 이윤 감소에 크게 기인했다. 예를 들어 어떤 전자회사의 사원들이 자사주(자기 회사주식)를 높은 가격에 많이 샀다고 하자. 이때 노동운동으로 임금이 대폭 인상되면 어떻게 되겠는가? 이윤이 크게 줄어들면 자사주 가격은 크게 떨어진다. 개개인의 근로자로 볼 때 노임 상승으로 오르는 봉급보다, 자사주 가격 하락으로 보는 손해가 오히려 클 수도 있다.

정부 차원의 대책으로서는 정부의 적절한 증시정책, 통화정책, 조세정책, 환율정책 등을 들 수 있다. 예를 들면, 정부가 저이자율 정책으로 기업의 금융비용을 줄여 주거나, 적절한 환율정책으로 수출업체의 이윤율을 높게 해 줄 수 있다. 적절한 인플레정책으로도 수출업체의 이윤율은 높게 해 줄 수 있다. 한국주식의 가격을 높이는 방법은 이와 같이 개별기업 차원의 미시경제적 대책과 정부차원의 거시경제정책으로 나눌 수 있다. 한국기업의 이윤율을 높이는 근본적인 대책은 우리가 제10장에서 설명할 GC모델에 따라서 한국기업과 산업의 경쟁력을 높이는 것이다.

투자신탁회사의 수익증권은 왜 마이너스가 될 수 있는가? 투자신탁회사는 남의 돈으로 주식이나 채권투자를 하는 회사이다. 채권투자만 하면 손해를 크게 보지 않으나 이윤이 적다. 그런데 채권투자는 개인이 하는 것이나 큰 차이가 없다. 돈을 더 벌기 위해서는 주식투자를 하지 않을 수 없다. 그렇지만 주식투자를 하면 손해를 볼 수도 있다. 그러므로 수익증권투자는 마이너스가 될 수도 있다.

채권투자. 채권투자는 지하철 공채 같은 정부나 공공단체가 발행하는 채권, 즉 국채나 공채(=국공채)에 대한 투자와 회사가 발행한 채권, 즉 회사채에 대한 투자로 나눌 수 있다. 그런데 국공채는 이자율이 낮으므로 돈벌이가 별로 안 된다. 반면 회사채는 이자율이 높으므로 돈벌이가 다소 많이 된다. 그러나 대우채와 같이 회사가 부실하게 되는 경우에는 큰 손해를 볼 수도 있다. 이와 같이 회사채 투자에는 '리스크'가 따른다. 원금을 손해볼 리스크도 항상 있는 것이다.

달러 등 외국돈의 가치. 일본 엔화가 오를 때는 일본 돈을, 미국 돈값이 오를 때는 미국 돈을 사놓는 것이 유리하다. 이런 것을 환투기라고 하는데, 전세계의 수많은 외환딜러들이 이런 일을 하고 있다. 장기적으로는 경제가 잘 성장하는 나라의 돈값이 올라가게 된다. 현재 매일 이런 목적으로 국제금융시장에서 거래되는 돈의 총량은 국제무역을 위하여 필요한 돈의 총량을 크게 넘어서고 있다.

미술품이나 골동품. 최근 미국의 미술품 투자 전문가들의 연구에 따르면 특수한 경우를 제외하면 보통 화가들의 그림 값은 장기적으로 볼 때 은행이자율 수준 이상으로 올라가지 않는다는 것이다. 한국에서도 1970년대에는 골동품 수집이 유행이었으나 지금은 잠잠하다. 미술품이나 골동품은 실용성을 기준으로 소비를 목적으로 사 놓으면 두고두고 사용할 수 있는 장점이 있다.

㈔ 국민 전체의 소득과 재산의 증대방향

금이나 다이아몬드 등 보석에 대한 투자는 그 자체에서 수익이 나오는 것이 아니다. 전세계적으로 보석값이 크게 오른다면 모를까 그렇지 않으면 소용이 없다. 그 돈으로 달러를 사서 미국은행에 저금하면 오히려 이자수입이라도 얻을 수 있다.

미국에서처럼 건전한 주식시장과 투자환경이 조성된 상황에서만 주식투자를 해서 돈을 버는 것이 장기적인 관점에서 바람직한 방법이라고 할 수 있다. 그러기 위해서는 많은 사람들이 엔터프레누어가 되고 '지식인'이 되어야 한다. 기업도 경쟁력을 계속 늘려나갈 필요가 있다. 그리고 정부는 기업에 대하여 이자율을 적정수준으로 유지해 주고, 세금도 경쟁국 수준으로 낮게 하는 등 글로벌 경쟁력 향상에 도움되는 환경을 조성하는 역할을 해야 한다. 근로자는 자신의 임금보다 생산성을 더 높게 하지 않으면 안 된다. 그렇게 하는 것이 기업을 돕는 길이고 기업을 돕는 것이 결국은 근로자와 정부를 돕는 길이다. 전국민이 돈을 많이 벌고 또한 잘 늘릴 수 있게 하는 길이기도 하다.

국민이 돈을 잘 버는 길은 결국 기업을 많이 세우고 우리의 GC모델이 밝히는 것처럼 그 경쟁력을 높이는 것이다. 과거 영국은 홍콩을 식민지로 거느렸다. 당시 영국은 1인당 소득수준에 있어서 홍콩보다 비교할 수 없을 정도로 높았다. 그러나 홍콩은 그 동안 계속 기업의 국제경쟁력을 키워 왔고 영국은 이를 소홀히 해 왔다. 그 결과 2004년 구매력환산 1인당 국민소득 수준에 있어서 홍콩은 영국을 앞서고 있다. 소득수준에 있어서 식민지가 종주국을 크게 앞서게 된 것이다. 기업의 GC향상 여부가 이렇게 큰 차이를 나게 하는 것이다.

9. 우리가 가진 자원에는 어떤 것이 있는가?

"석기시대는 돌이 부족하여 끝난 것이 아니다."

"불안한 나라에서는 인기영합형 정치가가 부강한 나라에서는 혁신적인 기업경영인이 존경받는다."

가) 공업화시대의 자원과 지식기반시대의 자원

자원의 뜻과 종류. 공업화시대의 자원과 지식기반시대의 자원에는 차이가 있다. 공업화시대의 대표적인 자원은 노동, 자본 및 토지이고, 지식기반시대의 대표적인 자원은 지식이다. 기업가적 역량은 어느 시대에나 중요한 자원이다. 많은 사람들은 '자원(resources)'이라고 하면 석유, 철강, 원목 등 자연자원만을 생각하나 그렇지 않다. 재화나 서비스생산에 사용되는 자연자원, 인적자원(=노동+기업가적 역량), 인조자원(=자본), 지식(knowledge)은 모두 자원이다. 경제재의 생산에 사용되는 투입물(input)은 모두 자원이다. 지하에 매장된 원유, 이를 끌어올리는 채굴장비, 끌어올린 원유를 정유공장까지 수송하는 선박, 정유공장의 각종 정유시설, 정유된 기름을 수송하는 유조차, 유조차가 수송해 온 휘발유를 판매하는 주유소 등은 물론, 이와 관련된 일을 하는 사람은 모두 자원이다. 각종 재화와 서비스의 생산에 사용되는 자원을 '생산적 자원(productive resources)', '경제적 자원' 또는 '생산요소(factors of production)'라고 한다. 이는 다음과 같이 나눌 수 있다.

생산요소 = 경제적 자원 = 생산적 자원 = 투입물

1) 토지. 이는 토지뿐만 아니라 삼림, 용수, 광물 등 창조주로부터 부여받은 자원, 곧 부존자원을 말한다. 경제학자들이 말하는 생산요소로서의 '토지'는 자연자원(natural resources)을 포함한다. 따라서 땅에 매장된 원광상태의 다이아몬드나, 원시림 등의 자연자원은 모두 토지이다. 그러나 다듬어진 원목은 토지가 아니라 자본이다. 관개시설이 된 농지는 토지와 자본이 결합된 것이다. 이와 같이 생산요소로서의 토지는 일반인들이 말하는 토지보다 그 범위가 넓다.

2) 노동. 이는 재화와 서비스의 생산에 사용되는 인간의 육체적 및 정신적 노력 또는 재능을 말한다. 경제학자에 따라서는 인적자원(human resources)을 노동이라고 한다. 생산직 근로자, 사무직 근로자, 교사, 공무원 등이 하는 일은 모두 노동(labor)이다. 강제노동이나 노예노동은 경제학자들이 말하는 노동이 아니다. 경제학자들이 말하는 노동이란 노동자가 정해진 임금에 자발적으로 판매를 원하는 육체적 및 정신적 노력의 발휘를 의미한다.

3) 자본. 각종 상품의 생산에 사용되고, 또한 생산된 상품을 소비자들이 소비할 수 있도록 저장하거나 수송하는데 필요한 각종 생산장비, 공장건물, 유통 및 저장시설 등을 말한다. 자본(capital)은 인간이 제조한 자원(manufactured resources)인데, 자본재(capital goods) 또는 투자재(investment goods)라고도 한다. 투자(investment)는 경제학에서는 자본의 증가를 위한 지출 또는 신자본재의 구매를 말한다. 그러나 경영학에서는 주식의 매입도 투자라고 한다. 경영학자들은 주식의 매입을 금융투자라고 한다. 자본에는 재고품(inventories)이 포함된다. 재고의 축적은 투자로 간주된다. 왜냐하면 원료나 반제품 형태의 재고품은 순조로운 생산활동에 필요하며, 완제품 형태의 재고품은 판매활동에 긴요하기 때문이다.

상점의 옷, 전시용 마네킹, 레코드상점에 있는 CD, TV 아나운서가 방송 때 입는 옷, 골프선수가 시합 때 사용하는 골프채는 모두 자본재이다. 그 이유는 서비스 생산에 사용되기 때문이다. 그러나 소비자인 우리가 사용하는 골프채, 옷, CD는 소비재이지 자본재가 아니다. 그런데 위에서 예를 든 자본재는 모두 물적 자본이다. 그럼 물적자본만으로 생산이 가능한가? 그렇지 않다. 반도체를 예를 들면 기계가 없으면 생산이 안 된다. 그러나 기계가 있어도 기술이 없으면 기계를 사용할 수가 없다. 반도체를 잘 만들 수 있는 교육·훈련·경험이 중요한데, 이를 인적자본(human capital)이라고 한다. 로봇도 물론 자본이다. 일본은 세계제일의 로봇 생산 대국이다. 매년 6만 개 이상의 로봇을 생산하여 공장자동화에 사용한다.

4) 지식(knowledge). 공업화사회의 부자들은 토지, 금, 석유 등의 자원 소유자들이었다. 그러나 빌 게이츠가 세계 제일의 부자가 된 것은 이런 자원으로 된 것이 아니다. 지식이라는 새로운 생산요소를 토대로 기업가적 역량을 발휘하여 번 것이다. 일본 제일의 부자인 손정의 씨도 마찬가지이다. 이들은 종래의 의미의 자본가들(capitalists)이 아니다. 공업화사회의 주된 생산요소는 노동, 자본, 토지, 기업가적 역량이나 지식사회(knowledge society)에서 주된 생산요소는 지식이다. 지식이란 토플러(Alvin Toffler)에 따르면 "넓은 의미에서 데이터, 정보, 영상, 기호, 문화, 이데올로기, 가치관을 포함한다(그의 『전쟁과 반전쟁』 참조)." 그런데 노동, 자본, 토지는 수확체감의 법칙의 지배를 받으나 지식이라는 생산요소는 수익체증의 법칙을 따른다. 그리고 지식이라는 생산요소는 사용할수록 줄어드는 것이 아니라 오히려 늘어난다. 그러므로 희소성(scarcity)의 법칙의 지배를 받지 않는다.

5) 기업가적 역량. 앞의 네 가지 경제적 자원은 자연발화하여 상품을 생산하는 것이 아니다. 누군가가 이를 결합하여 제품을 생산하고, 생산된 제품을 판매하며, 그 과정에서 이윤이나 손해를 보는 위험을 감수해야 한다. 이런 일을 하는 사람이 바로 기업가다. 기업가는 일상적인 생산활동을 경영인에게 위임할 수도 있다. 이때의 경영인은 노동자이다. 그러나 위험과 불확실성을 감당하는 일은 누구에게도 위임할 수 없다. 되풀이하

면 각종 자원을 결합하여 재화와 서비스의 생산활동을 실제로 하는 것이 기업가적 역량 또는 기량(entrepreneurial ability)이다. 이를 창조적 자원(creative resource)이라고 할 수 있다.

각종 자연자원과 노동력이 풍부한 러시아 같은 나라에서 생산활동이 잘 이루어지지 못하는 것은 기업가적 역량의 부족 때문이다. 고 정주영 현대그룹 창설자는 러시아에 세계적인 기업가가 단 한 사람이라도 있었으면 경제가 저 지경이 되지는 않았을 것이라고 했다. 많은 경제학자들은 노동자의 노동과 기업가적 역량을 뭉뚱그려서 노동이라고 한다. 그리하여 생산요소는 세 가지라고 한다. 그러나 이는 옳지 않다. 노동은 자연자원 및 제조된 자원과 같이 생산활동에 직접 사용되는 것이고, 기업가적 역량은 노동, 자본 및 토지를 생산목적에 사용되도록 조직하고 운영하는 인간의 특수 역량이다. 그러므로 양자는 큰 차이가 있다.

다음 예를 보면서 더 생각해 보기로 하자. 어느 한국 기업가는 인도네시아에 섬유공장을 세워서 운영했다. 그런데 아무리 생각해도 그 나라에서 사업하는 것이 위험할 것 같아서 경제위기 직전 공장을 닫고 대신 멕시코에 같은 공장을 지었다. 그랬더니 NAFTA(북미자유무역협정) 때문에 미국으로 수출이 날개 돋친 듯이 잘되어 돈을 아주 많이 벌었다. 인도네시아는 지금도 엄청난 어려움을 겪고 있다.

삼성전자의 이익은 상당 부분 신제품 개발, 해외진출 및 세계적인 첨단기술 보유기업들과의 전략적 제휴에 기인한다. 이런 것은 공장노동자들이 노동을 열심히 한다고 해서 해결될 일이 아니다. 한국의 30대 그룹은 같은 한국인, 같은 한국정부, 같은 한국문화 등 같은 환경에서 사업을 한다. 그런데 그룹의 규모나 성장률에 있어서 큰 차이가 나는 이유는 무엇인가? 그룹 소속 기업가들의 역량 차이 때문이다. 그 방면 세계 최고인 미국의 마이크로소프트사는 빌 게이츠, GE사는 잭 웰치라는 기업가 때문에 그렇게 잘 하고 있다.

노동자의 일은 로봇이나 기계가 대신할 수 있다. 그러나 아무리 우수한 로봇이나 기계도 대신할 수 없는 것은 바로 기업가적 역량이다. 자본주의를 자유기업경제라고 하는 것은 기업가의 역량이 그만큼 중요하기 때문이다. 경제환경 급변시대, 자본주의체제간의 무한경쟁시대, 글로벌리제이션시대, 기술혁신 급변의 시대, 정보화시대에서는 기업가의 역할이 매우 중요하다. 그러므로 우리는 생산요소(또는 자원) 중 기업가적 역량을 특히 강조하는 것이다.

혼합요소. 컴퓨터를 전공한 어떤 사람이 자그마한 컴퓨터 부품회사를 차렸다. 그는 스스로 청소도 하고 부품도 만든다. 노동자인 동시에 기업가이다. 부품을 만들면서 기계(물적자본)도 사용하지만 자신의 기술·지식·경험(=인적자본)을 사용하기도 한다. 이와 같은 전문지식인이 사업을 하는 경우 노동, 자본 및 기업가적 역량이라는 생산요소가 혼합·사용된다. 이런 예는 수없이 많이 있다. 음식점을 혼자서 경영하는 사람도 노동자, 기업가, 자본가(인적자본가)의 역할을 동시에 한다. 교육수준이 높게 될수록, 그리고 지식사회가 진행될수록 혼합요소의 역할과 중요성은 커지게 된다.

Entrepreneurship은 기업가 정신인가, 기업가 활동인가?

entrepreneurship을 기업가 정신보다 기업가 활동으로 번역하는 것이 타당한 것으로 보인다. 기업가 정신은 entrepreneurial spirit이다. 생산요소로서의 entrepreneurship은 기업가 활동이지 정신이 아니다. 사실 자본주의 정신이 생산요소가 아닌 것처럼 기업가 정신도 생산요소가 되지 못한다. 그러므로 세계에서 판매부수 제일을 자랑하는 캄벨 멕코넬 교수의 『경제학』(제13판)은 생산요소가 되는 것은 기업가적 역량(entrepreneurial ability)이라고 했다.

사회의 변화와 자원의 변화. 인류가 농경사회에 있을 때는 '농토'가 대세를 결정했다. 농토가 풍부한 곳에서 인류의 문명이 발달했으며 부강한 나라도 생겼다. 예술로 유명한 프랑스는 국토의 64%가 평야이고, 한때 세계제일의 경제대국이 되어 세계를 제패했던 영국은 농경지와 목초지가 국토의 약 80%나 된다. 농경사회는 자본도 기술도 거의 없었으므로 인간이 먹고사는 길은 그저 자연을 상대로 열심히 일하는 수밖에 없었다. 그러므로 농경사회는 자연자원과 노동이 대세를 결정하는 사회였다. 노동가치설이 설득력이 높은 사회이다. 그러나 지금은 총생산비에서 차지하는 블루칼라노동자의 인건비는 계속 떨어지고 있다. 세계 수준의 제조업체의 경우는 총생산비의 8분의 1 또는 그 이하일 정도이다.

인류가 농경사회를 지나 공업화사회로 들어서게 되자 공업의 원료가 되는 석탄, 석유, 철 등 자연자원의 중요성이 커지게 되었다. 따라서 선진 공업국들은 지하자원 확보를 위하여 후진국을 식민지로 개척하려고 했다. 영국, 프랑스, 스페인, 포르투갈, 네덜란드 등의 국가가 모두 그러했다. 그러나 독일만은 예외였다. 공업화에 필요한 원료를 식민지 개척이 아니라 화학산업의 발전을 통하여 조달하려고 했다. 이 때문에 독일의 화학산업은 세계적으로 유명하다. BASF, 바이에르, 훽스트 등은 독일의 세계적 화학회사들이다. 독일은 '부존자원,' 곧 자연자원이 아니라 화학산업을 통하여 만든 자원, 즉 '창출된 자원'을 중시했다.

나 사회간접자본, 인간자본 및 지식자본

사회간접자본. 세계 수준의 철강 공장을 짓자면 무엇보다 항구가 좋아야 한다. 철강을 육지로 실어 나를 도로와 철도도 좋아야 한다. 또한 양질의 전기도 필요하다. 국내외의 업무를 보기 위해서는 Fax, 전화, 인터넷 등의 통신시설도 좋아야 한다. 공업용수도 좋아야 한다. 이와 같은 수송통신 및 전력·용수관련 시설을 사회간접자본(SOC: social overhead capital)이라고 한다. 이러한 시설은 모든 산업활동에 기반이 되므로 인프라(infrastructure)라고도 한다. SOC는 인프라와 같은 뜻으로 사용되나 인프라보다 더 경제학적인 전문용어이다.

제철회사가 소유한 공장설비 등은 개인(private)이 소유하고 생산에 직접(direct) 사용되는 자본(capital)이므로 개인의 직접자본 또는 직접생산자본(DPC: directly productive capital)이라고도 한다. 그러나 수송·정보통신, 전력·용수시설 등은 일반적으로 사회가 소유하고, 즉 사회적(S: social)으로 소유되고, 생산활동을 간접(O: overhead)지원하는 자본(C: capital)이므로 SOC(사회간접자본)라고 한다. 한국의 자본은 크게 DPC와 SOC로 나눌 수 있다. 여기에 재고자본을 더하면 한국의 총자본(= SOC +

DPC + 재고자본)이 된다. 수송 · 통신 및 전력 · 용수시설을 좁은 의미의 사회간접자본이라고 한다. 그런데 기업의 생산활동에 간접적으로 지원하는 것은 이외에도 법과 제도, 교육, 치안 등 수없이 많다. 이런 것을 모두 포함한 것을 넓은 의미의 SOC라고 한다.

물적자본 →
- 개인직접생산자본(=생산공장의 설비, 건물 등)
- 사회간접자본 →
  - 좁은 의미의 SOC(=수송 · 통신 + 전력 · 용수)
  - 넓은 의미의 SOC(=좁은 의미의 SOC + 법 · 제도, 교육, 보건, 치안 등)
- 재고자본: 원료, 반제품, 완제품 형태의 재고품

한편 못사는 나라들이 경제개발을 할 때 DPC와 SOC를 같이 한꺼번에 건설해야 된다는 이론을 자본투자 면에서 균형성장론이라고 하고, 순서를 정하여 건설해야 된다는 이론을 불균형성장론이라고 한다.

인간자본 또는 인적자본. 우리 나라 어느 그룹은 종업원에 대한 철저한 교육 · 연수 · 훈련으로 유명하다. 종업원 한 사람을 임원으로 키우는데 약 10억 원의 돈이 든다고 한다. 생산성을 높이기 위하여 사람에 들어간 돈을 인간자본(human capital) 또는 인적자본이라고 한다. 교육을 많이 받은 사람은 몸속에 돈이 많이 들어간 사람이다. 이런 사람은 교육을 전혀 받지 못한 사람과 근본적으로 다르다. 박세리 선수는 데이비드 레드베터라는 세계 수준의 코치로부터 골프지도를 받는 등 자신의 능력 향상에 돈을 많이 썼다. 곧 인적자본이 많이 축적된 사람이다.

자연자원이 매우 부족한 한국인들이 짧은 기간에 세계 최고 수준의 고도성장을 가장 오랫동안 할 수 있었던 것은 교육열이 높은 한국인의 많은 인간자본 형성 때문이다. 그런데 인간자본이라고 하면 일반적으로 교육뿐만 아니라 건강과 기강을 포함한다. 즉, 인간자본 = 교육 · 훈련 + 건강 + 기강이다.

인간자본은 물적자본에 대응하는 개념이다. 인간자본이론을 정립한 사람은 시카고대학의 노벨 경제학상 수상자들인 테어도어 슐츠(Theodore Schultz) 교수와 게리 베커(Gary Becker) 교수 등이다. 그런데 가계비용 중 교육관련 비용은 인간자본이라는 개념이 나오기 전까지는 소비지출로 간주되었다. 그러나 인간자본이론이 정립되고부터는 자본적 지출로 간주되기에 이르렀다. 그리고 공산주의이론의 이론적 바탕이 된 마르크스의 『자본론』의 자본은 물적자본을 의미한다. 그에 따르면 노동자는 형성된 자본이 전혀 없는 사람이다.

그러나 현대의 노동자는 인적자본가인 경우가 많다. 교육을 많이 받았기 때문에 인적자본이 많이 축적되었기 때문이다. 그러므로 인적자본이론이 나온 이후 공산주의는 이론면에서 근본적으로 잘못되었다는 주장이 제기되었다. 공산주의이론 옹호론자들이 가장 싫어하는 것 중의 하나가 인적자본개념이다. 세계은행은 세계총자본의 64%는 인간자본이라고 했다.

그런데 지식사회(knowledge society)는 지식, 곧 인간자본이 중요한 사회이다. 박세리는 골프를 갓 시작했을 때는 일반요소였다. 그러나 많은 교육과 훈련으로, 즉 인간자본 형성으로 세계 수준의 '고급요소'가 되었다. 또한 세계 수준의 '전문요소'도 되었다. 가수 조수미 씨의 경우도 마찬가지이다. 수많은 한국인을 앞으로 일반요소(=일반노동자)에서 고급요소와 전문요소로 다시 태어나게 하는 것이 중요하다. 그 길은 세계 수준의 교육·훈련시설과 기구를 창설하여 인간자본을 잘 형성하는 것이다. 쉬운 예로 태능선수촌은 일반요소를 세계 수준의 고급요소와 전문요소로 창출하는 기관이다. 우리 나라의 많은 고등교육기관이나 학교도 마찬가지이다. 앞으로 한국기업과 산업의 경쟁력은 인간자본을 얼마나 잘 형성하는가에 달려 있다.

자본 ┬ 물적자본(=개인직접생산자본+사회간접자본+재고자본)
　　 └ 인적자본(=교육·훈련+건강+기강)

지식자본과 지식근로자. 인간자본(교육 · 훈련 + 건강 + 기강) 중 지식에 해당되는 것은 지식자본(knowledge capital)이다. 지식자본이 형성된 근로자는 지식근로자(knowledge worker)이다. 그런데 인간의 지식은 기계장비나 공장건물 등 물적자본과 근본적으로 다른 면이 있다. 예를 들면 인간의 지식은 사용할수록 줄어드는 것이 아니라 오히려 늘어난다.

경영학의 시조 피터 드러커는 자본주의는 자본을 중시하므로, 자본에 의하여 좌우되는 사회이나, 자본주의 이후의 사회는 지식에 의하여 지배되므로 지식사회(knowledge society)라고 했다. 지식은 수확체감이 아니라 수확체증의 법칙의 적용을 받는다. MRI, 인터넷, GPS(전지구위치 파악 시스템) 등 혁신적인 제품을 생산하는데는 노동, 자본, 토지도 중요하나 더욱 중요한 것은 지식(knowledge)이다. 지식사회에서 가장 중요한 생산요소는 지식을 활용하는 근로자, 즉 지식근로자이다.

> "현대 경제의 힘은 노동력에 있는 것이 아니다. '지식인의 임계질량'(critical mass)에 있다. 즉, 엔지니어, 화학자, 금융전문가, 마케팅 전문가, 회계사, 금속공학자들이 골고루 있고 또한 어느 정도의 숫자가 있어야 현대 경제의 힘이 생긴다."
>
> — 피터 드러커

다 정보재와 지식은 수확체증의 법칙을 따른다

어떤 것이나 디지털화, 즉 제로(0)나 일(1)로 나타낼 수 있는 것은 정보재(information goods) 또는 지식재(knowledge goods)가 될 수 있다. 그 예는 소프트웨어, 책, 영화, 웹사이트, 금융서비스 등이다. 이들은 높은 고정비 때문에 처음 생산하는 비용은 비싸다. 그러나 재생산 비용은 아주 싸다. 그러므로 엄청난 규모의 경제를 실현할 수 있다. 다시 말해 수확체증의 특징이 있다.

규모의 경제는 공급측 뿐만 아니라 수요측에도 적용된다. 소프트웨어 패키지 같은 정보재의 가치는 사용자 수의 증가에 따라서 증가한다. 예를 들어, 우리가 아는 사람이 모두 마이크로소프트의 워드를 사용하면 우리도 이를 사용하는 것이 편하게 된다. 네트워크는 사용자의 수에 따라 증가하는데 이를 네트워크 효과(network effects), 네트워크 경제(economies of network), 또는 네트워크 외부성(network externalities)이라고 한다. 정보재 산업에 있어서는 수요측과 공급측 규모의 경제(demand-side and supply-side economies of scale)가 통합되어 발생하는 경우가 많다.

그런데 지식은 사용해도 고갈되지 않는다. 오히려 증가한다. 전통적인 경제이론은 자원의 희소성(scarcity)을 전제로 했다. 희소성 때문에 생산비는 증가할 수밖에 없다고 하였다. 그러나 지식이나 지식재는 희소성의 법칙에 적용을 받지 않는다.

라 가장 중요한 자원은 기업가적 역량

"사장 자리는 오르기도 어렵지만 지키기도 어려운 것이다."

— 이병철 삼성그룹 창설자

"나는 역사적으로 볼 때 부(富)와 일자리를 만들어 내는 유능한 경제인이 정치가나 군인보다 더 중요하다고 생각한다."

— 폴 게티

제 1 차 및 제 2 차 석유파동 때 중동의 산유국들은 그야말로 떼돈을 벌었다. 그럼에도 그 이후 경제는 발전하지 못했다. 그 이유는 무엇인가? 이 돈을 생산 목적에 사용하도록 할 수 있는 기업가들이 많지 않았기 때문이다.

정보화사회는 생산능력과잉의 사회. 선진공업국들은 공업화사회를 마치고 현재 '정보화사회'에 들어와 있다. 피터 드러커는 이를 지식사회라고 한다. 이 사회의 주된 산업은 정보통신, 컴퓨터, 생명공학, 레이저산업 등 지식을 바탕으로 하는 산업이다. '부존자원'이 아니라 두뇌의 힘(지식)이 대세를 결정하는 사회이다. 두뇌의 힘(=지식=지력)은 창출된 자원이다. 때문에 이런 산업을 '두뇌산업' 또는 '지력(知力)산업'이라고 한다.

『공업화 다음의 사회』(*Post-Industrial Society*)라는 책으로 유명한 다니엘 벨 하버드대 교수에게 공업화 다음의 사회에서는 정보통신산업뿐만 아니라 스포츠산업, 관광오락산업 등도 모두 중요하게 되는데, 왜 사람들이 이를 정보화사회라고 하느냐 물었더니 그는 다음과 같이 말했다. 즉, 정보가 중요하기 때문에 정보화사회라고 하나 스포츠, 관광오락 등도 아주 중요하게 되므로 스포츠사회, 관광오락사회라고 할 수도 있다는 것이다.

아무튼 지식사회에서는 부존자원이 아니라 '창출된 자원'이 대세를 결정한다. 기술발전이 급속한 시대에는 신기술을 개발할 수 있는 지식이나 신기술을 기업화할 수 있는 기업가의 역할이 절대적으로 중요하게 된다. 인류역사를 놓고 볼 때 각종 기술의 대중화에 필요한 연수는 다음과 같다. 전기 46년, 자동차 55년, 전화 35년, TV 26년, PC 16년, 그러나 인터넷의 경우에는 6년에 불과했다. 온 나라가 기업가 정신이 충만하게 되면 유능한 기업가가 많이 나오고 유능한 기업가가 많게 되면 한국의 근본경제문제의 해결도 그만큼 쉽게 된다.

인류가 정보화사회에 들어 왔다는 사실은 각종 공산품 생산능력은 전혀 문제가 되지 않는다는 사실을 의미한다. 세계적인 기업들은 생산기술의 급속한 발전으로 공산품 생산능력을 놀라울 정도로 향상시켰다. 지금은 어느 공산품이나 양질의, 그리고 대량의 생산은 아주 쉽게 되었다. 1970년대 중반까지만 하더라도 생산제품 100개 중 불량품을 3개 정도로 줄일 수만 있었으면 세계 초일류기업으로 간주되었다.

그러나 지금은 불량품을 PPM기준으로 따진다. 즉 어느 기업이나 제품 백만 개당 불량품을 3~4개로 줄일 수 있으면 초우량기업이라고 한다. 이렇게 불량품을 줄이는 운동을 '6시그마 운동'이라고 한다. LG전자, 삼성SDI 등도 이를 실천하고 있다. 지금은 어느 공산품이든 수요 부족이 문제이지 생산능력 부족은 전혀 문제가 안 된다. 지금은 전세계적으로 생산능력 과잉이 문제가 되는 시대이다. 크리스토퍼 바르렛트와 수만트라 고샬은 『국경을 넘나드는 경영』에서 1990년대는 전세계적인 생산능력과잉시대라고 했다. 그들이 밝힌 주요제품의 생산능력 과잉상태는 다음과 같다.

자 동 차: 40% 초과	철 강: 50% 초과
화학제품: 100% 초과	컴 퓨 터: 140% 초과

지금의 제품은 성능이 좋기 때문에 수명도 길다. 얼마 전까지만 하더라도 자동차를 사는 사람은 잦은 고장 때문에 3~4년 뒤에 다시 새차로 바꾸어야 된다고 했다. 그러나 지금은 새차를 사면 10년도 넘게 쓸 수 있다. 다른 공산품도 마찬가지이다.

기업가의 역할은 증가한다. 정보화사회는 기술변화가 빠르므로 첨단산업이 주도하는 사회이기도 하다. 미국의 산업문제 대가인 알프레드 챈들러 하버드 경영대 교수는 저자에게 미국이 1990년대에 들어와서 고도성장을 지속하게 된 것은 신기술의 급속한 발전으로 과거에 없던 새로운 산업들이 수없이 생기고 또한 서로 상승작용을 했기 때문이라고 했다. 미국의 신기술과 신산업이 그렇게 빠르게 진행될 줄을 몰랐다는 것이다. 지금은 기술혁신이 빠르기 때문에 컴퓨터, 핸드폰, 첨단 정보통신장비, 무기 등은 사는 즉시 고물이 되는 경우가 많다. 이런 때일수록 기업가의 역할은 더욱 중요하게 된다.

옛날 소련은 토지, 자본, 노동 등 생산요소에 있어서 한국을 크게 앞섰는데 왜 경제가 붕괴되었는가? 북한도 이런 생산요소 면에서 1960년대까지만 하더라도 남한을 앞섰는데, 왜 경제가 파탄지경인가? 기업가가 한 사람도 없었기 때문이다. 공산국가는 기업가가 노동자를 착취한다고 하여 그 존재조차 인정하지 않는다. 후진국이 못사는 이유도 세계적인 기업가가 없고, 또한 배출될 여건도 되지 못하기 때문이다. 옛날 한국에서 똑같은 섬유업을 하던 기업가들도 지금은 천차만별이다. 부도가 나서 패가망신한 사람도 있고 세계적인 기업가가 된 사람도 있다. 그 이유는 기업가적 역량의 차이 때문이다. 현재 옛날 동구 공산권국가들이 체제개혁과정에서 크게 중시하는 것은 국민의 기업가적 역량을 제고시키고 유능한 기업가를 많이 육성하는 것이다.

앞으로 공장노동은 로봇에 의하여 계속 대체된다. 기술 발전에 따라 신소재 개발도 많이 된다. 글로벌리제이션시대의 기업가는 노동이나 자원이 풍부한 나라에 가서 기업을 할 수도 있다. 문화와 언어와 경영환경이 다른 나라에 가서 기업을 설립하는 것은 노동자가 아니라 기업가이다. 자원 중 자연자원이나 노동의 상대적 중요성은 계속 떨어지고 기업가의 중요성이 올라간다. 이러한 면에서 21세기는 기업가의 역할이 무엇보다 중요한 시대이다.

현재 거의 모든 나라는 시장경제의 활성화에 안간힘을 쓰고 있다. 시장경제는 자유기업경제이므로, 시장경제에서는 자유기업의 활성화가 중요하게 된다. 김종현 서울대 명예교수는 다산경제학상 수상 논문제목을 "기업인은 경세부국(經世富國)의 견인차"라고 했다. 21세기 경제정책의 기본 방향은 엔터프레누어 육성과 활성화이다. 그럼 어떤 사람들이 엔터프레누어 자질이 있는가?

엔터프레누어가 될 수 있는 사람들. 기업가(企業家), 실업가(實業家), 비즈니스맨, 엔터프레누어(entrepreneur) 등의 차이는 무엇인가? 국어사전에 따르면 실업가는 "상공업이나 금융업 등의 기업을 경영하는 사람"인데, 영어로 비즈니스맨이나 또는 인더스트리얼리스트(industrialist)로 번역된다.

그러나 엔터프레누어는 단순한 실업가와는 다르다. 기업을 일으키므로 기업가(起業家)라고도 하나, 일반적으로 엔터프레누어란 혁신(innovation)적인 모험사업을 하는 사람을 의미한다. 종전에는 기업가들이 혁신을 주로 하였으므로 혁신자라고 하면 기업가를 의미했다. 그러나 지금은 가정주부, 학생, 상점주인, 스포츠맨, 예술가, 회사원, 공무원, 사업가 할 것 없이 누구나 혁신자가 된다. 혁신이란 그냥 새로운 것이 아니라 '혁명적으로 새로운 것'을 말한다.

지식사회에서는 엔터프레누어의 역할이 특히 중요하다. 그럼 어떤 사람이 엔터프레누어가 될 수 있는가? 유럽에서 13개 국어로 번역된 『핵심 비즈니스 개념』의 저자 벵크트 칼뢰프는 다음과 같은 성향이 강한 사람들이 될 수 있다고 했다.

· 자신의 의사결정을 스스로 하려고 한다.

- 모험심이 강하다.
- 자신이 하는 일의 결과를 보기를 원하며 건설적인 비판과 칭찬을 받아들인다.
- 비즈니스에 활발하게 참여하며 보통 작은 조직에서 가장 행복해 한다.
- 신속한 개발과 혁신을 좋아한다.
- 성장하는 분위기나 비즈니스 지향적 환경에서 번성한다.
- 자신은 물론 동료들에 대해서도 능력 면에서 많은 것을 요구한다.

그는 엔터프레누어를 창조적이고, 상상력이 풍부하며, 정열적이고, 가끔 현란하기도 하며, 의지력이 강한 사람이라고 했다. 그리고 구식 엔터프레누어는 완고하고 비타협적이나, 새시대의 엔터프레누어는 인간관계와 사회적 접촉을 잘하고 또한 중시하는 사람이라고 했다.

이병철, 정주영, 최종현, 이건희, 구본무, 윤종용, 손길승, 박태준, 이구택, 정몽준 등은 혁신적인 기업가들이라고 할 수 있다. 등소평은 한때 중국이 박태준 같은 사람을 한 사람이라도 가졌다면 철강 강국이 되었을 것이라고 한 바 있다. 일본의 경단련 회장은 박태준 때문에 일본의 신일본제철이 세계 제 1 위의 철강회사 자리를 한국에 내 주었다고 했다. 이외에도 우리 나라에는 혁신적인 기업가나 세계의 선두자리에 올라선 기업들이 많다.

> "경영을 배우지 않는 기업가는 오래가지 못하고, 혁신을 배우지 않는 경영인은 오래가지 못한다."
>
> — 피터 드러커

미국의 세계적인 기업연구의 전문지인 「포춘」지는 세계에서 "가장 존경받는 기업(most admired companies)" 리스트에 삼성전자, SK(주) 및 포스코를 포함시켰다. 이건희 회장과 윤종용 부회장은 삼성전자, 최종현 회장과 손길승 회장은 SK(주), 그리고 박태준 회장과 유상부 회장은 포스코를 각각 세계에서 가장 존경받는 기업으로 만든 것이다. 정주영 회장과

엔터프레네누어와 지식인이 되는 길

엔터프레네누어(entrepreneur)라고 하면 옛날에는 돈을 대서 사업을 일으키는 기업가(起業家), 창업가(創業家) 등을 의미했다. 그러나 지금은 그 뜻이 더욱 넓어졌다. 자신이 하는 일을 여러 면에서 혁신하는 사람은 누구나 엔터프레네누어이다. 사업가 중에서도 혁신을 못하는 사람은 엔터프레네누어가 아니고, 사업가가 아닌 사람 중에서도 혁신을 하는 사람은 엔터프레누어이다. 벵크트 칼뢰프(Bengt Karlöf)는 가수, 운동선수, 학생, 주부, 공무원, 군인, 경찰, 정치가 할 것 없이 혁신을 하는 사람은 모두 엔터프레네누어라고 했다.

그가 말하는 '엔터프레네누어'는 곧 지식사회의 지식인이다. 이런 점에서 보면 세종대왕도, 이순신 장군도 엔터프레네누어이다. 그럼 대통령도 엔터프레네누어가 될 수 있는가? 물론이다. 대통령이 그렇게 되면 국력은 크게 향상 된다.

슘페터는 혁신에는 다섯 가지 방법이 있다고 했다. 제품의 혁신, 생산원료의 혁신, 기업조직의 혁신, 생산방법의 혁신, 그리고 시장의 혁신이 그것이다. 그럼 이를 개인의 경우에 적용하면 어떻게 되는가? 첫째, 우리가 지금 하는 일보다 더 혁신적인 일을 찾아서 한다. 둘째, 일하는 데 필요한 도구, 장비 등을 혁신한다. 셋째, 다른 사람과 같이 일할 때는 그 관계 및 조직을 혁신한다. 넷째, 일하는 방법을 혁신한다. 다섯째, 더 많은 사람을 위하여 일하는 등 대상을 혁신한다.

구시대의 엔터프레네누어는 완고하고 고지식한 사람들이 많았다. 그러나 새시대의 엔터프레네누어는 부드러운 인간관계와 원만한 사회활동을 잘 할 수 있는 사람이다. 앞으로 전국민이 엔터프레네누어가 된다면 한국경제는 도약에 도약을 거듭할 수 있을 것이다.

정몽준 고문은 현대중공업을 그 분야에서 세계제일의 기업으로 만들었다.

「포춘」지는 서기 2000년 아시아의 가장 존경받는 기업인으로서 삼성전자의 윤종용 부회장을 선정했다. 일본의 유명한 경제주간지인 「닛케이 비즈니스」지는 삼성전자의 2000년 한 해 이익이 소니, 마츠시다 등 일본의 유명한 7대 전자회사의 총이익보다 많다는 사실을 특집기사로 보도한 바 있다.

기업가로서의 엔터프레누어는 다음과 같은 역할을 한다.

① 기업가는 노동, 자본, 토지 등의 생산요소를 결합하여 생산물의 생산활동을 주도한다. 따라서 기업가는 생산활동에 불을 붙이는 점화장치나 촉매제의 역할을 한다. 국가의 희소한 자원을 더 생산적인 목적에 사용되게 함으로써 사람과 자원의 가치를 높인다.

② 신제품, 신원료, 신시장, 신조직, 신생산방법 등을 강구하는 혁신자(innovator)의 역할을 한다. 슘페터(Joseph Schumpeter)는 이를 5대 혁신(innovation)이라고 했다. 그는 이러한 혁신이 기업가의 기본 기능이고 경제발전의 원동력이라고 했다. 기업가는 노동, 자본 및 토지를 결합하여 생산활동을 할 뿐만 아니라 더 좋은 제품, 시장, 원료, 생산방법, 경영조직을 개발해야 하므로 노동자와는 그 기능이 근본적으로 다르다. 사실 똑같은 노동, 자본 및 토지를 가지고 농사 짓는 농민의 경우에도 기업가적 역량이 있는 사람과 없는 사람간에는 시간이 갈수록 차이가 더 벌어진다.

기업가적 역량이 있는 사람은 무엇보다 매년 똑같은 농사를 되풀이하여 지으려고 하지도 않는다. 새로운 농작물 재배는 물론 심지어 농사를 그만 두고 제조업이나 서비스업으로의 전업도 끊임없이 강구한다. 말하자면, 항상 변화를 추구하는 것이다. 그러나 노동자의 자질이 있는 사람은 변화를 싫어한다. 계속 똑같은 농사일을 되풀이하거나 기업가 밑에서 일하는 것을 선호한다.

③ 위험부담자의 기능을 한다. 기업가는 수익성이 아주 좋을 수도 또한 나쁠 수도 있는 사업을 위험을 무릅쓰고 한다. 기업가와 노동자의 차이를 보자. 예를 들어 어떤 상점을 하는 사람이 월급 100만원에 종업원 한 사람을 고용하여 운영한다고 하자. 이때 만약 장사가 잘되어 월급을 주고도 남는 돈이 있으면 이는 상점주인의 몫이다. 그러나 잘 안 되어 남는 돈이 없으면 그 주인이 손해를 본다. 그 상점주인은 기업가이고, 종업원은 노동자이다. 노동자의 봉급은 정해져 있으나 기업가의 수입은 정해져 있지 않다.

기업가에게는 언제든지 손해도 볼 수 있는 위험이 따른다. 다른 예를 보자. 우리가 선물을 할 때 그 선물을 받는 사람이 좋아한다는 보장이 없다. 기업가들이 물건을 만든다고 하여 소비자들이 좋아한다는 보장이 없다. 기업가들이 제품을 만드는 것, 그 자체가 하나의 커다란 모험이다.

④ 일상적인 기업경영을 위한 기업정책을 수립하고 시행한다.

"나는 나의 사명감을 확인하고 또 언제까지나 청신(淸新)한 창조력을 지속시켜 나가기 위해 쉴 사이 없이 사업을 벌여 나간 것이 아닌가 하고 생각할 때가 있다."

— 이병철 삼성그룹 창설자

ECONOMY

제 3 편

새 시대의 새로운 생존모델과 전략

ECONOMY

10. 기업과 산업의 GC의 결정요인

"현대사회, 경제 및 공동체의 중심은 기술이 아니다. 정보도 아니다. 생산성도 아니다. 좋은 성과를 내도록 관리된, 사회 기관(器官)으로서의 조직체이다. 모든 조직체는 글로벌경쟁력(GC)을 전략전 목표로 설정해야 한다."

— 피터 드러커

스위스 IMD는 기업의 경쟁력이 곧 국가의 경쟁력이라고 했다. 일본은 과거 산업의 경쟁력이 곧 국가의 경쟁력이라고 하여 산업정책을 많이 했다. 한국도 중화학공업정책, 수출산업촉진정책 등 산업정책을 많이 했다. 국가의 경쟁력을 높이기 위하여 기업의 경쟁력을 높여야 하는가, 산업의 경쟁력을 높여야 하는가? 이점에 대해서 노벨상수상 경제학자인 게리 베커 시카고대 교수는 산업의 경쟁력을 높이는 것이 옳다고 했다. 이 분야 전문가인 알프레드 챈들러 하버드 경영대 교수는 기업의 경쟁력을 높이는 것이 옳다고 했다. 이 점에 대해서 노벨상수상 경제학자인 허버트 사이먼 교수에게 상의를 했더니, 기업과 산업의 경쟁력을 다같이 높이도록 하는 것이 어떻겠느냐고 했다. 그리하여 이 책에서는 기업과 산업의 글로벌경쟁력(GC: global competitiveness) 향상을 위한 새로운 모델을 만들었다. 이 모델에 대해서는 많은 사람들과 상의를 했고, 평도 많이 받았다. 이는 "기업와 산업의 GC 모델"인데, 우리는 간단하게 '우리 모델' 또는 'GC모델'로 부르기로 한다. 수많은 후진국 사람들이 한국의 발전모델을 배우려고 한다. 배우려고 한국에 오는 사람도 있고, 한국전문가들을 초청

하여 배우기도 한다. 외국인들에게 한국모델을 어떻게 설명하는 것이 좋은가? 더욱 중요한 것은, 앞으로 한국기업과 산업의 글로벌경쟁력(GC)을 높이려면 어떻게 해야 하는가? 그리고 다른 나라의 경우는 어떻게 설명하는 것이 좋은가? 이런 취지에서 개발된 것이 우리 모델이다. 글로벌지식경제시대는 우리의 생존이 기업과 산업의 GC에 달려 있는 시대이다. 새로운 모델과 전략이 필요한 시대이다.

가 시스템 사고방식을 기르자, 시스템 경영방식을 익히자

"라인강의 기적을 이룩한 독일인의 특성은 시스템 사고에 강하다는 것이다."

— 서울 주재 어느 독일 기업가

우리는 이미 생산성과 경쟁력의 중요성을 잘 알게 되었다. 그런데 많은 사람들은 자신의 생산성만 올라가면 된다고 생각하나 그렇지 않다. 소속된 조직체 구성원 전체의 생산성이 같이 올라가야 한다. 왜냐하면 현대사회는 조직사회이기 때문이다. 한국에는 기업이라는 조직체만 290여 만 개나 되고, 한국인의 공동체주의 때문에 비공식적 조직체도 수없이 많다. 정보화사회는 또한 시스템으로 작동한다. 따라서 글로벌 지식사회에서의 경쟁은 시스템간의 경쟁이다. 조직체 속에서 살고 조직체와 더불어 경쟁하고 있는 우리는 무엇보다 조직체의 생산성을 높여야 한다. 그럼 어떻게 하면 그렇게 할 수 있는가? 무엇보다 조직체는 시스템이므로 시스템 경영을 잘해야 한다. 그리고 시스템 사고방식을 잘 길러야 한다. 이를 위해서는 무엇보다 각종 경영 방법 또는 이론을 잘 알아야 한다. 우선 각종 경영이론의 발달과정을 보기로 하자. 이를 보면서 우리가 지금까지 이해하고 있는 경영이론은 어느 단계의 이론인가를 살펴보기로 하자.

과학적 관리론에서 시스템 경영이론까지. 옛날 우리 나라 농촌에서는 한두 명의 대장장이들이 호미나 낫을 대장간에서 만들었다. 일거리가 있을 때는 하고 없을 때는 쉬었다. 그러므로 대장간 경영이론이란 것이 따로 있을 필요가 없었다. 그러나 수많은 농기구를 공장에서 대량으로 생산하기 시작하면서 경영이론이 필요하게 되었다. 아담 스미스가 『국부론』(國富論)에서 든 바늘 공장이 그 좋은 예이다. 스미스는, 바늘을 만들면서 한 사람이 철사를 자르고, 다듬고, 구멍을 파는 등 분업하지 않고 혼자 다 하는 경우에는 하루에 불과 몇 개밖에 만들지 못한다고 했다. 그러나 각자가 잘 할 수 있는 일을 전문화하는 등 효과적으로 분업(division of labor)을 해서 하면 엄청나게 많은 바늘을 생산할 수 있게 된다는 사실을 밝혔다. 분업과 전문화만 잘 되면 생산성을 크게 올릴 수 있다는 것이 아담 스미스가 말한 최초의 경영이론이었다. 이는 일과 사람과의 관계가 잘 이루어지면 된다는 경영이론으로 후일 '과학적 관리(scientific management)론'으로 발전했다.

그런데 산업의 발전으로 공장도 여러 개 생기고 회사도 커지게 되자 수많은 사람과 일의 조직이 결정적으로 중요하게 되었다. 이런 단계에서 나온 경영이론이 '행정조직적 경영이론'이다. 다음으로 조직이 커지고 사람 수가 많아지고 사업장도 여러 곳에 분산되자, 회사원들의 마음의 자세와 행동이 중요하게 되었다. 이런 문제를 해결하기 위하여 나온 경영이론이 '행동관리론'이다. 그리고 회사원들이 일을 열심히 하고 또한 잘 하도록 만들기 위해서는 계량적이고 과학적인 경영관리와 작업분석이 중요하게 되었다. 이런 문제를 해결하기 위하여 제시된 경영이론이 오퍼레이션리서치(OR), 종합적 품질관리(TQM), 경영정보시스템(MIS), 경영과학이론이다.

기업이나 정부, 공공단체 할 것 없이 공통의 목표달성을 위하여 서로 긴밀한 관계가 있는 구성부분들의 집합체(곧 조직체)는 어느 것이나 하나의 시스템이다. 그러므로 내적 및 외적 상황변수를 모두 통합한 하나의 시스템으로 간주하여 운영해야 한다는 것이 시스템 경영이론이다. 이는 다른 경영이론들을 통합한 것인데, 피터 드러커는 지식기반 사회의 대표적인 경영이론이 바로 이것이라고 했다. 이런 시대를 살아가는 우리는 시스템 사고방식을 기르고 시스템 경영이론을 잘 이해할 필요가 있다. 이를 좀 더 부연하기로 하자.

한국인은 도대체 어떤 인간인가? "한국인은 게으르고 낭비가 심하므로 도대체 틀려먹은 인간들이다. 그러므로 우리 회사 직원들도 사장인 내가 철저히 감시하고 통제해야 한다. 월급도 많이 주면 안 된다." 이런 말이 맞는가? 회사를 이런 인간관에서 경영하는 것을 'X이론'이라고 한다. 공산주의는 X이론에 근거를 두고 있다. X이론에 반대되는 것을 'Y이론'이라고 한다. 즉, 인간은 합리적인 존재이므로 내가 나의 회사원들에게 잘해 주면 그들도 나에게 잘해 준다는 인간관으로 경영하는 것은 Y이론이다. 그리고 미국식과 일본식 경영의 장점을 잘 따서 경영하는 것을 'Z이론'이라고 한다. 그런데 이런 이론이 모두 틀리고 맞는 것이 '시스템 경영이론'이라는 것이다.

그런데 어떤 시스템이든 간에 예기치 못할 사태가 발생할지 모르므로 상황적 접근법(situational approach)이 필요하다. 이를 불확정접근법(contingency approach)이라고도 한다. 이 접근법은 항상 불의의 사태가 발생할 수 있으므로 이에 잘 대비해야 된다는 것을 의미한다. 이는 모든 상황, 모든 조직, 모든 경영인에게 모두 맞는 유일한 경영이론은 없다는 사실을 의미하는 것이기도 하다. 지금까지 설명한 경영이론의 발달과정을 요약하면 다음과 같다.

과학적 관리론 : 사람과 일과의 관계를 잘 하면 된다(분업, 전문화 등).

↓

행정조직적 경영이론 : 회사 조직이 중요하다.

↓

경영과학이론 : 마음의 자세와 태도가 중요하다.

↓

① 시스템 경영이론 : 조직의 내적 및 외적 환경요인들을 함께 잘 통합한 하나의 시스템으로 짜여져야 한다.

② 상황접근법: 상황에 맞게 경영활동을 하는 것.

③ 프로세스접근법: 경영활동의 계획, 통제 등은 연속적이고 순환적이라고 하는 것.

축구의 예를 통하여 시스템 경영이론에 대한 이해를 다시 한 번 확실히 하기로 하자. 축구 선수는 혼자서는 아무리 잘해도 소용이 없다. 우선

팀이 있어야 한다. 팀이 있어도 골키퍼, 공격수, 수비수 등 선수들의 분업이나 과학적 관리만 잘해서도 안 된다. 서로 긴밀하게 협력해야 한다. 코치도 잘해야 한다. 공, 신발, 유니폼 등도 좋아야 한다. 선수들의 투지도 길러야 한다. 상대팀의 작전, 심리전이나 관중의 태도와 분위기 변화에 대한 대응책도 강구해야 하고 선수 교체와 부상 선수의 응급처치도 잘 해야 한다. 이렇게 보면 축구팀의 승리라는 목표를 달성하는 데는 수많은 요인이 작용함을 알 수 있다. 이런 모든 요인들을 잘 고려하여 승리할 수 있는 팀을 짜서 운영하자는 것이 축구팀의 시스템 경영이론이다.

축구팀뿐만 아니라 가정, 학교, 회사, 정부, 국가도 모두 시스템이다. 자동차도 컴퓨터도 인터넷도 모두 시스템이다. 결국 '공통의 목표 달성을 위하여 서로 긴밀한 관계가 있고 또한 영향을 주고받는 부분(하드웨어 및 소프트웨어)의 집합체'는 어느 것이나 시스템이다. 국가경제도 하나의 시스템이다. 한국경제는 자본주의 시장경제 시스템이다. 세계경제도 시스템이다. 나라경제를 기준으로 하면 기업은 하위 시스템이고 세계경제는 상위 시스템이다. 한국에는 아직도 하나의 철학으로서의 자본주의와 경제 시스템으로서의 자본주의를 혼용하는 사람들이 많다.

국가경제 시스템을 가장 간단하게 보는 방법은 국가경제를 가계, 기업, 정부 및 해외 부문의 네 가지 경제주체로 나누어 보는 것이다. 이들은 물론 서로 긴밀한 관계하에 있으므로 긴밀한 영향을 주고받는다. 이는 경제학자들이 애용하고 경제학원론 교과서들이 중시하는 가장 단순한 경제 시스템 접근법이다.

그런데 우리가 지금부터 설명하려고 하는 우리 모델은 그 목적이 기업과 산업의 경쟁력을 높혀 국가경쟁력을 향상시키기 위한 하나의 국가경제 시스템이다. 그런데 그 구성부분이 11개나 되므로 다소 복잡하다. 그 11개는 경쟁력의 5대 핵심결정요인과 3대 환경적 요인 및 3대 기본조건이다. 이 모델은 우리 나라의 GC 향상을 위하여 우리가 개발한 시스템이다.

무엇보다 중요한 것은 우리 나라에 잘 맞는 경제 시스템을 짠 다음, 그 시스템으로 잘 돌아가도록 해야 한다는 사실이다. 스위스 같은 나라에는 세계 수준으로 잘 짜여진 국가경제 시스템이 있다. IMD의 세계경쟁력

모델이 그 예이다. 후진국의 특징은 자국에 맞는 국가경제 시스템이 없다는 것이다. 또한 시스템이 있다고 하더라도 문제가 많고 잘 돌아가지도 않는다. 경제도 시스템도 모르는 지도자들이 인치(人治)로 경제를 좌우하기 때문이다. 그러므로 국민들이 아무리 열심히 경제활동을 해도 나오는 것은 높은 생산성과 경쟁력이 아니라 많은 눈물과 한숨인 것이다.

나 두 종류의 경제성장이론

경제성장이론은 크게 두 종류로 나눌 수 있다. 하나는 국가경제의 성장을 노동, 자본 등 생산요소로 설명하는 요소 중심의 성장이론이고, 다른 하나는 기업과 산업의 GC(global competitiveness: 글로벌경쟁력)로 설명하는 경쟁력 중심의 성장이론이다. 전자는 경제 전체의 성장을 설명하는 거시경제적 성장이론이고, 후자는 경제 전체의 성장을 기업과 산업의 성장으로 설명하는 미시경제적 성장이론이다.

요소중심이론은 공급측 요인 중시이론으로서 경제학자들이 가장 많이 사용하는데 요소중심으로 경제 전체의 성장을 이해하는 데 유용하다. 이는 제16장에서 설명된다. 그러나 이 이론은 글로벌기업간의 무한경제 전쟁시대의 경제성장론으로서는 한계가 있다. 왜냐하면 이런 시대에서는 기업과 산업의 글로벌 경쟁력이 없으면, 노동과 자본이 아무리 풍부하여도 나라경제는 성장하지 못하기 때문이다. 그러므로 기업과 산업의 GC를 바탕으로 한 새로운 성장이론이 필요하다.

요소중심 성장론은 또한 기술을 주어진 것으로, 즉 기업들이 기술을 어떻게 할 수 없다는 것으로 가정한다. 그러나 기업들이 실제로 기술혁신을 많이 한다는 사실을 놓고 보면 위와 같은 가정은 비현실적이다. 기업은 자본이 없으면 조달하려고 노력하듯이, 기술이 없으면 개발하려고 노력한다. 그런데 요소중시 성장론자 중에는 폴 로머(Paul Romer) 교수와 같이 기술을 내생화하여 새로운 성장이론을 주창한 사람도 있다. 그러나 이는 요소중심이론보다 진일보했다고 할 수 있으나, 여전히 공급측 요인에 치중한다는 비난을 면치 못하고 있다. 만약 경제성장이 노동과 자본만으로 가능하다면 과거 인도, 중국, 러시아 같은 나라들이 왜 성장을 이루지 못했는가? 기업이나 산업의 성장은 노동, 자본 등의 요소만으로 가능하게 될 성질의 것이 아니다. 수많은 요인이 복합적으로 작용할 때 비로소 가능하게 된다. 수많은 후진국들이 기업과 산업을 잘 발달시키지 못하는 이유는 바로 이런 단순한 사실조차 잘 인식하지 못하기 때문이다.

IMD의 피터 로랑주 소장과 스테판 가렐리 세계경쟁력 연구책임자는 다음과 같은 말을 한 바 있다. 즉,

> "많은 경제학자들이 경제성장을 노동, 자본 등의 생산요소만으로 설명하는데 이런 이론은 너무나 단순하고 비현실적인 것이다. 이런 성장론은 경제성장정책으로서도 그렇게 유용하지 못하다. 가령 어느 후진국에게 노동, 자본 및 그 생산성을 높이면 경제성장이 잘 된다고 한다면 얼마나 설득력이 있겠는가!"

어느 나라의 국력이건 그것은 기업과 산업에서 나온다. 미국, 일본 및 독일의 국력 마찬가지이다. 한국이 1960년대 초 이른바 도약단계(take-off stage)에 진입하여 세계 제일의 고도성장을 가장 오랜 기간 지속할 수 있었던 것은 정부가 적극적으로 기업을 키우고 산업을 육성하여 양자간에 시너지효과가 잘 발생할 수 있도록 했기 때문이다. 당시 정부는 기업과 산업을 키우고 경쟁력을 강화하기 위하여 다음과 같이 다양한 노력을 기울였다.

첫째, 정부는 각종 보조금과 세제혜택을 주면서 기업의 성장을 촉진했다. 때로는 기업의 성장을 강요하기도 했다. 기업들에게 수출목표를 강제로 과다하게 할당하여 달성하도록 강요한 것이 그 예이다. 그러므로 외국인들은 한국의 경제성장을 강요된 성장(forced growth)이라고도 한다.

둘째, 정부는 울산석유화학산업공단, 포항제철산업단지, 영등포수출산업공단, 마산수출자유지역 등의 설정을 통하여 기업과 산업을 통합하여 그 성장을 촉진했다. 이런 단지는 연관 기업과 산업이 무리지어 성장할 수 있도록 만들었다. 국가경쟁력의 세계적인 대가인 마이클 포터 교수가 주장하는 산업 클러스터(cluster), 곧 산업군 또는 산업덩어리 이론과 아주 잘 맞는 것이다.

우리가 새로운 기업과 산업의 GC모델을 만들 수 있는가?

얼마 전까지만 해도 한국 선수가 세계 골프대회에서 우승한다면 기적일 것이라고 한 사람도 있었다. 컴퓨터가 보급될 때 한국인이 세계 컴퓨터게임의 선두주자가 될 것이라고 한 사람은 아마 실성한 사람 취급을 받았을지 모른다. 한국기업이 한국모델로 세계 최고 수준의 기업이 된다면 내 손가락에 장을 지질 것이라고 한 사람도 있었다. 그런데 삼성전자, SK(주) 및 포스코는 미국 「포춘」지에 따르면 새 천년 새해 세계에서 가장 존경받는 기업들이 되었다. 삼성전자는 삼성의 인재 제일주의로, SK(주)는 SK의 수펙스(SUPEX) 이론으로, 그리고 포스코는 한국식 공기업 모델로 각각 그렇게 된 것이다.

한국상품 중 세계 1등 자리에 올라간 것도 이미 80개나 된다. 양궁, 배드민턴, 태권도 등의 세계 선수권대회에서는 한국인들이 우승한다. 이는 한국인들이 글로벌스탠더드를 만든다는 것이다. 사실 태권도는 한국이 개발해 나가야 한다. 일본과 1, 2위를 다투는 조선업에 있어서도 마찬가지이다.

그럼 우리가 우리의 경제성장모델(=이론)도 만들 수 있는가? 한국이 세계 최고의 경제성장률로 가장 오랜 기간 성공했다는 사실 그 자체가 수많은 후진국에게는 성장의 모델이 되는 셈이다. 세계 수많은 후진국의 전문가들이 경제발전모델을 배우려고 한국을 방문하고 있다. 중국의 어느 경제전문가는 한국이 IMF경제위기를 당한 뒤에도 한국모델을 계속 중시할 것이라고 했다. 우리가 이 책에서 설명하는 우리 모델은 곧 한국의 모델이고 새시대의 신(新)성장모델인 것이다.

이 모델의 개발을 위하여 시카고 대학의 게리 베커 교수와 로버트 포겔 교수, 허버트 사이먼 카네기멜론대 교수의 자문을 받았다. 이들은 모두 노벨경제학상 수상자들이다. 알프레드 챈들러 하버드 경영대 교수, 전 미국공정거래위원이었던 F.M. 셔러 하버드 경제학 교수, 경영학의 시조라고 하는 피터 드러커 교수의 자문도 받았다. 사이먼 교수는 우리 모델을 '기업과 산업의 성장모델'로 하는 것이 좋겠다고 했다. 한국이 1960년대 초 세계 최후진국 상태를 벗어나서 고도성장을 계속할 수 있었던 것은 기업과 산업을 많이 키우고 GC를 향상했기 때문이다.

참고로 사이먼 교수는 박사학위는 행정학으로 받고 노벨상은 경제학으로 받았다. 참실력은 컴퓨터 과학에 있는데 취미는 심리학에 있어서, 저자가 그를 만났을 때 카네기멜론대 심리학교수로 재직하고 있었다. 어머니가 피아니스트인데, 그의 피아노 실력은 거의 프로수준이다. 체스 실력도 세계 챔피언 수준인데, 외국어는 20여 개나 한다고 한다.

셋째, 정부는 기업을 그룹화하여 세계시장 진출에 있어서 규모의 경제를 실현할 수 있게 했다. 한국의 기업들도 기업그룹을 많이 조직했다. 한국의 기업그룹은 '기업과 산업의 통합조직'이다. 우리 나라 4대 그룹 속에는 기업도 있고 산업도 있다. 이런 조직으로 한국은 고도성장을 계속할 수 있었다.

일본의 케이레츠도 기업과 산업의 통합조직이다. 일본의 케이레츠(系列)는 일본식 조직이고 한국의 기업그룹은 한국식 조직이다. 미국은 산업조직만을 주로 따진다. 즉, 자동차산업 안에 자동차 회사가 몇 개나 있는가, 그리고 독점력을 얼마나 행사하는가 등을 따진다. 그러나 한국이나 일본에는 기업그룹 속에 기업이 몇 개가 있는가 뿐만 아니라 산업도 몇 개가 있는가를 따진다. 현재 한국의 기업그룹이나 일본의 케이레츠 같은 것은 미국에는 없다. 세계제일의 경영학자인 피터 드러커는 케이레츠는 원래 미국 GM자동차가 시작한 것인데, GM사는 이 조직으로 생산비를 30%나 절감할 수 있어서 경쟁업체인 포드나 크라이슬러 자동차 회사를 크게 앞설 수 있었다고 했다.

다 글로벌경쟁력(GC)이란 무엇인가?

"경쟁력이란 능률 극대화 이상의 뜻이 있다. 능률의 극대화는 운동선수를 머리는 쓰지 않고 근육만 쓰게 하면서 훈련시키는 것에 비유할 수 있다."

— 스테판 가렐리, 스위스 IMD의 세계경쟁력 연구책임자

글로벌경쟁력(GC: global competitiveness)이란 무엇인가? GC를 세계경쟁력, 국제경쟁력 또는 국가의 경쟁우위라고 하는 사람도 있다. 또한 경쟁력을 경쟁우위(competitive advantage)라고도 한다. 그러나 우리는 글로벌경쟁력(GC)이란 말을 쓰기로 한다. 게리 베커 시카고대 노벨 경제학상 수상 교수는 한국의 GC는 한국 산업의 평균생산성이라고 했다. 비교우위는 산업의 생산성을 비교하는 것이므로 한국이 향상시켜야 할 것은 비교우위가 아니라 경쟁력이라고 했다.

국제경쟁력(international competitiveness) : 일반인들
세계경쟁력(world competitvieness) : 스위스 IMD
글로벌경쟁력(GC: global competitiveness) : 우리 모델과 피터 드러커 등
국가의 경쟁우위(competitive advantage of nations) : 마이클 포터

글로벌경쟁력은 다음과 같이 기업, 산업 및 국가의 세 가지 차원에서 살펴볼 수 있다.

1) 기업의 글로벌경쟁력. 기업의 글로벌경쟁력(GC)은 다음과 같이 정의할 수 있다.

어떤 기업의 GC란 그 기업이 국내외의 경쟁대상 기업보다 재화나 서비스를, 더 싼 가격이나 더 좋은 질, 또는 더 새롭게 생산할 수 있는 능력을 말한다. 기업의 GC란 결국 국내외의 경쟁기업보다 더 많은 이윤을 추구하여 종업원에게는 더 많은 임금을 지급하고, 주주에게는 더 많은 배당을 실현할 수 있는 능력을 말하는 것이다.

2) 산업의 글로벌경쟁력. 어떤 산업의 경쟁력이란 다양한 나라에 대한 제품의 수출 또는 해외투자가 그 산업의 세계 수출총액이나 투자총액에서 차지하는 비중을 증가시킬 수 있는 능력이다. 이런 산업이 많게 되면 국가의 경쟁력도 그만큼 향상되는 것이다.

3) 국가의 글로벌경쟁력. 대부분의 학자들이 받아들이는 정의는 미국 대통령 주관 산업경쟁력위원회(President Commission on Industrial Competitiveness)의 1985년 보고서의 것으로 다음과 같다.

"어느 나라의 GC는 그 나라가 자유롭고 공정한 시장조건하에서 국제시장 테스트에 합격할 수 있는 재화와 용역을 생산하면서, 동시에 국민의 실질소득을 확대할 수 있는 능력"이다.

국가경쟁력의 가장 중요한 결정요인은 국가의 생산성(productivity)이다.

예를 들어, 한국의 생산성이 경쟁대상국보다 더 빨리 증가하면 한국은 GC가 있다. 국제경쟁력 연구의 세계적인 기관인 스위스 IMD에 따르면 1980년대 미국의 국제경쟁력은 많은 산업분야에서 일본의 국제경쟁력을 당하지 못했다. 그러나 미국은 당시 대통령이 주관하는 산업경쟁력위원회를 만들어서 국제경쟁력 강화 조치를 취했다. 그 결과 미국의 경쟁력은 1990년대에 들어와서부터 많은 산업분야에서 일본을 크게 능가하기 시작했다.

기업의 국제경쟁력을 결정하는 요인은 기업내적 요인(기업운영과 전략)과 기업외적 요인(기업환경)의 2가지로 나눌 수 있다. 스위스 IMD는 국가가 기업외적 요인을 얼마나 기업의 국제경쟁력 향상에 유리하게 만드는가, 환언하면 얼마나 유리한 환경을 조성하는가도 국가경쟁력의 중요한 결정 요인이 된다고 했다. IMD는 그 유명한 「세계경쟁력보고서」를 매년 발표하고 있다. IMD는 국가경쟁력 결정요인을 한때 크게 다음 8개로 분류했다. 즉, 경영, 국내경제력, 과학기술, 국민, 정부, 국제화, 사회간접자본 및 금융이다. 한편 국가경쟁우위의 세계적 권위자인 마이클 포터 하버드 경영대 교수는 국가경쟁력의 결정요인을 다음의 네 가지, 즉 공급조건, 수요조건, 관련 및 지원산업, 그리고 기업의 전략구조 경쟁이라고 했다.

라 기업과 산업의 GC모델: 3대 기본조건, 5대 핵심결정요인 및 3대 환경적 요인

우리가 지금부터 설명하고자 하는 우리의 GC모델은 IMD모델을 여러 면에서 앞선다. 무엇보다 IMD모델은 기업과 산업경쟁력의 기본조건, 수요측 요인, 공급측 요인 등을 잘 감안하지 못한다. 때문에 우리의 수출주도형 성장이나 시장경제체제와의 관계 같은 것을 잘 설명하지 못한다. 또한 마이클 포터 교수의 경쟁력모델은 시장경제체제, 인적자본, 정치안정 등 경쟁력의 기본조건, 이른바 펀더멘탈(fundamentals)을 도외시한다. 포터 교수는 얼마 전 동구권 국가에 가서 자신의 모델을 설명했더니, 그 곳 사람들이 왜 그의 모델은 가장 큰 당면문제인 시장경제체에 대해서는 일언반구의 언급도 없느냐고 반문하더라는 것이다. 그래서 그는 자신의 모델을 이런 나라에 맞게 수정할 생각이라고 했다. 또한 IMD 모델은 기업의 경쟁력, 그리고 포터 모델은 산업의 경쟁력에 치우치나 우리 모델은 기업과 산업의 경쟁력을 동시에 감안할 수 있는 장점이 있다. 우리 모델은 한국이나 일본의 과거 성장경험을 현실화하고 구체화한 것이다. 순수 상아탑이론이 아니다.

국론을 통일할 수 있는 모델. 후진국에 가서 경제, 경영, 행정, 정치, 사회 분야의 전문가나 일반국민들의 말을 들어 보면 주장하는 목표가 불분명하고, 있어도 제각기 다르다. 도대체 무슨 주장들을 하는지 알 수 없는 경우도 많다. 무엇보다 국론이 통일되어 있지 않다. 그러나 미국, 스위스, 일본 같은 나라에서 전문가들의 말을 들어 보면 일관성이 있다. 특히 일본의 각계각층 지도자들은 국익이 걸리면 한결같이 국익옹호 방향으로 의견을 모으는 것으로 유명하다. 한국의 지도자라고 자처하는 사람들을 보면, 각 분야의 단편적인 지식만 많이 갖고 있다. 그런 지식이 어떻게 국가경쟁력 향상으로 연결되는지는 잘 알지 못한다. 경제 시스템의 개념이 없기 때문이다. 앞으로 한국의 각계각층 지도자, 학자, 전문가 및 일반국민들의 주장은 기업과 산업의 글로벌경쟁력(global competitiveness) 향상이라는 방향으로 모아지고 통일되어야 한다. 그렇게 되려면 무엇보다 이를 가능하게 할 수 있는 모델이 있어야 한다. 우리가 개발하는 모델이 이런 목적에 부합했으면 한다.

나라마다 잘 맞는 성장모델을 찾아야. 인구 7천만 명의 에티오피아는 세계은행의 「세계개발보고서」(2006년)에 따르면 1인당 소득이 110달러로서 세계에서 제일 가난한 나라이다. 자체의 경제성장 모델도 없고 세계적인 기업도 없는 것이 이런 나라의 가장 뚜렷한 특징이다.

많은 후진국 사람들은 아직도 국가경쟁력에 관한 개념조차 제대로 파악하지 못하고 있다. 그러나 미국은 이미 1984년에 대통령이 주재하는 '산업경쟁력위원회'를 만들어 국가경쟁력을 계속 강화해 오고 있다. 마이클 포터 교수는 이미 1990년에 『국가의 경쟁우위』라는 저서에서 그 이론을 체계화한 바 있다. 미국에서는 그 외의 많은 사람들도 국가경쟁력 관계 연구를 많이 했다. 그 결과 미국경제는 그 이후 2000년까지 계속 호경기 국면을 지속했다. 스위스의 IMD도 20년이 넘게 세계경쟁력에 관한 연구를 계속해 오고 있다. 한국에서는 아직도 국가경쟁력은 이론적으로 성립이 되지 않는다고 하는 사람들이 있다. 이 얼마나 안타까운 일인가?

일본이 서구 선진국을 따라잡기 위하여 채택한 정책은 기업과 산업을 많이 일으키고 그 GC를 향상토록 하는 것이었다. 한국이 수출주도형 정책으로 빈곤을 탈출하고, 선진국 문턱에 올 수 있게 된 것도 마찬가지이다. 그러나 이를 체계적인 경제모델로 만든 것은 아직까지 별로 없다. 우리 모델은 선후진국 모두에 적용될 수 있도록 개발했다. 경제성장이 노동이 증가하건 자본이 증가하든 간에 실제로 '기업과 산업의 경쟁력이 향상될 때 비로소 가능하게 된다'는 취지에서 출발한 것이다.

어느 나라이든 경제구조에 있어서는 다른 나라와 같은 면도 있고 다른 면도 있다. 그래서 경제구조의 차이점을 잘 살릴 수 있는 고유의 성장모델 개발을 필요로 한다. 스웨덴, 스위스, 네덜란드, 일본, 독일, 싱가포르, 대만, 미국 등과 같이 모범적인 선진국들은 모두 자기 나름대로의 성장모델을 갖고 있다.

인구가 경기도보다 적은 스위스는 세계 500대 기업에 들어가는 대기업이 11개(한국도 11개)나 되며, 1인당 소득수준은 룩셈부르크 다음으로 세계 제2위이다. 스위스는 기업과 국가의 경쟁력을 키우기 위하여 자체 개발한 모형이 있는데 IMD의 '세계경쟁력모델'과 세계경제포럼(WEF)의 "글로벌경쟁력 모델"이 바로 그것이다. WEF는 글로벌경쟁력 연구에 있어서 세계 제일을 자랑한다. 많은 기업을 세계적 대기업으로 키우고, 국민의 소득수준을 그렇게 높힌 스위스의 경제성장론이라고는 이미 앞서 말한 바와 같이 이것 하나밖에 없다.

스위스의 경제학은 아주 간단하다. 현실에 맞지 않는 복잡한 이론이 있을 필요가 없다는 것이다. 스위스는 세계에서 산지 비중이 제일 큰 나라이다. 이태리, 프랑스, 독일 사이 산간지방에 위치하여 온갖 역경을 극복하고 선진국을 건설하였다. 스위스인의 지혜를 짐작케 한다. 스테판 가렐리는 세계가 하나의 지구촌으로 통합되어 가는 시대에서는 '국제경쟁력'보다 '세계경쟁력(world competitiveness)'이라는 말이 더 타당하다고 했다.

최근에는 세계경제포럼(WEF)이 매년 발표하는 「글로벌경쟁력보고서」가 IMD의 보고서보다 더 유명하다. 한국의 국제경쟁력이 세계 몇 등이라는 것은 주로 이들 보고서가 밝힌 것들이다.

GC의 3대 기본조건 5대 핵심결정요인 및 3대 환경적 요인. 자동차의 경우 수많은 부품이 잘 결합되고 조화를 이룰 때 성능이 좋게 된다. 또한 도로, 신호시설 등의 기본조건도 잘 갖추어질 때 잘 달린다. 기업이나 국가의 경우에도 수많은 조건을 잘 구비해야 잘 성장하게 된다. 이병철 삼성그룹 창설자는 그의 자서전인 『호암자전』에서 모직공장 설립에는 48개의 조건이 맞아야 하며, 호텔을 세계 일류로 만드는 데는 무려 1,600개의 조건이 맞아떨어져야 된다고 했다. 그런데 정보통신산업이 발전하면 그 제품이나 서비스를 생산하거나 활용하기 위한 기업과 산업들이 수없이 생기는 것처럼 기업은 산업을 일으키고, 산업은 다시 기업을 일으키는 선순환이 발생한다. 이런 것이 지금 미국 실리콘밸리 등에서 일어나고 있는 현상이다. 기업과 산업은 수많은 '경쟁력 부품'이 조화를 이룰 때 잘 성장한다. 경쟁력 부품이란 우리 모델이 제시하는 3대 기본조건, 5대 핵심결정요인 및 3대 환경적 요인들이다.

기업과 산업의 GC의 5대 핵심결정요인 및 3대 환경적 요인과 '3대 기본조건'은 다음과 같다. 이 관계를 그림으로 표시하면 [그림 10. 1]과 같이 된다.

5대 핵심결정요인	3대 기본조건	3대 환경적 요인
① 공급측 요인	① 자유경제	① 세계화
② 수요측 요인	② 인간자본의 형성	② 기술
③ 경영	③ 정치의 안정	③ 우발적 요인
④ 기업과 산업		
⑤ 정부		

지금부터 이들 요인들을 하나 하나 살펴보기로 하자.

[그림 10. 1] 기업과 산업의 GC모델(=S모델)

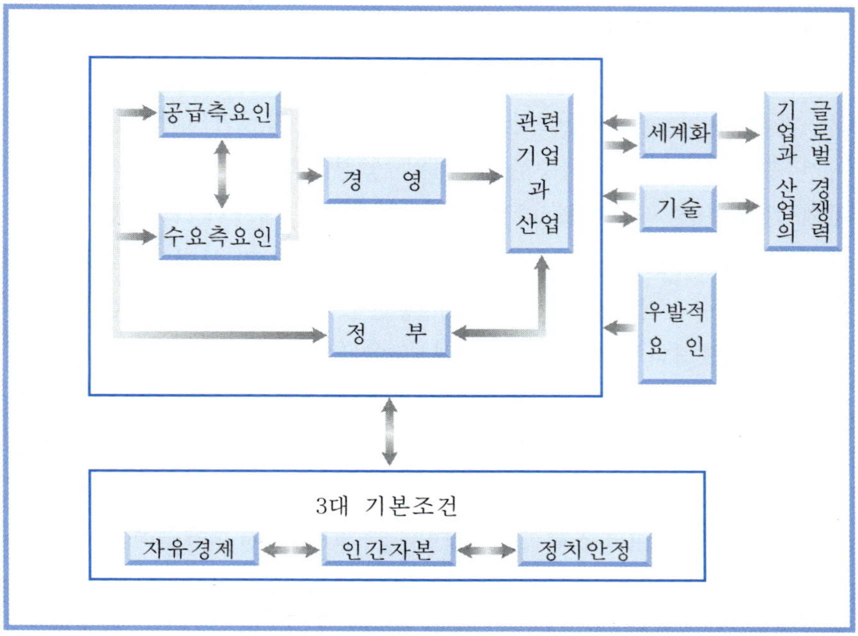

마 5대 핵심결정요인

1) 공급측 요인

앞으로 한국경제가 더 이상 경제위기를 겪지 않게 됨은 물론 글로벌 경쟁력을 계속 높여갈 수 있게 하려면 무엇을 어떻게 해야 하는가? 어떤 사람들은 무엇보다 인건비, 금융비용, 물류비용을 줄여야 된다고 한다. 또 어떤 사람들은 인력난 해소와 기술향상이 급선무라고도 한다. 기업가들의 자질과 의욕의 향상이 필요하다는 사람도 있다. 그런데 이런 주장들은 모두 노동, 자본, 기술, 기업가 역량 등과 관련된 것으로 GC의 공급측 요인을 강조하는 것이다.

컴퓨터회사의 예를 보자. 컴퓨터를 생산하려면 생산장비와 공장(자본), 생산이나 판매를 담당할 사람(노동), 공장과 사무실을 지을 땅(토지) 등이 있어야 한다. 컴퓨터를 수출하거나 국내에 판매하는 데는 교통, 항만 등의 사정도 좋아야 한다. 이런 사회간접자본(SOC: social overhead capital) 시설은 물류비의 결정요인이 된다. 뿐만 아니라 금융도 기술도 좋아야 하고, 위험부담을 안고 컴퓨터회사를 설립하여 경영하려고 하는 기업가도 있어야 한다. 이와 같이 컴퓨터 생산에는 기업가, 노동, 토지, 자본, 기술 등의 공급측 요인이 있어야 한다. 지금까지의 경제성장이론은 이런 공급측 요인에 치중했다. 사실 농경사회나 공업화사회 초기, 모든 자원의 부족이 극심했을 때는 공급측 요인이 대세를 결정했다. 지금까지 경제학자들은 대부분 경제성장을 공급측 요인으로 설명하려고 했다. 공급측 요인은 궁극적으로 나라경제의 생산능력을 결정한다는 점에서 지금도 중요하다. 그러나 이외에도 중요한 요인들이 수없이 많음은 물론이다. 지금부터 이들 요인을 하나 하나 살펴보기로 하자.

기업가적 역량. 미국은 50개 주를 합친 '주의 합중국'일 뿐만 아니라 독일인, 영국인, 프랑스인, 이태리인 등 전세계 선후진국의 각종 '인종의 합중국'이기도 하다. 각종 인적자원이 가장 풍부하고 다양한 나라이다. 전세계에 진출하여 수많은 나라의 다양한 인력을 가장 잘 활용하는 나라이기도 하다. 미국은 세계에서 기업가적 역량이라는 자원이 가장 풍부한 나라이다. 미국의 서부개척정신은 미국인의 강한 모험심을 나타낸다. 그 옛날 많은 유럽인들이 목숨을 걸고 대서양을 건너 미국에 건너온 사실 그 자체가 바로 미국인의 강한 모험심을 나타낸다. 미국인의 강한 기업가정신은 이런 것을 바탕으로 하고 있다. 미국은 비즈니스사회이고 기업가의 나라이다. 미국의 실리콘밸리는 수많은 벤처기업들의 활동무대이다. 일본은 경영인의 나라이다. 한국은 미국과 일본의 중간형태가 아닌가 한다. 한국의 경우는 독창성의 전통과 헝그리 정신이 강한 기업가정신이 바탕을 이루고 있다는 사람도 많다.

일본의 기업가들, 특히 세계적인 대기업의 CEO(최고경영자)들은 회사직원이 진급하여 된 경우가 많다. 일본 대기업들은 대부분 역사가 오래되었으므로 창업자들은 작고한 상태이다. 한국의 기업가들은 창업자들이 아직 많다. 그리고 창업자의 2세나 3세가 직접 경영에 참여하므로 전문경영인과의 마찰이 문제되는 경우도 있다. 그런데 한국이 토지와 자연자원이 아주 빈약하고 기술도 부족한 상태에서 고도성장을 지속할 수 있었던 것은 왕성한 기업가 활동 때문이라고 할 수 있다. 공급측 요인 중 가장 중요한 요인을 든다면 기업가적 역량인 것이다. 유능한 기업가만 있으면 노동, 자본, 기술의 조달은 가능하다. 현대그룹 창설자인 정주영 전회장은 초창기 조선소와 배를 같이 만든 것으로 유명하다.

자본. 자본형성에 필요한 자금을 미국기업은 주로 증권시장에서 조달했으나 일본기업들은 주거래은행을 통해서 조달했다. 한국기업들은 증시는 침체하고 은행은 정부통제하에 있었으므로 같은 그룹 소속 회사들끼리 서로 협조하면서 조달했다. IMF 경제위기 직전에는 외국은행들로부터 차입을 많이 했다. 외국은행들이 빌려 준 돈을 회수하자 적잖은 한국기업들은 금융위기를 맞게 된 것이다.

한국정부가 증권시장을 미국처럼 활성화하지도 않고, 같은 그룹 소속 기업들까지 서로 돈을 빌려 주지 못하게 하면 한국기업은 자금조달을 하기가 몹시 어렵게 된다. 한국기업들에게 돈줄이 끊길 수도 있다. 한국의 시중 은행들이 상당수 정부통제하에 있기 때문에 이들로부터 돈을 빌리는 것은 극히 어렵다. 일본기업들은 그룹소속 주거래은행에서 돈을 쉽게 빌릴 수 있다. 최근에는 부담하는 이자율도 1%가 채 안 된다. 그러나 한국기업들이 부담하는 이자율은 IMF 경제위기 직전 15%가 넘었다. 지금은 많이 낮아졌다. 일본 금융기관들은 이자율이 연 1%도 안 되는 돈으로, 전세계를 다니면서 경제활동을 하고 한국에 와서는 주식투자를 하니 느긋하다. 그러나 한국 금융기관들은 이보다 몇 배나 되는 이자율은 부담하면서 사업이나 주식투자를 하자니 어려움이 많다. 한국기업들이 부담하는 이자율은 미국, 일본기업이 부담하는 수준으로 낮추어야 한다.

기술. 기술을 미국에서는 학교, 기업, 정부가 모두 발전시킨다. 미국은 정부가 민간기업들에게 국방기술과 우수항공기술도 개발시킨다. 일본에서는 기술을 주로 기업이 발전시킨다. 한국에서도 마찬가지이다.

미국이 1991년 이후 10년 가까이 호경기를 누릴 수 있었던 것은 IT(정보기술)와 BT(=biotechnology=생명공학기술)의 발전에 크게 기인한다. 앞서 말한 바와 같이 미국에서는 신기술은 신산업을 만들어 내고, 신산업은 수많은 벤처기업을 탄생시킨다. 미국과 일본이 1991년을 계기로 경제 성장 면에서 역전된 것은 미국의 수많은 신기술 발명이 그 요인 중의 하나이다.

토지. 미국은 농토가 너무 많아서 다 경작되면 풍작으로 농산물 가격이 폭락한다. 어떻게 하든지 농민들이 농토를 다 경작하지 않도록 하는 것이 문제이다. 그러나 한국과 일본은 농토가 너무나 협소하다. 한국은 식량 자급률이 30%가 채 안 되므로 필요한 식량을 수입하기 위해서는 많은 달러가 필요하다. 달러를 벌기 위해서는 기업을 많이 일으키고 그 경쟁력을 키워서 수출을 많이 해야 한다. 한국은 특히 국토가 협소하기 때문에 공업용지 값이 매우 비싸다. 삼성자동차가 초기에 많은 어려움을 겪게 된 것도 공장용지 값이 너무나 비쌌기 때문이다. 선진국 중 공업용지 값이 제일 비싼 나라가 한국이라고 하는 외국 기업가들도 많다. 한국기업들은 용지 사용면에서 미・일기업에 비하면 몹시 불리하다.

노동. 한국의 고도성장은 교육수준은 높고, 임금수준은 낮은 노동력 때문이라는 것이 1980년대까지 많은 외국인들의 견해였다. 국민(6세 이상)의 평균 교육연수는 1975~95년 사이 6.6년에서 10.3년으로 증가했으니 한국 근로자의 자질도 많이 향상된 것으로 보인다. 일본과 같은 선진국에서는 국민의 52% 정도가 일을 한다. 그러나 한국의 경우에는 국민의 45% 정도만이 일을 한다. 이는 전업 주부의 비중이 높은 탓도 있겠으나 경제위기 발생 이후 일자리가 줄어들었기 때문으로 보인다. 한국의 노동조합 조직률은 1989년 20% 수준에서 계속 감소하여 지금은 11% 수준이다. 한국의 경제성장 초기에는 생산직 근로자의 역할이 중요했으나, 공업화가 진행됨에 따라서 사무직 종사자의 중요성이 크게 되었다. 그러나 지금은 지식사회이므로 지식근로자의 중요성이 더욱 부각되고 있다. 노동생산성은 1990년대에 들어와서 빠르게 증가했다.

2) 수요측 요인

제임스 토빈 노벨상수상 경제학자는 저자의 책 *The Rise of the*

*Korean Economy*의 서평에서 한국의 중요한 경제성장요인 두 가지를 든다면 하나는 수요측 요인인 수출확대이고 다른 하나는 공급측 요인인 교육, 즉 인적자본 형성이라고 했다. 많은 경제학자들은 한국경제 성장요인으로 공급측 요인을 강조하나 토빈 교수는 수요측 요인도 중시한다.

한국경제가 앞으로 잘 되려면 무엇보다 무역적자와 외채가 줄어야 하는데 그 길은 수출이라고 하는 사람도 있다. 국민들의 과소비나 정부의 예산 낭비가 주요 문제라고 하는 사람도 있다. 그런데 이런 주장은 국내수요(국민의 소비, 기업의 투자, 정부의 지출) 및 해외수요에 관한 것으로 성장의 수요측 요인의 중요성을 강조하는 것들이다.

그런데 앞서 말한 공급측 조건이 아무리 좋아도 수요측 조건이 잘 충족 되지 않으면 기업의 성장은 불가능하게 된다. 가령 아프리카 어느 후진국에 한국회사가 가서 컴퓨터를 잘 만들기만 하면 된다고 할 수 있는가? 그렇지 않다. 국내수요가 거의 없을 터이니 수출로 수요부족 문제를 해결하지 않으면 안 된다. 최근 전세계적으로 컴퓨터산업이 크게 성장한 것은 무엇보다 컴퓨터에 대한 빠른 수요증가 때문이다. 2000년 한때 반도체가 품귀현상을 보인 것도 휴대폰이나 컴퓨터의 생산증가에 따른 수요증가 때문이었다. 국민들의 수요가 286컴퓨터에서 386컴퓨터, 486컴퓨터, 펜티엄컴퓨터 등으로 변할 때는 생산이 수요변화에 맞게 이루어져야 한다. 생산을 아무리 잘해도 수요에 맞지 않을 때는 판매가 되지 않는다. 판매될 수 있는 상품의 생산만이 의미가 있는 것이다.

다른 예를 보자. 미국에서는 최근 변호사들이 정장을 입지 않아서 양복에 대한 수요가 크게 감소했다. 이에 따라 넥타이나 구두에 대한 수요도 줄었다. 다른 예로 소비자들이 가령 계속 소주만 마시면 와인, 위스키 산업의 경쟁력이 생길 수가 없다. 러시아가 한때 발레산업에서 국제경쟁력을 갖게 된 것은 옛날 지도자들이 부패하여 풍악을 좋아했기 때문이라고 한다. 질이 같은데도 국민들이 외제 가전제품만 선호한다면 국산 가전제품회사의 경쟁력이 강화될 수가 없다. 그런데 국내수요가 적은 산업의 성장에는 해외수요가 중요하다. 사실 한국의 많은 수출산업의 경우에는 해외수요가 경쟁력향상에 결정적인 역할을 했다.

뉴욕에서는 연극이 영어로 진행되는데 외국 관광객들도 고객이 되므로 연극산업이 활기를 띨 수 있다. 그러나 서울의 연극은 우리말로 이루어지므로 수요자는 거의 한국인뿐이다. 이와 같이 한국 연극산업의 발전에는 수요확대가 중요하다. 많은 사람들이 한국경제의 당면문제나 경쟁력 강화 방안을 논의할 때 열거하는 것은 지금까지 말한 공급측 및 수요측 요인과 관련된 것이다. 그런데 한국의 근로자들은 컴퓨터를 만들 수 있기 때문에 봉급수준이 높고, 봉급수준이 높기 때문에 컴퓨터를 구입할 수도 있다. 또한 자동차, 반도체, 정보통신기기 등의 생산은 물론 컴퓨터의 생산에도 컴퓨터를 필요로 하게 된다. 이와 같이 공급조건과 수요조건은 서로 영향을 주고받는 긴밀한 관계에 있다. [그림 10. 1]에서 화살표의 방향이 양방향인 것은 이 때문이다. 수요측 요인과 공급측 요인은 우리 모델의 5대 핵심결정요인 중 두 가지이다.

내수(=국내수요)와 해외수요. 기업제품에 대한 수요는 국내수요(소비+투자+정부지출)와 해외수요(수출)로 나눌 수 있다. 국내시장이 세계에서 제일 방대한 나라는 미국이고 그 다음은 일본이다. 한국의 내수(=국내수요)규모는 일본의 10분의 1이 채 안 된다. 경제성장 초기 미국의 기업은 주로 내수를 바탕으로 성장했으나, 한국기업은 주로 해외수요(수출)를 바탕으로 성장했다.

미국의 국내수요는 첫째 규모가 방대하고, 둘째 세계에서 제일 다양하며, 셋째 아주 까다롭고 또한 세련되어 있다. 일본과 한국의 내수는 그렇지 못하다. 때문에 미국의 수많은 기업들은 이러한 내수의 이점을 잘 이용하여 성장할 수 있었다. 이러한 점에서 보면 수요면에서 기업성장에 가장 유리한 나라는 미국이다. 미국인들은 식성도 아주 다양하고 까다로우므로 미국시장에서 성공한 식품회사는 세계 어느 나라에 가서도 성공할 수 있다. 국내에 다종다양한 인종이 있으므로 미국인들의 식성을 쉽게 실험해 볼 수도 있다. 그러나 한국기업들은 내수를 바탕으로 성장하는 데 한계가 있으므로 수출로 돌파구를 찾으려고 했다. 지금도 한국의 세계적인 대기업들은 수출 중심으로 성장하고 있다.

미국인들은 국산품이나 수입품을 차별하지 않고, 그 중에서 좋은 제품을 사용한다. 일본인들은 외제를 안 쓰기로 유명하다. 한국인들도 경제성장 초기에는 외제를 잘 사용하지 않았다. 그러나 IMF경제위기 직전에는 외제 고급사치품을 많이 수입했다. 일본인들은 국산품 애용을 많이 하여 일본기업 성장을 도왔다. 그 결과 자동차, 카메라 등은 세계에서 제일 좋은 것을 쓰게 되었다.

내수는 소비수요, 투자수요 및 정부수요의 셋으로 나눌 수 있다. 한국인의 소비수요는 인삼, 녹용, 야생동물, 보약 등에 대한 수요가 많다. 따라서 한국인이 세계 보약산업의 경기를 좌우한다는 것이다. 또한, 공동체의식과 손님접대 등으로 고급음식점에 대한 수요가 많다. 음식 낭비의 소지가 많으므로 소비수요를 세계수준으로 다듬을 필요가 있다. 미국인들은 반바지에 슬리퍼를 신는 등 격식을 차리지 않는 특성이 있다. 그러므로 미국에서는 햄버거, 피자, 치킨 등 패스트푸드점, 편의점 등이 많이 생긴다.

국내 투자수요는 주로 한국기업에 의한 수요이다. 투자수요를 증대시키기 위해서는 외국인들이 우리 국내에서 활발한 투자활동을 하게 하는 것이 필요하다. 미국의 경우에는 각종 무기에 대한 정부수요 때문에 국방산업이 발전했다. 한국의 경우에도 국방산업 발전에 정부수요가 큰 역할을 했다. 앞으로 통일이 되면 각종 내수가 폭등하여 잘만 하면 산업성장의 새로운 돌파구가 열릴 수도 있다. 한국기업의 국제경쟁력은 이외에도 많은 요인들이 다같이 충족될 때 향상된다. 그럼 다른 요인에는 어떤 것들이 있는가?

3) 경영: 기업운영과 전략

일반적인 경영이론과 시스템 경영이론에 대해서는 이 장 앞부분에서 살펴보았다. 여기서는 경영전략을 보기로 한다. 우리 나라에는 수많은 회사들이 있다. 그런데 그 중 어떤 것은 아주 잘 성장하고 또 어떤 것은 심지어 도산 위기에까지 몰리고 있다. 같은 한국인들이 하는 회사들이 매출액, 이윤, 주식가격 등에 있어서 큰 차이가 나는 이유는 무엇인가? 중요한 이유의 하나는 경영능력의 차이라고 할 수 있다. 공급측 요인과 수요측 요인을 생산적 목적에 잘 결합시켜 기업의 경쟁력을 높히는 것이나 이윤을 만들어 내는 것은 경영의 몫이다. 되풀이하면 사람, 물건, 기술, 자연의 힘을 합쳐서 가계수요, 기업수요, 정부수요 및 외국인의 수요에 맞게 제품을 잘 생산토록 하는 것은 경영인의 몫이다.

축구의 예를 보자. 개인적으로 보면 한국선수와 일본선수는 별 차이가 없다. 그러나 팀이 되어 시합할 때는 감독의 팀 경영능력에 따라서 결과에 큰 차이가 난다. 축구감독이 바뀐 뒤 승률이 올라가고, 유능한 코치 때문에 연전연승을 한 적도 있었다. 또 어떤 때는 코치 잘못으로 연패한 때도 있었다. 축구감독은 축구팀에 관한 한 경영인의 역할을 한다. 같은 인적 및 물적자원을 가진 축구팀이나 기업은 경영책임자의 능력에 따라서 그 경쟁력에 큰 차이가 날 수 있다.

미국식과 일본식 경영. 미국기업의 경영에는 몇 가지 철학이 있다. 첫째, 기업이나 정부 등의 공동체보다 개인이 우선한다. 개인은 언제든지 회사를 그만두거나 옮길 수 있다. 둘째, 미국인은 기업이나 국가의 힘은 개인에게서 나온다고 믿는다. 셋째, 미국인들은 재산을 원칙적으로 개인들이 가져야 된다고 생각한다. 그러므로 기업이 돈을 벌면 그 소유자인 주주에게 당장 배당을 해야 한다고 생각한다. 넷째, 개인은 돈을 받는 것만큼 일한다. 다섯째, 회사나 개인, 그리고 개인간에 서로 피해를 줄 때는 당장 보상을 주고받을 수 있어야 한다. 회사와 개인간의 관계는 법적으로 보호받아야 한다. 이러한 이유로 미국인들은 계약을 많이 한다.

반면 일본기업의 경우는 이와 크게 다르다. 첫째, 회사는 전회사원들의 생활공동체이다. 개인을 위한 조직체가 아니다. 둘째, 회사원 개인보다 공동체인 회사가 우선한다. 개인은 공동체를 위해서 희생하거나 평생토록 일할 준비가 되어 있어야 한다. 셋째, 회사원들은 한 식구이므로 서열과 연공을 중시한다. 넷째, 같은 공동체의 구성원이므로 서로 잘못하더라도 고소하는 등의 일은 하지 않는다. 다섯째, 개인은 공동체를 위해서 신명을 다 바쳐 일하는 것이지, 미국인들처럼 돈을 더 준다고 일을 더 하고, 덜 준다고 덜하는 것이 아니다. 미국식 경영과 일본식 경영에는 이와 같이 많은 차이가 있다.

한국식 경영. 한국기업은 IMF경제위기 이전에는 동아시아식 경영을 많이 했다. 그러나 그 이후에는 미국식 경영을 시도하기도 했다. 미국식 경영을 도입했다가 기업의 분위기가 살벌하여 다시 한국식으로 되돌아온 경우도 많다. 한국식과 미국식 경영을 혼합한 경우도 많다.

그 분야 세계 제일이 된 한국기업은 삼성전자, 포스코, SK(주), 현대중공업 등이다. 미국 「포춘」지에 따르면 이 중 앞의 세 회사는 세계에서 "가장 존경받는 기업"이 되었다. 이들은 모두 한국식 경영으로 그렇게 된 기업들이다. 한국기업이 100% 미국식 경영을 하는 것이나 100% 일본식 경영을 하는 것은 맞지 않다. 오히려 '한국식 경영 70% + 미국식 경영 30%' 또는 '한국식 경영 3분의 2 + 미국식 경영 3분의 1' 등의 혼합이 소망스러운 것으로 보인다.

한국기업은 '기업그룹의 일원'으로 그룹차원의 경영이 되는 경우가 많다. 이 점에서 일본이나 미국의 기업경영과 다르다. 한국기업의 회사원은 소속회사와 그 회사가 소속된 그룹을 위하여 일하는 경우가 많다. 그리고 '총수경영'이 되는 경우도 많다.

최근의 경영이론인 시스템이론과 불확정이론이 말하는 경영의 방향은 무엇인가? 현재는 경영환경 급변시대이므로 기업경영에 하나의 모범답안이 있을 수 없다는 것이다. 미국은 미국식 기업경영이론이 있고, 일본은 일본식 기업경영이론이 있다. 그럼 한국의 경우는 어떤가? 삼성은 이른바 삼성신경영이론이 있고 SK그룹은 수펙스(SUPEX)이론이나 SKMS(SK경영시스템; SK Management System)가 있다.

수펙스(SUPEX)이론이란 회사원들로 하여금 발휘할 수 있는 최대의 능력을 발휘하도록 하자는 이론이다. 이런 주의로 SK그룹은 SK(주)와 SK텔레콤을 세계적인 회사로 만들었다. 삼성전자는 인재 제일주의로 반도체메모리 분야에서 세계 제일의 기업이 되었다. 외국인들 중에는 심지어 한국기업은 경영이론도 없고 일본기업 경영이론이나 모방하는 일본기업의 아류라고 생각하는 사람도 있다. 그러나 결코 그렇지 않다. 한국은 현재 한국식 경영이론으로 세계수준의 기업들을 많이 창출해 내고 있다. 뚜렷한 경영이론 없이 세계 제일이 되는 것은 불가능하다.

"우리는 과거 10여 년간 「일본경영의 비밀」이라는 제목의 책을 수없이 보았던 것처럼 앞으로 10년 뒤에는 「중국경영의 비밀」이라는 제목의 책을 수없이 볼 것이다. 중국인들은 독특하고 아주 다른 경영스타일과 경영구조를 개발하고 있다. 나는 가끔 말하지만 일본의 비밀은 현대기업을 가족으로 만드는 것이다. 중국인의 비밀은 아마 가족을 현대기업으로 만드는 능력에 있다고 할 것이다."

— 피터 드러커, 『아세아에 관하여』

4) 기업과 산업

기업 및 산업의 조직에 대해서는 다음 장에서 설명하고 이 장에서는 기업과 산업에 관하여 주로 논의하기로 한다. 우선 글로벌경쟁력과 업종간의 관계부터 논의하기로 한다.

업종의 선택. 그럼 경영만 잘 하면 어느 기업이나 계속 성장할 수 있다는 말인가? 그렇지 않다. 아무리 경영을 잘 하더라도 그 산업(업종)이 사양화되면 성장이 어렵다. 종사하는 산업이 어떤 것인가에 따라서 그 회사의 운명이 좌우된다. 한국에서는 1950년대의 삼백(三白)산업(밀가루, 설탕 및 시멘트), 1960년대의 합판, 가발 및 스웨터 산업, 1970년대의 중화학산업, 1980년대의 가전산업, 1990년대의 정보통신산업, 2000년대의 생명공학산업 등 성장산업의 많은 변화를 겪었다. 그 동안 많은 기업의 많은 부침은 이들 산업의 변화와 긴밀한 관계가 있었다.

전국경제인연합회 「한국주요기업사전」(2000년)에 따르면 한국의 789개의 약품회사 전체 매출액이 LG전자 한 개의 매출액과 비슷하다. 이를 보면 기업의 규모와 성장은 어떤 산업제품을 생산하느냐에 따라서도 좌우된다는 것을 알 수 있다. 한국의 제약회사는 전자회사나 자동차회사에 비하여 그 규모가 너무나 왜소하다. 그리고 미래의 성장산업인 정보통신, 생명공학, 환경 그리고 레포츠 산업관련 기업은 업종이 성장산업이라는 사실 그 자체만으로도 경쟁력이 높게 될 소지가 크다. 이와 같이 기업의 GC향상에는 업종선택도 중요하다.

관련기업과 산업의 경쟁력. 한국의 사기업의 경쟁력은 공기업의 경쟁력에도 많은 영향을 받는다. 공기업이 부실한 상태에서 사기업만의 경쟁력이 높을 것으로 기대하기는 힘든다. 사기업간의 경우에도 마찬가지이다. 예를 들면, 삼성전기의 경쟁력은 같은 그룹회사인 삼성전자나 삼성SDI의 경쟁력의 영향을 받고, 삼성그룹 전체회사의 경쟁력에도 영향을 받는다. 또한 하이닉스의 국제경쟁력은 삼성전자, LG전자 등 국내 다른 기업의 영향도 받는다. 이와 같이 어느 기업의 경쟁력은 관련 및 경쟁기업의 경쟁력에 큰 영향을 받는다. 박세리 선수와 김미현 선수가 우승하는 것을 보고 많은 선수들이 미국 골프계에 진출하는 것이나 마찬가지이다.

산업의 경쟁력도 관련 및 지원 기업과 산업의 영향을 받는다. 예를 들어, 화학산업의 경쟁력은 석유산업, 조선산업의 경쟁력은 철강산업, 제약산업의 경쟁력은 화학산업, 자동차산업의 경쟁력은 기계·전자·화학 등 부품산업의 영향을 받게 된다. 항공산업의 경쟁력은 기내식산업과 긴밀한 관계가 있다. 물류산업의 경우에는 항공화물, 해운화물, 육운화물산업이 얼마나 체계적으로 잘 결합되느냐에 따라서 좌우된다. 이태리의 섬유나 가죽산업의 높은 경쟁력은 디자인산업의 높은 경쟁력에 크게 기인한다. 러시아의 세계 수준의 우주과학자의 봉급이 한국 대졸초임자 봉급과 맞먹는 것은 러시아의 다른 산업의 생산성이 낮기 때문이다. 일본 이발사의 봉급이 태국 이발사보다 높은 것은 다른 산업의 생산성이 높기 때문이다.

한국이 포스코 등 중화학공업을 일으킬 때 항만, 전력, 철도, 도로나 관련 산업단지를 함께 건설한 것은 관련산업의 중요성을 잘 인식하고 있었기 때문이다. 자동차산업이 발달하기 위해서는 수많은 관련산업이 같이 발달해야 한다. 이와 같이 한 기업이나 산업의 경쟁력은 관련기업이나 산업의 경쟁력과 분리하여 논할 수는 없다.

모든 기업의 경쟁력에 큰 영향을 미치는 산업은 금융산업, 인터넷산업, 전자산업, 정보통신산업 등이다. 곧 설명되는 바와 같이 일본은 메이지유신 후 제조업을 발전시키면서 지리적·문화적·언어적으로 멀리 떨어진 서구 선진국 시장진출을 위하여 종합상사라는 조직을 만들었다. 제조업체의 활동을 지원하기 위해서 였다. 일본의 미츠이그룹, 미츠비시그룹, 스미토모그룹 등은 자체의 은행과 금융기관이 있다. 일본의 기업그룹들은 금융산업과 종합상사(종합산업)를 중심기관으로 하여 뭉쳐져 있는데, 이는 이들 산업이 다른 산업 발전에 얼마나 중요한 역할을 하는가를 잘 나타낸다.

같은 업종의 기업간 국내경쟁도 중요하다. 세계 어느 나라의 어느 기업이건 글로벌경쟁력이 강하게 된 기업은 국내에서 많은 업체간의 치열한 경쟁을 거친 경우가 대부분이다. 그러므로 기업의 글로벌경쟁력 향상에는 국내의 치열한 경쟁이 중요하다. IMD의 스테판 가렐리 연구책임자는 마이클 포터 교수 이론의 특히 중요한 부분은 산업의 덩어리와 경쟁의 중요성을 강조한 것이라고 했다. 한국의 자동차산업도 높은 경쟁력을 유지하기 위해서는 국내 자동차회사가 최소한 몇 개는 있어야 한다.

산업의 무리 또는 덩어리. 산업의 무리나 덩어리(cluster)가 얼마나 큰가도 그 업종에 종사하는 기업의 경쟁력을 결정한다. 경제발전을 갓 시작하는 후진국에는 전자업체가 소수에 불과하나 일본 같은 선진국에는 무수한 전자제품회사가 있다. 따라서 일본에서는 전자산업의 덩어리 또는 무리가 크다. 이는 전자산업을 하는 기업체의 수가 많다는 뜻이다. 어떤 산업이건 국제경쟁력을 확보하려면 그 덩어리가 최소한 어느 정도의 규모는 되어야 한다. 이는 경쟁업체가 최소한 몇 개는 되어야 한다는 뜻이다. 어떤 업체이건 홀로 서지 못한다. 어떤 산업의 덩어리 자체가 크고 또는 관련산업의 덩어리와 더불어 다시 더 큰 덩어리를 형성할 때 산업 전체의 경쟁력이 크게 향상된다.

한국에서 조선산업이 잘 발달하려면 세계적인 조선회사 한 개를 설립한다고 될 일이 아니다. 최소한 조선회사가 서너 개는 있어야 한다. 자동차산업의 경우도 마찬가지이다. 자동차회사가 여러 개 있어야 한다. 부품산업도 잘 발달되어야 한다. 자동차회사의 규모뿐만 아니라 자동차산업의 규모도 중요하다. 뿐만 아니라 전자산업, 철강산업, 화학산업도 같이 발전해야 한다. 즉, 산업의 덩어리(cluster of industries)가 잘 발달해야 한다. 그래야 국가경제의 경쟁력이 생긴다.

자동차기업 → 자동차산업 → 자동차산업과 관련산업의 덩어리 → 국가경제

5) 정 부

우리 모델에서 공급측 요인, 수요측 요인, 경영 및 기업과 산업 모두에 영향을 주고받는 것은 정부이다. 3대 기본조건에 대해서도 마찬가지이다. 이 모두를 잘되게 하여 기업의 경쟁력을 높일 수 있는 것은 정부이다. 기업의 경쟁력 향상에는 정부의 역할이 중요하다. 그러므로 정부와 이들 간의 관계를 나타내는 화살표는 [그림 10. 1]에서와 같이 양방향으로 표시되어 있다. 기업과 산업의 GC와 관련된 정부의 기능은 이 책 마지막 장에서 논의한다.

바 3대 환경적 요인

1) 세계화(globalization)

우리는 세계화를 이미 제 3 장에서 살펴본 바 있다. 여기서는 중복되지 않는 면에서, 그리고 기업경쟁력과 관련하여 논의하기로 한다. 미국의 코카콜라 회사는 세계 199개국에 진출해 있다. 햄버거 회사도 세계 여러 나라에 진출해 있다. 미국은 미국회사를 전세계에 진출시키고, 세계 어느 나라 회사도 미국에 와서 자유롭게 활동할 수 있게 한다. 외국기업에 대한 진입장벽(entry barrier)이 제일 적은 나라이다. 한국기업들도 미국에 공장을 많이 세웠다. 어떤 나라가 자국의 기업, 상품 등을 타국에 적극적으로 진출케 하는 것을 공격성(aggressiveness)이라고 하고, 타국의 기업이나 상품이 그 나라에 적극적으로 진출할 수 있는 매력을 제공하는 것을 매력성(attractiveness)이라고 한다. 이 두 가지가 잘 되어야 세계화가 잘 된다. 미국은 공격성이나 매력성에 있어서 거의 세계 제일이다.

일본은 공격성에 있어서는 거의 세계 제일이나 반면 매력성에 있어서는 선진국 중 최하위라고 할 수 있다. 외국기업들이 일본에 공장을 세워 사업하기는 상당히 어렵다. 우선 서양인들은 말과 문화를 모르고, 생선회

를 많이 먹어야 하는 등 일본문화에 적응하기 어렵다. 뿐만 아니라 많은 일본인들은 의식적으로 외국기업에 배타적이다. 일본의 정부도 어떤 제품이건 가급적 일본기업들이 생산하도록 한다. 그러므로 일본에서 외국기업의 직접투자 비중은 아주 낮다. 한국의 경우도 경제위기 전까지는 마찬가지였다. 옛날 수출공단에 외국기업들이 투자하도록 한 다음 한국기업이 기술을 익히면 외국기업들을 철저히 규제한 적이 있다. 심지어 스스로 떠나게 한 적도 있다. 그러나 IMF경제위기 이후에는 크게 달라지고 있다.

미국기업은 외국에 나가서도 이스라엘인, 인도인, 중국인, 독일인 등 인종에 상관없이 능력 본위로 고용한다. 한국이나 일본 국내에 있는 기업들은 주로 자국인들을 쓴다. 외국인 근로자들을 홀대하는 기업도 적지 않다.

미국은 전세계 시장 진출을 가장 잘 할 수 있는 나라이다. 일본은 전세계에 진출한 종합상사 지사 네트워크를 통하여 세계진출을 잘 할 수 있는 지위를 확보했다. 중국의 경우는 전세계 대도시에 있는 수많은 중국상인들이 중국기업의 세계진출의 교두보역할을 한다. 한국의 경우는 기업그룹의 해외지사망이 그런 역할을 한다.

한국은 어떤 산업을 개방할 수 있는가? 미국은 세계 일류 기업, 세계 일류 산업, 세계 일류 대학, 세계 일류 운동선수, 세계 일류 영화배우 등 세계 일류란 일류는 거의 다 소유하고 있다. 세계 어느 나라, 어느 기업, 어느 산업 및 어느 인재가 오더라도 미국시장을 장악하기 어렵다. 그러므로 시장을 아무리 많이 개방해도 걱정이 없다. 오히려 경쟁이 촉진되므로 미국에 유리하다. 한국의 산업 중 어떤 것을 외국에 마음대로 개방해도 좋은가? 바둑산업은 이창호, 유창혁 같은 세계수준의 기사들이 있으므로 아무리 개방해도 문제가 별로 없다. 반도체산업이나 TFT-LCD(액정화면), 핸드폰, 모자, 조선산업 같은 경우에도 마찬가지이다. 그러나 금융업의 경우에는 한국의 금융기관들의 경쟁력이 선진국 금융기관에 비하여 너무나 약하다. 그러므로 금융시장의 급속한 개방은 한국 금융업체들의 위기를 불러올 수 있다. 이는 국부유출로 이어질 수 있다. 전자, 중공업, 철강산업 등 한국기업의 경쟁력이 강한 산업은 외국에 개방해도 별 문제가 없을 것이다. 그러나 그렇지 못한 산업은 개방하면 시장을 외국기업에게 빼앗기고, 한번 빼앗긴 시장은 회복하기 어렵다. 일반적으로 국제경쟁력이 강한 산업의 경우에는 외국기업들의 국내진출을 선진국 수준으로 개방하고, 약한 산업의 경우에는 서서히 하도록 만든다. 만화산업의 경우에는 이미 상당부분이 일본 만화산업에 점령당하고 있다. 일제 전자제품과 자동차의 국내진출에 대한 대비도 중요하다. 일제 전자제품과 자동차가 진출한 나라치고 시장이 점령당하지 않는 경우가 드물다. 어느 증권회사 사장의 이야기를 보자.

"외국 금융전문가들이 한국증시에서 한국인의 돈을 다 쓸어 간다. 미국 증권전문가와 한국 증권전문가의 실력 차이는 미국 NBA 농구팀과 한국 고등학교 농구팀간의 실력 차이와 비슷하다. "

미국은 각종 회사가 수없이 많으므로 외국기업들로 하여금 마음대로 사고 팔게 해도 별문제가 없다. 그러나 한국은 국제경쟁력 있는 기업이 극소수이다. 몇 개만 팔려가도 더 팔 것이 없어진다. 외국인과 외국기업을 한국 내에 불러들이는 형태의 경제개방은 다음 두 가지 형태를 생각할 수 있다.

첫째, 야구나 농구 등 스포츠팀식 개방이다. 한국 스포츠의 경우에는 팀을 외국에 팔아 넘기지 않는다. 대신 외국선수들을 고용하여 한국선수들의 실력을 높인다. 한국의 은행이나 기업도 외국에 팔아 넘기지 말고, 소유는 한국인이 하되 은행장이나 경영인을 외국인으로 고용하여 경쟁력을 높이는 것이 소망스럽다.

둘째, 외국이나 외국기업이 한국에 와서 새로운 기업을 마음대로 설립할 수 있게 하는 것이다.

세계화와 세계어. 세계화시대의 세계어는 영어이다. 한국이 최초로 외교관을 미국에 파견했을 때는 영어를 몰라서 통역 두 사람을 써야 했다. 중국어를 잘하는 한국인이 한국말을 중국어로 하면 중국인이 영어로 이를 미국인에게 통역했다는 것이다. 지금도 한국의 많은 지도자들이 국제기관에 갈 때는 통역을 데리고 간다. 그러나 스위스, 싱가포르는 물론이고, 선진국 공무원들은 영어를 잘하기 때문에 통역이 거의 필요없다. 한국 지도자들의 해외 공무수행 능력은 선진국에 비해 비교도 안 될 정도로 떨어진다. 후진국의 공무원일수록 국내에서는 엄청나게 큰 힘을 발휘하나 외국에 나가면 그렇지 못하다. 후진국의 세계화는 정부부터 해야 한다. 잭 웰치 GE 회장은 지식인의 세계화 없이 기업이나 국가의 세계화는 불가능하다고 했다.

그런데 스위스, 싱가포르, 네덜란드, 스웨덴 등이 추진하는 세계화의 첫번째는 국민들의 외국어 능력향상이다. 세계에서 외국어를 가장 중시하는 인종은 유태인이다. 이스라엘 어린이는 9살이 되면 매일 한 시간씩 영어공부를 한다. 13세가 되면 제 2 외국어를 하는데, 적의 언어인 아랍어를 공부한다. 대학생이 되면 최소한 한 개의 외국어를 더 공부한다. 과거 세계 최고의 선진국이라고 했던 스웨덴은 국민들이 영어를 거의 모국어처럼 유창하게 한다. 싱가포르, 스위스, 네덜란드 등 대국 사이에서 생존하는 나라는 모두 외국어를 중시한다.

그런데 유태인들은 미국을 마치 자기들이 차지해야 할 나라로 생각한다. 미국을 일본인은 옛날 적국으로 생각했고, 지금은 경쟁대상국으로 생각한다. 한국의 어떤 젊은이들은 미국을 물러가야 할 나라라고 생각한다. 그런데 미국은 전세계에서 이민온 사람들이 만든 나라이다. 주인이 없는 나라이다. 미국을 잘 활용하는 나라가 세계화도 잘한다. 세계화시대에 미국을 '우리 경제권'으로 만들고 동아시아(중국과 일본)도 우리 경제권으로 만드는 것을 우리의 세계화전략의 하나로 한다면 어떨까?

개방형 성장의 장점. 중국이 영국처럼 산업혁명을 하지 못한 것은 쇄국정책으로 경제개방을 하지 못했기 때문이라고 한다. 과거 한때 한국이나 일본도 마찬가지였다. 그러나 한·중·일 모두 경제개방을 하자 장기간 고도성장을 할 수 있었다. 이런 개방형 성장은 다음과 같은 이점이 있다.

① 기업경영인이나 근로자들이 스스로의 수준이 세계 일류에 비하여 얼마나 차이가 있는가를 깨닫게 한다. 그리고 그 수준에 도달하기

위하여 스스로 노력하게 만든다. 이것이 경제개방의 역동적 효과(dynamic effect)이고, 가장 큰 효과이다.

② 박세리, 김미현, 박찬호 같은 선수들이 곧바로 외국에 진출할 수 있고 외국선수들도 한국에 진출하는 등 국제교류의 직접적인 혜택을 볼 수 있다. 이는 기업경영인, 근로자, 학생, 학자, 제품 등의 경우에도 마찬가지이다. 이런 효과는 정적 효과(static effect)로서 그리 크지는 않다.

③ 정부 공무원들도 외국 정부정책 사례를 참고하므로 경제정책을 더 잘하게 만든다(정부정책개선 효과).

2) 기 술

마케팅의 세계 제 1 인자라고 하는 필립 코틀러 교수의 자문에 따라서 기술을 환경적 요인에 추가하게 되었다.

3) 운 또는 우발적 요인

한국경제는 1973년에 발생한 제 1 차 에너지파동으로 심한 몸살을 앓았다. 그 이후 다행히 중동건설 수출 붐으로 경기침체를 호경기로 돌릴 수 있었다. 그러다가 1979년에 발생한 제 2 차 유류파동으로 다시 심한 침체를 맞이했다. 1980년에는 심한 냉해에 따른 흉작으로 경제는 마이너스 성장을 했다. 석유파동, 냉해 등은 한국기업에게는 우발적 요인이다. 한국의 기업체들은 1980년대 초 극심한 불황상태에 있었으나 1985년부터 3저 현상(낮은 달러가격, 낮은 석유가격, 낮은 이자율)이 발생하자 제품의 수출이 날개 돋친 듯하여 1986년부터 호경기 국면을 맞이할 수 있었다. 1986년부터 한국경제는 유사 이래 처음으로 무역흑자를 크게 내기 시작했다. 이때 수많은 한국기업의 급작스러운 경쟁력상승은 3저 현상이라는 우발적 요인 때문이었다. 그때까지 도산을 겨우 면한 기업들은 거의 모두 운 좋게 호경기 국면을 맞이했다. 한국수출산업의 구조는 일본과 비슷하므로 일본 엔화가 강세가 되면 경쟁력이 향상되고 약세가 되면 경쟁력이 약화된다. 일본 엔화가치의 변동도 한국기업이나 산업에게는 우발적 요인이다.

한국에서는 기업하기가 정말로 어렵다. 5년마다 정권이 바뀌면 정부의 정책방향이 바뀌는 경우가 많다. 세계 에너지 가격, 일본 엔화가치, 미국 주식시세, 주변 4강의 정치정세 등이 바뀌어도 한국의 기업환경은 크게 변화한다.

중국이 사회주의식 폐쇄정책을 버리고 개방정책을 채택한 것도 한국 기업에게는 중대한 우발적 요인이었다. 대만의 지진으로 대만 반도체 기업이 타격을 받았을 때 한국의 반도체 수출이 날개 돋친 듯이 증가한 것도 마찬가지이다. 공산주의의 종말 후 전세계적으로 방위산업이 큰 타격을 받았는데 방위산업으로 볼 때는 공산주의의 종말도 커다란 우발적 요인이다. 얼마 전 한국 화학산업의 수출이 갑자기 늘어난 바가 있는데, 이는 미국 화학공장의 화재 때문이었다.

이와 같이 기업이 어떻게 할 수 없는 요인들을 모두 운 또는 우발적 변수(chance variable)라고 한다. 세계화시대 그리고 기술변화가 빠른 정보화시대에는 이런 요인의 중요성이 증가한다. 우리 나라에는 사업에 운 70%, 기술 30%라는 이른바 '운7 기3' 이라는 말이 유명하다. 이병철 삼성그룹 창설자는 부자의 조건으로 '운·둔·근'을 꼽았다. 우선 '운'이 좋고, 어느 정도 '둔' 하고, '근' 성도 있는 사람이 부자가 된다는 것이다.

우발적 요인은 다른 모든 결정요인에 영향을 주나 받지는 않는다. 그러므로 [그림 10. 1]에서 화살표는 한 방향으로만 그려져 있다. 우발적 요인을 제외한 다른 요인들은 서로 긴밀하게 영향을 주고받으므로 그림에서 화살표는 모두 양방향이다. 지금까지 말한 것은 한국의 기업과 산업의 글로벌 경쟁력 핵심결정요인과 환경적 요인이다. 지금부터 GC의 3대 기본조건을 보기로 하자.

(사) 기업과 산업GC의 3대 기본조건

기업과 산업이라는 나무가 잘 자라자면 우선 풍토, 곧 경제풍토가 적합해야 한다. 열대지방의 야자나무는 비료와 물을 아무리 잘 주더라도 한대지방에서는 자랄 수 없다. 선진국에서는 잘 성장하는 세계적인 기업도 아프리카와 같은 후진국에서는 자라지 못한다. 그럼 세계적인 기업과 산업이 자라기 위한 풍토, 곧 기본조건은 무엇인가? 다음 세 가지이다. 화분에 있는 꽃에 주는 비료, 물, 흙, 화분 같은 것을 핵심결정요인에 비유한다면 기후나 풍토 같은 것은 근본조건이다.

· 자유경제(=자본주의 시장경제체제)
· 인간자본(건강, 교육, 훈련, 기강 등)
· 정치안정

다른 예를 보면, 가령 선진국 자동차들이 후진국에서 잘 달리기 위해서는 우선 차가 좋아야 한다. 그러나 고속도로 신호시설, 주유소나 휴게소, 인터체인지 같은 시설도 모두 좋아야 한다. 이들 모두는 차의 성능을 높이는 데 공헌을 한다. 이런 것이 근본조건이고, 그야말로 펀더멘털(fundamentals)인 것이다. 되풀이하면 고속도로, 인터체인지, 신호시설 등은 자동차회사들이 만드는 것이 아니면서 자동차의 경쟁력은 높이는 데 근본이 된다. 그러므로 근본조건이라고 한다.

미국은 무엇보다 기업성장에 필요한 3대 조건을 세계에서 가장 잘 갖추고 있는 나라이다. 그 다음은 일본으로 보인다. 한국은 이 점에 있어서 많이 떨어진다. 자본주의라는 온상이 없으면 기업이라는 꽃이 시드는 것은 시간문제이다. 교육이 잘못되어도 기업은 자라지 못한다. 기업은 커녕 나라가 안 된다.

예를 들어, 기업이 내는 세금으로 공부한 학생들이 반기업적이 되어 사회에 나와서 기업죽이기운동이라도 하면 나라경제가 쇠퇴하는 것은 시간문제이다. 기업이라는 꽃은 정치가 불안해도 피지 않는다. '좋은 자본주의체제, 좋은 교육 및 안정된 정치'를 바탕으로 핀다. 잘 피기만 하면 아름답기 이루 말할 수 없고 열매도 풍성하다. 이 세 가지 중 어느 것이 잘못되어도 잘 피지 않는다. 그러므로 이 세 가지를 기업과 산업이 자라고 꽃을 피우기 위한 3대 근본조건이라고 한다.

1) 자유경제(=자본주의 시장경제)

이는 우리가 이미 제6장에서 살펴본 바와 같다.

2) 인간자본

"한국이 이렇게 빨리 발전할 수 있었던 것은 바로 교육이 밑바탕이 되었기 때문이다."

— 정주영 현대그룹 창설자

"축구 선수의 기본조건은 우선 건강해야 한다. 어느 정도 교육도 받고 기본 정신력도 갖추어야 한다. 이런 것이 선수가 되기 위한 기본조건이다."

인간자본(human capital)이란 생산성 향상을 위하여 교육, 훈련 및 경험 형태로 사람에 투자된 것을 말한다. 예를 들면 기업이 구입한 컴퓨터는 물적자본이다. 그러나 컴퓨터가 잘 작동하기 위해서는 그 사용자가 컴퓨터 교육과 훈련을 받고 경험을 쌓아야 한다. 이를 위하여 컴퓨터 사용자에게 투자된 것을 인간자본이라고 한다. 자본주의 시스템의 경우에도 아무리 좋은 것이라도 국민들이 이를 잘 활용할 수 있도록 교육·훈련 및 경험을 쌓지 않으면 안 된다. 우리의 기업과 산업의 GC모델의 경우에도 이를 잘 알고 활용할 수 있는 지식과 경험을 계속 쌓아가지 않으면 소용이 없다. 인간이 교육과 훈련과 경험 쌓기를 싫어하는 나라에서 기업과 산업이 성장할 수는 없다.

지식사회에서는 인간자본의 중요성이 더욱 커진다. 국민의 교육열에 있어서는 한국이 일본이나 미국을 앞설 수 있다. 13세 어린이들의 세계 과학 및 수학 경시대회에 있어서는 한국 어린이들이 미국과 일본의 어린이들을 앞설 때가 많다. 지금은 세계경제 전쟁시대인데, 세계경제전쟁은 마이크로소프트의 빌 게이츠, GE의 잭 웰치 같은 세계적인 인재들에 의하여 승패가 좌우된다. 이러한 점에서 보면 세계적인 고급인력 및 전문인력을 양성할 수 있는 교육의 중요성은 아무리 강조해도 지나치지 않는다. 이를 가장 잘 할 수 있는 나라는 미국이다.

세계적인 고급인력이 있으면 이들이 다시 수많은 인력을 고급인력으로 길러 낼 수 있다. 문제는 앞으로 어느 나라가 세계최고 수준의 고급인력을 더 잘 양성하는가이다. 세계적인 고급인력을 미국은 하버드, MIT, 스탠포드 같은 세계일류 대학들이 길러 낸다. 일본은 주로 세계적인 기업들이 길러 낸다. 그럼 한국은? 옛날에는 미국의 일류대학에 유학을 보내서 길러 냈다. 그러나 지금은 기업들도 많이 길러 내고 있다.

세계에서 세계 일류 기업과 세계 일류 대학들이 같이 가는 나라는 미국밖에 없다. 미국에서는 세계 일류 대학들이 세계 일류 기업들이 필요한 인재를 길러 내고, 세계 일류 기업들이 세계 일류 기술을 개발하여 대학교를 돕는다. 세계 일류의 대학교와 기업간의 상승작용이 미국에서처럼 잘 이루어지는 경우는 없다. 예를 들어 스탠포드대학 때문에 그 주위에 실리콘밸리가 생겼고, 실리콘밸리 때문에 스탠포드대학도 더욱 발전한다. 일본은 고등학교 교육까지는 세계 일류 수준이라고 한다. 그러나 대학교육에는 문제가 많다는 것이다. 한국은 삼성전자, 포스코, 현대중공업 등 그 분야 세계 제일의 기업들이 생겨나고 있다. 그러나 세계 일류의 대학은 없다. 세계 일류 기업과 인재를 길러 낼 수 있는 대학이 다같이 있어야 한다.

국민들의 평균 기강이나 건강(평균수명)에 있어서는 일본이 아마 세계 제일일지 모른다. 미국은 소수의 세계적인 인재들이 끌고 나가는 나라이다. 미국의 소수 엘리트들의 기강은 세계 제일이다. 한국인의 평균 기강이나 수명도 계속 상승하고 있다. 그러나 일본이나 미국에는 아직 뒤떨어져 있다. 다가올 지식사회는 인간자본 형성이 대세를 결정하는 시대이다.

> "삼성의 인재 제일주의—나는 내 인생의 80%는 인재를 모으고 교육시키는 데에 시간을 보냈다. 내가 키운 인재들이 성장하면서 두각을 나타내고 좋은 업적을 쌓는 것을 볼 때 고맙고, 반갑고, 아름다워 보인다. 삼성은 인재의 보고라는 말을 세간에서 자주 하는데, 나에게 있어서 이 이상 즐거운 일은 없다."
>
> — 이병철 삼성그룹 창설자

3) 정치안정

미국은 세계에서 정치적으로 가장 안정된 나라이다. 미국정치는 또한 기업친화적이다. 반대로 후진국 정치는 대부분 기업을 해치는 정치가 된

우리 모델과 경쟁관계에 있는 모델들

현재 세계적으로 유명한 국제경쟁력모델은 스위스 IMD의 기업의 세계경쟁력(world competitiveness) 모델과 마이클 포터 하버드 경영대 교수의 국가의 경쟁우위(competitive advantage of nations) 모델의 두 가지가 있다.

IMD는 기업의 세계경쟁력의 결정요인으로 다음 8가지를 꼽고 있다. 이는 ① 사회간접자본, ② 과학기술, ③ 금융, ④ 국민, ⑤ 경영, ⑥ 정부, ⑦ 국제화 및 ⑧ 국내경제력이다. IMD에 따르면 이들이 기업의 경쟁력을 결정하는 과정은 다음과 같다. 앞의 네 가지는 경쟁 자산인데, 이를 토대로 경쟁력을 실제로 창출하는 것은 '경영'의 몫이다. '정부'는 이 모든 요인의 수준을 높인다. 이들 요인들은 또한 모두 '국제화' 되고, '국내경제력' 강화로 연결될 때 기업의 세계경쟁력은 향상된다.

포터 교수는 네 가지 기본요인, 즉 ① 요소조건, ② 수요조건, ③ 관련 및 지원사업, ④ 기업의 전략 · 구조 · 경쟁정도와 두 가지 부수요인, 즉 ⑤ 정부와 ⑥ 우발적 요인이 기업의 경쟁우위를 결정한다고 했다.

이들 모델과 우리 모델의 차이는 무엇인가? IMD모델의 경쟁자산은 우리 모델의 공급측 요인에 해당된다. 경영, 정부 및 국제화의 3요인은 우리 모델에 있는 것이다. 그러나 IMD모델은 우리 모델의 수요측 요인을 제외하므로 한국이나 동아시아의 수출주도형 성장 등을 설명하기 어렵다. 무엇보다 우리 모델이 강조하는 3대 기본요인을 도외시하므로 많은 나라에 적용하기 어렵다. 그러므로 IMD가 분석대상으로 하는 나라의 수는 제한될 수밖에 없다.

포터 교수의 모델도 우리 모델의 3개 기본요인을 도외시하므로 특히 동구권 국가들처럼 경제체제 개혁 도중의 국가나 후진국의 경쟁력 설명을 잘하지 못한다. 이는 포터 교수도 수긍하는 점이다. 그리고 정부의 역할을 지나치게 과소평가하고 있다. 무엇보다 IMD모델은 기업의 경쟁력만 설명하고, 포터 교수의 모델은 산업의 경쟁력만을 치중하나, 우리의 모델은 기업뿐만 아니라 산업의 GC를 아울러 설명할 수 있는 장점이 있다. 이런 점으로 볼 때 우리 모델은 이들 두 개의 모델보다 진일보한 것이라고 할 수 있을 것이다.

다. 일본은 소련 붕괴 직전까지, 즉 냉전시대가 끝나기 전까지는 자민당 일당 지배시대였다. 그러므로 정치가 잘 안정되어 있었다. 미국도 냉전 때문에 일본의 정치안정을 도왔다. 그러나 공산주의 붕괴 이후부터 미국은 일본의 정치를 도울 필요가 없게 되었다. 그 결과 일본의 정치는 상당 정도 불안하게 되었고, 이는 경기침체로 이어졌다. 일본정치가는 세계화된 일본경제를 잘 리드하지 못하는 게 문제라고 한다. 일본의 근본문제는 세계 수준의 정치지도자의 리더십 부족이라고 한다. 싱가포르, 홍콩, 대만의 장기간의 고도성장도 정치안정이 뒷받침된 것이었다.

한국은 정치불안이 심할 때 경제위기가 찾아왔다. 정치불안이 경제의 발목을 잡는다. 한국에서 국제경쟁력이 제일 없는 분야가 정치라고 한다. 때문에 정권이 바뀔 때마다 한국경제는 큰 혼란을 겪는 경우가 많다.

이와 같이 기업 경쟁력 향상에 필요한 세 가지 기본조건은 미국이 아주 잘 갖추고 있다. 한국도 앞으로 미국 수준으로 이를 향상시켜야 한다. 이런 기본조건을 구비하지 않고 한국이 기업형태만 미국식으로 바꾸려고 하거나, 기업의 부채비율이나 지배구조 등만 미국 수준으로 뜯어고치려고 해서는 글로벌경쟁력을 오히려 크게 떨어뜨릴 가능성도 크다.

아 경제위기는 왜 발생하는가?

한국은 1997년 말에 이른바 IMF경제위기를 맞이했다. 그 원인은 무엇이었던가? 로버트 서머스 미국 재무부장관은 비오는 날의 교통사고처럼 복합적인 것이라고 했다. 루디거 돈부시 MIT 경제학 교수는 관료주의와 후진적인 금융시스템이 그 원인이라고 했다. 마틴 펠드스타인 하버드대 경제학 교수는 한국기업들의 과다한 단기부채와 IMF의 잘못된 정책처방이 그 원인이라고 했다. 휴버트 나이스 IMF 국장은 제대로 작동하지 못한 금융시스템, 급속한 세계화 및 환율의 급등이 그 원인이라고 했다. 많은 한국인들은 재벌의 문어발식 확장경영이 주된 원인이라고 했다. 그리고 남덕우 전총리는 인치(人治)에 의한 한국경제시스템의 파괴가 그 원인이라고 했다. 어느 주장이 맞는가? 시스템 관점에서 보면 남덕우 전총리의 견해가 가장 합당한 것으로 보인다. 우리의 S모델을 거꾸로 해석하면 언제든지 경제위기가 다가옴을 알 수 있을 것이다. 어떻게 하면 그렇게 되는가? 여기서 경제위기를 초래하는 방안을 제시하는 것은 이를 알고 막는 방법을 더 잘 이해할 수 있도록 하기 위해서이다. 그럼 어떻게 하면 경제위기가 다시 발생하게 되는가?

무엇보다 글로벌경쟁력의 다음과 같은 3대 기본조건을 흔들면 경제위기는 조만간 찾아 온다.

① 정치불안. 정치를 불안하게 만들면 외국인들은 한국에 투자한 돈을 빼내어 철수한다. 한국기업들도 투자를 않거나 연기한다. 정치가 불안하면 유언비어가 많이 생긴다. 국가 장래가 불안하니 이민가려는 사람이 늘어난다. 정치불안이 심하게 되면 국가경제에 대한 신뢰가 무너진다.

② 시장경제의 주춧돌이라고 하는 자본주의 경제체제를 흔들면 나라경제는 후퇴한다. 무엇보다 기업 경영인들의 기를 꺾고 기업 경영인이 된 것을 후회하게 만든다. 가진 자를 죄인 취급을 한다. 지도자들은 인기영합형 사회복지정책을 계속 확대해 나간다. 기업이 해야 할 일을 정부가 계속 떠맡아 한다. 대졸자들을 고시촌으로 몰리게 한다. 모든 정책에 능률보다 평등을 우선시 한다.

③ 그릇된 교육. 산업사회의 농토는 기업인데 무엇보다 학생들로 하여금 기업을 원천적으로 싫어하게끔 철저히 교육시킨다. 자유경제를 싫어하고 사회주의를 신봉하게 교육시킨다. 학생들에게 세계화나 지식기반사회에 반대되는 교육도 아울러 시킨다.

우리의 S모델의 기본조건인 이 세 가지만 흔들어대도 한국경제는 장기적인, 그리고 근본적인 위기를 맞이한다. 이와 더불어 우리가 말한 GC의 핵심결정요인과 환경적 요인을 흔들어 대면 한국경제는 더 큰 위기를 맞이한다. 이를 하나 하나 보기로 하자.

④ 공급측 요인. 우리가 IMF경제위기 직전에 경험했던 것처럼 정부가 고이자율정책을 계속하면 증시가 침체되고, 빚 많은 한국기업

들은 생존이 어렵게 된다. 일본의 이자율은 연 1%에 불과하고 미국의 이자율도 한국보다 낮다. 그러므로 한국기업들이 외국 금융기관으로부터 돈을 많이 빌리게 된다. 적잖은 한국기업들은 외국 금융기관의 영향 아래 놓이게 된다. 공급측 요인 중 또 하나는 인건비이다. 한국 기업근로자들의 임금을 경쟁국 임금은 물론 한국 노동자의 노동생산성보다 조금이라도 높이고 그 수준에서 계속 유지한다. 그렇게 되면 한국기업이 기울어지는 것은 시간문제이다.

⑤ 수요측 요인. 무엇보다 환율을 계속 떨어뜨려서 기업들이 수출하기 어렵게 만든다. 그러면 기업들은 국내수요 중심으로 경영을 한다. 국민들은 값싼 외제품을 사고, 해외여행도 즐기게 된다. 각종 고급 외제품들이 값싸게 수입되어 국산품시장을 잠식하게 만든다. 정부는 선심성 정부지출을 늘리고, 국민들이 고급 사치품을 애용하게 만든다.

⑥ 경영. 글로벌지식경제시대는 기업경영이나 조직에 모범답안이 있을 수 없는 시대이다. 그럼에도 불구하고 정부정책자들은 모범답안을 제시하여 기업인들의 경영을 그 틀 속으로 몰아간다. 기업을 전혀 모르는 정부관리들을 골라서 계속 기업경영에 간섭하게 만든다.

⑦ 정부. 기업에 대한 조세와 준조세를 높이고 기업의 업종, 조직, 경영 등을 사사건건 간섭하여 자유시장경제를 통제경제로 만들어간다. 미국은 세계 최고 수준의 경제전문가들이 국가 경제정책을 추진하도록 하지만, 한국은 경제를 모르는 사람들로 하여금 경제정책을 담당하도록 만든다.

⑧ 세계화. 세계 활동을 많이 하는 한국인과 한국에 진출하는 외국인을 죄악시한다.

⑨ 기업과 산업. 기업과 산업간의 상승작용, 성장산업, 산업의 덩어리(cluster)와 상관없이 기업과 산업의 활동이 이루어지도록 만든다.

⑩ 환경변화. 한국기업으로 하여금 정부의 허락 없이는 환경변화에 대응하지 못하게 만든다.

이와 같이 한국의 기업이나 산업은 GC의 3대 기본조건과 5대 핵심결정요인 및 3대 환경적 요인을 불리하게 만들면 글로벌경쟁력을 상실하게 되므로 한국경제는 곧바로 위기를 맞이하게 된다. 되풀이하지만 이런 논의를 하는 것은 경제위기의 발생원인을 바로 알아서, 이를 효과적으로 막을 수 있도록 하기 위해서이다.

우리는 지금까지 기업의 글로벌경쟁력의 핵심결정요인, 기본조건 및 환경적 요인을 살펴보았다. 그리고 이런 결정요인과 기본조건을 바탕으로 경제위기가 왜 발생하는가도 살펴보았다. 지금부터 세계시장에서 치열하게 경쟁을 하고 있는 미국과 일본의 기업들이 어떻게 다른가를 비교해 보고, 이를 토대로 한국기업의 특성을 살펴보기로 한다. 세계적인 역사가인 아놀드 토인비는 세계 역사는 동서양간의 전쟁의 역사이며, 그 축소판은 미·일간의 전쟁이라고 했다. 그런데 미·일간의 경제전쟁은 기업들이 하고 있으므로 미·일의 기업의 차이를 잘 알 필요가 있다. 지금부터 이를 살펴보기로 하자.

11. 미국기업, 일본기업 및 한국기업은 어떻게 다른가?

"우리가 일본 제품을 하나도 안 사오면 어떻게 되나, (부총리에게) 연구해 보라고 하니 3개월을 못 넘긴다는 거였어요. 우리가 공장문을 닫아야 된다는 계산이 나왔어요."

— 전두환 전 대통령(김성한의 『전두환 육성증언』에서)

가 미국과 일본의 대표기업

우리는 제1차 경제개발 5개년계획(1962~66)이 시작되고 지금까지 일본과 매년 무역을 했지만 한 해도 무역흑자를 내지 못했다. 매년 큰 폭으로 무역적자를 냈다는 사실은 일본과의 경제전쟁에서 한국기업들이 이기지 못한다는 사실을 의미하는 것은 아닐까? 우리가 일본과의 무역에서 한 해라도 흑자를 내려면 무엇보다 일본기업들을 잘 알아야 한다. 그럼 어떻게 하면 잘 알 수 있는가? 여기서는 미국기업과 비교하면서 살펴보도록 한다. 먼저 양국의 대표기업을 비교해 보기로 하자.

미국은 국토가 광활하므로 자동차 없이는 국민생활이 불가능한 나라이다. 미국에서 가장 중요한 산업은 무엇인가? 미국 문명을 지탱해온 자동차산업이다. 미국경제는 자동차와 자동차를 움직이게 하는 석유를 바탕으로 발전해왔다. 자동차산업은 '산업의 꽃'이면서 미국경제의 주춧돌이라고 한다. 미국의 자동차산업과 관련산업의 규모는 상상을 초월할 정도이다. GM사는 세계 최대회사인데, 미국인의 경영방법, 기업조직, 기업문화 등을 상징한다. "GM사에 좋은 것은 미국에도 좋고, 미국에 좋은 것은

GM사에 좋다"는 말이 있을 정도이다.

일본의 산업, 경영방법, 기업조직 및 경영문화의 상징이라고 하는 회사는 어느 것인가? 적잖은 사람들은 소니사라고 할지 모르나 그렇지 않다. 생산능력, 자금력, 경영기법, 기술력, 관련산업, 매출액 규모 등으로 볼 때 단연코 도요타사이다. 이 회사는 일본의 최대 제조회사이며, 경쟁력과 국부(國富)의 상징이다. 1960년대에는 도요타 자동차가 미국에 수출되어 고속도로를 달리던 중 문짝이 떨어져서 미국인의 비웃음을 산 바 있다. 그러나 '린생산' 등 세계 최고의 생산방식을 개발하여 미국 자동차회사를 앞서게 되었다. 일본의 경영방식, 경영이론, 기업조직 등을 알려면 우선 도요타 자동차회사를 알아야 할 필요가 있다. 「포춘」지(2000. 10. 9)는 도요타사가 세계에서 가장 존경받는 자동차회사라고 했다.

자동차회사나 산업에 대한 이해는 실물경제 이해의 관건이 된다. 미·일의 자동차회사나 산업을 모르고서는 미·일의 기업, 산업 및 경제를 안다고 할 수 없다. 자동차사는 앞으로도 인간이 제일 중시하는 공산품 생산기업의 자리를 차지하게 될 것이다.

일본회사모델

국제경쟁력 문제의 세계적인 대가인 마이클 포터 하버드 경영대 교수가 2000년에 펴낸 『일본은 경쟁할 수 있는가?』라는 책에서 밝힌 일본회사 모델은 다음과 같다.

① 고품질과 저비용
② 다양한 모델과 특성
③ 린(lean)생산
④ 종업원은 자산
⑤ 영속적 고용(permanent employment)
⑥ 합의에 의한 리더쉽
⑦ 강력한 기업간 네트워크
⑧ 장기목표
⑨ 고성장산업으로의 기업내 다각화
⑩ 정부와 긴밀한 업무관계

자동차산업은 제조업의 꽃, 산업 중의 산업

한국의 자동차산업은 2004년 347만 대의 차를 생산하였고, 한국은 세계 6대 자동차 생산국이 되었다. 자동차 수출은 326억 달러를 제1의 수출품목이 되었다. 제조업 생산의 11%, 수출의 13%, 정부의 총 세수의 17%를 차지한다. 154만 명을 자동차 및 관련산업이 고용하여 총 취업자의 10.4%를 차지한다.

자동차 산업의 이러한 중요성 때문에 현대차가 미국 앨러배마공장을 건설할 때 그 곳 주 정부는 210만 평의 공장부지를 1달러만 받고 소유권을 이전해 주었다. 고속도로에서 공장까지의 4차선 도로를 확장하고 길 이름을 '현대대로'로 했다. 20년간 법인세와 지방세를 감면해 주었다. 공장 전체를 보세지역으로 지정했다.

한국에 주로 소개된 경제학은 앵글로색슨(영·미식) 경제학으로서 기업이라고 하면 모두 GM사와 같이 독자적이고 개인주적인 미국식 기업을 전제로 한다. 그러므로 일본의 도요타 케이레츠(그룹)와 같은 기업형태는 거의 다루고 있지 않다. 오히려 이단시하고 있다. 때문에 미국식 경제학 교과서로 기업을 배우는 사람들은 일본의 기업을 전혀 모르거나 설명하지 못하는 경우가 많다. 소니, 도시바 같은 회사들도 케이레츠형 기업이다. 이런 회사들의 제품이 많은 나라의 시장을 휩쓸고 있다. 우리 기업들의 주력 수출상품은 반도체, 자동차, 조선, 철강, 선박 등으로서 일본기업들의 수출상품과 비슷하다. 이들 제품의 수출에 있어서 한국기업들의 주된 경쟁자들은 일본기업들이다. 세계시장에서 한국과 일본기업들은 서로 치열한 경쟁을 벌이고 있다. 우리는 미국뿐 아니라 일본의 기업도 잘 알아야 한다. 일본기업은 지금 새로운 시대를 맞이하여 크게 변화하고 있다. 어떻게 변하고 있는가를 알기 위해서라도 우선 어떤 기업인가를 알아둘 필요가 있다.

㉯ 도요타사가 GM사보다 적은 인원으로 많은 차를 만드는 이유

몇 년 전 일본 NHK방송국은 외국인에게 일본경제를 소개하는 『영어로 말하는 일본경제, 제 2 판』라는 책을 출판한 바 있다. 이에 따르면 1998년 도요타는 317만 대, GM은 395만 대의 자동차를 생산했다. 그런데 종업원 수는 GM 75만 명, 도요타는 7만 3천 명이었다.

	종업원 수	생산 대수
GM	74만 명	395만 대
Toyota	6만 9천 명	317만 대

그럼 도요타사의 생산성이 GM사의 10배가 넘는다는 것인가? 높기는 하나 그 정도는 아니다. 그럼 종업원의 차이가 그렇게 큰 그 이유는 무엇인가? 이에 대한 대답을 아는 사람은 아마 일본의 기업조직을 상당정도 아는 사람일 것이다. GM은 부품의 50퍼센트를 자체 생산한다. 반면 도요타사는 부품의 20퍼센트만 자체생산하고 나머지 80퍼센트는 자회사인 부품회사를 통해서 생산한다.

"도요타사는 '조립업체' 인데 반하여 GM사는 '부품생산업체인 동시에 조립업체' 이다."

GM은 독립회사, 도요타사는 도요타케이레츠의 모회사. 우리는 이제 '전세계의 자동차회사는 모두 조립업체이다' 라는 말의 옳고 그름을 알게 되었다. 그런데 GM사와 부품생산회사는 완전 별개의 회사이다. 서로 대등한 관계에 있다. 개인주의 국가의 대표격인 미국에서는 남녀노소가 완전 평등하듯이 대기업, 중기업 및 소기업도 완전 평등하다. GM과 부품회사들도 마찬가지이다([그림 11. 1]). 미국은 기본적으로 수평사회이므로 기업들간에도 모자(母子)관계와 같은 수직관계는 있을 수 없다. GM은 주요 부품회사에서 노조파업이라도 발생하면 많은 타격을 받기 때문에 주요부품을 상당량 자체 생산한다. GM은 항상 노동조합과의 협상, 부품업체와의 협상, 고객과의 협상, 정부관리와의 협상에 시간과 비용과 신경을 많이 써야 한다. 개인주의는 분쟁해결의 비용을 높게 할 소지가 크다.

그러나 도요타사의 경우에는 그렇지 않다. 도요타사는 모(母)회사이고 수많은 부품회사들은 자(子)회사이다. 이들은 서로 부모 자식 같은 관계를 맺고 있다. 한가족 같은 생산공동체를 형성하고 있다. 모회사를 친(親)회사(곧 어버이회사)라고도 한다. 모회사는 자회사에게 그야말로 어버이 같은 역할을 하고, 자회사 또한 모회사에게 어버이 대접을 한다. 때문에 서로간에 지식, 기술 및 정보의 전달이 원활하게 된다. 이런 점에서 GM과 도요타는 근본적으로 다른 회사이다.

모회사인 도요타사와 수많은 자회사들은 법적으로는 독립기업들이지만 마치 하나의 기업과 같은 거대한 생산조직을 형성하고 있다. 이를 '도요타케이레츠'라고 한다. 도요타사 경쟁력의 주된 요인의 하나는 바로 이 케이레츠라는 조직이라는 것이 많은 전문가들의 견해이다. 일본경제신보사의 『일본의 인맥과 기업계열』은 모회사를 본(本)공장, 자회사를 분(分)공장으로 표현하고 있다. 케이레츠는 일본인의 공동체주의(communitarianism)를 바탕으로 하고 있는 특이한 일본식 기업조직인데, 도요타케이레츠는 일본 최대의 수직 케이레츠이다.

도요타는 1차 자회사를 14개(부동산회사와 연구소 포함), 2차 자회사를 253개나 거느리고 있다. 2차 자회사들은 각기 다시 많은 3차 자회사(하도급업자)를 거느리고 있다. 도요타케이레츠 소속기업들간의 관계를 그림으로 표시하면 거대한 피라미드(도요타 피라미드) 모양이 된다([그림 11. 2]). 자회사 중에는 도요타사가 100% 출자한 곳도 있다. 도요타 피라미드에

[그림 11. 1] GM자동차회사와 부품회사 — 수평관계

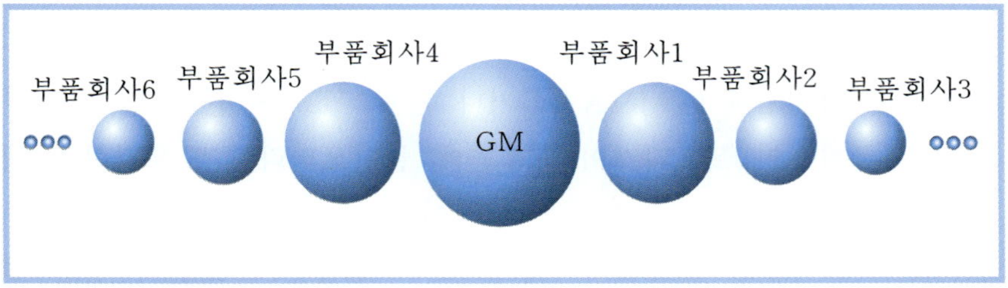

[그림 11. 2] 도요타 자동차와 부품회사는 수직관계 → 도요타 케이레츠

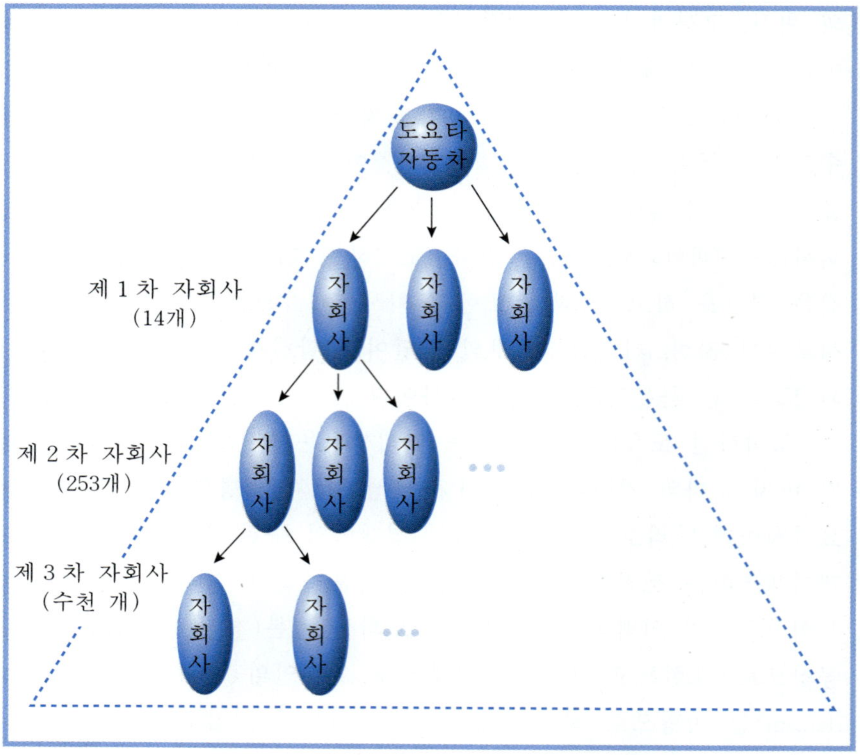

소속된 수백 내지 수천 개의 기업들이 법적으로는 독립적이면서도 어떻게 이렇게 하나의 생산조직처럼 똘똘 뭉쳐서 세계에서 가장 좋은 차를 만들어 내고 있는지 외국인은 잘 이해하지 못한다. 이를 그저 '일본의 신비' 또는 '동양의 신비'라고 하는 사람도 있다. '아시아적 가치' 때문이라고 하는 사람도 있다.

도요타사는 '도요타은행'이라고도 한다. 돈을 너무나 많이 벌기 때문이다. 세계의 제조회사 중 이익을 제일 많이 실현하는 기업이다. 도요타 케이레츠 소속기업들은 거의 모두 세계 수준에 올라가 있다. 그 중 어느 기업도 외국기업에게 M&A시키거나 당할 필요를 전혀 느끼지 않는다. 어느 외국기업이 도요타케이레츠 속에 들어오더라도 도요타사의 생산성과 경쟁력을 더 올릴 수 있다는 보장이 없다. 떨어뜨릴 가능성이 오히려 더 크다. 그러므로 도요타케이레츠 소속기업들은 서로간의 강한 결속이

최상책이라고 믿게 된다. 외국회사들이 이런 자회사를 인수합병하는 것은 사실상 불가능하다. 도요타사는 다른 회사를 인수합병하여 도요타케이레츠 소속 자회사로 만들 필요를 전혀 느끼지 않는다. 그러므로 M&A에 별로 관심이 없다. 일본회사들이 회사를 매매대상이 아니라고 생각하는 중요한 이유의 하나도 여기에 있다.

외국인들은 도요타케이레츠를 계속 파괴하려고 든다. 그래야 일본 자동차시장 진입이 가능하게 된다. 그러나 도요타사는 이를 허락하지 않는다. 도요타사는 이런 케이레츠 조직이 세계 최고의 조직이라고 믿는다. 그러나 많은 미국인들은 이를 잘못된 조직이라고 말한다. 21세기를 바라보는 시점에서 미국의 신용평가회사인 무디스사는 도요타사의 신용을 한 등급 낮추었는데 그 이유는 종신고용제 때문이었다. 이에 대하여 당시 오쿠다 히로시 도요타회장은 앞으로도 종신고용제도를 계속 고수할 것이라고 응수했다. 그는 미국기업들은 주주를 위하여 주가를 끌어올리고 종업원을 파리 목숨처럼 해고하기도 하나, 도요타는 그렇게 하지 않을 것이라고 했다. 도요타사가 케이레츠를 유지할 수 있는 것은 동아시아의 유교사상을 바탕으로 한 공동체주의 때문이다. 도요타케이레츠는 종업원들간의 공동체주의뿐만 아니라 '소속기업들간의 공동체관계'도 중시한다.

한국에도 케이레츠(系列의 일본말) 같은 것이 있는가? 한국의 공정거래법에서는 계열(系列)회사를 인정하고 있다. 그러나 한국의 계열회사는 도요타케이레츠와는 다르다. 현대자동차회사를 보자면, 부품메이커는 일본식 정의에 따르면 모두 현대계열사가 되나 공정거래법에 따르면 반드시 그런 것이 아니다. 현대그룹 소속 부품회사만이 현대계열사가 되는 것이다. 대신 한국에서는 협력업체라는 말을 많이 쓴다. 현대자동차는 얼마 전까지 370여 개의 1차 협력업체, 2,500여 개의 2차 협력업체, 그리고 700여 개의 구매업체를 거느리고 있었다. 그럼 대우자동차는 어떠한가? 그 회사의 어느 최고경영자는 생산방식, 부품업체와의 관계 등이 도요타사와 비슷하다고 언급했다.

일본의 글로벌기업들은 하나같이 수많은 자회사를 거느린 채 수직 케이레츠를 형성하고 있다. 미국 IBM이나 애플컴퓨터사가 아무리 노력해도 일본 도시바사보다 더 좋은 노트북 컴퓨터를 만들지 못한다고 한다. 2004

년 현재 도시바사는 자회사 329개와 관련회사 351개로 거대한 수직 케이레츠를 형성하고 있다. 전기전자회사 중 세계랭킹 제 6 위인데, 노트북 컴퓨터의 미국시장 점유율이 한때 25퍼센트나 된 적이 있다. 워크맨, 녹음기 등에 있어서 세계 무적이라고 하는 일본 소니사는 2004년 현재 1,068개 자회사와 더불어 케이레츠를 형성하고 있다. 한국의 30대기업 그룹 소속 회사들의 총수 587개보다 훨씬 많다. 세계 최고 수준의 선박을 만드는 일본 조선회사들도 마찬가지이다. 일본동양경제신보사의 「일본의 기업계열」에 따르면 일본에는 일본을 대표하는 세계적인 수직 케이레츠가 67개나 있다. 2004년 현재 일본 주요기업의 자회사 수는 다음과 같다.

기 업	자회사 수	기 업	자회자 수
소니	1,068개사	미츠비시상사	574개사
도시바	329개사	히다치제작소	1,066개사
미츠이물산	516개사	미츠비시화학	168개사

자료: 커리어 디벨롭멘트사 「2004년판 기업그룹과 업계지도」, 2004.

(다) 경직적인 수직 케이레츠

하버드 경영대 마이클 요시노 교수는 미국 경제전문가들 중 일본의 기업과 산업조직을 제대로 이해하는 사람은 거의 없다고까지 말한 바 있다. 일본기업, 일본기업의 경쟁력, 그리고 일본경제 시스템을 이해하려면 무엇보다 케이레츠를 잘 이해해야 한다.

모회사와 자회사의 관계. 그럼 모회사와 자회사간의 관계는 구체적으로 어떠한가? 모회사는 본(本)공장이고 자회사는 분(分)공장으로서 '생산공정상의 상호 긴밀한 협력관계'가 특징이다. 그런데 친·자회사간의 관계는 생산관계로 묶여 있기 때문에 극히 엄격하다. 아주 경직적일 수밖에 없다. 또한 서로 똘똘 뭉쳐 있으므로 자연 폐쇄적일 수밖에 없다.

자회사 중에는 제품판매를 도요타사에만 의존하는 것도 있다. 이럴 경우 도요타사가 그 자회사 제품의 유일한 수요자 또는 구매자이므로

'수요독점' 이 된다. 또한 부품회사는 도요타사에 대하여 '공급독점' 이 된다. 이와 같이 모회사와 자회사는 '쌍방독점' 의 관계에 있다. 일본기업의 높은 국제경쟁력은 이러한 독점관계를 바탕으로 하고 있다는 것이 시노하라 미요헤이(篠原三代平) 교수의 주장이다. 그는 『산업성장과 무역 및 일본경제의 역동적 패턴』이란 저서에서 독점이 미국 경제학에서는 능률을 해친다고 하나 일본에서는 오히려 크게 높인다고 했다. 그럼 모회사와 자회사간의 구체적인 관계는 무엇인가?

· 모회사는 자회사에게 자금을 제공한다.
· 기술과 제품개발에 관한 지도를 한다.
· 자회사에게 경영진을 파견한다. 모회사의 경영진들이 은퇴 후 자회사에 내려가 근무하는 경우도 많은데, 이를 아마쿠다리(天降; 하늘에서 지상으로 내려온다는 뜻)라고 한다.
· 모회사는 자회사의 주식을 약 3분의 1정도만 보유한다. 그러므로 주식보유에 의하여 만들어지는 케이레츠와 차이가 있다.

도요타의 JIT제도. GM은 얼마 전까지 부품회사들이 만들어 오는 부품을 일일이 검사한 후 합격된 것은 창고에 저장했다가 필요할 때 꺼내어 썼다. 그러나 도요타사는 부품회사들을 자식처럼 믿기 때문에 만들어 오는 부품을 일일이 검사하지 않는다. 자동차공장 안의 생산라인에서 바로 받아서 사용한다. 그러므로 GM에 비하여 창고유지비나 재고관리비를 크게 줄일 수 있다. 부품회사들이 부품을 필요한 시간에 맞춰 컨베어벨트에 바로 배달하는 도요타식 재고 및 생산관리 제도를 JIT(Just-In-Time), 곧 '적시' 제도라고 한다. 도요타사는 1985년에 이 제도를 개발한 후 생산성이 GM사보다 크게 높아졌다. 부품창고도 필요 없게 되었다. GM사도 얼마 전 이 제도를 도입했다. "적을 치기 위해서는 적의 방식을 사용해야 된다"는 GM사의 방침 때문이었다.

린생산방식. 도요타사는 거대한 수직 케이레츠라는 조직으로 세계에서 가장 인기 있는 차를 만든다. 일본 엔화의 값이 1달러당 250엔에서 100엔까지 올라갔을 때도 계속 많이 수출할 수 있었다. 일본 돈값이 이렇게 상승하면 자동차 수출이 잘 안 된다는 것이 많은 미국 경제전문가들의 주장이었으나 그 결과는 반대였다. 그 이유는 어디에 있는가? '일본인의 혼(魂)'에 있다고 하는 사람도 있다. 그러나 케이레츠 조직과 이를 바탕으로 한 린(lean)생산방식에 크게 기인한다는 것이 일반적 견해이다.

GM사가 채택한 포드식 대량생산은 헨리 포드(Heny Ford)가 시카고 도살장을 가서 보고 그 아이디어를 얻었다는 것이다. 즉, 도살장에서 죽은 소를 많은 사람들이 달려들어 머리, 꼬리, 사지, 내장, 등심 등의 부위별로 잘라서 분해하는 것을 보고 자동차는 이와 정반대로 각종 부품을 조립하면 될 것이라고 생각한 것이다. 이런 조립과정을 자동화한 것이 1913년에 시작된 포드식 대량생산이고, 이를 혁신한 것이 GM식 '다부문형(multi-divisional form)' 대량생산방식이다. 대량생산방식은 말 그대로 대량생산의 장점이 있는 반면 융통성이 거의 없다. 제품 모양을 조금이라도 바꾸려면 비싼 생산라인을 중단시켜야 한다.

이에 반하여 수공생산방식은 일일이 손작업을 하므로 고객이 바라는 대로 생산할 수는 있으나 생산비가 많이 든다. 생산라인에 문제가 생기면 작업자가 대량생산방식에서는 어떻게 할 수 없으나 수공생산방식에서는 바로 생산라인의 결함을 고칠 수 있다. 이와 같이 대량생산방식과 수공생산방식에는 각각 장단점이 있다.

도요타사가 개발한 린(lean)생산방식은 대량생산방식과 수공생산방식의 장점을 결합한 것이다. 이 방식은 주문생산도 가능하게 하고 자원 소요량, 생산시간 및 공간도 크게 절약할 수 있게 하는 것이다. 또한 같은 생산공정에서 소형차나 중형차를 다같이 생산할 수도 있게 한다. 이를 '융통성 있는 제조시스템(FMS)'이라고 한다. 일본은 이 방식으로 미국 내의 일본차 생산을 크게 증가시켰다.

도요타사는 또한 전생산과정을 끊임없이 개선하고 있는데 이를 '카이젠(改善)'이라고 한다. 도요타사 어느 임원은 얼마 전, 전직원에게 개선할 것이 있으면 언제든지 건의하게 하고, 건의가 채택된 직원에게는 건당 일정금액의 사례를 한다고 했다. 당시 어느 여직원은 그 해에 이미 많은 포상금을 받았다고 했다. 그러면서 사원들이 경영자의 지시에 따라서 일만 하고 건의를 할 수 없는 GM사의 생산방식과는 근본적으로 다르다고 했다.

1990년 MIT 연구진은 『세계를 바꾼 기계』(*The Machine That Changed the World*)라는 책에서 일본 도요타 생산시스템이 세계에서 가장 효율적인 것이며 그 핵심은 '린생산' 방식이라고 언급했다. 영국의 「이코노미스트」지는 얼마 전 "제조업 특집"(1998. 6. 20)에서 이 책이 과거 20년간 출간된 제조업에 관한 세계 최고의 책이라고 평했다. 토마스 매크로 하버드 경영대 교수는 『현대자본주의의 창조』(제3판)에서 도요타사는 세계에서 제일 강한 자동차회사라고 언급했다. 린생산방식은 일본형 생산시스템으로 전자, 조선산업 등에서도 사용되고 있다.

라 유연한 수평 케이레츠

수많은 자회사와 더불어 케이레츠를 형성하고 있는 도요타사는 그 자체의 규모도 엄청나게 크다. 그런데 도요타사는 어느 기업그룹에 소속된 회사인가, 아니면 독자적인 회사인가? 바로 미츠이그룹 소속회사이다. 미츠이그룹은 [그림 11. 3]에서와 같이 도요타자동차, 도시바전기 등 25개 회원사로 구성되어 있다. 이들도 대부분 수직 케이레츠를 형성하고 있다. 미츠이그룹은 이와 같이 거대한 수직 케이레츠의 모회사들로 구성되어 있으니 그 규모는 상상을 초월할 정도로 크다. 이러한 거대한 수평 케이레츠는 중진국 한 나라의 경제규모와 맞먹을 정도이다. 미츠이그룹과 같은 기업그룹을 '수평 케이레츠'라고 한다. 일본에는 6대 수평 케이레츠가 있다. 수직 케이레츠나 수평 케이레츠는 이른바 선단식 경영의 결과인 것이다.

미츠이그룹(수평 케이레츠) 소속회사들은 도요타사와 같이 거의 모두 세계적인 기술력, 마케팅능력, 금융노하우 및 경영능력을 스스로 갖추고 있다. 다른 회원사로부터 도움이나 간섭을 받을 필요가 거의 없다. 미노루 마키하라 미츠비시종합상사 사장은 얼마 전 자기 회사와 미츠비시그룹 소속간의 거래는 총매출액의 10%가 약간 넘을 정도라고 했다. 따라서 회원사들간의 관계는 상호 구속력이 별로 없이 수평적이므로 '유연'할 수밖에 없다. 그 때문에 수평 케이레츠라고 한다.

일본기업을 알 수 있는 책들

일본의 기업과 기업계열에 관한 자료는 수없이 많다. 이 책에서 참고한 최근 자료 일부를 소개하면 다음과 같다.

· 캬리아 디벨로프멘트 센터, 『기업그룹과 업계지도』, 2004.

· 히토츠바시 종합연구소 『업계지도』, 일본 타카하시 서점, 2005.

· 기시 나가미(岸永三), 『외자계기업 핸드북』, 동양경제신보사, 1998.

· 미하라 아츠모(三原淳雄), 『업계지도를 알 수 있는 책』, 일본 타카하시 서점, 2005.

아베 마사키(阿部正樹), 『기업계열과 업계지도의 읽는 방법』, 일본문예사, 1999.

· 이토추상사 조사부 편, 『세미나 일본의 종합상사』(제2판), 동양경제신보사, 1997.

· 일본동양경제신보사, 『일본의 기업계열』, 1998.

· 일본흥업은행 산업조사부 편, 『일본산업독본』(제7판), 동양경제신보사, 1997.

· 준 이케이도(潤池井戶), 『기업그룹의 연결격부』, 일본실업출판사, 1997.

· 카이도 마모루(海藤守), 『총합상사(總合商社)』, 일본실무교육출판, 2000.

· 카나모리 히사오(金森久雄) & 코우사이 유타카(香西泰), 『일본경제독본』(제16판), 동양경제신보사, 2004.

· 켄이치 미야시타 & 데이비드 러셀, 『Keiretsu(계열) — 일본복합기업의 내부』, 맥그로 힐, 1996.

· 키요나리 타다오(清成忠男) 외, 『중소기업론』, 도쿄 유비각, 1990.

일본 동양경제신보사는 『기업계열총람』, 『일본의 기업그룹』, 『회사사계보』, 『해외진출기업총람』, 『금융비즈니스』 등 일본의 기업과 기업그룹에 관해서 장기간 체계적인 자료수집과 연구를 해 온 바 있고 기업에 관한 동양경제 데이터뱅크도 구축하고 있다. 미야시타와 러셀의 책은 1996년 「초이스 매거진」에 의하여 기업관계 '올해 최고의 책'으로 선정된 바 있다.

[그림 11. 3] 일본의 미츠이(三井)그룹

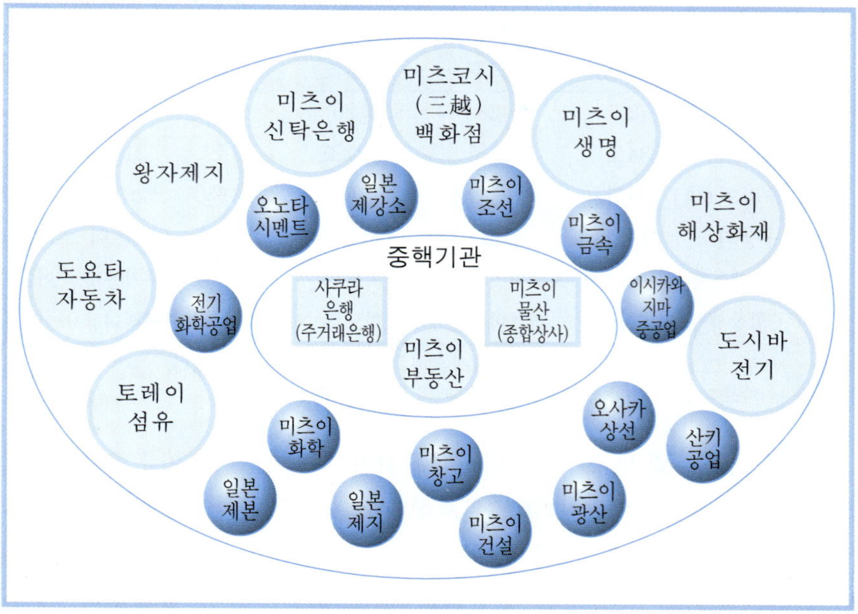

자료: 켄이치 미야시타와 데이비드 러셀, 『케이레쓰 — 일본의 숨겨진 복합기업』과, 일본동양 경제신보사, 『일본의 기업계열』, 1998.

수평 케이레츠의 유연성과 수직 케이레츠의 경직성을 합한 '유연한 경직성'이 일본기업과 산업조직의 특성이라고 한다. 이런 의미에서 일본 전문가인 로날드 도어(Ronald Dore)는 일본기업과 산업조직에 관한 그의 책이름을 『유연한 경직성』(*Flexible Rigidities*)이라고 했다.

수평 케이레츠의 공식연결기구. 수평 케이레츠의 소속회사들을 연결하는 공식기구는 무엇인가? 회원사 사장들이 상호 업무협조를 위하여 한 달에 한 번 정도 만나는 사장단회의가 바로 그것이다. 미츠이 사장단회의는 매월 두 번째 목요일에 개최(1961년부터)되므로 이목회(二木會)라고 한다. 반면 미츠비시그룹 사장단회의는 삼금회(三金會)이다. 이목회는 미츠이그룹회사들을 결속하는 공식기구이다. 그룹소속 회사사장들은 물론 사장 이하 직책의 경영인들도 필요에 따라서 얼마든지 긴밀한 업무연락과 비공식적 회합을 한다. 부사장이나 임원들이 월요일에 만나는 월요회도 있다.

[표 11. 1] 일본의 6대 기업그룹(수평 케이레츠)

	미츠이 (三井)	미츠비시 (三菱)	스미토모 (住友)	산와 (三和)	후요 (芙蓉)	이치칸 (一勧)
회사수	25	28	20	44	29	48
매출액(엔)	34조	28조	22조	35조	31조	51조
종업원(명)	28만	24만	15만	36만	28만	43만
사장회	이목회	금요회	백수회	삼수회	부용회	삼금회
주거래은행	사쿠라은행	도쿄미츠비시은행	스미모토은행	산와은행	후지은행	이치칸은행
종합상사	미츠이물산	미츠비시상사	스미모토상사	니쇼이와이	마루베니상사	이토추상사

주: 그룹들은 중핵기관인 주거래은행과 종합상사를 갖고 있다.
자료: 일본 동양경제신보사, 『일본의 기업계열』, 1998.

예를 들면 얼마 전 미츠비시석유사가 외국기업에 인수합병될 위기에 놓였을 때 그룹회사들이 총동원되어 이를 막은 적이 있다. 막은 이유는 '미츠비시'라는 상표가 팔려 가는 것을 막기 위해서였다. 그룹회사들은 평상시에는 거의 남남처럼 행동하나 이런 위기상황이 발생하면 일치단결하여 한가족처럼 강한 힘을 발휘하게 된다. 비상시에 발휘하는 강한 비공식적인 결속력이 일본의 공동체주의를 바탕으로 하고 있음은 물론이다.

한국은 어떤가? 그룹소속 기업들 대부분은 일본의 거대 기업에 비하면 규모가 매우 작다. 삼성그룹의 예를 들면 1999년까지 그룹전체 매출액이 미츠이그룹 25개 회원사의 하나인 미츠이물산 매출액보다 적었다. 그룹회원사 하나하나의 기술력, 마케팅능력, 정보력 등에 있어서도 일본기업에 비하면 아주 약하다. 이런 거대한 일본기업과 경쟁하려면 그룹소속 회사들의 공동노력이 필요할 때도 많다. 그러므로 그룹에 따라서는 회장실, 종합기획실 등 그룹 전체의 힘을 동원하는 기구가 필요하게 된다. 일본에서는 왜 종합상사와 은행이 중핵기관이 되었는가를 보기로 하자.

마 수평 케이레츠의 중핵기구는 (종합상사 + 주거래은행)

"일본이 옛날 공업화를 시작할 때 유럽 선진국들과 지리적 · 문화적 및 언어적인 장벽이 너무도 컸다. 이를 개별회사들이 모두 극복하기는 너무나 어려운 일이었다. 따라서 같은 그룹의 소속회사들이 힘을 모아 공동으로 극복해야 할 필요성이 커졌다. 그런 목적에서 고안된 조직이 종합상사(일본에서는 총(總)합상사, 곧 소고쇼사라고 함)이다."

큰 회사에는 제품을 파는 영업부와 돈을 관리하는 경리부가 있다. 그런 여러 회사들이 뭉쳐서 하나의 그룹을 만들 때 이들 영업부를 따로 떼내어 하나의 거대한 조직을 만들 수 있을까? 경리부 또한 그렇게 할 수 있을까? 물론이다. 일본 기업그룹 소속 종합상사가 바로 '그룹 영업부', 주거래은행이 '그룹 경리부' 역할을 하기 위하여 생긴 것이다. 미츠이그룹의 예를 들면 미츠이물산은 원래 그룹의 영업부, 사쿠라은행은 그룹의 경리부 일을 대신하기 위하여 생긴 것이다. 그러나 지금은 회원사들의 영업 및 자금관리 능력이 세계 수준이므로 종합상사나 주거래은행 의존도는 약하다. 그런데 일본 기업그룹들은 어째서 이런 식으로 자체의 종합상사와 주력은행을 갖게 되었는가? 시노하라 미요헤이 교수의 설명을 보자. 그는 전후 일본의 산업정책과 경제계획에 깊이 간여한 바 있는, 일본을 대표하는 전후 일세대 경제학자이다.

원래 제조회사는 순전히 상품의 제조활동만 하고 그에 필요한 해외로부터의 원료조달이나 제품의 해외시장 판매 등 제조활동 이외의 것은 모두 종합상사가 담당하기로 되어 있었다. 그러므로 시노하라 교수는 일본기업과 조직을 알려면 '제조회사 + 종합상사'가 하나의 기업경영 단위였다는 사실을 이해할 필요가 있다고 했다. 그런데 제조회사가 필요로 하는 것은 종합상사뿐만 아니라 장기적으로 자금을 안전하게 제공하고 관리해주는 은행이 필요하다. 이 역할을 하도록 고안된 조직이 바로 주거래은행(main bank)이다. 제조회사들은 주거래은행과 주로 거래한다. 그러므로 '제조회사 + 종합상사 + 주거래은행'이 하나의 기업경영 단위라고 할 수도 있다. 종합상사와 주거래은행이 수평 케이레츠의 중핵기관이 되는 것은 바로 이런 이유 때문이다. 그러나 미츠이그룹의 경우 [그림 11. 3]에서처럼 미츠이부동산도 얼마 전 중핵기능을 하게 되었다. 때문에 부동산 거품 경제가 발생할 때 많은 어려움을 겪었다.

종합상사와 주거래은행의 설립목적은 애당초 케이레츠 소속 회원사들을 돕는 것이었다. 미국기업이나 은행과 같은 이윤극대화를 위한 조직이 아니다. 그러므로 주거래은행이나 종합상사의 경영실적을 보면 항상 이윤이 적게 나타난다([표 3. 1]). 그러므로 모두 부실기업이라고 하는 외국인들도 많다. 그러나 그것은 그 설립목적을 모르기 때문이다. 현재 일본의 6대 그룹은 4대 금융그룹으로 재편되고 있다. 즉, 미츠비시는 미츠비시도쿄금융그룹, 미츠이와스미토모는 미츠이스미토모은행그룹, 후요와 이치칸은 미즈호 홀딩그룹, 그리고 산와그룹은 UFJ그룹으로 재편되었다.

바 종합상사는 한국과 일본만이 할 수 있는 기업조직

세계 9대 무역회사는 어느 나라의 어떤 회사인가? 모두 일본의 회사들이고, 종합상사들이다. 이들의 규모는 얼마나 큰가? 세계 9대 무역회사 모두가 일본 종합상사이니 그 규모를 가히 짐작할 수 있다. 1994년까지만 해도 세계 10대 회사 중 5대 회사가 일본의 종합상사였다. 일본 종합상사가 많은 제품의 세계 유통망을 거의 장악하고 있다고 해도 과언이 아니다. 싱가포르의 5대 백화점은 모두 일본 것인데, 대부분 종합상사의 도움을 받는 기업그룹 소속회사들이다. 종합상사도 새시대를 맞이하여 변혁기를 맞이하고 있다. 예를 들면 가네마츠 종합상사는 '종합화'의 문제가 있다고 하여 종합상사와의 결별을 선언한 바 있다. 현재 일본 종합상사들은 채산성 없는 사업의 축소, 사원 감원 등의 구조조정을 하고 있다. 그러나 종합상사는 아직도 전세계적으로 막대한 영향을 미치고 있다. 그럼 종합상사는 기본적으로 무슨 일을 하고 있는가?

카이도우 마모루는 『종합상사』(2001년)에서 그 기능은 정보기능, 거래기능, 조직자(organizer)기능 및 금융기능의 네 가지라고 했다. 그런데 미노루 마키하라 미츠비시종합상사 사장이 미츠비시 소득의 반은 투자와 관련된 것이라고 하듯이 투자도 종합상사의 중요한 기능이다. 종합상사의 주기능은 이와 같이 모두 다섯 가지라고 할 수 있다. 이 중 조직자기능은 특이하다.

예를 들어, 일본의 제철회사가 어떤 종합상사에 앞으로 얼마 동안 어떤 종류의 석탄을 매년 얼마나 필요로 할 것이라고 통보한다고 하자. 그러면 그 종합상사는 전세계에 걸쳐 있는 지사망을 동원하여 그 제철소에 맞는 성분의 석탄광산을 찾아낸다. 그 다음 그런 석탄광산이 있는 나라에 합작회사를 설립하거나 직접 투자하여 석탄을 개발한다. 개발한 석탄은 해운회사를 동원하여 제철회사에 안정적으로 공급하게 된다. 이런 모든 기능이 조직자기능이다. 이와 같이 조직자기능은 단순한 경영조직 이상의 것이다.

종합상사의 기본철학은 기업이 하는 것은 모두 하고, 업종이란 업종은 모두 다루며, 지구촌 모든 지역을 망라한다는 것이다. 종합상사의 취급품목을 옛날에는 '라면에서 미사일', 또는 '씨앗에서 인공위성'까지라고 했으나 최근부터는 '미네랄 워터(생수)에서 통신위성'까지라고 한다. 그야말로 '범세계적 종합회사' 및 '범산업적 종합회사'인 것이다.

이토추상사는 『세미나 일본의 종합상사』(제 2 판)에서 종합상사는 세 가지 종합력이 있다고 했다. '종합적 상품취급력', '종합적 기능발휘력' 및 '종합적 국제활동력'이 곧 그것이다. 일본경제를 '일본주식회사'라고 한다면 종합상사들은 그 영업부인 셈이다. 종합상사는 한때 일본 총수출의 20%, 총수입의 45%를 담당하기도 했다. '일본의 무역성'이라고도 한다. 위에서 살펴보았듯이 종합상사는 업종전문화나 지역전문화를 중시하는 영미식 기업과는 정반대되는 조직체이다.

5대 기능	종 합 력	업 종
정보기능	종합적 상품취급력	라면에서 미사일까지
거래기능	종합적 기능발휘력	씨앗에서 인공위성까지
조직자기능	종합적 국제활동력	생수에서 통신위성까지
금융기능		
투자기능		

미국의 국제무역 관계 교과서 중에는 세계 9대 무역회사인 일본종합상사의 '종'자란 말도 언급하지 않는 것이 많다. 종합상사 문제에 대한 세계 제일의 전문가인 마이클 요시노 하버드 경영대 교수는 「보이지 않는 연결고리: 일본의 종합상사와 무역조직」에서 서양인들은 종합상사를

이해하지도, 모방하지도 못할 것이라고 했다. 사실 종합상사를 잘 모르는 사람은 일본의 기업이나 산업조직을 잘 이해하기 어렵다. 그는 종합상사를 다음과 같이 설명하고 있다.

"종합상사는 다른 어떤 형태의 회사와도 다르다. 심지어 취급품목이나 제공하는 서비스에 따라서 정의할 수도 없다. 왜냐하면 취급품목이나 기능이 광범위할 뿐만 아니라 계속 변화하기 때문이다. 기업목적도 마찬가지로 잘 파악하기 힘든다. 왜냐하면 미국기업과는 달리 매 거래마다의 이윤극대화가 주목표가 아니기 때문이다. 미국의 경제계나 정부의 주요 지도자들은 종합상사에 필적할 만한 회사가 반드시 있을 것이라고 생각하는데 정말로 없다. 6대 종합상사는 세계 거의 모든 사람들의 생활에 영향을 미친다. 뒷골목 패스트푸드 식당의 프렌치후라이에 사용되는 기름에서부터 도시 밑을 다니는 지하철에 사용되는 기름까지, 종합상사의 손을 거치지 않는 제품은 거의 없다. 또한 6대 종합상사는 미국 수출품의 세계 최대구매자들이다. 해외매출액의 10%와 세계무역의 4%를 차지하며 전세계 무수한 사람들의 직업과 운명에 영향을 준다."

그리고 그는 종합상사가 하는 일은 다음과 같이 연결되지 않는 것이 없다고 설명했다.

"종합상사 직원이 미국 조지아주의 양계장 주인에게 닭고기를 썰고 분류하고 냉동하는 법을 가르치고 있다. 부루나이왕국에서는 천연가스의 액화와 냉동이 제대로 되고 선박에 잘 선적되는지 살펴보고 있다. 뉴욕에서는 불가리아에 가서 디자인하고 제조하여 수입한 구두가 상점에 잘 전시되어 있는가를 살펴보고 있다. 아프리카 케냐에서는 케냐정부가 관광객 유치 목적으로 건설하는 국제공항 프로젝트를 감독하고 있다. 미국 펜실베이니아주에서는 수출용으로 만든 의료기기의 수출이 잘 될 수 있을지에 관하여 제조업자와 상의하고 있다."

한국 최초의 종합상사는 1975년에 설립된 삼성물산이다. 이때부터 정부는 수출촉진을 위하여 많은 종합상사를 설립했다. 마이클 요시노 교수는 세계에서 종합상사를 잘 할 수 있는 나라는 한국과 일본뿐일 것이라고 했다. 대만도 얼마 전 이를 시작했으나 그 역할은 현재 미미하다.

얼마 전 세계 수준의 미츠이 종합상사를 방문했을 때 만난 어느 임원은 자회사 수가 1,000개가 넘으며, 주식의 25% 이상을 소유한 자회사만 700개가 넘는다고 했다. 그리고 그 회사의 주경쟁력은 정보라는 것이었다. 미국기업은 전문화를 중시하나 일본종합상사는 자회사를 통하여 고도의 전문화도 하고 이들을 합쳐서 종합화도 한다. 일본의 종합상사들은 자회사들이 많은데 9대 종합상사의 자회사 수는 모두 약 5,000개나 된다.

일본 종합상사의 경제정보 수집능력은 단연코 세계 제일이다. 미국의 CIA나 구 소련의 KGB도 못 따른다고 한다. 지난 세기 초 러시아의 발틱함대가 일본 해군과의 해전에서 참패한 데는 어느 종합상사가 발틱함대의 석탄수급을 방해하고, 발틱함대에 관한 상세한 정보를 수집하는 등 큰 역할을 했기 때문이다. 이러한 점에서 우리는 이들의 엄청난 저력은 물론 한국에 와서 어떤 일을 하는가를 잘 파악할 필요가 있다.

미국 상하양원 합동위원회의 「일본 종합상사 조사위원회 보고서」에 따르면 이들은 심지어 세계 주요 항만의 하역시설까지 장악하고 있어서 미국상품의 하역을 방해할 수도 있다고 했다. 미츠비시종합상사의 전 사장이었던 미무라 요헤이는 이런 말을 한 바 있다. "우리는 공기와 같다. 보이지는 않으나 안 가 있는 곳이 없다." 미국의 생선회 시장을 장악하고 있는 것도 일본 종합상사들이다. 종합상사의 특징은 무엇인가? 그것은 다음과 같다.

· 종합상사의 수많은 자회사 중에는 대·중·소·영세 규모 등 거의 모든 규모의 회사가 있다.
· 종합상사의 자회사 중에는 국내외에서 다른 기업과 완전경쟁을 하는 것, 과점적 경쟁을 하는 것, 독점적 경쟁을 하는 것, 독점을 하는 것 등 여러 가지가 있다.
· 수많은 자회사들은 상호간 또는 모회사와 비공식적이고 융통성 있는 관계를 유지하고 있다.

· 전세계에 걸쳐 있는 같은 종합상사의 수많은 지사들은 서로간에 거래를 많이 하고 있다. 곧 기업의 내부거래를 많이 하고 있다.

이런 관점에서 종합상사는 '거대한 괴물'이라는 말이 맞다.

사 일본의 주거래은행(main bank)은 일본식 은행

미국에서는 은행은 물론 제조회사, 서비스회사 할 것 없이 모두가 독자적으로 경쟁하는 개인주의적 기업이다. 그러나 일본의 경우에는 6대 기업그룹이 모두 자체은행(주거래은행)을 갖고 있다. 그룹회원사들은 '주'로 이 은행과 장기금융거래를 한다. 일본의 다른 기업들도 대부분 금융거래를 장기적으로 '주'로 하는 은행, 즉 주거래은행을 갖고 있다. 그런데 일본의 그룹은 그 규모가 방대하므로 그룹 소속 주거래은행들 또한 방대하다. 6대 그룹의 6대 은행은 모두 세계적인 은행들이다. 예를 들면 미츠비시그룹 주거래은행인 도쿄미츠비씨은행은 얼마 전까지 세계 최대의 은행이었다. 일본에서는 디지털경제시대를 맞이하여 주거래은행제도를 폐지해야 한다는 등의 구조개혁 주장이 커지고 있다.

켄이치 미야시타와 데이비드 러셀(David Russell)은 일본의 특수한 기업과 산업의 조직을 설명한 책인 『케이레츠』에서 주거래은행의 주요기능은 다음과 같은 다섯 가지라고 했다.

· 계열회사에 돈 빌려 주는 것
· 계열회사의 주식 소유
· 신용의 조정
· 벤처기업가 역할
· 회사의 병을 고치는 의사의 역할

이들에 따르면 주거래 은행들은 1994년 일본의 876개 대기업 자금의 87%를 대출했다.

프란시스 후쿠야마는 『트러스트』에서 한국과 일본 기업그룹의 가장 중요한 차이는 한국 기업그룹에는 주거래은행이 없는 것이라고 했다. 우리는 이제 일본의 기업이 조직 면에서 미국과 커다란 차이가 있음을 확인했다.

아 일본주식회사(Japan, Inc.)

"만약 일본경제를 두 개의 기본요인, 즉 시장과 조직(시장외적 기구)으로 나눈다면 일본의 특성은 하도급 네트워크, 기업간의 주식상호보유제도, 산업집단 등과 같은 시장외적 조직에 있음을 금방 알 수 있다. 이런 조직들이 일본기업의 전략, 경영관행 및 경쟁구조에 영향을 미친다."

— 다니엘 오키모토(Daniel Okimoto) · 토마스 로렌(Thomas Rohlen), 『일본 시스템의 내부』

이미 앞서 말한 바와 같이 일본에는 일본을 대표하는 거대한 수평 케이레츠라는 기업그룹이 6개나 있다. 이들은 일본의 산업정책기관인 MITI(Ministry of International Trade and Industries=통상산업성)와 더불어 전국규모의 케이레츠 비슷한 조직을 형성하고 있다([그림 11. 4]). 이런 MITI와 일본 기업그룹과의 관계를 서양인들은 일본주식회사라고 한다. 일본의 기업그룹들은 MITI와 일체가 되어 전세계 기업을 대상으로 이른바 경제전쟁을 하고 있다. 그런데 통산산업성은 최근의 행정개혁으로 '경제산업성'으로 이름이 바뀌었다.

독일에서도 기업그룹이 중요한 역할을 하고 있다. 그리고 수많은 기업그룹들은 독일정부와 더불어 독일주식회사(Germany, Inc.)를 형성하고 있다. 헬무트 슈미트(Helmut Schmit) 전 독일 수상은 자신을 가끔 독일주식회사의 사장이라고 했다(스마이서(W. R. Smyser)의 『독일경제』 참조).

그럼 지금부터 일본은 왜 기업과 산업을 그렇게 조직했는가를 보기로 하자.

[그림 11. 4] 일본주식회사: 통산성과 기업그룹

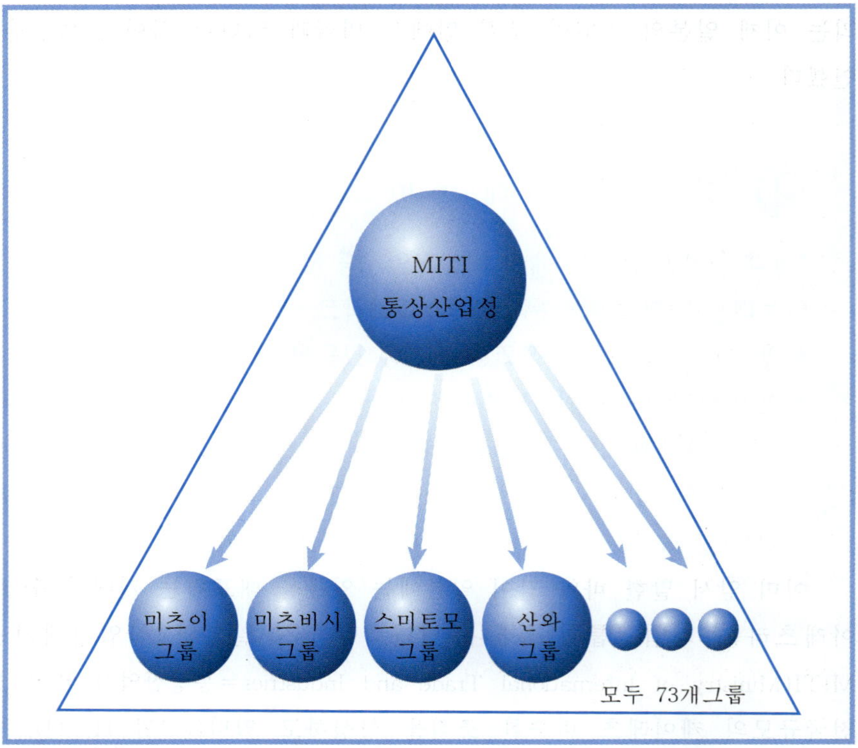

참고: MITI(Ministry of International Trade and Industries).

자 일본의 기업과 산업조직은 경제전쟁을 위한 것

"미국 점령군사령부가 일본재벌을 해체한 목적은 일본의 군사력을 심리적 및 제도적으로 파괴하기 위한 것이었다."

— 코윈 에드워즈(Corwin Edwards), 미국의 일본 재벌해체 담당자

켄이치 미야시타와 데이비드 러셀은 일본의 수직 케이레츠와 수평 케이레츠는 모두 일본이 서구선진국들과의 경제전쟁을 위하여 계획적으로 조직한 것이라는 사실을 다음과 같이 설명하고 있다.

"옛날 미국 점령군사령부의 재벌해체조치로 해체되었던 3대 그룹, 즉

미츠이, 미츠비시 및 스미토모그룹의 재조직은 당시 부족한 자원을 선택된 분야에 집중하려는 일본정부의 소망을 뚜렷이 나타낸다. 재벌들의 재조직은 재벌들이 해체 이전에 원했던 것이고 또한 미국점령군들이 금지했던 것이기도 하다. 각 주요산업 내에서는 소기업들이 선도기업 뒤에 정렬하기를 강요당했다. 그리고 여러 해에 걸쳐서 수천 개의 소기업들은 하나의 모기업의 부품공급업체나 하도급업체로서 조직되었으며 모기업과 충성스러운 관계를 유지해 왔다. 요는 수평 케이레츠나 수직 케이레츠는 모두 정부의 장려와 보호 및 기업고안의 합작품이라는 것이다. 공격은 최선의 방어이다."

세계적인 역사학자인 아놀드 토인비는 일본이 비록 미국과의 무력전쟁에서는 패배했으나 경제전쟁에서는 승리하려고 할 것이라는 사실을 강조했다. 사실 미・일간 무역에 있어서 일본은 오랫동안 계속 흑자를, 그리고 미국은 계속 적자를 보고 있다. 일본은 세계 제일의 무역흑자 대국, 그리고 미국은 세계 제일의 무역적자 대국이 되었다.

차) 미국기업과 일본기업의 차이

미국기업은 '따로따로', 일본기업은 '모두 함께'. 우리는 GM사와 도요타 자동차사의 비교를 통하여 미・일본의 기업의 차이를 살펴보았다. GM사는 홀로 존재하나 도요타사는 수많은 자회사와 더불어 케이레츠라는 기업공동체를 형성하고 있다. 도요타케이레츠라는 공동체는 다시 미츠이그룹이라는 더 큰 공동체, 미츠이그룹이라는 공동체는 다시 일본주식회사라는 더 큰 공동체의 일부를 형성하고 있다고 할 수 있다. 말하자면 일본은 사회 전체가 하나의 거대한 네트워크를 형성하고 있다. 하나의 거대한 네트워크를 형성하고 있는 일본의 기업들은 서로 복잡하게 얽히고 설켜 있다.

슘페이 쿠몬(Schumpei Kumon) 도쿄국제대학 교수는 일본사회를 그물처럼 연결된 네트워크사회라고 했다. 사실 동아시아사회는 모두 지연, 학연, 혈연 등 각종 연줄로 연결되어 있는 네트워크사회이다. 그러므로 서양인들은 동아시아 자본주의를 '연줄 자본주의(crony capitalism)' 라고 한다. 미국의 중소기업은 홀로서기를 하는 중소기업이라면, 일본의 중소기업은 대부분 거대한 기업의 지원을 받고 있다. 그러므로 어느 나라의 대기업도 일본 중소기업을 얕보다가는 큰코 다칠 수 있다. 그 뒤에는 거대한 케이레츠가 존재하는 경우가 대부분이기 때문이다.

영·미의 개인주의와 한·일의 공동체주의. 기업은 사람이 하는 것이므로 미·일 기업의 차이를 알려면 우선 양국 사람의 기본차이를 잘 이해할 필요가 있다. 지금까지 일본인에 관한 가장 유명한 연구서로 많은 사람들은 인류학자인 루스 베네딕트(Ruth Benedict)의 『국화와 칼』을 꼽는다. 베네딕트 여사는 이 책에서 미국인들은 '자유와 평등'을, 일본인들은 '질서와 서열'을 중시한다는 점에서 근본적인 차이가 있다고 했다.

일본이 미국과 전쟁을 시작했을 때 미국 정부는 일본인을 너무나 몰랐다. 그러므로 베네딕트 여사에게 일본인은 어떤 인종인가에 관한 연구를 의뢰했다. 그 결과로 나온 것이 이 책이다. 그녀는 일본을 한 번도 방문한 적이 없음에도 불구하고 일본인의 속성을 아주 잘 파악하였다. 이 책은 일본을 공부하는 사람들에게 필독서가 되고 있다.

하버드대학의 일본전문가인 에즈라 보겔(Ezra Vogel)과 조지 롯지(George Lodge) 교수는 『이데올로기와 국가의 경쟁력』이라는 책에서 다음과 같은 사실을 강조하고 있다. 즉, 세계에서 개인주의(individualism)의 대표적인 국가는 바로 미국과 영국이고, 공동체주의(communitarianism)의 대표적인 국가는 한국과 일본이라는 것이다. 공동체주의라는 용어를 보급시킨 사람들은 바로 이들이다. 유교사상의 권위자인 투 웨이밍(杜維明) 하버드대 교수도 미국인들은 개인주의적이며, 모래알처럼 분리·독립된 존재라고 했다. 반면 한국 등 동아시아인들은 공동체주의적이며 각종 비공식적인 인간관계를 중시한다고 했다. 기업의 경우도 미국 것은 대·중·소· 영세기업 할 것 없이 모두 개인주의적이며 법적으로 독립된 독자적 기업이다. 그러나 한·일의 기업들은 어느 기업그룹의 구성원으로 존재하는 공동체주의적 기업인 경우가 많다. 그러므로 다른 기업과의 관계를 중시한다. '카우보이 자본주의' 또는 '카지노 자본주의' 라고도 하는 미국에서는 개인이나 기업의 독자적 능력을 중시하나, 한국과 일본에서는 개인이나 기업의 자체능력은 물론 공동체 내에서의 협동능력, 전략적 제휴 및 네트워크화 능력 등을 중시한다.

미·일기업의 차이. 미국기업은 계약적 고용이 특징이나 일본기업은 비계약적 고용과 종신고용이 특징이다. 케이레츠 소속 기업들간의 관계도 평생고용 관계 같은 것을 전제로 한다. 미츠비시종합상사의 마키하라 미노루 사장은 일본의 종신고용제는 아주 좋은 제도로 앞으로도 계속될 것이라고 했다. 그는 일본 종합상사의 글로벌 네트워크는 근본적으로 '신뢰의 네트워크'인데 이는 종신고용제도 때문에 가능하게 된 것이라고 했다. 그는 부친이 미츠비시종합상사 런던지점장일 때 런던에서 태어났다. 2대에 걸쳐 미츠비시상사를 위해서 일하는 셈이다. 종신고용을 넘어서 대를 이어 고용된 것이다. 그러나 어떠한 조직도 시대변화에 맞게 변화해야 하는 것이며, 일본의 기업이나 고용형태도 예외가 될 수 없다.

미국기업은 스스로의 이윤을 극대화하는 존재이다. 그러나 일본기업은 소속된 케이레츠라는 공동체의 이익을 중시한다. 공동체이익의 극대화는 성장이나 시장점유율의 극대화로 나타난다. 일본기업은 종업원들의 삶의 공동체이므로 '장기성장중시형 경영'을 하는 것이 보통이다. 미국기업

전후 일본 최대의 영웅 마츠시다 고노스케와 일본경영

"세계 어디를 가나 일하는 것은 괴롭고, 거기서 얻어지는 돈을 사용하는 소비야말로 즐겁다고 생각하는 게 보통이다. 마츠시다 고노스케는 그런 사고로부터 벗어나 장사란 천하만민을 행복하게 하는 것, 따라서 일이란 즐거운 것, 회사는 보람있는 곳이라고 주장했다. 이른바 기업 전체를 공동체로 하여, 거기서 생산하여 판매하는 상품이 가족을 편리하게 하고, 세상을 행복하게 한다는 것이다. 마츠시다는 우선 종업원에게, 그 다음에는 소비자에게 행복을 가져다주는 것이야말로 장사의 본질이라는 개념을 만들었다. 마츠시다 고노스케가 평생 추구하고 또 추구했던 것은 '행복을 파는 장사'라는 발상이다."

— 사카이야 다이치(土界屋太一), 『일본을 이끌어온 12인물』(양억관 역).

은 주주이익을 중시하므로 배당과 주식시세를 중시한다. 배당을 많이 해야 주식값이 높게 되는데 배당을 많이 하려면 이윤이 많아야 한다. 이윤을 많게 하기 위해서는 장기성장을 위한 투자보다 '단기이윤중시형 경영'을 하지 않을 수 없다. 마키하라 미노루 사장은 미국기업은 지나치게 금융중심적이고 단기이윤지향적이라고 했다.

미국기업은 주주들을 위해서 존재한다면, 일본기업은 공동체의 구성

미 · 일의 기업과 노동자

공산주의는 노동자들이 국가를 이끌어 가야 된다고 믿는다. 중국의 개방 전 헌법 제 1 조는 중국이 노동자계급에 의하여 지배되는 국가라고 했다. 중국헌법은 최근 개정되었다. 미국은 노동자를 공산주의 국가와 거의 정반대로 보고 있다.

제프리 페퍼 스텐포드대 경영학 교수는 『사람을 통한 경쟁우위』에서 "미국의 각종 학술이론, 사회가치관, 기업경영인들의 노동자관리 등에 있어서는 프레데릭 테일러가 살아 있다"고 했다. 이는 무슨 뜻인가? 테일러는 『과학적 관리』로 유명한데, 미국 경영이론의 시조라고도 한다. 과학적 관리를 테일러주의라고 하는데, 그 핵심은 페퍼 교수에 따르면 다음과 같다.

· 노동자는 일을 경영자의 지시에 따라서 해야지 스스로 머리를 써서 하면 안 된다. 머리 쓰는 일은 경영자들의 몫이다.
· 노동자의 일은 경영자의 완전하고 자세한 계획과 지시에 따라서 이루어져야 한다.

미국경제학은 노동을 기업의 이윤극대화의 수단으로 간주한다. 노동자는 생산요소이며 자본과 언제든지 대체될 수 있는 존재로 본다. 기업경영인들은 노동자를 언제든지 해고할 수 있다고 생각한다. 미국기업에서는 고용과 해고가 항상 가능한 것으로 본다. 반대로 일본기업 경영인들은 노동자를 이윤극대화의 수단이 아니라 자신들과 마찬가지로 회사라는 하나의 공동체의 구성원으로 간주한다. 그러므로 일본기업의 고용은 평생고용이 원칙이다. 반면 미국기업은 주주의 이윤극대화를 위한 조직이지 종업원을 위한 생활공동체가 아니다. 미국과 일본의 기업에는 이와 같이 엄청난 인식의 차이가 있다.

원인 종업원을 위해서 존재한다. 레스터 서로우 MIT 교수에 따르면 미국기업은 주주, 고객 및 종업원의 순으로 중시하나 일본기업은 반대로 종업원, 고객 및 주주의 순으로 중시한다고 했다. 그러나 점차 일본기업은 미국기업, 그리고 미국기업은 일본기업을 닮아가는 경향이 있다.

그런데 왜 일본기업은 주주의 이익을 그렇게 중시하지 않아도 되는가? 그것은 주주들이 대부분 서로의 주식을 품앗이식으로 소유하고 있는 같은 그룹 소속 기업들이기 때문이다. 그래서 주식배당에 별로 신경을 쓰지 않는다. 예를 들어 크기가 같은 두 회사가 서로의 주식을 같은 액수만큼 보유하고 있는데, 배당도 같이 한다고 하자. 그럼 어떻게 되겠는가? 서로 같은 금액을 주고받으니 별 의미가 없게 된다. 같은 금액이 아니더라도 그룹회원사들은 같은 식구이니 배당에 별 신경을 쓰지 않아도 된다. 이런 의미에서 일본기업들은 악착같이 주주들이 배당을 요구하는 미국기업들과 본질적인 차이가 있다.

미·일기업을 비교할 때 이윤 기준으로 하면 단연코 미국기업이 앞서나 매출액 기준으로 하면 일본기업이 앞선다. 일본기업은 이윤이 적으므로 근본적으로 잘못되었다고 하는 서양인들도 적지 않은데, 이는 일본기업의 목적과 특성을 제대로 인식하지 못했기 때문이다. 서양인들은 시장점유율 확대를 중시하는 일본기업을 이윤중시형 기업으로 개편해야 된다고 주장한다. 한국기업에 대해서도 같은 주장을 하고 있다.

미국기업들은 이윤극대화에 필요하면 종업원을 무자비할 정도로 해고한다. GE사의 잭 웰치 회장은 얼마나 그렇게 하였던지 중성자탄이라는 별명을 얻었다. 그러나 한국이나 일본의 기업은 그렇게 하지 않는다. 미국기업들은 이윤극대화에 필요하면 다른 기업을 얼마든지 인수합병할 수도 있다. 회사도 상품처럼 자유자재로 매매한다. 회사를 팔 때는 종업원도 끼워서 판다. 그러므로 레스터 서로우 MIT대 교수는 미국기업은 노예상이나 마찬가지라고 했다. 그러나 한국과 일본의 기업들은 케이레츠 소속회사를 파는 일이 드물다. 미·일기업의 주요 차이를 요약하면 다음과 같다.

[표 11. 2] 미국과 일본의 기업과 경영의 차이

미국식 기업과 경영	일본식 기업과 경영
개인주의적 기업	공동체주의적 기업
단기이윤 극대화	시장점유율 극대화
주주, 고객, 근로자의 순으로 중시	근로자, 고객, 주주의 순으로 중시
산업별 노조	기업별 노조
단기계약고용	장기고용(비계약적)
기능 중시	연공서열 중시
개인적 의사결정	공동체적 의사 결정
개인적인 책임	공동체적(집단적) 책임
신속한 평가와 진급	장기적인 평가와 진급
공식적 통제장치	비공식적 통제장치
연봉을 중시	과장, 부장 등 타이틀도 중시
종업원의 특정 기능 중시	공동체에 대한 비공식적 공헌 능력 중시
법적, 공식적 인간관계 중시	인정, 의리, 인간관계 중시
개인의 능력을 중시	구성원으로서의 자질을 중시
회사가 개인을 위하여 존재	개인이 회사를 위하여 존재
이익이 나면 당장 배당	이익이 나면 회사 키우는 데 사용
회사는 이윤극대화가 목표	회사는 구성원을 위한 성장이 목표
모든 회사는 독립적 존재	회사는 어떤 케이레츠의 소속기업
사원의 임원 승진 보장이 없음	사원이 과장, 부장, 임원 등으로 승진
기업의 주식시세를 중시함	기업의 주식시세를 중시하지 않음

그런데 일본의 기업도 최근 BIS(국제결제은행) 규제, 버블 붕괴, 디지털경제화 등으로 많이 변화하고 있다. 한국의 기업은 일본기업에 가깝다. 전반적인 기업의 발전추세는, 미국기업은 일본기업처럼 공동체로서의 중요성을 강조하고, 일본기업은 미국기업처럼 투자수익률을 중시하는 등 미·일기업이 서로 상대방을 많이 닮아가고 있다. 한국기업은 미·일기업의 특성을 잘 파악하고 그 강점을 취하여 미·일기업보다 더 강해지는 방안을 모색해야 한다.

마사히코 아오키 교수가 설명하는 미·일기업의 차이

미·일기업의 비교분석의 권위자인 마사히코 아오키 스탠포드대 교수는 그 차이점을 다음과 같이 설명하고 있다. 미국기업은 주인과 대리인 관계처럼 운영된다. 법에 의하여 '법인'으로서 행동할 권리를 갖는데 그 소유자는 주주들이며, 이들이 주인(principal)이다. 주인이 이사회(board of directors) 임원을 선임하고 이사회는 회사를 운영할 경영진을 선정한다. 경영진들은 주주들의 대리인(agent)이다. 대리인은 주인과의 계약에 따라서 회사를 운영한다. 그러므로 미국기업은 계약에 의한 결합체라고 할 수 있다. 반면 일본기업은 계약에 의한 결합체가 아니라 주주나 종업원 모두를 위한 공동체 같은 존재이다.

그는 일본기업은 다음 세 가지 특성이 있다고 했다.

- 미국기업은 '소유자 이해관계'만을 중시하나 일본기업은 '종업원 이해관계와 소유자 이해관계'를 다같이 중시한다. 미국기업은 단일목표이나 일본기업은 이중목표를 갖고 있다. 그런데 일본기업의 경우 종업원과 주주 중 어느 것이 더 중요한가? 아오키 교수는 다같이 중요하다는 것이다. 그러나 마키하라 미노루 미츠비시상사 사장은 일본회사의 첫째 소유자는 종업원이고 둘째 소유자는 주주라고 했다. 이는 일본회사 모두가 받아들이고 있는 사실이라고 했다.
- 일본기업 내부의 조직과 운영에 있어서 '의사결정면에서의 서열' 관계는 약하나 연공, 임금 등 '인센티브면에서의 서열'은 강하다. 일본기업의 주요 의사결정은 상부지시가 아니라 하부에서 합의된 것이 상부로 전달되는 형태로 이루어지는 경우가 많다. 그러므로 의사결정면에서 서열은 약하다. 그러나 상·하급자식으로 이루어지는 서열은 강하다.
- 기업의 내부결속력이 강하려면 '의사결정 서열'이나 '인센티브서열' 두 가지 모두가 아니라 어느 하나만 강하면 되는데 일본기업의 경우는 후자가 강하다.

자료: Masahiko Aoki, "Toward an Economic Model of the Japanese Firm," in Kenichi Imai and Ryutaro Komiya, ed., *Business Enterprise in Japan: Views of Leading Japanese Economists*, The MIT Press, 1994.

카 한국의 기업그룹

"分久必合 合久必分(오래 나누어져 있으면 반드시 합하게 되고, 오래 합해져 있으며 반드시 나누어지게 된다)"

—『삼국지』는 시작하는 말과 끝나는 말이 같은데 바로 이 말이다.

기업그룹, 재벌 및 기업집단. 많은 사람들은 기업그룹과 기업집단, 복합기업(conglomerate) 및 재벌을 같은 뜻으로 사용한다. 그러나 이들 간에는 차이가 있다. 기업그룹은 이 분야 전문가인 제임스 오스틴(James Austin) 하버드 경영대 교수에 따르면 다음과 같다(그의 명저 『후진국에서의 경영』 참조).

"기업그룹(business group)이란 공통의 금융통제와 경영통제를 받으며 상이한 시장에서 사업을 하면서 장기적인 신뢰와 협동관계를 유지하는 대규모의, 그리고 많은 기업의 연합체이다."

복합기업(conglomerate)은 공통의 모회사가 다수의 종속회사들(subsidiaries)을 소유한 것이다. 양자간의 관계는 법적이며, 운영상이나 인간적인 관계는 거의 없다. 서로간에 경영자원의 이전도 하지 않으려고 한다. 반면 기업그룹 소속회사간의 관계는 인간적이며, 경영자원 및 금융자원의 이전은 많이 발생한다.

재벌(財閥)의 뜻은 『동아새국어사전』에 따르면 "재계에서 큰 세력을 가진 독점적 자본가나 기업가의 무리, 또는 일가나 친척으로 구성된 대자본가의 집단"이다. 재벌을 일본인들은 자이바츠라고 한다. 일본 고단사(講談社)가 출간한 『경제사전』은 이를 다음과 같이 정의하고 있다.

"재벌이란 폐쇄적인 동족의 지주회사를 바탕으로 하며, 강력한 금융자본을 중심으로 각 산업자본을 거느린 채 형성한 일족(一族), 또는 그 지배하의 거대한 콘체른을 말한다. 콘체른이란 카르텔이나 트러스트(지주회사)

등에로의 발전을 전제로 하여 형성된 보다 차원 높은 기업집중형태이다."

이병철 삼성그룹 창설자는 자서전인 『호암자전』에서 제일제당, 제일모직을 설립하고 시중은행의 대주주가 되자 1950년대 후반부터 주위 사람들이 그를 재벌이라고 부르기 시작했다는 사실을 밝혔다. 그에 따르면 재벌이란 말은 원래 부자인 개인을 지칭한 말이었다. 한국에서 기업그룹에 대한 한국인 학자와 외국인 학자의 첫번째 체계적인 연구는 사공일·존스(Leroy Jones)의 『경제발전에 있어서 정부 기업 및 기업가역량: 한국의 사례』이다. 이는 하버드대학에서 책으로 출판된 바 있다. 이 연구로 인하여 'Chaebol'이란 단어가 기업그룹을 나타내는 말로 세계학계에 널리 보급되었다. 외국인들은 한국의 기업그룹을 Chaebol이라고 부른다. 나쁜 뜻으로 사용하는 것은 아니다.

"시중은행이나 타이어 · 비료기업 등의 대주주가 되자 한국최초의 재벌, 한국 제일의 기업가로 불리게 되었다. 나이도 이제 50고개를 바라보고 있다."

— 이병철, 『호암자전』

일반인들 중에는 재벌을 탈세, 정경유착, 황제식 경영, 무능한 2세나 3세의 세습경영 등 많은 문제를 일으키는 존재로 보는 사람도 있다. 심지어 즉각적인 해체 대상이라고 하는 사람들도 있다. 정부의 정책담당자들 중에도 그렇게 생각하는 사람들이 있는 것 같다. 그런데 정책담당자들이 재벌에 대한 국가의 정책을 수립하여 집행하려고 할 때는 재벌에 대한 '정부의 분명하고 공식적인 정의'부터 해야 한다. 그렇게 한 다음 그 정의에 따라서 대책을 세우는 것이 바람직하다. 그렇지 못하면 재벌에 대한 정의와 생각이 서로 달라서 대책도 다르게 될 우려가 크다. 지금도 부자인 개인을 재벌이라고 하는 사람도 있다. 정확한 정의가 없이는 재벌과 재벌이 아닌 것, 또는 재벌의 정도가 심한 것과 약한 것을 구분하기 어렵게 된다.

기업집단은 우리 나라의 공정거래법(=「독점규제및공정거래에관한법률」)

이 정한 법률용어이다. 이 법은 기업집단을 다음과 같이 정의하고 있다.

> "기업집단이라 함은 … 사실상 그 사업내용을 지배하는 회사의 집단을 말한다. 동일인이 회사인 경우 그 동일인과 그 동일인이 지배하는 하나 이상의 회사의 집단, (그리고) 동일인이 회사가 아닌 경우 그 동일인이 지배하는 둘 이상의 회사의 집단"을 말한다.

공정거래법은 자산총액의 합계액의 순위가 1위부터 30위까지의 집단을 '대규모 기업집단'으로 규정하고 있다.

기업들은 왜 사업을 한두 가지에 전문화하지 않고 그야말로 문어발식으로 이것저것 다 하려고 하는가? 그렇게 많은 회사들을 거느려야 하는가? 그런데 병원도 기업이고 대학교도 기업이니, 이 논리를 그런 것에 확대해 보자. 서울 시내 일류대학 부속병원들은 왜 안과나 피부과 등에 전문화하지 않고 문어발식으로 각종 질병을 다 치료하려고 하는가? 서울 시내 일류대학들은 왜 국어나 영어 등 소수전공에 전문화하여 세계일류가 될 생각은 않고 수많은 학과를 문어발처럼 설치하여 종합대학교육을 하려고 하는가? 서울의 센트럴시티는 왜 호텔, 백화점, 서점, 음식점, 고속버스 터미널 등에 전문화하지 않고 한 곳에 통합시켜 놓았는가? 이와 같은 종합대학, 종합병원, 기업그룹 등은 단점도 있지만 복합화의 장점도 있다. 그럼 장점은 무엇인가? 제임스 오스틴 하버드 경영대 교수가 『후진국에서의 경영』에서 밝힌 바에 따르면 다음과 같다.

① 규모의 경제와 범위의 경제. 기업그룹의 규모의 이점과 다각화의 장점을 누릴수 있다.

② 정보수집과 사용. 후진국의 경제, 사회, 정치정세는 불안한 경우가 많고 각종 시장도 불완전하다. 그러므로 정보의 중요성이 크게 된다. 기업그룹은 단독기업에 비하여 더 많은 정보를 더 저렴하게 수집할 수 있다. 특히 정보화시대에 전세계시장을 대상으로 하는 경우에는 더욱 그러하다. 그리고 그룹의 어느 계열사가 수집한 정보는 전계열사가 공동으로 사용할 수 있는 이점이 있다.

③ 인적자원 활용. 기업그룹은 다양한 인재를 스카우트할 수 있다. 단독기업은 세계수준의 금융전문가, 엔지니어, 법률전문가, 디자이너 등을 개별적으로 고용해야 하나 기업그룹은 이를 공유할 수 있다. 그리고 기업그룹은 그룹연수원을 통하여 개별기업보다 더 다종다양한 인력을 더 저렴하게 양성하고 또한 활용할 수 있다.

④ 자금조달. 금융시장이 발달 안 된 후진국에서는 기업들이 투자에 필요한 자금을 자체 조달해야 되는 경우가 많다. 기업그룹은 단독기업에 비하여 더 많은 자금을 더 싼값에 조달할 수 있는 이점이 있다.

⑤ 마케팅의 이점. 후진국기업의 국내 마케팅이나 세계시장 마케팅에 있어서 그룹계열사들이 힘을 모으면 단독기업이 누릴 수 없는 마케팅에서의 규모와 범위의 경제 혜택을 누릴 수 있다.

⑥ 협상능력의 이점. 국내외의 정부, 소비자단체, 거래처 등과의 협상에 있어서 기업그룹은 단독기업에 비하여 크게 유리한 입장에 서게 된다.

그러나 기업그룹은 단점도 많다. 단점이 장점보다 더 많게 되면 후진국에서 기업그룹이 일어나지 못한다. 그리고 앞서 말한 장점들도 잘못되면 단점으로 변할 수 있다. 일반인들이 많이 거론하는 기업그룹의 일반적인 단점은 다음과 같은 것으로 보인다.

① 경제력 집중. 소수의 기업그룹이 국가경제에서 차지하는 비중이 너무 크다. 그러므로 독점력을 행사할 수 있다. 이는 일리가 있는 주장이다. 특히 작은 나라가 세계적인 회사를 갖게 되면 경제력 집중은 엄청나다. 예를 들면 룩셈부르크의 2004년 GNI는 253억 달러인데 Arcelor 한 회사의 매출액은 375억 달러가 된다. 핀란드, 노르웨이 같은 나라도 대동소이하다.

② 기업그룹 때문에 중소기업의 창업이나 성장이 어렵게 된다.

③ 실력 없는 창업자나 창업자의 2세 또는 3세가 유능한 경영인을 몰아 낸다. 인력 활용에 있어서 이른바 악화가 양화를 구축하는 그

레샤의 법칙 같은 것이 작용할 우려가 있다.

④ 그룹소속 기업들이 지나치게 다각화를 하면서 서로 빚 보증을 서다가 삼국지의 연환계처럼 같이 기울어질 수 있다.

기업그룹은 어떻게 변화하는가? 일본의 기업과 산업조직문제의 전문가인 켄이치 이마이는 「일본의 산업조직」이라는 글에서 일본의 제2차 세계대전 전의 자이바츠(財閥의 일본말)는 대전 후 기업그룹으로 변했고, 앞으로는 다시 네트워크식 기업조직으로 변화하게 될 것이라고 했다. 창업주의 사망, 전문경영인의 양성, 각종 시장의 불완전성의 해소, 경제사회의 안정과 더불어 나타나는 것이다. 제임스 오스틴 하버드 경영대 교수는 기업그룹이 TNC와 콩글로머레이트(Conglomerate)의 혼종형태로 변화할 것이라고 했다. 데일 니이프(Dale Neef)는 『지식의 경제적 영향』이라는 책에서 그 예는 다음과 같은 것이라고 했다. 일본의 NEC와 미국의 IBM이 프랑스 컴퓨터회사인 불(Bull)의 주식을 소유하고 있는데 불은 하니웰의 대주주이나, 하니웰은 NEC와 전략적 제휴관계에 있고, NEC는 IBM과 경쟁관계에 있다. 이런 것은 그야말로 글로벌지식경제시대의 국제복합기업의 새로운 형태인 것이다.

재벌 → 기업그룹 → 기업네트워크(켄이치 이마이)
기업그룹 → TNC + 콩글로머레이트의 혼종(제임스 오스틴)

경영학의 창시자인 피터 드러커(Peter Drucker)는 지금은 기업환경, 기술, 산업, 경제환경이 급변하는 시대이므로 기업과 산업의 조직 및 경영도 급변하게 되기 때문에 어느 하나의 모범답안이 있을 수 없다는 것이다. 기업과 산업조직에 하나의 표준모델이 있다는 것은 공업화사회식 사고방식이라는 것이다. 따라서 다음과 같은 주장은 모두 틀린다는 것이다.

· 모든 업종의 모든 기업의 소유와 경영은 완전 분리해야 한다.
· 모든 업종의 모든 기업의 소유와 경영은 분리하면 안 된다.
· 모든 기업그룹은 해체해야 한다.

· 모든 기업그룹은 해체하면 안 된다.
· 모든 기업은 한 업종에 전문화해야 한다.
· 모든 기업은 여러 업종에 다각화해야 한다.
· 모든 업종의 모든 기업은 미국식으로 경영해야 한다.
· 모든 업종의 모든 기업은 일본식으로 경영해야 한다.
· 모든 업종의 모든 기업은 한국식으로 경영해야 한다.
· 모든 업종, 모든 기업에 맞는 하나의 경영조직이 있다.
· 모든 업종, 모든 기업에 맞는 하나의 기업지배구조가 있다.

기업그룹은 핵심업종에 전문화해야지 문어발식으로 업종을 다각화하면 안 된다는 주장은 어떤가? 현재는 기술급변시대인데, 한두 업종에 전문화하고 있다가 다른 기업이 혁신적 제품을 만들면 도산하기 쉽다. 피터 드러커는 모든 기업의 앞으로의 '핵심역량은 혁신'이 되어야 할 것이라고 했다.

기업과 산업의 조직 및 경영에는 다양한 방법이 있을 수 있다. 기업그룹 중에도 소속기업들이 서로 도와 가면서 잘하는 경우도 있고 못하는 경우도 있다. 그리고 환경변화에 맞게 유연하게 변화해 나가야 계속해서 살아남을 수 있을 것이다. 온갖 업종과 환경과 시대에 맞는 하나의 경영방법이나 조직은 있을 수 없다. 모든 기업에 부채비율 200%, 모든 은행에 BIS 비율 8%, 모든 기업에 동일한 기업지배구조를 적용해야 된다는 주장은 옳지 않다는 것이다. 외통수가 안 통하는 시대가 바로 지식사회이다.

지금까지는 미·일기업의 차이를 살펴보았고, 이를 토대로 하여 한국의 기업과 기업그룹을 살펴보았다. 그런데 기업의 글로벌경쟁력 향상에 있어서는 조직뿐 아니라 전략도 이에 못지않게 중요하다. 또한 한국과 한국인의 비교우위가 있는 전략이나 업종을 잘 설정하는 것도 중요하다. 지금부터 이런 문제를 보기로 한다.

"지금으로부터 20년 뒤의 대기업은 전형적인 제조업보다는 종합병원, 종합대학 및 교향악단과 더 비슷하게 될 것이다."

— 피터 드러커, 『신조직의 도래』

"소프트뱅크 손정의 회장은 이미 550여 개 회사에 투자했다. 자신이 말하는 네바츠(=인터넷 자이바츠)를 창설하여 옛날 일본재벌(財閥: 자이바츠)을 재현했다. 그의 목표는 인터넷을 진정한 글로벌 현상으로 만드는 사이버재벌의 창설이다."

— 「비지니스위크」지(2001년 1월 22일자)

12. 기업의 전략, 산업의 성장패턴 및 비교우위

가 기업의 21세기형 성장전략

기업은 다양한 전략을 채택할 수 있다. 경영전략은 제10장에서 우리의 GC모델과 관련하여 이미 살펴보았다. 여기서는 성장전략과 경쟁전략을 살펴보기로 한다. 먼저 성장전략을 보기로 하자.

기업의 성장 전략에는 어떠한 것이 있는가? 다음 네 가지가 있다.

1) 유기체적 성장(OG: Organic Growth)전략. 이는 현재의 기업조직을 그대로 가지고, 현재의 제품을 되풀이 생산하면서 업계 평균 이상의 성장을 하는 것이다. 이는 기업들이 기술진보가 별로 없고 신제품도 별로 나오지 않는 상태에서 주로 채택하는 성장전략이다. 그러나 업종에 따라서는 이런 전략이 좋은 경우도 많다. 과거 경제학 교과서들은 주로 이런 전략으로 성장하는 기업을 대상으로 이론을 전개했다. 일본 긴자에 있는 칸분고넨도(寬文五年堂)라는 우동집은 350년 이상 이런 성장을 계속했다.

2) 다각화(diversification)전략. 세계적인 자동차메이커인 일본의 도요타자동차는 매년 수백만 대의 자동차를 판매한다. 앞으로는 자동차 안에 컴퓨터를 설치하여 자동차 대수만큼 컴퓨터도 판다. 핸드폰도 팔고 신용카드도 판다. 고객에게 금융서비스도 한다. 인터넷 사업도 한다. 도요타는 이와 같이 앞으로 다각화에 명운을 걸었다. 2000년 세계에서 가장 존경받는 기업(most admired company)으로 선정된 GE사도 다각화로 유명하다.

「포춘」지(2000.10.9)에 따르면 GE의 사업분야는 20여 개나 된다. GE의 자회사인 GE캐피탈은 그 자체 사업영역을 28개나 갖고 있다.

메가경쟁(mega-competition)과 디지털경제시대에는 단일제품의 단순한 판매에서 벗어나 다양한 제품과 서비스로 소비자의 다양하고 까다로운 수요를 충족시키는 것이 필요하다. 끊임없는 신산업영역의 개척도 중요하다. 단순한 제조업제품의 생산판매뿐만 아니라 다양한 금융과 서비스의 복합제공이 필요하게 된다. 사업의 다각화와 복합화로 시너지효과가 발생토록 하는 것이 중요하다.

삼성그룹은 상업을 하던 삼성상회에서 출발하여 모직, 제당, 전자, 중공업, 건설, 생명, 보험 등으로 업종을 다각화했다. LG, SK, 현대그룹도 성장과정에서 다각화를 많이 꾀했다. 반면 1960년대 한국 최대의 기업이었던 동명목재는 위의 기업들과는 반대되는 길을 걸었다. 다른 목재회사는 다각화와 업종전환을 서둘렀는데, 동명목재는 사양화하는 목재공장을 대대적으로 확장하다가 부도가 나서 회사가 없어졌다. 1960년대 섬유회사의 경우에도 지금까지 섬유에만 전문화한 경우는 별로 성장하지 못했다. 다각화를 잘한 기업들이 많이 성장했다.

기업의 다각화를 적잖은 사람들은 문어발 확장이라고 하면서 심하게 비난하고 있다. 일반적으로 1960년대에는 경영학자들이 다각화를 찬성했다. 왜냐하면 경영학은 하나의 과학이어서 한 업종에 성공한 기업은 과학적 방법을 이용하면 다른 업종에도 성공할 것이므로, 이윤극대화를 위해서 많은 업종을 해야 된다는 이유에서였다. 그러나 1970년대에 세계화가 본격적으로 시작되자 다각화는 좋지 않다는 것이 많은 경영전문가들의 주장이 되었다. 그 이유는 세계시장의 규모가 방대하므로 핵심업종 한두 개를 하더라도 세계시장을 석권하면 큰돈을 벌 수 있기 때문이었다. 좋은 예가 맥도날드 햄버거, 코카콜라, IBM, GM사 등이다.

그러나 1990년대에 들어와서 다각화는 다시 각광을 받기 시작했다. 그 이유는 무엇인가? 스카치테이프회사로 출발하여 6만 개 이상의 제품을 취급하고 있는 3M회사의 예를 보자. 3M사는 다각화의 이유를 다음과 같이 밝히고 있다.

- 3M의 방침은 신제품의 개발인데, 세상에 없는 제품을 계속 개발하다 보니 제품의 수가 이렇게 많게 되었다.
- 지금은 소비자나 생산자의 수요가 계속 다양화한다. 이런 수요에 맞게 개발하다 보니 제품의 수가 이렇게 많게 되었다.
- 3M사는 사장 한 사람이 틀어쥐지 않고 각 부서가 하고 싶은 대로 사업을 하라고 한다. 그 결과 업종이 이렇게 다양하게 되었다.

이상이 3M이 밝힌 다각화의 이유이다. 이외의 일반적인 이유로서는 위험분산을 들 수 있다. 계란을 모두 한 바구니에 담지 말라는 말이 있듯이 전재산을 한 업종에 털어넣고 매달리고 있다가 사양산업이 되면 동명목재 꼴이 된다. 손정의 씨는 사업을 할 때는 반드시 관련기업을 한 무리로 만들어서 시작한다고 했다. 그런데 다각화를 전혀 하지 않아도, 또한 너무 많이 해도 문제가 될 수 있다. 그리고 다각화를 할 수 있는 기업가의 능력도 중요하다. 다각화의 챔피언인 일본회사에는 어떤 것이 있는가? 소고쇼샤(종합상사)들이다. 이들은 수백 개의 자회사를 가지고 엄청나게 많은 업종을 하고 있다. 이미 제11장에서 밝힌 바와 같이 업종이 '라면에서 인공위성까지' 라고 할 정도로 다양하다.

3) M&A(합병 및 매수)전략. 독일의 다임러벤츠 자동차회사는 미국의 크라이슬러 자동차회사를 인수하여 다임러크라이슬러 회사가 되었다. 미국에서는 매년 5,000여 개의 기업들이 합병 및 매수(M&A: Mergers and Acquisitions)을 하거나 당한다. 세계에서 제일 존경받는 기업인 GE는 1998년 한 해 동안 108건의 인수 및 합병을 했다. GE는 M&A한 기업을 일류기업으로 만드는 데 특별한 재능이 있다. M&A는 GE의 중요한 성장전략의 하나이다. 삼성테크윈은 독일의 유명한 카메라회사인 롤라이를 인수하여 세계적인 카메라를 만들고 있다. 김우중 전 대우그룹 회장은 기업인수를 많이 했다. SK그룹의 창설자인 최종현 전 회장은 한국이동통신을 인수하여 SK텔레콤으로 발전시켰고, 유공을 인수하여 주식회사 SK로 키웠다. 반면에, 현대그룹을 창설한 정주영 회장은 기업을 스스로 만들어야지 남이 만든 기업은 인수하지 않는다고 했다.

4) 전략적 제휴(SA: Strategic Alliance)전략. 이는 기술, 생산, 해외판매 등 주요 업무분야의 협력을 위하여 다른 기업과 힘을 합치는 것이다. LG전자는 IBM과 전략적 제휴로 LG-IBM 컴퓨터를 만들어서 국내외에 판매했다. 기업 이외의 예로서는 신라가 당나라와 나당연합군을 만들어서 백제를 정복한 예를 들 수 있다. 한국 정치가들도 한때 두 개의 당이 제휴하여 대통령선거에서 이긴 바 있다. 제2차 세계대전에서도 여러 나라가 연합군을 만들어서 독일을 패배시켰다. SA는 다른 기업의 힘을 빌려서 성장하는, 말하자면 '기업차력술'이라고 할 수도 있다. 전세계에 흩어져 있는 중국교포(화교)들은 현재 보이지 않는 네트워크 또는 전략적 제휴를 통하여 거대한 경제력을 행사하고 있다. 시민운동단체들도 연대를 하여 더 큰 힘을 발휘한다.

기업성장전략을 이와 같이 네 가지로 설명한 경제학책은 국내에는 거의 없다. 옛날의 경제학책들은 기업의 성장전략을 소홀히 했다. 주로 경제전체의 성장만 설명하려고 했다. 경제전체의 성장도 노동과 자본 등 생산요소만으로 설명하려고 했다. 그러나 경제가 성장하기 위해서는 현실적으로 기업과 산업이 성장해야 한다. 과거의 경제학자들은 기업이 경쟁만 치열하게 할 수 있도록 하면 국가경제의 성장은 저절로 된다고 믿었다.

이 중에서 기업의 21세기형 성장전략은 무엇인가? 전략적 제휴이다. 구멍가게와 같은 대부분의 영세기업은 OG전략밖에 모르므로 잘 성장하지 못한다. 반면 GE나 삼성전자와 같은 글로벌기업들은 각종 성장전략을 잘 활용한 덕분에 잘 성장했다. 성장전략을 잘 아는 기업이 성장을 잘 하게 되는 것은 당연하다.

㉯ 기업의 21세기형 경쟁전략

"양과 질의 비중은 0대 100이다."

— 이건희 삼성그룹 회장

기업들이 경쟁을 할 때 사용하는 주무기에는 어떤 것들이 있는가? 다음의 네 가지를 들 수 있다.

1) 가격(또는 비용)전략. 이는 같은 제품을 경쟁기업보다 저비용(=고효율=고생산성)으로 생산하여 낮은 가격에 판매하는 전략이다. 같은 제품이면 값이 싸야 하고, 그렇게 되려면 생산성을 높여야 한다. 한국의 많은 섬유제품이나 신발생산업체들이 공장을 인건비가 싼 중국이나 동남아에 옮기려고 하는 것은 가격을 경쟁의 주무기로 삼고 있기 때문이다.

2) 품질전략. 책은 값이 싸다고 해서 사는 것이 아니다. 내용, 곧 품질이 좋아야 한다. 한국의 소비자들이 중국산보다 국산농산물을 선호하는 것은 품질이 좋기 때문이다.

3) 혁신전략. 기술발전이 빠른 제품을 생산하는 기업의 경우에는 신제품을 경쟁기업보다 얼마나 잘 개발하는가가 경쟁력을 좌우한다.

4) 스피드전략. 혁신으로 경쟁하는 시대에는 스피드의 중요성이 증가하고 있다. 삼성전자의 경쟁력은 옛날에는 기술, 노력, 경험 등에 의해 결정되었으나, 지금은 혁신과 스피드라고 했다(윤종용, 초일류로 가는 생각, 2005). 이 네 가지를 잘하는 기업이 글로벌경쟁력이 있는 기업이다.

이 네 가지를 그림으로 나타내면 [그림 12. 1]과 같다.

[그림 12. 1] 기업의 경쟁력

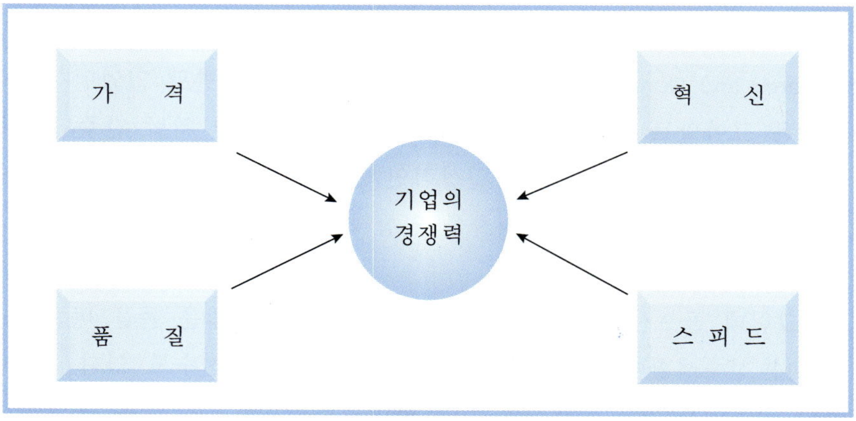

이 네 가지는 다음의 둘로 다시 나눌 수도 있다.

가격전략
차별화(고품질, 혁신적 제품 및 속도)전략

한국에 값싼 중국의 농산물과 공산품이 많이 들어오는 것은 중국기업들의 가격전략 때문이다. 제품의 차이가 별로 없는 농산물이나 대부분의 굴뚝산업 제품을 생산하는 기업의 경우에는 가격전략이 중요하다. 그러나 제품의 차이가 크게 되는 하이테크산업 제품이나 지식산업 제품을 생산하는 기업의 경우에는 차별화(differentiation)전략이 중요하다. 이는 위의 네 가지 중 저비용을 제외한 세 가지를 모두 포함한다. 그런데 저비용은 생산성향상에 의해, 그리고 생산성향상은 공정혁신에 의하여 가능하게 된다. 고객감동이나 고품질도 결국은 제품이나 공정혁신에 의해서 가능하게 되므로 결국 기업의 가장 중요한 경쟁전략은 혁신전략이 되는 것이다. 혁신과 기업의 경쟁전략과의 관계는 다음과 같이 나타낼 수도 있다.

· 공정혁신 → 저비용과 고객감동
· 제품혁신 → 신제품, 차별화제품 및 고객감동

그러므로 기업들은 지식경제시대를 맞이하여 혁신의 촉진을 위하여 부단히 노력하지 않을 수 없다. 기업이 더 새로운 제품을 더 값싸게 생산하기 위하여 제품혁신과 공정혁신을 위한 일련의 활동을 연구개발(R&D: Research and Development)이라고 한다. 기술혁신이 별로 없었던 옛날에는 혁신은 그야말로 오랜만에 우연하게 발생하는 '사건'처럼 간주되었다. 그러나 지금은 혁신이 기업의 일상적인 경쟁무기가 되어 있다. 현재 일정 규모 이상의 기업은 R&D 지출을 일상적으로 하지 않으면 이제는 경쟁에서 살아남기 어렵다.

그런데 골프선수의 경우 박세리나 김미현처럼 많은 돈을 버는 경우도 있으나 선수생활에 필요한 비용조차 벌지 못하는 선수도 있다. 컴퓨터산업의 경우에도 삼성전자, LG전자, 마이크로소프트처럼 높은 수익을 올리는 기업들도 있으나 돈을 전혀 벌지 못하여 쓰러지는 기업들도 많다. 혁신을 많이 하여 이윤을 많이 얻는 기업과 혁신을 못하여 손해를 보는 기업을 통틀어서 보면, 컴퓨터산업에 종사하는 모든 기업들의 평균적인 경제적 이윤은 거의 제로가 된다. 겨우 정상이윤을 얻을 정도이다. 경제적 이윤과 정상이윤에 대해서는 제20장을 참조하기 바란다.

지금하는 것 더 잘하기 전략과 새로운 것 하기 전략. 경제전쟁시대 기업의 글로벌경쟁력은 경영전략에 따라서 좌우된다. 예를 들면, 1853년 미국이 일본을 강제로 개방시킬 때, 일본 사무라이들은 나폰도로 싸우고 있었다. 당시 일본 사무라이들은 아마 세계에서 칼싸움을 제일 잘 했을지 모른다. 이런 상황에서 미국인들이 이들을 이기기 위하여 칼싸움을 시작했다면 지금까지도 이기지 못했을지 모른다. 심지어 떼죽음을 당했을지도 모른다. 그러나 미국인들은 당시 일본 사무라이들을 아주 쉽게 이겼다. 어떻게 이겼는가? 칼로써 이긴 것이 아니라 자동권총이라는 혁신적 무기로 이겼다. 여기에서 우리는 경쟁전략 두 가지를 생각할 수 있다.

- 하나는 지금하는 것 더 잘하기 전략이다. 미국인들이 칼싸움을 일본 사무라이들처럼 하려고 열심히 노력하는 것은 지금하는 것 더 잘하기 전략이다. 기업들이 생산기술, 마케팅기술, 공정기술 등에 있어서 세계 제일의 기업을 벤치마킹하여 따라하는 것도 마찬가지이다. 그런데 이 전략으로 세계 최고의 기업을 따라갈 수 있을지는 모르나 앞서기는 어렵다.
- 다른 하나는 새로운 것 하기 전략이다. 미국인들이 일본 사무라이들과 싸울 때 칼을 안 쓰고 자동권총을 사용하여 무릎을 꿇게 한 것을 새로운 것 하기 전략 또는 앞서달리기 전략이라고 한다. 다른 예로, 어떤 휴대폰회사가 경쟁회사처럼 기존 모델을 잘 만들려고 할 것이 아니라, 신형 모델을 만들어서 경쟁회사를 크게 이기는 것도 바로 이 전략인 것이다.

전략의 세계적인 권위자인 포터(Michael Porter) 교수는 우리의 지금하는 것 더 잘하기 전략을 OE(operational efficiency; 운영상 효율)전략, 그리고 새로운 것 하기 전략을 특수한 전략(distinctive strategies)이라고 했다. 그는 무한경쟁시대에 OE는 전략도 아니라고 했다.

기업의 경쟁전략은 경쟁요소를 기준으로 할 때 다음과 같이 셋으로 나눌 수 있다. 이는 개인 및 국가의 경우에도 해당된다.

① 혁신전략(innovation strategy). 이는 앞의 예에서와 같이 미국인들이 일본 사무라이들과 싸울 때 칼이 아니라 자동권총이라는 혁신적 제품으로 싸워서 이기는 것과 같은 전략이다. 미국이 소련 레이더에 잡히지 않는 스텔스라는 혁신적 무기로 소련을 이겼다. 이 전략은 '두뇌전략'인데, 실제로 싸우지 않고서 이기는 전략이다.

② 요소전략(factor strategy). 이는 사람에 비하면 주로 손발과 '몸뚱이'를 쓰는 전략이다. 말하자면 경쟁자보다 꼭두새벽부터 밤늦게까지 더 열심히 일해서 이기려고 하는 전략으로 '몸뚱이 전략'이라고 할 수 있다. 중국이 한국도 생산할 수 있는 각종 제품을 아주 싼 가격으로 생산하여 한국시장을 파고드는 것을 예로 들 수 있다. 노동, 자본, 토지 등 생산요소를 바탕으로 경쟁자를 이기려고 하는 전략은 모두 요소전략이다.

③ 투자전략(investment strategy). 이는 어느 선진국도 만들 수 있는 제품을 투자를 많이 하여, 즉 대규모로 생산하여 경쟁력을 확보하는 전략이다. 한국기업들이 자동차, 선박, 철강, 전자제품을 대규모로 생산 수출하는 것도 그 예로 들 수 있다. 투자전략은 개인에 비하면 주머니 사정이 넉넉해야 하므로 '주머니전략'으로 부르기로 한다. 요소전략은 최신기술조차 이용하지 못하나, 투자전략은 최신기술을 이용할 수 있는 전략이다. 혁신전략은 전혀 새로운 기술을 사용하는 전략이다.

이를 요약하면 다음과 같다.

두 뇌 전 략 = 혁신전략 = 신기술활용전략
주머니전략 = 투자전략 = 대규모 투자와 기존의 최신기술활용전략
몸뚱이전략 = 요소전략 = 노동, 자본, 토지 등의 요소활용전략

미래의 기업성장을 위한 경쟁전략은 혁신전략과 전략적 제휴전략이다(하버드 비즈니스리뷰지가 펴낸 『성장을 위한 전략』참조).

다 한국의 산업은 모두 몇 개인가?

우리가 만약 사업을 하게 된다면 제일 먼저 결정해야 될 것은 어떤 업종의 사업을 해야 할 것인가이다. 여기서는 이런 문제를 보기로 하자. 한국에는 모두 몇 개의 업종, 곧 산업이 있는가? 산업을 가정이라고 하면 기업은 식구이다. 지금까지는 식구를 보았다. 지금부터 가정을 보기로 하자.

아무리 좋은 학생이라도 나쁜 가정에서 태어나면 어려움이 많다. 아무리 좋은 기업이라도 나쁜 산업 안에 들어가서 사업을 하면, 곧 업종을 잘못 잡으면 성장이 어렵다. 어떤 분은 옛날 연탄회사에 취직하여 열심히 일하면서 빨리 진급하기를 바랐다. 그러나 회사가 사양화로 없어졌다. 이와 같이 사양산업에 취직하면 아무리 열심히 일하더라도 어렵게 되는 경우가 많다. 어떤 사람은 사양산업을 하는 회사의 주식만 싸다고 골라서 사 가지고 있다가 큰 손해를 보았다.

우리는 KS라는 말을 많이 듣는다. 그러나 그 뜻을 정확하게 아는 사람은 드문 것 같다. KS는 KSIC(Korea Standard Industrial Classification; 한국표준산업분류)의 준말이다. 그 사람 'KS'라고 할 때 KS는 '한국표준'이라는 뜻이다. KSIC는 ISIC(국제표준산업분류)를 토대로 만든 것이다.

예를 들어, 철사를 고무로 덮은 전깃줄은 고무산업제품인가 철강산업제품인가? 이런 것은 국제적으로 통일할 필요가 있다. 그러기 위하여 만든 것이 ISIC이다. ISIC를 토대로 각 나라는 산업을 자국 실정에 맞게 다시 분류하고 있다. 한국의 경우는 KSIC를 1970년에 시작하여 지금까지

다섯 차례 개정했다. 최근 개정은 2000년 것으로 정보통신산업, 인터넷산업 등 주로 신산업을 잘 분류하기 위한 것이다.

어느 국회위원은 "한국에 몇 개의 산업이 있는가, 그리고 약 30개의 산업이 있다고 하면 맞는가?"라고 물어 온 적이 있다. 한국에는 20개, 63개, 194개, 442개 및 1,121개의 산업이 있다. 이 중 마음에 드는 숫자를 고르면 바로 그것이 한국산업의 숫자이다. 그 이유는 무엇인가?

대분류 산업은	20개	예:	J	통신업
중분류 산업은	63개		64	통신업
소분류 산업은	194개		642	전기통신업
세분류 산업은	442개		6422	무선통신업
세세분류 산업은	1,121개		64221	무선전화

* 산업분류번호

KSIC는 한국의 모든 산업을 농림업, 어업, 광업, 제조업, 전기 가스업, 통신업, 도·소매업 등으로 '크게' 20개로 나눈다. 이때 이 하나 하나를 대분류 산업이라고 한다. 이들 20개 대분류산업의 기호는 A부터 T까지의 알파벳으로, 즉 A, B, C, …, T로 표시한다. 이 중 가령 통신업은 열 번째 산업이므로 'J'로 표시된다. 이 중 어느 것도 다시 작은 산업으로 나눌 수 있다. 예를 들면 통신업은 다시 통신업(64)과 다른 것으로 나눌 수 있다. 이때 두 자리 숫자인 64는 통신업을 나타내는 중분류산업 기호이다. 통신업은 다시 우편 및 소포송달업(641)과 전기통신업(642) 등으로 나눈다. 이때 세 자리 숫자인 642는 전기통신업이라는 소분류산업의 기호이다. 전기통신업은 다시 무선통신업(6422)과 유선통신업(6421) 등으로 나누어진다. 이런 네 자리 숫자는 세(細)분류산업 기호이다. 무선통신업은 무선전화(64221)와 무선호출 및 기타 무선통신업 등으로 나누어진다. 이런 다섯 자리 숫자는 세세(細細)산업분류 기호이다. 이와 같이 64, 642, 6422 등은 산업분류번호이다. 십진법으로 산업을 작게 분류할수록 번호의 단위는 길어진다(통계청, 「2000년 한국표준산업분류」 참조).

정당과 정치단체도 산업활동을 하는가? KSIC에 따르면 그렇다. 산업분류 기호가 9192인 정치산업 활동을 한다. 곧, 정치단체는 '정치산업' 활동을 하는 것이다. 시민운동단체도 산업분류 기호가 9193인 산업활동을 한다. 서비스활동을 하는 모든 조직체는 '한국표준산업분류방식'에 따르면 산업활동을 하는 것으로 간주된다. 그럼 정부의 각종 부서의 경우는 어떠한가? 행정서비스를 생산하므로 산업활동을 하는 것이다.

라 산업의 성장패턴

제 1, 2, 3 및 4차 산업. 그런데 산업은 KSIC와 다르게 분류하는 방법도 많다. 예를 들면 농업, 임업, 수산업 등 자연으로부터 원료를 채취하는 산업을 제 1 차 산업(primary industries)이라고 한다. 이런 산업이 일차적으로 있어야 다른 산업이 발전하므로 제 1 차 산업이라고 한다. 자연에서 채취한 원료를 제조가공 하는 산업을 제 2 차 산업(secondary industries)이라고 한다. 제조가공된 제품을 소비자들이 소비할 수 있도록 하는 수송·보관·판매 및 관련산업을 제 3 차 산업(tertiary industries)이라고 한다. 제 3 차 산업은 서비스산업(수송, 보관, 통신, 도·소매, 광고, 금융, 보험, 판매, 정보, 연구개발 등)이다.

그런데 서비스산업 중 특히 지식사회를 맞이하여 그 중요성이 계속 증가하고 있는 교육 및 연구개발(R&D: research and development)산업을 제 3 차 산업에서 분리하여 제 4 차 산업(quarternary industries)이라고 한다.

성장단계별 산업. 경제발전 초기 농경사회의 성장산업은 농·림·수산업 등 제 1 차 산업이 된다. 농경사회가 공업화사회로 되어감에 따라 제 2 차 산업이 성장산업이 된다. 공업화사회가 발전하여 서비스사회(=정보화사회=지식사회)로 전환되면 제 3 차 산업이 성장산업이 된다. 서비스산업 중에서는 정보통신산업과 생명공학산업 등 지식산업(knowledge industries)의 중요성이 커진다. 이에 따라 공업화사회도 지식사회로 바뀐다.

우리가 아프리카의 가난한 나라에 간다면, 주로 어떤 산업을 볼 수 있을까? 음식업이나 섬유산업 등일 것이다. 아무리 못사는 나라 사람들이라도 우선 먹고 입고 살아야 하므로, 이와 관련된 산업을 일으켜야 한다.

음식과 섬유산업은 국가경제발전 초기단계에서 발전하므로 초기산업(early industries)이라고 한다. 그런데 경제발전으로 사람들의 소득수준이 올라가면 섬유나 식품 등에 대한 수요는 줄어든다. 대신 가구나 플라스틱 제품에 대한 수요가 증가하게 된다. 이런 산업은 경제발전 중기단계에서 발전하므로 중기산업(middle industries)이라고 한다. 자동차, TV, 컴퓨터, 핸드폰 산업은 국민들의 소득수준이 더욱 높아져야 성장할 수 있다. 이런 산업은 경제발전 후기단계에서 발전하므로 후기산업(late industries)이라고 한다. 후진국은 초기산업, 중진국은 중기산업, 선진국은 후기산업을 많이 갖게 된다.

한국은 경제발전으로 초기와 중기 성장산업 단계를 지나 현재 후기성장산업 단계에 들어와 있다. 그 과정에서 초기나 중기의 성장산업의 상당 부분을 중국, 동남아 등의 후진국들에게 이전해 주지 않을 수 없었다.

성장산업(growth industries)이란 그 산업제품이나 서비스에 대한 수요가 국민소득보다 더 빨리 증가하는 산업이다. 그런데 성숙산업(mature industries)이란 많은 제약업과 같이 수요가 국민소득과 같은 비율로 증가하는 것이다. 사양산업(declining industries)이란 그 산업제품에 대한 수요가 소득보다 덜 증가하는 것이다.

산업혁명과 성장산업. 제 1 차 산업혁명은 18세기 후반부터 19세기 초에 걸쳐서 발생한 스팀엔진, 제철기술 및 방적기술을 토대로 한 산업의 혁명적 변화이다. 제 2 차 산업혁명은 19세기 초 철도, 그리고 제 3 차 산업혁명은 1880년대에 전기와 더불어 시작된 것이다. 제 4 차 산업혁명은 다음과 같은 6대 기술을 바탕으로 하는 산업혁명이다(제 4 장 참조).

> 6대 기술: 컴퓨터, 마이크로 일레트로닉스, 정보통신,
> 생명공학, 신소재, 로봇공학

미래학자인 토플러(Alvin Toffler)는 산업혁명 대신 물결(wave)이라는 말을 쓴다. 그에 따르면 제 1 의 물결은 농업혁명이고, 제 2 의 물결은 공업화이며, 제 3 의 물결은 지식산업의 발전이라는 것이다.

마 선진국들은 어떤 산업에 경쟁력이 강한가?

개인이나 나라가 잘 사는 길은 결국 기업과 산업을 많이 출생시켜 잘 크게 하는 것이다. 스위스는 기업 중심으로 국력을 키운다. 미국도 마찬가지이다. 반면에 과거 일본은 산업중심으로 국력을 키우려고 했다. 따라서 일본은 산업정책으로 유명하다. 프랑스도 전자산업, 항공산업 등을 육성하기 위한 산업정책으로 유명하다. 국민의 1인당 소득이 세계 제일인 룩셈부르크는 얼마 전 나라의 핵심산업을 철강에서 금융산업으로 바꾸었다. 현재는 이를 정보통신업으로 다시 바꾸고 있다. 유럽대륙의 물류기지라고 하는 네덜란드는 그들이 세계 제일이라고 하는 스키폴공항과 로테르담항만을 갖고 있다. 이를 중심으로 물류산업을 많이 육성하고, 많은 외국기업을 유치하려고 하고 있다. 지금은 세계에서 기업하기 제일 좋은 나라로 만들기 위하여 노력하고 있다. 싱가포르공항 등 세계일류 공항은 스키폴공항을 본뜬 것이다. 나라가 거덜난 소련은 한때 국방산업에 치중했다.

세계 제일의 경제대국인 미국은 세계일류 기업과 세계일류 대학이 많다. 이 두 가지가 같이 발전하는 나라는 미국뿐이라고 한다. 미국의 일류대학은 수출산업이다. 일본은 세계일류 기업은 많으나 일류대학이 없는 것이 근본문제라고 한다. 영국은 옛날 세계일류 기업도 많고 대학도 많았으나 얼마 전 다같이 후퇴하기 시작했다.

미국은 경쟁력이 약한 산업이 거의 없을 정도이다. 세계 생명공학자의 약 90%가 미국에 있다고 한다. 독일은 전통적으로 기계산업과 화학산업에 국제경쟁력이 강했다. 독일은 이미 오래 전부터 영국이나 스페인과 달리 식민지 개척이 아니라 화학산업을 일으켜서 필요한 원료를 조달하려고 했다. 영국은 금융, 보험, 항공, 섬유, 언론출판산업 등에 경쟁력이 강하다. 이태리는 가죽제품, 섬유, 예술, 디자인산업 등, 그리고 프랑스는 전자산업, 예술산업 등에 경쟁력이 강하다. 중국은 음식업에 있어서 세계 수준의 경쟁력을 갖고 있다. 실리콘밸리가 있는 샌프란시스코 지역에는 중국 음식점이 만 개 이상이나 된다고 한다.

일본의 경우는 어떠한가? 글로벌경쟁력이 아주 강한 산업과 아주 약한 산업의 두 가지로 극명하게 구분된다. 마이클 포터 하버드 경영대 교수는 이 점 때문에 일본을 '두 개의 일본'이라고 부르고 있다. 글로벌경쟁력이 아주 강한 일본의 산업은 자동차, 조선, 소비자용 전자제품(카메라, VCR, 에어컨), 로봇, 반도체 등이다. 그러나 많은 내수산업의 글로벌경쟁력은 아주 약하다. 예를 들면 도·소매업, 건강관련 산업, 가공식품, 의복 등이다. 그리고 금융 및 기업서비스, 비행기, 소프트웨어 산업에 있어서도 글로벌경쟁력이 아주 약하다. 이러한 이유로 일본인의 생활비는 미국에 비하여 엄청나게 높게 된다. 특히 주거비가 높다.

바 한국은 어떤 산업과 기업에 경쟁력이 있는가?

세계에서 젓가락을 제일 많이 쓰는 나라는 한·중·일 3개국이다. 많은 사람들이 이렇게 생각하나 아놀드 토인비는 여기에 베트남을 추가한 네 나라를 동아시아국가라고 한다. 아무튼 이 네 나라가 세계에서 젓가락을 가장 많이 쓴다. 그럼 숟가락을 제일 많이 쓰는 인종은? 아마 한국인일 것이다. 세계에서 젓가락과 숟가락을 다같이 제일 많이 쓰는 인종은 한국인이다. 중국인의 숟가락은 그야말로 유치원생 장난감 같다. 일본인은 미소시루(된장국 같은 것)도 젓가락으로 먹듯이 젓가락을 주로 쓴다.

한국인은 솜씨가 관련되는 것에는 양궁, 사격, 배드민턴, 병아리 감별, 골프, 반도체생산 할 것 없이 시스템을 잘 조직하고 전략만 잘 짜면 세계일등도 할 수 있다. 한국인이 세계기능올림픽에서 8연승을 한 것도 결코 우연이 아니다. 여자 골프에 있어서도 그러하다. 미국에서 발간된 『2000년 어린이 세계백과사전』의 스포츠란은 박세리 선수의 사진으로 시작한다. 지금까지 최연소 선수로 미국 주요 골프대회 4승의 기록을 수립한 선수는 박세리뿐이다. 우리는 박 선수가 우승하기 전까지 세계여자골프대회는 선진국 부자 여성들의 스포츠로만 생각했다. 그러나 한국인의 솜씨 등 특성을 잘 아는 삼성그룹이 스폰서가 되고, 데이비드 레드베터라는 세계적인 코치가 지도를 하게 되자, 박세리는 세계 일류선수가 금방 되었다. 김미현 선수는 스스로 터득한 골프로, 말하자면 한국식 골프로 세계적인 골프선수가 되었다.

한국의 반도체 권위자는 다음과 같은 말을 했다. 즉, 한국인은 솜씨가 좋고 강한 공동체주의 사상 때문에 생산공정이 4백 개가 넘는 반도체생산에 있어서 국제경쟁력이 아주 강하다는 것이다. 한국인은 어떤 제품이건 생산시스템을 잘 짜고 전략만 잘 짜면 세계 수준으로 생산할 수 있을 것이라고 했다.

어느 일본인은 한국의 옛날 도자기를 수 만여 점이나 갖고 있다. 현재 일본 도자기는 세계적으로 인정받고 있는데, 그는 일본의 도자기산업은 옛날 임진왜란 때 잡혀온 한국인과 그 후예들이 일으켰다고 보는 것이 옳다고 했다. 뉴욕 소더비 예술품 경매에서 유사 이래 가장 비싸게 팔린 도자기는 우리의 청화백자 접시로서 그 가격이 무려 305만 달러나 되었다. 중국 도자기로서 2000년까지 가장 비싸게 팔린 것은 가격이 288만 달러였다. 그 일본인은 옛날 중국 도자기는 한국 도자기에 비교가 안 된다고 했다. 도자기도 솜씨가 중요한 제품이다. 일본인 중에는 한국을 도자기 종주국이라고 하면서 심지어 한국에 도자기 여행을 오는 사람들도 적지 않다.

한국에 국제경쟁력이 강한 산업에는 어떤 것이 있는가? 한국의 2004년 10대 수출상품은 자동차, 반도체, 통신기기, 컴퓨터, 선박, 석유제품, 철강판, 합성수지, 영상기기 및 자동차 부품이다. 이들이 전체 수출의 60.2%를 차지했다. 박승록(한국경제연구원)에 따르면 한국이 시장점유율 기준으로 세계 1등하는 품목의 수는 2000년 현재 낚싯대, LCD, 마이크로웨이브 오븐, 주방용 칼, 합섬모포, 영화필름 등 55개 등이다. 산업자원부의 통계에 따르면 세계시장점유율에 있어서 조선과 D램이 각각 1위, 석유화학 3위, 섬유 4위, 철강 6위, 자동차 6위, 컴퓨터 11위 등이다.

세계 주요국가의 세계 1등과 2등을 차지하고 있는 품목의 수는 다음과 같다(박승록 자료).

	한 국	대 만	중 국	일 본	미 국
1등	55	206	306	354	618
2등	83	102	249	310	562

한국기업의 전형적인 경쟁전략

한국기업들은 지금까지 어떤 전략으로 경쟁해 왔는가? 마이클 포터 하버드 경영대 교수는 『전략이란 무엇인가—한국기업이 새로 배우고 해야 할 일들』에서 이를 다음과 같이 요약하고 있다.

· 서로 긴밀한 관계가 없는 많은 산업분야에서의 경쟁
· 거의 전적으로 저렴한 가격으로 생산한 표준품의 판매
· 서로의 제품을 모방하는 식의 경쟁
· 대규모 시설에 대한 공격적 투자
· 정교한 부품과 기술은 지나칠 정도로 외국 공급자에 의존
· 기업간의 제휴 및 OEM협약
· 개발도상국 수출에 지나치게 의존
· 국내 고비용 문제 해결을 위한 해외공장 건설
· 복합기업형 기업그룹의 창설
· 가족에 의한 소유와 경영

그러나 아직 한국에는 경쟁력이 없거나 약한 산업들도 많다. 예를 들면, 무디스나 S&P(Standard & Poors) 같은 세계적인 신용평가회사가 없다. 경제위기 때 이들이 한국의 신용등급을 정크본드(액면가격보다 싼, 위험이 많은 채권) 수준으로 평가해도 어쩔 수가 없었다. 이런 회사들이 있었다면 세계적인 외국회사들을 우리가 평가하고 우리 회사들의 자체 평가를 통해서 외환위기를 맞거나 국가의 신용등급이 그렇게까지 떨어지는 일은 막을 수 있었을지 모른다.

한국에는 맥킨지 같은 세계적인 기업컨설팅회사도 거의 없다. 이런 회사들은 기업의 경영전략 등을 바로잡는 데 큰 역할을 한다. 우리는 앞으로 세계적인 신용카드회사나 코카콜라나 맥도날드 햄버거 같은 식품회사도 키워야 한다. 식품회사는 문화상품을 수출하므로 국가 이미지 제고에 큰 공헌을 한다. 한국에는 세계적인 변호사회사, 영화회사, 디즈니랜드 같은 오락회사도 키워야 한다. 무엇보다 중요한 것은 지금은 정보화시대인데, 세계제일의 정보산업이라고 하는 금융산업에 약하다. 세계적인 금융회사가 많으면, 세계 주요기업들의 금융거래정보를 파악할 수 있게 된

다. 금융산업은 21세기 성장산업이기도 하다. 세계적인 은행이나 금융기관이 없는 나라가 제조업으로 돈을 벌어 외국 금융기관에 빼앗기지 않는 경우는 드물다.

13. 국제경제관계

국제무역의 변화와 옛날의 무역이론

미국에 유학중인 한국학생 수에 비하면 한국에 유학중인 미국학생은 1%도 채 안 된다. 미국대학은 전세계의 수많은 유학생들을 교육시키므로 수출산업의 역할을 한다. 미국에서는 영화산업, 금융산업, 보험산업, 항공업 등의 서비스산업도 주요 수출산업이다.

국제무역 변화의 첫번째 특징은 서비스산업의 비중의 증가이다.

국제무역에 있어서 두 번째 특징은 해외투자의 증가이다. 삼성전자는 수많은 나라에 전자제품 생산공장을 건설하여 운영하고 있다. 앞으로 다국적 기업들의 무국적 상품의 비중이 커진다.

세 번째 특징은 대한항공이 인도사람을 미국에 실어 나르듯이 한국을 거치지 않고 제3의 국가들간에 이루어지는 무역의 비중이 커지고 있다. 이런 무역은 한국이나 일본의 종합상사들도 많이 한다.

네 번째 특징은 기술, 지식 등의 무역이 증가하는 것이다.

옛날 국제무역이론은 주로 국가간의 상품거래를 대상으로 하는 것이었다. 그러나 국제무역이 이와 같이 변화함에 따라서 옛날 이론으로 설명이 잘 안 되는 부분이 늘어가고 있다.

가 긴밀하게 연결되어 가는 세계

전세계의 수출량은 2004년 현재 약 9조 달러이다. 이 중 약 80%는 재화이고 나머지는 서비스이다. 서비스 무역의 비중은 계속 증가해 왔다.

전세계의 상품무역에 있어서 많은 비중을 차지하는 것은 자동차 및 관련 제품, 자동차를 달리게 하는 석유, 그리고 섬유제품 등이다. 이들은 국제무역의 약 4분의 1을 차지한다. 그리고 국제무역뿐만 아니라 다국적기업들의 해외직접투자(FDI: Foreign Direct Investment)도 증가하고 있다.

서비스거래. 서비스는 정보통신서비스(컴퓨터 및 인터넷 서비스), 관광 및 여행 서비스, 운송서비스, 법률서비스, 광고서비스 등이 주류를 이루고 있다. 세계에서 서비스수출을 제일 많이 하는 나라는 미국이다. 미국의 서비스수출은 총수출의 4분의 1을 넘을 정도이다. 미국은 영화, 음악, 학교 교육을 비롯하여 거의 모든 서비스에 국제경쟁력이 있다. 특히 미국의 일류대학들은 수출산업의 역할을 잘 하고 있다. 세계 5대 서비스 수출국은 미국, 영국, 프랑스, 독일, 이태리의 순이다.

불법거래. 최근에는 사람, 무기, 마약 및 희귀동물의 국제거래도 증가하고 있다. 중국인들은 한국, 멕시코인들은 미국, 동구권 사람들은 서구선진국에 밀입국을 원한다. 중국인들도 대량으로 미국에 밀입국하여 주요도시의 차이나타운들에 활력을 불어넣고 있다. 밀입국자들이 증가함에 따라 이들의 밀입국을 도와 주는 범죄조직체들도 많이 생기고 있다. 국제마약거래의 규모는 정확히 파악하는 것이 힘드나 국제연합통계에 따르면 국제무역의 약 8%나 된다고 한다.

금융거래. 국제금융거래는 옛날에는 주로 상품의 생산과 무역을 위하여 이루어졌다. 그러나 최근에는 '돈 놓고 돈 먹기' 하는 식의 금융거래가 대부분이다. 국제무역을 위한 금융거래는 연 18조 원(2004년)이나, 매일매일 투기목적으로 이루어지는 금융거래 총액은 2조 원이 넘는다. 불과 10일이 안되는 사이 무역거래에 필요한 돈이 거래된다. 그러므로 세계금융시장을 '국제금융카지노' 라고 하는 사람도 있다.

㉯ 무역을 하지 않고는 살아갈 수가 없다

무역은 왜 하는가? 첫째, 한국에 없거나 있어도 부족한 자원, 기술, 제품을 조달할 수 있게 한다. 우리가 많이 먹는 콩나물, 간장, 된장의 원료인 콩은 거의 모두 수입품이다. 빵과 토스트, 라면에 사용되는 밀, 학생들의 책상이나 의자의 원료인 원목, 그리고 책, 노트, 신문지 등의 원료도 수입품이다. 옷이나 신발의 원료인 원면이나 생고무는 물론 국산자동차에 들어가는 철, 차를 달리게 하는 기름 모두 수입품이다. 한국은 석유는 전량, 공업화에 필요한 금, 은, 동, 철, 주석 등은 대부분, 식량은 소비량의 4분의 3 정도를 수입해야 한다. 식량의 자급률은 2003년 현재 27%에 불과하다. 한국은 자연자원빈국(natural resource-poor countries)이다. 따라서 수입품 없이는 살아갈 수 없게 되어 있다. 많은 자원수입에 필요한 외화를 버는 길은 국제무역이다. 선진기술이나 기계장비 등의 수입에 필요한 외화를 버는 길도 국제무역이다. 이처럼 한국인에게는 국제무역과 외화수입이 절대적이다.

한국은 1950년대에는 주로 농산물, 그리고 1960년대부터는 공산품을 수출하기 시작했다. 그러나 지금은 서비스(금융서비스, 수송서비스, 관광서비스 등) 수출이나 해외직접투자도 많이 한다. 해외에서 자원을 수입하여 이를 가공한 제품을 다시 수출하여 자원수입에 필요한 외화를 조달하는 것을 가공무역이라고 하는데, 이는 한국인의 생존에 긴요하다. 그러나 우리의 살길은 오로지 가공무역이라고 하는 것은 잘못이다. 한국인들은 이미 시베리아에서 콩을 재배하여 수입한다. 일본인들은 미국 농장을 사서 소를 키운다. 미국에서 소치는 일본 젊은이를 '사무라이 카우보이'라고 할 정도이다. 일본인들은 인도네시아에서 진주를 양식하여 다른 나라에 수출도 한다. 지금은 한국기업들이 자연자원이 있는 나라에 가서 그 곳 자원을 사용하여 제품을 만들거나 직접 제 3 국으로 수출하여 외화를 벌 수도 있다. 그리고 그 곳에서 만든 제품을 한국이나 제 3 국으로 수출하여 외화를 벌기도 한다. 그러므로 한국의 살길은 오로지 가공무역이라고 하는 말은 잘 맞지 않는다.

둘째, 무역하는 나라들에게 서로 잘 할 수 있는 것을 생산하여 교환할 수 있게 함으로써 모두에게 도움이 되도록 한다. 예를 들면, 한국은 비교적 잘 생산할 수 있는 반도체, 조선, 자동차, 철강제품 등을 만들어 수출하고, 잘 생산할 수 없는 목화, 생고무, 소맥, 대두 등은 수입함으로써 이 모든 것을 다같이 생산하는 경우보다 득을 본다.

셋째, 무역은 반도체, 자동차, 조선 등의 산업에서 보는 바와 같이 전 세계 시장을 대상으로 하기 때문에 '규모의 경제'의 이점을 누릴 수 있다. 무역의 증가는 소득증가 → 저축증가 → 투자증가 → 소득증가 등의 선순환(善循環)으로 이어진다.

넷째, 무역은 국민들로 하여금 국산품뿐만 아니라 외제품 등 다양한 제품을 소비할 수 있게 만든다.

다섯째, 국제무역은 한국의 기업경영인, 근로자 및 국민들로 하여금 글로벌수준(GS: Global Standard)이 얼마나 높은가를 알게 하고, 또한 이 수준에 맞게 생산활동을 하도록, 보이는 또는 보이지 않는 압력을 받게 만든다. 이것이 국제무역의 역동적 이득으로서 가장 큰 이득이다.

여섯째, 국제무역은 정부정책 담당자들로 하여금 외국의 경제정책을 알도록 함으로써 정책의 질을 높일 수 있게 한다.

일곱째, 외국에 진출하여 합작투자나 직접투자를 하는 경우에는 국제협력, 문화교류 및 경제외교를 촉진한다. 한국은 중국, 일본, 러시아 및 미국에 우리 기업을 많이 진출시키고, 또한 이들 4대 강국 기업들을 국내에 유치함으로써 국가안보를 튼튼하게 할 수 있다.

여덟째, 정보화시대에 세계의 경제 및 기술정보 수집을 촉진한다.

아홉째, 미국, 일본 등은 세계 금융시장에서 '돈 장사'를 통해서도 돈벌이를 한다.

이러한 무역의 역할로 말미암아 대외지향적 전략을 편 한국 등 동아시아국가들은 대내지향적 정책을 편 남미 여러 나라보다 더 많은 경제성장을 할 수 있었다.

다 국제무역의 결정요인

국제무역에 영향을 미치는 요인은 무엇인가? 다음과 같은 것을 들 수 있다.

- 상품의 국내가격과 국제가격
- 환　　율
- 국산품과 수입품에 대한 국민의 선호도
- 상품의 수송비
- 국민의 소득
- 국제무역에 대한 정부의 정책
- 기타, WTO제도 등

라 국제수지

경상수지. 앞서 말한 요인들이 변화하면 국제무역은 변화한다. 국제거래는 두 가지로 나누어 볼 수 있다. 첫째는 경상거래이며, 둘째는 금융시장에서의 자본거래이다. 경상거래는 상품, 서비스, 소득 및 경상이전 거래의 4가지를 포함한다. 상품의 경우 수출과 수입의 차이를 순수출이라고 한다. 상품 중 재화의 순수출을 무역수지라고도 한다. 순수출이 플러스이면 무역수지는 흑자이고 마이너스이면 적자이며 제로이면 균형을 의미한다. 서비스의 수출과 수입을 나타내는 것은 무역외수지이다. 한국의 부모

[표 13. 1] 한국의 외채

	1991년	1997년	2005년
1. 총　외　채	$391억	$1,742억	$1,873억
2. 대　외　자　산	272	1,061	2,984
그 중 외환보유고	137	89	2,067
3. 순　외　채(1 - 2)	119	681	-1,111

자료: 재정경제부, 「월간경제동향」, 2000. 12.

가 미국에 유학간 자녀에게 보내는 학비나, 미국의 종교단체가 한국의 종교기관에 기부금으로 보내는 돈은 이전지출이다. 이런 돈의 수입과 지출을 나타내는 것은 경상이전수지이다. 상품수지, 서비스수지, 소득수지 및 경상이전수지를 합한 것을 경상수지라고 한다.

자본의 거래. 미국사람들이 현대자동차를 살 수 있고 현대자동차 주식을 살 수도 있다. 자동차를 사는 것은 상품거래이고 주식을 사는 것은 자본거래이다. 그리고 미국사람들이 직접 우리 나라의 공장을 건설할 수도 있는데 이런 것은 해외직접투자(FDI)라고 한다.

해외투자에는 두 가지 형식이 있다. 예를 들어 삼성전자가 미국에 공장을 건설하는 것은 FDI이고, 미국회사의 주식을 사는 것은 해외포트폴리오투자이다. 삼성전자는 FDI를 통해서 직접 경영에 참여할 수도 있으나, 주식을 소유하여 경영에 영향을 미칠 수도 있다. 이는 모두 한국인의 해외자산 구매이다. 한국인의 해외자산 구매와 외국인의 한국자산 구매의 차이를 순해외투자(NFI)라고 한다. 그럼 순해외투자는 무엇에 의하여 결정되는가? 다음의 네 가지이다.

· 국내자산에서 발생하는 실질이자
· 해외자산에서 발생하는 실질이자
· 해외자산 보유와 관련된 경제적 및 정치적 이익
· 한국인의 한국자산 소유에 관한 한국정부의 정책

최근에 동남아 위기에서 잘 나타난 바와 같이 조지 소로스와 같은 해외의 펀드매니저들은 항상 태국 주식을 사느냐, 한국이나 홍콩, 대만의 주식을 사느냐 등을 따진다. 한국기업이 해외에 공장을 건설할 때에는 한국인의 순해외투자가 증가하고, 한국인이나 기업인이 해외주식을 살 때에도 순해외투자는 증가한다. 한국이 미국에 물건을 팔면 한국의 순수출이 증가한다. 그리고 미국은 한국에 달러를 보내야 하므로 한국의 순해외투자가 증가한다. 순수출은 상품의 흐름이고 순해외투자는 자본의 흐름이므로 양자는 동전의 양면과 같다. 그러므로 순수출은 항상 순해외투자와 같게 된다.

저축과 투자와 순해외투자. 한국인이 국제거래를 하지 않는 경우에는 국내저축은 국내투자에 사용된다. 그러나 국내저축을 해외투자에 사용할 수도 있다. 그러므로 저축 = 국내투자 + 순해외투자가 된다. 미국의 경우는 국내저축이 적었는데 국내투자는 많았다. 그 차이는 순해외투자로 메워진 것이다. 그러므로 국민의 저축이 많게 되면 국내투자가 많게 되고 남는 돈은 순해외투자에 사용된다. 즉, 한국인이 저축한 것은 국내자본형성뿐만 아니라 해외자산 구매에 사용된다. 그러나 한국인의 저축이 적은 상태에서 국내자본형성을 많이 해야 된다면, 해외의 돈이 국내자산 구매에 사용된다.

마 환율은 어떻게 결정되는가?

달러에 대한 수요. 환율, 가령 한국 원화로 표시한 미국 달러화(貨)의 가격은 어떻게 결정되는가? 한국은 현재 변동환율제도(flexible or floating exchange rate)를 채택하고 있는데, 이 제도하에서는 정부가 달러의 수요와 공급에 개입하지 않으므로 우리 돈으로 표시되는 달러의 가격은 사과나 컴퓨터의 가격과 마찬가지로 그 수요와 공급에 의하여 결정된다. 그렇다면 달러의 수요를 초래하는 요인은 무엇인가? 이는 다음과 같이 나눌 수 있다.

1) 경상거래를 위한 수요

- 미국 재화(컴퓨터, 책, 전자통신 장비나 부품 등)의 구입
- 한국이 자동차를 미국에 수출하면 자동차는 미국으로 가고 반대로 미국돈은 한국으로 온다. 미국에서 고성능 컴퓨터를 수입하면 컴퓨터는 한국으로 오고 달러는 미국으로 간다. 이와 같이 국제무역에서 상품과 돈은 반대방향으로 움직인다. 그런데 상품이 움직이는 데에는 한국돈과 미국돈도 교환되어야 하는데, 상품의 수출입은 돈의 교환비율, 곧 환율의 영향을 받기도 하고 주기도 한다.

외환관계 주요용어

기축(基軸)통화(key currency). 미국 달러와 같이 국제금융거래나 결제에 기축(중심)이 되는 통화이다. 국제통화라고도 한다. 기축통화의 조건은 ① 안정된 가치, ② 국제통화로서의 기능(국제간의 교환의 매개수단, 지불의 수단, 가치의 저장수단 등), ③ 수요와 공급의 원활성, ④ 기축통화 발행국의 세계적인 금융노하우와 금융제도의 보유 등이다.

외환(foreign exchange). 외화(외국의 화폐, foreign currency)나 외화를 청구할 수 있는 외화표시 예금, 수표, 약속어음 등으로서 외환시장에서 거래대상이 되는 것.

평가절하와 절상. 고정환율제도하에서 정부가 예를 들어 1달러당 1,200원에서 1,400원 등으로 원화가치를 하락시키는 것을 평가절하(devaluation), 반대로 1,000원 등으로 원화가치를 상승시키는 것을 평가절상(revaluation)이라고 한다. 그러나 변동환율제도하에서 원화가치의 하락은 환율상승 또는 원화의 절하(depreciation), 반대로 원화가치의 상승은 환률하락 또는 원화의 절상(appreciation)이라고 한다. 그리고 달러에 대한 원화의 절하는 원화에 대한 달러의 절상 그리고 원화의 절상은 달러의 절하를 의미한다.

환율(exchange rate)의 표시방법. 환율이란 외국돈 한 단위를 사기 위하여 자국 돈으로 지불하는 가격이다. 한 나라의 돈과 다른 나라 돈간의 교환비율이라고도 한다. US$1 = ₩1,000으로 표시하는 것은 지급환율 또는 자국통화표시 환율이고, ₩1 = $0.001로 표시하는 것은 외국통화표시환율이다. 미국 달러가 세계기축통화이므로 일반적으로 US$1 = ₩1,200, US$1 = ¥115, US$1 = DM1.6 등으로 미국 달러 중심으로 표시하는 경우가 많다.

- 미국 서비스(미국 관광, 미국 선박이나 항공기를 이용한 제품의 수송, 미국 보험회사의 이용, 미국 기술자 초청 등)의 구입
- 이전지출(미국에 있는 가족에 대한 송금, 종교단체에 대한 송금 등)

2) 자본거래를 위한 수요

· 금융자산(미국 회사의 주식이나 정부발행 국채 등)의 구입

· 실물자산(미국내에 한국 기업 공장의 건설 등)의 구입

한국의 개인기업 및 정부가 미국 달러를 수요하는 이유는 크게 경상거래를 위한 것과 자본거래를 위한 것의 둘로 나눌 수 있다. 경상거래를 위한 수요는 재화의 구입, 서비스의 구입 및 이전지출의 세 가지이고, 자본거래를 위한 수요는 금융자산 및 실물자산 취득을 위한 것의 둘로 나눌 수 있다. 그런데 달러에 대한 수요는 상품과 자산의 구매를 위한 수요 이외에도 다음과 같은 것이 더 있다. 그 이유는 달러가 세계의 기축통화이기 때문이다.

3) 국제교환의 매개수단으로서의 수요

달러는 세계의 기축통화(key currency), 즉 어느 나라의 개인, 기업, 금융기관 및 정부를 막론하고 통용되는 화폐이다. 따라서 한국의 경제주체(개인, 기업, 금융기관, 정부 등)은 달러를 '국제교환의 매개수단'으로서도 수요한다. 정부가 외화예금이란 제도를 통하여 개인이나 기업이 갖고 있는 달러를 은행에 예치토록 하는 것은 한국의 경제주체들이 달러를 이 목적으로 보유하고 있음을 알고 있기 때문이다. 얼마 전 미국의 중앙은행을 방문하여 달러의 총발행액 중 외국에서 통행되는 비중을 물었더니, 어느 임원은 당시 달러 발행 총액 3,700억 달러 중 약 3,000억 달러가 미국 아닌 다른 나라에서 통용되고 있고 미국 내에서 유통되는 화폐는 700억 달러에 불과하다는 것이었다. 해외에서 통용되는 달러 중 상당 부분이 국제적인 매개수단의 기능을 할 것으로 보인다.

4) 지급준비 화폐로서의 수요

전세계의 수많은 기업, 금융기관 및 정부는 마치 개인이 저축예금을 갖듯이 달러를 지급준비금으로 보유하고 있다. 한국도 외환보유액을 달러로 갖고 있다. 다른 나라도 마찬가지이다. 많은 나라들이 외환보유고를

일본 엔화나 독일 마르크화로도 보유할 수 있으며, 이를 달러화로 바꿀 수 있다. 그렇게 되면 달러에 대한 수요는 증가하게 되는 것이다.

달러의 공급. 그럼 달러의 공급원은 무엇인가? 이는 앞의 예를 역으로 미국의 개인이나 기업의 입장에서 원화, 곧 한국돈에 대한 수요를 보면 된다. 즉, 미국인이 한국의 재화, 서비스, 금융자산, 실물자산 등을 사려고 하는 것은 원화에 대한 수요인데, 원화에 대한 수요는 곧 달러의 공급을 의미한다.

환율의 결정. 그러므로 달러의 가격은 한국의 개인이나 기업의 미국상품(재화와 서비스) 및 자산의 구입을 위한 달러의 수요와, 미국의 개인이나 기업의 한국상품(재화와 서비스)과 자산의 구입을 위한 달러의 공급에 의하여 결정된다.

환율은 외국돈의 가격이다. 미국돈 1달러에 1,200원이라고 할 때에는 1달러의 값이 1,200원이라는 뜻이며 이는 미국돈의 값이다. 1달러에 1,200원 또는 1원에 1,200분의 1달러와 같이 표시할 수도 있으나, 보통 1달러를 1,200원 등으로 표시한다. 우리돈과 미국돈의 환율은 이렇게 쉽게 표시하지만 우리돈과 미국돈, 일본돈, 프랑스돈, 독일돈 등 여러 가지 돈간의 환율을 표시할 때에는 환율지수를 사용한다. 이는 마찬가지로 여러 가지의 가격을 지수로 나타내는 물가지수와 같다.

1달러당 1,200원과 같은 표시로 하는 환율을 명목환율이라고 한다. 만약 일제 볼펜값이 한국 볼펜값의 2배이면 한국 볼펜 두 개당 일본 볼펜 한 개 꼴인데, 이와 같이 한 나라의 상품을 다른 나라의 상품과 직접 교환하는 비율을 실질환율이라고 한다. 명목환율은 금액으로 표시되고 실질환율은 국산품 단위당 수입품 단위로 표시한다. 그런데 명목환율과 실질환율은 긴밀하게 연결되어 있다.

가령 구두 한 켤레가 한국에서는 4만 8천 원이고 미국에서는 80달러에 팔린다고 하면 실질환율은 얼마인가? 명목환율은 1달러당 1,200원이므로 우선 국내가격을 명목환율로 바꾸어 놓으면 4만 8천 원은 40달러이다. 그러므로 40달러를 80달러로 나누면 2분의 1이니까 실질환율은 2분의 1이다. 즉, 한국 구두 한 켤레당 미국 구두는 반 켤레라는 것이다. 그러므로 실질환율이라는 것은 '명목환율(외국통화표시환율) × 국내가격 ÷ 해외가격'이다. 그런데 왜 실질환율을 따지는가? 수출과 수입의 결정요인이 되기 때문이다. 그럼 지금부터 실질환율이 어떻게 되는가 살펴보기로 하자.

가장 단순한 환율결정이론에는 구매력평가환율이론이 있다. 이는 일물일가의 법칙에 근거하고 있다. 예를 들어 볼펜 하나의 값이 인천에서는 1,000원, 춘천에서는 500원이라고 하면 볼펜을 춘천에서 사서 인천에 팔면 이익이 되므로 두 곳의 볼펜값이 같을 때까지 거래가 일어난다. 이는 국내거래의 경우이다. 국제거래의 경우에도 가령 서울의 볼펜값은 500원이고 일본 도쿄의 볼펜값은 1,000원이면 서울에서 볼펜을 사서 일본에 팔면 이익이 된다. 거래는 서울과 도쿄의 볼펜값이 같을 때까지 이루어질 것이므로 일본과 한국의 볼펜값은 같게 된다는 것이다. 돈 1,000원으로 살 수 있는 볼펜값은 국내 어디에서나 같을 수밖에 없다. 국가간에도 같을 수밖에 없다는 것이 구매력평가환율의 근거이다. 따라서 명목환율은 이 두 나라의 물가수준에 의존하게 된다. 예를 들어 볼펜값이 미국에서는 1달러이고 한국에서는 1,200원이면 1달러는 1,200원인데 이는 명목환율이다. 그러므로 1,200원으로 국내에서 살 수 있는 볼펜은 미국에서는 1달러로 살 수 있다는 것이다.

여기에서 구매력평가설의 의미는 무엇인가? 한국과 미국간의 물가 차이를 반영한다는 것이다. 그러므로 물가가 변하면 명목환율이 변한다. 물가는 무엇에 의해서 변하는가? 물가의 중요한 결정요인의 하나는 통화량이다. 국내통화량이 많아지면 물가가 올라가고, 국내물가가 올라간다는 것은 명목환율이 변경된다는 것이다. 그러므로 한국의 인플레가 미국의 인플레보다 높게 되면 원화의 가치는 절하된다. 그 반대가 되면 원화의 가치는 절상된다.

달러의 수요곡선은 [그림 13. 1]에 나타난 바와 같이 우하향형이다. 그 이유는 무엇인가? 달러값이 올라가면, 즉 환율이 1달러당 1,200원에서 1,500원으로 올라가면 미국상품의 가격이 비싸게 되어 구입량을 줄이게 되므로 달러에 대한 수요량이 감소한다. 반대로 달러의 가격이 1,200원에서 1,000원으로 떨어지면 미국상품의 가격이 싸게 되어 그 구매량을 늘리

[그림 13. 1] 환율의 결정

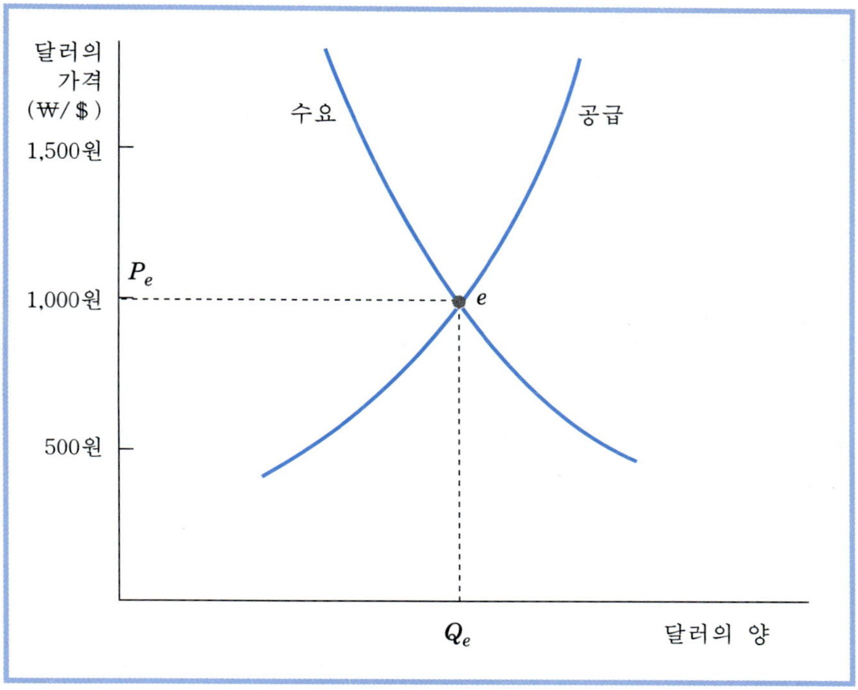

게 되므로 달러의 수요량은 증가한다. 그러므로 달러의 가격과 달러에 대한 수요량을 그림으로 그리면 [그림 13. 1]에 있는 달러수요곡선이 된다. 그런데 [그림 13. 1]에서 달러의 가격을 나타내는 세로축에서 위로 올라갈수록 환율의 상승(원화의 절하 = 달러의 절상)을, 반대로 아래로 내려갈수록 환율의 하락(원화의 절상 = 달러의 절하)을 나타낸다.

달러의 공급곡선은 어떠한가? 환율이 상승할수록, 즉 1달러의 가격이 가령 1,200원에서 1,500원 등으로 올라갈수록 미국인으로 볼 때는 한국상품의 가격이 싸게 되므로 한국상품을 더 많이 사게 되는데, 이는 달러 공급량의 증가를 의미한다. 반대로 환율이 1달러당 1,200원에서 가령 1,000원으로 떨어지면 미국인으로 볼 때 한국상품의 가격이 비싸게 되어 한국상품을 덜 사게 되므로 달러의 공급량은 감소한다. 그러므로 달러의 공급곡선은 [그림 13. 1]에서와 같이 우상향형이 된다.

환율은 [그림 13. 1]에서와 같이 수요와 공급이 일치하는 수준(e)에서 결정된다. 만약 환율이 이 수준보다 낮게 되면 달러의 수요량이 공급량을 초과하게 되어 달러의 가격은 균형수준으로 회복된다. 반대로 환율의 균형수준보다 높으면 달러의 수요량보다 공급량이 많게 되므로 달러의 가격은 떨어지게 된다.

바 환율의 단기, 중기 및 장기적 변동요인

앞에서 환율, 즉 달러의 가격도 사과나 옷의 가격과 같이 수요와 공급에 의해서 결정된다는 사실을 알았다. 그럼 무엇이 환율을 변동하게 만드는가? 달러의 수요와 공급의 변화가 환율의 변화를 일으킨다. 그럼 수요와 공급은 왜 변화하는가? 다음과 같은 수요와 공급의 결정요인이 변화할 때 변화한다. 그럼 이들 요인에는 어떤 것들이 있는가? 여기에서는 이해를 쉽게 하기 위하여 미국 달러와 한국 원화간 환율의 예를 보기로 한다.

1) 미국과 한국의 소득(상대소득)의 변화

한국의 국민소득이 미국보다 더 빨리 증가할 때는 미국으로부터 수입이 많게 되므로 달러에 대한 수요가 늘어난다. 그러므로 달러의 가격, 곧 환율이 상승된다. 일반적으로 한국의 경제성장률이 미국이나 일본보다 빠르게 되면 달러환율과 엔화환율 모두 상승하게 된다. 바꾸어 말하면 달러나 엔화에 대한 우리돈의 가치가 상대적으로 절하된다.

2) 미국과 한국의 물가수준의 변화

한국의 물가상승률이 미국보다 더 높게 되면 한국의 돈값은 달러에 비하여 떨어진다. 그러므로 미국 달러의 값, 곧 환율은 올라간다. 1997년 외환위기 때도 알 수 있었듯이 환율의 변화는 모든 물가와 깊은 관계가 있다. 환율의 상승은 모든 수입물가의 상승을 통하여 전반적인 물가수준에 영향을 미친다.

3) 미국과 한국의 이자율의 변화

1980년대 초 미국의 실질이자율(=명목이자율-인플레율)이 높게 되자 전세계에서 수많은 개인과 기업들이 자기 나라의 돈을 미국돈과 바꾸어 미국 금융기관에 예금을 하려고 하였다. 이에 따라 미국의 달러값이 치솟았다. 1997년 IMF가 한국에 구제금융을 주면서 한국에 달러가 많이 들어오도록 한 조치 중의 하나는 이자율을 크게 높이고 인플레율은 6%로 안정시킴으로써 실질이자율을 높게 하는 것이었다.

4) 기호의 변화

미국여행이나 미국유학, 그리고 미제 커피 및 햄버거의 소비 등 달러에 대한 수요가 늘어나면 달러가격이 상승한다. 그리고 일제 카메라나 전자제품을 좋아하게 되면 엔화의 값이 올라가게 된다. 1997년 외환위기로 국민들이 외제상품에 등을 돌리기 시작하자 고급 외제상품 판매가게들이 문을 닫기 시작하고, 외화에 대한 수요도 급감했다.

5) 기대심리와 투기

한국경제가 미국경제보다 더 빨리 성장하고 한국의 인플레가 미국의 인플레보다 더 빨리 진행될 것이 예상되면 달러값이 상승할 것이므로 달러에 대한 수요가 증가할 것이다. 한국에 돈을 빌려 주었던 외국은행들이 한국의 부도사태가 임박한 것으로 판단해서 한국으로부터 달러를 빼내기 시작하자 달러값은 900원대에서 한때 2,000원까지 급등한 적이 있었다. 당시 국민들도 달러값이 1,000원을 넘어서자 더 오른다고 예상하여 가지고 있던 달러를 팔지 않았다. 그러나 반대로 달러의 가격이 2,000원 수준이 되자 떨어질 것으로 예상하여 가지고 있던 달러를 많이 팔았다. 전세계에는 금융투자 펀드가 수없이 많다. 펀드마다 투기꾼들이 수없이 많이 있다. 이들이 멕시코에 들어갔다가 나오기 시작하자 멕시코의 외환위기는 크게 악화되었다. 말레이시아의 마하티르 수상은 말레이시아의 최근의 금융위기는 국제투기꾼들 때문에 발생했다고 비난한 바 있다.

6) 구조적 요인의 변화

구조적 요인이란 신상품의 개발, 비용구조의 변화 등 비교우위에 영향을 미치는 요인을 모두 포함한다. 예를 들면, 알프레드 챈들러 하버드 경영대 교수는 많은 미국 경영학자들이 1980년대 말까지는 미국이 일본과의 경제전쟁에서 패한 것으로 판단했는데, 1990년에 접어들어 미국경제가 일본경제를 여러 면에서 앞지르게 되었다는 것이다. 그 이유는 미국의 기업들이 정보통신기술을 경영학자들의 예상과는 달리 놀라울 정도로 빨리 혁신하여 신제품을 많이 발명했기 때문이라고 지적했다. 때문에 미국은 인텔, 휴렛팩커드, 마이크로소프트 등의 기업경쟁력이 높아지고 이들 첨단제품의 수출이 많아져서 미국달러의 값이 상대적으로 상승했다는 것이다. 미국은 급속한 기술의 발전으로 말미암아 첨단제품을 많이 발명한다. 그리고 이런 것은 각종 전자제품이나 통신장비의 신제품이나 부품이 되는 경우가 많으므로 한국은 이를 수입하지 않으면 안 된다. 이에 따라 달러에 대한 수요가 증가한다. 그런데 이와 같은 달러가격의 결정요인을 단기, 중기 및 장기로 나누어 볼 수 있다.

· 이자율과 단기적인 환율변동. 핫머니(hot money)는 주로 투기를 목적으로 국가간을 빠르게 이동하는 불안정한 단기자금이다. 한국의 금융시장은 앞으로 선진국수준으로 개방된다. 전세계에 몇 조 달러나 되는 이 핫머니는 세계적인 은행, 다국적기업, 투자신탁회사 및 돈 많은 개인들이 운영한다. 따라서 한국의 실질 금리가 높게 되면 이들 자금이 유입된다. 이는 달러공급의 증가를 의미하므로 달러의 가격은 떨어지게 된다. 한국의 인플레가 심해서 실질금리가 낮아지게 되면 한국에 들어왔던 단기성 투기자금은 해외로 빠져나가게 된다. 이는 달러공급의 감소와 달러가격의 상승을 의미한다. 앞으로 금융시장과 경제개방에 따라서 이자율이 환율에 미치는 영향은 증가할 것으로 보인다.

· 소득의 변화와 중기적인 환율변동. 중기적으로 볼 때 미국의 경기상승으로 미국국민의 소득이 증가할 때에는 한국으로부터 수입을

많이 한다. 즉, 한국의 수출이 많이 되기 때문에 달러공급이 증가한다. 반대로 한국의 경기가 좋을 때에는 미국으로부터 수입이 많이 되어 달러의 수요가 늘어나고, 달러의 가격은 상승한다. 즉, 원화는 절하된다. 이와 같이 중기적으로는 경기, 즉 소득의 변화가 환율에 큰 영향을 미친다. 경제성장이 교역상대국보다 빨리 되는 나라의 돈값은 교역상대국의 돈값보다 떨어지게 된다. 그러므로 '강한 돈'이 '강한 경제'를 나타낸다는 말은 중기적으로는 옳지 않다.

· 물가와 장기적인 환율의 변동. 환율은 장기적으로는 국가간의 물가수준(또는 화폐의 구매력)의 차이에 따라서 결정되는 것이다. 환율이 이렇게 결정된다는 이론을 환율결정의 구매력평가(PPP: purchasing power parity)이론 이라고 한다. 예를 들어, 철강 1톤의 가격이 미국에서는 200달러이고 한국에서는 24만 원이면 환율은 1달러당 1,200원(₩/$ =1,200)이 된다. 그런데 환율이 1달러당 1,000원으로 하락하면 어떻게 될까? 한국의 철강 1톤의 값은 240달러로 상승한다. 그러므로 철강을 미국에서 사서 한국에 팔면 이익이 된다. 이런 행위가 계속되면 철강 1톤의 값은 국제수송비가 없다고 가정할 때 미국이나 한국에서 똑같게 된다.

환율결정의 구매력평가이론은 일물일가의 원칙에 근거를 두고 있다. 즉, 철강 1톤의 값은 미국이나 한국에서 같게 되므로 하나의 가격이 된다는 것이다. 쉬운 예로 철강 1톤의 가격이 포항에서는 24만 원이고 인천에서는 30만 원이라면, 철강을 포항에서 사서 인천에서 팔면 이익이 되므로 이를 계속하게 되어 결국에는 값이 두 곳에서 같게 된다는 것이나 마찬가지이다. 지역간 또는 국가간의 가격 차이 때문에 발생하는 거래를 중재(또는 재정, arbitrage)거래라고 한다.

구매력평가이론은 장기적인 물가상승이 환율에 어떤 영향을 미치는가를 예상할 수 있다. 예를 들어 앞으로 10년간 물가상승률이 한국은 110%이고 미국은 50%라고 하면 앞의 철강의 경우 환율은 어떻게 변하게 되는가? 철강 1톤 가격은 미국에서는 300달러(= $200 × 1.5), 그리고 한국에서는 50.4만 원(= ₩24만 × 2.1)이 되므로 환율은 1달러당 1,680원(= 50.4

만 ÷ 300)으로 상승한다.

이와 같이 구매력평가이론에 따르면 국가간의 인플레율의 차이에 따른 화폐의 구매력의 차이가 환율변동의 주요인이 된다는 것이다. 인플레율이 높은 나라의 돈의 가치는 낮은 나라의 돈의 가치에 비하여 떨어진다는 것이다. 이 이론은 다음과 같은 특성이 있다.

· 환율은 교역재(tradable goods), 예를 들면 철강, 곡물 등의 경우에는 잘 적용된다. 그러나 이발서비스, 전통음식, 전통문화재, 벽돌 등 비교역재(non-tradable goods)의 구매력을 잘 반영하지 못한다.
· 아주 장기간에 걸친 물가변동과 환율간의 관계는 비교적 잘 설명한다. 그러나 단기적인 환율변동은 잘 설명하지 못한다.
· 재화와 서비스에 치중하며 국제간의 금융자산의 거래나 해외직접투자와 관련된 환율의 결정과정을 도외시한다.
· 국제간 이동의 어려움, 정보의 불완전성, 보호정책 등으로 인하여 환율은 많은 상품의 구매력을 잘 반영하지 못하고 있다.
· 금융적 현상에 따른 구매력 변화나 인플레가 심한 경우에는 유용성이 크나 주요한 경제구조조정과 관련된 환율변동은 설명하지 못한다.

사 환율이 총수요와 총공급에 미치는 영향

환율이 상승하면 수출이 증가하고 수입이 감소하므로 순수출이 증가한다. 이에 따라 총수요는 증가한다. 반대로 환율이 하락하면 순수출은 감소한다. 환율이 상승하면 한국은 석유, 식량, 광물 등을 수입하므로 이들 물자의 가격이 올라간다. 그러므로 한국의 기업들은 생산물의 가격을 인상하지 않을 수 없다. 이는 총공급곡선이 좌측으로 이동함을 의미한다. 그러므로 한국의 생산물의 가격을 상승시킨다. 반대로 환율의 하락은 수입품 가격의 하락을 의미하므로 총공급곡선을 우측으로 이동시킨다.

그런데 환율의 상승은 총수요곡선과 총공급곡선에 의해서 나타나지 않는 인플레의 추가효과가 있다. 그 이유는 수입품의 가격이 상승하는데 소비재 수입품의 가격이 상승하면 이는 총수요·총공급곡선에는 나타나지 않으나 우리 나라의 소비자물가지수에 포함이 되므로 소비자물가지수를 상승시킨다. 환율이 총수요와 총공급에 미치는 영향을 다같이 감안하면 어떻게 되는가? 환율의 상승 곧 달러의 가격이 1,000원에서 1,200원으로 올라갈 때에 그 영향은 총수요에 미치는 영향이 총공급에 미치는 영향보다 크게 되는 것이 보통이다. 그러므로 물가는 상승하나 생산도 증가하게 된다.

이자율의 변동은 어떠한 영향을 미치는가? 한국의 물가와 국민총생산에 국제무역뿐만 아니라 자본이동도 많은 영향을 미친다. 그러므로 이자율에 따른 자본이동이 생산과 물가에 미치는 영향을 잘 알아야 한다. 만약 한국의 이자율이 크게 상승하면 어떻게 되는가? 가령, 한국의 채권이자율이 높게 되면 외국의 자본이 많이 유입된다. 달러가 많아짐에 따라서 달러값이 떨어지고 원화값이 올라간다. 따라서 환율이 하락하게 된다. 이는 수출 감소와 수입의 증가를 초래하므로 순수출의 하락을 의미한다. 순수출의 하락은 총수요의 감소를 통해서 물가와 총생산을 감소시킨다. 뿐만 아니라 한국 이자율의 상승은 투자를 감소시킴으로 말미암아 총수요를 감소시키고 이에 따라 국민총생산과 물가는 감소하게 된다. 이자율의 하락은 반대의 효과를 나타낸다.

재정정책의 영향은 어떠한가? 재정확장정책의 예를 보자. 재정확장정책은 정부의 지출을 증가시키므로 총수요의 증가를 통해서 국민총생산의 증가와 물가상승으로 나타난다. 그러나 주의할 것은 재정확장정책은 국민총생산과 물가를 하락시키는 면도 있다는 점을 잘 알아야 한다. 지금부터 그 이유를 보기로 하자.

정부가 수입보다 지출을 늘리는 방법은 통화를 발행하거나 국채를 발행하는 것이다. 통화발행은 물가상승 때문에 하기가 어렵고 국채를 발행하는 경우를 보자. 국채를 발행하기 위해서는 이자율을 올려야 한다. 이자율의 상승은 외국자본의 국내유입을 의미하고 이는 한국돈값의 상승을 의미한다. 한국돈값의 상승은 환율의 하락을 의미하는데, 이는 수출의 감소와 수입의 증가로 나타나서 총수요를 감소시키게 되므로 국민총생산을 감소시키고 물가도 감소시킨다. 재정확장정책은 일견 우리 나라의 GNP를 크게 상승시키는 것으로 보이나 다른 면으로는 국민총생산의 감소효과도 있다는 사실을 잘 알아야 한다. 그러므로 재정정책에 따른 이자율의 상승과 외국자본의 국내유입은 재정정책의 효과를 감소시키게 된다.

통화정책의 영향은 어떠한가? 통화정책은 확장정책과 긴축정책으로 나누어 볼 수 있다. 우선 통화긴축정책을 보면, 통화긴축정책은 총수요감소를 통해서 GNP와 물가의 하락으로 나타난다. 또한 통화긴축정책은 이자율을 상승시키고 이는 외국자본의 국내유입을 증가시키므로 한국돈의 가치를 상승시킨다. 이는 환율의 하락으로 나타나는데 환율하락은 수출감소와 수입증가로 나타나서 총수요의 감소를 초래하므로 결과적으로 GNP를 감소시킨다. 반면 원화가치의 상승, 곧 환율의 하락은 수입물가를 감소시키므로 총공급을 우측으로 이동하게 된다. 그 결과 물가수준은 폐쇄경제의 경우보다 더 많이 떨어지게 된다. 그러므로 변동환율제도에서는 통화정책이 강화되고 재정정책은 약화되는데 그 이유는 이자율 때문이다.

ECONOMY

제 4 편

나라 전체 차원의 경제문제

14. 국가경제는 어떤 기준으로 평가하는가?
15. 나라 전체의 생산, 물가 및 고용은 어떻게 결정되는가?
16. 경제성장과 경제구조의 변화
17. 경제안정
18. 우리 나라에는 돈이 얼마나 많은가, 혹은 많아야 하는가?

ECONOMY

14. 국가경제는 어떤 기준으로 평가하는가?

가 근본경제문제와 평가기준

학생들이 공부를 얼마나 잘하는가는 성적표에 의하여 나타난다. 나라 전체 경제의 경우에도 성적을 평가하는 기준이 있다. 그럼 그 기준에는 어떤 것이 있는가? 근본경제문제는 앞서 말한 바와 같이 여섯 가지이므로 경제평가는 이들 문제가 얼마나 잘 해결되고 있는가를 평가하는 것이다. 여기서는 평가에 가장 일반적인 지표를 설명하기로 한다.

1) 경제성장

이의 평가기준에는 다음 세 가지가 많이 사용된다.

- 국민총생산 또는 국내총생산의 증가
- 1인당 GNI의 증가
- 노동생산성의 증가

세계은행은 「세계개발보고서」(2006)에서 각국의 경제규모를 평가하는 기준으로 GNI와 1인당 GNI를 사용했다. 국민총소득(GNI: Gross National income)은 한국의 모든 경제주체가 일정기간 국내외에서 생산한 재화와 서비스를 시장가격으로 평가한 다음 합산한 것이다. GNI는 국민경제의 크기를 나타내고 그 증가율은 경제성장률을 나타낸다. 국방력과 시장규모 등을 판단하는 기준도 된다. 국내총생산(GDP: Gross Domestic Product)은 한국인이 소유하건 외국인이 소유하든 간에 국내에 있는 생산요소를 사용하여 생산한 최종생산물을 시장가격으로 합산한 것이다. 그런데 GNI나 GDP는 경제 전체의 크기를 나타내는 것으로 인구의 크기를 나타내지는 않는다. 예를 들어, 한국과 인도의 GNI는 거의 비슷하다. 그러나 인구규모로 보면 인도는 한국의 22배가 넘는다. GDP는 국민 1인당 생산이나 소득의 성장을 나타내지 못한다. 그러므로 이를 위한 지표가 필요하다.

1인당 GNI. 국민 1인당 소득 및 평균생활수준을 나타내는 가장 좋은 지표는 GNI를 총인구로 나눈 1인당 GNI이다. 그 증가율은 생활수준의 향상을 나타낸다. 국민의 평균수명, 영양상태, 문맹자의 비율 심지어 질서의식까지 판단하는 데 유용한 지표도 된다. 예를 들어, 1980년대 초 한국과 말레이시아의 1인당 소득은 비슷했다. 당시 말레이시아 정부에서 일하던 어느 한국인은 한국과 말레이시아는 공무원의 봉급, 국민의 질서의식, 심지어 사람 속이는 방법까지 비슷하다고 한 바 있다. 어느 나라에 대해서 한 가지를 알면 열 가지를 알 수 있는데, 그 한 가지가 바로 1인당 GNI인 것이다.

노동생산성. 한국경제가 얼마나 생산적인가를 나타내는 지표는 GNI를 노동자의 총수 또는 총노동시간으로 나눈 것이다. 노동생산성은 국가경쟁력의 지표가 되며, 노동생산성의 증가는 국가경쟁력은 물론 국민생활수준 향상의 척도이기도 하다. 노동생산성이 얼마나 빨리 증가하는가가 장기적으로는 경제의 장래를 결정한다.

구매력 감안 1인당 GNI. 메콩강에서는 물고기 1톤의 가격이 2백 달러이고, 서울시내 어느 일식 집에서는 생선 한 마리의 가격이 2백 달러이다. 여러 가지 이유로 후진국의 물가는 선진국보다 싸게 되어 있다. 그러므로 후진국의 GNI는 과소평가되기 쉽다. 예를 들어 일본은 물가가 특히 비싼 나라이다. 일본 돈값은 공식환율로 한국 돈값의 10배나 된다. 그럼 일본 돈의 구매력도 한국돈의 구매력의 10배나 된다는 뜻인가? 그렇지 않다. 일본을 여행한 사람들 중에는 일본에서 100엔 주고 살 수 있는 물건을 한국에서는 100원을 주고 살 수 있다고 하는 사람도 있다. 그러므로 한국과 일본의 1인당 GNI를 구매력으로 환산하면 그 차이가 크게 줄어든다. 세계은행 통계에 따르면 일본의 1인당 GNI는 구매력으로 환산하지 않으면 한국의 1인당 GNI의 2.7배나 되나, 환산하면 1.5배에 불과하다([표 14. 1]). 구매력으로 환산한 1인당 GNI를 구매력 환산(PPP: Purchasing Power Parity) 1인당 GNI라고 한다.

[표 14. 1] 1인당 GNI(2004년)

	구매력을 감안하지 않을 때	구매력을 감안할 때
한 국	13,980 달러	20,400 달러
일 본	37,180	30,040
미 국	41,400	39,710
중 국	1,290	5,530

자료: 세계은행, 「세계개발보고서」, 2006.

2) 경제안정

경제안정은 이미 앞에서 말한 바와 같이 고용안정, 물가안정 및 국제수지안정의 세 가지로 나눌 수 있으므로 이를 나타내는 지표도 세 가지이다.

- 고용안정을 나타내는 지표는 실업률이다.
- 물가안정을 나타내는 대표적인 지표는 소비자물가지수(CPI: Consumer Price Index), 생산자물가지수(PPI: Producer Price Index) 및 GDP 물가지수(GDP deflator)의 세 가지이다. 이 중 국민 생활안정과 관련하여 가장 중요한 지표는 소비자 물가지수이다.

3) 능 률

한국경제가 얼마나 능률적인가를 나타내는 지표로서는 이미 앞서 말한 노동생산성, 1인당 GDP 등을 들 수 있다.

4) 소득분배

이를 나타내는 대표적인 지표는 지니계수(G: Gini coefficient)와 십분위분배율(DDR: Decile Distribution Ratio)이다. 십분위분배율은 소득이 낮은 40% 사람들의 소득을 소득이 높은 20% 사람들의 소득으로 나눈 숫자이다. 이는 제24장에서 설명된다.

5) 국제수지안정

이를 나타내는 지표에는 상품수지, 서비스수지, 소득수지, 경상이전수지, 그리고 이 네 가지를 합친 경상수지와 자본거래를 나타내는 자본수지 등이 있다. 이 중 많이 사용되는 것은 상품수지, 서비스수지, 경상수지, 자본수지 등이다.

6) 생활의 질

생활의 질을 나타내는 지표로서 대표적인 것은 인간개발지수(HDI)와 사회지표(SI: Social Indicators) 등이다. 경제사회 발전의 정도와 내용을 인간 중심으로 평가하기 위한 것은 인간개발지수이고, 인간의 경제사회생활의 여러 차원에서 자세하게 평가하기 위한 것은 사회지표이다.

나라경제 평가를 건강진단과 비교해 보자. 의사는 우선 혈압, 체온, 청진기 진찰 및 육안 관찰 등을 통하여 일반 건강상태를 평가한다. 필요하면 혈액검사, 소변검사, 엑스레이 촬영 등을 한다. 아주 자세하게 평가하려면 내시경검사, CT촬영, 뇌파검사 등 더 많은 지표를 사용하여 평가한다. 나라경제의 건강상태를 평가할 때도 마찬가지이다. GNI, 1인당 GNI, 물가지수, 실업률, 국제수지 등은 가장 일반적 지표이고 인간개발지수나 사회지표는 아주 자세한 지표이다. 국가경제의 평가기준에는 이외에도 외채, 돈의 양, 외환보유고, 저축률, 국가의 신용등급, 경기지표(종합주가지수, 공장가동률, 수출신용장내도액) 등을 들 수 있다. 최근에는 국가경쟁력의 중요성이 커지고 있다. 국가경쟁력을 나타내는 중요한 지표의 하나는 생산성이다. 한국의 생산성이 경쟁상대국의 생산성에 비하여 얼마나 빨리 증가하는가가 한국의 국가경쟁력을 나타낸다. 이미 앞서 말한 노동생산성이 중요한 지표가 된다.

㉯ GNP인가, GDP인가?

학생의 전과목 성적은 총점(수능시험성적 등)에 의해서 나타나듯이 국가의 경제성적은 국내총생산(GDP)에 의해서 나타난다. 그럼 국가가 생산한 것이 모두 얼마인가를 어떻게 아는가? 기업의 생산이 얼마인가는 전문회계사들이 '기업회계' 방식에 따라서 계산한다. 나라의 총생산은 경제전문가들이 '국민경제 계산체계(SNA)'라는 방법을 사용하여 계산한다. 국제연합은 1993년 GDP계산을 위한 신(新)SNA를 발표했는데, 한국은 이 방법을 따르고 있다. 지금부터 GDP의 뜻과 그 계산방법을 보기로 하자.

GNP와 GDP의 뜻. 한국인이 공급한 생산요소(노동, 자본, 토지, 기업가적 역량)에 의하여 생산된 최종 생산물은 국내에서 생산한 것이건 해외에서 생산한 것이건 간에 모두 시장가격으로 합산한 것이 GNP(국민총생산, Gross National Product)이다. 반대로 GDP란 생산요소를 한국인이 공급한 것이건 외국인이 공급한 것이건 간에 한국 영토 내에서 사용하여 생산한 최종 생산물을 시장가격으로 합산한 것이다. 한국의 GNP는 한국국민이 생산한 것이고, GDP는 한국 영토 내에서 생산된 것이다. GNP는 생산활동 주체의 국적, GDP는 생산활동의 위치를 기준으로 하여 작성된 개념이다. GDP에서 국내에 있는 외국 생산요소에게 지불할 요소소득을 빼고, 한국의 생산요소가 외국에 가서 받은 요소소득을 더하면 GNP가 된다. 한국의 2002년 GDP와 GNP간의 관계를 숫자적으로 표시하면 다음과 같다.

국내총생산(GDP)	684조원
+ 국외수취요소소득	9조원
− 국외지급요소소득	8조원
= 국민총생산(GNP)	685조원

즉, GDP에서 국외순수취요소소득(=국외수취요소소득 − 국외지급요소소

득)를 더한 것이 GNP이다. 여기서 GDP는 GDI(국내총소득), GNP는 GNI와 같다. 세계은행은 최근 GNP 대신 GNI를 사용하기 시작했다.

GNI와 GDP의 용도. 그럼 GDP와 GNI 중 어느 것을 경제지표로 많이 사용하는가? 세계은행은 소득수준과 경제규모의 국제비교에 있어서는 GNI를 주로 사용한다. 그러나 산업구조 및 구조비교를 위하여는 GDP를 사용한다. 국내경제 규모비교에 있어서는 GDP를 사용한다. 그런데 경제학자들 중에는 이 두 가지를 다같이 사용하는 사람도 있다. 그러나 국제연합은 1993년에 개정한 신SNA(신국민계정체계)에 따라서 각국에 국내생산활동 지표로 GDP의 사용을 권장한 바 있다. 한국은행은 1995년부터 경제성장의 중심지표를 GNP에서 GDP로 변경하여 발표하고 있다. 미국은 1991년, 독일은 1992년 그리고 일본은 1993년부터 GDP를 중심지표로 사용하고 있다. 그 이유는 무엇인가?

- 삼성전자 등 많은 한국기업들은 해외에서 생산활동을 하고 있고, 제너럴일렉트릭, 소니 등 많은 외국기업들은 한국에서 생산활동을 하고 있다. 그러므로 국내경기, 국내고용사정 및 국내경제성장 등을 판단하는 데는 GDP가 GNI보다 더 유용하다. 특히 미국처럼 무역의 상대적 비중이 낮고, 국내경제의 비중이 몹시 큰 나라에서는 GDP가 가장 중요한 경제지표가 된다.
- GDP는 국내총생산을 나타내고 GNI는 GDP에 국외순수취요소소득을 합친 것이다. 그러므로 국내 생산활동만을 보려고 하면 GDP가 더 유용하다.
- 많은 후진국의 경우는 국내생산요소의 국외진출이나 국외생산요소의 국내진출이 거의 없다. 그러므로 GDP는 GNI와 거의 같다. 이런 나라는 어느 것을 사용해도 무방하다.
- 분기나 반기 별로 나라의 생산활동 통계를 수집하는 데는 GDP가 GNI보다 편리하다.

한국은 해외에 진출한 한국의 생산요소가 많고 한국에 진출한 외국요소도 많다. 그러므로 GNI를 GDP와 같이 사용해야 한국이 요소소득 중 외국에서 받을 것과 외국에 줄 것을 파악할 수 있다.

국제연합은 1993년 개정한 신SNA에 따라서 각 나라에 소득지표로서 실질GNP 대신 실질GNI(Gross National Income, 국민총소득)개념을 사용할 것을 권장했다. 한국은 1999년부터 GNP 대신 GNI개념을 사용하고 있다. 그리고 국내총생산(GDP)을 국내총소득(GDI), 그리고 경상GNP를 경상국민총소득으로 부르게 되었다.

국내총생산(GDP) = 국내총소득(GDI)
경상GNP = 국민총소득(GNI)

그런데 경상GNP=경상GNI이므로 실질GNI도 실질GNP와 일치할 것으로 생각하기 쉬우나 그렇지 않다. 그 이유는 무엇인가? 예를 들어 2000년에 한국이 컴퓨터 1만 대를 대당 4천 달러에 수출하여 받은 돈 4천만 달러로 반도체 생산장비 1세트를 수입할 수 있었다고 하자. 그런데 2005년에는 컴퓨터값이 대당 2천 달러로 하락하여 2만 대를 수출해야 같은 반도체장비 1세트를 수입할 수 있게 되었다고 하자. 이때 실질GNI는 어떻게 되는가? 기준연도를 2000년으로 정하면 컴퓨터를 기준으로 한 2005년의 실질GDP는 8천만 달러가 된다. 2000년의 4천만 달러에 비하여 무려 100% 증가한 것으로 나타난다. 그러나 2005년의 컴퓨터 2만대의 구매력은 반도체장비 1세트로서 2000년과 똑같다. 교역조건 악화에 따른 실질무역손실이 4천만 달러나 된다. 그러므로 2005년의 실질GNI는 실질GDP(8천만 달러)에서 이를 뺀 4천만 달러로서 2000년과 같게 된다.

실질GDP + 교역조건 변화에 따른 실질무역손익 = 실질국내총소득(GDI)
실질GDI + 실질 국외순수취요소소득 = 실질국민총소득(GNI ≠ GNP)
명목GDP + 명목국외순수취 요소소득 = 명목국민총소득(GNI = GNP)

그럼 지금부터 GDP의 계산방법, 관련 개념 및 문제점 등을 자세히 살펴보기로 하자.

GDP는 어떻게 계산하는가? 국내에서 생산된 것을 모두 다 더하면 GDP가 될 것으로 생각하는 사람도 있다. 그러나 그렇지 않다. 왜냐하면 그렇게 하면 생산물에 따라서는 수없이 중복계산이 되기 때문이다. 예를 들어, 모든 밀은 밀가루, 그리고 모든 밀가루는 빵 만드는 데에 사용되었다고 하자. 이때 밀과 밀가루 및 빵 생산액을 모두 합하면 밀은 삼중 계산, 밀가루는 이중 계산이 된다. 빵값에 밀가루값, 밀가루값에 밀값이 들어 있기 때문이다. 그러므로 빵값만 계산하면 이중, 삼중 계산을 피할 수 있다. 빵이라는 '최종생산물'의 생산을 위해서 밀과 밀가루라는 '중간생산물'이 만들어졌기 때문이다.

옷의 예를 더 보자. 가령 A회사는 화학섬유만 생산하고, B회사는 그 섬유 전부로 천을 짜고, C회사는 그 천 모두로 옷을 만드는 경우를 생각해 보자. 이때 이 세 회사의 생산액을 모두 합하면 실은 삼중 계산, 천은 이중 계산이 된다. 실과 천은 모두 옷값에 포함되기 때문이다. 그러므로 옷값만 계산하면 이중, 삼중 계산을 피할 수 있다. 이 예에서 실이나 천은 '중간생산물'이고 옷은 '최종생산물'이다. 그러므로 국민총생산을 계산하려면 중간생산물은 빼고 최종생산물만 골라서 합하면 된다. 즉, 각종 최종생산물의 양에 그 가격을 곱하여 모두 더하면 된다. 즉, '빵 2천만 개 × 150원 + 옷 2천만 벌 × 5만원 + …' 등으로 모든 최종생산물만 골라서 그 가격에 생산량을 곱하여 모두 더하면 국내총생산이 된다. 최종생산물을 최종재(final goods), 중간생산물을 중간재(intermediate goods)라고도 한다.

그런데 수많은 제품 중 최종재를 어떻게 찾아내는가? 최종재와 중간재의 구분은 쉬운 일이 아니다. 예를 들어, 사과도 가정에서 소비되는 것은 최종생산물이나, 사과주스 생산에 사용되는 것은 중간생산물이다. 라디오도 가정용은 최종재이나, 자동차용은 중간재이다. 이와 같이 어떤 생산물도 경우에 따라서는 중간재도, 최종재도 될 수 있다. 그런데 양자를 구분하는 간단한 기준이 있다. 그럼 그 기준이란 무엇인가?

어떤 생산물이든 더 이상 대한민국 내에 있는 생산공장에 들어가지 않게 되는 것은 상품의 특성에 상관없이 최종재이고, 한 번이라도 들어가서 제조가공과정을 거치게 되는 것은 중간재로 분류된다. 그런데 재판매를 위해서 구입한 생산물도 중간생산물이다. 그럼 생산공장에 더 이상 들어가지 않게 되는 생산물에는 어떤 것이 있는가? 다음의 네 가지 용도로 사용되는 것들이다. 그러므로 이런 용도에 사용되는 것은 어느 것이나 최종재가 된다.

① 민간소비용. 소비로 없어지는 빵, 입는 옷, 볼펜 등.
② 정부지출용. 정부업무의 수행에 사용되는 컴퓨터, 전화기, 경찰차 등.
③ 투자용. 철근, 시멘트 등은 성격상 중간재이나 교량, 빌딩 등의 건설에 일단 사용되면 생산공장에 더 이상 들어가지 않게 된다.
④ 수출용. 철근, 시멘트, 자동차 등 수출로 한국을 떠나는 것

최종재: 최종 사용자가 구매한 것
중간재: 재판매나 다른 재화의 생산을 위하여 구매한 것

그러므로 이들 용도에 사용된 것을 모두 더하면 총생산액을 계산할 수 있다. 이들 네 가지 용도에 사용되는 것에는 사유재(private goods)는 물론 일기예보서비스, 경찰서비스, 국방서비스 등 공공재(public goods)도 포함된다. 이를 실제로 계산할 때 민간소비는 가계조사 통계, 정부지출(G)은 정부의 결산자료, 투자(I)는 기업의 회계자료, 수출(X)과 수입(M)은 무역통계를 통해서 계산하게 된다. 그런데 이 네 가지의 합을 100% 국내총생산이라고 할 수 있는가? 그렇지 않다. 왜냐하면 이 네 가지 용도에 사용되는 최종재의 생산에는 철, 목재, 원유, 수입기계장비 등 많은 수입품이 사용되기 때문이다. 수입품은 한국 내에서 생산된 것이 아니므로 이 네 가지를 더한 것에서 수입품을 빼야 국내총생산이 된다. 그런데 소비재의 총생산액은 소비자의 소비지출액, 정부용 최종생산물은 정부지출, 투자재는 투자지출액과 같으므로 GDP는 다음과 같이 표시할 수도 있다. 수출에서 수입을 뺀 것을 순수출이라고 한다.

국내총생산 = 민간소비지출 + 정부지출 + 투자지출 + 수출 - 수입

$$\text{GDP} = C + G + I + X - M$$

GDP가 의미하는 것. 지금까지 말한 것을 다시 정리해 보면, GDP란

- 국내에서 생산된 최종재의 합계에서 생산되지 않은 수입품을 모두 뺀 것이다(위의 식 참조).
- 최종재(자동차, 라디오, 사과, 옷 등)도 실물을 바로 더할 수 없기 때문에 그 시장가격에 생산량을 각각 곱한 것을 모두 더한 것이다. 시장가격이 없는 공공재의 경우에는 생산을 위하여 실제 지출한 비용이 생산액이 된다.
- 일정기간(보통 1년, 그러나 6개월 또는 3개월 단위로도 계산함)에 생산된 것만을 포함한다. 그러므로 중고차를 구입하거나 작년에 생산된 것을 금년에 소비하더라도 이는 금년 GDP에 포함되지 않는다.
- 최종재는 재화뿐만 아니라 서비스(이발서비스, 교통서비스 등)도 포함된다.

GDP 계산의 3가지 방법. GDP를 이와 같이 최종재 중심으로 계산하는 방식을 최종재접근법이라고 한다. 최종재 총액은 사용한 사람의 입장에서 보면 최종지출 총액과 일치하므로 이를 최종지출접근법이라고도 한다. GDP계산 방법은 다음과 같은 것이 있다.

먼저 생산의 뜻을 다시 보자. 생산이란 제품이나 원료에 가치(value)를 부가(add)하는 행위이다. 자동차회사의 생산이란 부품회사들이 만든 엔진, 라디에이터, 타이어 등 수많은 부품에 가치를 부가한 것이다. 부품값이 모두 5백만 원인데 자동차 값이 7백만 원이면, 그 차이인 2백만 원이 자동차회사가 가치를 부가한 것이다. 이 부가가치(value added)가 자동차회사의 생산액이다. 자동차라는 산출물(output)의 가격에서 자동차회사가 생산하지 않는 모든 부품값을 뺀 것이 부가가치이고 생산액이다. 다른 예로, 곰탕집의 부가가치는 곰탕값에서 그 곰탕집이 생산하지 않는 고기, 쌀, 양념 등의 재료값을 모두 뺀 것이다. 곰탕집의 생산은 부가가치만큼이다.

모든 자동차회사의 부가가치를 합친 것이 자동차산업의 부가가치(곧 생산)이다. 빵의 예에서 보았듯이, 빵 생산자의 생산은 밀가루에 가치를

부가한 것만큼이다. 즉, 빵값에서 밀가루값을 뺀 것이다. 밀가루 생산자의 생산은 밀에 가치를 부가한 것만큼이므로 밀가루 가격에서 밀 가격을 뺀 것이다. 섬유의 예에서도 천 생산자의 생산은 실에 가치를 부가한 것이고, 의복 생산자의 생산은 천에 가치를 부가한 것이다. 모든 기업의 부가가치를 합하면 한국의 국내총생산을 구할 수 있다. 이 방법을 GDP 계산의 '부가가치접근법' 또는 '생산접근법'이라고 한다.

분배국민소득. 그런데 국내의 각종 생산물을 누가 생산하는가, 즉 누가 가치를 부가하는가? 각종 경제주체들이 한다. 노동자는 노동, 자본가는 자본, 지주는 토지, 그리고 기업가는 기업가적 역량을 제공해서 가치부가 행위, 곧 생산행위를 한다. 얼마나 가치를 부가하는가? 그 대가로 받는 임금, 이자, 지대, 이윤만큼 부가한다. 정부도 경제활동에 각종 정부서비스를 제공하므로 참여하는 셈이다. 얼마나 참여하는가는 그 대가인 세금으로 계산할 수 있다. 국내 각 경제주체들이 얼마나 생산하는가? 결국 분배받은 소득만큼 한 것으로 볼 수 있다. 각 주체들이 분배받는 소득을 모두 합산한 것이 국내총생산이 된다. 그러므로 GDP는 또한 분배차원에도 계산할 수 있다. 이와 같이 GDP는 생산, 분배, 지출 어느 면에서든지 파악할 수 있고, 이 세 가지는 일치할 수밖에 없는데, 이를 국민소득 3면 등가의 법칙이라고 한다.

대한민국의 GDP는 엉터리가 아닐까 하는 사람도 있을 수 있다. 그러나 그렇지 않다. 어느 나라의 경우이든 GDP는 통계문제 때문에 어느 정도의 오차는 불가피하다. 그러나 생산, 분배 및 지출의 3면에서 파악하고 또한 검토하기 때문에 현실과 그렇게 많은 차이가 나는 것은 아니다.

그런데 앞서 말한 지출접근법에 의한 GDP는 최종지출의 합계이므로 곧 최종수요임을 알 수 있다. GDP는 다른 면에서 보면 노동자, 자본가, 기업가들의 생산총액이므로 총공급이라고 할 수 있다. 결국 총공급은 총수요와 일치하게 된다.

생산된 소득은 분배되고 분배된 소득은 지출되며 소득의 지출이 있어야 기업의 생산활동이 다시 이루어진다. 소득의 '생산 → 분배 → 지출 → 생산'이 되풀이되는 것을 소득의 순환이라고 한다.

1인당 GNI의 국제비교. 국민의 평균 경제성적을 판단하는 데는 주로 국민총소득(GNI)을 인구의 수로 나눈 1인당 GNI를 사용한다. 한국의 2004년 1인당 GNI는 같은 해 세계 평균치에는 약 두 배가 되나 선진국 평균에 비하면 크게 낮은 수준이다.

1인당 GNI:	한　　국	13,980달러
	세 계 평 균	6,280달러
	선진국 평균	32,040달러

그런데 1인당 GNI는 국민이 생산한 것 모두를 국민의 수로 나눈 것이므로 평균치에 불과하다. 실제로 모든 사람이 그만한 소득을 똑같이 나누어 갖는다는 것은 아니다. 국민들이 GNI를 실제로 어떻게 나누어 갖느냐는 나라에 따라서 큰 차이가 있다. 또한 1인당 GNI의 국제비교에는 각국의 물가수준을 잘 감안해야 한다.

과거와 현재의 GDP. 국내총생산이 얼마나 증가하는가는 현재와 과거의 GDP를 비교해 보면 된다. 예를 들어, 농산물만 생산하는 어느 자그마한 후진국(예: 동티모르)의 GDP가 과거 10년간(1991년 ~ 2001년 사이) [표 14. 2]에서와 같이 증가했다고 하자.

이 기간 농산물의 총생산량은 5백만 톤에서 6백만 톤으로, 톤당 가격은 160달러에서 200달러로 증가했다면 GDP는 얼마나 증가했는가? 8억 달러에서 12억 달러로 증가했으니 1.5배 증가했다. 여기에서 그 해의 생산량과 그 해의 가격을 곱한 GDP인 8억 달러와 12억 달러를 경상GDP(=화폐GDP=명목GDP)라고 한다. 경상GDP 속에는 '실물증가분'과 '물가상승분'이 다같이 포함되어 있다. 경상GDP에서 물가상승분을 뺀 것이 '실질GDP'이다. 이 기간 물가는 1.25배 상승했으니 2001년 경상GDP를 1.25로 나눈 값, 즉 9.6억(=12억 달러÷1.25) 달러가 실질GDP이다. 실질GDP는 이 기간 1.5배가 아니라 1.2배밖에 증가하지 않았다. 실질GDP는 물가를 불변(변화하지 않는 것)으로 가정하여 계산된 것이므로 '불변GDP'라고 한다. 마치 빨래에 묻은 물을 짜내듯이 물가상승 부분을 다 짜내어야 생

[표 14. 2] 동티모르의 GDP 변화

	1991	2001	배 수
A. 농산물총생산량(백만 톤)	5	6	1.2
B. 톤당 가격(달러)	160 (100.0)	200 (125.0)	1.25
C. 경상GDP(=A×B, 달러)	8억	12억	1.5
D. GDP물가지수	100.0	125.0	1.25
E. 실질GDP(C÷D×100)	8억 달러	9.6억 달러	1.2

산의 실제 모습이 나온다. 해가 달라도 같은 가격으로 계산한 것이 불변GDP이고, 그 해의 가격으로 계산한 것이 경상GDP이다.

실질GDP의 증가란 총생산의 실질적 증가이다. 이 예에서는 5백만 톤에서 6백만 톤으로 증가한 것이다. 금액으로는 8억 달러에서 9.6억 달러로 증가한 것이다. 그런데 이 예에서는 생산물이 하나밖에 없으므로 그 양만 비교하면 금방 알 수 있다. 그러나 생산물이 수없이 많을 때는 그렇게 할 수 없으므로 GDP물가지수(=GDP환가지수=GDP디플레이터)를 따로 계산한 다음, 경상GDP를 이것으로 나누어서 실질GDP를 계산하게 된다.

실질GDP	=	경상GDP	÷	GDP물가지수	=	불변GDP
(9.6억)	=	(12억)	÷	(1.25)	=	(9.6억)

그런데 1991년 기준이 아니라 2001년을 기준으로 한 1991년 실질GDP도 계산할 수 있다. 이때 1991년의 톤당 가격은 160달러가 아니라 200달러(기준연도인 2001년의 톤당 가격)가 된다. GDP물가지수는 항상 기준연도가 있어야 하고 기준연도의 수치를 100.0으로 한다. 그러므로 1991년을 기준연도(100.0)로 한 2001년의 GDP물가지수는 125.0이다. 반대로 2001년을 기준연도(100.0)로 한 1991년의 물가지수는 80.0이 된다. GDP가 실질적으로 얼마나 증가하는가는 연도별 실질GDP를 기준으로 계산한다.

경제성장률은 GNI와 1인당 GNI를 사용하여 계산한다. 양자는 다같이 중요하다. 세계은행이 「세계개발보고서」(2006)에서 밝힌 2003~4년의 GNI 증가율은 다음과 같다.

세계 평균 2.9%, 선진국 평균 2.8%
한국 4.1%, 중국 8.8%, 독일 1.5%, 미국 3.4%, 일본 2.5%

GNI 중 처분가능한 부분. 많은 사람들은 GNI를 국민이 실제로 모두 소비할 수 있는 것으로 생각하나 그렇지 않다. GNI의 생산에는 각종 기계장치, 공장 등의 자본시설이 소모된다. GNI에서 고정자본 소모액을 뺀 것을 '국민순생산' 이라고 한다. 한국 전체의 고정자본 소모액(=감가상각액)은 GNI의 13% 정도이다.

GNI - 고정자본소모 = 국민순소득(NNI)

국민순생산에는 세금 형태의 정부의 몫도 들어 있다. 정부가 아닌 '국민' 에게 돌아가는 소득, 곧 '국민소득' 은 여기에서 간접세를 뺀 것인데 이는 그야말로 국민들, 즉 기업과 가계부분이 차지하는 소득이다. 그런데 국민소득에는 기업소득이 포함되어 있으므로 국민소득에서 기업이 차지하는 부분(법인세와 사내 유보소득)을 빼면 '개인소득' 이 된다.

개인은 기업이나 정부로부터 소득의 도움을 받는다. 이를 이전소득이라고 한다. 개인소득에서 개인소득세를 빼면 '개인가처분소득' 이 구해진다. 이는 가계에서 저축이나 소비 등으로 실제 처분이 가능한 소득이다. 많은 사람들은 GNI를 국민이 직접 소비할 수 있는 소득으로 생각하나 이는 잘못이다. 개인이 처분할 수 있는 소득, 즉 개인가처분소득은 GNI의 56%에 불과하고 가계의 소비지출은 GNI의 50% 정도이다(2004년).

다 GDP에 관하여 유의할 점

GDP를 사용할 때는 다음과 같은 점에 유의해야 한다.

1) GDP에는 시장에서 거래되어서 시장가격이 있는 생산물만 포함된다. 옷을 세탁소를 통해서 세탁해 입으면 시장거래가 되므로 GDP에 포함

되나 주부가 집에서 직접 세탁하는 경우에는 포함되지 않는다. 주부의 가사노동도 마찬가지이다. 통계청에 따르면 1999년 한국 주부의 가사노동을 평가하면 106.6조 원이나 되었으므로 이를 포함시키면 GDP는 484.0조 원이 아니라 590.6조 원으로 증가된다고 했다. 주부의 가사노동은 GDP의 18%나 된다는 것이다.

2) 지하경제는 GDP에 포함되지 않는다. 콜롬비아는 남미 마약의 집산지이다. 콜롬비아의 어느 공무원은 이 사실을 아주 자랑스럽다고 했다. 하이티에는 빈민들의 재산이 외국인들의 국내투자금액의 1.5배나 된 적이 있었다. 그러나 이들의 경제활동은 법 테두리 밖에서 일어났다. 빈민들은 글을 모르지만 그들만의 불문율로 거래를 하므로 정부통계에 잡히지 않는다. 후진국에는 영락없이 달동네, 판자촌 같은 무허가 불량주거지역 무단거주자들이 있는데 이를 스쿼터(squatter)라고 한다. 마닐라시의 톤도는 유명한 스쿼터지구이다. 얼마 전까지만 하더라도 범법자들이 이곳으로 피난하면 경찰들도 잡기가 어려울 지경이었다. 미국 뉴욕시에 있는 유명한 할렘 지역도 지하경제 비중이 높은 곳이다. 미국 서부개척 당시의 서부도 지하경제가 큰 비중을 차지했다. 얼마 전 브라질에서 시멘트산업의 매출액은 20% 증가했는데 건설업은 성장을 전혀 하지 않은 것으로 나타났다. 그 이유는 무엇인가? 시멘트 판매액은 공식통계에 잡혔으나 시멘트를 사간 도시 빈민들의 무허가 건설공사가 통계에 잡히지 않았기 때문이다. 도시 빈민들의 집수리 등의 건설공사는 지하경제 활동이었다.

선진국 중 지하경제가 제일 큰 나라는 이태리이다. 이태리는 세계적인 범죄조직인 미국 마피아의 본산지이다. 일본 야쿠자들의 경제활동도 상당 부분 지하경제이다. 어느 나라에나 규모는 다르나 범죄조직, 마약거래, 매음, 밀수 등이 존재한다. 공무원들의 부패 또한 마찬가지이다. 이와 관련된 거래는 지하경제이다. 러시아의 지하경제는 지역에 따라서는 전체 경제활동의 50%나 된다. 이와 같은 지하경제는 정부의 공식통계에 잡히지 않는다.

3) 여가시간을 감안하지 않는다. 1인당 소득이 다같이 1만 달러의 나

라라고 하더라도 여가시간이 다를 수 있다. 그러나 GDP는 이를 감안하지 않는다.

4) 환경파괴나 오염 물질은 GDP에 포함되지 않는다. GDP는 환경파괴나 오염 물질의 증가에 따른 삶의 질의 저하를 반영하지 못한다.

5) GDP는 교역조건 변화에 따른 국민복지나 소득의 손익을 잘 나타내지 못한다. 이러한 GDP의 한계 때문에 GNI를 작성하는 것이다.

라 GNI는 GDP의 이런 결함을 보완한다

GDP는 수출과 수입의 차이가 포함된다. 그러므로 양이 같을 때는 수출품의 가격은 높게 받고 수입품의 가격은 낮게 지불하는 것이 우리 국민에게 유리하다. 그 반대로 되는 것은 물론 불리하게 된다. 한국경제신문의 노성태 주필의 '반도체와 쌀'의 예를 통해서 보면 다음과 같다.

한국이 반도체만 수출한다고 가정하자. 작년에는 반도체 2개를 생산해서 한 개는 국내에서 사용하고 또 한 개는 수출해서 받은 돈으로 쌀 한 가마니를 수입했다고 하자. 그런데 금년에는 반도체 3개를 생산해서 한 개는 국내에서 사용하고 나머지 두 개는 수출해서 쌀 한가마니를 수입했다고 하자. 반도체 수출가격 하락 때문이다. 그리하여 GDP는 작년에 비하여 50%나 증가했으나 국민의 복지는 변함이 없다. 교역조건 변화에 따른 국민소득 또는 복지의 변화를 감안하기 위하여 한국은행은 최근부터 GNI(국민총소득, Gross National Income)라는 지표를 작성하기 시작했다. 이 예에서 금년의 교역조건은 작년에 비하여 50% 악화되었다. 그러므로 금년의 실질 GNI는 작년과 동일하다.

마 물가지수

국민생활의 안정 및 불안정은 물가와도 깊은 관계가 있다. 전반적인 물가수준의 상승을 인플레(inflation)라 하고, 반대로 전반적인 물가수준의 하락을 디플레(deflation)라고 한다. 인플레가 심화되면 많은 사람들은 박탈감을 느끼며 속고 바보가 되었다는 생각도 하게 된다. 노·사간의 긴장이 고조되고, 정부와 국민간의 불신감이 커지며, 가정에서는 부부싸움도 자주 일어나게 된다. 그리고 경제의 장래에 대해서 불안하게 생각하고 자신감을 잃으며 비관적이 되기 쉽다. 뿐만 아니라 경제 전체에 대하여 불안을 느끼고 기업들도 장기투자계획을 세우기보다는 단기적인 투기행위를 하려는 경향이 심해진다.

인플레가 극심하게 되면 문제는 더욱 심각해진다. 1923년 독일에서 우표 1장에 1조 마르크씩 오르는 등 이른바 초(超)인플레(hyper inflation)가 발생했을 때 독일인들은 봉급을 하루에 두 번씩 받았는데, 받자마자 물건을 사려고 상점으로 달려갔다. 그런데 물가가 계속 상승했으므로 상인들은 물건을 팔려고 하질 않았다. 사려면 많은 웃돈을 올려 주어야 하니 인플레는 더욱 가속화되었다. 조금 다른 이야기지만, 물가가 정신없이 상승하면 샐러리맨들의 소득도 급상승한다. 그 결과 가난한 사람들이 금액상으로는 순식간에 고소득층이 되어 고율의 세금을 내게 된다. 극심한 인플레는 경제구조나 국민생활을 뿌리째 흔들어 놓는다.

'가격'이라고 하면 특정 상품이나 서비스 하나의 가격, '물가'라고 하면 많은 상품이나 서비스 가격의 평균가격을 나타낸다. 그렇다면 많은 상품의 평균가격은 어떻게 나타내어야 하는가? 가령 자동차 한 대 천만 원, 사과 한 개 천 원씩으로 많은 상품의 가격을 금액으로 단순하게 더하여 나타낼 수 있겠는가? 그렇게 할 수 없다. 물가지수로 나타내어야 한다.

평균가격과 상대가격. 인플레는 어떻게 측정하는가? 인플레 측정에 사용되는 대표적 지수는 소비자물가지수(CPI: Consumer Price Index)이다. 이는 소비자들이 소비하는 수많은 재화와 서비스의 가격을 평균한 것이다. 인플레는 '평균가격'의 상승이다. 어떤 상품의 가격을 다른 상품의 가격에 대하여 나타내는 '상대가격'의 상승이 아니다. 여기서 상대가격과 평균가격의 차이를 잠시 보기로 하자.

가령 노트북 컴퓨터가 데스크탑 컴퓨터에 비하여 비싸게 되는 것, 곧 그 상대가격의 상승은 수요자들이 전자를 더 선호한다는 신호의 기능을 한다. 사실 시장경제의 장점은 어떤 제품의 상대가격이건 그 변화가 그 공급의 변화의 필요성을 잘 알려 준다는 사실이다. 그러므로 어떤 제품의 상대가격의 상승은 소망스러운 경우가 많다. 노트북 컴퓨터의 상대가격의 상승으로 데스크탑 컴퓨터 가격이 떨어진다고 인플레가 발생하는 것은 아니다. 양자의 가격이 다같이 하락하더라도 노트북의 값이 덜 떨어지면 그 상대가격은 상승한다. 이럴 때도 상대가격 상승은 인플레와 상관이 없다. 노트북 하나의 상대가격 상승은 인플레를 유발하지 않는다. 인플레는 노트북 가격, 데스크탑 가격, 프린터 가격, 용지 가격 등 거의 모든 제품의 '평균가격'이 상승할 때 발생하는 것임을 분명히 해둘 필요가 있다.

소비자물가지수(CPI)의 계산. 소비자들이 사용하는 쌀, 배추, 꽁치, 쇠고기, 옷, 신발, 볼펜, 버스서비스 등 수많은 재화와 서비스 가격의 변동은 어떻게 파악하는가? 소비자들이 사용하는 것을 예로 들어보기로 하자. 현재 통계청은 전국 36개 도시 소비자들이 소비하는 품목 516개의 가격을 조사하여 소비자물가지수를 계산한다. 이 516개 품목은 크게 농축수산물, 공산품 및 서비스의 셋으로 분류된다. 그런데 가계조사에 따르면 도시 소비자들이 대개 소비지출의 11%를 농축산물에, 34%를 공산품에, 그리고 55%를 각종 서비스에 지출한다. 그럼 이때 기준연도를 2000년으로 하면 이 해의 소비자물가지수는 어떻게 되는가? 다음과 같이 100이 된다.

2000년 소비자물가지수: $(0.11 \times 100) + (0.34 \times 100) + (0.55 \times 100) = 100$

그런데 만약 2001년에 농축수산물값은 3%, 공산품값은 4%, 그리고 서비스값은 5% 상승한다면 2001년의 소비자물가지수와 인플레율은 어떻게 되는가? 다음과 같이 된다.

2001년의 소비자물가지수: $(0.11 \times 103) + (0.34 \times 104) + (0.55 \times 105) = 104.4$

그러므로 2001년의 인플레율은 $(104.4 - 100) \div 100 = 4.4\%$이다. 이는 곧

물가지수의 증가율이다.

소비자물가지수는 소비자 전체가 사용하는 각종 소비재 가격의 가중평균치이므로 어느 한 소비자로 볼 때의 소비자가격지수와 일치하리라는 보장이 없다. 이는 마치 성적 90점인 학생과 60점인 학생의 평균성적 75점이 이 두 학생의 성적과 무관하다고 하는 것이나 마찬가지이다. 평균성적이라는 것은 학생들의 수가 적을 때는 실제 성적과 거리가 멀게 될 수도 있으나 많아질수록 가깝게 된다. 소비자물가지수도 마찬가지이다. 잘 작성하면 소비자들이 사용하는 생산물의 평균가격변동을 잘 나타낸다.

한국의 CPI는 통계청이 매달 작성하여 발표한다. 현재 사용중인 CPI의 기준연도는 2000년이다. 그런데 516개 품목 중 농축수산물은 71개, 공산품 286개, 그리고 서비스는 159품목이다. CPI에서 차지하는 각 재화나 서비스의 비중(곧 가중치)은 전체의 가중치를 1,000이라고 하면 농축수산물의 가중치는 107.4, 공업제품은 342.9 그리고 서비스는 549.7이다. 한국의 현재 CPI는 2000년을 기준연도로 하고 있으므로 2005년의 CPI의 품목별 가중치도 2000년의 것과 같은 것으로 가정한다. 그런데 품목별 가중치를 이와 같이 같다고 해도 되는가? 가중치는 물가지수 작성에 항상 따르는 문제이다. 물가지수는 이외에도 포함될 제품의 선정이나 그 가격파악의 장소와 시기 등에도 적잖은 영향을 받는다. 그러므로 물가지수가 물가의 변동을 100% 정확하게 나타낼 것으로 기대하기는 어렵다. 일반적인 물가변동을 대체적으로 잘 나타낸다는 것이 학자들의 지배적인 견해이다.

생산자물가지수(PPI: Producer Price Index). 소비자물가지수에 대응되는 물가지수는 생산자물가지수이다. 이는 최근까지 도매물가지수라고 했는데, 기업간에 거래되는 상품, 곧 생산재의 가격변동을 생산자 판매가격 또는 공장도 가격 수준에서 파악하기 위한 것이다. PPI는 제품의 생산단계에 따라서 다음의 세 가지로 나누어 작성하기도 한다. 즉 석탄, 목재, 원유, 철강석 등의 '원자재', 철근, 철판 등 '중간재' 그리고 의복, TV 등 '최종재' 별로 물가변동을 파악하기 위한 PPI를 작성할 수 있다.

장기적으로는 PPI나 CPI가 일반적으로 비슷한 비율로 상승한다. 그러므로 어느 것으로도 인플레를 파악할 수 있다. 그러나 단기적으로는 PPI

가 CPI보다 먼저 물가의 변동을 포착한다. 왜냐하면 생산자물가의 상승이 소비자물가지수에 반영되기까지는 시간이 걸리기 때문이다. 그러므로 앞으로 소비자물가 변동이 어떻게 되는가를 알기 위해서는 생산자물가의 변동을 잘 살펴보아야 한다.

GDP 물가지수. 물가지수 중 가장 포괄적인 것은 GDP 물가지수이다. 이는 'GDP 환가지수' 또는 'GNP 디플레이터'라고도 한다. 이는 소비재뿐만 아니라 투자재, 정부소비재, 수출재 등 GDP에 포함되는 모든 최종생산물의 가격변동을 다 포함한다. 그리고 PPI나 CPI와는 달리 재화나 서비스의 고정 바스켓의 구애를 받지 않는다. 바스켓이 사람들의 소비와 더불어 변화하도록 한다. CPI나 PPI는 물가변동만 반영하나 GDP 디플레이터는 물가변화 및 이에 따른 소비패턴의 변화도 반영한다. 그러므로 일반적으로 GDP 디플레이터에 나타나는 인플레율은 CPI의 경우보다 낮게 된다.

물가안정의 목표. 한 해의 물가상승을 몇 퍼센트로 하는 것이 물가안정의 목표이겠는가? 미국에서는 루즈벨트 대통령 이후 모든 대통령들이 물가안정을 으뜸가는 경제정책 목표로 설정했다. 그러나 물가상승률을 분명하게 하나의 숫자로 표시하지는 못했다. 물가안정 목표가 분명하게 하나의 숫자로 표시된 것은 1978년에 제정된 「완전고용과균형성장법」에서이다. 이 법은 물가안정 목표를 '인플레 3% 이하'라고 했다. 미국의 통화정책 담당기관인 연방준비은행은 연 2~3% 수준의 인플레가 바람직하다고 했다. 어떤 사람들은 물가안정 목표를 '제로 인플레'로 해야 된다고 한다. 그러나 '제로 인플레'는 현실성이 없으며 소망스럽지도 않다. 그 이유는 무엇인가?

· 인플레율을 제로로 하기 위해서는 실업의 증가 등 너무나 많은 대가를 치러야 한다. '완전고용'이란 안정된 물가수준을 유지하는 상태에서의 최대고용이라고 한다. 인플레 제로 상태에서의 최대고용이 아니다. 미국 국회도 '인플레 3% 이하'를 안전한 목표라고 하고

있다.

· 인플레 계산의 정확성 문제. 가령 옛날의 국산 자동차는 잦은 고장 때문에 수리에 돈이 많이 들었다. 그러나 지금의 차는 값은 다소 비싸나 고장이 잘 나지 않는다. 이럴 때 자동차 가격의 상승은 가격만의 상승이라고 할 수 있는가? 자동차 질의 상승분도 포함한다. 그러나 CPI는 제품의 질적 향상을 제대로 반영하지 못한다.
· 현재 많은 사람들은 핸드폰, 컴퓨터, 인터넷 등 신제품을 많이 사용하는데 물가지수는 신제품을 잘 반영하지 못한다.

물가상승률이 마이너스가 되면 어떻게 되는가? 일반적인 물가수준의 하락, 곧 디플레이션 상태에서는 기업가들이나 소비자들이 물가의 추가적인 하락을 기대하여 투자나 소비를 연기하게 되므로 경제가 활력을 잃게 된다. 이는 일본이 최근 거품현상 때 경험한 상황이다. 사실 약간의 물가상승이 기업의 생산활동을 활력 있게 만든다. 그러므로 제로 인플레나 마이너스 인플레는 소망스러운 정책목표가 못된다. 그럼 한국의 물가안정 목표는 얼마나 되어야 하는가.

한국에서는 제품의 질적 향상도 많고 신상품의 출현도 많으므로 고도성장하에서는 '연 인플레 4% 이하' 정도가 아닐까 한다. 이는 에드윈 밀즈 교수의 주장이기도 하다. 또한 어마 아델만 교수는 '인플레의 글로벌 스탠다드는 3%'라고 한 바 있다.

바 고용과 실업

경제활동인구와 실업률. 국가의 경제성적 평가의 다른 중요한 기준은 고용 또는 실업이다. 고용과 관련된 평가기준은 일하고 싶어하는 사람들이 얼마나 많이 일자리를 갖고 있는가 또는 없는가이다. 그런데 한국에서 실업률의 1% 증가는 직업을 잃는 사람들이 21만 명 이상이 됨을 의미한다. 먼저 관련 개념을 보기로 하자.

한국의 총인구(2004년 4,808만 명)는 취업 가능 인구와 취업 불가능 인구로 나눈다. 취업 가능 인구는 한국과 일본은 15세 이상, 미국은 16세

- 취업 불가능 인구 = 15세 미만 인구 (1,036만)
- 취업 가능 인구 (3,772만)
  - 경제활동인구 (2,337만)
    - 취업자 (2,256만)
    - 실업자 (813만)
  - 비경제활동 인구 (1,435만) — 주부, 학생, 연소자, 연로자, 심신장애자, 구직단념자 등

이상 인구로 하고 있다. 국제노동기구(ILO)는 이 어느 것이나 허용하고 있다.

취업가능인구(15세 이상 인구)는 경제활동인구(economically active population)와 비경제활동인구로 나눈다. 경제활동인구는 노동력인구(labor force)라고도 하는데, 취업자와 실업자를 포함한다. 취업자란 조사대상 주(週)간 1시간(가족 종사자는 18시간) 이상 일한 사람, 그리고 직업이나 사업체를 갖고 있으나 조사대상 기간 중 질병, 노동쟁의 등으로 일을 못하거나 일시적으로 휴직한 사람을 모두 포함한다. 비경제활동인구란 취업자나 실업자가 아닌 사람인데 학생, 취학전 어린이, 노인, 심신장애자, 구직단념자, 자선 및 종교단체에 자발적으로 참여하는 자를 말한다.

취업자 2,256만 명(2004년)은 어떤 일을 하고 있는가? 다음과 같다.

산업별 취업자	
· 농업 종사자	183만 명
· 광공업 종사자	431만 명
· 건설업 종사자	182만 명
· 기타	1,460만 명

종사상지위별 취업자	
· 자영업주	611만 명
· 가족종사자	155만 명
· 상용 및 임시직 근로자	1,271만 명
· 일용직 근로자	219만 명

실업자는 다음과 같은 사람을 말한다.

① 매월 15일이 속한 1주일 동안 적극적으로 구직활동을 하였으나 수입이 있는 일에 종사하지 못한 사람,
② 구직 결과를 대기하는 사람,
③ 일시적 질병이나 자영업 준비 등의 사정으로 조사기간 중 구직활동을 하지 못한 사람.

경제활동인구의 크기는 경제활동참가율(labor force participation rate) 즉, 취업가능인구 중 경제활동인구의 비율에 따라서 결정된다. 그런데 한국의 실업률은 유럽 여러 나라에 비하면 크게 낮은 편이다.

실업률(2004): 한국 3.5%, 대만 4.4%, 일본 4.7%, 미국 5.5%,
독일 10.5%, 브라질 11.5%, 프랑스 10.0%, 스페인 11.3%

그러면 적정실업률, 곧 소망스러운 실업률은 얼마인가? 이는 소망스러운 완전고용이 노동력 인구의 몇 퍼센트 고용인가와 같은 문제이다. 우선 완전고용의 정의를 보자. 완전고용은 종전에는 비자발적 실업이 없는 상태의 고용, 즉 일하고 싶어하는 사람은 모두 취업한 상태를 의미한다. 경제학자들은 최근 자연실업률(natural rate of unemployment) 개념을 많이 사용하기 시작했다. 이는 국민총생산(GDP)이 잠재GDP 수준에 있을 때의 실업률을 의미한다. 잠재(potential)GDP라는 것은 주어진 노동력 규모와 기술로서 인플레를 가속시키지 않으면서 생산을 지속할 수 있는 최대의 GDP를 말한다. 이를 능력(capacity)GDP라고도 한다. 완전고용이라고 하여 노동력 인구의 100% 고용을 의미하지는 않는다. 또한 그렇게 되는 것은 불가능하고 소망스럽지 않는 경우도 많다. 이제 실업의 종류를 살펴보면서 그 이유를 생각해보자.

· 마찰적 실업(frictional unemployment). 마찰적 실업이란 사람들이 한 직장에서 다른 직장으로 옮길 때 일시적으로 발생하는 실업인데, 불가피한 실업이다. 이 때문에도 실업률이 제로가 될 수 없다. 마찰적 실업은 계약직 또는 일시적 고용이 보편적인 미국에서는 높고,

장기고용의 비중이 높은 한국이나 일본에서는 낮다.

· 구조적 실업(structural unemployment). 예를 들면 석탄산업이 사양화될 때 많은 석탄광산 노동자들이 실업자가 되었다. 정보통신산업에는 사람이 부족한 실정이었으나 석탄광산 근로자들이 그 자리에 갈 수 없었다. 미국에서는 2000년에 정보통신산업 부분에 부족 인력이 35만 명이나 된다고 한다. 기술구조와 산업구조 전환이 빠를 때는 이런 구조적 실업자들이 발생하는 것은 불가피하다.

· 경기적 실업(cyclical unemployment). 이는 경기침체 때 노동자에 대한 수요가 줄어들어서 발생하는 실업이다.

· 계절적 실업(seasonal unemployment). 이는 여름휴가 등 이른바 바캉스 관련산업, 그리고 겨울철 스키, 난로, 히터 등 겨울상품 관련산업에 취업한 사람들이 계절이 지나서 일자리를 잃게 되는 것이다. 한국에서는 옛날 많은 사람들이 여름에는 농사짓고 겨울에는 실업자가 되는 것이 보통이었다. 그러나 지금은 비닐하우스 재배 등으로 사철 농산물을 생산하는 사람들이 많게 되어 농업 부문의 계절적 실업은 크게 줄었다.

이것이 실업의 4대 종류이다. 앞의 세 가지를 실업의 3대 종류라고 하는 사람도 있다. 이런 실업 때문에 어느 나라에서나 실업률이 제로가 될 수 없다. 마찬가지로 완전고용이라고 하여 노동력 인구가 100% 취업하는 것이 아니다. 어느 정도의 실업자는 있을 수밖에 없고 또한 어느 정도 있는 것이 소망스럽다.

미국에서 완전고용이란 1960년대 초 케네디 대통령 때는 4%의 실업률을 의미했다. 완전고용 상태에서의 실업률을 '완전고용실업률'이라고 하는데, 1970년대에는 이 실업률이 5%로 증가했다. 1986년에는 미국대통령 경제자문위원회가 이를 6.5%로 상향 조정했다. 실업률 6.5% 상태의 고용을 완전고용이라고 했다. 그럼 완전고용실업률이 이와 같이 증가한 이유는 무엇인가?

· 인구구조의 변화. 10대 청소년, 유색인종 및 여성의 경제활동 참가

율의 증대에 따라 실업률이 증가했다.

- 실업수당. 월급의 50%나 되는 높은 실업수당 때문에 많은 실업자들이 가급적 실업상태에 남아 있기를 원했다.
- 구조적 실업의 증가. 냉전종식과 더불어 방위산업이 쓰러지고, 일본 등 외국의 전자나 자동차 산업의 높은 경쟁력 때문에 미국의 전자나 자동차 산업에서 실업자들이 양산되었다는 것이다.

미국의 실업률은 2000년 4.0% 이하로 하락했다. 이는 최근의 급속한 기술발전에 따라서 많은 신산업의 출현과 다운사이징 등의 기업구조조정으로 경쟁력이 높아졌기 때문이다. 그러나 다시 2004년에는 5.5%로 증가했다. 미국은 개인주의 때문에 실업률이 다소 높게 되고 '고용의 분리' 현상도 심하다. 즉, 전임제 고용보다는 시간제 고용, 임시직 고용 등이 많게 된다. 그러나 한국과 일본에서는 공동체주의 때문에 실업률이 낮게 되고 고용도 임시직보다 전임직이 많게 된다.

실업의 영향. 오쿤(Okun)의 법칙에 따르면 GDP가 잠재GDP 수준에서 2% 하락할 때마다 실업률은 1% 증가한다. 실업의 증가는 사실 막대한 경제적 손실을 의미할 뿐만 아니라 사회적 영향도 크다. 미국의 어떤 연구에 따르면 실업률이 6%에서 7%로 증가하면 다음과 같은 사건이 발생한다고 했다.

> 자살 920건, 살인 648건, 20,240건의 심장마비, 495건의 간경변 사망 및 간경화 사망, 4,227건의 정신병원 입원, 3,340건의 범죄 발생
>
> — 브래들리 쉴러, 『오늘날의 거시경제』

사 국가경쟁력, 생산성 및 국제수지

국가경쟁력에 대한 최고의, 그리고 가장 많은 사람들이 받아들이는 정의는 미국대통령 주관 산업경쟁력위원회의 다음과 같은 정의이다.

"어떤 국가의 경쟁력이란 그 국가가 자유롭고 공정한 시장조건하에서 국민의 실질소득을 확대함과 동시에 국제시장 테스트에 합격하는 제품과 서비스를 생산할 수 있는 정도를 말한다."

국가간의 경쟁력은 각 나라의 노동생산성을 미국 달러와 같이 하나의 화폐 단위로 나타낸 것이다. 생산성은 국가경제의 능률수준도 나타낸다. 생산성(곧 능률 수준)이 높은 나라는 수입보다 수출을 많이 하므로 국제수지가 흑자가 된다. 낮은 나라는 반대로 수출보다 수입이 많게 되어 국제수지가 적자로 된다.

국제시장에서 직접 경쟁에 참여하는 것은 국가가 아니고 기업이므로 국가의 경쟁력을 논의하는 것은 무의미하다는 주장도 있다. 심지어 폴 크루그만처럼 경쟁력이라는 말 자체가 잘못되었다는 주장까지 하는 사람도 있다. 그러나 그렇지 않다. 국가의 경쟁력이 중요하지 않다면 국가는 아무런 일도 하지 않아도 된다는 말인가? 그리고 국내시장이 무한정 개방되어 심지어 구멍가게들마저 세계적인 외국 유통업체와의 경쟁에서 패하여 국민의 일자리와 생활이 불안하게 되는데도 국가는 비교우위 원칙만 강조하면서 방관해도 된다는 말인가? 그렇지 않다.

먼저 상품의 국제경쟁을 보자. 좋은 신발 한 켤레가 한국에서는 8만원이고 미국에서는 80달러이면 국산 신발이 미제 신발에 비하여 국제경쟁력이 있는가? 답은 환율에 따라서 달라진다. 환율이 1달러에 800원이면 국산 신발값은 100달러가 된다. 미제 신발보다 20달러나 비싸게 된다. 그러면 국산 신발의 국제경쟁력은 없다. 수출이 안 된다. 실제로 1996년 달러 환율을 이렇게 낮게 유지하여 많은 국산품의 경쟁력이 떨어져서 무역수지적자가 2백억 달러가 넘었다. 그러나 IMF 경제위기 때 달러값이 1달러에 1,600원으로 올라가게 되자 국산 신발의 국제가격은 50달러로 떨어졌다. 이렇게 되자 국산 신발은 미제 신발에 비하여 국제경쟁력이 높아진 것이다. 여러분은 환율이 어떻게 변하면 국산 신발의 국제경쟁력이 없게 되는가를 알 수 있을 것이다.

상품 하나하나의 국제경쟁력은 이렇게 계산하는데 나라 전체의 국제경쟁력은 어떻게 계산하는가? 노동생산성으로 계산한다. 예를 들면 영국의 자동차회사 근로자들의 연봉은 4만 달러이고, 한국의 자동차회사 근로자들의 연평균 봉급은 4천만 원이라고 하자. 이때 환율이 1달러 당 800원이면 한국 근로자들의 연평균 봉급은 5만 달러가 되어 영국 수준보다 평균 25%나 많게 된다. 한때 영국 「이코노미스트」지는 한국 제조업의 평균임금이 영국 제조업의 평균임금보다 30%나 높다고 했다. 그러나 IMF 경제위기가 발생하여 한국의 환율은 1달러에 1,500원이 되자 한국 자동차회사 근로자들의 평균연봉은 2.7만 달러로 떨어졌다. 그렇게 되자 한국 자동차회사들은 국제경쟁력을 갖게 되었다. 즉, 자동차 생산은 이전과 꼭같이 할 수 있는데 영국 노동자보다 한국 노동자의 인건비가 아주 싸졌으니 한국 자동차의 국제경쟁력이 생기게 되었던 것이다. 한국의 다른 산업의 경쟁력도 이와 유사하게 생기기 시작했다. 그러므로 한국이라는 나라 전체의 경쟁력이 생기게 된 것이다.

국가가 경쟁력 향상을 위하여 할 일이 많다. 예를 들면, 싱가포르는 싱가포르 항만의 경쟁력과 싱가포르 항공사의 경쟁력을 세계 제일의 수준까지 향상시키려고 적극 노력했다. 그 결과 싱가포르 항공사와 항만청은 다른 나라의 국민이나 산업에도 많은 혜택이 돌아가게 했다. 스위스도 '영세중립과 평화'라는 국가의 장기목표를 분명히 한 다음, 이에 맞은 금융산업이나 시계산업 등의 국제경쟁력 향상을 위하여 많은 노력을 기울여 왔으며 이들 산업의 발전을 통하여 다른 나라에도 많은 도움을 주었다. 스웨덴도 살 길은 전국민의 외국어 능력 향상과 산업의 국제경쟁력 향상에 있다고 믿어 이를 위하여 많은 노력을 해 왔다.

사실 미국은 국제경쟁력이 강한 기업과 산업이 무수히 많다. 지구상에서 거의 모든 산업에 국제경쟁력이 있는 유일한 나라는 미국이라고 할 정도이다. 그러므로 미국은 기업이나 산업의 국제경쟁력 향상에 국가가 직접 나설 필요가 거의 없는 나라이다. 폴 크루그만 같은 학자는 국가경쟁력 향상은 필요없다는 주장을 하고 있다. 그러나 같은 MIT대 레스터 서로우 교수는 크루그만의 주장을 반박하면서 국가경쟁력 향상의 필요성을 강하게 주장하고 있다. 사실 미국에는 대통령 직속의 국가경쟁력강화위원회도 있다. 그러나 미국도 사실은 독점금지법 등으로 기업들간의 경쟁을 촉진했으며, 또한 세계 제일의 국방력 유지라는 목표 때문에 방위산업의 국제경쟁력 강화를 위하여 많은 노력을 기울였다. 미국이 1990년대에 들어와서 국가경쟁력에 있어서 일본을 앞지르게 된 원인 중의 하나는 미국학자들이 국가경쟁력 향상 이론과 전략을 먼저 체계화했기 때문이라고 한다.

국제경쟁력이 강한 사회의 건설을 위한 열 가지 황금률

사회의 경쟁력이 강해야 기업이나 산업의 경쟁력도 강하게 된다. 어느 나라든지 나름대로 문화와 전통을 기반으로 한 사회구조가 있게 마련이므로 고유의 경쟁력 있는 사회모델을 개발해 나가야 한다. 기업과 산업의 경쟁력 향상 과정에서 국민의 열성과 가치관을 잘 보존해야 한다. IMD는 국제경쟁력이 강한 사회를 위한 황금률을 다음과 같이 열 가지로 밝히고 있다.

· 안정되고 예측 가능한 법률적 환경의 조성.
· 유연하고 탄력적인 경제구조.
· 전통적인 인프라와 기술형 인프라에 대한 투자.
· 국민의 저축과 투자의 촉진.
· 해외시장에 대한 공격성(수출 드라이브 등)과 국내시장의 매력성(외국의 고부가가치 산업들에게)의 동시 개발.
· 정부의 행정과 개혁에 있어서는 질과 속도의 조화.
· 임금수준과 생산성 및 조세간의 균형유지.
· 노임격차의 감소와 중산층 강화를 통한 사회응집력의 보존.
· 교육, 특히 고등교육에 대한 대대적인 투자와 평생교육과 훈련 및 근로자의 자질 향상에 대한 대대적인 투자.
· '세계화된 산업'과 '골목대장형 산업'간의 균형을 통한 국부의 증진과 사회의 결집력과 국민가치관의 유지.

자료: IMD, 「세계경쟁력보고서」, 1995.

국가의 국제경쟁력은 '제로섬게임', 즉 놀음판에서와 같이 어느 한 사람이 돈을 따면 반드시 잃는 사람이 있게 마련이라는 식의 게임이 아니다. 한국이 어떤 산업, 가령 반도체산업을 집중 육성한다고 하여 다른 나라에 피해를 주는 것은 결코 아니다. 오히려 반도체산업의 국제경쟁력 향상을 위하여 많은 생산장비를 미국, 일본, 독일에서 수입한다. 또한 경쟁력이 높은 좋은 반도체를 미국, 일본 등의 전자회사 제품생산을 위한 부품으로 많이 수출하기도 한다. 이와 같이 어느 산업의 국제경쟁력 향상은 다른 나라 산업의 국제경쟁력 향상에 도움을 주는 것이지 다른 나라와 싸워 이겨서 피해를 주자는 것이 아니다. 한국이 유리한 입장에 있는 산업을 세계 수준으로 더욱 발전시키자는 것이지 결코 중상주의식 정책을 쓰자는 것이 아니다.

그럼 국가의 국제경쟁력은 어떤 기준으로 판단하는가? 바로 국가의 생산성을 기준으로 한다. 왜 생산성을 기준으로 하는가? 한국인의 '1인당 GNI'는 한국인의 평균생활수준을 나타낸다. 우리 나라 자체가 경쟁력이 있다는 것은 국민의 평균생활수준을 다른 나라보다 빨리 향상시킬 수 있음을 의미한다. 국민의 평균생활수준을 향상시키기 위해서는 한국의 '취업자 1인당 GNI'가 향상되어야 한다. 이 취업자 1인당 GNI가 곧 노동생산성인데 이의 향상이 국제경쟁력 향상의 판단 기준이 되는 것이다.

취업자 1 인당 GNI(=노동생산성) → 국민 1 인당 GNI(=국민의 생활수준)

- '한국의 생산성'이 다른 나라의 생산성보다 더 빨리 증가하면 한국 상품의 단위당 생산비가 저렴하게 되므로 한국의 국가경쟁력이 높게 된다. 한국의 생산성이 다른 나라와 같은 정도로 상승하면 국가경쟁력은 현상유지이고, 낮게 상승하면 다른 나라에 비하여 떨어지는 것이다. 이는 물론 환율이 고정되었을 때의 이야기이다.

환율의 변화는 국가경쟁력에 중요한 영향을 미치기 때문에 국가경쟁력 비교에는 환율이 중요하다. 예를 들면, 한국의 수출상품이 일본 것과 비슷하므로 일본의 엔화가 강세가 되면 한국 상품의 국제경쟁력이 향상되고, 반대로 약세가 되면 국제경쟁력도 약화되는 것이나 마찬가지이다.

아 인간개발지수와 사회지표

인간개발지수(HDI: Human Development Index). HDI는 경제사회 발전의 수준을 사람 중심으로 평가하기 위하여 유엔개발프로그램(UNDP)이 1990년부터 매년 작성하여 발표하는 지수이다. 그런데 경제사회가 발전하게 되면 사람들이 어떤 면에서 좋게 되고 또한 좋게 되어야 하는가? 무엇보다 중요한 것은 건강, 지식 그리고 물질적 면에서 좋게 되는 것이다. 그렇다면 건강, 지식, 물질적 향상은 어떻게 측정하는가? UNDP는 건강 평가기준으로 '평균수명', 교육 평가기준으로 '교육년수', 그리고 물질적 향상의 평가기준으로 '1인당 GNI'를 사용한다. 이 세 가지를 통합하여 하나의 지표를 만들었는데 이것이 바로 인간개발지수이다. 이 셋을 보면 경제발전으로 인간의 생활이 얼마나 나아졌는가를 잘 알 수 있게 된다는 것이다. 그런 의미에서 HDI는 넓은 의미에서 생활의 질 평가기준이 된다. HDI가 나타내는 인간개발의 수준은 다음과 같다.

0.0 ~ 0.499: 낮은 수준
0.50~ 0.799: 중간 수준
0.80~ 1.0 : 높은 수준

인간개발지수의 근본취지는 UNDP가 정한 경제사회 발전의 궁극적 목표, 즉 건강, 교육 및 물질적 생활의 향상이라는 세 가지 목표의 달성 여부를 측정하는 것이다. 그런데 한국의 HDI는 0.879로 세계 제30위(2002년)이다. HDI 세계 제 1 위의 국가는 노르웨이인데 0.936이다. 그런데 일반적으로 1인당 소득수준이 높은 나라는 HDI도 높으나 예외도 물론 있다. 예를 들면 가이아나는 케냐보다 1인당 GNP는 상당히 높으나 HDI에 있어서는 정반대이다.

사회지표(SI: Social Indicators). 한국의 SI는 그 작성기관인 통계청이 「1999년 사회지표」 보고서에서 다음과 같이 정의하고 있다.

> "사회지표란 역사적 흐름 속에 우리가 처해 있는 사회적 상태를 총체적이고도 집약적으로 나타내어 생활의 양적인 측면은 물론 질적인 측면까지도 측정함으로써 국민생활의 전반적인 복지 정도를 파악 가능하게 하여 주는 척도이다."

그리고 사회지표의 기능은 국민 생활수준의 측정, 사회상태의 종합적인 측정, 사회변화의 예측, 사회개발정책의 성과 측정 등이라고 밝히고 있다.

통계청은 SI를 1978년에 시작하여 매년 작성해 오고 있다. 당시 저자도 그 작업에 참여한 바 있다. 2004년에는 한국의 발전수준을 인구, 가족, 소득·소비, 노동, 교육, 보건, 주거·교통, 정보통신, 환경, 복지, 문화·여가, 안전, 사회참여의 13분야로 나누어 모두 501개의 세부지표로서 측정하고 있다. 이들 지표 중에는 1인당 GNI는 물론 국민 평균연령, 평균가구원수, 이혼율, 노동조합 조직률, 국민의 평균교육년수, 평균수명, 주택보급률, 자동차 1대당 인구수, 도로포장률, 대기오염물질배출량, 상수도보급률, 공적연금적용률, 도서발행 총수, 독서인구비율, 유형별 범죄자 수, 종교인구비율 등의 지표가 포함되어 있다.

그러므로 사회지표는 국민생활의 향상 여부를 여러 면에서 측정할 수 있다. 경제사회가 발전하려면 1인당 GNI뿐만 아니라 이들 수많은 지표도 같이 발전해야 되는데, 이런 것을 골고루 평가할 수 있게 한 것이 바로 SI이다. 이중에 생활의 질을 나타내는 지표는 여러 가지가 있다. 그런데 세계은행은 「세계개발지표」(2005)에서 발표한 바와 같이 생활의 질을 나타내는 지표로서 1인당 소비증가율, 어린이 영양실조 상태, 5세 이하 유아사망률, 평균수명, 성인문맹률, 도시인구비율, 도시상수도 보급률 등의 지표를 사용한다.

15. 나라 전체의 생산, 물가 및 고용은 어떻게 결정되는가?

가 나라 전체로 본 수요, 공급, 물가 및 생산

한국에는 헤아릴 수 없이 많은 재화와 서비스가 있다. 이들이 거래되는 시장도 마찬가지이다. 그런데 이 많은 시장을 나라 전체 차원에서 '하나의 거대한 시장'으로 모두 통합할 수 있는가? 물론이다. 그럼 그 많은 시장에서 결정되는 재화와 용역의 생산량도 모두 하나의 생산물로 통합할 수 있는가? 그렇게 한 것이 '총생산'이다. 수많은 시장에서 결정되는 수많은 재화와 용역의 균형가격도 물가지수라는 하나의 가격으로 통합할 수 있다. 그럼 우리 나라 전체의 시장을 하나의 거대한 시장으로 만들었을 때 그 시장에서 결정되는 것은 무엇인가? 물가수준과 국내총생산이다. 개별상품시장의 경우 사과를 예로 들면, 사과 시장에서 결정되는 가격은 500원, 1,000원 등의 금액이고, 거래량은 사과 몇 개 또는 몇 상자라고 하듯이 '실물'이다. '나라 전체시장'에서 결정되는 총생산도 실물이다. 그런데 이를 실물총생산이 아니라 '실질총생산'이라고 한다. 이때 총생산은 국내총생산(GDP: gross domestic product)이므로 실질총생산은 실질국내총생산이 된다. 나라 전체시장의 수요와 공급은 헤아릴 수 없이 많은 재화와 용역에 대한 수요와 공급을 '총'합한 것이므로 총수요(*AD*: aggregate demand)와 총공급(*AS*: aggregate supply)이라고 한다. *AD*와 *AS*의 정확한 뜻은 곧 설명하려고 한다.

그런데 나라경제 전체 차원에서 물가수준과 국내총생산은 어떻게 결정되는가? 이를 잘 알 수 있도록 개발한 이론이 총수요·총공급이론, 또는 *AS-AD*모델이다. 우리는 이미 구성의 오류라는 개념을 통하여 나라 전체(여기서는 총생산) 차원과 전체를 구성하는 부분(여기서는 개별상품) 차원의 논리는 서로 다를 수도 있음을 알았다. 그러므로 경제 전체 차원에서의 총생산과 물가의 결정은 개별상품의 가격과 거래량을 결정하는 데 사용하는 수급의 법칙으로는 설명할 수 없다. 별도의 이론이 필요한데, 바로 *AS-AD*이론 또는 모델이다. 누구나 이를 잘 이해하는 것은 참으로 어려운 일이다. 그러나 일단 이해하게 되면 나라 전체 차원에서 발생하는 각종 경제문제의 이해에 큰 도움이 될 것이다. 그럼 지금부터 이를 살펴보기로 하자.

개별상품과 나라 전체의 차원에서 본 수급(수요와 공급)의 원리. 개별상품의 가격과 생산량이 결정되는 원리와 국내총생산과 물가수준이 결정되는 원리는 같다고 생각할 수 있으나 그렇지 않다. 다음과 같이 큰 차이가 많다.

첫째, 개별상품의 경우 사과를 예로 들면, 수요곡선과 공급곡선이 만나는 점에서 결정되는 것은 이미 앞서 말한 바와 같이 500원, 1,000원 등의 금액으로 표시는 가격과, 몇 개 또는 몇 상자 등의 실물로 표시되는 양이다. 그러나 경제 전체의 경우, 총수요곡선과 총공급곡선이 만나는 점에서 결정되는 총생산량은 실물이 아니라 금액으로 표시되는 국내총생산이고, 가격은 100.0, 110.0, 150.0 등으로 표시되는 물가지수이다. 그러므로 개별상품의 수급을 나타내는 [그림 15. 1]과 총생산의 수급을 나타내는 [그림 15. 2]의 가로축과 세로축은 단위가 다르다. 그림에서 GDP는 경상GDP가 아니라 경상GDP에서 물가상승분을 뺀 실질GDP(real GDP)이다.

그런데 우리 나라에서 생산되는 모든 상품의 가격은 어떻게 계산하는가? 자동차 1대 2,000만 원, 사과 1개 500원 등 상품의 가격을 바로 더하는 것은 의미가 없다. 그러므로 물가지수(price index)를 구해야 한다. 개별상품에 대한 수요는 '상대가격'에 따라서 결정되나 총수요는 '일반물가' 또는 '평균가격'에 의하여 결정된다.

둘째, 개별상품에 대한 수요의 경우에는 수요의 법칙이 작용되나 *AD*의 경우에는 적용되지 않는다. 가령 소고기의 값이 상승하면 소비자들은

[그림 15. 1] 개별생산물의 가격과 교환량의 결정

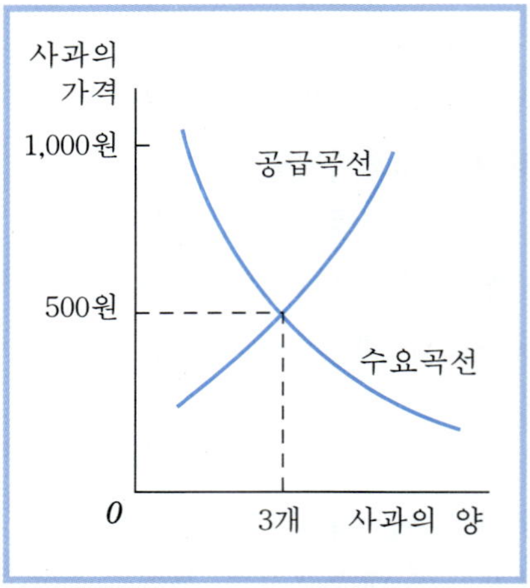

[그림 15. 2] 총생산물의 물가수준과 균형량의 결정

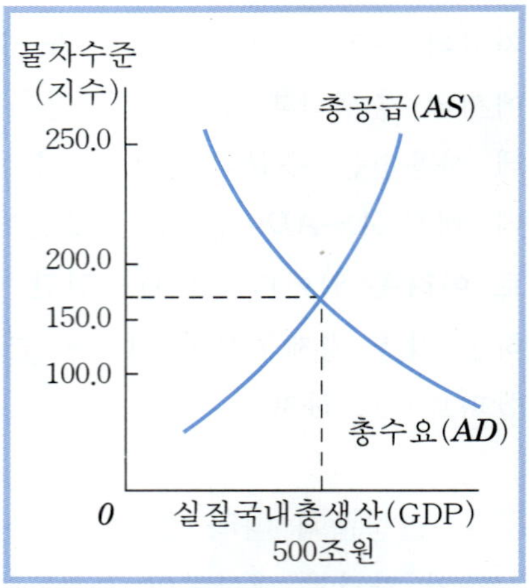

돼지고기로서 소고기를 대체하므로 소고기에 대한 수요가 줄어든다. 그러나 나라 전체로 보면 육류수요량(=돼지고기수요량+소고기수요량)은 변화하지 않을 수도 있다. 그러므로 *AD*곡선은 모양이 개별상품에 대한 수요곡선과 비슷하나, 그 원리는 곧 설명되는 바와 같이 전혀 다르다.

셋째, 개별상품의 경우에는 가격이 상승하면 공급량은 증가한다. 그러나 경제 전체의 경우에는 일반물가가 상승하면 생산비도 따라서 증가하므로 모든 기업들이 일률적으로 공급량을 늘린다는 보장이 없다. 경제 전체 수준에서 물가가 상승할 때 공급량이 어떻게 변화하는가는 비용 증가가 어떻게 되느냐에 따라서 다르게 된다. 지금부터 총수요와 총공급을 차례로 살펴보기로 하자.

나 총 수 요

총수요(*AD*: aggregate demand)란 모든 경제주체들, 즉 국내소비자, 기업, 정부 및 외국인 구매자들이 몇 가지 가능한 물가수준에서 사기를 원하고 또한 실제로 살 수 있는 재화와 서비스의 총량을 말한다. 어느 하나의 물가수준에서 경제주체들이 구매를 원하는 재화와 서비스의 총량은

'총수요량'이다. 예를 들면, [그림 15. 3]에서처럼 어떤 물가수준, 가령 P에서 모든 경제주체들이 구매를 원하는 재화와 서비스의 총량은 OQ이다. 이는 민간소비용으로 C, 기업투자용으로 I, 정부 소비용으로 G, 그리고 순수출용으로 E만큼 각각 수요되는 것이다. '총수요'란 여러 가지 가능한 가격과, 각각의 가격에서 경제주체들이 구매를 원하는 재화와 서비스의 총량간의 관계 모두를 말한다. 그러므로 총수요는 [그림 15. 2]나 [그림 15. 3]에서처럼 총수요곡선으로 나타나게 된다. 개별상품에 대한 수요도 수요표나 수요곡선으로 나타나듯이 총수요도 총수요표나 총수요곡선으로 나타나는 것이다.

[그림 15. 3] 총수요(AD)와 그 구성부분

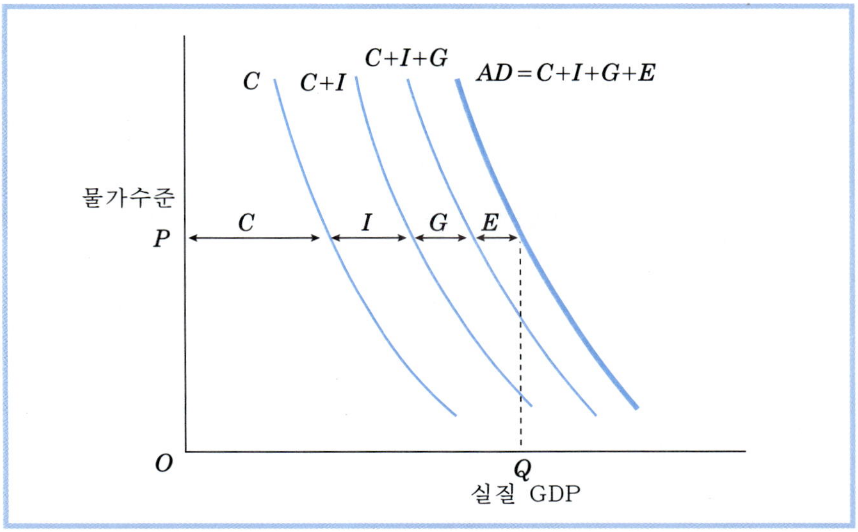

주: C=민간소비, I=투자, G=정부지출, E=순수출=수출(X)-수입(M).

총수요곡선의 모양. AD곡선은, 경제주체들의 총수요량이 물가가 하락하면 증가하고, 물가가 상승하면 감소함을 나타낸다. 물가와 총수요량은 개별상품의 수요량과 가격처럼 역의 관계에 있다. 그러나 그 이유는 판이하게 다르다. 개별상품의 한 예인 소고기의 경우에는 그 가격이 떨어지면 돼지고기를 사던 사람들이 소고기를 사게 된다. 돼지고기를 소고기로 대체하는 것을 '대체효과'라고 한다. 소고기를 사는 사람들의 실질소득도 증가한다. 실질소득의 증가는 소고기 소비를 증가시키게 되는데 이를 '소득효과'라고 한다. 그러므로 개별상품의 수요곡선이 우하향하는 것은 대체효과와 소득효과 때문이다. 그러나 총수요곡선이 우하향하는 이유는 이 두 가지 효과로 설명이 안 된다. 그럼 어떤 이유로 설명이 가능한가? 다음 세 가지를 들 수 있다.

- 부(富)의 효과(wealth effect): 물가가 전반적으로 상승하면 개인이 갖고 있는 돈, 은행예금, 주식 등 자산의 실질가치(잔고)가 떨어지므로 소비는 줄어들게 된다. 물가수준이 상승하면 부(富)의 실질잔고(가치)가 떨어지므로 총수요량은 감소하고, 반대로 하락하면 총수요량은 증가하게 되는데 이를 부의 효과 또는 실질잔고효과(real balance effect)라고 한다.
- 이자율 효과(interest effect): 나라 전체의 돈의 양이 일정한 상태에서 물가가 상승하면 돈이 귀하게 된다. 이에 따라 이자율이 상승하고, 이자율이 상승하면 기업의 투자나 소비자의 구매(특히 이자율과 관계가 많은 신용구매)가 감소하므로 총수요량은 감소하게 된다. 그러므로 물가수준의 상승은 총수요량의 감소, 하락은 총수요량의 증가로 이어진다. 이자율이 급등하여 투자가 급감한 것은 IMF 경제위기 이후 우리 경제가 경험한 바이다. 경제위기가 발생하자 IMF와 한국정부는 일년 이자율을 최고 25%로 제한했던 이자율상한제를 폐지했다. 그 결과 한때 이자율이 급등하고, 기업의 투자는 급감한 바 있다.
- 국제무역 효과(foreign trade effect) 또는 환율효과: 국내물가가 외국물가보다 빨리 상승하면 국산품이 외제품에 비하여 비싸게 된다. 이에 따라 각 경제주체들은 국산품보다 수입품을 선호하게 된다. 외국인들도 물론 한국상품보다 다른 나라 제품을 선호하게 된다. 수출(X)은 감소하고 수입(M)은 증가하면 순수출($X-M$)이 감소하므로 총수요량은 감소한다. 그러므로 국산품 가격의 전반적인 상승은, 국산품에 대한 총수요량의 감소, 반대로 전반적인 하락은 총수요량의 증가로 나타난다.

총수요의 구성부분. 총수요의 구성부분은 다음 네 가지이다. 왜 이 네 가지인가? 우리는 GDP개념을 배울 때 GDP는 최종생산물만 포함한다는 사실을 알았다. 그리고 최종 생산물에는 다음 네 가지 종류, 즉 민간소비용, 투자용, 정부지출용 및 순수출용 최종 생산물이 있다는 사실도 알았다. 그렇기 때문에 *AD*의 구성부분도 이 네 가지인 것이다. 이를 간단히 살펴보기로 하자.

1) 민간소비(*C*: consumption). 이는 국민들이 일상생활을 위하여 소비하는 내구재(자동차, 가구 등), 비내구재(음식, 의복, 에너지 등) 및 서비스(교통, 통신, 보건의료 등)의 소비를 말한다. 민간소비를 결정하는 요인은 현재 및 평생소득, 가계자산, 소비자금융, 사회보장제도, 장래소득이나 물가상승률 등에 관한 기대심리, 조세 등을 들 수 있다. 총수요 구성부분으로서의 민간소비는 실질 민간소비를 의미한다. 이는 명목 민간소비를 소비자 물가지수로 나눈 것이다.

2) 투자(*I*: investment). 이는 기업이 구조물(공장, 사무실, 빌딩, 창고 등)이나 생산장비의 구입 및 재고 축적을 위한 지출 등을 의미한다. 투자의 결정요인에는 ① 이자율, ② 예상수익률, ③ 기대심리 등을 들 수 있다.

3) 정부지출(*G*). 이는 정부가 구매하는 각종 재화(전투기, 행정전산망용 고성능 컴퓨터, 승용차 등)와 서비스(판·검사의 서비스, 국·공립교사 서비스, 경찰 서비스 등)를 말한다. 정부가 이를 얼마나 구매하는가는 순전히 정부의 재정지출에 관한 일방적인 의사에 의해서 결정된다. 수요자와 공급자가 다같이 결정하는 것이 아니다.

4) 순수출(*E*). 이는 수출(*X*: exports)과 수입(*M*: imports)의 차이이다. 수출은 환율, 한국 상품과 다른 나라 상품의 상대가격, 수출대상국의 소득수준 등에 의하여 결정된다. 한국의 수입은 다른 나라의 수출을 의미하므로 이를 역으로 해석하면 된다.

이러한 총수요의 네 가지 구성부분을 그림으로 표시하면 [그림 15. 3]과 같이 된다.

다 총공급

총공급이란 모든 생산자들이 일정기간 각각의 가격수준에서 생산하기를 원하고 또한 할 수 있는 재화와 서비스의 총량을 말한다. 그러므로 총공급은 곡선으로 표시되고, 총공급량은 곡선상의 어느 한 점으로 표시된다. 총공급곡선에서 물가수준이 상승하면 총공급량이 증가하고 하락하면 총공급량은 감소함을 나타낸다. 그 이유는 무엇인가?

1) 이윤효과. 물가상승은 단기적으로 기업의 이윤을 증가시킨다. 예를 들어, 노사간의 임금협상이 봄에 타결되면 그 해 임금수준은 봄에 결정된다. 그런데 그 이후 제품가격이 상승하면 이는 바로 기업의 이윤증가를 의미한다. 따라서 생산자들은 공급량을 늘린다. 이와 같이 단기적인 물가상승은 공급량을 증가하게 하므로 총공급곡선은 우상향형이 된다.

2) 비용효과. 임금협상의 타결로 임금이 결정되면 기업의 인건비는 결정된다. 그러나 생산량이 증가하면 근로자의 시간외 근무나 공장가동률의 증가에 따른 고장 등으로 단위당 생산비는 증가하지 않을 수 없다. 그러므로 생산자들은 제품의 가격이 상승해야 공급을 늘리게 된다.

*AS*곡선의 모양이 어떠한가에 대해서는 경제학자들의 견해에 차이가 많다. *AS*곡선은 세 개의 대표적인 형태가 있다. 즉, 고전파 *AS*곡선, 케인즈 *AS*곡선 및 단기 *AS*곡선이 그것이다. 이를 간략히 살펴보기로 하자.

고전파 *AS*곡선. 고전파 경제학자들은 실업자가 많으면 임금이 저절로 떨어지므로 기업들은 낮은 임금에 고용을 늘리게 되므로 경제는 항상 완전고용 상태로 가게 된다고 믿었다. 그러므로 GDP는 언제나 완전고용 또는 잠재GDP 수준에 있게 된다고 했다. 따라서 *AS*곡선은 [그림 15. 4]

[그림 15. 4] 총공급곡선

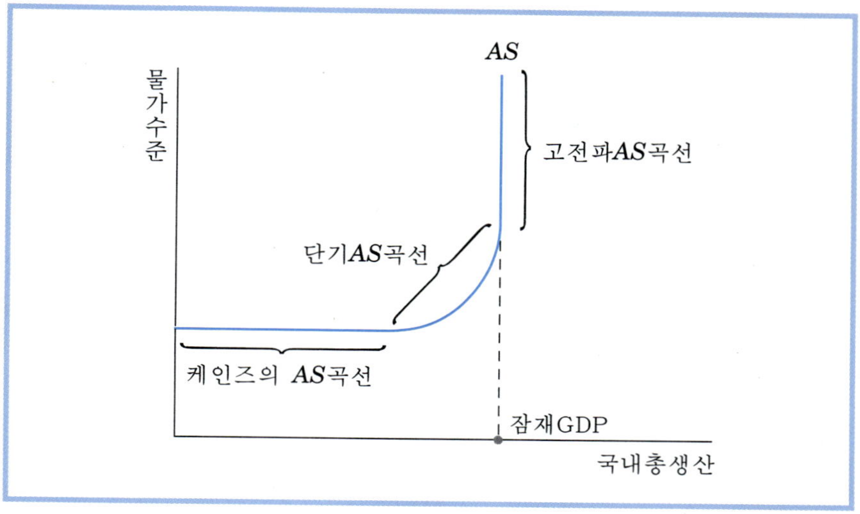

의 *AS*곡선의 수직부분과 같이 된다. 그런데 [그림 15. 4]의 *AS*곡선은 3개 유형을 합친 것이다. 즉, 수직부분인 고전파 *AS*곡선, 수평부분인 케인즈 *AS*곡선, 그리고 일반형태의 단기 *AS*곡선을 합친 것이다.

케인즈 *AS*곡선. 경기불황으로 실업자가 대단히 많을 때는 임금이나 물가의 상승 없이 국내총생산을 증가시킬 수 있다. 그러므로 공급곡선은 수평선같이 된다. 그런데 완전고용 상태가 되면 *AS*곡선은 수직적이 된다. [그림 15. 4]에서는 케인즈 *AS*곡선의 수평부분만 표시했으나 수직부분도 같이 표시하면 케인즈 *AS*곡선은 L자를 반대 방향으로 놓은 형태가 된다.

단기 *AS*곡선. 이는 [그림 15. 4]의 중간부분으로 우상향형 곡선이다. 한국경제는 수많은 산업생산물 시장과 생산요소 시장으로 구성되는데, 수많은 산업부문에서 동시에 완전고용이 이루어지기는 힘들다. 예를 들면, 일부 정보통신산업에서는 인력부족이 심할 수도 있으나 많은 굴뚝산업에서는 사람이 넘쳐날 수도 있다. 그러므로 현실적으로는 실업자가 어느 정도는 있게 마련이다. 이런 상황에서는 물가의 상승은 기업들의 생산증가로 이어진다. 그러므로 *AS*곡선은 우상향형이 된다. 단기 *AS*곡선은 곧 더 자세히 설명하고자 한다.

그런데 완전고용이란 실업률 제로를 의미하는 것이 아니다. 노동시장의 마찰적 요인이나 구조적 요인을 감안한 상태에서 실업률이 정상일 때의 고용을 말한다. 자연실업률(natural rate of unemployment)이라고도 한다. 자연실업률 상태에서의 고용이 완전고용이다. 미국의 자연실업률은 5~6%이므로 완전고용은 노동력의 94% 또는 95%의 고용을 말한다. 완전고용 상태의 GDP를 완전고용GDP라고 한다. 이를 능력GDP 또는 잠재GDP라고 한다.

완전고용GDP = 능력GDP = 잠재GDP

라 물가수준과 국내총생산의 결정

우리는 이제 총수요량과 총수요, 총공급량과 총공급의 뜻을 알았다. 우리가 이를 공부하는 것은 나라 전체 차원에서 물가수준과 GDP가 어떻게 결정되는가를 잘 알기 위해서이다. 그럼 이들은 어떻게 결정되는가? 이미 앞서 밝힌 바와 같이 *AD*곡선과 *AS*곡선이 일치하는 점에서 결정된다. [그림 15. 5]에서 균형물가수준은 P_e이고, 균형국민소득은 Q_e가 된다. 그럼 어째서 P_e가 균형가격이고 Q_e는 균형GDP인가? 만약 물가수준이 P_1으로 낮게 되면 생산자들이 원하는 총공급량은 OQ_1이나 경제주체들이 구매를 원하는 총수요량은 OQ_2이다. Q_1Q_2 만큼의 '초과 총수요'가 발생한다. 이때 구매자들은 가격을 높여서 구매하려고 하므로 물가는 상승한다. 상승하는 물가는 기업의 생산을 촉진한다. 어느 때까지 그렇게 하는가? P_1이 P_e 수준에 도달할 때까지 한다.

그럼 반대로 물가수준이 P_2처럼 높게 되면 어떻게 되는가? P_2 수준에서는 총수요보다 총공급이 많게 되므로 생산자들은 그 차이, 즉 '초과 공급' 만큼 판매할 수 없게 된다. 그러므로 생산자들은 가격을 인하하게 되고, 가격이 인하되면 구매자들은 구매량을 늘리게 된다. 언제까지 그렇게

[그림 15. 5] 균형물가수준과 GDP의 결정

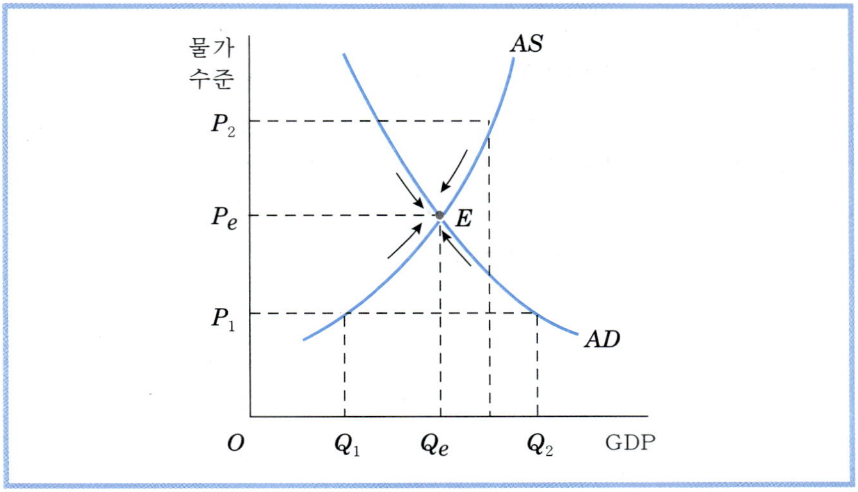

하는가? P_2가 P_e와 같이 될 때까지 그렇게 한다. 그러므로 물가수준이 P_e이고 GDP가 Q_e일 때 총수요측 요인과 총공급측 요인이 균형을 이루는 상태에 놓이게 된다.

마 물가수준의 변동과 GDP의 변동

우리는 개별상품의 경우 균형가격과 균형거래량은 수요의 결정요인과 공급의 결정요인이 변할 때는 언제든지 변화하게 됨을 알았다. 마찬가지로 균형물가수준과 균형GDP도 총수요와 총공급의 결정요인이 변할 때는 언제든지 변하게 된다. 그럼 *AD*와 *AS*의 결정요인, 곧 *AD*곡선과 *AS*곡선을 이동하게 하는 요인은 무엇인가?

총수요량의 변화와 총수요의 변화. 우리는 이미 개별상품의 경우 수요량의 변화는 수요곡선상의 어느 한 점에서 다른 점으로 변화하는 것이고, 수요의 변화는 수요곡선 자체의 이동임을 알았다. 마찬가지로 총수요량의 변화도 *AD*곡선상의 어느 한 점에서 다른 점으로 변화하는 것이고, 총수요의 변화는 *AD*곡선 자체의 이동이다. 그럼 총수요를 변화시키는 요인은 무엇인가? *AD*의 다음 네 가지 구성요인 중 어느 것이 변화해도 *AD*는 변화한다. 이를 변화시키는 요인을 총수요의 결정요인이라고 하는데, 이를 정리하면 다음과 같다.

총수요 구성부분의 변화		그 결정요인
민간소비지출의 변화	:	소득, 가계자산, 소비자금융, 사회보장제도, 기대심리, 조세 및 보조금
투자지출의 변화	:	이자율, 투자수익률, 기대심리
정부지출의 변화	:	사회간접자본정책, 국방정책, 사회복지정책
순수출의 변화	:	환율, 교역대상국의 상대가격, 경기상태

되풀이하면, 이와 같은 총수요의 결정요인이 변화함에 따라 *AD*의 구성요인이 변하므로 *AD*도 변하게 된다. *AD*가 변화한다는 것은 *AD*곡선 자체가 이동한다는 것이다. 이는 [그림 15. 5]에 나타난 물가수준과 국내총생산과의 관계 전부가 변한다는 것이다.

총공급량의 변화와 총공급의 변화. 총공급량의 변화는 총공급의 결정요인이 변화하지 않는 상태에서 물가수준이 변화할 때 실질GDP가 어떻게 변화하는가를 나타내는 것이다. 따라서 총공급 곡선 위의 어느 한 점에서 다른 점으로 이동하는 것을 말한다. 그러나 총공급의 변화는 물가수준과 실질GDP의 관계 모두를 변화시키는 것이므로 *AS*곡선 자체의 이동을 말한다. 그럼 *AS*곡선의 이동을 초래하는 요인, 곧 총공급의 결정요인은 무엇인가? 크게 다음 네 가지로 나눌 수 있다.

즉, ① 투입물가격의 변화, ② 생산요소의 가용량의 변화, ③ 기술변화와 생산성의 증가, ④ 법적·제도적 환경의 변화가 그 것이다. 이제 총수요의 결정요인과 총공급의 결정요인을 비교해 보면 [표 15. 1]에 나타난 바와 같다.

[표 15. 1] 총수요와 총공급의 결정요인: AD와 AS곡선을 이동시키는 요인

총수요의 결정요인	총공급의 결정요인
1. 민간소비지출의 변화	1. 투입물(=생산요소) 가격의 변화
① 소득 ② 가계자산 ③ 소비자금융 ④ 사회보장제도 ⑤ 기대심리 ⑥ 조세 및 보조금	① 국산투입물 가격의 변화 · 임금의 변화 · 부동산 가격의 변화 · 금리의 변화 · 조세 및 준조세의 변화 ② 수입투입물 가격의 변화 · 수입원재료 가격 · 수입기계장비 등의 가격
2. 투자지출의 변화	2. 생산요소의 가용량의 변화
① 이자율 ② 예상수입 ③ 기대심리	① 노동의 양적 및 질적 변화 ② 투자의 변화 ③ 기업가적 역량의 변화
3. 정부지출의 변화	3. 기술변화와 생산성의 변화
① 사회간접자본정책 ② 국방정책 ③ 사회복지정책	① 기술혁신 ② 요소생산성의 변화
4. 순수출의 변화	4. 법적·제도적인 기업환경의 변화
① 환율 ② 한국과 외국 가격의 비율 ③ 한국과 외국의 경기 상태	① 기업에 대한 정부규제의 변화 ② 조세, 공정거래관련 제도 등 기업환경의 변화

그런데 한국의 총수요와 총공급의 결정요인을 통틀어서 다음과 같이 크게 세 가지 차원에서 나누어 볼 수도 있다.

· 경제내적 요인: 저축, 자본, 소비, 투자, 정부지출, 순수출, 통화, 소득, 수요, 공급 등

· 경제정책적 요인: 통화정책, 이자율정책, 재정정책, 환율정책, 산업정책, 무역정책, 사회간접자본정책, 공정거래정책 등

· 경제외적 요인: 미국 달러화나 일본 엔화 가치의 변동, 기술변화, 동남아 경제위기 등 한국경제에 영향을 주기는 하나 받지는 않는 요인들이 경제외적 요인들이다. 국제환경 급변시대에는 이들 요인의 중요성이 크게 된다.

중요한 것은 이 세 가지 요인들이 물가, 국내총생산, 경제성장 및 안정에 어떤 영향을 미치는가이다. 예를 들면, 1960년대 일본경제의 고도성장은 경제외적 요인(세계경제 환경)이 좋았고 정책적 요인(산업 및 무역정책)이 좋았기 때문이라고 한다. 그런데 경제외적 요인이나 정책적 요인 없이 경제내적 요인만으로도 경제가 잘 성장하고 안정될 수도 있는가? 이 문제에 대한 해답에 있어서 경제학자들의 견해에는 많은 차이가 있다. 미국 경제학자들 중에는 경제정책 요인이나 경제외적 요인보다 경제내적 요인을 강조하는 사람들이 많다. 그러나 한국경제에는 이들 요인들이 모두 중요한 것으로 보인다. 사실 많은 후진국들은 정부정책 요인이나 경제외적 요인의 도움 없이 경제내적 요인만으로 성장해야 하는 경우가 많다. 그러므로 성장이 잘 안되는 경우도 많다.

경제학자들의 견해가 대립되는 부분은 바로 국가경제는 시장경제내적 요인만으로도 안정성장을 할 수 있는가이다. 아담 스미스, 데이비드 리카도, 토마스 맬더스 같은 고전파 경제학자들은 그렇게 할 수 있다고 주장했다. 이에 반하여 거시경제학의 창시자인 케인즈는 시장경제내적 요인만으로는 한계가 있으므로 정부정책의 불가피성을 주장했다. 그의 주장에 동조하는 학자들도 많다. 이 점에서 고전학파 경제학자들과 케인즈 경제학파 학자들은 양극을 이룬다. 그런데 어느 주장이 옳은가? 현대의 대부분 경제학자들은 경제목표 달성에 있어서 경제정책의 중요성을 인정한다. 그러나 케인즈 정도로 중요하다고 생각하지는 않는다. 이 문제는 마지막 부분에서 다시 검토하기로 한다.

아무튼 총수요와 총공급을 결정하는 요인, 곧 *AD*곡선과 *AS*곡선을 이동시키는 요인은 수없이 많다. 그리고 수시로 변한다. 이에 따라 우리 나라의 균형GDP도 수시로 변할 수밖에 없다. 한국의 분기별 GDP증가율이 계속 바뀌는 것은 이를 말한다.

지금까지 우리는 *AD*와 *AS*의 결정요인을 보았고 이들 요인이 바뀌면 균형물가수준과 균형GDP도 바뀌게 됨을 알았다. 많은 경우가 있지만 여기서는 총수요만의 변화, 총공급만의 변화, 그리고 총수요와 총공급이 다 같이 증가하는 성장경제 등 세 가지의 경우만 보기로 한다.

총수요만의 변화. 먼저 총공급은 변화하지 않는 상태에서 총수요만 변화할 때 물가수준과 GDP에 미치는 그 영향은 총공급곡선의 모양이 어떠한가, 곧 경제상태가 어떠한가에 따라서 다르게 된다.

첫째, 한국이 IMF경제위기 직후에 경험했던 것처럼 실업자들이 아주 많았을 때는 총수요의 증가는 물가의 상승 없이 GDP를 증가시킬 수 있었다. 이는 [그림 15. 6]의 *AS*곡선 중 수평부분에 해당된다. *AS*곡선이 이처럼 수평적일 때는 *AD*의 증가는 물가상승 없이 바로 GDP의 증가로 나타난다.

[그림 15. 6] 총수요 변화의 영향

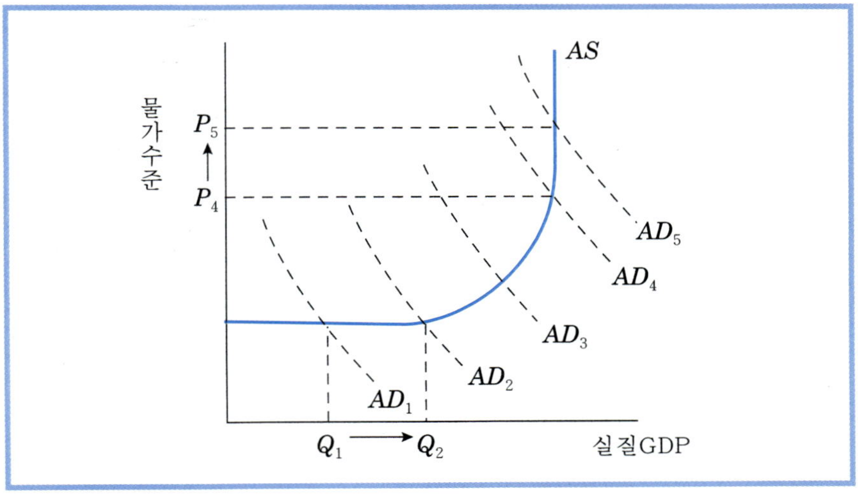

둘째, 한국이 1990년대 초 주택 2백만 호 건설계획을 단기간에 급속히 추진하여 실업률은 2%로 떨어지고 건설인력은 물론 다른 인력의 부족이 심했을 때 *AS*곡선은 [그림 15. 6]의 수직부분과 비슷했다. *AS*곡선이 수직선일 때는 GDP는 이미 잠재GDP 수준에 도달했으므로 *AD*의 증가는 물가수준만 증가시킨다.

셋째, *AS*곡선이 [그림 15. 6]의 *AS*곡선의 중간부분처럼 우상향형일 때는 총수요의 증가는 물가와 GDP를 다같이 증가시키게 된다.

총공급만의 변화. 총수요는 변화하지 않는 상태에서 총공급이 감소하는 경우를 보자. 우리나라는 외환위기 직후 환율이 급등하여 수입품(석유, 식량 등) 가격이 폭등했다. 그 결과 총공급곡선은 [그림 15. 7]에서처럼 AS_1에서 AS_2로 감소했다. 그 결과 물가는 P_1에서 P_2로 상승(인플레)하고 GDP는 Q_1에서 Q_2로 감소(경기침체)했다. 이는 경기침체(stagnation)와 인플레(inflation)가 겹친 스태그플레이션(stagflation)이 발생했음을 의미한다. 이는 우리가 IMF 경제위기 직후에 경험한 바와 같다. 그런데 미국에서는 신경제 때문에 그 반대현상이 발생했다. 즉, *AS*곡선이 AS_2에서 AS_1으로 증가하여 경기는 좋아지고 물가는 하락하는 현상이 발생했다.

stagnation: 총생산이 Q_1에서 Q_2로 감소 ⟩→ stagflation
inflation : 물가수준이 P_1에서 P_2로 상승

성장경제와 총수요 및 총공급. 우리는 지금까지 총수요와 총공급 중 어느 하나만이 변화하는 경우, 물가수준과 GDP에 어떠한 영향을 미치는가를 보았다. 그런데 양자 모두 이동하면 어떻게 될까? 성장경제 특히 한국처럼 고도성장경제의 경우 *AD*와 *AS*곡선은 아주 많이 이동했다. [그림 15. 8]을 보면 한국의 총수요와 총공급은 1인당 GDP가 막 100달러가 되었던 1963년에서, 만 달러가 넘은 2002년 사이에 아주 많이 변화했음을 알 수 있다.

[그림 15. 7] 총공급 감소의 영향: 스태그플레이션

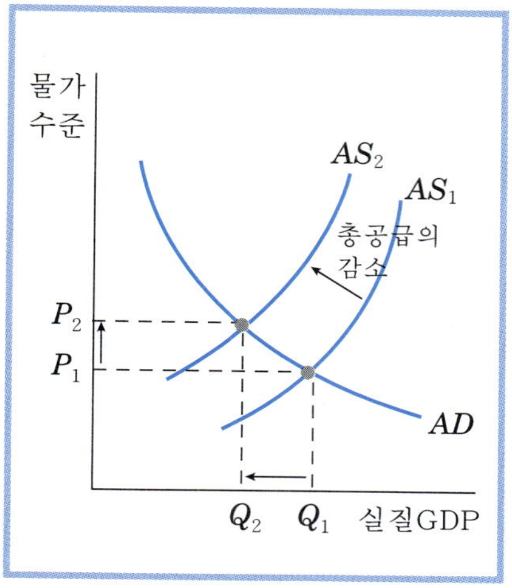

[그림 15. 8] 성장경제의 총수요와 총공급

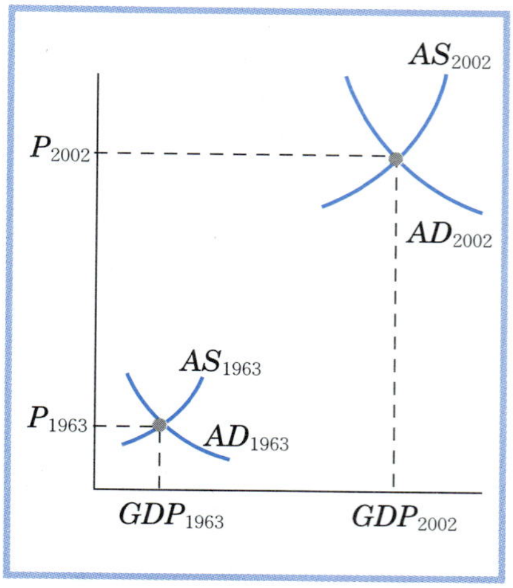

바 단기와 장기의 총공급곡선

우리는 지금까지 주로 단기 *AS*곡선을 이용하여 물가수준과 GDP가 어떻게 결정되는가를 보았다. 지금부터는 단기 *AS*곡선의 의미를 다시 한 번 분명히 하고 장기 총공급곡선과의 차이를 보기로 한다. 그럼 단기와 장기의 차이는 무엇인가?

제품의 가격이 변화해도 제품생산에 사용된 투입물의 가격(특히 임금)이 변화하지 않는 상태로 남아 있는 한 기간에 상관없이 단기(short run)라고 한다. 장기(long run)는 투입물의 가격, 특히 노임이 제품가격 변화를 전부 반영되어 변화하는 기간이다. 장기는 모든 투입물의 가격이 변화하는 기간이다.

그럼 제품가격이 상승해도 임금은 이를 반영하지 못하고 고정된 상태로 남아 있게 되는 이유는 무엇인가? 두 가지이다. 하나는 노임은 보통 연초에 노사협상으로 그 해 물가상승률을 감안하여 정해지는데, 제품가격은 그 이후 예상했던 물가상승률보다 더 많이 오를 수 있다. 이러한 상황

에서는 기업이 공급량을 증가시킴으로써 이윤을 증가시킬 수 있다. 다른 하나는 근로자들의 무지이다. 즉, 인플레로 자신들의 실질임금이 감소했는지도 모르고 이를 임금협상에 잘 반영하지 않기 때문이다.

단기 *AS*곡선. 단기 *AS*곡선은 첫째, 일정한 물가수준을 전제로 하여 둘째, 이 물가상승률이 앞으로도 계속된다는 가정을 토대로 하여 그려진 것이다.

[그림 15. 9]에는 단기 *AS*곡선이 잠재GDP와 같이 표시되어 있다. 나라경제가 b점에 있다고 하자. 이때 임금은 고정되어 있으므로 제품가격의 상승은 이윤의 증가를 의미하므로 기업들은 공급량을 b점에서 c점으로 늘린다. 반대로 제품가격이 하락하면 손해가 나므로 기업들은 공급량을 b에서 a방향으로 줄인다. 그러므로 단기 *AS*곡선은 [그림 15. 9]의 *AS*곡선과 같은 모양이 된다. 단기적으로는 총공급량이 잠재GDP 수준을 넘을 수 있다. 왜냐하면 기업들은 근로자의 시간외 근무를 늘리고, 정년퇴임자나 주부 등의 노동을 활용하는 등으로 총공급량을 잠재GDP 수준 이상으로 증가시킬 수 있기 때문이다.

장기 *AS*곡선. 임금 등 투입물 가격이 모두 변하게 되면 기간에 상관

[그림 15. 9] 단기 총공급곡선

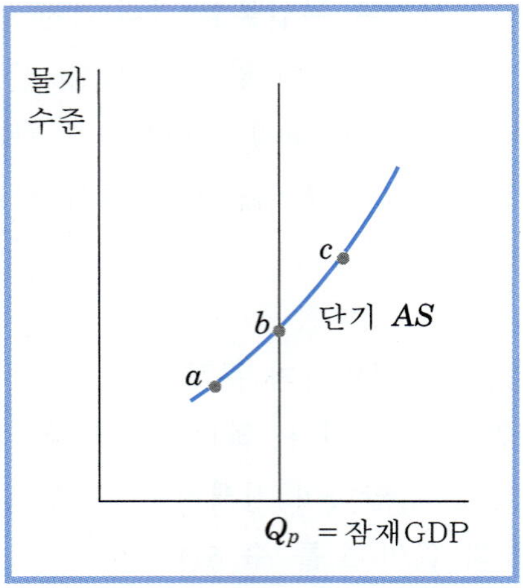

[그림 15.10] 장기 총공급곡선

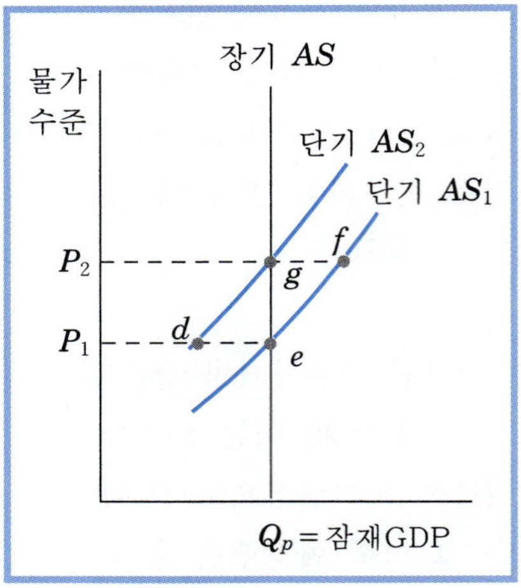

없이 장기이다. 장기에는 임금 등 투입물 가격이 물가상승을 모두 반영한다. 그러므로 [그림 15. 10]에서 가령 경제가 e상태, 즉 물가수준은 P_1이고 GDP는 Q_p 수준에 있다고 하자. 이때 물가수준이 P_2로 상승하면 어떻게 되는가? 경제는 단기 AS곡선을 따라서 e점에서 f점으로 이동한다. 즉, 물가가 P_2 만큼 상승하였으므로 GDP는 잠재GDP 수준을 넘어선 상태가 된다. 그런데 노동자들은 물가상승으로 실질임금이 감소했음을 알고 임금 인상을 요구하게 된다. 임금이 물가상승을 모두 반영하게 되면 AS_1곡선은 AS_2곡선으로 이동한다. 이는 우리가 이미 [그림 15. 7]에서 알게 된 바와 같다. 그렇게 되면 경제는 f점에서 g점으로 이동한다.

물가가 하락하는 경우는 반대로 해석할 수 있다. 즉, 경제가 g상태, 즉 물가는 P_2이고 GDP는 Q_p점에 있다고 하자. 이때 임금은 불변인 상태에서, P_2에서 P_1까지의 물가하락은 이윤의 감소를 의미하므로 기업들은 생산량을 d점까지 줄인다. 그런데 물가하락은 임금하락을 가져오므로 AS_2곡선은 AS_1으로 이동하게 된다. 이에 따라 경제상태는 d점에서 e점으로 이동한다. 경제는 다시 잠재GDP 수준이 된다. 그러므로 [그림 15.10]에서 e점과 g점을 연결하는 선은 수직선이 되는데 이는 곧 장기 AS곡선인 것이다.

사 나라경제는 자연치유 능력이 있는가?

이미 앞서 수급변동 요인과 관련하여 말한 바와 같이 나라경제가 어떻게 작동하는가에 대해서는 크게 두 가지 견해가 있다. 하나는 고전파 경제학자들(데이비드 리카도, 진 벱티스트 세이 등)의 견해로서 경제는 경제병이 생길 때 자연치유 능력을 발휘한다는 것이다. 그러므로 나라경제는 자유방임(laissez faire)해도 된다는 것이다. 다른 하나는 케인즈(John M. Keynes)의 견해로서 나라경제는 자연치유 능력이 없으므로 내버려두면 수요가 부족하여 잠재GDP에 훨씬 미달하는 상태에서 그대로 오래 머무를 수도 있다고 했다. 그렇게 되면 실업자가 많게 됨은 말할 나위도 없다.

고전파 경제학자들은 재화와 용역이 얼마나 생산되건 이를 구입하는데 필요한 만큼의 소득도 동시에 같이 생산된다고 믿었다. 따라서 세이는

"공급은 자체의 수요를 만들어 낸다"고 하였다. 이를 '세이의 법칙'이라고 한다. 고전파 경제학자들은 소득 중 일부가 저축형태로 경제흐름에서 밖으로 빠져나간다고 하더라도 똑같은 금액만큼의 투자가 경제흐름 속으로 들어오게 되어 공급량과 수요량이 일치하게 되므로 문제가 없다고 믿었다. 왜냐하면 만약 경제흐름에서 빠져나가는(누출되는) 저축이 들어오는(주입되는) 투자보다 많게 되면 이자율이 떨어지게 되므로 저축은 줄고 투자는 늘어서 양자가 다시 일치하게 된다고 믿었기 때문이다. 그리고 그들은 실업은 임금이 너무 높기 때문에 발생한다고 믿었다. 실업자들이 낮은 임금을 받아들이게 되므로 실업자도 자동적으로 줄어들게 된다고 믿었다.

이런 경제관을 가진 고전학파 학자들의 정부 경제정책에 대한 견해는 어떠했던가? 그들의 정책처방은 한 마디로 자유방임이다. 나라경제를 정부가 간섭하지 말고 자유방임하면 저절로 GDP는 잠재GDP 수준으로 접근하고 고용도 완전고용 수준에 도달한다는 것이다. 그들은 국내총생산은 총수요 관리정책이 아니라 생산요소의 가용량과 그 생산성에 의하여 결정된다고 믿었다.

그러나 1929년 대공황이 발생하게 되자 미국의 GDP는 거의 반으로 줄어들고 실업자는 전체 근로자의 4분의 1이나 될 정도로 늘어났다. 나라경제는 이런 경제병의 자연치유 능력이 있다고 하던 고전파 경제학자들의 주장은 잘못된 것으로 판명되었다. 케인즈는 대공황에 빠진 나라경제를 구출하기 위해서는 정부의 적극적인 정책개입이 필요하다고 주장했다. 그는 아주 장기적으로 보면 나라경제가 고전파 경제학자들의 주장처럼 잠재GDP 수준을 회복하겠지만 그때는 모두 죽게 된다는 것이었다. 그리고 나라경제가 자생력을 발휘하여 잠재GDP 수준을 회복하는 데는 너무나 오랜 기간이 필요하므로 치러야 할 대가가 너무 커진다는 주장이었다.

경제학파	나라경제의 자연치유능력	경제에 대한 정부의 간여	완전고용 달성여부
고전파경제학자들	있음	자유방임	스스로 달성가능
케인즈경제학파	없음	적극적 간여	스스로 달성불가능

사실 거시경제학에 대한 많은 학자들의 주장은 본질적으로 총수요곡선과 총공급곡선의 모양 및 이동과 관련된 것인데, 수요측 이론, 공급측 이론, 양자의 절충 이론의 셋으로 나눌 수 있다.

- 수요측 이론. 수요측 이론의 가장 대표적인 것은 ① 케인즈 이론이다. 케인즈는 총수요 부족은 언제든지 발생할 수 있으며 이는 곧 경기침체를 의미한다고 했다. 총수요 부족은 소비지출, 투자지출, 정부지출, 순수출 그 어느 것에 기인할 수도 있으며, 경기 부양의 길은 총수요 부양이라고 했다. 케인즈는 총수요 부양의 방법으로 정부지출의 대폭적인 증가를 주창했다. 케인즈는 재정정책의 중요성을 강조하고 경제에 대한 정부의 적극적 간여를 주장해서 시장경제가 혼합경제(=시장경제+정부통제)가 되는 계기를 마련했다. 총수요측 이론의 다른 중요한 것은 ② 통화주의론자들의 이론이다. 이들은 총수요 관리에 있어서 통화의 중요성을 강조한다. 그들은 통화량에 따라서 총수요가 과다 또는 과소하게 된다고 한다. 통화량의 변화를 통해서 총수요곡선을 소망스러운 위치로 이동시켜서 물가수준과 GDP도 원하는 수준으로 변화시킬 수 있다는 것이다. 거시경제의 성공과 실패는 모두 통화량의 관리에 따른다는 극단론을 펴는 사람들도 있다.
- 공급측 이론. 공급측 요인 중시론자들은 공급측 요인의 잘못이 경제를 완전고용 수준에서 벗어나게 만든다는 것이다. 즉, 물류비 상승, 땅값 상승, 정부규제 증가 등으로 기업의 투자의욕이 줄어들게 되면 총공급이 감소하게 된다고 하는 등 공급측 요인의 중요성을 강조한다.
- 절충이론. 이들은 수요측 요인과 공급측 요인의 어느 한쪽에 치우치지 않는다. GDP와 물가는 이 두 요인의 상호 작용에 의하여 결정된다는 절충론을 펴는 것이다.

그런데 총공급곡선을 단기와 장기로 구분해 놓고 보면 많은 학자들의 주장이 더욱 분명해진다. 장기적으로 *AS*곡선이 수직적이 된다고 하는 학자들은 GDP 증가에 있어서 총수요의 역할을 부정한다. *AS*곡선이 수평이 된다고 하는 학자들은 총수요의 역할을 중시한다. 그러나 단기적으로 *AS* 곡선이 우상향형이 된다고 하는 사람들은 총수요와 총공급의 역할을 다 같이 중시하는 것이다.

16. 경제성장과 경제구조의 변화

"경제성장을 할 수 없다면 우주의 의미를 찾는 것이 무슨 소용이 있는가?"

"악(惡) 중 가장 나쁜 것과 범죄 중 가장 나쁜 것은 가난이다. 가난한 사람은 무엇이건 조금씩밖에 살 수 없으니 물건을 살 때 규모의 경제를 실현할 수 없다."

적정성장률. 한국의 적정 경제성장률은 얼마인가?

- 추세성장률은 5.5%. 이는 세계은행이 「세계개발지표, 2005」에서 계산한 대로 한국의 과거 경제성장률(1990~03)이 앞으로도 계속된다는 것을 가정했을 때의 성장률이다.
- 필요성장률은 7% 이상. 현재의 실업자와 매년 학교를 졸업하는 수많은 취업 희망자에게 일자리를 만들어 주려면, 앞으로 얼마 동안 7% 이상의 성장은 필요할 것으로 보인다.
- 성장저력은 7%+α%. 한국경제는 경제위기를 겪은 직후 마이너스 성장을 했다. 성장저력을 잘 회복하는 경우 앞으로 몇 년간은 상당 정도의 성장도 가능할 것이다.

반도체와 같은 산업은 많이 성장하더라도 경제 전체의 물가나 고용에 큰 영향을 미치지 않은 채, 국가경제 성장률을 크게 높일 수 있다. 경제성장률은 굴뚝산업과 지식산업을 포함한 전산업의 균형성장의 결과인가, 또는 반도체, 조선과 같은 소수산업의 집중적 성장의 결과인가에 따라서 큰 차이가 있을 수 있다. 그러므로 글로벌지식경제시대에는 한국경제의 성장률은 인플레 걱정 없이 상당정도 높일 수도 있다.

가 경제성장과 경제성장률의 의미

경제성장의 뜻. 경제성장은 GDP로 따진다. 우리는 GDP를 이미 제14장에서 살펴보았는데, 여기서는 요점을 다시 한 번 간단히 살펴보기로 한다. 그런데 작년의 GDP는 작년의 물가, 금년의 GDP는 금년의 물가수준으로 계산된 것이다. 그 해의 물가를 기준으로 계산한 GDP를 경상GDP(=화폐GDP=명목GDP)라고 하는데, 이에는 물가상승 부분과 실물증가 부분이 같이 포함된다. 그러므로 그 증가 추세를 보면 아주 빠르게 나타난다([그림 16. 1]). 실물증가 부분만이 의미있는 경제성장이므로 물가상승분은 경상GDP에서 빼야 한다. 경상GDP에서 물가상승분을 뺀 것이 실질GDP인데, 경제성장은 실질GDP를 기준으로 계산한다.

그런데 실질GNI가 증가할 때 인구도 증가하므로 이를 감안해야 한다. 실질GNI를 인구로 나눈 것이 국민 1인당 평균GNI인데, 이는 실질GNI만큼 증가하지 않는다([그림 16. 1]).

그러므로 경제성장은 우선 경제전체 차원과 국민 한사람 한사람 차원에서 따진다. 1인당 GNI는 국민 1인당 평균GNI이다.

1) 국가 전체의 경제성장: GDP

한국경제 전체의 성장률은 세계은행의 「한국—지식기반경제로의 이행」에 따르면 1966년에서 1996년까지 30년간 달러(고정가격) 기준으로 연평균 6.8%씩 성장했다. 그리고 김광석·홍석덕의 「한국의 고도성장 요인분석」(1997)에 따르면 원화(고정가격) 기준으로 연평균 7.9%(1963~95)나 된다.

2) 국민 개개인의 평균경제성장: 1인당 GDP

세계은행의 「세계개발지표」(2005)에 따르면 한국과 미・일・중 등의 경제성장률은 1인당 GDP 기준(1990~03)으로 다음과 같다.

한 국	5.5%	세계평균	2.8%
미 국	3.3%	선진국평균	2.6%
일 본	1.2%	중진국평균	3.5%
중 국	9.6%	최후진국평균	4.7%

그런데 실질GNI가 증가하더라도 인구가 이보다 더 빨리 증가하면 국민의 평균GNI, 곧 1인당 GNI는 오히려 감소할 수 있다. 아프리카 어느 나라에서는 가뭄으로 GNI가 줄어들었는데, 심한 질병으로 인구가 더 많이 줄어, 1인당 GNI는 오히려 증가한 적이 있다. 경제는 제자리에 머물러 있는데 인구가 감소해도 1인당 GNI는 증가한다. 하지만 이런 경제성장은 바람직하지 않다. GNI나 1인당 GNI 모두 증가하는 것이 소망스럽다.

3) 경제성장 = 생산(시설) 능력의 확장을 수반한 실질GNP의 증가

최근 한국경제는 1997년 423조 원의 GNP를 생산하다가 IMF 경제위기로 다음 해엔 395조 원 밖에 생산하지 못하게 되었다. 이런 상태에서 경기회복으로 그 다음 해 GNP가 423조 원으로 증가하게 되면 경제는 7%(=(423-395)÷395) 성장했다고 할 수 있을까? 이 7%는 경제 전체의 생산시설 능력의 확장에 따른 성장은 결코 아니다. 생산시설의 가동률의 증가에 기인한 것이므로 경기회복 성격의 성장이다. 그러므로 경기회복에 따른 GNP 증가가 아니라 생산시설 능력 확대를 수반한 GNP의 증가를 참된 의미의 경제성장이라고 할 수 있다. 경제성장을 [그림 16. 2]에서처럼 생산가능성곡선의 이동으로 설명하는 것은 바로 이를 말하는 것이다.

경제성장 연구로 노벨상 수상자가 된 사이먼 쿠즈네츠는 경제성장을 다음과 같이 아주 포괄적으로 정의한 바 있다.

4) 경제성장 = 국가생산 능력의 장기적 확대 + 끊임없는 기술진보 + 이에 맞는 국민들의 의식구조와 경제제도의 개선.

기하급수적 성장의 의미

가령 우리의 봉급, 재산 등이 매년 7%씩 증가하면 몇 년 뒤에 두 배로 불어나겠는가? 그리고 10%씩 증가한다면? 이의 계산에는 간단한 공식이 있다. 70 나누기 증가율(7%)을 하면 그 답(10)이 두 배로 되는 데 걸리는 연수이다. 즉, 매년 7%씩 늘어나면 두 배로 되는 데 10년이 걸린다. 5%씩 증가하면 약 14년이 걸린다. 그럼 10년에 재산을 두 배로 늘리려면 연 몇 %씩 증가토록 해야 하는가? 마찬가지로 70나누기 10년 하면 그 답이 7이므로 7%씩 증가토록 해야 한다.

70 ÷ 증가율 = 두 배가 되는 연수

70 ÷ 연 수 = 두 배가 되는 증가율

그럼 7년에 두 배를 만들려면 연 몇 %씩 증가시켜야 하는가? 답은 10%이다. 한국경제는 1인당 GNP기준으로 1963년부터 최근까지 매년 거의 7%씩 성장했다. 매년 7%씩 성장하면 매 10년마다 소득이 2배로 증가한다. 그리고 20년에 4배, 30년에는 8배로 증가한다. 한국의 1인당 GNP는 1963년까지만 해도 100달러에 불과했다. 그러나 지금은 만 달러나 된다. 이것이 경제기적이다. 한 세대 남짓한 기간에 절대빈곤 문제를 해결한 나라는 한국, 대만, 싱가포르 등 몇 나라밖에 없다.

성장률의 다른 면을 보기로 하자. 가령 대만 만한 연못이 있고 그 속에 매일 두 배씩 불어나는 꽃이 있다고 하자. 그 연못의 반이 꽃으로 가득 차는 데 364일이 걸린다면 나머지 반이 꽃으로 가득 차는 데는 며칠이 걸리겠는가? 답은 하루이다. 365일째가 되면 그 연못은 온통 꽃으로 가득 차게 된다. 그럼 그 다음날은 어떻게 되겠는가? 그 꽃이 정상적으로 성장하려면 그만한 연못이 하나 더 있어야 한다. 그 다음, 다음날은 어떻게 되겠는가? 필요한 연못은 1, 2, 4, 8, … 등으로, 즉 기하급수적으로 늘어나야 한다.

우리가 위에 예를 든 경제성장은 기하급수적 성장이다. 그런데 연못의 수는 이와 같이 늘어날 수 없다. 그럼 어떻게 되겠는가? 꽃이 기형이 되든지 환경오염과 파괴가 심각하게 되든지 한다. 경제성장에 따른 심각한 환경오염 문제의 중요성을 깨우치게 하는 예이다.

[그림 16. 1] 한국의 경상GNI, 실질GNI 및 1인당 실질GNI의 증가추세

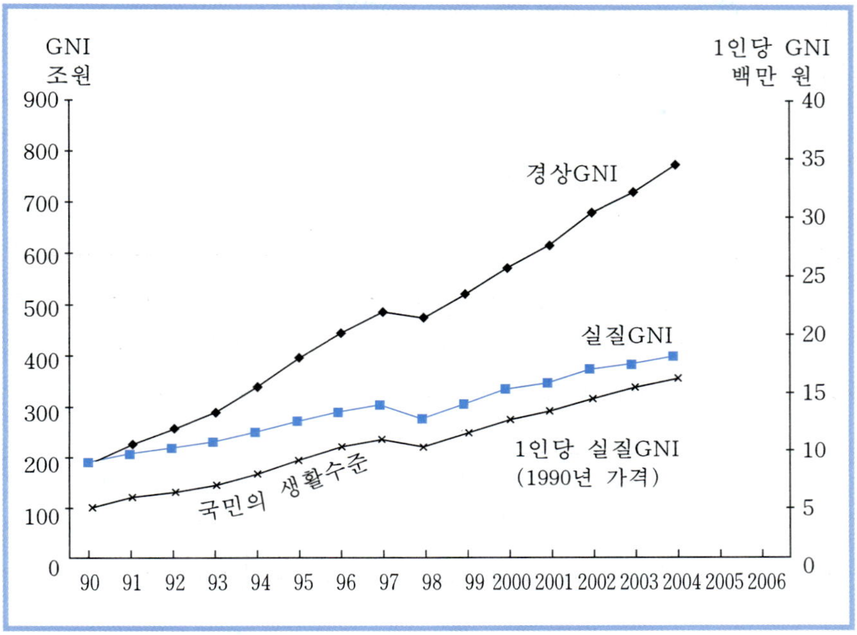

자료: 통계청, 홈페이지(http://www.nso.go.kr)

위의 네 가지 정의 중 일반적으로 많이 사용되는 것은 앞의 두 가지이다.

나 한국이 고도성장의 길을 간 이유, 가야 하는 이유

한국은 1960년대 초 제 1 차 경제개발 5개년계획(1962~66)을 시작하면서 고도성장의 길을 달렸다. 그 이유는 무엇인가?

1) 국가안보. 우선 한반도는 앨빈 토플러도 「한국과 제 3 의 물결」에서 지적했듯이 공산주의와 자본주의가 첨예하게 대치한 세계에서 가장 위험한 곳이었다. 때문에 한국은 가난한 나라살림에도 불구하고 경제발전 초기부터 60여만 명의 대군을 유지해야 했다. 국방비는 가난한 나라살림에 과중한 부담이 되었을 뿐만 아니라 매년 빨리 증가했다. 화급한 국가안보 문제 해결에 가장 좋은 길은 경제성장뿐이었다. 따라서 정부는 기업의 성

장을 거의 강요하다시피 했다. 티보르 시톱스키(Tibor Scitovsky)는 「한국과 대만의 경제발전」이란 글에서 한국의 경제성장을 강요된 성장(forced growth)이라고 했다. 정부가 기업의 성장을 강요했다는 것이다. 그런데 이 글은 한국과 대만의 초기 경제발전을 가장 잘 비교하여 설명한 것으로 평가된다.

국가안보는 지금도 중요한 문제임은 말할 필요도 없다. 현대전쟁에서는 첨단무기가 승패를 좌우하는데, 첨단 무기의 확보에 있어서는 경제력이 절대적이다. 세계에서 미·일·중·러 4대 강국 속에서 살아가야 하는 유일한 나라는 한국이다. 경제력을 계속 키워서 주변 강대국 보다 생활수준을 높게 해야 편안하게 살 수 있는 지정학적 위치에 있다.

에드워드 메이슨(Edward Mason) 전 하버드대 교수는 한국이 일본의 식민지가 된 것이나 해방 후 남북북단이 된 것도 결국은 당시 경제성장이 안되어 한국인의 소득수준이 중국이나 일본보다 낮았기 때문이라고 했다. 지금은 한국의 1인당 소득수준은 일본보다는 낮으나 중국보다는 높은 편이다.

2) 긴박한 실업문제의 해결. 당시 매년 20여만 명의 제대군인들이 일자리를 필요로 했다. 만약 경제성장이 5년만 안 되어도 제대군인 실업자만 100여만 명이 될 지경이었다. 매년 학교를 졸업하는 수많은 젊은이들에게도 일자리가 필요했으므로 고도성장은 불가피했다. 한국에는 지금 매년 48만 명 이상의 어린이가 태어난다. 이들의 취업을 위해서도 경제는 많이 성장해야 한다. 경제성장이 안 되면 온 나라는 실업자 천국이 된다. 실업률이 20%가 넘는 동구권 국가들에는 범죄자들이 넘쳐난다. 스페인도 실업률이 20%가 넘어 각종 범죄가 큰 문제가 되고 있다.

3) 빈곤의 굴레의 탈피. 한국은 1963년까지 1인당 소득이 겨우 100달러가 될 정도의 극빈 국가였다. 국민들 중 상당수는 그야말로 초근목피로 목숨을 이어가는 보릿고개를 넘지 못하고 굶어 죽는 사람들도 많았다. 당시 김종필 총리는 한국은 나라라기보다 거지라고 하는 것이 옳았다고 했다. 성장이 안 되니 소득수준이 낮게 되고, 소득수준이 낮으니 저축이 안

되며, 저축이 안 되니 투자가 안 된다. 투자가 안 되면 성장이 안 되고, 성장이 안 되면 소득수준이 낮게 되고, 소득수준이 낮으니 저축이 안 된다. 이를 빈곤의 악순환(circle of poverty)이라고 한다. 나라 전체가 빈곤의 굴레를 벗어나는 길은 경제성장뿐이었다.

4) 경제체제의 안정. 1960년대 초까지만 하더라도 남한은 1인당 소득, 자동차 생산, 철강 생산 등에 있어서 북한에 크게 뒤떨어져 있었다. 나라의 체제 자체가 불안할 지경이었다. 북한 추월과 체제안정을 위해서도 경제성장은 불가피했다. 당시 한국의 많은 대학생과 지성인들은 한국에는 자본주의가 맞지 않는다고 했다. 한국의 살길은 공산주의밖에 없다고 한 사람들도 많았다.

5) 패배의식의 극복. 경제성장 초기, 국민들은 오랜 세월 가혹한 일제의 식민통치와 한국전쟁의 참화를 겪은 후라 국가 장래를 비관하며 지도자를 불신하고, 서로간에도 불신했다. "한국인은 안 된다"는 식의 패배의식에 사로잡혀 있었다. 일본인들은 일제통치 35년간 한국인들에게 열등의식을 심어 일본통치를 받지 않으면 안 된다는 생각을 갖도록 많은 애를 썼다. 그 노력의 일환으로 '조센징와 쇼가나이(조선인은 대책이 안 선다)'라는 말을 유행시켰다. 이런 사람들에게 희망을 주기 위해서도 고도성장은 긴요했다. 당시 고도성장은 이와 같이 긴박한 상황에서 선택할 수 있는 유일한 길이었던 것이다.

지금까지 말한 것은 경제발전 초기단계에서 고도성장을 하지 않으면 안 되었던 이유이다. 이런 긴박한 이유가 아니더라도 우리가 경제성장을 앞으로도 계속해야 하는 이유는 여러 가지가 있다. 지금부터 이를 보기로 하자.

1) 성장은 인간의 본능. 더 오래 그리고 잘 살아 보려고 하는 것은 인간의 본능이다. 아담 스미스도 『국부론』에서 이러한 본능은 인간이 태어나서 무덤에 갈 때까지 한시도 떼어버릴 수 없는 본능이라고 하였다.

성장은 국민을 더 잘, 그리고 더 오래 살게 한다. 한국인의 평균수명은 1940년 44.7세에서 2002년에는 76.0세로 증가했다. 국민의 자질도 높아진다. 문맹자의 수는 1949년 전국민의 80%나 되었으나 지금은 거의 제로이다. 한국의 GNI는 이제 800조 원을 넘었으므로 경제성장이 1% 더 되면 국민은 매년 8조 원(1억 원짜리 아파트 8만 호) 이상의 혜택을 본다.

경제성장은 국민의 자유를 증가시킨다. 더 좋고 많은 물건과 서비스를 소비할 자유, 더 많은 곳을 여행할 자유, 더 많은 직업을 선택할 자유, 더 많은 제품을 만들 자유 등이 증가한다. 경제성장은 민주화도 크게 촉진시킨다.

2) 사람값, 돈값과 자긍심을 높인다. IMF사태로 환율이 폭등하자 과거 한국에 와서 여관에 묵던 일본인들은 일류호텔에 머물게 되고, 일본에 가서 일류호텔에 머물던 한국인들은 여관에 가서 머물게 되었다. 한국회사 도쿄지사에 근무하던 어느 분의 말이다. 일본은행들이 IMF 경제위기 직전까지도 찾아와서 돈을 낮은 이자에 많이 빌려가라고 권했는데, 위기가 발생하자 돈을 높은 이자에도 빌려주기는커녕 빌려간 돈 갚으라고 매일 독촉하더라는 것이다. 경제성장은 사람값을 높인다. 경제가 침체하면 실업자가 늘어나고 소득이 줄어들므로 사람값, 돈값, 땅값 모두 떨어진다. 국력(경제력 및 국방력) 상승과 국위선양의 길은 경제성장뿐이다.

일본은 '소득배증계획' 등으로 1970년대 초까지 서유럽 선진국들을 모두 추월하고 지금은 미국 다음 세계 제 2 의 경제대국이 되어 있다. 1964년 도쿄올림픽 때까지만 하더라도 세계 일류학자들은 일본인들을 대수롭게 생각하지 않았다. 일본을 게이샤의 나라라고 생각할 정도였다. 일본경제에 대한 연구를 별로 하지 않았음은 물론이다. 그러나 지금은 일본경제를 모르는 학자는 학자 취급을 받지 못할 정도이다. 스위스가 1인당 소득수준 세계 제일의 선진국이 된 것이나 싱가포르, 홍콩 같은 후진국이 옛날의 종주국이었던 영국보다 더 잘 살게 된 것도 높은 경제성장 덕분이다.

앞으로 동아시아가 세계경제의 중심이 된다고 하는데, 그 주된 이유도 높은 경제성장률 때문이다. 최근 러시아, 중국 등 대국들이 한국에 원조를 청하게 된 것이나, 북한보다 남한을 중시하는 것도 경제성장 덕분이다. 한국인들이 외국에서 사람 대접을 받게 된 것도 경제성장 때문이다. 특히 자동차 수출과 더불어 더욱 그렇게 되었다. 서울대 어느 교수는 한국자동차가 미국에 처음 수출되던 날 유학생들이 모두 모여 울었다고 했다. 1970년대 초까지만 하더라도 한국회사 사장이 유럽 선진국에 가면 그곳 회사 사장들은 만나주질 않았다. 부장이나 이사급 인사가 만나주면 다행일 정도였다. 그러나 지금은 사장, 회장은 물론 정부 각료까지 환영 나올 정도이다. 과거 외채가 많을 때 한국의 장관이 그 곳에 가면 그 곳 은행임원들도 기피할 정도였다고 한다.

3) 성장은 경제사회를 건전하고 안정되게 한다. 항산(恒産)이 있어야 항심(恒心)이 생기고 의식이 족(足)해야 예절을 알게 된다. 곡간에서 인심 난다는 말도 있다. 떡덩어리가 줄어들 때보다 커질 때 인심이 후해지고 국민화합도 잘 된다. 경제가 침체할 때는 정부는 기업을, 기업은 정부를 탓하게 되나 잘 성장할 때는 서로를 자랑스럽게 생각한다.

경제가 성장하면 모든 것이 따라서 성장한다. 기업의 수도 많아지고 규모도 커진다. 일자리도 많아지고 직업의 종류도 많아진다. 생산물의 종류와 양도 많아진다. 국민의 소득도 재산도 모두 증가한다. 청소년들의 키도 능력도 모두 커진다. 사람들의 인상도 좋아진다. 자동차의 수, 전화기의 수, 신용카드의 수도 많아진다. 국민들이 여행할 수 있는 지역도 교통수단도 많아진다. 국내외 시장의 규모도 커진다. 또한 경제성장은 사람을 더 고상하고 더 사람답게 만든다. 성장이 지속되어야 진정한 안정을 얻을 수 있다.

> "어머니는 섣달 그믐날 밤늦게까지 엿을 팔아 우리 5남매를 먹여 살리려고 보리쌀 한 말과 쌀 한 되를 사오시면서 그렇게 좋아했다. 그러나 그만 밤새 모두 도둑을 맞아 설날 먹을 것이 없게 되자 방바닥에 넋없이 앉아 한없이 우시던 모습이 지금도 생생하다."
>
> — 어느 주부

경제성장이 안 되는 국가는 부(富)를 창출할 능력을 상실한 나라이다.

이른바 '고개 숙인 남자'들이 많게 되고 활력을 잃는다. 국민들은 자신을 잃고 사회는 불안하고 침체하게 된다. 미국에서는 경제성장이 안 될 때 사회가 불안하게 되고 대통령이 바뀌었다. 자신의 직장을 잃게 하는 정치인을 지지할 유권자는 없는 것이다. 일본도 최근 경제성장을 잘못하자 국가가 방향타를 잃었다는 비판이 일었다. 이러한 점에서 경제성장은 건강한 사회의 필수요건이다.

성장이 안 되어 경제가 줄어드는 상태에서 인플레가 발생하는 것을 스태그플레이션이라고 하는데 이는 '경제의 암'에 비유된다. 이 병이 심화되면 혁명이 발생하고 정권이 바뀐다. 공산주의 시조인 칼 마르크스도 꾸준한 경제성장과 확장이 자본주의 건강에 절대적이라고 했다. 한국에서는 얼마 전까지 경제성장률이 7% 이하로 떨어질 때 경제관련 장관이 바뀌었다.

4) 성장은 경제사회문제의 해결을 쉽게 한다. 나라경제가 잘 성장해야 세금 등 정부수입이 증가한다. 정부수입이 많아야 각종 경제사회문제 해결이 쉬워진다. 각종 사회질병의 치료에 있어서 양질의 경제성장보다 더 좋은 약은 없다. 한국전쟁 직후나 조선 때처럼 국가경제가 성장하지 않는 상태에서는 국민 개개인이나 기업이 아무리 노력해도 자신들의 경제문제를 잘 해결할 수 없었다. 나라경제 전체가 잘 성장해야 개인이나 기업이 성장도 하고 장사하기도 쉬워진다.

한반도에서 생산되는 식량으로는 온 국민이 먹고 살아갈 수 없다. 생산활동에 필요한 에너지, 광물자원 등의 수입에 필요한 외화를 벌기 위해서도 경제성장을 계속해야 한다.

5) 성장은 형평을 높인다. 경제가 성장하지 않으면 실업자가 늘어나므로 분배가 악화된다. 실업자가 늘어나는 것보다 분배를 더 악화시키는 것도 드물다. 대통령이나 일반서민, 잘 사는 사람이나 못 사는 사람 할 것 없이 의복, 음식, 가전제품 등의 소비 면에서 평준화된 것은 경제성장 때문이다. 이제는 일정한 직업이 있는 사람이면 누구나 좋은 옷을 입고 좋은 음식도 먹을 수 있다. 성장은 분배의 개선을 쉽게 만든다. 줄어드는 떡

덩어리를 나누는 것보다 늘어나는 떡덩어리를 나누는 것이 훨씬 쉽다.

6) 글로벌라이제이션 시대의 생존. 국경이 없어지는 무한경쟁시대에서는 성장하지 못하는 기업은 세계적인 외국기업들과의 치열한 경쟁에서 패한다. 정부의 기업보호정책이 점차 없어지는 글로벌라이제이션 시대에는 한 번 쓰러진 대기업은 다시 일어나기 힘든다. 정부도 쓰러진 기업이나 경제를 일으키기가 어렵게 된다. 그리고 한국 시장은 다른 나라 기업에게 넘어간다.

경제성장과 발전. 경제성장(growth)은 보통 소득수준의 상승을 의미하나 경제발전(development)은 그 이상의 뜻이 있다. 마이클 토다로는 『경제발전론』(제 9 판)에서 발전에는 다음의 세 가지 중요한 측면이 있다고 했다. 즉,

· 국민의 기본욕구충족과 생활수준의 향상
· 자긍심의 향상
· 자유의 증가; 빈곤으로부터의 자유, 선택의 자유 등

경제성장은 국민생활 수준, 자긍심, 자유가 다같이 향상되는 방향으로 이루어져야 된다는 것이다. 세계은행은 「세계개발보고서」(1991)에서 발전은 인류가 당면한 가장 중요한 도전이라고 했다. 한국의 외채는 1985년까지 급증했다. 당시 많은 지성인들은 경제성장이 국제수지 적자는 물론 많은 경제문제의 근본원인이라고 했다. 그러나 지금은 그렇게 생각하는 사람들이 거의 없다. 경제성장의 중요성을 국민들이 잘 이해하는 것 그 자체가 경제성장의 큰 성과인 것이다. 경제성장은 경제나 경제학에 대한 국민의 인식을 높인다.

다 경제성장의 요인

경제성장의 요인에는 여러 가지가 있는데, 이를 다음과 같이 크게 세

가지로 분류할 수 있다.

경제성장의 3대 요인. 세계경제포럼(WEF)은 「글로벌경쟁력보고서, 2006」에서 국가의 성장경쟁력의 결정요인은 다음 3가지라고 했다.

① 기　　술: 혁신, 기술이전, 정보통신 등
② 공공제도: 법치, 부패방지
③ 거시경제환경: 국가경제 안정 등

세계경제포럼은 국가를 핵심혁신자(core innovators)와 비코어혁신자(non-core innovators)의 두 그룹으로 구분하는데, 한국은 전자에 속한다. 핵심혁신자군(群)에 속하는 나라의 경제성장에는 혁신적인 제품이나 생산공정의 혁신이 결정적인 역할을 한다는 것이다. 그리하여 3대 성장경쟁력 결정요인 중 기술이 성장에 50%, 그리고 공공제도와 거시경제환경이 나머지 반을 차지한다는 것이다.

우리의 GC모델(제10장)은 경제성장에는 공급측 요인과 수요측 요인 이외에 아홉 가지 요인이 더 있다는 사실을 밝히고 있다. 아홉 가지 요인들은 경영, 정부, 기업과 산업, 국제화, 자유경제체제, 인간자본, 정치안정 및 우발적 요인 등이다. 세계경제포럼도 성장경쟁력 결정요인을 이와 유사하게 재분류하는 작업을 시작했다. WEF가 중시하는 요인은 아홉 가지이다.

생산가능성곡선을 통하여 이를 보기로 하자. [그림 16. 2]에서 P점을 통과하는 생산가능성곡선은 2005년 현재 한국이 모든 자원과 기술을 동원하여 최대로 생산할 수 있는 소비재와 투자재의 각종 배합량을 나타낸다. 그리고 P점으로 나타나는 소비재와 투자재의 배합량이 한국사회가 바라는 것이라면 이는 능률달성 조건을 충족하는 것이다. 그런데 2005년에 한국이 자원과 기술을 사용하여 최대로 생산할 수 있는 소비재와 투자재의 각종 배합량은 Q점을 지나는 생산가능성곡선이고, 국민들이 바라는 소비재와 투자재의 배합량은 Q점으로 표시된다고 하자. 그럼 한국경제가 P점에서 2010년에 Q점까지 성장하려면 어떤 요인이 작용해야 하는가?

[그림 16. 2] 경제성장과 생산가능성곡선

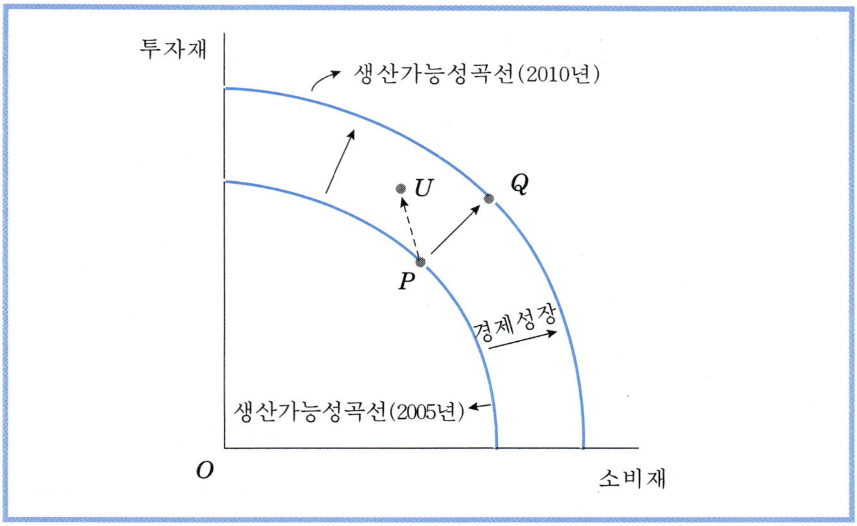

첫째, 앞서 말한 공급측 요인들(자원의 양, 자원의 질, 기술)이 *Q*점으로 표시되는 소비재와 투자재를 생산할 수 있을 만큼 증가해야 한다.

둘째, 총수요도 그에 맞게 증가해야 한다. 만약 총수요가 충분하게 증가하지 못하면 생산량은 *Q*점까지가 아니라 *U*점까지밖에 증가하지 못할 수도 있다. *U*점은 실업자가 많고 경기도 침체되는 상태이다.

셋째, 이 두 가지와 더불어 앞서 말한 각종 요인들이 잘 작용해야 한다.

그런데 한국의 경제성장을 수출주도형 성장이라고 하듯이 경제성장 과정에서 공급측 요인뿐만 아니라 수요측 요인, 특히 수출이 중요한 역할을 했다. 한국의 경우에는 수출증가를 위해서 많은 기업의 공급능력을 확대한 경우도 많다. 실제로 한국의 많은 제조업체는 지금도 생산능력을 국내수요보다 해외수요를 중심으로 증가시키고 있다. 주요기업의 총생산 중 수출의 비중은 1999~2005년 사이 다음과 같이 증가했다.

기 업	비 중	기 업	비 중
삼성전자	66.1 → 82.3%	현대자동차	56.8 → 64.8%
LG전자	74.4 → 78.1%	현대중공업	77.8 → 82.4%

이들 기업은 성장을 국내수요보다 해외수요에 더 많이 의존하고 있다.

라 생산성 향상—경제성장의 심장

경제성장이론의 변화. 경제학은 1776년 아담 스미스의 『국부론』을 그 시발점으로 하고 있음을 우리는 이미 잘 안다. 경제성장론도 마찬가지이다. 국부론이 나왔을 때 영국은 농경사회였는데, 마침 산업혁명으로 공업화를 막 시작하는 단계였다. 그러므로 아담 스미스가 국부론에서 예로 든 공장은 바늘공장이었다. 현대의 자동차공장이나 반도체공장이 아니었다. 그럼 바늘공장이 성장하는 길은 무엇인가? 스미스에 따르면 노동자들이 분업을 잘하는 것이다. 당시는 기술도 별로 발전이 안 되었다. 훌륭한 자본장비도 없었다. 그러므로 상품의 가치나 경제의 성장을 결정하는 것은 노동이었다. 당시에 주장된 노동가치설은 이런 시대적 배경 때문이었다.

공업이 막 시작될 때까지만 해도 경제 전체의 성장은 주로 땅과 사람과의 관계에 따라서 결정되었다. 경작할 땅이 무진장 있을 때 대세를 결정하는 것은 노동이었다. 그러나 경작할 땅이 다 경작된 뒤에는 사람과 땅과의 관계가 경제성장을 결정했다. 경작할 땅은 일정한데 노동자는 계속 증가하니 수확체감의 법칙 때문에 1인당 소득은 계속 떨어질 수밖에 없으니, 이런 것을 연구하는 '경제학은 우울한 학문'이 될 수밖에 없다고 토머스 칼라일은 주장했다. 이때의 분배문제는 땅을 가진 자(지주계급)와 못 가진 자(노동자계급)간의 분배문제였다.

그런데 공업화가 많이 진행됨에 따라서 생산요소 중 땅보다는 자본의 중요성이 커졌다. 그리고 경제학은 유럽에서 땅이 풍부한 미국으로 건너가서 공업화가 급속히 진행될 때 발전했다. 미국에서는 땅이 별로 문제가 되지 않았다. 그리하여 노동자의 수는 거의 일정하거나 약간 증가하는 데 비하여 자본은 급증했다. 그러므로 수확체감법칙 같은 것이 자본에 발생했다. 따라서 자본의 수익률이 계속 떨어지는 문제가 생겼다. 자본가들은 손해나는 부분을 노동자에게 돌아갈 몫인 임금에서 착취하는 수밖에 없다고 생각했다. 마르크스의 『자본론』의 핵심 중의 하나가 바로 이것이다. 그러므로 분배문제는 자본가와 노동자간의 분배문제로 되었다.

그러다가 1970년대에 들어와서 석유 및 자원 가격이 급등하게 되자 이제는 자연자원이 경제성장에 가장 중요한 요인이 된다는 주장이 일어났다. 최근에는 환경파괴나 오염 때문에 더 이상 경제성장은 불가능할 것이라는 주장도 생겼다. 현재 생태계나 자연환경을 지속할 수 있는 상태에서의 경제성장, 곧 지속가능한 성장(sustainable growth) 이론이 나오기에 이르렀다.

이와 같이 볼 때 경제성장 이론은 생산요소 중 처음에는 노동을 가장 중시했다. 그러다가 노동과 토지 또는 노동과 자본과의 관계를 중시하게 되었다. 최근에는 기업가정신, 자원, 환경 등의 중요성이 커졌다. 그런데 올바른 성장이론은 생산요소 중 어느 하나에 치중하는 것이 아니라 이들 요소의 상대적 중요성이 어떠한가를 설명하는 것이다.

경제성장에는 앞서 말한 요인들이 모두 중요하나 경제학자들은 전통적으로 공급측 요인을 중시했다. 왜냐하면 경제성장은 결국 생산능력의 확대인데, 이는 공급측 요인에 따라서 결정되기 때문이다. 따라서 공급측 요인에 치중하게 되어 경제성장은 공급측 요인인 ① 생산요소의 양적 증가와 ② 생산요소의 생산성 증가의 두 가지에 따라서 결정된다고 한다. 그런데 생산요소 중 제일 중요한 것은 역시 사람이므로 사람 중심으로 말한다면, 경제성장은 ① 노동의 양의 증가와 ② 노동생산성의 증가에 따라서 결정되는 것이다. 노동생산성이란 노동자 1인당 또는 노동 한 시간당의 생산량인데, 이는 평균 생활수준을 측정하는 데 유용한 지표가 된다. 노동생산성 향상이란 단위 노동당 제품 생산량의 증가, 또는 일정량의 제품 생산에 사용되는 노동량의 감소를 의미한다.

이와 같이 볼 때 국민총생산은 노동의 총량에 노동 단위당 생산성을 곱한 것이고, 노동의 총량은 근로자의 수에 근로시간을 곱한 것이 된다.

국내총생산 = 노동의 총량 × 노동 단위당 생산성
노동의 총량 = 노동자의 수 × 노동시간
국내총생산의 증가율 = 노동의 증가율 + 노동생산성 증가율

그럼 노동생산성은 무엇에 의하여 결정되는가? 기술수준, 1인당 물적

자본의 양, 인적 자본(교육·훈련·경력 등)의 양 등에 따라서 결정된다. 이 세 가지는 기업이나 산업 차원에서 본 결정요인이다. 한편 경제 전체 차원에서의 노동생산성은 노동자를 생산성이 낮은 농업에서 높은 공업으로 재배치해도 증가한다.

이와 같이 자원을 생산성이 낮은 부문에서 높은 부문으로 재분배해도 생산성은 향상된다. 국제무역을 어렵게 하던 요인을 제거해도 생산성은 향상된다. 생산성이 낮은 내수산업에 종사하던 노동자를 수출산업에서 일하게 해도 노동생산성이 상승한다. 또한 국산부품만 사용하던 기업에게 외제부품을 사용할 수 있게 해도 노동생산성은 향상된다. 경제성장으로 기업이나 산업의 규모가 커지는 것도 전문화, 분업 및 규모의 경제의 실현을 촉진하므로 생산성을 향상시킨다. 정부가 기업의 생산활동을 잘 할 수 있게 법제도를 만들거나 각종 규제를 철폐해도 생산성은 증가한다. 그러므로 경제 전체로 볼 때는 규모의 경제, 자원의 재배분 및 인적·제도적 환경의 개선도 노동생산성을 향상시킨다.

[표 16. 1]에 나타난 바와 같이 노동생산성은 6가지 요인에 따라서 결정됨을 알 수 있다. 그런데 이들 요인들이 각각 얼마나 노동생산성 향상에 기여하는가를 계량할 수 있는 방법이 각각 제시되었는데, 그 방법이 에드워드 데니슨(Edward Denison)의 성장의 원천접근법(sources of growth approach) 또는 근원접근법이다.

데니슨은 생산요소가 경제성장에 각각 얼마나 기여하는가를 분석하는 데 평생을 보낸 학자이다. 그의 성장의 원천접근법을 사용하여 한국과 미국의 성장의 원천을 노동 중심으로 측정한 결과가 [표 16. 1]에 요약되어 있다. [표 16. 1]에 나타난 결과를 보면 우리는 다음과 같은 사실을 찾을 수 있다.

- 한국과 미국의 경제성장에 있어서는 노동의 양적 증가보다 생산성 증가가 더 큰 역할을 했음을 알 수 있다.
- 노동생산성 향상에 가장 중요한 역할을 하는 요인은 기술진보이다. 그러나 그 상대적 중요성에 있어서는 미국의 경우가 한국보다 훨씬 더 크다.

[표 16. 1] 한국과 미국의 생산성 증가의 원천

	한 국	미 국
1. 노동의 양적 증가	35%	32%
2. 노동생산성의 향상	65%	68%
① 기술진보	19	28
② 자본의 양	17	19
③ 인적자본의 형성	6	14
④ 자원배분의 개선	5	8
⑤ 규모의 경제	18	9
⑥ 인적 및 제도적환경 등	−0.2	−9
합 계	100%	100%

자료: 미국은 1929~82 기간으로 에드워드 데니슨, 『성장의 원천』 및 멕코넬 · 부루, 『경제학』(제13판)의 자료임. 한국은 1963~95기간으로 김광석 · 홍성덕, 「한국의 고도성장요인 분석」, 1997. 8(영문)의 자료임. 이 기간 연평균성장률은 미국 2.9%, 한국 7.9%임.

· 노동생산성 향상에 있어서 두 번째로 중요한 요인은 미국의 경우는 자본의 양적 증가이고, 한국의 경우는 자본의 양적 증가와 규모의 경제의 두 가지이다. 한국에서는 두 가지가 다같이 중요한 역할을 했다.

· 그 다음으로 중요한 요인은 인적 자본인데, 그 기여도는 한국의 경우보다 미국의 경우가 월등히 크다.

지금부터 노동생산성의 결정요인을 하나하나 좀더 자세히 살펴보기로 하자.

기술진보. 기술진보는 '경제성장의 엔진'이다. 노동생산성을 크게 향상시킴은 말할 필요도 없다. 그 예는 수없이 많다. 로봇, 불도저, 복사기, Fax기계, E-mail, 핸드폰 등은 노동생산성을 크게 높인다. 기술진보는 제조기술은 물론 경영 노하우나 기업조직의 진보도 포함한다. 예를 들어, 서양이 주식회사라는 조직을 만들고부터 노동생산성을 동양에 비교할 수 없을 정도로 크게 높일 수 있었다. 일본은 고유의 종합상사라는 조직을 개발하여 노동생산성을 크게 향상시켰다. 기술진보는 투자를 통해서 생산으로 이어진다. 예를 들어, 기업의 최신 컴퓨터 구입은 투자인데 투자를 통해서 최신기술의 활용이 가능하게 된다. 최신 제조기술을 도입하려면 기계장비를 새로 구입해야 된다. 한국은 상당기간 GNP에 대한 투자비중에 있어서 거의 세계 제일이었는데, 이는 투자를 통한 많은 기술진보가 있었음을 의미한다.

물적 자본의 증가. 물적 자본의 양적 증가는 생산성 증가의 상당부분을 차지한다. 선진국 근로자들의 생산성이 높은 것은 각종 자본시설이 이미 많이 건설되어 있기 때문이다. 각종 제품의 생산에 직접 생산되는 것을 이미 제 9 장에서 밝힌 바와 같이 직접생산자본(DPC: directly productive capital), 그리고 도로 · 항만 · 시설 등과 같이 생산활동에 직접 사용되지는 않으나 간접적으로 지원하는 것을 사회간접자본(SOC: social overhead capital)이라고 한다. 양자는 상호 보완 관계에 있으므로 다같이 확대되어야 한다. 한국의 제조업 부문의 DPC는 IMF 경제위기 이전에는 연평균 20% 정도로 증가했다. 한국의 반도체, 조선, 철강, 석유화학 제품 등이 최근 국제경쟁력을 얻게 된 것은 국제 규모의 공장건설, 곧 물적 자본시설에 대한 활발한 투자를 할 수 있었기 때문이었다.

인적 자본(교육 · 훈련 등)의 증가. 일본이 영국을 앞설 수 있었던 것은 경영인이나 근로자 중 대졸자비율에 있어서 앞섰기 때문이라고 한다. 일본산업의 국제경쟁력이 높은 것은 엔지니어 출신자의 비중이 높고, 독일 기계산업의 경쟁력이 높았던 것은 독일 대학생들이 가장 선호하는 전공 과목이 엔지니어링이었기 때문이다. 노동자의 생산성을 높이기 위해서는 사용하는 기계장비를 더 많고 좋게 하는 것도 중요하나, 노동자에 대한 교육과 훈련에 대한 투자가 많이 되어야 한다. 이스라엘과 중동국가들간의 전쟁, 특히 공중전에서 이스라엘군인들이 크게 앞서는 것은 교육과 훈련을 잘 받아 현대 최첨단장비를 갖춘 비행기를 더 잘 조종하기 때문이라고 한다.

한국인의 학력별 구성비를 보면 고졸자의 비율은 1975~2000년간

14%에서 39%로, 그리고 대졸 이상자의 비율은 6%에서 24%로 증가했다. 중졸자의 비중은 같은 기간 14.8%에서 13.3%로 감소했다.

자원배분의 개선. 중국은 문화혁명 때 일류 엔지니어훈련을 받은 사람들을 하방(下放)이라고 하여 농촌에 보내 돼지를 치거나 농사를 짓게 했다. 농업은 생산성이 낮고 공업은 생산성이 높은 산업이다. 이미 앞서 말한 바와 같이 중국의 하방과는 반대로 노동자를 생산성이 낮은 농업에서 생산성이 높은 공업, 금융업, 컴퓨터산업, 게임산업 등에 종사토록 하면 경제성장은 빠르게 될 것이다. 룩셈부르크의 노동생산성이 높은 것은 국제금융산업 때문이고, 일본 닌텐도회사의 종업원 1인당 매출액이 얼마전 50억 원이 넘은 것은 게임기산업의 높은 생산성 때문이다.

규모의 경제. 기업과 시장 규모의 증대에 따라 노동생산성은 증가한다. 예를 들면, 호텔의 경우에도 몇 천억 원을 투자하여 세계적인 규모의 호텔을 건설해야 노동자의 생산성이 국제수준으로 올라가고 경쟁력도 향상된다. 자동차, 조선, 철강, 화학, 반도체 관련 기업도 규모가 세계수준이 되지 않으면 근로자의 노동생산성이 세계수준으로 올라가지 못한다. 시장의 규모도 마찬가지이다. 시골 면소재지나 읍 정도 규모의 시장으로서는 컴퓨터 소프트웨어, 금융산업, 게임산업, 문화산업 등이 존재할 수 없다. 일반적으로 도시의 규모가 작을수록 식품가게, 주유소, 철물점, 음식점 등 기본생활에 필요한 서비스업만 존재한다. 이런 산업은 대부분 노동생산성이 낮은 산업들이다. 그러나 경제성장이 됨에 따라 시장이나 기업의 규모가 커질 뿐만 아니라 생산성이 높은 산업도 많이 발달하게 된다.

인적 및 제도적 환경. 일본 회사원은 과로사를 할 정도로 일을 열심히 한다. 무너진 공산국가 사람들의 근본문제는 일을 기피하는 것이었다. 공산주의 붕괴 이전 어느 공산국 수도 뒷골목에 사람들이 수없이 몰려 있는 것을 보고 안내인에게 그 이유를 물었더니 다음과 같이 말했다. 즉, 공산국가는 국민들에게 무조건 일자리를 제공해야 하므로 백 명만 일해도 될 공장에 천 명을 일하도록 하고, 임금도 백 명이 나눌 것을 천 명이

한국 등 동아시아의 생산성에 관한 학자들의 견해

폴 크루그만 MIT 교수는 동아시아 국가들(한국, 대만, 홍콩, 싱가포르, 말레이시아, 인도네시아)의 경제성장은 생산요소의 생산성이 아니라 양적 증가에 기인하므로 결코 경제 기적이라 할 수 없다고 했다. 그리고 생산요소의 양적 증가가 계속될 수 없으므로 경제성장은 곧 한계에 부딪칠 것이라고 했다. 그는 이 연구를 직접 한 것이 아니라 알윈 영(Alwin Young)의 연구를 인용했다. 생산요소의 양적 증가가 아니라 더 효율적인 사용 때문에 생산이 증가하는 것을 경제학자들은 총요소생산성(TFP: Total Factor Productivity)의 증가라고 한다. 알윈 영은 아시아의 총요소 생산성은 선진국보다 별로 높지 않으므로 경제성장은 주로 노동과 자본의 양적 증가에 기인하는 것이라고 했다. 아시아의 금융위기는 바로 이런 크루그만의 주장이 옳음을 나타낸다고 하는 사람들이 많다. 그런데 과연 그러한가?

그의 주장이 옳다면 동아시아 국가들의 성장은 서서히 줄어들어야 하나 금융위기로 갑자기 줄어들었다. 그리고 그는 생산요소의 계속적인 증가는 수확체감의 법칙으로 이어진다고 했다. 그렇다면 수확체감과 경제성장률 저하는 홍콩이나 싱가포르에서 먼저 발생해야 했다. 그러나 그렇지 않다. 또한 TFP 계산의 문제가 있다. TFP는 직접 계산할 수는 없고 경제성장을 노동과 자본으로 설명할 수 없는 부분은 모두 TFP의 증가에 기인하는 것으로 보는데, 그렇게 하는 데는 심각한 계산 문제가 따른다.

수잔 콜린즈와 베리 보즈워즈도 같은 연구를 했는데, 이들은 동아시아 국가들의 생산성은 계속 향상되었고 또한 선진국 수준보다 크게 높다는 사실을 발견했다. 동아시아 국가들은 앞으로도 자본축적을 할 여지가 많다. 그러므로 크루그만이 주장하듯이 자본축적이 곧 한계에 부딪칠 리가 없다. 이들은 크루그만의 주장과 반대되는 결론을 내렸다.

나누도록 해 놓았으니 일을 할 수도 없고, 하려고 하지도 않는다는 것이었다. 그 안내인은 국가에서 정해 준 직장이 수천 킬로미터 떨어진 지방에 있는데, 뇌물을 주고 수도에 와서 관광안내원 일을 한다는 것이었다. 이러한 인적 및 제도적 환경은 노동생산성을 낮게 할 수밖에 없다.

많은 후진국의 기업들은 공무원에게 뇌물을 주지 않으면 사업을 못한다. 생산성이 높은 산업도 능력본위가 아니라 정치가나 공무원들과 줄이 닿는 사람들이 주로 한다. 선진국에서도 근로자들이 강한 노조를 결성하여 열심히 일하기보다 이권투쟁에 치중한다면 노동생산성은 높게 될 수가 없다. 한국에서도 근로자들의 3D업종의 기피나 근로의욕의 저하가 문제가 된다.

기타 요인. 많은 후진국의 사람들은 물질적 번영에 반감을 가지고 기업의 이윤을 죄악시한다. 기업과 기업경영인을 경시하고 정치가나 공무원의 길을 걷는다. 어느 나라에서나 기업과 경영인이 천시되고 정치가나 공무원이 나라를 쥐고 흔들면 노동생산성은 떨어지게 마련이다. 이러한 나라에서는 행정서비스나 정치산업은 생산성이 아주 낮은 산업이다.

안정된 정치제도도 건강한 경제성장에 필수요인이다. 많은 후진국이 경제발전을 못하는 이유 중의 하나는 정치불안 때문이다. 기업의 투자활동은 장기적인 안목에서 이루어지는데 정치불안은 투자활동을 가로막는다. 이외에도 경제성장을 촉진하거나 저해하는 요인은 수없이 많다. 이는 이미 제10장에서 설명한 바와 같다.

마 총수요 · 총공급과 경제성장

경제성장을 총수요와 총공급 모형에 의해서도 설명할 수 있다. 총수요란 경제주체(가계, 기업, 정부 및 외국인)가 주어진 물가수준에 구매를 원하고 실제로 할 수도 있는 재화와 서비스의 총량이다. 이를 그림으로 나타낸 것이 총수요곡선이다. 반면 총공급이란 주어진 가격에 모든 생산자들이 공급을 원하는 재화와 서비스의 총량을 말하며, 이를 그림으로 나타낸 것이 총공급곡선이다.

국가경제가 재화와 서비스의 생산능력을 최대로 발휘하도록 하기 위해서는 충분한 수요가 있어야 한다. 이것이 경제성장의 수요조건이다. 뿐만 아니라 각종 재화와 서비스는 국민이 바라는 것이 되어야 하며(배분적 효율), 또한 최소의 비용으로 생산되어야 한다(생산성 효율). 이것이 능률조건이다. [그림 16. 3]에서 수요측 요인은 총수요곡선, 공급측 요인은 총

[그림 16. 3] 경제성장과 총수요(AD) 및 총공급(AS)곡선

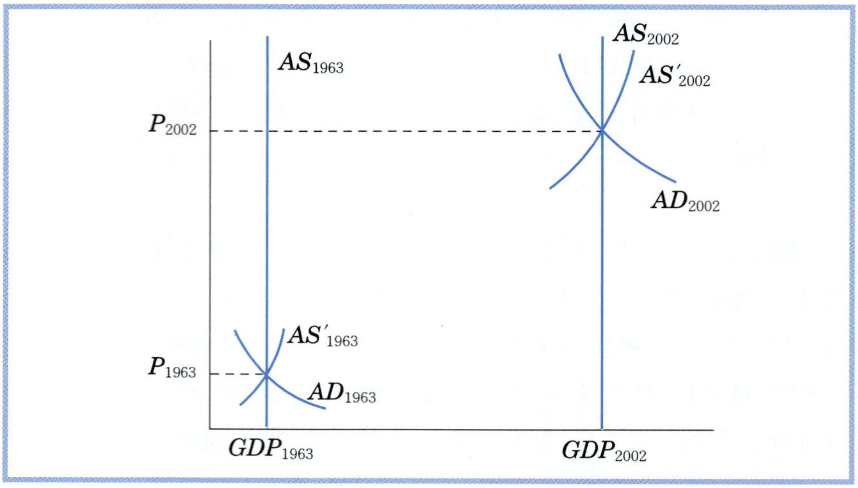

공급곡선에 의하여 표시된다. 수직형 *AS*는 장기공급곡선이다. 우상향형 *AS*′곡선은 단기곡선이다. [그림 16. 3]은 1963년과 2002년간의 경제성장을 나타낸 것이다.

바 경제성장과 경제구조의 전환

삼성전자가 반도체 생산을 시작하자 삼성전자의 제품구조가 바뀌었다. 해외사업장을 수없이 늘리게 되자 회사원의 인종구조가 바뀌었다. 신제품 개발을 계속하여 제품구조가 계속 바뀐다. 이익이 많이 나서 부채비율이 줄어드는 등 재무구조가 바뀐다. 미국의 인텔사, 일본의 소니사 등 세계 일류기업과 경쟁을 하려니 회사 조직구조도 바뀐다. 전세계를 대상으로 기업을 하니 거래처 구조도 바뀐다. 회사원의 의식구조도 바뀐다. 이런 것은 '기업 차원의 구조' 변환이다. 한국에서는 IMF 경제위기 직후 기업의 재무구조, 특히 부채비율과 지배구조(corporate governance)가 크게 중시되었다.

삼성전자가 메모리 반도체 분야 세계제일의 생산자가 되자 한국의 반도체산업이 크게 발전했다. 한국에 없던 반도체산업이 새로 생기고 그 비

중이 커지니 한국의 전자산업 구조가 바뀌었다. 정주영 현대그룹 창설자가 세계적인 조선회사를 일으키자 한국의 조선산업 구조가 바뀌었다. SK 텔레콤이 이동전화 보급을 많이 하게 되자 한국의 통신산업의 구조가 바뀌었다. 미국의 햄버거, 도너츠, 피자 회사들이 한국에 진출하니 한국의 음식산업 구조가 바뀌었다. 세계적인 금융회사들이 한국에 진출하여 한국의 금융산업의 구조가 바뀌었다. 이런 것은 '산업 차원의 구조' 변화이다. 그럼 국가 차원의 경제구조는 어떻게 변화하는가?

국가 차원의 경제구조는 복잡다양하기 이루 말할 수 없으므로 여러 차원에서 검토할 수 있다. 그러나 경제구조 전환의 분석틀의 대표적인 것으로는 사이먼 쿠즈네츠의 경제구조 전환론과 홀리스 체너리의 경제구조 전환과정론의 두 가지가 있다. 먼저 쿠즈네츠의 틀을 보기로 하자. 그는 하버드대 경제학 교수로서 이런 문제 분석으로 노벨경제학상 수상자가 되었다. 그가 중시하는 경제구조 전환은 다음 세 가지 차원의 구조전환이다.

① 산업구조의 변화. 경제가 성장하면 농업의 비중은 줄어들고 비농업의 비중은 증가한다. 그리고 비농업 중에서는 제조업보다 서비스업의 비중이 커진다.
② 직업구조와 고용의 입지구조 변화. 산업화에 따라서 농민들이 사무직 종사자, 생산직 종사자, 경영인, 기업인 등이 되고, 또한 농촌에서 도시로 이동하게 됨에 따라서 직업과 직장인의 공간배치 구조가 변화한다는 것이다.
③ 생산 단위의 확대. 경제성장에 따라 영세기업과 중소기업이 대기업으로 성장한다. 그리고 개인기업이나 가족기업은 법인화하면서 구조가 확대된다.

쿠즈네츠 교수가 국가 경제구조의 변화를 이와 같이 크게 세 가지 차원에서 검토하려고 한데 반하여, 홀리스 체너리 교수는 다음과 같이 열 가지 차원에서 검토해야 된다고 했다. 그런데 이 열 가지는 다시 다음과 같이 크게 세 가지 차원으로 묶을 수 있다고 했다. 그에 따르면 한국경제의 구조가 제대로 변화하려면 다음과 같이 '10대 기본 경제구조'의 전환이 모두 제대로 되어야 한다는 것이다.

10대 기본 경제구조

① 생산구조 ② 국내수요구조 ③ 무역구조	= 자원배분과정
④ 저축과 투자구조 ⑤ 교육(인적 자본) ⑥ 정부수입(사회간접자본)	= 축적과정
⑦ 고용구조 ⑧ 도시화율 ⑨ 인구구조 ⑩ 소득분배구조	= 인구 및 분배과정

경제구조 전환(=경제발전)의 특징

핸드폰이 보급되면 통신구조가 바뀐다. 그런데 핸드폰 보급 전 유선통신망이 계속 증가하는 것은 경제성장이라고 하고, 무선통신의 보급으로 통신구조가 바뀌면서 성장하는 것을 경제발전(economic development)이라고 한다. 홀리스 체너리는 경제발전을 경제구조의 전환과정이라고 했다. 끊임없이 경제구조가 전환하는 과정을 경제발전이라고 했다. 그러므로 그의 발전론을 '경제구조 전환과정론'이라고 한다. 경제구조 전환(=경제발전)의 특징은 무엇인가? 다음의 네 가지로 요약할 수 있다.

1) 경제구조 전환은 끊임없는 변화의 과정이다. 선진국은 경제구조를 2백년 이상 전환하여 선진국이 되었다. 금년말 또는 내년 상반기까지 경제구조 변화를 마친다고 하는 말은 초등학생을 그때까지 일류대학생으로 만든다는 것보다 더 설득력이 없는 말이다. 나라경제는 생물과 같다. 사과나무도 제대로 자라야 꽃이 피고 열매를 맺는다. 봄에 씨를 심어 나온 나무에서 금년 말이나 내년 상반기까지 사과가 풍성하게 달리게 할 수 있다고 하는 말은 온당하지 못하다.

2) 경제구조 전환은 다원적(多元的)이며 상호 긴밀한 관계하에서 이루어진다. 체너리의 주장처럼 경제구조는 10가지 차원에서 발생하는데, 이들은 서로 일정한 관계가 있다는 것이다. 예를 들어 한국의 경제구조 전환과정을 보자. 수출주도형 성장전략으로 '무역구조'가 바뀌게 되자, 이는 수출품 위주의 '생산구조'와 '고용구조'의 변화로 이어졌다. 농촌 인구의 도시 이동으로 '도시화율'이 바뀌고 도·농간의 소득격차가 발생하는 등 '소득분배구조'도 바뀌게 되었다. 이와 같이 10가지 경제구조는 상호 불가분의 관계하에서 변화한다는 것이다. 그러므로 이중 어느 하나, 가령 소득분배구조만을 다른 것과 분리하여 잘할 수 있을 것으로 생각할 일이 못된다는 것이다.

3) 각종 구조전환은 그 속도와 패턴을 달리한다. 예를 들면, 한국이 수출주도형 공업화 전략을 채택하여 공산품 수출을 늘리게 되자 당장 농·공(또는 도·농)간의 차이가 심하게 되었다. 이는 농촌 인구의 급격한 도시 이동으로 '도시화율'의 급증으로 나타났다. 그리고 '고용구조'도 급변했다. 그러나 '인구구조'나 '교육'은 그 변화 속도나 패턴이 이와는 달랐다.

4) 경제구조는 [그림 16. 4]에 나타난 성장곡선(growth curve)처럼 변화한다. 성장곡선을 로지스틱 곡선(logistic curve) 또는 S자형 곡선(S-shaped curve)이라고도 한다. 이를 예를 들어 설명하기로 한다. 아무리 못사는 나라일지라도 국민이 먹고 살려면 옷과 그릇을 만들고 집은 지을 수 있어야 한다. 그러므로 최소한의 공업은 있어야 한다. 최소한의 공업화수준, 최소한의 도시인구비율 등은 성장곡선의 하한선(하부점근선)을 의미한다. 그리고 아무리 선진공업국이라 할지라도 공업이 GNP에서 차지하는 비중에는 상한선이 있다. 한국의 공업화수준은 1988년에 상한점 가까이에 도달했다. 이를 성장곡선의 상한선(상부점근선)이라고 한다. 한국의 공업화는 1960년대 초 B점을 지나서 C점까지는 아주 빠르게 진행되었다. 그러나 그때부터는 느린 속도로 진행했다. 소득분배나 인구구조 변화의 경우에도 마찬가지이다. 주택의 경우에도 주택수가 가구수와 같게 되

[그림 16. 4] 성장곡선과 경제구조 변화

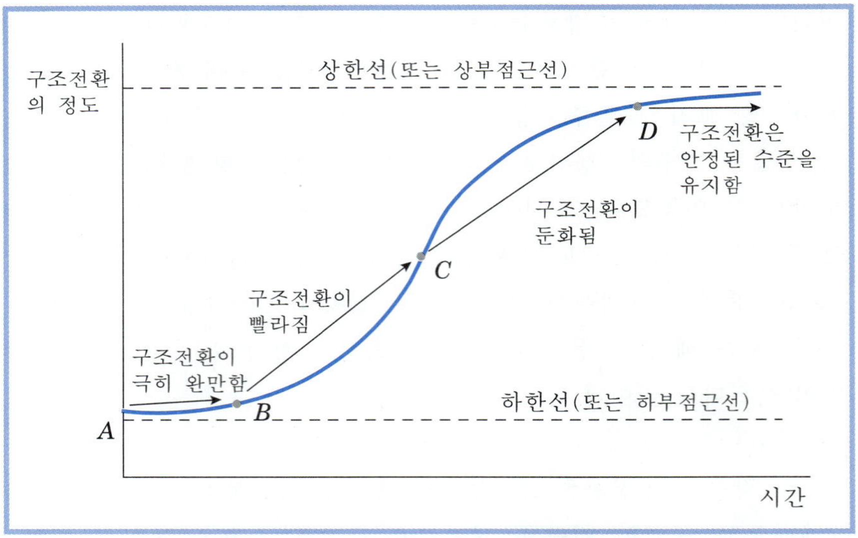

주: 성장곡선(growth curve)은 로지스틱(logistic)곡선, 군수곡선 또는 S자형(S-shaped)성장곡선이라고도 함.

면 신규건설은 크게 둔화되는 것이다.

한국의 공업화는 오랜 세월 거의 변화하지 않다가 1962년 제1차 경제개발 5개년계획(1962~66)이 시작되고부터 비로소 급속히 진행되었다. 이는 성장곡선의 시작부분부터 *C*점까지를 말한다. 그러나 일정한 수준을 넘게 되면 공업화의 진행 속도는 더디게 된다. 이는 *C*점에서 *D*점까지의 변화를 말한다. 그러나 *D*점부터는 아주 서서히 진행된다. 그러므로 공업화를 비롯한 어떠한 경제구조의 변화도 S자 곡선이 나타내듯이 처음에는 급속하게 진행되다가 어느 점을 지나면 그 속도가 둔화되며, 선진국 수준에 도달하면 아주 서서히 진행된다. 체너리가 말한 '10대 기본 경제구조'의 전환도 모두 이런 양상으로, 곧 성장곡선 형태로 진행된다는 것이다.

우리는 IMF 경제위기가 발생하고부터 경제구조 개혁이라는 말을 수없이 들었다. 그리고 구조개혁을 언제까지 마친다는 말도 많이 들었다. 그러나 경제구조개혁의 이 네 가지 특징을 놓고 볼 때 그렇게 쉽게 마쳐질 성질의 것이 아니라는 것을 알 수 있다.

일본은 1991년 거품경제가 터진 후 장기침체가 계속되자 이를 벗어나기 위하여 6대 구조개혁을 시도하고 있다. 이는 행정개혁, 재정개혁, 사회보장개혁, 금융시스템개혁, 경제구조개혁 및 교육개혁이다. 그 근본철학은 결과의 평등을 중시하는 일본 시스템을 '기회균등 + 경쟁' 을 중시하는 미국 시스템으로 전환한다는 것이다. 즉, 국가경쟁력을 강화한다는 것이다. 이는 제10장에서 우리가 제시한 글로벌경쟁력 시스템의 취지와 꼭 같다. 한국의 경제구조 개혁, 그리고 한국 시스템 개혁의 기본방향도 글로벌경쟁력 강화가 되어야 한다. 이런 차원에서 보면 한국의 구조개혁은 제10장 S모델의 3대 기본조건과 5대 핵심결정요인을 강화하는 것이 그 근본방향이 되어야 하는 것이다. 즉, '정치개혁 + 교육개혁 + 시장경제체제 개혁' 이 3대 기본 구조개혁이고, '정부개혁 + 경영개혁 등' 이 5대 경쟁력 구조개혁인 것이다. 글로벌지식경제시대에 아무리 강조해도 지나침이 없는 것은 한국의 구조개혁의 기본방향과 목표는 한국의 기업, 산업 및 국가 경제의 글로벌경쟁력 향상이 되어야 한다는 것이다.

17. 경제안정

"인간은 일자리를 찾았을 때 가장 만족해 한다."

— 벤자민 프랭클린

글로벌지식경제시대의 경제불안은 다음 세 가지 요인, 즉 글로벌리제이션, 국내의 규제강화 및 기술진보에 크게 기인한다. 마리나 휘트만(Marina Whitman)은 「새로운 세계, 새로운 규칙」에서 이러한 시대의 경제불안을 해소하는 길은 생산성향상을 가속화하여 경제성장을 지속하는 것이라고 했다.

미국은 1991년부터 지금까지 10년간이나 경기상승 국면을 이어갔다. 반대로 일본은 1991년 거품경제가 터진 후 2000년까지 경기침체 국면에서 벗어나지 못하고 있다. 옛날에는 경기상승 국면과 하강 국면을 포함한 경기변동의 한 사이클이 작은 사이클의 경우 약 40개월, 중형 사이클의 경우 평균 8년 내지 10년이라고 했다. 그러나 미국과 일본의 경우를 보면 이런 주장은 잘 맞지 않는 것 같다. 그리고 자본주의는 1929년에 미국을 비롯한 전세계가 경험한 바와 같은 대공황(Great Depression) 문제에 주기적으로 봉착한다고 했으나 사실은 그렇지 않았다. 지금은 자본주의 선진국들이 각종 제도와 정책수단을 잘 개발해 놓았기 때문에 옛날에 겪었던 것과 같은 대공황을 겪지 않는다는 것이 정설로 되었다.

경제안정은 개방경제에서는 더욱 중요하다. 경제전체가 안정되어야 기업의 투자활동이나 소비자의 마음도 안정된다. 일본의 기업이 세계경쟁에서 오랫동안 선두를 달린 것도 경제가 안정되어 있었기 때문이다. 대만

경제가 고도성장을 한 것도 정부와 경제정책의 안정 때문이다. 경제안정은 생산(또는 고용)의 안정, 물가의 안정 및 국제수지의 안정의 셋으로 나누어진다. 국제수지는 제13장에서 보았으므로, 여기서는 앞의 두 가지만 살펴보기로 한다.

생산의 안정은 첫째, 현재의 GDP를 잠재GDP 수준에 안정시키는 단기안정 문제와 둘째, 경제성장과 더불어 발생하는 경기순환과 관련된 안정이다. 먼저 앞의 것을 보기로 하자. 생산의 안정은 고용면에서 보면 고용의 안정이다.

가 현재GDP와 잠재GDP의 갭

학생 성적의 예를 들면, 가령 평균 85점을 계속 받던 학생이 현재 75점밖에 못 받는다고 하면 이 학생의 '단기문제'는 무엇인가? 하루 빨리 성적을 평균 85점 수준으로 회복시키는 것이다. 그럼 장기문제는 무엇인가? 일단 평균성적이 85점 수준을 회복한 다음에는 그 이상으로 향상시키는 것이다. 이때 85점은 능력 또는 잠재(potential)성적이고 75점은 실제성적이다. 나라경제도 가용자원을 완전고용하면 GDP를 850조 원까지 생산할 수 있는 데도 불구하고 현재 750조 원까지밖에 생산하지 못하고 있다면 단기문제는 속히 GDP를 850조 원 수준으로 높이는 것이다. 이때 850조 원 수준의 GDP를 잠재GDP(potential GDP) 또는 능력GDP(capacity GDP)라고 한다. 750조 원은 실제GDP(actual GDP)이다. 양자의 차이를 GDP갭이라고 한다.

GDP갭 = 능력GDP - 실제GDP

능력GDP = 잠재GDP = 완전고용GDP

되풀이하면 단기문제는 현재GDP가 잠재GDP 수준 이하일 때는 그 수준으로 끌어올리고, 반대로 경기과열 등으로 잠재GDP 수준을 넘어설 때는 그 수준으로 끌어내리는 것이다. 곧 GDP갭을 없애는 것이다. 현재

GDP를 잠재GDP 수준에 안정시키는 것이 단기문제이고 '경제안정' 문제이다.

그런데 현재GDP가 잠재GDP 수준을 어떻게 넘어설 수 있는가? 교실의 예를 보자. 교실의 능력(potential)은 정상수업을 전제로 한 학생 수용능력인데, 보통 책상이나 의자의 수로 정해진다. 그러나 필요에 따라서 의자를 더 많이 놓을 수도 있다. 심지어 학생들이 교실바닥에 앉거나 서서 강의를 들을 수도 있다. 이럴 때는 실제 학생수가 교실의 잠재능력 기준의 학생 수를 넘어서게 된다. 나라경제도 경기가 과열될 때에는 공장에 기계와 사람의 수를 늘릴 수 있다. 그리고 근로자들이 밤을 새워 일하고 기계도 다소 무리하나마 많이 가동될 때는 실제GDP가 잠재GDP를 넘어설 수 있게 되는 것이다.

그럼 장기문제는 무엇인가? 학생의 경우 현재성적을 잠재성적 수준까지 높인 다음의 문제는 잠재성적 자체를 더 높이는 것이다. 경제 전체의 경우에도 현재GDP가 잠재GNP 수준(앞의 예에서 850조 원)으로 증가한 다음에는 잠재GDP 자체를 900조, 950조 원 등으로 증가시키는 것이다.

나 GDP와 고용의 안정

그런데 GDP와 실업률과의 관계는 다음과 같다. GDP 증가는 고용의 증가 또는 실업률의 감소를 의미한다. 잠재GDP와 고용 또는 실업률과의 관계는 다음과 같다. 잠재GDP 수준의 고용을 완전고용(full employment)이라고 한다. 잠재GDP 수준에서 발생하는 실업률을 자연실업률(완전고용 실업률 또는 정상 실업률)이라고 한다. 현재GDP가 잠재GDP 수준 이하일 때는 현재 실업률은 자연실업률을 초과하게 된다. 그러므로 그런 상황에서의 문제는 실업률을 자연실업률 수준으로 줄이는 것이다. 이런 것은 단기 경제안정 문제이다. 장기문제는 잠재GDP를 증가시켜 일자리를 더 많이 만들어 내는 것이다.

그런데 완전고용이라고 하여 실업자가 한 사람도 없다는 것은 아니다. 현대의 역동적 경제에서는 끊임없이 새로운 일자리가 만들어지고 또한 없어지기도 한다. 그 과정에서 새로운 직장을 찾아 옮기는 사람도 많게 된다. 그러므로 완전고용 상태에서도 실업자는 있다. 일자리의 수와 일을 찾는 사람의 수가 같을 때는 실업자가 상당히 많아도 별 문제가 없다. 일자리의 수와 일자리를 찾는 사람의 수가 같을 때의 실업률을 자연실업률이라고 하기도 한다.

고용의 안정은 다음과 같이 몇 가지 차원에서 살펴볼 수 있다.

- 실업자의 증가는 경제불안을 증가시킨다.
- 단기고용(일시적 고용, 시간제 고용 등)과 계약고용의 증가는 경제불안을 증가시킨다. 한국의 고용은 IMF 경제위기 이전에는 평생고용이 일반적이었다. 그러나 그 이후 많은 기업들이 미국식 고용제도를 채택하게 되자 단기고용 형태로 되었다. 단기고용은 고용불안을 증가시킨다.
- 정보화사회가 되어감에 따라 조직구조가 바뀐다. 더 많은 사람들이 임시직으로 일하게 된다. 또한 기업은 아웃소싱의 비율을 높인다.
- 지식사회가 되어 감에 따라 지식근로자(knowledge worker)의 비율이 높아진다.

다 경기국면의 판단은 우리 일상생활의 문제

[그림 17. 1]은 총고정자본투자를 GNI로 나눈 숫자, 곧 총투자율로 본 한국경제 전체의 사이클이다. 그런데 종합주가지수나 부동산 가격도 이런 사이클과 비슷하게 움직인다. 즉, 경기상승 국면에서는 주식값이나 땅값이 상승하고 하강 국면에서는 떨어진다. 그러나 오르거나 내리는 시점은 일치한다는 보장이 없다. 몇 가지 예를 들어보기로 하자.

먼저 [그림 17. 1]에서 A, B, C 등의 점을 확인하기 바란다. 복덕방을 해서 돈을 많이 벌었다는 어떤 분은 주식값이 최고에 달했던 F점에서 800만 원을 주고 사서 팔고사고 하다가 H점에서 팔았더니 26만 원밖에 남지 않더라는 것이다. 그는 26만 원을 갖고 가면서 다시는 주식투자는 않겠다고 하더라는 것이다. 그런데 이런 사람에게 가령 현재 경기가 A점에 있으니 주식을 사라고 하면 절대로 사지 않는다. B점에 있을 때도 마

[그림 17. 1] 국민총생산에 대한 총투자로 본 한국의 경기사이클 - 10년 주기설?

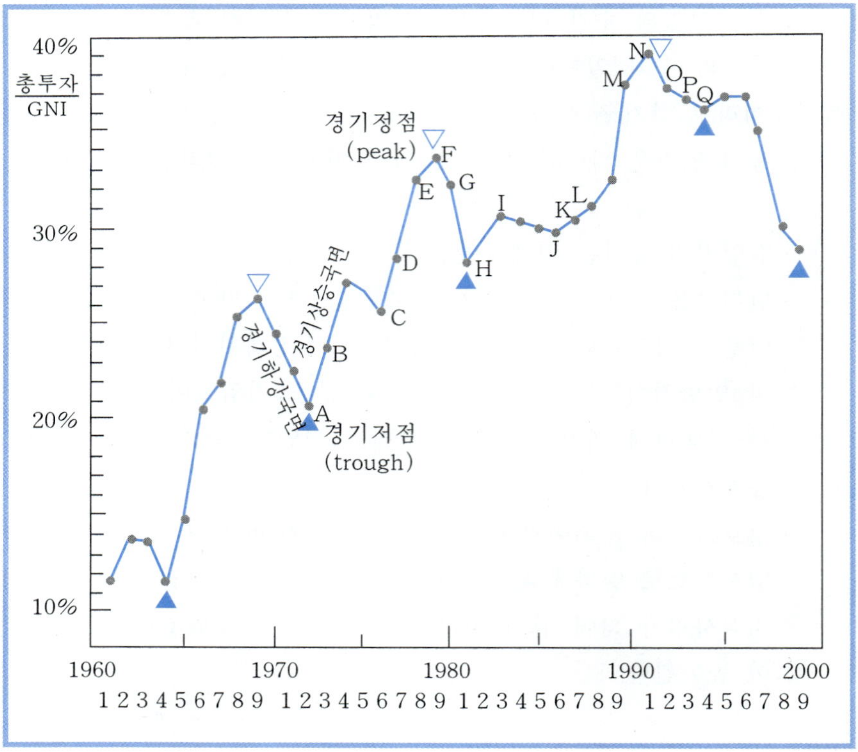

찬가지이다. 그러나 D점이 되면 마음이 동하기 시작한다. 그러다가 E점에서 심사숙고 한 후 있는 돈을 다 털어서 F점에서 주식을 산다. 사는 즉시 주가는 떨어지기 시작한다. G점에서라도 주식을 팔아야 되나 아까워서 팔지를 못하고 견디다가 할 수 없이 주식을 팔게 되면 그 시점은 거의 정확히 H점이 된다. 그런 후 이번에는 정말로 주식투자는 다시 않겠다고 몇 번을 다짐하다가 주식값이 J, K 점을 지나 M점이 되면 다시 심사숙고 한 후 N점에서 주식을 사게 된다. 이번에도 주식값은 사는 즉시 다시 떨어진다.

복덕방을 했다는 그 사람은 경기국면 판단에 있어서는 아마추어이다. 대부분의 주부들도 마찬가지이다. 증권시장 관계자들은 주부들을 '핸드백 부대'라고 한다. 핸드백 부대들이 떼를 지어 주식을 살 때는 [그림 17. 1]에서 F점이나 N점이 틀림없으므로 주식투자의 프로들은 주식을 팔고 주식시장을 떠날 때라는 것이다.

많은 중소기업 경영인들도 경기사이클국면 판단에 있어서는 핸드백 부대에 비유된다. 경기국면 판단을 잘못하여 부도가 나는 경우도 적지 않다. 예를 들어 보기로 하자. 공장설비투자를 잘못하여 경기하강 국면을 겪으면서 호된 시련을 겪은 중소기업인들은 현재 경기국면이 [그림 17. 1]의 A점이니 투자할 때라고 권하면 절대로 말을 듣지 않는다. B점이나 C점에서도 마찬가지이다. 그러나 E점이 되면 이제는 경기상승이 확실하다고 믿어 스스로 공장을 새로 짓거나 확장한다. 새 공장을 다 짓고 축배를 들고 나면 경기는 F점이 된다. 경기가 G점을 거쳐서 H점으로 내려올 때 투자를 많이 한 중소기업들은 상당정도 부도가 난다. 핸드백 부대들이 떼를 지어 주식을 살 때는 프로들은 팔 때라고 하듯이, 중소기업인들이 떼를 지어 공장을 새로 짓거나 확장할 때는 경기상승 국면이 끝날 때라는 것이다. 그래서 일본 경제기획청은 기업의 투자액이 일정 수준을 넘으면 경기가 끝났음을 나타내는 지표로 사용하고 있다.

이병철 삼성그룹 창설자는 경기국면 판단에 관한 한 프로였다. 그는 항상 [그림 17. 1]의 A점 또는 J점에서 공장을 짓거나 확장했다. 그가 신규투자를 마칠 때쯤에는 경기가 잘 회복되어 돈이 그에게로 몰려왔다는 것이다. 경기 판단을 잘하는 대기업은 경기침체기를 거치면서 더 성장하고, 못하는 중소기업들은 축소되거나 도산하므로 대기업과 중소기업간의 격차는 이러한 점에서도 벌어지게 되어 있다.

일본의 부동산 투기와 거품경제를 보자. [그림 17. 1]의 H점에서 J점까지는 경기상태가 좋지 않는 국면의 연속이다. 일본에서도 이때는 부동산 가격이 그대로 있었다. 부동산 가격이 오르지 않으니 많은 봉급생활자들은 집을 팔아서 받은 돈의 일부로는 전셋집을 얻고 나머지는 은행에 저금하여 이자수입을 벌었다. 한동안 이런 것이 봉급생활자들에게 유행이 되었다. 그러다가 주택값이 오르기 시작했다. 주택값이 K점을 지나 L점, M점 식으로 상승하자 옛날 방 네 칸짜리 아파트를 판 돈으로 두 칸짜리 아파트도 살 수 없게 되었다. 이들은 집 값이 더 오르기 전에 집을 다시 사두어야 되겠다고 하여 돈을 빌릴 수 있는데까지 많이 빌려서 아파트를 샀다. 이때 집값은 M점 또는 N점 가까이 와 있었다. 사고 나니 집값은 폭락하기 시작했다. 그 결과 집을 팔아도 은행빚을 갚을 수 없게 되었다. 일본의 많은 부동산회사나 금융기관들도 이런 식의 부동산투자를 했다가 큰 손해를 보았다. 이들의 최근 도산은 이런 손해 때문이다. 일본의 부동산값은 1986년부터 상승하여 1991년경에 정점에 달한 후 거품이 터지기 시작했다. 거품이 거의 사라지고 경제가 제자리로 돌아온 것은 1997년부터라고 한다. 거품으로 붙었다가 사라진 주식값이나 땅값은 영국 「이코노미스트」지에 따르면 17조에서 24조 달러나 된다는 것이다. 일본 GNI가 5조 달러를 조금 넘는다는 사실을 감안하면 거품경제의 후유증이 막대함을 알 수 있다.

또 다른 예를 보자. 얼마 전 한국에서 [그림 17. 1]의 A점에서 경제장관이 된 어떤 분은 통화를 줄여도 또는 늘려도 경기는 계속 상승했으므로 경제학자들의 이론은 소용이 없다고 했다. 멋대로 정책을 했는데도 경기가 B점, D점 등으로 상승하니 자신만만하기 이루 말할 수 없었다. 주위에서 무슨 말을 해도 그야말로 '쓸데없는 소리 말라'는 식이었다. 사실 1997년 외환위기 직전에도 경제정책 담당자들 중에는 그런 사람이 있었다. 반대로 F점에서 장관이 된 사람은 어떤 정책을 써도 경기는 하강 국면을 달리므로 또한 경제학의 무용론을 주장했다. 그러나 이런 사람들은 경기순환이나 경제학의 근본을 모르기 때문이다.

> "자본주의 경제는 잔물결도 일고 폭풍으로 큰 물결도 이는 바다와 같다. 그러나 경제변동에는 규칙성이 있고 또한 경기변동은 순환적이다."

한국경제는 첫째, 고도성장 과정에서 수많은 변동을 겪었다. 둘째, 수많은 변동을 겪었지만 경제변동에는 규칙성이 있었다. 이를 경기순환 또는 비즈니스 사이클(business cycle)이라고 한다. 먼저 한국경제는 왜 수많은 변동을 겪게 되었는지 보기로 하자.

라 한국경제가 많은 변동을 겪은 이유

- 상당 기간 성장제일주의로 말미암아 경제안정에 대한 정부정책의 우선 순위가 낮았다.
- 고도성장에 따른 급속한 산업 및 경제구조의 전환으로 부문간 불균형 성장이 심화되는 경우가 많았다.
- 해외의존도가 높았으므로 세계적인 유류파동 등 해외의 경제변동이 그대로 한국경제에 영향을 미쳤다.
- 경제성장 초기에는 경제규모가 작았으므로 경부고속도로, 포항제철 등의 대형 건설공사에 의해서도 많은 변동을 겪었다.
- 잦은 정책의 변화나 시행착오도 경제변동의 중요한 요인이었다. 주택 200만 호 건설계획은 경기를 과열시켰으며, 1989년 「주택임대차보호법」으로 전세입주자의 보호를 위하여 전세계약 기간을 2년으로 정하자 전세금이 폭등했다. 문민정부에서는 국정목표가 국가경쟁력 강화, 세계화, 역사바로잡기 등으로 수시로 바뀌어서 국민들의 불안이 심하게 되었다.
- 정책대응의 미흡. 최근 금융위기나 외환위기는 정부의 경제정책 대응이 미흡한 데 크게 기인했다.
- 한국인의 특성. 한국인들은 GNI와 인플레는 과대 예측하는 경향이 있고 인플레나 통화증가율에 대해서는 과민반응을 한다. 한국인의 경제행위는 한쪽으로 쏠리는 경향이 강하다. 추석 때는 국민의 거의 반이 움직인다. 배추 파동, 고추 파동, 돼지 파동, 소 파동, 마늘 파동 등은 국민성과도 긴밀한 관계가 있다. 어느 일본인은 "한국사회가 3개월만 조용하면 이상하다"고 했다.
- 여러 차례의 헌법개정. 미군철수정책, 10·26사태, 6·29선언, 북한의 무장공비 침투 등 비경제적 요인도 많은 경제변동을 초래했다.
- 정책담당자들은 성격이 급해서 정책을 수시로 바꾼다. 때문에 호경기, 불경기, 국제수지 흑자 등도 오래 가지 못하는 경우가 많다.

마 한국의 경기사이클

한국의 경기사이클. 경기는 상승 국면에 들어서서 상승을 계속하다가 정점(peak)에 도달한 후 다시 하강 국면으로 접어든다. 하강을 계속하다가 저점(trough)에 도달한 후 다시 상승 국면으로 접어드는 등의 과정을 되풀이하는 것을 경기순환 또는 경기사이클(business cycle)이라고 한다. 미국, 일본, 독일 등 지금의 선진국들은 모두 이런 경기순환을 많이 겪으면서 성장하여 선진국이 되었다. 그럼 한국도 이를 겪었는가? 물론이다. [그림 17. 1]과 [그림 17. 2]를 보면 한국은 1960년대부터 뚜렷한 경기사이클을 겪었음을 알 수 있다.

증권시장에서 돈을 많이 벌었다는 어떤 분은 자신의 생각에 한국경제는 1960년대 말, 70년대 말, 80년대 말에 모두 경기상승 국면을 맞이했다

[그림 17. 2] 한국의 경기사이클(소순환)

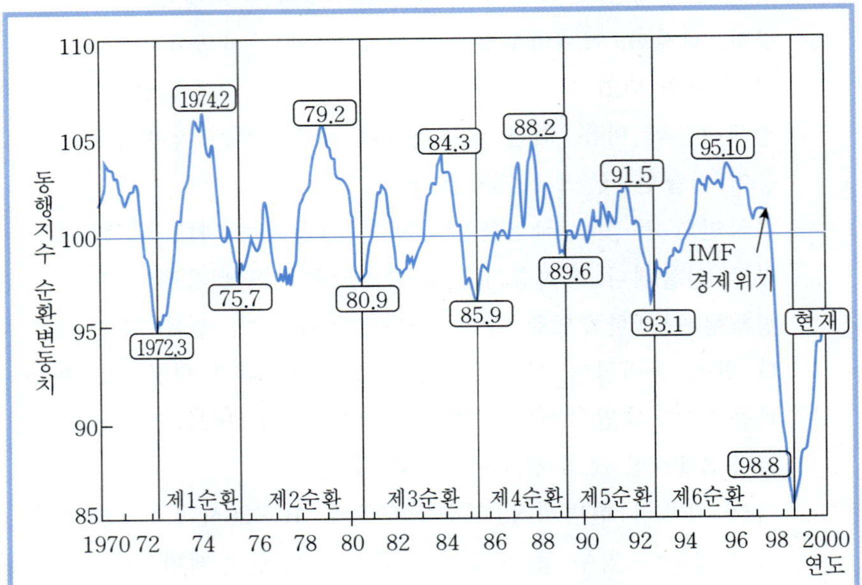

자료: 한국은행, 「알기쉬운 경제지표해설」, 2000년 6월 12일, 삼성경제연구소, 「현재의 경기사이클 판단과 향후전망」, 2000.

주: 과거평균 순환주기: 53개월; 과거평균 확장기: 34개월; 과거평균 수축기: 19개월.

고 하면서 경기의 10년 주기설을 발견했다고 주장했다. 그러면서 경제학 교수들은 이런 사이클이 있는지 아느냐고 한 바 있다. 사실 이미 제 5 장에서 밝힌 바와 같이 경제의 성장과 변동은 경제전체 차원에서 본 2대 경제문제이다. 경제학자들은 이런 경기사이클 문제를 항상 생각하면서 살아간다. 한국은 [그림 17. 1]에 나타나는 바와 같이 1960년대 초, 70년대 초, 80년대 초 및 90년대 초에 경기침체 국면에 있었고, 반대로 1960년대 말, 70년대 말 및 80년대 말에는(90년대 말은 제외) 경기상승 국면을 겪었다. 한국경제는 몇 차례 경기주기 10년 정도의 '주순환(major cycle)'을 겪었다. 이러한 주순환을 겪는 가운데 많은 소순환도 겪었다. 이는 [그림 17. 2]에 나타난 바와 같다.

경기사이클에는 경기주기(저점에서 저점까지의 기간)가 40개월 정도의 소순환에서 주기 40년 내지 60년대의 대순환까지 여러 가지가 있다. 소순환(minor cycle)은 키친이라는 학자가 주창한 것으로 재고조정과 관련이 크다고 하여 재고순환사이클 또는 키친사이클이라고 한다. 중순환은 주기 8 내지 10년의 경기사이클인데, 경제학적으로 가장 중요한 사이클로서, 주순환(major cycle)이라고도 한다. 대순환은 전쟁, 기술혁신, 자원의 발견 등으로 말미암아 발생하는 것으로서 주기 40년에서 60년에까지의 장기간에 걸쳐서 발생하는데 소련경제학자 콘드라티에프가 주창했으므로 콘드라티에프사이클 또는 장기사이클이라고 한다.

> **소순환 = 키친사이클 = 재고순환: 주기는 40개월(재고조정)**
> **중순환 = 중기사이클 = 주(主)순환 = 설비투자사이클 = 주글라사이클**
> **: 주기는 8∼10년(투자변동)**
> **대순환 = 장기사이클 = 콘드라티에프사이클: 주기는**
> **40∼60년(전쟁, 기술, 자원발견)**

콘드라티에프 자신은 옛날 소련의 독재자 스탈린에게 사유재산의 국유화를 강하게 반대하다가 처형당하는 신세가 되었다. 여러 가지 사이클 중 경제학자들이 가장 중시하는 것은 [그림 17. 1]에 나타난 것과 같은 주기 8년 내지 10년 정도의 주(major)순환이다. 이런 경기사이클이 생기도록 하는 것은 투자의 변동이다. 투자의 변동은 어떻게 파악하는가? GNI(국민총소득)에 비하여 그 중요성이 얼마이고 또한 어떻게 변하는가를 자세히 보면 된다. 그러므로 투자를 GNI로 나눈 비율의 변화를 나타낸 것이 [그림 17. 1]이다.

일본 경제전문가인 시노하라 미요헤이(篠原三代平)는 『일본경제의 다이나미즘』에서 한국, 일본 및 대만은 비슷한 시기에 거의 같은 주순환을 몇 차례 경험했다는 사실을 밝힌 바 있다. 부동산 문제의 세계적인 전문가이고 한국의 부동산 문제도 많이 연구한 바 있는 에드윈 밀즈 프린스턴대 교수는 일본과 동아시아 및 동남아시아 국가의 부동산 경기사이클은 거의 동시에 발생한다는 사실을 주창한 바 있다. 사실 일본의 경기가 나빠지면 엔화 가치가 많이 떨어지므로, 일본과 같이 반도체, 자동차, 전자, 조선, 화학제품 등을 수출해야 하는 한국은, 수출이 잘 안 되어 경기도 나쁘게 된다. 반대로 일본의 경기가 좋아져서 엔화가 강세로 돌아서면 한국의 수출이 잘되므로 경기도 좋아진다.

사실 동아시아나 동남아시아의 경기가 나빠지면 수출의 30%를 이 지역으로 하는 미국의 경기도 나빠진다. 경제가 서로 긴밀하게 연계된 국가들은 같은 경기국면을 맞이하게 될 가능성이 크다. 세계화 시대에는 전세계가 같은 경기순환을 겪게 될 가능성이 커졌다.

경기사이클 국면은 어떻게 판단하는가? 경기순환의 한 사이클(=주기)을 한 경기저점(trough)에서 다음 경기저점 사이로 잡는다. 한 경기정점(peak)과 다음 경기정점 사이를 한 사이클로 잡을 수도 있다. 그러나 경기저점간을 기준으로 경기사이클을 잡는 것이 더 일반적이다. 경기사이클은 네 개의 국면이 있다. 우선 경기가 가장 나쁜 시점을 경기저점이라고 한다. 이 점에서 경기가 회복되는데 회복국면을 경기상승(expansion) 국면이라고 한다. 경기회복으로 경기가 가장 좋게 된 상태를 경기정점이라고 한다. 이 점에서 경기가 나빠지는 국면을 경기하강(recession) 국면이라고 한다. 그럼 현재의 경기는 경기사이클의 어느 국면에 있는가? 이를 어떻게 판단하는가? 경기국면을 판단하는 데는 다음과 같이 세 가지 방법이 있다.

지금부터 이 세 가지 방법을 살펴보기로 하자.

> **경기지표**(business indicators) **방법**. **경기지표에는 선행지표**(leading indicators), **동행지표**(coincidental indicators) **및 후행지표**(lagging indicators)**의 세 가지가 있다.**
>
> **기업실사지수**(BSI: Business Survey Index)
>
> **계량경제모형**(econometric models)

경기선행지표(leading indicators). 경기동향을 파악하는 데는 경기지표를 사용한다. 그럼 학생들의 데모동향을 파악하는 데는 어떤 지표를 사용하는가? 경기동향 파악을 학생 데모동향 파악과 비교하여 보기로 하자. 1970년대 경제가 어렵고 학생들의 데모도 많이 발생할 때 정부의 경제부처는 경제동향을 파악하고, 치안부처는 학생 데모동향을 파악하느라 고심했다. 당시 데모 담당자 한 분은 이런 말을 한 바 있다. 즉, 매일 예상되는 학생 데모규모를 잘 파악해야 대처할 수 있는데 이는 보통 어려운 일이 아니었다는 것이다. 그래서 아침 일찍 학생들 등교시간에 대학교 정문에 서서 의복과 신발을 자세히 관찰한다는 것이다. 만약 여학생들 대부분이 청바지를 입고 운동화를 신고 오면 그날은 틀림없이 데모가 크게 발생한다는 것이었다. 여기에서 청바지와 운동화는 데모가 있을 것임을 미리 알려 주는 데모동향지표인데, 데모에 선행하므로 '선행지표'라고 한다. 경제동향 판단에도 이런 선행지표가 있는가? 여러 가지가 있다. 지금부터 이를 보기로 하자.

수출신용장 내도액은 경기상승의 선행지표이다. 한국에게 수출을 주문하는 신용장이 외국에서 많이 오면 한국 기업체들의 수출이 앞으로 많게 될 것이므로 경기는 좋아질 수밖에 없다. 종합주가지수도 선행지표이다. 앞으로 경기가 좋아지고 기업의 이윤증가도 예상되면 종합주가지수는 경기보다 먼저 상승하기 때문이다.

통화량도 선행지표이다. 예를 들면, 정부가 통화량을 증가시키면 이자율이 떨어지고 이자율이 떨어지면 기업의 투자활동이 촉진되어 경기가 좋아질 것이기 때문이다. 건축허가 면적도 마찬가지이다. 개인이나 기업이 정부로부터 건축허가를 받아 간다는 것은 앞으로 건축활동이 많을 것임을 시사하기 때문이다. 이와 같이 통화량, 종합주가지수, 수출신용장 내도액 및 건축허가 면적은 경기예측에 유용한 경기선행지표들이다. 이중 건축허가 면적은 내수경기, 그리고 수출신용장 내도액은 한국경제가 세계경제와 어떻게 연계되어 돌아가는가를 나타낸다. 이 네 가지 지표는 경제동향 판단에 큰 도움이 될 것이다.

경기동행지표(coincidental indicators). 오늘 현재 한국의 경기가 어떤가는 어떤 지표를 통해서 판단해야 하는가? 경기동행지표를 사용하면 된다. 오늘 현재 경기가 좋으면 공장이 잘 돌아갈 것이고 그렇다면 산업용 전력소비량이 많게 될 것이다. 따라서 한전에 연락하여 산업용 전력소비량을 파악하면 알 것이다. 따라서 전력소비량은 경기와 같이 가는 지표, 곧 동행지표이다.

경기후행지표(lagging indicators). 그럼 경기가 나쁘게 되었다는 사실은 어떤 지표를 보면 되는가? 경기후행지표를 보면 된다. 가령 아침에 등교하는데 교문 앞에 최루탄 가루가 많이 남아 있다면 이는 전날 학생데모가 있었음을 나타내는 지표이다. 데모 뒤에 남는 것이므로 최루탄가루는 데모에 후행하는 지표가 된다. 경기의 경우에도 재고증가와 같은 것은 경기후행지표이다. 이와 같이 경기의 선행지표(leading indicators), 동행지표(coincidental indicators) 및 후행지표(lagging indicators)를 잘 이해하면 경기를 상당정도 예측할 수 있다.

경기선행지표: 통화량, 수출신용장내도액, 건축허가면적,
종합주가지수 등
경기동행지표: 전력 사용량(제조업), 산업생산지수 등
경기후행지표: 재고지수, 기계류 수입액 등

기업실사지수(BSI). 경기판단의 두 번째 방법은 BSI(Business Survey

Index: 기업실사지수) 방법이다. 이는 기업 경영인들에게 앞으로 경기가 어떻게 될 것인가를 직접 물어서 그 답을 지수화한 것이다. 예를 들면, 연말에 기업 경영인들에게 새해의 신입사원 채용 규모나 매출액 규모를 그 해보다 얼마나 더 증가 또는 감소시킬 것인가를 질문하여 답을 들은 후 이를 지수화한다. 이는 마치 학생들에게 오늘 오후나 내일 오전 데모가 있을 것 같으냐고 직접 질문하여 조사하는 것이나 마찬가지이다.

계량경제모델. 세 번째 방법은 계량경제모델을 통한 전망이다. 예를 들어, 경기가 좋아지려면 기업들이 투자를 많이 해야 한다. 기업의 투자가 증가하려면 이자율이 떨어져야 하고, 이자율이 떨어지려면 통화량이 증가해야 한다. 이자율 변화가 투자, 투자의 변화가 국민소득의 변화에 각각 어떠한 영향을 미치는가를 계량화한다. 그런 다음 정부가 통화긴축 또는 팽창정책을 쓸 때, 이런 정책이 경기에 대하여 어떠한 영향을 미치는가를 파악하는 것이다.

수출의 경기에 대한 영향도 같은 방법으로 파악할 수 있다. 현재, 이에 관한 세계적인 전문가는 로렌스 클라인이다. 그의 예측을 현재 한국의 민간 및 정부 연구기관들이 많이 참조하고 있다. 그러나 계량경제학자들의 경기전망은 틀리는 경우도 많다. 경제환경 급변시대에는 더욱 그러하다. 그러므로 경기전망을 잘못하는 계량경제학자들이 쓴 책에 있는 숫자란 숫자는 모조리 틀리고, 맞는 숫자라고는 책 페이지 숫자밖에 없다는 말도 있다. 그렇지만 경기예측을 잘 하려면 이들 세 가지 방법을 모두 적절하게 사용해야 한다.

바 한국의 인플레

"인플레의 글로벌스탠더드는 연 3%이다."

— 어마 아델만 캘리포니아대학 교수

10·26사태는 1979년 제2의 유류파동으로 인플레가 심할 때 일어났다. 장개석 정부가 중국 본토에서 패하고 대만으로 쫓겨온 것은 공산주의

자들에게 패한 것이 아니라 극심한 인플레에 패했다고도 한다. 프랑스혁명은 인플레가 심할 때 일어났고, 인플레가 심하게 되자 성공을 거두었다. 독일의 심한 인플레는 히틀러로 하여금 정권을 잡게 만들었다. 심한 인플레는 돈값을 종이값처럼 만들므로 사람들에게 심한 박탈감을 갖게 한다. 인플레가 심화되면, 돈과 정부에 대한 국민들의 믿음이 사라진다. 그 결과 정변이 나고 정권이 바뀌는 경우가 많다. 그렇게까지 되지는 않더라도 경제사회는 심하게 불안하게 된다.

물가의 수준. 도쿄의 물가는 왜 서울의 물가보다 더 비싼가? 서울의 물가는 왜 미국 시카고나 워싱턴의 물가보다 더 비싼가? 스위스의 음식값은 왜 그렇게 비싼가? 물가를 따질 때는 현재의 '물가수준'은 어떠한가와 '물가상승률'은 어떠한가의 두 가지로 나누어 볼 수 있다.

스위스는 국토 조건이 열악하여 농수축산물 가격과 음식물 가격이 비싼 나라가 되었다. 일본도 농경지가 국토의 13%에 불과한 등 열악한 국토 조건으로 농산물 가격이 비싸다. 특히 쌀값이 비싼 나라로 유명하다. 한국도 대동소이하다. 그런데 전세계의 돼지는 같은 식사를 한다. 왜냐하면 모두 미국에서 수입된 사료를 먹기 때문이다. 그러므로 한국이나 일본의 축산물 가격도 대부분 미국보다 비싸다. 싱가포르는 물도 수입하고 동물원의 새도 수입한다. 그러나 수입정책과 토지정책 등을 잘하여 물가수준이 낮은 나라로 유명하다.

국토조건이 좋고 농업기술혁신과 투자를 많이 한 미국은 농업생산성이 제조업보다 높다. 식료품값이 세계에서 가장 저렴한 나라 중의 하나이다. 많은 농산물을 거의 전세계에 수출하고 있다. 미국에는 또한 세계적인 제조업체가 많고 또한 수입도 자유화하여 세계 각국의 상품들이 수입되어 미국상품과 경쟁한다. 따라서 미국은 공산품 가격이 세계에서 가장 저렴한 나라이다.

스위스의 물가수준이 높은 것은 IMD 전문가에 따르면 냉전시대 건물마다 핵방공호를 건설하고 환경오염도 엄격하게 통제하느라 각종 비용이 크게 상승했기 때문이라고도 했다. 일본의 물가가 높은 것은 다단계 유통 때문이라고도 한다. 미국에서는 각종 제품이 생산자에게서 바로 슈퍼마켓에 배달되나, 일본에서는 각종 도매상, 창고업자 등을 거쳐서 소매상에게 배달되므로 유통단계를 지날 때마다 가격이 상승한다는 것이다.

독일은 도시 주변에 농민들이 생산한 농산물을 직접 도시 소비자에게 팔 수 있도록 하여 농산물의 유통비를 줄이고 있다. 독일 프랑크푸르트 공항은 도시에서 15분 거리에 있다. 독일의 대부분의 공항들도 도심에서 이 정도의 거리밖에 떨어져 있지 않다. 태국의 방콕 공항은 도심에서 거의 두 시간 거리에 있다. 일본 도쿄 공항도 도심에서 멀리 떨어져 있다. 네덜란드는 세계제일의 항만인 로테르담 항만과 세계제일의 공항이라는 스키폴 공항을 갖고 있다. 유럽의 물류기지라고 하듯이 각종 사회간접자본 시설을 잘 건설하여 각종 제품의 물류비용을 원천적으로 낮게 하고 있다. 사회간접자본 시설을 잘못하여 물류비를 원천적으로 높게 한 나라도 많다.

일본의 높은 물가는 높은 땅값에도 크게 기인한다. 일본에서는 자민당이 장기간 집권했는데, 그 표밭은 농촌이었다. 농민 보호를 위하여 농토의 도시용지 전환을 적극 억제했다. 그 결과 각종 도시용지 부족이 극심하게 되었다. 유명한 경제평론가 오마에 켄이치는 일본국민의 75%를 국토의 2%에 불과한 도시에 살도록 만든 토지정책이 일본을 망쳤다고 했다. 그런데 일본의 택지면적은 국토의 4.6%까지 증가했다. 일본 고오베시는 고오베비프와 정종으로 유명한데, 가파른 산과 바다 사이 좁은 평지에 건설된 도시이다. 도시용지 부족이 심하여 얼마 전 앞 바다를 메워 도시를 확장했다. 그러나 바로 그 자리에서 고베 지진이 발생하여 파괴되었다. 도쿄의 도심 긴자지역도 바다를 메워 건설한 땅이다. 이와 같이 일본처럼 국토가 협소한 나라는 땅값이 높을 소지가 많다. 한국도 마찬가지이다. 토지정책을 잘해야 물가상승 요인을 근본적으로 억제할 수 있다.

뉴욕, LA 등 세계적인 도시들은 시장경제체제하에서는 도심 반경이 60 내지 70킬로미터나 될 정도로 커진다. 그러나 서울의 경우는 도심에서 불과 15킬로미터 정도 되는 거리에 그린벨트를 대규모로 설정해 놓았으므로 도시의 정상적인 발달이 안 되고 있다. 그러므로 반경 15킬로미터 내의 도시지역에 혼잡이 극심하게 되었고 땅값도 세계수준으로 높게 되었다. 서울은 땅값이 세계적으로 높은 도시가 되어 외국인들은 진출을 기피한다. 서울은 서비스산업 도시인데, 각종 서비스의 생산비는 땅값에 의하여 좌우된다. 서울 강남지역의 어떤 건물은 한때 값의 90%가 땅값일 정도이다. 집세 때문에 음식값을 많이 받지 않으면 안되게 되어 있다. 세계은행은 1970년대 한국 인플레의 요인은 다음 세 가지라고 했는데, 그중 두 가지는 땅과 관련된 것이다.

> 농수축산물 가격의 상승
> 주택과 부동산 가격의 상승
> 에너지 가격의 상승

이는 [표 17. 1]에 나타난 자료를 통해서 확인할 수 있다. 그럼 한국의 인플레를 미국 및 일본과 비교하면 어떠한가? 소비자물가지수(CPI) 기준으로 보면 다음과 같은 사실을 알 수 있다.

· 한국의 물가상승률은 미국이나 일본에 비하여 크게 높다([표 17. 2]). 이는 무엇보다 경제성장률이 미 · 일에 비하여 크게 높다는 사실에도 기인한다. 일반적으로 성장률이 높게 되면 각부문의 보틀넥(bottleneck)이나 수급 불균형 때문에 물가상승률이 높게 된다. 또한 지금까지 한국상품의 질적 향상이 크게 되었는데, 한국의 높은 물가상승률은 상품의 많은 질적 향상 때문이기도 하다.

[표 17. 1] 품목별 소비자물가지수

	1990	2000	2004
소비자물가 총지수	60.9	100.0	114.7
농축수산물	59.0	100.0	130.3
공업 제품	67.4	100.0	109.5
집 세	71.0	100.0	115.8
공공서비스	51.7	100.0	111.4
개인서비스	51.5	100.0	116.3

자료: 한국은행, 「경제통계연보」, 2005.

· 한국의 높은 물가상승률은 농축수산물과 서비스 가격의 높은 상승률에 기인한다. 이는 한국의 공산품 생산성은 국제경쟁 때문에 크게 높게 되었으나 농축수산물 및 서비스의 생산성은 극히 낮기 때문이다. 일본의 경우는 이 기간 거품의 제거로 물가가 별로 상승하지 않았다. 한국의 서비스 가격의 높은 상승률은 인건비, 땅값 및 물류비용의 증가 등에 크게 기인한 것으로 보인다.

생산자물가지수(PPI: producer price index)로 본 한국의 물가상승률은 1985~95년간 미국의 PPI 상승률과 거의 비슷하다. 이는 세계시장에서 치열한 경쟁을 하는 한국공산품의 생산성이 이미 미국과 거의 비슷하게 되었음을 의미한다. 그러나 일본의 경우에는 이른바 버블현상으로 부동산 및 주식 가격의 대폭락과 더불어 생산자 가격이 오히려 크게 하락했다. 한국의 PPI가 미국의 경우보다 약간 높게 상승한 것은 식료품 가격 상승에 크게 기인한다. 식료품 이외의 제품의 경우에는 한국의 물가상승률이 미국의 경우보다 오히려 낮다. 생산자물가지수는 장기적으로는 공업의 생산성과 국제경쟁력에 따라서 결정된다. 통화량과의 직접적이고 긴밀한 관

[표 17. 2] 소비자 물가지수의 국제비교

		2000	2003
한국		100.0	110.7
미국	G5	100.0	106.8
일본	G5	100.0	98.1
독일	G5	100.0	104.5
프랑스	G5	100.0	105.8
영국	G5	100.0	106.5
이태리		100.0	108.1
스위스		100.0	102.3
싱가포르		100.0	101.1
대만		100.0	101.1
중국		100.0	105.0

자료: 통계청, 국제통계연감, 2005. 일본 총무성통계국, 「세계의 통계 2005」.

계는 통화량이 급팽창하는 경우가 아니면, 약할 것으로 보인다.

㉳ 인플레의 사화산(死火山) 시대?

1930년대가 대공황의 시대였다면 1970년대는 '대인플레의 시대'라고 할 수 있다. 제 1 차 및 제 2 차 석유파동 및 각종 자원 파동으로 전세계가 심한 인플레의 몸살을 앓았기 때문이다. 1980년대에도 인플레는 계속되었으나 1990년대에 들어오고부터는 인플레 발생요인들이 계속 힘을 못 쓰고 있다. 인플레는 마치 사화산처럼 되었다는 주장이 많이 나오고 있다. 레스터 서로우 교수가 이런 주장을 하는 대표적인 학자이다. 만약 그의 주장이 타당하다면 한국은 통화량을 상당정도 늘려서 이자율을 크게 떨어뜨릴 수 있는 것이다. 그의 주장 및 인플레 관련 주의사항을 보기로 하자.

현재 미국의 인플레는 거의 없는데도 불구하고 소비자물가지수를 보면 인플레는 높게 나타난다. 그러나 CPI로 볼 때 인플레가 심하다는 주장은 다음과 같은 점에서 볼 때 잘못이다.

예를 들면, 개인용 컴퓨터는 성능이 매년 7%씩 상승하나 소비자물가지수(CPI)는 이를 잘 반영하지 못한다. CPI는 상품의 질적 향상은 물론 서비스의 질적 향상도 잘 반영하지 못한다. 그러므로 상품의 질이 좋아져서 가격이 상승한 것을 인플레라고 하는 것은 잘못이다.

지금은 기술혁신으로 핸드폰, 컴퓨터, 전자수첩, 전자사전 등의 경우에는 신제품이 계속 나오는데 소비자물가지수는 이를 적절히 반영하지 못한다.

소비자들은 가격이 하락하거나 싼 상품의 소비를 늘리지만 CPI는 이를 잘 반영하지 못한다. 이 때문에 물가지수는 인플레를 실제보다 더 높게 평가한다.

보건의료비 인플레는 통화정책이나 경제성장 억제정책으로 다스려질 성질의 것이 아니다.

그럼 인플레를 초래한 요인들은 어떻게 되었는가? 석유자원의 주 공급국가는 냉전시대에는 주로 중동 산유국들이었다. 그러나 지금은 러시아, 카자흐스탄 등도 중요한 공급원이 되고 있다. 지금은 OPEC 국가의 세계 석유 독점 능력은 다소 줄어들었다. 그러나 석유 카르텔 형성 능력 여하에 따라서 유가상승 가능성은 얼마든지 있다. 식량의 경우 냉전 이후 세계 최대의 곡창지대인 우크라이나와 카자흐스탄이 새로운 세계 식량 공급원으로 등장했다. 따라서 식량 가격은 비교적 안정된 상태이다.

자동차, TV 등 주요 공산품의 생산능력은 전세계적으로 과잉사태에 있다. 수요부족이 문제이지 생산능력은 문제가 안 된다. 따라서 공산품값이 오를 요인은 별로 없다.

미국에서는 많은 기업체의 대대적인 해고와 전세계로부터 이민온 노동자들 때문에 노임상승 압박이 거의 없어졌다.

현재 많은 기업들은 가동률 상승 없이도 생산을 얼마든지 늘릴 수 있다. 예를 들면, OEM(주문자상표 부착 방식의 생산)으로 자사 제품의 생산을 다른 회사에 의뢰할 수 있다. 이런 경우 가동률과 인플레와는 상관이 없다.

서비스산업의 생산성도 크게 상승하고 있다. '경제의 서비스화'는 옛날과 달리 인플레를 유발하지 않는다.

미국의 부동산 가격의 하락, 일본의 거품현상 제거 등은 전세계적으로 물가상승 요인을 근본적으로 억제한 것이다.

18. 우리 나라에는 돈이 얼마나 많은가, 혹은 많아야 하는가?

"현찰은 가난한 사람의 신용카드이다. 바보를 빛나게 하는 것이다. 달동네 경제나 후진국 경제는 현찰경제이다."

"비지니스는 아주 좋은 게임이다. 스코어는 돈으로 계산한다."

— 노란 부시넬

우리가 경제학 원리를 잘 알려고 하는 것은 근본 경제문제를 잘 해결하기 위해서이다. 그런데 돈은 성장, 안정, 능률 등 근본 경제문제와 긴밀한 관계가 있으므로 근본 경제문제를 잘 해결하기 위해서는 돈을 잘 이해해야 한다. 우리는 앞에서 경제는 순환적 흐름이며, 그 흐름 속에서 돈은 실물과 반대 방향으로 흐르므로, 돈이 잘 순환해야 실물도 잘 순환함을 알았다. 돈은 사람 몸의 피와 같으므로 적정량이 있어야 한다. 이 장에서는 돈의 기능과 범위, 돈과 중앙은행 및 예금은행간의 관계, 돈의 적정량, 돈과 관련된 경제정책 등을 살펴보기로 한다. 먼저 개인의 돈과 나라의 돈의 관계부터 보기로 하자.

가 개인의 돈과 나라의 돈

"러시아의 혁명주체세력들은 공산혁명 후 모든 사람들이 필요로 하는 만큼 돈을 계속 찍어냈다. 그 결과 돈값은 종이값 이하로 떨어졌다. 국민들이 돈을 믿지 않게 되자 이들은 이제 기회가 왔다고 하면서, 자본주의 화폐경제의 뿌리를 뽑아내고, 대신 '배급표'로 국민을 통제하는 공산경제의 씨를 심었다."

"소련이 붕괴될 때 시장도 붕괴되고 돈(루불화)도 같이 붕괴되었다."

우리 나라에는 소녀 가장, 부양가족 없는 노인 등 돈 없는 사람들이 많다. 이들에게 정부가 돈을 많이 찍어서 계속 주면 안 되는가? 그리고 정부가 각종 경제정책을 하느라 고생하지 말고 국민들에게 돈을 필요한 양만큼 찍어서 주면 안 되는가? 만원짜리 지폐를 찍는 데는 원가가 별로 안 든다. 원가만 받고 돈을 계속 찍어주면 안 되는가? 소련 정부가 공산주의 체제를 도입할 때, 돈을 모든 사람이 필요로 하는 만큼 계속 찍었다. 그 결과 돈값이 폭락하여 사람들이 돈을 믿지 않게 되었다. 1980년대 적잖은 라틴아메리카의 인기영합형 지도자들도 돈을 마구 찍어 국민들에게 나누어 주다시피 했다. 그 결과 물가상승률이 연 수천 퍼센트나 된 적도 있었다. 돈에 대한 사람들의 믿음이 없어지면 국가나 사회에 대한 믿음도 없어진다. 돈이 제 기능을 못하면 시장경제는 무너진다.

어느 한 사람으로 볼 때는 현찰이 많을수록 좋다고 할 수 있으나 나라 전체로 볼 때는 돈이 너무 많으면 심한 인플레로 경제가 불안하고, 투기가 심화되고, 국산품의 대외경쟁력이 떨어지게 된다. 따라서 모든 사람이 손해를 본다. 그러므로 나라 전체로 볼 때 돈은 적당량이 있는 것이 가장 좋다. 그럼 얼마나 많은 양이 적당량인가? 경제는 실물과 돈의 순환적 흐름이므로 돈의 양은 실물의 규모와 꼭 맞을 정도로 많아야 한다. 개인으로 볼 때는 돈이 생산활동과 긴밀한 관계가 없을 수도 있으나, 나라 전체로 볼 때는 생산활동과 긴밀한 관계가 있지 않으면 안 된다. 나라 전체의 돈은 국민총생산과 비교하여 적정량이 있어야 한다. 우리 나라의 돈의 총량과 국민 1인당 돈의 양은 [표 18. 1]에 나타난 바와 같다. 돈은 곧 설명되는 바와 같이 현금통화, 총통화 등 여러 종류가 있다.

[표 18. 1] 우리 나라 통화의 종류와 양(2005년 말 현재)

	총 액 (조 원)	GDP에 대한 비율(%)	국민 1인당 (만 원)
현금통화(민간의 화폐보유액)	20.4조 원	2.5%	43만 원
협의통화(M_1) =현금통화+결제성예금	332.3	41.2	703
광의통화(M_2) =통화(M_1)+준결제성예금	1,021.4	126.6	2,160
광의유동성(L)=금융기관유동성(Lf)+ Lf 이외의 유동성	1,653.2	205.0	3,497

자료: 한국은행, 「경제통계연보」, 2006, 「경제지표해설」, 2006.
주: 예금통화는 결제성예금, 요구불예금 및 수시입출식 예금임. 준통화는 준결제성 예금, 정기예적금 및 부금, 실적배당형 금융상품, 시장형 금융상품 및 기타 예금·금융채임.

우리 나라의 총통화량은 경제위기 직전에는 많이 부족한 편이었다. GDP에 대한 총통화의 비율이 돈의 적정량을 따지는 하나의 기준인데, 1997년 한국은 40.9%였다. 다른 나라에 비하여 크게 낮았다. 그 결과 한국의 이자율(시중은행 일반대출금리)은 15.3%나 되어 선진국의 몇 배나 되었다. 이는 빚 많은 우리 나라 기업의 자금부담을 어렵게 만들었다.

[표 18. 2] 한국경제위기 발생당시 주요국의 총통화량

GDP에 대한 비율(1997)			
한 국	40.9%	독 일	62.0%
미 국	59.4%	스위스	126.3%
일 본	112.7%	프랑스	64.4%

그러나 GDP에 대한 광의통화의 비율이 경제위기 이후 크게 올라가자, 한국의 이자율은 한 자리 숫자로 떨어졌다. 경제위기 직후 한국기업의 상대적으로 많은 이윤은 낮은 이자율에 크게 기인했다. 그러나 치열한 경쟁대상국인 일본의 이자율이 1% 정도인 사실을 감안한다면 한국의 이자율은 여전히 높은 편이었다.

그런데 나라마다 광의통화(M_2)를 약간씩 다르게 정의하고 있다. 그러므로 GDP에 대한 광의통화의 비율만을 단순 비교하여 한국에 돈이 많다 또는 적다고 하는 데는 다소 무리가 따른다. 그러나 돈이 많고 적음에 따

라서 이자율이 낮고 높게 되기 때문에 이자율과 같이 비교하면 이 비율은 돈의 적정량 판단에 유용한 기준이 된다. 그럼 돈이란 무엇이며 무엇을 총통화라고 하는지, 통화에는 어떤 종류가 있는가 등을 보기로 하자.

나 돈이란 무엇인가, 그 기능은 무엇인가?

돈에 대한 격언들. 어느 나라에서건 돈값이, 올라가면 사람값도 올라가고 내려가면 사람값도 내려간다. 사람을 동물과 다르게 하는 것은 돈이다. 벌이나 개미는 집단생활을 하지만 돈을 사용하지 않는다.

돈과 바보는 상극이다. 만나자마자 헤어진다. 돈과 헤어지지 않으려면 사람만이 돈을 좋아해서는 안 되고 돈도 사람을 좋아해야 한다. 돈이 들어오는 데는 시간이 오래 걸리나 나가는 것은 금방이다.

여러분이 돈을 많이 벌면 세상 사람들은 여러분을 신사라고 부를 것이다. 돈만 있으면 개도 멍첨지라. 돈이 말한다. 돈이 돈을 번다. 돈만 있으면 귀신도 부린다. 선물 중 가장 좋은 것은 현찰이다. 사람들은 돈을 위하여, 그리고 돈은 사람을 위하여 거의 모든 일을 할 수 있을 것이다.

돈만 벌려고 하는 기업은 신통치 않은 기업이다. 지구상의 많은 충돌은 돈과 피의 충돌이다.

"돈의 기능을 하는 것은 무엇이든지 돈이다"라는 말이 있다. 그럼 돈의 기능은 무엇인가? 다음의 세 가지이다.

1) 교환의 매개수단(medium of exchange). 한 상품과 다른 상품의 직접교환, 곧 물물교환은 극히 불편할 뿐만 아니라 이루어지기도 어렵다. 예를 들어, 양돈업자가 돼지 한 마리를 가지고 감기약을 사려고 하는 경우를 생각해 보자. 이 거래가 성립하려면 양돈업자는 감기약을 갖고 돼지를 사려고 하는 사람을 찾아야 한다. 서로가 상대방이 바라는 물건을 갖고 있어야 한다. 즉, 욕망의 이중일치(double coincidence of wants)가 필요하다. 그러나 돼지를 돈으로 교환한 다음 그 돈으로 감기약을 사면 쉽게 된다.

이와 같이 돈은 교환의 매개수단 기능을 한다. 돈의 가장 중요한 기능은 바로 이것이다. 자본주의는 시장경제이고, 시장경제는 무수한 재화와 서비스의 시장거래를 하는 경제이므로 돈을 전제로 한다. 그러므로 시장경제를 화폐경제(monetary economy)라고 한다. 물물교환경제(barter economy)에서는 자신이 필요로 하는 물건을 생산하는 사람들이 무엇을 원하는가를 알아서 생산해야 한다. 그러나 화폐경제에서는 그런 염려 없이 자신이 좋아하고 잘 할 수 있는 제품의 생산을 전문화할 수 있다. 이러한 점에서 화폐는 분업과 전문화를 촉진한다.

2) 계산의 단위(unit of account). 소고기 백 그램, 땅 한 평, 볼펜 한 자루, 쌀 한 되, 책 한 권, 구두 한 켤레, 두부 한 모, 도미 한 마리 등 계산의 단위가 모두 다른 제품의 가치는 무엇으로 계산하는가? 돈으로 계산한다. 양복 한 벌에 석유 20배럴, 책 한 권에 콩 두 되, 택시 기본요금은 호박 두 덩어리 등으로 그 가치를 표시하지 않는다. 양복 한 벌 50만 원, 책 한 권 8천 원 등 돈으로 그 가치를 계산한다. 시장거래 대상이 되는 것은 어느 것이나 그 가치를 돈으로 계산할 수 있으므로 돈은 계산의 단위가 되고 가치의 척도(unit of value)가 된다.

3) 가치의 저장수단(store of value). 일본에서는 1991년 버블경제가 터진 이후 땅값이 평당 천만 엔에서 최근 2백만 엔으로 떨어진 경우도 있다. 버블경제 때 많은 사람들은 재산증식의 길은 오로지 땅이라고 하면서 땅을 샀다가 큰 손해를 보았다. 그러나 현금을 갖고 있던 사람들은 오히려 큰 이득을 보았다. 돈이 땅보다 가치를 더 잘 보장할 수 있었던 것이다. 물가가 하락할 때는 현금이 좋은 가치저장수단이 된다. 그러나 상승할 때는 사정이 다르다.

재산은 은행예금, 땅, 주식에 삼분해야 된다는 사람도 있다. 옛날의 중국인들은 재산을 주로 금으로, 한국인들은 땅으로, 일본인들은 은행예금 형태로 많이 보유하려고도 했다. 재산을 땅, 주식, 은행예금 등에 어떻게 분산하는 것이 가장 잘 증식하는 길인가와 같은 문제를 자산 선택, 곧 포트폴리오(portfolio) 문제라고 한다. 모든 계란을 한 바구니에 담지 말라는 말과 같이 자산을 분산하여 잘 불려나가라는 것이다. 조금 다른 이야기나 범죄자들은 현찰을 가치저장수단으로서 많이 이용한다. 부정부패나 범죄가 많은 나라에는 현금에 대한 수요도 많다.

돈의 가장 중요한 기능은 이미 앞서 말한 바와 같이 교환의 매개수단이므로 돈의 정의도 이를 바탕으로 하는 경우가 많다. 즉, 일반적인 교환의 수단 기능을 하는 것은 모두 돈이라고 하는 것이 곧 그것이다. 인류역사를 놓고 보면 돈의 기능을 한 것은 금, 은, 쌀, 소금, 돌, 가축 등 수없이 많았다. 샐러리맨이라고 할 때 '샐러리'는 라틴어의 소금을 의미한다. 로마인들은 실제로 봉급을 소금으로 주고받은 적이 있었다. 소금이 돈의 역할을 했다.

최근 소련이 붕괴될 때 심한 인플레로 돈의 가치도 붕괴되었으므로 어느 지방에서는 담배가 화폐의 기능을 대신했다. 돈으로 사용된 것은 농경사회 때는 주로 가축, 쌀, 조개 등의 농수축산물이었으나 기술의 발전에 따라 금, 은, 철 등 광물도 사용되기 시작했다. 종이돈(지폐)이 사용된 것은 종이 만드는 기술이 발달하고부터이다. 사실 종이돈이 처음 나왔을 때 종이 그 자체도 큰 내재가치(intrinsic value)를 갖고 있었다. 당시 종이는 아무나 만들 수 없었으므로 아주 귀중했다. 그러나 지금은 정보화사회가 됨에 따라서 전자화폐의 중요성이 커지고 있다.

금이나 은이 돈으로 사용될 때는 그 양이 중요했다. 그러나 중앙은행제도가 발명되고부터 지폐가 돈의 지위를 확고히 했다. 지폐처럼 내재가치가 없는 것을 명목화폐(fiat money)라고 한다. 지폐는 법으로 정한 화폐이므로 법화(legal tender)라고 한다. 한국은행은 한국은행권이 한국의 "법화로서 모든 거래에 무제한 통용된다"는 사실을 법으로 규정하고 있다. 그런데 비록 법으로는 일체의 거래에 국민들이 받아들여야 한다고 규정하고 있으나 소련 붕괴 때처럼 인플레가 아주 심하게 되면 사람들이 화폐 대신 물건을 선호하게 된다.

그런데 미국의 중앙은행인 연방준비은행이 발행한 미국 달러는 많을 때는 80% 정도가 다른 나라에서 유통되기도 했다. 세계화시대에는 한국돈뿐만 아니라 미국돈, 일본돈 등도 한국에서 돈의 기능을 하게 된다.

크레디트 카드는 돈인가?

크레디트 카드는 통화량 계산에 포함되지 않는다. 그 이유는 화폐가 아니라 지불을 잠시 연기하는 수단, 또는 돈을 잠시 빌리는 수단이기 때문이다. 크레디트 카드로 지불한 돈은 은행구좌에서 빠져나가게 되는데, 은행구좌에 예금된 금액만이 통화에 포함되지 카드 자체는 통화에 포함되지 않는다. 그러나 크레디트 카드는 우리들에게 현찰이나 요구불예금을 적게 가져도 되게 만든다. 그리고 화폐의 사용을 경제적으로 할 수 있게 만든다.

다 통화에는 여러 가지 종류가 있다

지금까지 우리는 '돈'이라는 말을 썼는데, 이 시점에서 '통화'라는 말을 소개하고자 한다. 이 단계에서 돈, 화폐, 통화의 뜻을 분명히 할 필요가 있다. 돈을 영어로는 money라고 하나 한국인과 일본인들은 money를 돈, 화폐 및 통화의 세 가지 뜻으로 사용하고 있다. 그럼 그 차이는 무엇인가? 우리가 보통 돈 많은 사람이라고 할 때의 '돈'은 현금뿐만 아니라 각종 재산을 포함한다. 화폐는 교환의 매개수단이면서 계산의 단위와 가치저장수단의 기능을 하는 것을 말한다. 통화는 통용되는 또는 유통되는 화폐를 의미한다. 이를 다시 한번 요약하기로 하자.

돈 : 화폐, 통화 및 각종 유형 및 무형의 자산
화폐 : 교환의 매개수단이면서 계산의 단위와 가치저장수단의 기능을 하는 것
통화 : 통용되는 또는 유통되는 화폐

돈이란 일상적 용어이나 화폐와 통화는 학술적 용어이다. 그러므로 화폐나 통화는 분명한 뜻이 있다. 예를 들면 협의통화(M_1)는 현금통화와 예금통화를 합친 것이다([그림 18. 1]). 그런데 각종 금융자산 중 어느 것까지가 화폐 또는 통화와 비슷한 기능을 하는가에 따라서는 많은 견해가 있을 수 있다. 그런데 현금과 비슷하다는 사실은 무엇을 의미하는가? 현

금의 가장 중요한 특성이 유동성이므로 이 점에 있어서 비슷하다는 것이다. 그럼 유동성이란 무엇인가?

> "유동성(liquidity)이란 어떤 재산이 얼마나 빨리, 그리고 가치의 손실 없이 쉽게 현금화될 수 있는가를 나타낸다."

수많은 형태의 재산은 유동성에 따라서 구분할 수 있다. 유동성이 제일 높은 것은 물론 현금이다. 그 다음으로 높은 것은 요구불예금, 저축성예금, 양도성예금증서, 주식이나 회사채, 자동차, 주택, 공장 등의 순이다([그림 18. 1]). 유동성이 낮은 것일수록 현금화에 시간과 비용이 많이 든다. 이중 유동성이 현금에 가까운 것일수록 그 기능이 현금과 같게 된다.

[그림 18. 1] 각종 재산의 유동성의 정도

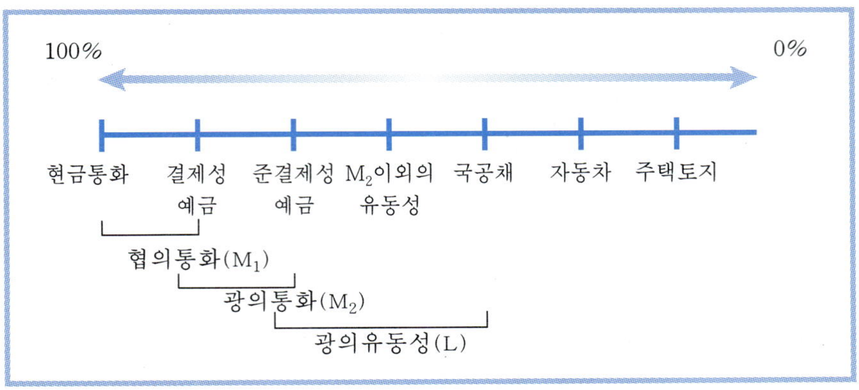

[그림 18. 1]에 나타난 바와 같이 통화의 종류는 여러 가지가 있다. 즉, 현금통화와 결제성예금, 그리고 이를 합한 협의통화(M_1), 협의통화(M_1)에 준결제성예금을 합한 광의통화(M_2), 여기에 다시 M_2 이외의 유동성을 합한 광의유동성(L) 등이 곧 그것이다.

그런데 왜 통화의 종류는 이렇게 많은가? 한국에서도 한국전쟁 직후에는 국민들이 극빈하여 은행예금 같은 것이 별로 없었다. 수표도 별로 사용하지 않았다. 그러므로 통화라고 하면 주로 현금통화였다. 지금도 아프리카 여러 나라에 가보면 금융자산이 별로 없으므로 통화의 개념이 비

주요 통화 개념

현 금 통 화 = 민간이 보유하는 화폐
협의통화(M_1) = 현금통화 + 결제성예금
광의통화(M_2) = 통화(M_1) + 준결제성예금
광의유동성(L) = 금융기관유동성 + 이외의 유동성
[표 18. 1]의 주 참조.

교적 단순하다. 동티모르에는 최근까지 변변한 은행도 없었다. 한국에서는 소득수준 상승과 금융의 발달에 따라서 화폐와 비슷한 기능을 하는 금융자산들이 계속 늘어났으므로 통화의 종류도 이렇게 많게 된 것이다. 지금부터 통화의 개념을 간략히 살펴보기로 하자.

현금통화는 민간의 화폐보유액을 말한다. 결제예금은 예금자가 수표를 발행하여 현금통화와 같이 사용할 수 있기 때문에 현금통화와 같이 분류된다. 그러므로 현금통화와 결제성예금을 합한 것을 협의통화(M_1)라고 한다. 예금통화 다음으로 유동성이 높은 것은 준결제성예금으로, 정기예적금 및 부금, 실적배당형 금융상품, 시장형 금융상품 등인데, 이들은 통화에 준하는 기능을 하므로 준통화(near money 또는 quasi money)라고 한다. 협의통화(M_1)와 이를 합한 것을 광의통화(M_2)라고 한다. 준통화 다음으로 유동성이 높은 것은 예금은행 및 비은행 금융기관 기타 예수금 등이다. 이들을 우리는 편의상 M_2 이외의 유동성이라고 한다. 광의통화(M_2)와 이들을 합한 것을 광의유동성(L)이라고 한다. 예금취급기관과 기타금융기관은 [표 18. 3]에 나타난 바와 같다.

그런데 이런 돈은 다 어디에서 생기는가? 현금통화는 발권은행인 한국은행이 발행한 것이고, 예금통화는 우리 나라의 은행들이 통화제도 안에서 만들어 내는 것이다. 통화제도란 본위화폐를 창출하는 중앙은행인 한국은행과 예금통화를 창출하는 예금은행으로 구성된다. 이들 은행이 하나의 통화시스템으로서 우리 나라의 통화량을 좌우하게 된다([표 18. 4]). 그럼 먼저 중앙은행의 기능부터 보기로 하자.

[표 18. 3] 우리 나라의 금융기관

구분	기관	비고
중앙은행	중앙은행	
	외국환평형기금	
예금취급기관	예금은행	시중은행, 지방은행, 외국은행국내지점, 특수은행
	수출입은행	
	종합금융회사	
	자산운용회사 투자신탁계정	
	신탁회사	
	상호저축은행	
	신용협동기구	상호금융, 새마을금고, 신용협동조합
	우체국예금계정	
기타 금융중개기관	증권기관	증권금융회사, 증권회사
	투자회사	뮤추얼펀드
	여신전문금융기관	리스회사, 신용카드회사, 할부금융회사 등
	유동화전문기관	유동화전문회사, 주택저당채권유동화회사
	공적금융기관 등	국민주택기금, 국민투자기금 등
보험회사, 연금 및 기금	보험회사	
	연·기금	
금융보조기관	자산관리공사 등	신용보증기관, 신용평가회사 등 포함

주: 2005년 말 현재, IMF분류기준.
자료: 한국은행, 「알기쉬운 경제지표해석」, 2006.

[표 18. 4] 통화 및 금융관련 용어

본원통화(reserve base, monetary base) = 고성능화폐(high-powered money) = 민간보유현금 + 지급준비금.

화폐발행액 = 민간보유현금 + 예금은행보유시재금

금융(finance): 화폐의 유통은 실물구매의 경우에서와 같이 실물의 반대방향으로 흐르는 '산업적 유통'과, 실물의 매매와는 상관없이 수익을 목적으로, 빌려 주는 사람에게서 빌리는 사람으로 흐르는 '금융적 유통'으로 양분된다. 금융은 후자를 말한다.

금융시장: 자금의 수요자와 공급자가 그 가격을 결정토록 하는 기구나 장치를 의미한다. 금융시장은 단기자금거래를 위한 화폐시장(money markets), 장기자금 거래를 위한 장기대부시장과 증권시장(securities markets), 그리고 외국돈의 거래를 위한 외환시장(foreign exchange markets)으로 나누어진다. 금융시장은 대부기간이 1년 미만인 단기금융시장(콜시장, 할인시장)과 1년 이상인 장기금융시장(증권시장, 장기대부시장)으로 나누어진다. 기업활동에 필요한 설비자금이나 장기 운전자금의 거래를 위한 시장을 자본시장이라고 한다. 이 시장에서는 장기대부시장과 주식과 회사채의 발행과 거래를 위한 증권시장이 포함된다.

금융제도(financial system): 자금의 수요자와 공급자간에 거래를 가능케 하는 각종 금융기관(financial institutions)으로 구성된다. 금융기관은 각종 금융시장과 금융중개기관(financial intermediaries)으로 구성되는데, 금융중개기관이란 자금의 수요자와 공급자 사이에서 거래를 간접적으로 주선하는 기관이다.

통화(화폐)제도(monetary system): 본원통화 및 통화(M_1)와 관련되는 제도로서 중앙은행과 예금은행으로 구성된다.

라 중앙은행의 기능

"이 법은 한국은행을 설립하고 효율적인 통화신용정책의 수립과 집행을 통하여 물가안정을 도모함으로써 국민경제의 건전한 발전에 이바지함을 목적으로 한다."

— 한국은행법 제1조

"인류역사상 지금까지 유명한 세 가지 발명이 있었다. 불과 바퀴와 중앙은행제도가 바로 그것이다"

— 윌 라저스

한국의 화폐는 이미 앞서 말한 바와 같이 법으로 정한 것, 곧 법화이므로 이를 관장하는 기관이 있어야 하는데, 중앙은행(central bank)인 한국은행이 바로 그 기관이다. 다른 나라에서도 중앙은행이 그 기능을 한다. 다른 나라의 중앙은행을 보면, 미국은 연방준비제도(FRS: Federal Reserve System), 일본은 일본은행, 영국은 영난은행 등이다. 중앙은행은 무슨 기능을 하는가?

첫째, 발권은행으로서 적정통화량의 공급. 중앙은행은 나라경제 전체의 성장과 안정에 필요한 알맞은 양의 통화를 공급한다. 현금통화(제 1 차 통화)를 직접 찍어낼 뿐만 아니라, 이를 바탕으로 하여 발생하는 제 2 차 통화(예금통화, 준통화, 유동성 등)의 양도 조절한다. 통화는 인체의 혈액에 비유되는데, 중앙은행은 혈액을 전신에 공급하는 심장의 역할을 한다.

둘째, 은행의 은행. 국민들이 돈을 예금하고 인출하는 곳은 민간은행이고, 민간은행들이 돈을 예금하고 인출하고 빌리는 곳은 중앙은행이다. 그러므로 중앙은행은 은행의 은행 역할을 한다. 민간은행이 중앙은행에 예금한 것을 중앙은행예치금이라고 한다. 민간은행들이 중앙은행에서 돈을 빌릴 때 부담하는 이자율을 재할인율(rediscount rate)이라고 한다.

셋째, 정부의 은행. 정부도 당좌예금을 하고 수표를 발행하며 돈을 빌리기도 하는데 이는 모두 중앙은행을 통해서 한다. 또한 중앙은행은 정부를 대신해서 통화안정증권이나 국채를 발행하며 정부 소유 유가증권의 보관, 관리 및 국고수납 등의 업무도 한다.

넷째, 대외금융업무. 중앙은행은 환율, 외화자금의 보유와 유출입, 공적 대외지급준비금(official external reserves) 등을 관리한다. 그리고 국제통화기금(IMF), 아시아개발은행(ADB), 세계은행(World Bank), 유럽개발은행(EBRD) 등 국제기구에 대한 출자나 출연 등의 업무를 담당한다.

다섯째, 올바른 금융시장과 제도의 운영을 위한 조치. 중앙은행은 금융제도와 금융시장이 경제전체에 적정통화량을 공급하고, 금융기관간에도 원활한 거래가 이루어질 수 있도록 하는데 필요한 감독이나 조치를 한다.

그런데 세계 각 나라 중앙은행의 대표격인 미국의 중앙은행인 연방준비제도는 입법부, 사법부 및 행정부 그 어디에도 소속되지 않는 독립기관이다. 형식적 소유자는 회원은행들이나 실질적으로는 독립된 기관이다. 연방준비제도이사회 의장은 미국에서 대통령 바로 다음의 '실세'로 알려지고 있다. 그 권한이 막강하여 '경제 대통령'이라고도 한다.

이들 기능은 나라 전체에 알맞은 통화량의 안정적 공급이라는 '거시경제기능'과, 금융산업과 금융시장의 건전한 발전이라는 '미시경제기능'의 둘로 나눌 수도 있다. 그럼 통화제도의 다른 구성 부분인 예금은행을 보기로 하자([표 18. 3]). 그런데 예금은행은 근본적으로 이윤을 추구하는 기업이다. 그러나 그 과정에서 통화를 창출한다. 돈 장사를 하는 가운데 나라의 돈의 양을 늘리게 된다는 것은 얼마나 놀라운 사실인가? 은행은 이윤추구라는 관점에서는 다른 기업과 같으나 통화를 만들어낸다는 점에서는 다른 기업과 다르다.

마 예금은행과 통화창출

"정지해 있는 돈은 더 이상 돈이 아니다. 돈은 국가경제의 혈액이다. 적당량이 계속 잘 순환해야 경제를 건강하게 만든다."

우리는 예금은행들이 일상적인 이윤추구행위를 하는 가운데 어떻게 통화(예금통화)를 창출하는가를 보기로 하자. 예금은행들이 이윤을 극대화하는 일은 가급적 많은 예금을 받아서 많은 대출을 하는 것이다. 그리고 예금자에게는 가급적 낮은 이자율을 지불하고, 대출자에게는 높은 이자율을 받는 것이다. 은행의 통화창출을 하나의 은행의 경우와 전체 은행의 경우로 나누어서 보기로 한다.

한 개 은행의 통화창출. 예를 들어, 몇 년 전 동티모르처럼 중앙은행만 있고 예금 은행이라고는 하나도 없는 채, 현금만 100억 원이 유통되는 나라가 있다고 하자. 그럼 이 나라의 통화량은 모두 얼마인가? 현금통화

100억 원뿐이다. 그런데 가령 은행이 한 개 생기고 사람들이 이 100억 원을 모두 이 은행에 당좌예금했다고 하면 통화량은 어떻게 변하는가? 만약 이 은행이 예금 받은 돈을 대출은 전혀 않고 예금자들이 찾으러 올 때를 대비하여, 곧 현찰로서 지급준비금으로 100%을 갖게 된다면 어떻게 되는가. 통화량 자체에는 아무런 변화가 없다. 단지 현금통화가 모두 예금통화로 바뀌었을 뿐이다.

은행이 예금액 전부를 지급준비금으로 보유하는 것을 '100% 지급준비제도'라고 한다. 그런데 가령 이 은행이 예금자들의 예금인출 관행을 보니 예금액의 20%만 지급준비금으로 갖고 있어도 예금자들이 돈을 찾으러 올 때 전혀 지장이 없다는 사실을 발견했다고 하자. 그럼 그 나머지 80%는 모두 대출할 수 있다. 그래서 현금 80억 원을 대출해 주었다고 하자. 그럼 통화량은 어떻게 변화하는가? 은행에 있는 예금통화는 그대로 100억 원이다. 여기에 80억 원의 현금이 대출되었으니 현금통화가 그만큼 증가했다. 그러므로 통화량은 예금통화 100억 원에 현금통화 80억 원을 합한 180억 원으로 증가한 것이다.

은행이 예금의 일부분만을 지급준비금으로 갖게 되는 것을 '부분지급준비금(fractional reserve)제도'라고 하는데, 이 제도하에서는 은행의 대출은 이와 같이 통화량을 증가하게 만든다. 예금자들이 돈을 찾으러 올 때를 대비하여 지불준비금을 갖고 있어야 한다. 그리고 법으로 그 비율을 정한 것을 필요지급준비율(required reserve ratio) 또는 법정준비율(legal reserve ratio)이라고 한다. 그러므로 어느 한 개 은행의 예금 창출액은 법정지불준비금을 초과하는 금액이다. 위의 예에서 법정지급준비율이 20%라면 100억 원에서 20억 원을 뺀 80억 원이 그 은행이 창출할 수 있는 통화량의 최대 액수이다.

은행 전체(또는 은행시스템)의 통화창출. 그런데 많은 은행이 있고 대출을 받은 사람들은 모두 다시 그 돈을 은행에 예금한다고 하자. 예를 들어, 위의 예에서 80억 원을 대출받은 사람이 다른 은행에 이 돈 전액을 예금하면 그 은행은 그 예금액의 20%만 지급준비금으로 보유하고 나머지는 대출한다. 80억 원 중 16억 원은 지급준비금으로 보유하고 나머지

뱅크런(bank run) = 예금 대량인출

부분지급준비금제도 때문에 은행들은 예금 중 상당부분의 금액을 고객에게 빌려 준다. 그러므로 예금자들이 한꺼번에 예금한 돈을 찾으러 몰려오면 은행은 감당을 못한다. 이를 뱅크런(=은행에 몰려옴=예금대량인출=은행 지급청구 쇄도)이라고 한다.

어느 조그마한 은행이 곧 어려움에 처할 것이라는 소문이 나돌면 사람들은 예금한 돈을 찾으려고 몰려든다. 그럼 그 은행은 줄 돈이 부족하므로 정말로 어려움에 처한다. 현대의 기업들도 대규모의 신용거래를 한다. 어떤 기업이 곧 어려움에 처할 것이란 소문이 퍼지면, 받을 돈이 있는 고객들은 한꺼번에 돈을 받아내려고 그 기업에 몰려든다. 그럼 그 기업은 큰 어려움에 처한다. 심하면 부도가 날 수도 있다.

64억 원은 대출할 수 있다. 이 64억 원을 대출받은 사람은 다시 다른 은행에 그만큼 예금하고, 예금받는 은행은 다시 그 80%를 대출한다. 이런 예금과 대출 과정이 계속 되풀이되면 통화량은 얼마나 늘어나게 되는가? 다음 식에 나타나는 양만큼 늘어난다. 즉,

$$100억\ 원 + 80억\ 원 + 64억\ 원 + 51.2억\ 원 + \cdots = 500억\ 원$$

처음의 100억 원은 중앙은행이 발행한 현금통화인데 이를 '본원통화'라고 한다. 중앙은행이 발행하여 중앙은행 창구를 떠난 돈을 본원통화(reserve base, monetary base, 또는 high-powered money)라고 한다. 지급준비율이 20%인 경우 은행 전체는 500억 원, 곧 5배에 해당되는 예금통화를 창출한다. 그러므로 은행들은 본원통화의 승수배만큼의 예금통화를 창출하게 된다. 이는 전체 은행이 창출할 수 있는 최대의 예금통화량이다. 이 경우 통화승수(예금승수 또는 신용승수)는 5이다(100 ÷ 20% = 5). 지급준비율이 10%이면 통화승수(monetary multiplier)는 10(= 100 ÷ 10%)이고, 5%이면 통화승수는 20(= 100 ÷ 5%)이 된다. 통화승수 5는 1.0을 지급준비율로 나눈 숫자이다.

예금통화창출액 = 통화승수 × 본원통화
(500억) (5) (100억)
통화승수 = 1 ÷ 지급준비율
(5) (0.2)

본원통화가 줄어들면 예금통화가 감소되는데, 예금통화의 감소도 같은 요령으로 이루어진다. 즉, 본원 통화감소액의 승수배 만큼 예금통화가 줄어든다. 그런데 신용창조는 가령 어떤 개인이 한 은행에 있는 돈을 다른 은행에 옮길 때 발생하는 것이 아니라 본원통화의 증가가 있을 때 발생한다. 그리고 어떤 은행 하나가 아니라 전체 은행이 하나의 은행시스템을 형성하고 있을 때만 발생한다. 즉, 은행시스템 차원에서 발생한다. 그런데 이렇게 창출되는 예금통화를 '은행돈(bank money)'이라고 한다.

우리는 지금까지의 설명을 통하여 중앙은행이 지급준비율을 변화시킴으로써 창출될 수 있는 예금통화의 양을 변화시킬 수 있음을 알 수 있다. 전체 은행이 통화를 얼마나 창출할 수 있는가는 통화승수의 크기에 따르게 되는데, 이는 다음 세 가지 요인에 따라서 결정된다. 즉,

① 지불준비율의 크기
② 은행의 대출성향 : 은행은 지불준비금을 제외한 금액을 모두 대출하지 않을 수도 있다. 중앙은행이 민간은행의 대출을 일일이 통제할 수 없다.
③ 국민의 예금성향 : 개인도 돈을 모두 은행에 예금하지 않고 현금으로 갖고 있을 수 있다. 중앙은행은 국민에게 정확히 얼마를 예금하라고 강요할 수도 없다.

한국은행은 본원통화를 조절함으로써 시중의 통화량을 조절할 수 있다. 그러나 그 크기는 위의 세 가지 요인에 따라 다르게 된다. 그런데 은행이 예금통화를 창출하는 것은 한편으로는 통화라는 금융자산을 증가시키나 다른 한편으로는 대출자에게는 부채를 증가시키므로 경제 전체로 볼 때는 자산이나 국부(國富)를 증가시키는 것은 아니다. 단지 경제내부

에 교환의 수단, 곧 유동성을 증가시키는 것이다. 지금까지 우리는 어느 한 개의 은행과 은행 전체가 어떻게 통화를 창출하는가를 보았다. 그 과정에서 중앙은행은 통화량을 변화시킬 수 있음도 알았다. 이는 통화정책 문제이다. 지금부터 이를 보기로 하자.

바 통화정책

"금융산업은 전통적인 예금 · 대출업무를 넘어 기업이나 가계의 자금거래에 필요한 정보를 수집 · 처리 · 공급하는 정보산업으로 그 성격을 바꾸고 있다."

— 박영철 고려대 교수

직접규제방식과 간접규제방식. 통화량을 얼마나 증가시켜야 하는가가 결정되면 이를 실천하는 방법에는 다음 두 가지가 있다.

- 직접규제방식. 은행을 통하여 민간부분, 정부부문, 국외부문 등에 공급되는 자금의 양을 직접 규제하는 것이다. 예를 들어, 과거 우리나라에서 민간부문에 자금공급이 과다하다고 판단될 때 정부가 은행들에게 민간신용 한도를 설정하여 민간에 대한 대출을 규제한 것과 같다.
- 간접규제방식. 이는 한국은행 창구를 통하여 풀려나가는 일차적 화폐의 공급량을 조절함으로써 시중의 통화량을 적정수준으로 유지하고자 하는 방식이다. 간접규제정책에는 지급준비율정책, 공개시장조작정책 및 재할인율정책의 세 가지가 있다.

한국은 1981년까지는 주로 직접규제방식에 의한 통화관리를 했다. 그러나 1982년부터 직접규제방식에서 간접규제방식에 의한 통화관리로 전환했다. 한국의 통화당국은 M_2가 실물경제와 가장 관계가 깊은 것으로 판단하여 이를 1979년부터 1997년까지 통화관리의 중심지표로 사용했다. 그리고 광의통화(M_2)에 통화기관 양도성예금증서(CD)와 금전신탁을 포함시킨 MCT라는 새로운 지표를 만들어 1997년부터 외환위기 이전까지 광의통화(M_2)와 더불어 중심통화지표로 사용했었다. 그러다가 외환위기가 발생하고 나서 IMF와의 협의에 따라서 총유동성(M_3)을 중심통화지표로 사용하고 있다. 그러나 2003년부터 금리중시 통화정책을 시행하게 되었다. 이에 따라 M_1, M_2, M_3 등의 각종 지표는 통화정책의 정보변수로 사용되고 있다.

통화정책을 또한 일반적 정책수단(지급준비율 변경, 공개시장조작 및 재할인율 변경)과 선별적 정책수단(대출한도제, 이자율규제) 등으로 나눌 수도 있다. 우리 나라는 과거 산업정책과 관련하여 선별적 수단을 많이 사용했다. 직접규제이든 간접규제이든 그 목표는 적정량의 통화공급인데, 통화에도 여러 가지 있다. 그런데 어느 것을 기준 또는 중심으로 적정통화량을 공급하는가? 그 기준이 되는 것을 중심통화지표라고 한다. 우리 나라의 통화지표는 그 동안 다음과 같이 바뀌어 왔다.

세 가지 통화정책수단. 다음과 같은 세 가지 일반적 정책수단을 통하여 통화량을 변경시킬 수 있다.

첫째는 앞에서 설명한 지급준비율의 변화이다.

둘째는 공개시장조작이다. 이는 한국은행이 공개시장에서 국공채 등 유가증권을 은행이나 일반인을 대상으로 매매함으로써 시중의 통화량을 많게 또는 적게 조작하는 것이다. 예를 들면, 시중에 돈이 더 많이 필요하

1957 ~ 1969	협의통화(M_1)
1970 ~ 1977	국내신용
1978	협의통화(M_1)
1979 ~ 1997	광의통화(M_2)는 중심지표, M_2A와 M_2B는 보조지표
1997	광의통화(M_2)와 MCT(=M_2+양도성예금증서+금전신탁)
1998 ~	IMF와 협의 하에 총유동성(M_3)
2002 ~	새로운 개념의 M_1, M_2 사용함.
2003 ~	금리 중시통화정책. M_1, M_2, M_3 등도 활용.
2006 ~	광의유동성지표(L)를 새로이 편제하여 활용.

다고 판단될 때는 국공채 등 유가증권을 매입하여 시중의 통화량을 증가시킨다. 반대의 경우에는 반대로 하여 통화량을 감소시킨다. 미국에서는 공개시장조작이 제일 중요한 통화정책수단이다. 한국에서는 증권시장이 잘 발달되지 못했고 조작대상 증권도 별로 없었으므로 공개시장조작을 정책수단으로 별로 활용하지 못하다가 1980년대 후반부터 재정증권, 통화안정증권 및 외국환 평형기금채권 등을 통하여 점차 이를 사용하기 시작했다.

셋째는 재할인율의 변경이다. 재한인율이란 민간은행들이 중앙은행에서 돈을 빌릴 때 지불하는 이자율이다. 한국은행은 재할인율을 높게 또는 낮게 함으로써 민간은행들이 빌릴 수 있는 돈의 규모를 조절할 수 있다. 중앙은행은 대출을 위기에 처한 금융기관을 구제하는 수단으로서도 사용한다. 예를 들어, 어떤 민간은행이 파산 직전에 있다는 악성루머 때문에 예금자들이 예금을 찾으러 일시에 몰려들면 그 은행은 정말로 파산할 수도 있다. 이런 상태가 발생할 때는 중앙은행이 대출로서 도움을 주게 되는 것이다.

통화정책의 궁극적 목표는 경제성장, 경제안정, 국제수지관리 등이다. 그런데 이 목표를 달성하기 위하여 통화량, 금리 및 환율을 어느 수준으로 유지하는 것이 좋은가를 결정하는 것을 통화정책의 중간목표 설정이라고 한다. 중간목표에는 통화량, 이자율 및 환율의 세 가지가 있다. 통화정책의 최종목표, 중간목표 및 정책수단간의 관계는 다음과 같다.

[표 18. 5] 우리 나라 통화금융정책의 목표와 수단

정책수단	→	중간목표	→	최종목표
공개시장조작		통 화 량		경제성장
지급준비율 변경		이 자 율		경제안정
재할인율 변경		환 율		국제수지 등

한국은 1997년 경제위기 이전까지는 중간목표로서 통화량을 사용해 왔다. 그러나 그동안 금융개혁, 국제 금융환경의 급변, 그리고 정보화의

진전에 따라서 중간목표로서의 통화량의 유용성이 크게 떨어졌다. 그런데 한국은 1997년 12월 경제위기 발생과 더불어 환율안정을 위하여 고금리 정책을 채택했다가 경제위기 극복 과정에서 저금리정책을 채택했다. 그 과정에서 한국경제의 금리반응도가 상당히 큰 것으로 나타났다. 그리하여 지금은 중간목표로서 금리를 더 중시하고 있다.

금리가 더 중요하다고 하더라도 통화량은 여전히 중요한 중간목표이다. 그런데 통화량을 중간목표로 하더라도 그 증가량과 증가율 중 어느 것을 기준으로 하는가의 문제가 따른다. 한국은 현재 증가율을 중시하고 있다. 이를 다시 한번 요약하자.

- 통화정책의 중간목표로서 1997년 12월 경제위기 이전에는 이자율보다 통화량을 더 중시했으나, 그 이후에는 통화량보다 이자율을 더 중시하게 되었다.
- 통화량을 증가시킬 때는 증가금액보다 증가율을 더 중시한다.

통화, 물가 및 총생산간의 관계. 1999년 한국의 경상국내총생산(GDP)는 484조 원이고 통화(M_1)는 44조 원이었다. 경상GDP는 국내 모든 최종 거래의 총액인데, 이 만큼의 거래를 위하여 사용된 돈이 통화(M_1)기준으로 44조원이었다는 것이다. 그러므로 돈은 평균 11회 돌았다. 곧 손을 바꾸었다. 이를 통화의 유통속도(velocity)라고 한다. 그러므로 돈(M)과 유통속도(V) 및 GDP의 관계는 다음과 같다.

$$\underset{(11)}{V} = \underset{(484)}{\text{GDP}} \div \underset{(44)}{M} \quad \text{또는} \quad MV = \text{GDP}$$

그런데 경상GDP는 실질GDP($=Y$)에 물가지수 P를 곱한 것이다. 즉, GDP$=PY$가 된다. 그러므로 위의 식은 다음과 같이 나타낼 수 있다.

$$MV = PY$$

이는 물가와 통화와의 관계를 나타내는 교환방정식이다. 통화가 증가할 때 물가가 어떻게 증가하는가를 보기 위하여 위의 식을 다음과 같이 증가율의 관계로 표시할 수 있다.

$$\dot{M} + \dot{V} = \dot{P} + \dot{Y}$$

통화증가율 + 유통속도증가율 = 물가상승률 + 실질GDP성장률(=경제성장률)

위의 식에서 통화의 유통속도 증가율이 제로, 즉 유통속도가 변화하지 않는다면 통화증가율과 물가상승률과의 관계는 다음과 같이 된다.

$$\dot{P} = \dot{M} - \dot{Y}$$

물가상승률 = 통화증가율 − 경제성장률

예를 들면, 통화증가율이 13%, 경제성장률이 10%이면 물가상승률이 3%가 된다는 것이다.

그런데 현실적으로는 통화의 유통속도가 변화한다. 그럴 때 통화공급목표는 어떻게 정하는가? 우리는 위에서 통화공급목표로서 통화의 절대금액보다 증가율을 중시한다고 했다. 그러므로 통화공급목표는 다음과 같이 표시할 수 있다.

$$\dot{M} = \dot{P} + \dot{Y} - \dot{V}$$

통화증가율(목표) = 물가상승률 + 경제성장률 − 유통속도증가율

통화정책의 중간목표인 통화증가율을 이와 같이 물가상승률, 경제성장률 및 유통속도 증가율을 감안하여 정하는 것을 EC방식이라고 한다. 유럽공동체(EC: European Community) 이사회가 1972년 회원국에 이 방식의 채택을 권고하여 사용해 왔기 때문이다. 한국도 EC방식을 채택하고 있는 셈이다. 예를 들어, 한국은행에 따르면 2002년의 통화증가율을 M_3기

준으로 8 내지 12%로 잡고 있는데, 이는 경제성장률 4%, 물가안정목표 2~4%, 그리고 통화유통속도 하락률을 4%로 예상하고 있기 때문이다.

케인즈와 프리드만과 돈

고전파학자들은 $MV=PY$에서 V와 Y가 일정하므로 물가(P)는 통화량(M)에 비례한다고 믿었다. 그러나 케인즈는 통화량의 변화에 따라 V와 Y는 변한다고 믿었다. 그러므로 통화정책에 대해서는 회의적이었다. 케인즈는 재정정책을 중시했다. 프리드만은 통화량의 증가는 경상국민소득의 변화를 가져온다고 믿었다. 그러므로 그의 이론을 신화폐수량설이라고 한다.

그런데 통화정책의 최종목표의 하나가 물가안정이므로 바로 물가상승율에 대한 목표를 설정한 다음, 중간목표 없이 통화정책수단을 강구하는 나라가 늘고 있다. 한국도 물가안정 목표제를 채택하고 있다. 그러나 아직은 물가안정, 목표와 더불어 통화(M_3)증가율 목표도 함께 발표하고 있다. 또한 2003년부터 콜금리를 통화신용정책의 운용목표(operating target)로 삼고 있다.

지금은 세계화시대이다. 한국에는 미국돈, 일본돈들도 많이 들어와 있다. 외국돈들도 한국의 물가, 이자율 및 주식시세 등에 많은 영향을 미치고 있다. 우리는 제 6 장에서 돈과 실물은 서로 밀접하게 연결되어 있음을 알았다. 그런데 전세계적으로 보면 돈과 실물과의 관계는 점차 분리되는 경향이 강하다. 예를 들면, 2004년 세계 수출총량은 약 9조 달러였다. 그러므로 전세계의 수출에 필요한 자금의 양은 이 정도밖에 안 된다. 그러나 세계 금융시장에서는 이 정도의 자금이 단 3~4일에 거래되는 경우도 많다.

국제 투기성자금인 핫머니(hot money)의 양이 많아지고 있다. 이런 돈은 언제든지 국내경제를 불안케 할 수 있다. 한국은 현재 증권시장에 외국자금이 많이 들어와 있다. 이들 자금이 일시에 빠져나가면 한국의 증시나 자금시장은 대혼란에 빠질 수 있다. 이런 점으로 보면 앞으로 통화정책의 목표달성 가능성은 점점 어렵게 될 것으로 보인다. 그럼 어떻게 해야 하는가? 세계화시대, 무한경쟁시대의 정부의 통화금융정책은 기업과 산업의 글로벌경쟁력 강화에 최우선 순위를 두어야 할 것이다. 장기적으로 우리 나라의 기업과 산업이 튼튼하고, 글로벌경쟁력이 강해야 경제성장이 가능하고, 진정한 의미의 경제안정도 가능하게 되기 때문이다. 국가경쟁력의 세계적 권위기관인 스위스 IMD가 과거 수십 년간 주장한 것도 바로 이것이다.

ECONOMY

제 5 편

각종 생산물과 생산요소의 가격 및 생산량의 결정

ECONOMY

19. 완전경쟁시장의 가격과 산출의 결정

"그 나라를 알려면 먼저 시장에 가 보라."

지금까지 우리는 시장에는 수요와 공급의 두 측면이 있고, 그 양측 요인이 다같이 작용할 때 어떤 재화나 서비스의 가격과 거래량이 결정됨을 알았다. 한국에는 무수한 산업제품이 있는데, 그 가격과 생산량은 똑같은 시장에서 결정되는 것이 아니다. 그 하나하나마다 가격과 생산량이 어떻게 결정되는가를 보는 것은 현실적으로 불가능하다. 그럼 어떻게 해야 하는가? 시장 형태에 따라서 가격과 생산량의 결정이 다르게 될 것이므로 시장을 몇 개의 유형으로 나누어 보면, 그에 맞게 거래되는 산업제품을 분류해 낼 수 있다.

그럼 몇 개의 시장 형태가 있는가? 다음의 네 가지가 있다. 즉, ① 완전경쟁시장, ② 완전독점시장, ③ 독점적 경쟁시장 및 ④ 과점시장이다. 우리 나라 기업이 생산하는 모든 제품은 어느 것이나 이중 어느 하나의 시장에서 거래된다. 그러므로 이 네 가지 시장이 제품의 가격과 거래량을 어떻게 결정하는가를 알면 한국기업들이 생산하는 각종 재화와 용역의 가격과 거래량이 어떻게 결정되는가를 알 수 있게 된다. 지금부터 완전경쟁시장을 시작으로 하나하나 보기로 하자.

가 완전경쟁시장이란?

완전경쟁시장은 이상적인 시장, 또는 시장의 패러다이스라고도 한다.

그러나 현실과는 거리가 멀다. 우리가 이를 보는 것은 이상적인 시장을 알아야 현실의 시장이 이상형에서 얼마나 멀리 떨어져 있는가를 알 수 있기 때문이다. 그럼 완전경쟁시장이란 어떤 시장인가? 다음의 네 가지 특징을 가진 시장이다.

1) 수많은 소규모의 판매자와 구매자. 판매자와 구매자의 수가 아주 많기 때문에 어느 한 사람도 시장가격에 영향을 미칠 수 없다. 구매자는 구매량을 적게 한다고 해서 시장가격을 낮출 수 없고, 많게 한다고 해서 높일 수도 없다. 판매자 또한 판매량을 늘리거나 줄여서 시장가격을 좌지우지할 수 없다. 그러므로 판매자이든 구매자이든 시장에서 정해지는 가격에 따라서 거래를 해야 하는, 이른바 가격수용자 또는 가격순응자(price takers)가 된다. 잘 작동하는 증권시장, 농산물시장, 외환시장 등이 완전경쟁시장에 비교적 가깝다.

그런데 전세계적으로 볼 때 많은 나라의 경우 국제경쟁력이 있는 산업의 특징은 그 산업제품을 생산하는 국내기업들이 많고, 또한 이들간의 경쟁이 치열하다는 사실이다. 스위스가 국제경쟁력을 자랑하는 금융산업에는 390여 개의 은행이 있다. 각종 은행의 지점도 4천 여 개나 된다. 시계산업에는 350개의 브랜드가 있을 정도이다. 일본에도 국제경쟁력이 강한 산업에는 수많은 경쟁업체가 있다. 조선업에는 33개, 반도체산업에는 24개, 자동차산업에는 11개, 통신기기산업에는 25개의 기업이 있다. 물론 예외도 있다. 한국의 반도체산업은 국제경쟁력은 있으나 생산기업의 수는 소수이다(자료: 마이클 포터, 『국가의 경쟁우위』와 아베 마사키, 『외자기업 침입으로 변화하는 기업계열 업계지도 읽는 법』 1999).

유럽 선진국의 전자산업의 국제경쟁력이 한때 약하게 된 것은 정부가 전자제품 생산업체를 통폐합하여 그 수를 줄이고 또한 보호했기 때문이다. 일본정부도 한때 자동차, 컴퓨터, 기계공구업체의 통폐합을 시도했으나 업체들의 강한 반대로 하지 못했다. 만약 일본기업들이 그때 통폐합했더라면 지금과 같은 세계경쟁력을 얻지 못했을 것이라는 것이 많은 일본 경제전문가들의 견해이다. 한국에서도 IMF 경제위기 직후 기업그룹 구조조정과 관련하여 같은 업종의 기업을 통폐합해야 된다는 주장이 많았다.

이런 주장은 잘못된 경우가 많다. 심지어 조선업체의 통폐합을 주장한 사람도 있었는데 이들은 경쟁의 중요성을 간과했기 때문이다. "세계시장에서 일본과 선두 다툼을 할 정도로 국제경쟁력이 있는 한국 조선산업에 무슨 불만이 있어서 손을 대려고 하는 것인가?" 이것이 조선업체들의 반론이었다. 시장경제에서는 될수록 많은 기업간의 치열한 경쟁이 긴요하다.

2) 동질적인 상품(homogeneity of product). 판매자들이 판매하는 상품간에는 차이가 없다. 만약 어느 판매자의 상품이 더 나은 경우에는 가격을 올려 받을 수 있으므로 완전경쟁은 성립되지 않는다.

3) 완전한 정보(perfect information). 거래 당사자는 거래대상 상품의 가격과 거래량을 잘 안다. 이를 몰라서 어떤 소비자도 값을 비싸게 주고 사거나, 판매자 또한 값싸게 팔아서 손해보는 일이 없어야 된다.

4) 진입과 퇴출의 자유(freedom of entry and exit). 어떤 상품이건 생산을 원하는 기업은 방해를 받지 않고 언제든지 생산할 수 있고, 그만두고 싶은 기업 또한 언제든지 그만둘 수 있어야 한다. 어떤 기업이 어떤 상품의 생산을 자유롭게 시작할 수 있게 되는 것을 진입(entry)의 자유라 하고, 자유롭게 그만둘 수 있게 되는 것을 퇴출(exit)의 자유라고 한다. 신규기업의 진입이나 퇴출을 기존기업은 방해할 수 없고, 정부의 법적인 금지조치도 없어야 한다. 진입과 퇴출의 자유가 있기 위해서는 구매자는 가장 값싸게 상품을 구매할 자유가 있고, 판매자도 가장 비싼 값을 받고 팔 수 있는 자유가 있어야 한다. 각종 자원의 소유자도 소유자원을 가장 효율적으로 사용할 수 있는 자유가 있어야 한다. 그런데 기술적인 이유로 인하여 기업의 진입과 퇴출이 자유롭지 않은 경우도 있다. 이는 독점과 관련하여 논의된다.

아담 스미스에 따르면 경쟁이 완전한 시장경제에서는 '보이지 않는 손'이 판매자와 구매자를 잘 인도해서 서로에게는 물론 사회에도 도움이 되도록 한다는 것이다. 그럼 지금부터 완전시장경제에서 제품의 생산량과 가격이 어떻게 결정되는가를 보기로 하자.

나 완전경쟁시장의 가격과 거래량의 결정

단기균형. 산업이란 같은, 또는 비슷한 제품을 생산하는 기업의 무리이다. 예를 들면, 한국의 전자산업은 LG전자, 삼성전자 등 전자회사들의 무리 또는 집단이다. 단기란 기업 차원에서는 생산공장의 규모가 고정된 경우를 말한다. 이는 생산비와 관련하여 곧 설명된다. 산업 차원에서 단기란 생산기업의 수가 고정된 경우를 말한다. 그 산업 소속 기업의 진입과 퇴출이 없는 경우를 말한다.

우리는 편의상 완전경쟁기업을 C기업이라고 부르기로 한다. C기업은 제품의 판매량이 시장 전체 판매량의 극히 일부이므로 팔고 싶은 양을 다 팔아도 시장가격에 영향을 주지 못한다. 즉, 시장가격은 그대로 있다. 시장가격이 일정하다는 사실은 그 제품에 대한 구매자들의 수요곡선이 [그림 19. 1]에서처럼 수평형임을 의미한다. 그러나 C기업의 공급곡선은 그림에서와 같이 우상향형이 된다. 이에 관해서는 곧 설명된다. C기업의 단기균형 가격과 거래량은 수요곡선과 공급곡선이 만나는 점에서 결정된다. 이때 균형가격은 11이고 균형교환량은 5개가 된다.

그런데 완전경쟁시장이라고 하더라도 모든 기업의 수요를 합한 산업

[그림 19. 1] 개별 기업의 단기 수요와 공급

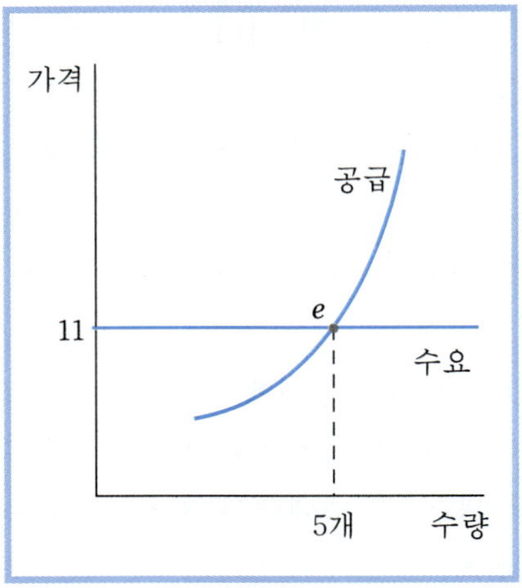

[그림 19. 2] 산업의 단기 수요와 공급

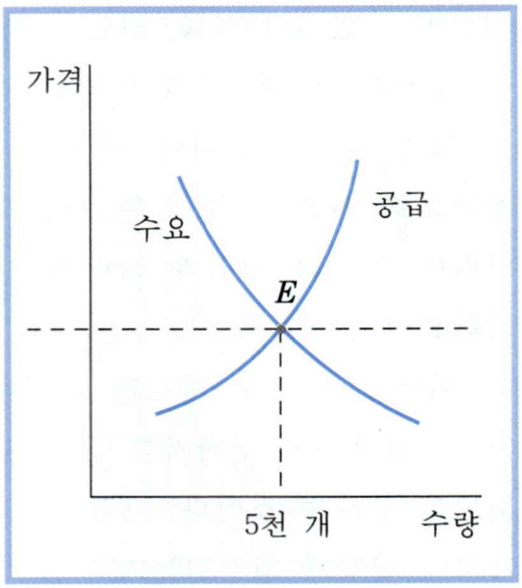

의 수요곡선은 이미 우리가 알고 있듯이 [그림 19. 2]에서와 같이 우하향형이 되고, 시장공급곡선은 반대로 우상향형이 된다. 그러므로 이 두 곡선이 만나는 점 $\boldsymbol{E}$에서 균형가격 11과 균형교환량 5천 개가 결정된다. 이는 산업의 단기균형 가격과 교환량을 의미한다. 이 두 그림을 비교하면 C기업의 거래량은 5이므로, 전체 시장거래량 5천 개의 천 분의 1에 불과하다. 이는 이 제품시장에는 C기업과 같은 기업들이 천 개나 있다는 사실을 의미한다. 그럼 어떤 상품의 가격과 거래량이 이렇게 결정된다는 것은 무슨 의미가 있다는 것인가? 장기균형을 보면서 생각해 보자.

장기균형. 장기란 개별기업 차원에서는 공장규모를 얼마든지 변경시킬 수 있는 경우를 말한다. 그리고 산업 차원에서는 기존기업이 제품생산을 그만둘 수도 있고, 새로운 기업이 생산을 시작할 수도 있는 기간이다. 즉, 기업의 진입과 퇴출이 가능한 경우를 말한다.

단기적으로는 완전경쟁기업들이 경제적 이윤을 많이 볼 수도 있고 반대로 손해를 많이 볼 수도 있다. 경제적 이윤을 많이 보고 있다는 사실은 제품의 시장가격이 단기평균비용보다 높다는 것을 의미한다. 이 경우 그 제품을 생산하는 새로운 기업이 생긴다. 이를 신규기업의 시장진입(entry)이라고 한다. 신규기업의 진입은 공급의 증가를 의미한다. 공급의 증가는 공급곡선의 우측 이동을 의미한다. 그럼 얼마나 많은 기업이 진입하고 공급곡선은 우측으로 얼마까지 이동하게 되는가? 경제적 이윤이 제로가 될 때까지 그렇게 한다. 이는 [그림 19. 4]에 나타난 바와 같다. 즉, 신규 기업의 진입으로 시장공급곡선은 $\boldsymbol{S}_1$에서 $\boldsymbol{S}_2$로 증가한다. 그 결과 가격은 $\boldsymbol{P}_1$에서 $\boldsymbol{P}_2$로 하락하고, 거래량은 $\boldsymbol{Q}_1$에서 $\boldsymbol{Q}_2$으로 증가한다. 그런데 $\boldsymbol{P}_2$는 평균총비용이 최소가 되는 가격이다.

그러므로 완전경쟁시장은 장기적으로 거래되는 제품의 가격을 최저수준의 평균총비용과 일치하도록 만든다. 평균총비용이 최소가 된다는 사실은 귀중한 자원이 최소로, 즉 가장 능률적으로 사용됨을 의미한다. 이는 또한 경제적 이윤이 제로가 됨을 의미한다. 되풀이하면 한국의 어느 기업이 생산하는 제품이 거래되는 시장이 완전경쟁시장이라면, 그 기업은 그 제품을 가장 싸게 생산하여 시장에서 팔고, 그 제품을 사는 소비자 또한

[그림 19. 3] 개별 기업의 장기 수요와 공급

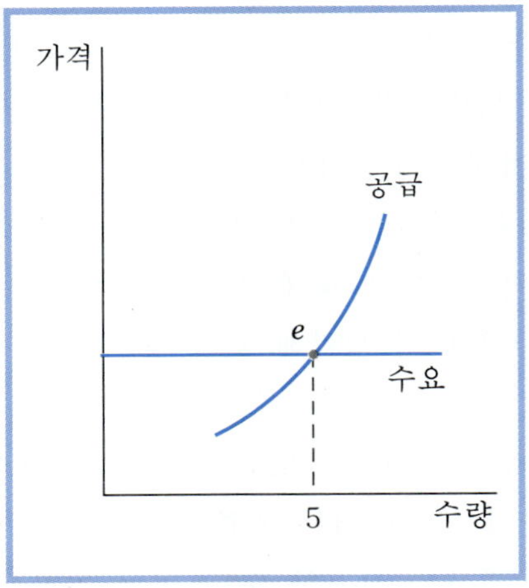

[그림 19. 4] 산업의 장기 수요와 공급

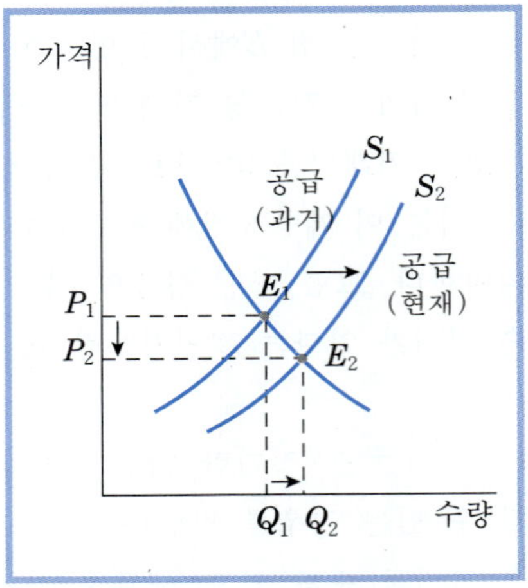

가장 싼값에 사서 쓰게 된다는 것이다. 수많은 기업들간의 치열한 경쟁이 그렇게 만든다. 이것은 우리가 모두 바라는 바이다.

지금까지 우리는 완전경쟁을 하는 개별기업과, 이들 기업들로 구성되는 산업으로 나누어서, 생산하는 제품의 가격과 수량이 단기와 장기에 어떻게 결정되는가를 보았다. 지금부터 기업의 공급곡선은 생산비와 어떤 관계가 있는가를 살펴보기로 하자. 그리고 아울러 각종 비용 개념과 그 관계를 보기로 하자.

다 공급곡선의 배후는 생산비와 비용곡선

지금부터 각종 비용의 개념을 검토한 다음, 이를 토대로 기업의 비용곡선과 공급곡선의 관계를 구체적인 숫자의 예를 통하여 보기로 한다.

우리는 앞에서 단기(short run)란 생산공장의 규모가 고정된 기간이라고 했다. 그러나 일반적으로는 생산요소 중 일부가 고정되어 있는 기간을 말한다. 그러므로 단기에는 항상 고정비용과 변동비용이 있게 마련이다. 따라서 고정비용과 변동비용과의 관계가 중요하다. 우선 [표 19. 1]을 참고로 하여 각종 비용의 개념을 잘 파악하기로 하자.

[표 19. 1] 기업의 각종 비용과 공급곡선과의 관계

생산량	고정비용 FC	가변비용 VC	총비용 TC	한계비용 MC	평균가변비용 AVC	평균총비용 ATC	가격=한계수입 P=MR	총수입 R	이윤
0	9		9						
1	9	6	15	6	6.0	15	11	11	-4
2	9	10	19	4	5.0	9.5	11	22	3
3	9	15	24	5	5.0	8.0	11	33	9
4	9	23	32	8	5.8	8.0	11	44	12
5	9	34	43	11	6.8	8.6	11	55	12
6	9	50	59	16	8.3	9.8	11	66	7

- 고정비는 공장임대료, 기계구입비 등 생산량의 변화와 상관없이 일정한 비용이다.
- 가변비용(재료비, 전기료, 공업용수 비용 등)은 생산량의 증감에 따라서 증감하는 비용이다.
- 총비용은 고정비용에 가변비를 합한 것이다. 생산량에 따라서 증가한다.
- 한계비용은 생산량을 한 단위 증가할 때 늘어나는 총비용의 증가분이다.
- 평균가변비용은 가변비용을 생산량으로 나눈 것이다.
- 평균총비용은 총비용을 생산량으로 나눈 것이다.
- 완전경쟁기업 제품의 가격은 한계수입과 같다. 한계수입이란 생산물 한 단위 더 판매하는 데에서 추가적으로 나오는 수입이다. 그런데 완전경쟁기업은 거래량이 시장 총거래량에서 아주 적은 부분을 차지하므로 제품을 다 팔아도 시장가격에 영향을 미치지 못한다. 그러므로 한 단위 더 팔아서 얻는 수입은 시장가격과 같다. 그러므로 가격은 한계수입과 같다(가격=한계수입).
- 총수입은 판매량에 가격(=한계수입)을 곱한 금액이다.
- 이윤은 총수입에서 총비용을 뺀 것이다.

· 기업이 이윤을 극대화하기 위해서는 한 단위 더 생산함으로써 얻는 추가적인 수입(=한계수입)이 한 단위 더 생산함으로써 발생하는 추가적인 손실(=한계비용)보다 크게 되는 한 생산을 계속한다. 양자가 같아질 때, 즉 한계수입=한계비용이 될 때 이윤이 극대화된다. [표 19. 1]에서 그렇게 되는 생산량은 5단위이다. 이때 이윤은 12가 이 된다.

[그림 19. 5] 기업의 공급곡선과 한계비용

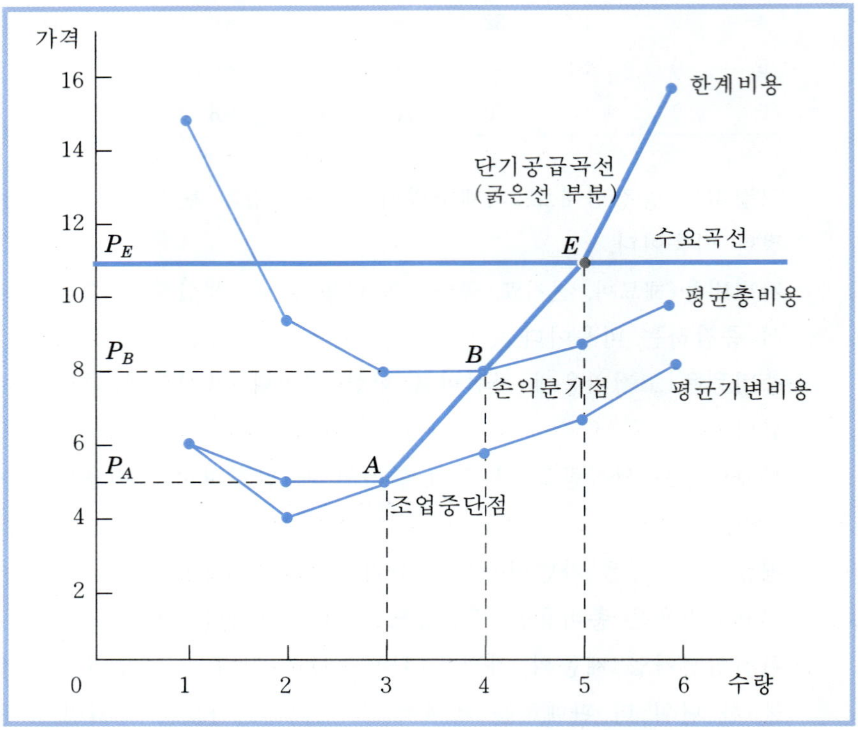

· 조업중단점(shutdown 또는 close-down point)은 가격이 최소의 평균가변비용과 같게 되는 점이다. 예를 들면, 이미 앞서 말한 바와 같이 M씨가 빵집을 경영할 때, 빵을 만들어서 판돈이 밀가루값과 재료값도 안 될 때는 빵집을 닫는 것이 좋다는 것이다. 빵을 팔아서 이런 비용을 부담하고 남을 때는 그 남는 돈으로 고정비 일부도 보전할 수 있게 된다. 그럴 때는 생산을 계속해야 손해를 줄일 수 있다.

· 그러므로 이 기업의 공급곡선은 [그림 19. 5]의 한계비용곡선 중 A점에서 시작하여 E점을 통과하는 부분이 된다. 이 부분이 단기 공급곡선이 된다. A점은 평균가변비용이 최소가 되는 점이다.

· 기업의 수요곡선. [그림 19. 5]에서 제품의 가격이 11이면 이를 나타내는 점 P_E를 통과하는 수평선, 곧 P_EE선이 기업의 수요곡선이 된다. 완전경쟁기업의 경우에는 이미 앞서 말한 바와 같이 제품을 다 팔아도 시장가격은 변화하지 않으므로 가격 11을 나타내는 직선이 수요곡선이 된다. 수요곡선과 공급곡선이 만나는 점 E에서 이 기업제품의 가격(11)과 균형교환량(5)이 결정된다.

· 이윤. 균형가격이 11일 때 평균총비용은 8이므로 그 차이인 3이 한 단위 생산에서 얻는 이윤이다. 이는 경제적 이윤인데 곧 설명된다.

· 양(플러스)의 경제적 이윤은 다른 기업의 진입을 불러일으킨다. 다른 기업들도 이 제품을 생산하면 공급이 [그림 19. 4]에서와 같이 증가하므로 가격은 하락하고 공급량은 증가한다. 가격은 어디까지 하락하는가? 최소 평균총비용(=8) 수준까지 떨어진다. 그렇게 되면 어떤 기업도 경제적 이윤을 차지할 수 없게 된다. 제품을 최소의 비용으로, 곧 자원을 최소로 사용하여 생산하지 않으면 안 된다. 되풀이하면 완전경쟁시장은 능률적인 생산이 이루어지게 만든다. 완전경쟁시장이 좋은 것은 이 때문이다.

"공업화시대의 두 가지 근본경제법칙은 규모의 증가에 따른 수확체증의 법칙과, 범위의 증가에 따른 수확체감의 법칙이다. 정보화시대의 두 가지 근본법칙은 정보비용의 지속적인 감소와 네트워크 참여자의 증가에 따른 수확체증의 법칙이다. 다가오는 생명공학 또는 생명소재공학시대의 근본법칙은 다음 세 가지이다. 첫째는 지식이 매일 두 배씩 증가하는 것이고, 둘째는 다른 어떤 기술혁명보다 더 세계적이고, 더 광범위하며, 더 강력하다는 것이다. 셋째는 생명공학기반경제는 수직상승하게 된다는 것이다."

— 리차드 올리버, 『다가오는 생명공학시대』(2000)

20. 생산성과 생산비

"가장 단순한 방법이 최선의 방법이다."

— 미 육군

"모든 것은 가능한 한 가장 단순하게 만들어져야 한다. 그러나 더 이상 그렇게 하면 안 된다."

— 알버트 아인슈타인

우리는 이미 시장이란 어떤 상품이건, 사는 사람이나 파는 사람 모두 좋아하는 방향으로 가격과 거래량을 결정할 수 있도록 하는 메커니즘임을 알았다. 그리고 상품의 가격이 어떻게 되느냐에 따라서 거래자는 구매량과 판매량을 달리하게 됨도 알았다.

그리고 어떤 상품의 공급량의 결정요인은 가격임도 알았다. 그런데 상품의 가격은 생산비, 생산비는 생산량과 생산성에 따라서 결정된다. 지금부터 생산과 각종 생산비의 관계를 살펴보기로 하자.

가 생산비에는 이런 뜻이 있다

우리는 공급곡선이 비용곡선을 토대로 하고 있음을 안다. 그러므로 공급곡선을 잘 이해하려면 각종 비용개념을 잘 이해할 필요가 있다. 재화와 용역의 생산에는 인적 및 물적 자원이 사용되는데, 자원이 얼마나 많이 사용되는가를 나타내는 것이 생산비이다. 생산비를 바로 알려면 무엇보다 기회비용의 뜻을 잘 알 필요가 있다.

기회비용이 참비용. 우리는 기회비용(opportunity cost)의 뜻을 이미 제1장에서 살펴보았다. 여기서는 이에 대한 이해를 더 분명히 하기로 한다. 가령 어느 학생의 아버지 M씨가 서울 강남지역에 빵집을 개점하고 일류 제빵기술자를 고용한다고 하자. 그럼 월급을 얼마나 주어야 하는가? 서울시내 일류 제빵기술자의 봉급이 가령 월평균 3백만 원이라고 하면 그만큼의 월급을 주어야 한다. 그 기술자가 이 빵집에서 일하려면 다른 데서 일하고 그만큼 받을 수 있는 기회를 포기해야 한다. 그러므로 그 기술자의 기회비용은 3백만 원이다. 그 기술자를 그 이하의 봉급을 주고 계속 고용할 수는 없다. 그런데 실제로 3백5십만 원을 준다고 하자. 이때 월급 3백5십만 원은 회계상 비용이다. 시장이 잘 작동할수록 이는 기회비용에 가깝게 된다.

기회비용이란 어느 한 가지를 하려고 다른 것에서 얻을 수 있는 편익의 기회를 포기하는 것을 뜻하는데, 이때 포기해야 되는 편익(benefit)이다. 다른 예로, 가령 대학생인 A양의 대학 공부의 기회비용은 얼마인가? 대학 공부 때문에 회사에 취직하여 봉급을 받을 수 있는 기회를 포기하는 비용이 곧 그것이다. 자원, 제품 및 서비스에는 어떤 것이든 기회비용이 있다. 대학생인 B군이 가령 서울 시내 일류호텔에서 호텔 주인으로부터 매일 공짜로 점심을 얻어먹는다고 하자. 이 점심은 정말로 공짜인가? 그렇지 않다. 그 점심을 외국 관광객에게 판매한다면 귀중한 외화를 벌 수 있다. B군이 먹은 점심의 기회비용은 포기한 외화이다. 결코 공짜가 아니다. 자원, 재화 및 서비스에는 모두 기회비용이 있다. 경제학적으로 볼 때 세상에는 공짜란 있을 수 없다.

명시적 비용과 암묵적 비용. 일류 제빵기술자인, M씨가 빵집을 직접 경영한다고 하자. 그가 다른 빵집에 취직하면 월 3백만 원을 벌 수 있는데, 한 달 장사를 한 후 각종 비용을 포함하여 남에게 줄 돈을 다 지불하고 보니 백만 원이 남았다고 하자. M씨는 빵집 경영에서 자신의 봉급을 벌었다고 할 수 있는가? 그렇지 않다. 그는 자신의 봉급으로 최소한 3백만 원은 비용으로 계산해야 한다. 이를 묵시적 비용 또는 암묵적 비용(implicit cost)이라고 한다. M씨는 빵집으로 자신의 건물 일부를 사용한다고 하자. 이를 다른 음식점에 빌려 주면 월 2백만 원을 받을 수 있다고 하자. 이때 이 2백만 원도 암묵적 비용이다. 그런데 M씨가 만약 다른 사람의 빌딩공간을 2백만 원의 월세를 지불하고 빌린 경우, 2백만 원은 장부에 '분명히 표시' 되는 비용이다. 그러므로 명시적 비용(explicit cost) 또는 회계상 비용(accounting cost)이라고도 한다.

M씨는 자신의 노동값, 건물값, 투자한 돈을 모두 기회비용만큼 비용으로 계상해야 한다. 모두 묵시적 비용이기 때문이다. M씨는 사장이 되어 빵집을 열심히 경영하느라 다른 데 취직하여 일하는 것보다 더 열심히 했다. 때문에 월급보다 더 많은 월 5백만 원을 벌었다고 하자. 그리고 다른 장사를 해도 자신의 봉급보다 2백만 원은 더 벌 수 있었다고 하자. 이때 5백만 원과 3백만 원의 차이인 2백만 원은 그의 기업가적 역량(entrepreneurial ability)에 대한 암묵적 비용이다. 이를 정상이윤(normal profit)이라고 할 수 있다.

기업가들은 노동자들에게 임금을 얼마나 지불해야 하는가? 기회비용만큼 지불해야 한다. 토지, 자본, 기업가적 역량 등 다른 생산요소의 경우에도 마찬가지이다. 노동의 기회비용은 묵시적 임금, 토지의 기회비용은 묵시적 지대, 자본의 기회비용은 묵시적 이자, 그리고 기업가적 역량의 기회비용은 정상이윤이다. 이의 합계가 경제적 비용이다.

정상이윤과 경제적 이윤. M씨의 빵집 경영에 드는 비용은 모두 얼마인가? 명시적 비용에 암묵적 비용을 모두 합친 것이 곧 그것이다. 부연하면 M씨가 빵을 팔아서 받은 돈, 즉 총수입에서 남에게 지불할 비용으로 분명한 것, 즉 명시적 비용은 우선 빼야 한다. 그리고 자신의 묵시적 임금, 묵시적 임대료, 묵시적 이자, 정상이윤 등도 각각 계산하여 총수입에서 빼야 한다. 총수입이 이렇게 계산한 총비용과 똑같아질 때 기업가적 역량에 대한 보상이 정상이윤(normal profit)이 된다.

그럼 정상이윤이 비용이란 말인가? 물론이다. 만약 M씨가 빵집을 하지 않고 다른 사업을 하더라도 2백만 원의 이윤을 번다고 하면 이는 정상이윤이고, 또한 M씨의 기업가적 역량에 대한 정당한 비용이다. M씨는 빵집을 경영하다가 부도가 나면 그야말로 알거지가 될 수도 있다. 이런 위험 부담에 대한 대가가 정상이윤이다. 이는 정당한 비용인 것이다.

이 시점에서 이윤의 개념을 다시 한번 분명히 하기로 하자. 이윤은 두 가지 부분으로 구성된다. 하나는 기업가적 역량이라는 자원의 기회비용이고, 다른 하나는 이를 초과하는 부분이다. 기업가적 역량에 대한 기회비용만큼은 정상이윤이고, 이를 초과하는 이윤은 경제적 이윤이다. 되풀이하지만 정상이윤은 경제적 비용의 일부다. 경제적 비용은 임금, 지대, 이자 및 정상이윤을 모두 포함한다.

경제적 비용 = 임금 + 지대 + 이자 + 정상이윤 = 총기회비용
= 명시적 비용 + 묵시적 비용
경제적 이윤 = 총수입 − 경제적 비용

어떤 기업의 판매수입이 경제적 비용보다 많을 때는 그 기업은 그만큼의 경제적 이윤을 실현하는 것이다. 대부분의 기업이 단기목표로 내세우는 이윤의 극대화는 경제적 이윤의 극대화인 것이다. 그런데 이윤극대화는 그 규칙을 잘 따를 때 가능하게 된다. 그 규칙이란 제품을 한 단위 더 판매할 때 발생하는 수입, 즉 한계수입(MR: marginal revenue)이 한 단위 더 생산할 때 발생되는 비용, 곧 한계비용(MC: marginal cost)보다 크게 되는 한 계속 생산을 하라는 것이다. 이와 같이 생산을 계속 늘려 양자가 일치하게 되면 이윤은 극대화된다.

이윤극대화의 조건: MR = MC

부가가치와 가치부가 및 이윤. 우리는 이제 각종 비용과 이윤의 뜻을 잘 알았다. 그럼 이윤은 실제로 어떻게 계산하는가? 그리고 부가가치와 가치부가는 어떻게 다른가? 지금부터 숫자를 통하여 이를 살펴보기로 하자.

매 출 액(=수입)	100억
1. 투입물비용	55억
2. 부 가 가 치	45억
① 인 건 비	18억
② 금융비용(이자비용 등)	9억
③ 감가상각(기계소모 등)	9억
④ 세 금	4억
⑤ 이 윤	5억

가령 A전자회사가 한 해에 제품을 팔아서 받은 돈(=수입=매출액)이 모두 100억 원이라고 하자. 이 만큼의 제품생산에 사용한 각종 투입물(중간재)의 총비용을 55억 원이라고 하자. 투입물(중간재) 비용은 이 회사가 제품생산을 위하여 다른 회사들로부터 구입한 모든 제품이나 서비스의 대가로 지불한 총액이다. 100억 원에서 55억 원을 뺀 금액이 A사의 '부가가치'이다. 이것이 이 회사가 쓸 수 있는 돈이다. 이 중에서 인건비로 18억 원, 금융비용으로 9억 원, 기계 마모된 것을 보충하는 데(=감가상각비) 9억 원, 세금으로 4억 원을 지불한다고 하면 나머지가 이윤인데 5억 원이 된다.

이때 이 회사가 번 돈은 얼마인가? '벌었다'고 하는 말의 뜻은 무엇인가? 공산국가 사람들 중에는 매출액을 이 회사가 번 돈이라고 생각하여 반반씩 나누자고 하는 경우도 있다는 것이다.

예를 들면, 모스크바에 진출한 한국식당의 연매출액이 100억 원이라고 하면, 그 곳 사람들 중에는 이를 그 식당이 번 돈이라고 한다는 것이다. 그런데 음식을 장만하려면 고기, 채소, 양념 등 각종 재료비가 들어간다. 전기값과 물값도 들어간다. 매출액에서 모든 투입물 비용을 뺀 것이 그 음식점이 가치를 부가한 것, 곧 부가가치이다. 그 부가가치는 이 회사가 생산한 것이다. 우리는 이미 모든 기업의 부가가치를 더하면 국내총생산이 된다는 것을 알고 있다.

부가가치를 A사가 '번 돈'이라고 하는 사람도 있다. 그러나 이는 어디까지나 부가가치이지 번 돈이 아니다. 이 돈을 가지고 인건비, 세금, 빌린 돈에 대한 이자, 기계나 시설의 마모 비용 등을 지불해야 한다. 이런 모든 비용을 지불하고 남는 돈 5억 원이 '이윤'이다. 이 이윤을 이 회사의 '번 돈'이라고 할 수도 있다. 미국에서는 매출액 대비 이윤율이 제조업의 경우 평균 6%이다. 그런데 한국의 경우는 매출액의 3%이다. 이를 기준으로 하면, 위의 예에서 A사는 2억 원을 이윤으로 더 번 셈이다. 이 2억 원을 초과이윤이라고 한다. 이 '초과이윤'을 A사가 '번 돈'이라고 할 수도 있다. 이는 경제적 이윤(economic profit)인데 경영학자들은 이를 EVA(=economic value added=경제적 부가가치)라고도 한다. 많은 기업들이 EVA극대화를 목표로 정하고 있다.

이 개념을 다시 한번 분명하게 하기로 하자. 가령, 우리가 회사를 차려서 원유를 외국에서 55억 원에 수입하여 이를 휘발유로 만들어서 100억 원에 판매한다고 하자. 이때 부가가치나 가치부가는 각각 얼마인가?

· 부가가치(value added): 원유 또는 55억 원에 해당하는 투입물의 가치를 높인 것, 곧 부가한 것은 45억 원이다.
· 가치부가(added value): 부가가치 45억 원 중 인건비, 금융비용, 감가상각비, 세금 등은 사업을 하기 위해서 모두 나가야 하는 돈이다. A회사에 떨어지는 돈이 2억 원뿐(정상이윤 3억 원 제외)이라고 하면 경영학자들은 이를 가치부가 또는 경제적 부가가치라고 한다.

부가가치(value added)는 경제학자들, 가치부가(added value)는 경영학자들이 많이 사용하는 개념이다. 그럼 세금은 매출액 100억 원에 '부과'하는 것이 옳은가, 부가가치 45억 원에 부과하는 것이 좋은가? 물론 부가가치에 과세하는 것이 옳다. 이를 '부가가치세'라고 한다. 기업이 돈을 벌기 위하여 늘려야 하는 것은 나라경제 차원에서 볼 때는 부가가치이나 기업의 이윤극대화란 차원에서 볼 때는 '가치부가'이다.

(나) 단기비용과 수확체감의 법칙

단기비용과 장기비용. 얼마나 긴 기간이 장기이고 얼마나 짧은 기간이 단기인가? 산업에 따라서는 기업환경이 급변한다. 짧은 기간에 수많은 변화가 발생한다. 반대로 변화가 거의 없는 경우도 있다. 예를 들어, 어떤 빵집의 경우에는 우리가 초등학생에서 대학생이 될 때까지 똑같은 자리에서 똑같은 규모의 장사를 하기도 한다. 일반적으로 생산요소인 자본이나 노동 중 일부가 변하지 않고 그대로 있는 한 세월이 아무리 많이 가더라도 단기(short run)라고 한다. 반대로 자본, 노동 등 생산요소가 모두 변화할 때는 기간에 상관없이 장기(long run)라고 한다. 장기는 기업들이 생산공장의 규모를 변경하고, 기존기업이 퇴출하거나 신규기업이 진입할 수 있는 기간을 말한다. 그럼 단기와 장기를 구분하는 이유는 무엇인가?

단기에는 생산요소 중 변화하지 않는 것, 곧 고정된 요소가 있으니 고정비(fixed cost)가 중요하게 된다. 빵집의 경우에는 제빵기계, 건물 같은 것이 고정요소이므로, 그 관련 비용이 고정비인 것이다. 대신에 노동이나 밀가루 등은 빵의 생산량에 따라서 증가하거나 감소한다. 이런 것을 가변요소라고 하고, 그 사용비용을 가변비용(variable cost)이라고 한다. 그런데 정보재(책, 잡지, 음악, 영화 등)는 고정비는 아주 많으나 가변비는 아주 적다. 예를 들면, 1억 달러짜리 영화를 CD에 옮기는 데는 1달러도 안 든다.

그런데 제빵기계는 일정한데 빵 굽는 사람의 수를 늘리면 어느 수준까지는 노동자 1인당 추가생산물, 곧 노동의 한계생산물(MPL: marginal product of labor)은 증가한다. 그러나 노동자의 수를 어느 수준 이상으로 더 늘리면 MPL은 감소하기 시작한다. 이를 수확체감의 법칙(law of diminishing returns)이라고 한다. 그럼 왜 이 법칙이 발생하는가? 발생하지 않는다면 우리는 집에 있는 화분에 온 국민이 먹고 살 수 있는 식량을 재배할 수 있을 것이 아닌가? 제빵기계마다 최고의 효율을 올릴 수 있는 노동자의 수가 정해져 있다. 즉, 기계와 노동자의 최적배합이 있다. 그 수준에 도달할 때까지는 노동자의 수를 늘릴수록 MPL은 증가하나 그 수준에 도달한 뒤에도 더 늘리면 혼잡이 일어나서 MPL은 오히려 감소하기 시작한다. 곧 수확체감의 현상이 발생한다.

단기에는 이와 같이 고정된 요소와 변동되는 요소가 있으므로 고정비와 변동비 및 그 관계가 어떻게 변하는가가 중요하게 된다. 그리고 변동되는 요소의 양을 증가하게 되면 수확체감의 현상이 발생하는데, 이는 비용면에서 보면 곧 추가 단위당 생산비가 증가함을 의미한다. 그럼 장기에는 어떻게 되는가?

장기에는 빵집의 경우 제빵기계도 빵집 건물의 크기도 변한다. 그러므로 빵집의 규모(scale)를 어떻게 하는가가 중요하다. 자동차 생산공장의 예를 보자. 소형차의 경우 최적생산 규모가 30만 대라고 하면, 생산공장 규모가 10만 대보다는 20만 대, 20만 대보다는 30만 대의 규모로 지을 때 대당 생산비가 적게 된다.

[그림 20. 1]에서 단기평균비용곡선은 자동차 10만 대 생산 규모의 공장을 지었을 때 평균비용곡선 A로 표시되고, 20만 대 생산 규모의 공장을 지었을 때는 평균비용곡선 B로 표시되는 바와 같다. 그런데 30만 대 생산 가능한 공장을 지을 때는 평균비용곡선 C로 표시된다. 이때 자동차 대당 평균생산비는 최소가 된다. 40만 대 생산 가능한 공장을 지을 때는 대당 평균생산비는 증가하게 된다. 생산량의 증가에 따른 장기평균생산비용곡선은 각각의 단기비용곡선을 아래로 감싸서 연결한 것이다. 규모의 경제는 곧 설명된다.

자동차회사 전체의 경우는 어떠한가? 국제경쟁력이 있는 자동차회사가 되려면 소형차만 생산할 수 없다. 중형차와 대형차도 생산해야 한다. 세계시장 전체를 대상으로 하므로 생산공장이 한 곳에만 있을 수 없다. 여러 곳에 있어야 한다. 그러므로 현재 세계적인 자동차회사(공장이 아님)의 규모는 자동차 2백만 대 또는 4백만 대 생산규모라는 설도 있다. 그러나 여기서는 자동차공장의 규모를 중심으로 살펴보기로 한다.

단기: 고정요소 + 변동요소 → 수확체감의 법칙
장기: 모든 요소는 변동요소 → 생산규모가 변함 → 규모의 경제

[그림 20.1] 장기평균비용곡선

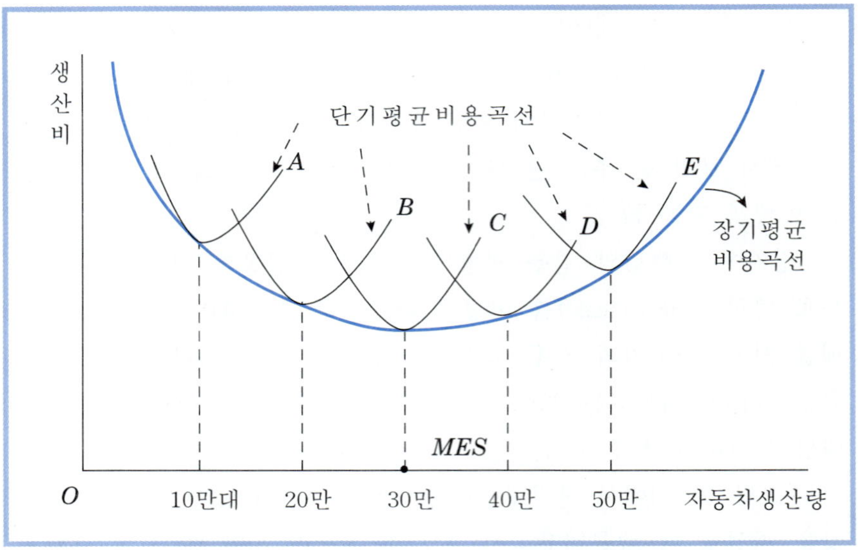

㉰ 장기비용과 규모의 경제

우리는 생산요소 모두가 변할 때를 장기라고 하고, 모두가 변화하는 것은 규모(scale)가 변화하는 것임을 알았다. 그런데 앞의 예에서처럼 자동차의 대당 생산비가 최적규모의 생산량까지 증가할 때까지 감소하는 이유는 무엇인가? 규모의 경제(economies of scale)=대량생산의 경제(economies of mass production)=규모에 대한 수확체증(increasing returns to scale) 때문이다. 그럼 이를 발생토록 하는 요인은 무엇인가?

- 자본 효율성의 증가. 자동차의 경우 대규모 공장은 첨단 생산설비, 컴퓨터화, 로봇에 의한 공장자동화 등을 가능케 한다. 그리고 각종 장비의 보다 효율적인 사용도 가능하게 한다.
- 노동의 전문화. 노동자의 수의 증가에 따라 분업과 전문화가 더 잘 되고 전문기술자, 노동자, 기능인의 사용도 가능하게 된다.
- 경영의 전문화. 생산규모가 커짐에 따라 판매, 마케팅, 금융, 인사전문가 등 보다 우수하고 전문화된 경영인력을 활용할 수 있다.

그러나 생산규모가 적정규모를 넘어서게 되면 경영층의 관료화, 의사소통의 어려움, 종업원의 소속감 결여 등으로 자동차 대당 생산비는 상승하게 된다. 이를 규모의 불경제(diseconomies of scale)라고 한다. 규모의 경제가 끝나고 규모의 불경제가 시작하기까지에는 같은 비용으로 상당 정도의 생산이 가능할 수도 있다. 이를 규모에 대한 수익불변(constant returns to scale)이라고 한다.

빵공장, 구두공장, 철강공장, 자동차공장 등 생산공장은 어느 것이나 최소효율규모(MES: minimum efficient scale)가 있다. MES는 장기평균생산비가 최소가 되는 생산공장의 규모이다. 어떤 제품의 경우에도 국제경쟁을 잘하려면 최소한 어느 정도 규모의 공장은 지어야 비용면에서 경쟁이 되는데, 그 규모가 바로 MES이다. 자동차공장의 MES는 [그림 20. 1]에 표시되어 있다.

MES는 산업구조의 중요한 결정요인이 된다. 예를 들면 식당, 문방구, 채소가게 등의 MES는 아주 작다. 그러므로 이들 산업에는 상점(기업)의 수가 수없이 많게 된다. 반대로 반도체, 조선, 철강 등의 경우에는 MES가 아주 크다. 따라서 이들 산업에는 몇 개의 기업만이 존재하게 되는 것이다.

"GE(General Electric)사는 이윤규모 세계제일(1999년 107억 달러), 주식시가총액 세계제일(1997년), 그리고 다각화에 있어서 세계제일이다. 사업부문은 ① 항공기 엔진, ② 가전제품, ③ 자본서비스, ④ 산업시스템, ⑤ 정보서비스, ⑥ 조명기구, ⑦ 의료시스템, ⑧ 방송, ⑨ 플라스틱, ⑩ 발전시스템, ⑪ 수송시스템 등 모두 11개이다. 그야말로 문어발식으로 사업을 한다. 모두 독립법인화한다면 이 중 9개는 세계 500대 기업에 속할 정도이다."

— 스투어트 크레이너, 『잭 웰치식 비지니스』

"한국재벌과 가장 비슷한 미국회사는 GE이다."

— 게리 베커 노벨상 수상자

21. 독과점시장과 불완전경쟁시장

앞 장에서는 완전경쟁시장을 보았는데, 이 장에서는 먼저 완전경쟁시장에 반대되는 독점시장을 보고, 이어서 독점시장에 비슷한 과점시장을 본다. 과점시장은 어떤 면에서는 완전경쟁시장, 또 어떤 면에서는 독점시장에 비슷하게 될 수 있으므로 이해하기 아주 어려운 점이 많다. 마지막으로 완전경쟁시장과 비슷한 독점적 경쟁시장을 보기로 한다. 독점적 경쟁시장이라고 하면 독점에 가깝다고 생각하기 쉬우나 오히려 완전경쟁시장에 가깝다.

완전경쟁시장이란 앞서 말한 바와 같이 이상적인 형태의 시장이나 현실 세계의 시장은 불완전경쟁시장이다. 그럼 불완전경쟁시장이란 무엇을 말하는가? 앞서 말한 완전경쟁의 네 가지 조건을 충족시키지 못하는 시장이 곧 그것이다. 즉,

· 판매자와 구매자의 수가 적어서 시장가격에 영향을 미칠 때,
· 제품이 서로 다르기 때문에 공급자들이 가격을 서로 다르게 받을 수 있을 때,
· 시장조건에 대한 완전한 정보가 없을 때, 그리고
· 시장의 진입과 퇴출의 자유가 없는 상태에서 이루어지는 경쟁이다.

이런 조건을 충족하는 시장에는 방금 말한 바와 같이 독점, 과점 및 독점적 경쟁시장의 세 가지가 있다.

가 독점은 왜 발생하는가?

독점이 발생하는 이유는 다음과 같이 많다.

1) 기술적 우위. 미국의 마이크로소프트사는 소프트웨어 기술에 있어서 다른 회사의 추종을 불허하므로 상당기간 독점기업의 지위를 누렸다. 어느 기업이나 혁신적 제품을 계속 만들어 내는 한 독점기업의 지위를 계속 누릴 수 있게 된다. 'Intel Inside'란 표시로 유명한 인텔사나 IBM도 과거 기술적 우위 때문에 독점의 혜택을 누린 바 있다. 경영기술의 우위도 독점을 만들어 낼 수 있다. 하버드 경영대의 로이스 웰즈 교수는 학생들에게 회사경영을 할 때는 항상 독점기업이 될 수 있도록 노력하라고 가르친다고 했다.

2) 규모의 경제(economies of scale). 이는 공급면의 규모의 경제와 수요면의 규모의 경제로 나누어 볼 수 있다.

공급면의 규모의 경제는 기업의 최적생산 규모(MES)가 크기 때문에 생산량이 일정 수준까지 증가할수록 단위당 평균생산비가 감소하는 것을 말한다. 예를 들면, 전력회사는 발전, 배전 및 송전시설을 모두 갖추어야 되므로 방대한 투자를 해야하는데, 투자 이후 생산량이 상당정도 증가할 때까지 단위당 평균생산비는 계속 감소한다. 전력회사의 MES가 매우 커서 시장수요를 모두 충족시킬 수 있는 경우에는 자연적으로 독점이 되므로 자연독점(natural monopoly)이라고 한다. 자연독점은 전력·용수, 수송·통신 등 사회간접자본 산업에 많이 존재한다.

그런데 자연독점기업은 반드시 대기업이 되라는 법이 없다. 중소기업은 물론 영세기업도 될 수 있다. 많은 후진국의 중소도시에 하나밖에 없는 극장, 철물점, 책방, 전문병원, 주유소, 은행지점, 약방, 음식점, 멀리 떨어진 곳에 위치한 중·고등학교의 식당 등도 자연독점과 유사하게 된다. 요는 어떤 재화나 서비스의 시장규모에 비하여 이를 공급하는 기업의 생산규모가 어느 정도 큰 경우에는 수많은 경쟁기업보다 자연독점기업이 존재하는 것이 유리한 경우가 많다. 우리 나라에는 음식점이 40만 개 이상이 있다. 이 중에는 지역에 따라서 상당한 독점력을 발휘하는 것도 있을 수 있다. 왜 이렇게 많아야 하는가? 가령 서울에 있는 수많은 음식점을 모두 하나로 통합하면 어떻게 되는가? 이런 문제를 독점, 독점적 경쟁 및 규모의 경제와 관련하여 생각해 보기 바란다.

수요면의 규모의 경제는 소프트웨어 패키지처럼 사용자의 수가 증가할수록 그 가치가 증가하는 것을 말한다. 가령 우리가 아는 사람이 모두 마이크로소프트 워드를 사용하면 우리도 그것을 사용하는 것이 유리하다. 사용자의 수가 증가할수록 그 가치는 올라간다. 이를 네트워크 경제(network economies)라고 하는데, 소비자에게 유리한 것이다. 이는 전통적인 규모의 경제보다 중요성이 더 크게 되는 것이 보통이다. 이런 네트워크 경제를 발생시키는 기업은 전통적인 독점기업과는 반대로 가격은 낮추고 생산량은 늘릴 수 있다. 이런 독점은 정부가 규제하면 소비자에게 오히려 피해를 줄 수도 있다. 그러나 이런 기업도 결국에 가서는 독점력을 행사할 수 있을 것이다.

3) 잠김효과(lock-in effect). 우리가 어떤 컴퓨터 프로그램에 익숙하게 되면 계속해서 그 프로그램을 사용하게 된다. 다른 프로그램을 배우려면 시간과 노력이 많이 들기 때문이다. 이를 잠김효과라고 한다. 그러므로 다른 기업이 새 프로그램을 개발하여 수요자에게 그 이점을 설득시키는 것은 아주 어렵다. 따라서 프로그램을 처음에 개발한 회사가 독점이 되기 쉽다.

지금까지 설명한 세 가지는 하나 하나가 독점의 원인이 될 수 있다. 그러나 많은 정보산업에 종사하는 기업의 경우에는 이 세 가지가 동시에 작용하여 독점이 될 수도 있다. 마이크로소프트가 좋은 예이다.

4) 법적 제한. 한국의 담배인삼공사는 담배와 인삼제품 생산에 있어서 독점적 지위를 누리고 있다. 그 이유는 정부가 독점권을 주었기 때문이다.

5) 특허권. 정부는 기술혁신으로 신제품 개발을 촉진하기 위하여 개발자에게 일정기간 독점생산권을 준다. 따라서 특허권을 부여받은 사람이나 기업은 신기술 제품생산에 있어서 독점권을 누리게 된다.

6) 희소한 자원의 독점적인 소유. 남아공의 De Beers 다이아몬드회사는 다이아몬드라는 희소한 자원을 독점 소유함으로써 독점기업이 되었다. 캐나다의 니켈회사가 세계 니켈 매장량의 90%를 통제함으로써 독점적 지위를 누리게 되었다. 해변가 전망이 특출하게 좋은 곳에 위치한 식당이나 호텔은 독점적 지위를 누릴 수 있다.

7) 고의적으로 설정한 진입장벽. 기존 대기업이 신규기업이 생겨날 때 대대적인 광고비 지출을 통하여 생존을 어렵게 만드는 것은 고의적으로 설정하는 진입장벽이다.

8) 일본의 수직 케이레츠와 같은 기업간의 쌍방 독점. 이는 제11장에서 설명한 바와 같다.

9) 기업 및 산업조직에 의한 독점. 독점에는 두 가지 형태가 있다. 하나는 가령 어떤 지역에 있는 여러 개의 슈퍼마켓을 하나로 통합할 때 발생하는 수평독점이고, 다른 하나는 화학회사에서 실을 뽑고 화학섬유로 천을 짜고 천으로 옷을 만드는 것과 같이 원료, 중간재 및 완제품 생산을 하는 기업들을 수직적으로 결합할 때 발생하는 수직독점이다.

10) 진정한 독점은 정부의 각 부처이다. 금융감독원, 국세청, 공정거래위원회 등 거의 모든 정부기관은 공공서비스 생산기관이다. 이들은 한국에 하나밖에 없는 공공서비스 생산조직체로서 언제든지 강한 독점력을 행사할 수 있다. 후진국들이 경제발전을 할 수 없는 것은 강력한 정부독점에 크게 기인한다. 미국의 장점 중의 하나는 정부기관들이 기업이나 국민에게 공공서비스를 제공하는 데 있어서 독점력을 행사하지 못하도록 하는 것이다.

(나) 독점이 소망스러운 경우도 있는가?

독점기업의 가장 대표적인 문제는 무엇인가? 독점기업은 재화나 서비스의 가격은 높게 받고, 생산량이나 질은 낮게 한다는 것이다. 때문에 소비자에게 피해를 주고, 귀중한 자원을 능률적으로 활용하지 않는다는 것이다.

· 그러나 독점이 규모의 경제, 특허권, 기술적 우위 등에 기인한 경우에는 바람직한 경우도 있다. 특히 정보산업에 종사하는 기업 중 규모의 경제가 공급과 수요면에서 동시에 발생하는 경우에는 생산량은 늘리고 가격은 낮추어야 이윤을 극대화할 수 있다. 이런 독점기업은 굴뚝산업에 종사하는 독점기업과 정반대의 행위를 하면서 이윤을 극대화하려고 한다. 이는 소비자에게 유리한 것이다. 기술혁신면에서는 독점기업들도 많은 공헌을 한다는 주장도 있다. 신제품을 계속 만들어야 독점적 지위를 계속 누릴 수 있기 때문이다.

  많은 사람들은 소규모의 무수한 기업들이 치열한 경쟁을 하는 경우가 가장 이상적이라고 한다. 그런데 2000년 현재 한국에는 795개나 되는 소규모의 의약품회사들이 치열한 경쟁을 하고 있는 실정이다. 이들 전체의 매출액은 삼성전자 매출액의 3분의 1이 채 안 된다. 수출액에 있어서는 비교도 안 된다. 기술혁신은 소수의 전자회사들이 다수의 제약회사보다 더 많이 하는 경우도 많다.

· 일본인들은 수직 케이레츠 형태의 쌍방독점도 소망스러운 경우가 많다고 한다. 그러나 영·미식 기업 및 산업조직에 익숙한 사람들은 일본식 쌍방독점은 해체 대상이라고 한다.

· 소비자들도 독점을 원하는 경우가 많다. "뭐 새로운 것 좀 없느냐," "뭐 특별한 것 없느냐" 등의 말은 사람들이 독특한 제품이나 서비스를, 곧 독점제품을 원한다는 뜻이다. 인간은 끊임없이 새로운 것을 원하므로 발명과 신제품이 이어지게 되는 것이다.

독점기업의 독점력은 계속 떨어진다. 철도서비스 하나만 놓고 보면, 서울－부산간의 철도교통 서비스는 철도청이라는 공기업에 의하여 독점되고 있다. 그런데 그 독점력은 얼마나 강한가? 서울－부산간 교통서비스 전체를 보면, 여행하는 사람들은 KTX 대신 고속버스, 비행기, 자가용, 심지어 택시까지 이용할 수 있다. 그러므로 철도청은 철도수송이라는 관점에서는 독점이나 경부간 승객수송면에서 보면 독점이 아니다.

민간기업들의 독점력은 세계화 때문에도 많이 약화된다. 옛날 한국의 항공사라고는 대한항공밖에 없었다. 당시 대한항공은 하나밖에 없었으니 말 그대로 독점기업이었다. 그러나 당시 서울－도쿄간의 항공서비스를 보면 대한항공, 일본항공, 서북항공 등 수많은 항공회사가 치열한 경쟁을 했다. 세계시장을 놓고 보면 대한항공은 독점이 아니었다. 한국의 자동차나 전자회사들도 국내시장만 놓고 보면 과점업체들이다. 그러나 이들은 세계시장에서 일본, 미국 등 선진국기업들과 치열한 경쟁을 하는 업체들이다. 세계적인 기업들의 경쟁이 날로 치열해지는 과정에서도 독점력을 계속 강하게 행사할 수 있는 것은 정부부처에 의한 각종 공공서비스의 독점력이다.

다 과점시장의 가격과 산출의 결정

우리는 지금부터 어떤 제품을 생산하는 기업이 하나인 독점기업이 아니라 소수이기 때문에 과점기업과 과점시장이 되는 경우를 보기로 한다.

과점시장이란, 가전제품, 컴퓨터, 핸드폰, 볼펜, 구두 등 우리가 사용하는 중요한 제품들이 많이 거래되는 시장이다. 그리고 독점시장과 독점적 경쟁시장 사이에 있어서 이 두 시장에서 거래되지 않는 재화와 서비스의 가격과 산출을 결정하게 된다. 과점시장은 다음과 같은 특징이 있다.

· 경쟁하는 기업의 수는 소수이다. 소수의 대기업과 소기업이 같이 경쟁하는 경우도 있다. 경쟁하는 기업의 수가 많기로는 완전경쟁시장, 독점적 경쟁시장, 과점시장 및 독점시장의 순이다.

· 제품은 자동차나 가전제품 등 차별화된 경우도 있고, 철강, 알루미늄처럼 동일한 경우도 있다.
· 신규진입에 대한 장벽은 많은 투자 금액 때문에 상당히 높은 경우가 많다.
· 과점시장의 가장 중요한 특징은 과점기업의 가격이나 생산량의 설정은 경쟁기업에게 결정적인 영향을 미치기 때문에, 이에 대한 경쟁기업들의 대응책을 항상 면밀하게 검토한 후 결정하지 않으면 안 된다는 사실이다. 과점기업들은 제품가격을 결정했더라도 경쟁기업들의 대응에 따라서 다시 결정하거나 수정해야 되는 경우도 많다. 그러므로 상호 의존 관계에 있게 되는 것이 가장 중요한 특징이다.

과점시장의 가격과 생산량의 결정. 과점기업들은 결속력이 아주 강한 카르텔을 만드는 경우에는 가격과 생산량을 독점기업과 같이 결정할 수 있게 된다. 과점기업들은 일반적으로 제품의 가격을 독점기업보다는 낮고 경쟁기업보다는 높게 한다는 것이다. 그러나 이런 견해에 대해서 두 가지 반론이 있다.

· 세계화시대에 세계적인 외국의 과점기업들과 치열한 경쟁을 하는 국내 과점기업들의 과점력은 극히 약하게 될 수밖에 없다. 그러므로 가급적 제품의 가격은 낮게, 생산량은 많게 하지 않으면 안 된다. 세계시장을 놓고 보면 어느 한 나라의 과점기업들은 제품의 가격을 거의 완전경쟁기업처럼 낮게 하지 않으면 안 되는 경우가 보통이다.
· 과점기업들이 만약 장기간 제품값을 높게 유지하다가는 신규기업이 진입(entry)할 위험이 있기 때문에 그렇게 할 수 없다. 즉, 가격을 낮게 하지 않으면 안 된다.

과점기업이 같은 제품을 되풀이 생산하는 경우에는 나라경제에 미치는 영향은 주로 가격과 생산량을 통해서 나타난다. 그러나 기술혁신이나 신제품을 많이 개발하는 경우에는 그 영향이 다르다. 그럼 그 영향은 무엇인가? 다음과 같은 두 가지 견해가 있다.

- 과점기업들은 현재의 제품을 생산하기 위하여 과거 방대한 투자를 해야 했다. 만약 기술개발로 신제품을 발명하게 되면 이런 생산시설이 노후화되기 쉽다. 그러므로 기존 생산시설을 활용하기 위해서도 신제품 생산을 위한 기술혁신을 하지 않으려고 한다.
- 이에 반대되는 주장을 편 학자는 조셉 슘페터와 존 갤브라이스이다. 이들은 우선 신제품이나 신기술 개발에는 돈이 많이 소요되는데, 이를 감당할 수 있는 기업은 규모가 큰 과점기업들뿐이라는 것이다. 또한 과점기업들은 기술혁신을 해도 진입장벽 때문에 다른 기업들이 쉽게 생산을 시작하지 못한다. 그러므로 기술혁신의 혜택을 스스로 차지할 수 있기 때문에 신제품 개발을 위한 기술혁신을 하려고 끊임없이 노력한다는 것이다. 이를 슘페터-갤브라이스 가설이라고 한다.

이런 주장에 대한 증거는 어떠한가? 지난 세기 주요 발명의 약 3분의 2는 개인이나 중소기업에 의하여 이루어진 것이다. 에어컨, 볼펜, 제트엔진, 헬리콥터 등이 그 예이다. 결론은 기술혁신은 일반적으로 시장 형태를 어떻게 하는가보다는 어떠한 산업인가에 따라서 좌우된다. 예를 들면, 벽돌산업, 담배산업, 연극산업 등은 시장을 어떤 형태로 하건 기술혁신이 어려운 산업이다. 반면 전자산업, 컴퓨터산업, 정보통신산업, 생명공학산업 등은 시장 형태를 어떻게 하든 기술혁신이 빠른 산업이다. 그런데 지식사회의 기업들은 규모에 상관없이 기술혁신을 경영전략의 일환으로 하고 있으므로 기술혁신을 많이 한다. 과점기업들도 예외가 될 수 없다. 기술혁신이 빠른 지식사회에서는 기술혁신을 못하는 과점기업들은 도태되기 쉽다.

라 담합과 카르텔의 형성

카르텔(cartel)이란 어떤 제품의 판매자들이 담합(collusion)하여 그 제품의 생산, 판매, 가격, 거래조건 등을 통제함으로써 독점기업의 이득을 누리기 위하여 만든 조직체이다. 세계적으로 가장 유명한 카르텔은 무엇인가? 11개 산유국들(사우디아라비아, 이란, 이라크, 쿠웨이트, 리비아, 아랍에미레이트, 베네수엘라, 카타르, 알제리, 나이지리아, 인도네시아)이 만든 OPEC(석유수출국기구)이다. OPEC은 1970년대 석유의 배럴당 가격을 2.5달러에서 1980년대 초 32달러까지 끌어올린 바 있다. 국제석유가격은 과거 메이저(국제석유자본)들이 결정권을 갖고 있었으나, 1970년대에 와서는 그 권한이 OPEC으로 넘어 갔다. OPEC은 1980년대에 들어 와서는 위력을 발휘하지 못하다가 2000년에는 다시 결속력을 강화하여 국제석유의 생산량과 가격에 큰 영향을 미치기 시작했다.

그럼 OPEC을 비롯하여 카르텔의 결속력은 어떤 요인에 의하여 결정되는가? 어떤 유원지에서는 음식점들이 담합하여 성공적으로 바가지 요금을 물리는 경우도 있다. 또 어떤 경우는 그렇게 하려다가 실패하는 경우도 많다. 어떤 아파트 단지에서는 주부들이 모여서, 아파트를 어느 가격 이하로는 팔지 못하도록 가격을 담합하는 경우도 있다. 그런데 이런 약속이 얼마나 쉽게 이루어지고 또한 잘 지켜지는가? 그렇게 되자면 어떤 조건들이 충족되어야 하는가? 지금부터 이런 문제를 보기로 하자. 즉, 판매자들이 얼마나 담합을 잘하여 독점력이 강한 카르텔을 형성할 수 있는가는 다음과 같은 조건에 따라서 결정된다.

① 판매자들의 수가 적을수록 결속력은 커진다. 판매자의 수가 많을수록 의사소통, 의견 통일 등이 그만큼 어렵게 된다.
② 석유처럼 제품의 동질성이 클수록 생산기업들의 결속력은 커진다. 차별화된 상품을 생산하는 기업들의 담합은 어렵게 될 수밖에 없다.
③ 제품시장에 대한 진입장벽이 높을수록 기업들의 결속력은 커진다. 즉, 어떤 기업도 그 제품을 쉽게 생산·판매할 수 없는 경우에는 그 제품생산 기업들의 결속력은 커진다.
④ 기술혁신이 빠른 제품을 생산하는 기업일수록 결속력이 약해진다. 예를 들어, 구형 핸드폰 생산기업들이 생산량과 가격을 통제하기로 담합한 뒤, 만약 어떤 기업이 신형 핸드폰을 값싸게 생산·판

매할 수 있게 되면 그 기업은 탈퇴하는 것이 오히려 이롭게 된다.

⑤ 판매자간에 제품 생산비의 차이가 클수록 결속력이 약해진다.

⑥ 경기침체가 심할수록 결속력은 약해진다. 경기가 좋아서 그 제품에 대한 수요가 증가할수록 결속력은 커진다.

⑦ 법적 제한(legal restrictions)이 강할수록 카르텔의 결속력은 약해진다. 한국의 경우에는 공정거래법이 카르텔의 형성을 제한하고 있다.

과점기업들은 카르텔을 형성하지 않고서도 담합하여 제품의 가격과 생산량을 제한하는 경우가 많다. 예를 들면, 과점기업 경영인들이 골프장, 회식장 등에서 제품의 판매량과 가격의 통제를 결의한 뒤에 신사적으로 이를 지킬 것을 약속하는 이른바 신사협정(gentlemen's agreements) 같은 형식의 담합을 할 수도 있다. 또한 과점기업 중 선도기업이 가격을 결정하면 다른 기업들은 의식적으로 이를 따라서 할 수도 있는 것이다. 이를 의식적 병행행위(conscious parallelism)라고 한다. 과점기업들이 어떤 형태로 담합하든지 간에 그 근본요인은 탐심이다. 카르텔을 스스로 해체토록 하는 동인도 마찬가지로 탐심이다. 담합을 얼마나 잘 하는가는 되풀이하면 위의 7가지 요인이 얼마나 잘 작용하느냐에 달려 있다.

산업의 조직과 집중도. 어떤 산업은 몇 개의 기업으로 조직되어 있으며 그 경쟁상태는 어떠한가? 이런 문제를 밝히기 위하여 사용하는 척도가 집중률(concentration ratio)이다. 이는 독과점력의 척도가 되는데, 어떤 산업제품을 생산하는 몇 개의 기업들의 매출액이, 그 산업 전체의 매출액에서 몇 퍼센트를 차지하는가를 나타내는 것이다. 경제전문가들이 보통 사용하는 집중률은 4대기업 집중률(four-firm concentration ratio)이다. 예를 들면, 한국의 가전제품산업의 집중도는 총매출 중 4대 가전업체의 매출이 차지하는 비중으로 판단한다. 그러나 이 비율을 사용할 때는 다음 사항에 유의해야 한다.

· 시장집중률을 계산할 때 과점기업들의 국내시장과 세계시장 매출액의 비중을 잘 감안해야 한다. 예를 들어, 한국의 가전업체들은 세계

시장 수출을 많이 한다. 그러므로 수출금액을 국내시장 매출액에 포함시키면 국내시장 집중률이 과대 계상된다.

· 어떤 산업의 경우, 비록 4대기업 집중도는 높으나, 경쟁이 너무나 치열하여 4대기업이 매년 바뀐다면 경우는 다르다. 이런 산업은 비록 집중도는 높아도 기업간의 경쟁은 치열하다.
· 4대 기업집중도가 가령 80%라도 각 회사가 20%씩 차지하는 경우와, 60%, 10%, 5%, 5% 등으로 차지하는 경우는 다르다.
· 산업에 따라서는 다른 산업과의 경쟁이 아주 클 수도 있다. 예를 들면, 시내버스산업과 택시산업의 집중도가 아무리 높다고 하더라도 이들은 지하철과 경쟁한다. 그러므로 어느 산업의 집중도만으로 과점력을 결정할 때는 산업 내에서만이 아니라 관련산업간의 경쟁도 따져야 한다.
· A산업과 B산업이 다같이 4대 기업집중률이 가령 75%라고 하더라도 A산업은 기술진보가 아주 빠를 수 있고, B산업은 기술진보가 거의 없을 수도 있다. 현재의 낡은 제품을 생산하는 과점기업들의 독과점력만을 따질 것이 아니라 기술혁신에 대한 공헌도 따져야 한다.

마 독점적 경쟁

한국의 어떤 시장은 완전경쟁도 아니고 완전독점도 아니다. 오히려 양쪽 시장의 특성을 다 가지고 있다. 그런 시장을 '독점'과 '완전경쟁'이라는 말을 혼합하여 독점적 경쟁(monopolistic competition)시장이라고 한다. 독점적 경쟁기업들은 약간씩 다른 제품을 생산하기 때문에 약간의 독점력을 갖지만 치열한 경쟁을 한다. 그 때문에 서로 독특한 제품을 생산한다는 면에서 독점과 비슷하나, 치열한 경쟁을 한다는 면에서는 완전경쟁과도 비슷하다. 그러나 다음 그림에서처럼 독점보다는 완전경쟁에 더 가깝다. 이들 기업들은 진입과 퇴출이 자유로우므로 장기적으로 볼 때 경제적 이윤이 제로(0)가 된다.

독점적 경쟁기업들은 약간의 독점력을 행사할 수 있으므로 약하기는 하나 가격설정자이다. 그러므로 제품가격을 완전경쟁기업보다 다소 높은 가격으로 판매한다. 그 예는 아파트단지 지역에 있는 음식점, 과일가게, 미용실, 채소가게 등이다. 이들은 소비자에게 다양한 제품과 서비스를 제공할 수 있는 장점은 있다. 그러나 그 대가는 비효율이다. 이들은 광고, 디자인, 포장 등에 필요 이상의 자원을 낭비하는데 이렇게 낭비되는 자원은 제품생산에 더 효율적으로 사용될 수도 있는 것이다. 그러나 다른 면에서 보면, 누구나 쉽게 시작할 수 있고, 또한 소비자들에게 다양한 제품과 서비스를 제공할 수 있는 장점이 있다. 이런 장점이 비효율을 어느 정도 상쇄할 수 있는가가 중요하다. 지금까지 말한 세 가지 종류의 불완전경쟁을 요약하면 다음과 같다.

- 독점시장: 하나의 판매자, 차별화된 제품, 시장진입의 어려움, 가격에 대한 통제, 완전경쟁시장에 비하여 높은 가격과 적은 생산량 등의 특징이 있다.
- 과점시장: 소수의 대기업만 있는 경우, 소수의 대기업과 소기업이 공존하는 경우 등이 있다. 제품은 동일하거나 차별화된 경우가 있으며 신규기업의 시장진입에 대한 상당한 장벽이 있다. 완전경쟁시장에 비하여 가격은 다소 높고, 생산량은 다소 적다. 과점기업들은 수요감소 시에는 가격의 하락보다 수량의 감소로 대응하게 된다.
- 독점적 경쟁시장: 시장규모에 비하여 상대적으로 많은 업체가 존재한다. 제품은 다양하며, 어느 정도의 특성도 있다. 시장진입이 쉽고 가격에 대한 약간의 통제도 가능하다. 광고, 포장, 디자인 등에서 제품의 차별화를 강조한다. 완전경쟁기업에 비해서 가격은 높고 생산량은 적다.

지금까지 우리가 살펴본 완전경쟁시장, 독점적 경쟁시장, 과점시장 및 독점시장의 주요특성을 요약하면 [표 21. 1]과 같다.

[표 21. 1] 4대 기본시장의 특징

	완전경쟁	독점적 경쟁	과 점	완전독점
생산자의 수	대단히 많음	많음	소수	하나
제품의 종류	동일한 제품	차별화된 제품	동일한 또는 차별화된 제품	유일한 제품 비슷한 대체재 없음
가격통제여부	통제 없음	약간의 통제	가격의 상호의존 담합에 의한 통제 가능	상당정도 통제
진입과 퇴출	아주 자유로움	상당정도 자유로움	상당정도의 장벽이 있음	장벽이 심함
판매방법	시장거래나 경매	광고와 품질경쟁	광고와 품질경쟁	광고가능
예	많은 농산물	소매상	가전제품, 가구류, 철강 등	전기, 가스 등

"후진국에서는 노동시장, 자본시장, 생산물시장, 정부규제제도 등이 선진국에 비해서 극히 취약하다. 그러므로 기업그룹은 이런 취약점을 보완하기 위해서 존재한다. 후진국 기업들이 뉴욕이나 런던에서 사업을 하면 그룹식 경영을 하지 않고 핵심역량에 초점을 맞추어 사업을 하는 것이 유리하다. 그러나 후진국에서는 기업그룹식으로 사업을 할 수밖에 없다."

— 타룬 칸나와 크리슈나 팔레푸 하버드 경영대 교수

22. 사람값, 땅값

사람(노동)값, 자본값, 땅(토지)값은 생산요소의 가격으로 생산요소시장에서 결정된다. 우리는 지금까지 생산물의 가격결정을 보았는데, 지금부터 생산요소의 가격결정 문제를 보기로 하자.

우리는 제 6 장에서 경제의 순환적 흐름과 관련하여 시장은 크게 '생산물시장'과 '생산요소시장'이 있음을 알았다. 생산물시장은 생산될 각종 제품의 종류를 결정하는 것이고, 생산요소시장은 이들을 어떻게 생산하는가, 곧 생산방법을 결정하는 것이다. 생산물시장의 경우 기업은 생산하는 제품의 가격을 설정할 수도 있고, 수용해야 되는 경우도 있다. 요소시장의 경우도 마찬가지이다. 어떤 기업의 생산요소 구매량이 시장지배적일 때는 시장에서 결정되는 요소가격에 영향을 미칠 수 있으나 그렇지 못할 때는 요소가격을 받아들여야 한다. 제품의 경우 생산기업이 소수일 경우 시장가격을 어느 정도 통제할 수 있다. 그러나 이런 기업도 생산요소의 경우에는 가격순응자가 되어야 하는 경우가 많다. 노동의 예를 들면, 비서, 전산기술자, 사무직 근로자 등의 수요에 있어서는 과점기업들도 정부, 방송국, 대학교, 사회단체 등과 경쟁을 해야 되기 때문이다.

가 노동시장: 사람값의 결정

생산요소의 가격은 제품의 경우처럼 공급과 수요에 의해서 결정되고 공급은 기회비용에 따라서 좌우된다. 그러나 생산요소간에는 차이가 있다. 먼저 노동의 경우를 보자.

한국인 중 일하는 사람(취업자)은 2천만 명이 넘는데, 이들의 봉급은 어떻게 결정되는가? 그 대부분은 노동시장에서 결정된다. 노동이란 재화와 용역의 생산에 사용될 수 있는 인간의 육체적 및 정신적 재능과 노력을 말한다. 노동시장(labor market)이란 노동서비스(labor services)의 판매자와 구매자가 근로조건이나 임금을 결정하도록 하는 메커니즘이다. 노동시장은 국내 어느 특정 지역에 국한된 경우도 있다. 주유소나 편의점 등이 시간제로 근무할 젊은이를 고용하는 것을 그 예로 들 수 있다. 전국 규모의 노동시장은 대기업, 중앙언론사 등의 사원채용을 들 수 있다. 세계적인 노동시장은 한국의 세계적인 기업들이 필요한 인재를 미국에서 스카우트하고, 미국이나 유럽의 스포츠팀이 한국의 일류선수를 스카우트해 가는 것 등을 그 예로 들 수 있다.

그런데 노동시장은 사람을 대상으로 하므로 생산물시장, 자본시장, 부동산시장 등과는 다르다. 구체적으로 어떻게 다른가?

· 노동시장은 인간을 대상으로 하므로 이성이나 감정이 없는 상품이나 기계처럼 매매할 수 없다.
· 인간은 노동, 여가, 자신의 능력 향상 등을 위하여 스스로의 시간을 배분한다.
· 사람에 따라서 직업관과 선호하는 직업의 차이가 있을 수 있다. 노동자가 싫어하는 직업과 좋아하는 직업이 있다. 대기업 종업원, 호텔 종업원, 회계사, 변호사, 공무원 등의 직업 중 어느 것을 선호하는가는 사람에 따라서 차이가 있다. 곧, 직업의 선호 면에서 토지나 자본과 다르다.
· 노동조합(labor unions)을 결성하여 근로조건이나 임금결정에 영향을 미칠 수 있다.
· 토지의 총공급량은 대자연에 의해서 정해진 것이므로 가격의 고저에 불문하고 쉽게 변화하지 않는다. 그러나 노동의 경우는 다르다.
· 자본시설(공장, 생산장비 등)은 가동조건과 평균수명이 있다. 그러므로 기업이 투자를 할 때에는 매년 자본시설에서 발생하는 수입을 잘 감안해야 한다.

[그림 22. 1] 후방굴절형 노동공급곡선

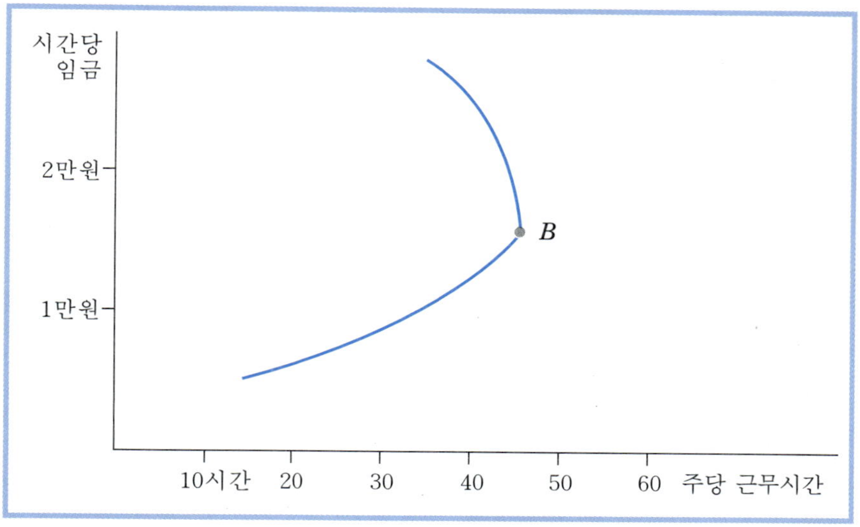

사람은 자신의 시간을 노동, 여가 및 생산성 향상(교육·연수·훈련 등) 등에 배분한다. 그런데 생산성 향상은 일할 때뿐만 아니라 여가시간에도 이루어진다. 생산성 향상의 관점에서 노동자의 시간 할당은 크게 노동과 여가의 둘로 나누어 볼 수 있다. 노동자에게는 임금이 올라갈수록 시간가치도 따라서 올라가므로 여가의 중요성이 커진다. 그런데 노동자는 임금이 어느 수준에 도달할 때까지는 여가보다 소득을 중시한다. 그러므로 그때까지는 임금상승에 따라 노동공급을 증가시키므로 노동공급곡선은 상품에 대한 공급곡선과 같이 우상향하게 된다([그림 22. 1]의 *B*점 이하 부분). 그러나 그 수준([그림 22. 1]의 *B*점)을 넘어서게 되면 소득보다 여가를 더 중시하게 되므로 노동공급곡선은 후방으로 굴절하게 된다. 임금이 어느 수준 이상이 되면 노동자들이 일을 오히려 덜하게 된다는 것이다.

임금과 생산성. 노동의 수요곡선과 공급곡선이 만나는 점에서 균형임금과 균형교환량이 결정된다. 그런데 임금 중 화폐임금과 실질임금을 구분할 필요가 있다. 화폐임금은 노동자가 받는 임금을 금액으로 표시한 것이고, 실질임금은 임금의 구매력, 즉 임금으로 살 수 있는 재화와 서비스의 실제량을 나타낸다. 임금이 상승하더라도 물가가 더 빨리 상승하면 실질임금은 떨어진다.

나 노동조합은 임금을 얼마나 올릴 수 있는가?

노동조합의 공헌. 노동자들은 노동조합을 결성하여 첫째, 임금을 더 많이 받고, 둘째, 일자리를 보장받으려고 한다. 이것이 노조의 두 가지 일반적 목표이다. 이런 조건을 단체협상으로 경영진들에게 받아들이도록 설득한다. 그러나 거절할 때는 파업(strike)이라는 수단을 쓴다. 그런데 노조 가입자들이 노동운동을 통하여 그들의 두 가지 목표를 얼마나 잘 관철시킬 수 있을까? 후방굴절형 노동공급곡선에 따르면 노조운동으로 임금이 어느 수준 이상 상승하면 노동공급은 오히려 줄어들게 된다. 그러므로 노조의 성공적인 임금인상 투쟁은 고용감소로 이어진다. 굴절노동공급곡선을 놓고 보면 노조의 두 가지 목표는 상반되는 면이 있다. 노동조합이 임금인상에 얼마나 많은 공헌을 하는가는 노조가입자 수의 변화를 보면 알 수 있다. 한국의 노조가입률은 노태우 대통령의 민주화선언이 있었던 1980년대 후반 19.8%까지 상승하였다. 그러나 1998년에는 12.6% 수준까지 떨어졌다. 미국에서도 노조가입자가 1950년대 전체 노동자의 4분의 1 수준에까지 도달한 후 계속 감소해 왔다. 그 이유는 무엇인가?

첫째, 공업화사회가 정보화사회로 됨에 따라 서비스직 근로자의 수가 많게 되었다. 서비스직 근로자의 노조가입률은 제조업 근로자의 노조가입률보다 일반적으로 낮다.

둘째, 전체 근로자 중 노조가입률이 낮은 여성 근로자의 비율이 증가했다.

셋째, 공장자동화 등으로 노조가입률이 높은 공장노동자의 수가 점진적으로 감소했다.

그럼 노동조합이 그 목적대로 임금을 많이 올리고, 일자리를 잘 보장받을 수 있는가? 이는 나라와 시대, 그리고 기간에 따라서 다르다고 할 수 있다.

· 노동자들이 강성 노동조합을 결성하면 이런 노조는 노동서비스의 법적인 공급독점자가 되어 강한 독점력을 행사하려고 한다. 그런데 노동서비스의 수요자는 노조소속 기업인데, 노동서비스의 수요독점자가 된다. 그러므로 노조와 그 소속기업은 쌍방독점이 된다. 쌍방독점의 경우 노임협상의 결과는 단순한 경제논리만으로 예측이 잘 안된다. 협상당사자들의 심리상태, 기업의 이윤, 경기상태 등에 따라서 다르게 된다.

· 노조활동이 극성스러울 정도로 왕성했던 영국은 한때 노조가 영국경제를 기울어지게 만든다고 했다. 영국의 대처 수상은 이를 영국병의 근원이라고 하면서 자리를 걸고 이런 노조의 힘을 약화시키려고 했다. 이런 정도의 강성 노동운동은 영국경제에 부정적인 영향을 준다. 장기적으로 노임상승은커녕 실업자를 양산했다.

· 한국은 IMF 경제위기 직전 노조의 활동과 정치가들의 부추김으로 노임이 단기적으로 매우 많이 상승했다. 당시 영국의 「이코노미스트」지는 한국 제조업의 평균임금이 영국의 경우보다 40% 정도 높다고 했다. 어떤 기업의 노동조합이든 임금을 노동생산성보다 조금이라도 높게 올리기만 하면 장기적으로 기업의 성장을 저하시킨다.

· 미국에서는 폴 사뮤엘슨 MIT대 교수에 따르면, 노조가 단기적으로 임금상승에 기여했으나 장기적으로는 기여하지 못했다는 것이다. 노조가입자의 임금인상은 노조 비가입자의 임금인하를 초래했다는 것이다.

· 한국의 SK그룹은 SKMS(SK 경영시스템)라는 독자적인 경영시스템을 개발했다. 그 요지의 하나는 회사직원은 누구나 같은 공동체의 구성원이므로, 노사 구분 없이 소속기업의 경쟁력 향상을 위하여 헌신한다는 것이다. SK그룹의 근로자들은 노조투쟁 없이도 임금을 많이 올릴 수 있었다. 삼성그룹의 경우도 마찬가지이다. 어떤 기업이든 강한 노동조합이 결성되면 노조업무 전임자를 두고, 노조협상을 하고, 또한 이들을 교육시키는 데 많은 비용과 시간을 소비해야 한다. 삼성전자나 SK는 최소한 이런 비용을 절약할 수 있었다.

세계에서 제일 가난한 나라는 1인당 GNI가 90달러인 브룬디이고, 그 다음 가난한 나라들은 에티오피아, 콩고 등이다. 참고로 이들 나라에서 노동자들이 노동조합을 잘 결성한다면 임금을 얼마나 올릴 수 있을까? 1인당 GNI가 제일 높은 나라는 룩셈부르크로서 5만 6천 달러이고 그 다음은 노르웨이이다. 얼마 전까지만 하더라도 한국의 전자제품회사들은 좋은 물건을 만들 줄 몰라서 해외시장에서 싼값에 팔 수밖에 없었다. 그럼 그때 한국 전자회사들이 노조 같은 것을 만들어서 한국 전자제품값을 높게 받을 수 있었을까? 약간은 더 받을 수 있었을지 모르나 외국산 경쟁제품들이 많기 때문에 어느 수준 이상의 가격을 받는 것은 불가능하다. 그럼 한국의 노조원들이 잘 단결하여 한국 사람값을 많이 높여 받을 수 있을까? 노동자들의 생산성 이상은 결코 받을 수 없다. 한국의 사람값을 그 이상 요구하면 외국기업들은 한국을 떠날 수밖에 없다. 한국 기업도 떠난다. 떠날 수 없는 한국 기업은 경쟁력을 상실하게 된다. 그러므로 결국은 모두가 손해를 보게 된다.

최종현 SK 그룹 창설자의 노사관

사(使=사용자)는 노동자에게 일을 많이 시키고, 임금을 적게 주려고 한다. 이는 More work, less pay로 표현할 수 있다. 반대로 노(勞=노동자)는 일은 적게 하고 임금은 많이 받으려고 한다. 이는 Less work, more pay이다. 그러므로 노사관계는 충돌하게 되어 있다.

바람직한 노사관계는 노는 자발적으로 일을 더 많이 하고(More work), 사는 자발적으로 임금을 더 많이 주는(More pay) 노사관계를 만들어가는 것이다. 이는 More work, more pay로 나타낼 수 있다.

SK가 지향하는 바는 SUPEX운동(=인간이 발휘할 수 있는 최대의 능력 발휘)과 SKMS(SK 경영시스템)를 통하여 이런 노사관계를 만들어가는 것이다.

자료: 최종현 『21세기를 향한 도전 — 최종현 전경련 회장 재임 자료집』, 2000. 8.

다 생산성이 높아야 임금도 높게 된다

그런데 실질임금을 장기적으로 상승시키는 길은 노동자의 생산성을 향상하는 것이다. 노동생산성 향상은 재화와 서비스의 생산량을 증가시키고 요소공급자의 실질소득을 증가시킨다. 노동생산성은 노동투입 단위당 생산량을 의미하는데, 노동생산성 향상은 다음 두 가지 면에서 중요하다.

· 더 많은 양의 재화와 서비스를 사용할 수 있게 한다.
· 생산비를 줄이므로 가격의 상승을 억제한다.

노동생산성 향상의 요인은 기업내적 요인과 기업외적 요인으로 구분된다. 노동생산성은 우리가 제10장에서 밝힌 기업의 글로벌경쟁력이 향상될 때 높게 된다. 여기서는 다음과 같은 내적 요인을 보기로 한다.

① 노동생산성은 일반적으로 노동집약적 산업보다는 자본집약적 산업, 자본집약적 산업보다는 기술집약적 산업에서 높게 된다.
② 자본장비의 양과 질이 증가할수록 높게 된다.
③ 자원 사용의 효율성이 증가할수록 높게 된다.
④ 경영이 향상될수록 높게 된다.
⑤ 근로자의 교육수준이 올라갈수록 높게 된다.

라 땅값과 렌트

일본에서는 거품경제가 터지기 직전 땅값이 천정부지로 올랐다. 일본인들은 일본열도를 팔면 미국을 다 살 수 있을 정도라고 했다. 땅값이 아주 많이 올랐을 때는 도쿄와 요코하마 지방만 팔아도 미국을 다 살 수 있다고 했다. 당시 미국에서는 경제가 침체하고, 이혼이 늘고, 범죄도 많은 상태였다. 그리하여 이 지역을 팔아서 미국을 사고, 모든 미국인들로 하여금 이 좁은 지역에 와서 강제로 살도록 만들자는 농담도 있었다. 그러다가 1991년 거품경제가 터지자 일본 땅값은 폭락했다. 일본 6대 도시 평균지가는 그 이후 10년 사이에 반 이하로 폭락했다.

땅이나 건물을 빌려서 사용하고 지불하는 대가는 지대(地代, rent)이다. 그런데 경제지대(economic rent)는 경제학에서 아주 중요한 개념으로서 분명한 뜻이 있다. 이를 예를 들어 설명하기로 한다. 이미 제20장에서 설명한 바와 같이 빵집 경영을 하는 기업인이, 서울 시내 일류 제빵기술자들의 평균봉급이 월 3백만 원이라고 할 때, 이런 기술자를 고용하려면 월급으로 3백만 원을 지불해야 한다. 이는 제빵기술자의 기회비용이다. 이는 그를 다른 직장에 가지 않고 그 빵집에서 일하도록 만드는 금액이다. 이를 전용수입(transfer earnings)이라고 한다. 그런데 그가 현재 5백만 원을 받는다면 이전수익을 초과하는 2백만 원은 경제지대이다.

생산요소는 어느 것이나 기회비용이 있는데, 현재 받는 대가 중 기회비용을 초과하는 부분이 경제지대이다. 이윤의 경우에도 정상이윤을 초과하는 부분이 경제적 이윤이듯이, 지대의 경우에도 정상지대(=전용수입)를 초과하는 부분이 경제지대이다. 유명가수, 탤런트, 운동선수들이 받는 보수 중에서도 이들이 그 일을 계속할 수 있게 만드는 최저수준의 보수는 전용수입이다. 그러나 현재의 보수 중 이를 초과하는 부분은 경제지대에 해당되는 것이다.

[그림 22. 2]에서처럼 토지의 총량은 고정되어 있으므로 공급곡선은 수직선이다. 그러므로 렌트는 수요에 따라서 결정된다. 예를 들어, 우리나라 국토는 약 3백억 평으로 고정되어 있다. 총토지에 대한 수요곡선이 A와 같으면 평당 지대는 2만 원이 된다. 그러나 수요가 B처럼 증가하면 지대는 그림에서처럼 크게 증가한다.

토지단일세를 한다면? 경제지대를 대폭 줄이거나 없애도 한국의 국토는 그대로 있다. 그러므로 헨리 죠지(Henry George)란 미국인은 『진보와 빈곤』(1879)이란 책을 써서 경제지대를 모조리 세금으로 흡수하자고 했다. 이를 다 세금으로 흡수한다면 세금이 충분하니, 다른 세금은 필요 없으므로 토지세 하나(토지단일세)만 해도 된다고 했다. 헨리 죠지의 이런 단일세 주장은 미국에서 지난 세기 많은 지지를 받았다. 이 단일세운동은

[그림 22. 2] 렌트의 결정

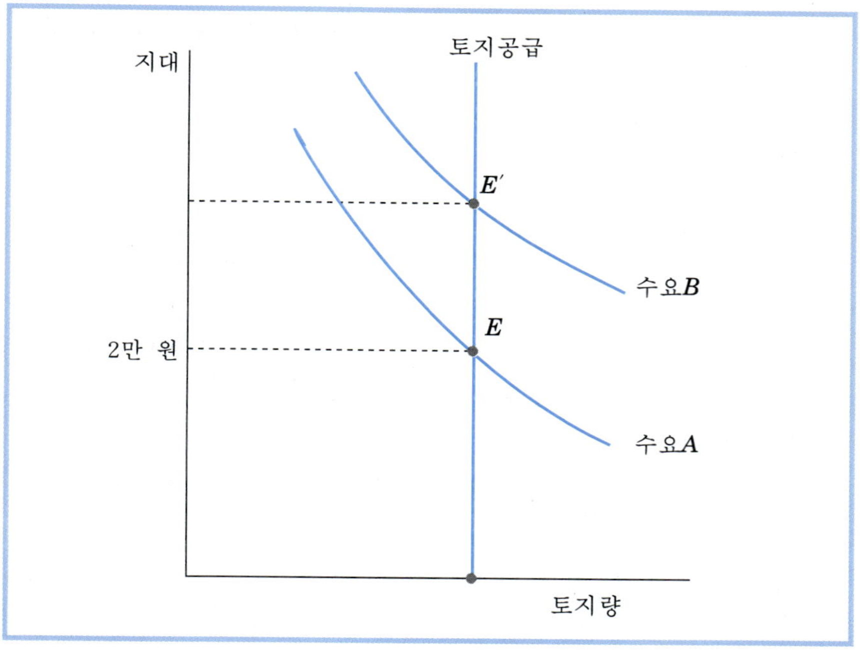

시민운동으로까지 발전한 바 있으나 운동으로 그치고, 미국 경제정책에 반영되어 시행되지는 않았다. 이런 주장에는 다음과 같은 잘못이 있다.

① 공장, 주거, 상가용지 등 많은 땅에는 토지생산성을 높이기 위한 투자가 많이 되어 있다. 그러므로 렌트의 어느 부분이 순수 렌트이고, 또한 어느 부분이 투자 때문에 발생한 것인가를 구분하기 힘든다.

② 토지에 대한 세금 하나만으로는 늘어나는 정부지출을 감당할 수 없다.

③ 사회에는 토지소유뿐만 아니라, 주식소유에 의한 불로소득을 많이 보는 사람도 있다. 그럼 이런 사람들의 불로소득도 정부가 같이 환수해야 되지 않는가?

④ 토지는 소유주가 수없이 많이 바뀐 경우도 있다. 이런 경우 누구에게 정확히 얼마만큼의 세금을 내도록 해야 하는가?

⑤ 무엇보다 중요한 것은 토지소유에 의한 지대 상승분을 국가가 모

조리 환수하면 국민들은 토지생산성을 높이기 위한 노력을 하지 않게 된다는 것이다.

마 토지공개념 도입과 국유화는 얼마나 타당한가?

어느 나라에서나 땅값이 급등할 때 토지공개념 도입과 국유화를 주장하는 사람들이 많게 된다. 이런 주장은 얼마나 옳은가? 이런 주장에 대해서는 다음과 같은 반론이 있을 수 있다.

· 한국은 헌법 제23조에서 사유재산권을 보장하는 자본주의 시장경제 체제 국가이다. 토지의 국유화는 사유재산권을 침해하므로 우리 경제체제에 반한다. 그러나 재산권의 행사가 공공복리에 맞아야 함은 물론이다.

· 토지나 부동산처럼 귀중한 자원일수록 더 많은 사람들이 참여하여 그 가치를 높일 수 있도록 만들어야 한다. 그 길은 사유화이고 시장경제를 잘하는 것이다. 귀중한 재산일수록 사유화를 더욱 철저히 해야 한다.

· 토지국유화를 하려면 담당 정부기구를 설립하고 많은 인력과 예산을 할당해야 한다. 이는 그 자체가 커다란 낭비이다. 기구가 아무리 크더라도 전국 방방곡곡에 흩어져 있는 무수한 토지의 사정을 잘 알아서 투자계획을 잘 짜고 생산성을 높이는 것은 거의 불가능하다.

· 토지와 부동산이 중요하기 때문에 공개념을 도입해야 된다고 하면 다른 자원에도 그렇게 해야 한다. 예를 들면 한국의 반도체공장, 조선공장, 전자공장, 국제무대에서 명성을 날리고 있는 운동선수, 가수, 과학자들에게도 공개념을 도입해야 하는 것이 아닌가? 토지는 다음과 같은 두 가지의 특성을 갖고 있다는 사실을 잘 인식할 필요가 있다. 첫째, 토지는 인간이 생산하지 않는 자원이고, 둘째, 인접토지의 영향을 많이 받는다. 이 점에서 토지는 다른 생산요소와 다르다. 예를 들면 나의 땅 바로 옆에 높은 빌딩이 들어서면 땅값이 크게 올라가고, 쓰레기 매립장이 건설되면 땅값이 크게 떨어진다.

이와 같이 토지는 주위 토지의 사용이 어떻게 되느냐에 따라서 큰 영향을 받게 된다. 그러므로 이런 면에서 정부 간여가 필요할 수 있다.

한국의 국토는 실제로 100% 고정된 것이 아니라 지금까지 간척 등으로 약간 증가했다. 그런데 토지총량은 고정되어 있더라도 공장용지나 상가용지 등 개별용도에 사용되는 토지의 공급량은 가격상승에 따라서 얼마든지 늘어날 수 있다. 나라 전체 차원에서의 토지공급량과 어느 산업이나 기업 차원의 토지공급량은 다르다. 토지공급량의 경우에도 '전체와 부분' 차원의 문제인 구성의 오류 문제가 생긴다. 이 때문에 많은 사람들이 토지공개념 도입이나 국유화와 같은 잘못된 주장을 하게 되는 것이다.

예를 하나 들어보자. 얼마 전 주택 2백만 호 건설계획에 따라서 전국의 땅값이 급등했다. 급등한 땅값을 소유자들이 많이 차지했다. 이때 급등한 전국의 땅값을 모두 세금으로 환수해야 된다고 주장하는 사람들이 많았다. 그런데 전국의 모든 땅값의 상승분을 세금으로 환수하려면 땅을 모조리 팔아야 한다. 그럼 누가 사겠는가? 국민 모두가 세금을 납부하기 위하여 일시에 땅을 다 판다면 전국의 땅값은 대폭락한다.

"항상 옳은 것 보다 항상 일등하는 것이 좋다."

— 피터 윌리암슨

23. 돈값과 기업경영인의 몸값

돈의 값은 이자이다. 이자는 사람들로 하여금 현재의 소비를 줄이게 만든다. 현재의 소비가 줄어들어야 미래를 위한 투자자금이 형성된다. 그런데 자금만 형성된다고 하여 투자가 되는 것은 아니다. 기업경영인이 있어야 한다. 그런데 기업경영인은 손해를 크게 볼 수도 있는 위험을 안고 끊임없이 좋은 투자 기회를 찾으려고 노력하는데, 그 이유는 무엇인가? 이윤(profit)이라는 대가 때문이다. 이윤은 기업경영 능력에 대한 대가이다. 기업경영인의 몸값이라고 할 수 있다.

투자가 있어야 자본이 늘고 자본이 늘어야 국부(國富, wealth of nation)가 증가한다. 그러므로 여기서는 국부를 키우는 데 결정적 역할을 하는 이자와 이윤 문제를 보기로 한다.

가 돈값과 이자율

자본과 투자. 자본(=자본재, capital goods)은 재화와 서비스의 생산에 사용하기 위하여 인간이 생산한 내구재이다. 노동과 토지는 인간이 생산한 것이 아니므로 일차적 또는 본원적 생산요소(primary or original factors of production)라고 하는데 반하여, 자본(capital)은 '인간이 생산한 생산요소'라고 한다. 물적자본은 다음과 같이 세 가지로 나눌 수 있다.

· 직접생산자본(DPC): 기계장치, 로봇, 공장건물 등 제품생산에 직접 사용되는 자본
· 사회간접자본(SOC): 수송 · 통신 시설(도로, 항만, 공항, 위성 안테나), 전력 · 용수 시설 등 '사회'가 소유하고 생산활동을 '간접' 지원하는 자본
· 재고자본 : 원료, 반제품, 완제품 형태의 재고자본

투자(investment)와 자본의 관계는 어떠한가? 다음 예를 통하여 보기로 하자. 어떤 섬유회사가 작년에 기계 100대로 정상적인 생산활동을 했는데, 금년에는 사업이 잘 되어 기계 수를 120대로 늘리기로 했다고 하자. 그럼 기계를 몇 대 더 사면 되는가? 20대라고 하는 사람이 있을지 모르나 그렇지 않다. 그 이유는 감가상각(=자본마모) 때문이다. 가령 연 감가상각률이 10%라고 하면, 평균적으로 기계 10대 중 1대 또는 100대 중 10대는 못쓰게 되는 것으로 볼 수 있다. 그러므로 30대를 더 사야 된다. 30대 중 10대는 작년에 못 쓰게 된(감가상각) 기계 10대를 보전하기 위한 것이다. 이를 보전투자(replacement investment)라고 한다. 30대 중 20대만이 자본(=기계대수)을 증가시키기 위한 투자, 곧 순투자(net investment)라고 한다. 이 두 가지를 합한 것을 총투자(gross investment)라고 한다.

총투자	=	보전투자	+	순투자		
(30)		(10)		(20)		

금년의 자본	=	작년의 자본	−	감가상각	+	금년의 총투자
(120)		(100)		(10)		(30)

투자란 이와 같이 자본을 증가시키는 것이다. 그럼 다른 사람이 사용하던 공장을 사거나, 증권시장에서 주식을 사는 것을 투자라고 할 수 있는가? 경영학자들은 이를 투자라고 한다. 그러나 경제학자들은 투자라고 하지 않는다. 왜냐하면 공장을 사는 사람이 플러스 투자를 한다면 파는 사람은 마이너스 투자를 하는 셈이다. 이 두 가지를 합하면 제로(0)가 되므로 경제 전체 차원에서 보면 투자가 아니라 소유권의 이전에 불과하다.

주택을 사는 것도 마찬가지이다. 경제학에서 투자라고 하면 기계, 공장, 건물 등의 자본재의 생산이나 건설, 그리고 재고의 증가 등 실물자본의 증가만을 말한다.

그럼 돈은 자본인가? 돈은 경제적 자원이 아니므로 생산요소로서의 자본(=자본재)이 아니다. 돈은 재화와 용역을 생산할 수 없다. 그러나 경영학에서는 돈을 화폐자본(money capital)이라고 하여 실물자본(real capital)과 구분하고 있다.

투자와 이자율. 그럼 투자와 이자율간의 관계는 어떻게 되는가? 이자란 일정기간 사용한 돈 또는 자금(funds)에 대한 대가이다. 일반적으로 원금에 대하여 퍼센트로 표시한다. 예를 들어 돈(또는 자금) 1천만 원을 1년간 빌려서 사용한 다음, 그 대가로 8십만 원을 지불한다면 이자는 8십만 원이고 이자율은 8%가 된다. 이자율에는 명목이자율(nominal interest rates)과 실질이자율(real interest rates)이 있다. 명목이자율이란 현재의 돈 가치로 계산한 이자율을 말한다. 그런데 인플레가 발생하면 명목이자율의 가치가 떨어진다. 그러므로 인플레율로 감안한 이자율을 계산할 필요가 있다. 이처럼 인플레율로 조정한 이자율을 실질이자율이라고 한다.

실질이자율	=	명목이자율	-	인플레율
5%	=	8%	-	3%

투자의 결정요인은 투자수익, 이자율 및 예상되는 경제환경의 세 가지이다. 이 중 이자율이 가장 중요한 투자 결정요인이다. 투자는 일반적으로 이자율이 낮으면 증가하고, 반대로 높으면 감소한다. 그럼 이자율은 어떻게 결정되는가?

이자율의 결정. 이자율은 자금(funds)시장 또는 대부자금(loanable funds)시장에서 자금의 수요량과 공급량이 일치하는 선에서 결정된다. 자금시장이란 돈을 빌리는 사람과 빌려 주는 사람들이 모여서 그 가격, 곧 이자율을 결정할 수 있도록 하는 메커니즘을 말한다. 자금을 빌리는 사람

[그림 23. 1] 자금의 수급과 이자율의 결정

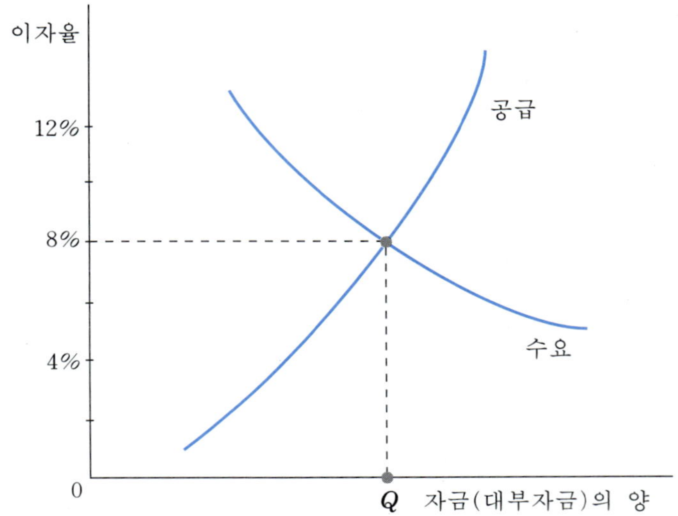

은 이자율이 높으면 적게, 낮으면 많이 빌리려고 한다. 그러므로 자금에 대한 수요곡선은 보통의 수요곡선과 같이 우하향형이 된다. 자금의 공급자는 반대로 이자율이 낮으면 적게, 높으면 많이 공급하려고 한다. 자금의 공급곡선도 보통의 공급곡선과 같이 우상향형이 된다([그림 23.1]). 그러므로 자금의 수요곡선과 공급곡선이 만나는 점에서 균형이자율과 교환량이 결정된다. 그림에서 자금의 수요량과 공급량을 같게 하는 이자율은 8%이다.

이자율의 차이는 왜 나는가? 이자율에는 많은 종류가 있는데, 그 이유는 무엇인가?

① 빌리는 돈의 규모의 차이. 다른 사정이 같을 때는, 적은 금액을 여러 차례 빌리는 것 보다 많은 금액을 한 차례 빌릴 때 이자율이 낮게 된다. 이 경우 자금의 관리비용은 다르게 된다.

② 위험 정도의 차이. 돈을 빌려간 사람이 빌린 돈을 갚지 못할 위험이 클수록 이자율은 높게 된다.

③ 빌리는 기간에 따라서 차이가 난다.

④ 이자소득세의 차이에 따라서 차이가 난다.

⑤ 시장의 불완전성. 금융시장이 불완전할수록 이자율간의 차이는 더 커질 수 있다.

⑥ 금리정책. 일본은 공업화 초기 저금리 정책을 폈다. 한국에서는 IMF 경제위기 직전 금리가 높았다. 그리고 한국은 최고금리를 25% 이하로 제한하는 이자율 상한 제도를 IMF 경제위기 이후 폐지했다.

⑦ 기타. 일본은 최근 전반적인 경기침체 상태에서 연 이자율이 1%도 채 안되는데, 이는 경제상태 때문이다.

㉯ 기업경영인의 몸값 – 이윤의 결정요인과 기능

이윤이란? 경제학을 모르는 사람들이 가장 많이 혼동되는 것 중의 하나가 바로 이윤이다. 공산주의자들은 이윤이란 자본가들이 노동자의 몫을 착취한 것이라고 생각한다. 옛 소련 등 공산국가의 국가지도자들은 이렇게 생각하면서 기업의 씨를 말렸다. 한국에서도 1980년대까지는 심지어 많은 지성인들조차 어떤 기업이 이윤을 많이 실현했다고 하면, 그 기업을 죄악시했다. 그러나 지금은 그런 사람들이 별로 없다. 이는 크게 다행스러운 일이다. 국민들의 기업관이나 경제학 지식은 1인당 소득의 증가와 더불어 증가하는 것으로 보인다. 지금도 수많은 후진국 지도자들은 이윤의 뜻과 기능을 모르고 있다. 기업가적 역량도 잘 모르고 있다. 시장경제의 기본을 모르기 때문이다.

회계사(accountant)의 이윤과 경제학자의 이윤. 회계사들은 기업의 총수입에서 남에게 분명하게 지불할 돈, 즉 명시적 비용(explicit cost)만을 뺀 것을 이윤이라고 한다. 그러나 경제학자들은 명시적 비용뿐만 아니라 암묵적 비용(자기 노력에 대한 대가, 자기 돈에 대한 대가, 자기 토지에 대한 대가)까지 뺀 것을 이윤이라고 한다. 이를 경제적 이윤(economic profit) 또는 순수이윤(pure profit)이라고 한다.

회계사의 이윤 = 총수입 - 명시적 비용
경제학자의 이윤 = 총수입 - (명시적 비용 + 암묵적 비용)
= 총수입 - 경제적 비용 = 경제적 이윤 = 순수이윤

그런데 어떤 사람이 기업을 경영하여 돈을 벌었다고 할 때, 번 돈이란 무엇을 의미하는가?

· 기업, 시장가격, 회계에 대한 개념이 희박한 공산국가 사람들 중에는 총수입 전체를 번 돈이라고 생각하는 경우도 있다.
· 사람에 따라서는 정상이윤을 번 돈이라고 한다.
· 회계사들은 총수입에서 명시적 비용을 뺀 금액을 번 돈이라고 생각한다.
· 경제학자들은 총수입에서 명시적 비용뿐만 아니라 암묵적 비용까지 뺀 금액을 번 돈이라고 한다.

이와 같이 경제학자가 말하는 경제적 비용에는 정상이윤(normal profit)이 포함되어 있다. 이는 제20장에서 비용과 관련하여 이미 설명한 바 있다.

기업가적 역량. 기업가는 무슨 일을 하길래 이윤을 대가로 받아야 한다는 것인가? 다음과 같은 역할을 하기 때문이다.

· 인간에게 필요한 재화와 서비스를 생산하기 위해서 귀중한 자원(노동, 자본, 토지)과 기술을 결합하여 생산성을 높인다. 구슬이 서 말이라도 꿰어야 보배가 되듯이 아무리 귀중한 자원이 많더라도 이를 생산 목적으로 조직하지 않으면 소용없다. 이를 가능케 하는 것이 기업가이다.
· 혁신을 한다. 혁신에는 신제품, 신생산공정, 신시장개척, 신원료개발, 신생산조직 등을 포함한다.
· 기업의 기본적인 경영방침을 결정한다. 예를 들어, 얼마 전 삼성전

자의 해외공장은 54개였는데, 이들 공장이 잘 돌아갈 수 있는 것은 노동자들이 열심히 일을 하기 때문이다. 그러나 세계 여러 곳에 54개에 공장을 설립하는 의사결정을 하는 것은 기업가적 역량이다.

· 위의 일과 관련된 위험부담(risk-taking)을 한다.

이윤의 결정요인. 이윤은 왜 생기는가? 그 결정요인은 무엇인가? 이는 위의 기업가적 역량과 긴밀한 관계가 있다.

① 암묵적 수입(implicit return) 또는 암묵적 비용으로서의 이윤. 앞의 예에서처럼 자신의 돈과 빌딩을 사용하여 빵집이나 음식점을 직접 경영하여 번 돈은 사실 자신의 노력의 대가인 암묵적 임금, 자기 돈의 대가인 암묵적 이자, 자기 건물의 대가인 암묵적 임대료나 마찬가지이다. 농민이 자기 땅에 자기 돈을 들여서 열심히 농사지어 번 돈도 마찬가지로 대부분 자기 노동, 자금 및 토지에 대한 암묵적 비용인 경우가 많다. 이런 것을 비용으로 계산하면 빵집, 음식점 및 농가의 이윤은 마이너스가 되는 경우도 많다.

② 혁신에 대한 보상으로서의 이윤. 지금 만드는 제품을 잘 생산해도 이윤을 많이 낼 수 있다. 그러나 마이크로소프트의 빌 게이츠, 전구를 발명한 에디슨, 전화기를 발명한 알렉산더 그라함 벨처럼 혁신적인 제품을 만들어서 그야말로 엄청난 수입을 낸 기업가들도 수없이 많다. 이러한 이윤을 슘페터 이윤이라고 한다. 한국의 많은 기업가들도 신제품이나 생산공정의 혁신으로 돈을 번 예는 많다.

③ 위험부담에 대한 보상으로서의 이윤. 기업환경은 항상 변화한다. 지금은 더욱 빨리 변화하고 있다. 기술이 변화하고, 경기가 변동하고, 경제구조가 바뀌고, 정치와 정책이 바뀌고, 세계 경제환경이 바뀐다. 한국에서는 기업이 부도나면 기업가는 그야말로 완전히 망할 수도 있다. 그러므로 이런 위험에 대한 보상이 이윤이다. 그런데 위험에도 화재나 질병과 같은 위험은 예측이 가능하므로 보험을 들 수 있다. 그러나 기업가들이 당면하는 위험은 예측하기 어려우므로 보험을 들 수도 없다. 그러므로 보험을 들 수 없는 위

험에 대한 보상이 이윤이다.

이윤의 기능. 이윤은 어떠한 기능을 하는가? 다음과 같은 중요한 기능을 한다. 시장경제는 자유기업경제라고 하는데 기업의 역할이 그만큼 중요하기 때문이다. 그런데 기업의 단기목표는 이윤극대화이므로 기업이라는 조직체가 존재하고, 활력 있게 움직이게 하는 것이 바로 이윤이다.

① 신호의 기능. 이윤은 기업가적 역량에 대한 대가이고, 그 기회비용이다. 시장경제에서 가격은 어느 것이나 신호의 기능을 한다. 정보통신산업이나 생명공학산업에 종사하는 기업에서 이윤이 많이 난다는 사실은 기업가로 하여금 관련사업을 많이 하라는 신호이다. 연탄관련 산업에 종사하는 기업에서 손실이 많이 나면 손을 떼라는 신호이다. 같은 산업에 종사하는 기업이라도 손해를 과다하게 보는 기업은 퇴출되어야 한다는 신호이다. 이윤은 이와 같이 자원배분이나 산업구조전환의 방향을 가리키고, 어떤 기업과 제품이 생산되고 안 되고에 대한 방향을 제시하는 중요한 신호의 기능을 한다.

② 능률향상. 기업은 소비자들이 바라는 제품을 바라는 양만큼, 그리고 최소의 비용으로 만들어야 이윤을 극대화할 수 있다. 이는 다른 관점에서 보면 이윤을 극대화하려면 국가의 귀중한 자원을 가급적 능률적으로 사용하지 않으면 안 됨을 의미한다. 이윤은 기업으로 하여금 부단히 능률을 향상하도록 만든다.

③ 혁신과 성장의 촉진. 이윤은 기업들로 하여금 신제품을 만들고, 생산공정과 생산조직을 혁신하고, 신시장을 개척하고, 신원료를 개발하기 위하여 부단히 노력하도록 만든다. 이러한 혁신은 경제성장의 기본동인이다.

④ 이윤은 기업으로 하여금 한국의 사람, 땅, 자본, 자연 및 기술을 생산목적에 사용하게 함으로써 사회를 생산적이고 활력 있게 만든다. 기업가, 경영인, 근로자들로 하여금 꼭두새벽부터 밤늦게까지 열심히 일하도록 만드는 것은 조금이라도 이윤을 더 크게 하기 위해서이다.

24. 소득분배

"네가 밭에서 추수할 때 한 묶음을 잊었거든 그것을 가지러 돌아가지 말라. 그것은 낯선 사람과 고아와 과부를 위하여 남겨 두라."

— 성서(신명기 24-19)

"필리핀의 부자는 대만 부자보다 더 부자이고, 가난한 사람은 대만의 가난한 사람보다 더 가난하다. 필리핀의 마닐라는 세계 어느 선진국 도시 못지 않게 화려하나 농촌에는 농토 말고는 아무것도 없다. 도시와 농촌의 차이도 심하다."

— 어느 대만 외교관

"다수의 가난한 사람을 돕지 못하면 소수의 부자를 구하지 못한다."

— 존 F. 케네디 전 미국 대통령

"부자와 빈자는 공생관계에 있다. 빈자는 생계와 보살핌을 부자에게 의존해야 한다. 부자들은 가난한 사람이 있어야 재산의 의미를 안다."

— 탈무드

가 한국의 소득분배는 어떠한가?

소득의 기능적 분배와 인적 분배. 근로자가 근로소득을, 그리고 기업가가 이윤소득을 분배받는 것은 이들이 생산에 참여한 기능에 따라서 분배받는 소득이다. 얼마나 더 많이 분배받는가는 생산에 공헌을 얼마나 많이 하느냐에 따라서 다르게 된다. 지대, 이자 형태의 소득도 마찬가지이다. 이런 소득은 요소소득으로서 요소시장에서 결정됨을 이미 우리는 안다. 그런데 사람들이 소득을 모두 생산기능에 따라서 분배받게 된다면 정신박약아, 신체장애자, 노동능력이 없는 노인, 재해대상자 등은 소득을 분배받지 못한다. 그러므로 소득분배는 사람을 기준으로 따져야 된다는 것이 소득의 인적 분배(personal distribution of income)라고 한다.

이는 결국 고소득층 소득을 저소득 계층에 분배하는 것이므로 소득의 계층별 분배라고도 한다. 소득의 기능적 분배(functional distribution of income)는 요소시장의 요소의 가격과 거래량의 결정원리를 통하여 따지고, 소득의 인적 분배는 십분위분배율이나 지니계수 등을 통하여 분석하게 된다. 지금부터 소득의 인적 분배를 살펴보기로 한다.

소득분배의 균등도(또는 불균등도)를 측정하는 대표적인 지표에는 두 가지가 있다. 하나는 십분위분배율(DDR: decile distribution ratio, 十分位分配率)이고 다른 하나는 지니계수(G: Gini coefficient)이다. 먼저 DDR을 보자. 한국의 모든 가구를 소득수준이 낮은 순서대로 일렬로 세운 다음 10등분한다. 그런 다음 우리 나라 총가구 소득 중 못사는 가구 40%가 차지하는 소득의 비율과 가장 잘사는 가구 20%가 차지하는 소득의 비율을 구한다. 그런 다음 전자를 후자로 나눈 값이 바로 DDR이다.

그런데 오분위분배율로서도 DDR를 계산할 수 있다. 즉, 한국의 모든 가구를 못사는 가구순으로 일렬로 세운 다음 5등분한다. 총가구 소득 중 가장 가난한 가구 20%가 차지하는 소득의 비중은 제 1 오분위분배율이고, 반대로 가장 잘사는 가구 20%가 차지하는 소득비율은 제 5 오분위분배율이다. 그러므로 제 1 및 제 2 오분위분배율 합계를 제 5 오분위분배율로 나누면 DDR값이 된다. [표 24. 1]의 소득분배는 이렇게 구한 것이다.

홀리스 체너리 하버드대 교수는 못사는 가구 40%를 저소득층, 가장 잘사는 가구 20%를 고소득층, 그리고 그 중간의 40%의 가구를 중산층이라고 했다. DDR은 저소득층 소득비율을 고소득층 소득비율로 나눈 값이므로 저소득층 소득비율이 고소득층 소득비율에 비하여 어떠한가를 나타내는 것이다. 저소득층을 돕는다면 그 소득은 주로 고소득층에서 나와야 할 것이므로 이 비율을 사용하게 되는 것이다.

저소득층 = 제 1 및 제 2 오분위가구 = 소득수준이 낮은 40%의 가구
중 산 층 = 제 3 및 제 4 오분위가구
= 소득수준이 고소득층과 저소득층 중간의 40%의 가구
고소득층 = 제 5 오분위가구 = 소득수준이 가장 높은 20%의 가구
D D R = 저소득층 소득비율 ÷ 고소득층 소득비율

그럼 DDR로 볼 때 한국의 소득분배는 어떠한가? 다음의 기준을 보면 된다.

45.0% < DDR : 고균등분배
35.0% < DDR < 45.0%: 저균등분배
DDR < 35.0%: 불균등분배

DDR값이 45.0%가 넘으면 소득분배는 '고균등분배'라고 할 수 있다. 따라서 그 값이 커질수록 그만큼 더 고균등분배되었다고 할 수 있다. 한국의 2000년 DDR값은 42.7%로서 위의 기준에 따르면 소득분배는 저균등분배 상태임을 알 수 있다.

[표 24. 1]에서 소득분배가 가장 균등된 나라는 일본이다. 세계은행의 「세계개발지표」(2005)에 따르면 세계에서 소득이 가장 균등분배된 나라는 일본, 덴마크, 오스트리아로서 균등분배의 정도가 비슷하게 높다. [표 24. 1]을 보면 소득이 비교적 고균등분배되어 있는 나라는 한국, 일본, 독일, 프랑스, 폴란드뿐이다. 소득의 불균등분배를 시정하기 위해서 공산주의를 채택했다고 해도 과언이 아닌 러시아와 중국의 소득분배는 불균등도가 오히려 심하다. 나이지리아 같은 아프리카 후진국의 소득분배도 저균등분배 또는 불균등분배 상태이다.

소득이 불균등분배된 대표적인 나라로서 많은 사람들은 남미의 여러 나라를 꼽는다. 남미의 많은 대도시에는 두 개의 줄을 발견할 수 있다. 하나는 미국에 이민가려고 미국대사관 앞에 비자를 받으려고 선 부자들의

[표 24. 1] 세계 주요국의 소득분배

		제 1 오분위	제 2 오분위	제 3 오분위	제 4 오분위	제 5 오분위	합 계	십분위 분배율	지니 계수
한국	1970	7.4	12.3	16.3	22.4	41.6	100.0	47.4	0.33
	1980	5.1	11.0	15.9	22.6	45.4	100.0	35.4	0.39
	1988	7.4	12.3	16.3	21.8	42.2	100.0	46.7	0.34
	2000	6.2	12.0	16.6	22.6	42.6	100.0	42.7	0.35
미국	2000	5.4	10.7	15.7	22.4	45.8	100.0	35.1	0.41
일본	1993	10.6	14.2	17.6	22.0	35.7	100.0	69.5	0.25
독일	2000	8.5	13.7	17.8	23.1	36.9	100.0	60.1	0.28
영국	1999	6.1	11.4	16.0	22.5	44.0	100.0	40.0	0.36
프랑스	1995	7.2	12.6	17.2	22.8	40.2	100.0	49.3	0.33
중국	2001	4.7	9.0	14.2	22.1	50.0	100.0	27.4	0.45
대만	2002	6.7	12.3	17.0	23.0	41.0	100.0	46.3	--
브라질	1998	2.0	5.7	10.0	18.0	64.4	100.0	12.0	0.59
멕시코	2000	3.1	7.2	11.7	19.0	59.1	100.0	17.4	0.54
콜럼비아	1999	2.7	6.6	10.8	18.0	61.9	100.0	15.0	0.57
러시아	2000	4.9	9.5	14.1	20.3	51.3	100.0	28.1	0.45
폴란드	1999	7.3	11.8	16.2	22.2	42.5	100.0	44.9	0.31
베트남	1998	8.0	11.4	15.2	20.9	44.5	100.0	43.6	0.36
에티오피아	2000	9.1	13.2	16.8	21.5	39.4	100.0	56.6	0.30
나이지리아	1997	4.4	8.2	12.5	19.3	55.7	100.0	22.6	0.51

자료: 세계은행, 「세계개발지표」, 2005; 통계청, 「2004 한국의 사회지표」, 2005.
주: 소득분배는 십분위분배율 값은 클수록, 그리고 지니계수 값은 작을수록 균등분배에 가깝다.

줄이다. 다른 하나는 공짜 점심을 얻어먹으려고 무료급식소 앞에 선 빈민들의 줄이다. 이 두 줄의 길이는 소득 불균등분배의 정도를 나타낸다. 전세계적으로 볼 때도 부자들은 비행기를 타고 세계 주요도시를 여행하고,

가난한 사람들은 더 잘사는 나라로 가기 위하여 목숨을 걸고 국경을 넘는다.

통계청은 '사회통계조사'를 통하여 국민 중 스스로를 중산층이라고 생각하는 사람들의 비율을 파악한 결과 그 비율이 1994년 60.4%, 2001년 56.2%로 나타났다. 우리 나라의 각 기관이 조사한 1980년대 중반의 그 수치는 60%에 약간 미달하는 것을 보면, 94년까지는 약간 증가한 것으로 보인다. 한국의 주택소유 가구의 비율이 54.2%(2000년), 1,028만 대의 승용차 보유대수(2003년), 의료보험 적용 인구비율 등의 숫자를 놓고 보면 DDR값이 가리키는 소득분배의 균등도는 현실과 그렇게 멀지 않는 것으로 보인다.

소득분배를 나타내는 다른 중요한 지표인 지니계수(G)는 국민의 10%가 소득의 10%, 20%가 소득의 20% 등으로 완전균등하게 분배된 상태를 기준으로 할 때, 현실의 분배가 이 이상적인 기준에서 얼마나 떨어져 있는가를 나타내는 숫자이다. 그 숫자의 값이 클수록 현실이 이상에서 멀리 떨어져 있음을, 즉 소득분배의 불균등도가 심함을 나타낸다.

$0.50 < G$: 고불균등분배
$0.40 < G < 0.50$: 중불균등분배
$G < 0.40$: 저불균등분배

일반적으로 이 기준에 따르면 한국의 2000년 G의 값은 0.35로서 저불균등분배 상태임을 알 수 있다.

나 한국의 소득분배의 균등화 요인과 불균등화 요인

소득분배의 균등도에 있어서 일본은 가히 세계최고 수준이라고 할 수 있다. 그러나 얼마 전부터 경기침체가 장기화되고, 일본의 '결과의 균등 중시형'에서 '기회균등＋경쟁 중시형'인 미국 시스템의 도입에 따라 소득분배의 균등도는 다소 떨어지고 있다. 그런데 일본뿐 아니라 대만이나 한국 등 동아시아 국가들의 소득분배의 균등도도 상당히 높은 편이다. 한국도 IMF 경제위기 이후 미국 시스템의 도입에 따라서 소득분배의 균등도는 떨어질 것으로 예상되고 있다. 지금부터 한국의 소득분배의 균등도를 높인 요인과 낮게 한 요인들을 보기로 하자.

균등화 요인. 한국의 소득분배를 평준화시킨 요인으로는 다음과 같은 것을 들 수 있다.

첫째는 모든 사람을 똑같이 가난하게 만들어서, 거의 맨손으로 다시 출발하게 만든 한국전쟁이다.

둘째는 1947~50년 사이에 실시된 토지개혁이다. 당시 한국인의 주소득원은 농업소득이었고 농업소득의 주요 결정요인은 농토였다. 일본인 지주나 친일 한국인 지주 소유의 토지를 재분배하는 데 있어서 사회적인 저항은 그다지 크지 않았다. 따라서 당시의 토지개혁은 성공적인 것으로 평가되었다.

셋째는 한국인의 높은 교육열이다. 저소득층의 자녀들도 초등학교와 중·고등학교에 많이 진학했는데, 노동집약적 공업화가 시작되자, 이들이 학교를 졸업한 후 바로 취직하여 공업화에 공헌했을 뿐만 아니라, 공업화의 혜택을 소득으로 분배받을 수 있었다.

넷째는 인종적 및 문화적 동질성이다.

다섯째는 고도의 경제성장이다. 경제성장은 무엇보다 많은 일자리를 만들어 낸다. 가난한 사람을 돕는 가장 좋은 길은 좋은 직장을 마련해 주는 것이다.

여섯째는 평준화 지향적인 의식구조이다. 기업경영인은 회사원을, 국가 지도자들은 국민을 많이 도우려고 노력했다.

일곱째는 평등을 지향하는 공산주의와의 경쟁이었다. 서유럽 국가들은 동유럽 공산국가들과 대치하는 과정에서, 공산국가들처럼 평준화 지향적인 정책을 펴지는 못했지만 소득의 평준화를 강조했다. 이는 대만이나 한국의 경우에도 마찬가지였다. 한국정부는 평준화를 지상과제로 삼고 있는 공산세력이 뿌리내리지 못하게 하기 위해서도 각종 평준화 정책을 시행하지 않을 수 없었다.

불균등화 요인. 한국의 소득분배를 불균등화시킨 요인으로서는 다음과 같은 것을 들 수 있다.

첫째는 산업간 격차의 증가이다. 경제성장 초기에는 정부가 수출산업에 각종 보조금 혜택을 제공했다. 그러므로 수출산업과 내수산업간의 격차가 증가했다. 이는 1970년대 초 중화학공업의 촉진과 더불어 두드러지게 나타났다. 지금은 정보통신산업과 생명공학 등 선진기술산업과 굴뚝산업간의 격차가 커진다.

둘째는 기업간의 격차이다. 전세계를 대상으로 기업활동을 하는 글로벌기업과 내수, 특히 국내 특정지역의 수요를 대상으로 하는 이른바 골목대장형 기업간의 격차는 커진다.

셋째는 급속한 도시화에 따른 높은 지가 상승으로 토지와 같은 부동산을 소유한 사람과 소유하지 못한 사람간의 격차의 증대이다.

다 지역 평준화는 어떻게 해야 하는가?

거의 모든 나라에는 지역격차 문제가 있다. 미국에는 아팔라치아 지역이나 남부의 낙후지역이 문제가 되고 있다. 중국에서는 성장이 빠른 연안지역과 내륙 낙후지역간의 격차가 심각한 상태에 있다. 태국은 수도인 방콕은 인구가 8백여만 명이나 되는데 제 2 의 도시인 챙마이는 인구가 백만 명이 안 된다. 방콕과 기타 도시 및 지역간의 격차 문제가 심하다. 이태리도 낙후된 남이태리 지역과 발달된 북이태리 지역간의 격차 문제가 크다. 한국에서는 이른바 영호남 격차 문제가 많이 거론된다. 이를 살펴보기로 한다.

호남지역과 영남지역은 똑같게 되어야 한다고 주장하는 사람들이 많다. 그런데 이런 주장이 과연 옳은가? 그렇지 않다. 가령 양지역을 평준화하기 위하여 서울을 기점으로 국토를 동서로 정확하게 양분하여 서쪽을 호남, 동쪽을 영남으로 하면 양지역이 정확하게 평준화되었다고 할 수 있을까? 그렇지 않다. 그래도 울산, 창원 등의 공업도시는 영남지역에 속한다. 그럼 행정적으로 울산은 가령 전라북도 울산, 창원은 전라남도 창원 등으로 바꾸면 될 것이 아닌가? 그러나 그런 것은 별 의미가 없다.

지역을 평준화해야 된다는 주장은 말이 되는가? 얼마전 서울 명동땅

한 평을 팔면 전남 여천땅 80만 평을 산다고 했다. 이들을 어떻게 같게 할 수 있는가? 국토의 균형개발이라는 주장도 마찬가지이다. 어느 지역이든 그 첫째 특성은 다른 지역과 자연자원이 다르다는 것이다. 지역은 아무리 크게 또는 작게 나누더라도 그 속성이 다른 지역과 자원부존도에 있어서 근본적인 차이가 나게 되어 있다. 그러므로 그 차이를 인정하고 잘 활용하라는 것이 국제무역의 기본이론인 비교우위이론의 핵심이다. 지역의 둘째 특성은 수도나 외국이나 다른 지역으로부터 거리가 모두 다르다는 점이다. 지역은 평준화의 대상도 아니고 가능하지도 않다. 평준화되어야 할 것은 사람이다. 호남지역과 영남지역 사람들의 1인당 생활수준이나 복지수준 등에서 같아져야 되는 것이다. 앞으로 어느 지역이든 다른 지역과 차이를 인정하고, 그 특성을 잘 살리도록 해야 한다. 그러한 가운데 사람들의 생활수준을 같게 되도록 해야 한다.

한국에는 국민기초 생활보호대상자가 142만 명인데, 이 중 일반수급자가 134만 명, 시설수급자가 9만 명이 된다. 국민기초생활보호 대상자는 부양의무자가 없거나 있어도 부양능력이 없거나 부양받을 수 없는 자이다. 한국의 사회보장비 총액은 2004년에 12.8조 원인데, 이는 정부예산의 10.7%이고 GNI의 약 1.6%이다. 한국에서는 노동소득 분배율은 2004년 58.8%로서 1960년의 37.4%에 비해서 계속 상승해 왔다.

라 글로벌 지식경제에서 소득분배는 악화된다

지식기반경제는 글로벌경제이다. 글로벌경제는 미국 주도의 경제이다. 미국 시스템은 소득의 불균등분배를 인정하는 시스템이다. 미국 시스템은 기회의 균등을 중시하고 한국이나 일본처럼 결과의 균등을 중시하지 않는다. 공정한 경쟁의 결과는 개인간의 격차를 얼마나 크게 하든 상관없이 받아들인다. 그리고 미국은 다인종사회인데, 인종간의 불평등 문제도 있다. 한국은 현재 미국 시스템을 상당정도 모방하고 있으므로 이에 따라 소득분배가 악화될 소지가 크다.

지식기반경제는 개인간, 기업간, 계층간 그리고 국가간의 격차를 크게 할 소지가 크다. 그 이유는 무엇인가?

첫째, 지식기반경제는 서비스경제이다. 서비스 부문의 임금격차는 광공업 부분의 임금격차보다 크다.

둘째, 서비스업은 다종다양하므로 노동조합의 결성을 어렵게 한다. 글로벌리제이션도 노조결성을 어렵게 한다. 미국에서는 민간기업 노동자의 노조결성률이 10%가 안 된다. 한국의 노동조합 조직률도 계속 감소하여 현재 13% 수준이다.

셋째, 자본가 계층과 노동자 계층간의 소득격차도 증가했다. 지구 전체로 보면 자본보다 노동이 상대적으로 더 풍성하다. 노동자 중에서도 숙련 노동자와 비숙련 노동자간의 소득격차는 증가한다. 지식근로자(knowledge worker)와 육체노동자간의 격차는 커진다. 예를 들면, 중국으로부터의 값싼 농산물 수입 때문에 이른바 머리를 쓰지 않는 농민은 도태되기 쉽다. 지식농민만이 생존할 수 있게 된다. 디지털기술과 같이 나가는 사람 및 기업과 그렇지 못한 사람 및 기업간에는 격차가 커질 수밖에 없다. 이를 디지털 격차(digital divide)라고 한다. 사회복지국가의 평준화 정책은 퇴색할 수밖에 없다. 지구촌의 무한경쟁시대에서는 국내의 임금을 다른 나라보다 높게 유지할 수 없다. 노동자에 대한 각종 혜택이 글로벌스탠더드보다 높게 되면 외국기업들이 떠나고 국내기업들도 경쟁력을 잃게 된다. OECD는 최근 유럽 선진국의 임금을 낮추려는 노력을 하고 있다.

넷째, 글로벌지식경제에서는 혁신을 잘하는 기업과 못하는 기업간의 격차도 커진다. 그리고 무한경쟁시대에서는 경쟁전략을 잘 짜는 기업과 못 짜는 기업간의 격차도 커진다. 자동차회사의 예를 들면, 세계적인 자동차회사들간의 짝짓기가 끝나면 세계시장에서 살아남는 자동차회사는 6개뿐일 것이라고 한다. 작은 회사들은 이미 많이 사라졌다. 금융회사들도 세계적인 대형회사들과 소형회사들간의 격차가 커진다.

다섯째, 국가간의 격차도 커진다. 지식산업혁명을 선도하는 미국과 그렇지 못한 나라간의 격차는 커진다. 선진국과 후진국의 격차도 커진다. 심지어 미국과 캐나다의 격차도 커진다. 이미 미국의 한 회사의 주식총액이 많은 나라의 국민총생산보다 많게 되었다.

여섯째, 금융위기도 격차를 증가시킨다. 글로벌경쟁력이 있는 개인, 기업 및 국가는 금융위기를 잘 견디고 그렇지 못한 개인, 기업 및 국가는 어려움을 겪었다.

유럽은 형평, 미국은 능률을 중시한다. 소득분배 문제 해결에 있어서 유럽은 정부의 개입을 중시하고, 미국은 시장의 능력을 믿는다.

"가난은 많은 뿌리를 갖고 있다. 그러나 주된 뿌리는 무지이다."

— 린든 존슨 전 미국 대통령

ECONOMY

제 6 편

경 제 정 책

ECONOMY

25. 정부와 정책

"경쟁이 날로 치열해 가는 세계경제시대에 정부가 할 일은 무엇보다 국가의 경쟁력 향상이다."

— 피터 드러커

"경제야말로 국정의 기본이다."

— 박정희 전 대통령

"수많은 증거는 일본정부 모델이 실패의 원인이지 일본 기적의 원천을 나타내는 것은 아니다."

— 마이클 포터

"모든 길은 로마로 통한다. 정부의 모든 정책은 기업과 산업의 국제경쟁력 강화의 길로 통해야 한다."

서부영화에 나오는 개척 당시의 미국 서부는 그야말로 황야의 무법자들이 날뛰던 곳이었다. 미국 원주민인 인디언들 땅에 유럽 각처에서 이민 온 사람들이 처음으로 정착했을 때 미국의 정부는 없었다. 미국정부는 서부개척자들의 수가 많아짐에 따라서 생기게 되었다. 사실 미국의 중앙정부도 독립전쟁에서 승리한 뒤에 생겼다. 중앙은행인 연방준비은행(FRB)도 1913년에야 비로소 생겼다. 미국에는 1776년 독립 이후 그때까지 중앙은행이 없었다. 미국 서부개척 당시처럼 총잡이가 날뛰고 폭력이 난무하

정부에 관한 격언

가장 작은(적게 다스리는) 정부, 그리고 국민을 가장 편안하게 하는 정부가 가장 좋은 정부이다. 나쁜 정부의 뿌리는 큰 정부이다. 우리가 우려하는 것은 큰 기업이 아니라 큰 정부이다. 좋은 정부는 인간의 축복 중 가장 큰 것이나 어느 나라도 아직까지 이를 누린 적이 없다(윌리암 잉게). 좋은 정부는 국민의 생산활동을 장려하고, 나쁜 정부는 소비활동을 조장한다(진 벱티스트 세이). 국민의 생명과 행복을 잘 돌보아 주는 것이 좋은 정부의 가장 중요하고 당연한 목표이다. 정부의 할 일 중 가장 근본적인 것은 국민을 범죄로부터 보호하는 것이다. 정부는 최고의 상태에 있다고 하더라도 필요악에 불과하고, 아주 나쁜 상태에 있을 때는 용납할 수 없는 존재이다.

어느 누구도 남의 동의 없이 남을 다스릴 정도로 선하지는 못하다(아브라함 링컨). 자유의 적들은 토론을 하지 않는다. 그저 고함을 지르고 폭력을 휘두를 뿐이다(윌리암 잉게). 사람은 악한 면이 있으니까 민주주의가 필요하고 선한 면이 있으니까 민주주의를 가능하게 된다(라이홀스 니부르). 치즈의 종류가 246개나 되는 나라(프랑스)를 어떻게 다스릴 수 있겠는가?(찰스 드골). 능률적인 정부가 없는 곳에는 독재가 있게 마련이다(해리 트루만).

정부를 떠나면 먹고 살 수 없는 사람들을 정부에서 일하도록 해서는 안 된다. 장 씨의 돈을 빼앗아 정 씨에게 주는 공무원은 항상 정 씨의 지원에 의존하는 수밖에 없다. 우리 공무원들은 모두 정부를 위해서 일하는데, 중요한 것은 어떻게 하든지 정부가 우리에게 월급을 계속 주도록 만드는 것이다. 모세가 만약 공무원이었더라면 이스라엘 사람들이 어떻게 살아 남을 수가 있었겠는가?(로렌스 피터). 아무 짝에도 쓸모 없는 말을 마음 속에서 우러나서 하는 것처럼 할 수 있는 사람들은 정치가들뿐이다.

위대한 학자를 가진 나라는 훌륭한 정부를 하나 더 가진 것이나 마찬가지이다(알렉산더 솔제니친). 보통 법에 어긋나는 일은 금방이라도 할 수 있으나 헌법에 어긋나는 일을 하는 데는 시간이 좀 걸린다(헨리 키신저). 정치경제학이라고 하는 이유는 정치에도 경제에도 도움이 안 되기 때문이다(스테픈 리코크).

는 상태나 최근 동티모르처럼 국가가 막 생기는 상태에서 정부가 해야 할 일은 무엇인가?

정부가 할 일은 국가 발전단계에 따라서, 그리고 동서양에 따라서 차이가 있다. 그러므로 학자들이 견해를 달리하는 경우가 많다. 그러나 어느 나라 어느 시대의 정부기능도 제임스 부케넌(James Buchanan) 노벨경제학상 수상자처럼 다음 두 가지로 나눌 수 있다는 사실에 대해서는 많은 경제학자들이 의견을 같이한다.

· 보호기능
· 생산기능

그러나 정부의 어느 기능이든 글로벌시대에는 크게 줄어들게 된다. 예를 들면, 1997년 아시아 금융위기 때 한국, 말레이시아 및 인도네시아의 정부는 국민을 금융위기로부터 잘 보호하지 못했다. 현재 전세계 금융기관들이 하루에 거래하는 돈의 양은 우리 나라가 1년 동안 수출해서 버는 돈의 10배가 넘는다. 한국정부는 세계 금융기관들을 다스릴 힘이 거의 없다. 그리고 IMF 같은 국제기구들의 후진국 정부에 대한 영향력도 커졌다. 우리 나라 증권시장에서 외국투자자들이 돈을 빼가면 증시는 침체되지만 정부가 할 수 있는 일은 그렇게 많지 않다. 외국자본은 전자거래를 통하여 국경을 드나드는데, 정부가 이를 일일이 규제할 수도 없다. 한국정부가 국내 증권투자자를 보호할 힘도 별로 없다.

세계은행은 '변화하는 세계에서의 국가'라는 특집을 실은 1993년 「세계개발보고서」에서 ① 법적 토대확립, ② 국민에 대한 사회보장, ③ 환경보호, ④ 공공재 생산 및 ⑤ 정책환경의 조성을 모든 국가 정부의 5대 기본기능이라고 했다. 앞의 세 가지는 정부의 보호기능이고 뒤의 두 가지는 생산기능에 해당한다. 그런데 정부의 생산기능과 관련된 정책은 경쟁의 촉진, 경제성장과 안정정책 및 정보정책 등으로 나눌 수 있다.

가 정부의 보호기능

정부는 국민의 보호자로서 법을 만들고, 경기규칙을 만들고 심판을 하고, 중재도 한다. 보호기능은 정부의 가장 근본적인 기능인데, 다음 세 가지로 나눌 수 있다.

첫째는 법적인 토대의 확립이다. 즉 질서유지, 치안, 국방 및 외교를 통한 국민의 생명과 자유와 재산의 보호에 필요한 각종 법적 및 제도적 장치를 마련하는 것이다.

그런데 국민의 재산과 자유로운 경제활동의 보장은 자본주의 시장경제 시스템의 정착을 통해서 가능하게 된다. 미국은 1776년 독립선언과 더불어 이런 경제시스템을 정착하기 시작했다. 일본은 1868년, 러시아는 1991년, 중국은 1979년부터 시장경제시스템을 정착시키는 노력을 시작했다.

둘째는 국민에 대한 경제사회적 보장이다. 이는 사회보장제도 등을 통한 일반국민의 보호와, 재해대상자, 원호대상자, 생활무능력자, 극빈자 등 특정보호대상자를 보호하는 것의 둘로 나눌 수 있다.

셋째는 환경보호와 외부효과에 관한 대책이다. 환경오염을 비롯한 외부효과에 대한 정부의 대책은 다음의 세 가지가 있다.

- 직접통제. 직접통제에는 두 가지가 있다. 하나는 학교 옆에 공장이나 러브호텔 등을 세우지 못하게 법적으로 금지시키는 것이다. 다른 하나는 쓰레기를 규격봉투에 넣어서 버리라는 것과 같이 환경오염을 허용은 하되, 그 정도와 방법을 정하는 것이다.
- 자발적 통제. 국민들이 일상생활이나 등산, 낚시 등을 하면서 환경을 오염시키는 것은 정부가 일일이 따라 다니면서 규제할 수 없다. 국민들에게 사회적 책임이나 도덕심에 호소하여 환경파괴나 오염을 자발적으로 통제하도록 하는 수밖에 없다.
- 과세와 벌금 등의 금전적인 대책. 환경오염 정책을 잘 지키는 기업에게는 조세감면 혜택을 주고 위반하는 기업에게는 벌금을 물리는 것 등이다.

우리 국민이나 기업들이 오염물질을 발생시켜 서로에게 피해를 주는 것을 '제1세대 환경문제'라고 한다. 그리고 중국의 황사, 산성비나 오존층의 파괴에 따른 환경문제는 국제 차원 또는 지구 차원에서 해결해야 할 성질의 환경문제인데 이를 '제2세대 환경문제'라고 한다.

나 정부의 생산기능

"인터넷으로 모든 행정서비스를 받게 하는 '전자정부(E-government) 시대'를 열겠다."

— 빌 클린턴 전 미국 대통령

정부의 생산기능은 시장이 생산할 수 없거나 생산하더라도 잘못하는 것을 정부가 하는 것으로서, 다음과 같이 몇 가지로 나누어 볼 수 있다.

1) 사회간접자본시설의 건설과 공공재의 생산. 미국 서부개척 당시를 예로 들면, 법질서 유지와 더불어 중요한 것은 국민의 경제활동을 가능케 하는 교통(도로, 철도 등), 통신(전화, 우편 등), 전력, 용수(공업 및 생활 용수) 등과 관련된 시설의 건설이었다. 교통·통신 및 전력·용수를 '좁은 의미의 사회간접자본'이라고 한다. 국민들의 경제생활에는 좁은 의미의 사회간접자본시설뿐만 아니라 교육시설, 보건시설 등도 필요하다. 이 모두를 '넓은 의미의 사회간접자본'이라고 한다. 이로부터 생산되는 서비스를 공공서비스 또는 공공재라고 한다.

그런데 물고기의 경우에도 바다 물고기와 민물 물고기가 있고 바다와 강을 왔다갔다하는 물고기가 있듯이, 자본시설 중에도 사회간접자본도 되고 개인이 직접생산자본이 될 수 있는 것도 있다. 예를 들면, 학교교육의 경우, 국립학교 형태의 교육과 사립학교 형태의 교육이 다 가능하다. 병원의 경우에도 국립병원과 사립병원이 있을 수 있다. 이런 것은 정부나 공공단체가 나서서 할 것이 아니라 가급적 민간기업이 할 수 있도록 하는 것이 좋다.

정부는 가치재의 생산을 장려하고 비가치재의 생산은 방지한다. 가치재(merit goods)란 박물관과 같이 사회적으로 소망스러운 재화이고, 비가치재(demerit goods)란 마약, 도박 등과 같이 사회적으로 소망스럽지 못한 것이다.

2) 경쟁의 촉진. 기업의 독점력, 즉 시장지배력의 증가는 시장경제의 능률향상과 성장을 저해하므로 많은 나라의 정부는 이를 막기 위한 정책을 편다. 미국은 각종 산업과 기업이 골고루 잘 발달되어 있고 또한 기업의 경쟁력이 세계 수준이다. 그러므로 별도로 산업이나 기업육성책을 사용할 필요성을 느끼지 않는다. 기업간의 자유경쟁만 되면 미국경제는 잘 되는 것으로 믿는다. 그러므로 미국정부는 그 유명한 「독점금지법」(Anti-trust Law)을 통하여 독점력을 막는 정책을 펴오고 있다. 미국의 주된 기업정책은 바로 이것이다. 이러한 정부의 역할을 '규제자로서의 정부'라고 한다. 한국은 「독점규제및공정거래에관한법률」을 통하여 기업들간의 공정경쟁을 촉진하고 있다. 제 1 조가 밝힌 이 법의 목적은 다음과 같다.

> "이 법은 사업자의 시장지배적 지위의 남용과 과도한 경제력의 집중을 방지하고 부당한 공동행위 및 불공정거래 행위를 규제하여 공정하고 자유로운 경쟁을 촉진함으로써 창의적인 기업활동을 조장하고 소비자를 보호함과 아울러 국민경제의 균형 있는 발전을 도모함을 목적으로 한다."

3) 정보문제의 해결. 정보통신사회에서 정확한 정보의 신속한 파악은 소비자나 생산자 모두에게 중요하다. 정보통신산업은 상당정도 사회간접자본이므로 그 발전에는 정부가 중요한 역할을 해야 한다. 그리고 정보전문가, 정보중개인 및 정보회사의 육성이 필요하다. 정보중개자에는 부동산중개인, 보험대리인, 여행사, 증권회사, 경매인 등이 있다.

지금까지 말한 정부의 생산기능은 각각 시장의 실패의 요인과 관련된 것이다.

4) 경제의 성장과 안정. 경제의 성장과 안정은 사회안정에 긴요하다. 그런데 진정한 의미의 경제안정은 경제성장이 잘 될 때 가능하게 되고,

지속적인 경제성장은 기업과 산업의 글로벌경쟁력이 잘 향상될 때 가능하게 된다. 글로벌 지식경제시대에 특히 중요한 것은 국가의 경쟁력 향상과 성장이다.

어느 나라 어느 지방을 막론하고 어떤 물자는 부족이 심해서 가격이 폭등하고 또 어떤 것은 지천으로 많아서 가격이 폭락하는 사태가 발생하면 소비자와 생산자의 경제생활은 불안하게 된다. 실업자들이 우글거리고 경기침체가 심화되어도 사회는 불안하게 된다. 그 동안 성장과 안정 중 미국정부는 안정을, 한국정부는 성장을 중시했다. 미국도 최근에는 성장을 중시하고 있다. 한편, 미국은 1946년에 「완전고용법」을 제정했는데 그 목표를 완전고용, 물가안정 및 경제성장의 셋으로 정하고 있다.

정부의 기능은 정부의 성격에 따라서도 다르게 된다. 즉, 어느 나라의 정부가 최소한의 기능만 하는 정부인가, 중간 정도의 기능을 하는 정부인가, 또는 적극적인 기능을 하는 정부인가에 따라서 하는 일이 다르게 된다. 이는 [표 25. 1]에 나타난 바와 같다. 표의 내용은 세계은행의 「세계개발보고서 — 변화하는 세계에서의 국가, 19장」(1997)에 수록된 것이다. 그런데 유의할 것은 세계은행은 소득분배의 악화를 시장의 실패로 보지 않는다는 점이다.

[표 25. 1] 정부의 기능

구 분	시장실패의 시정			분배의 개선
최소한의 기능	순수공공재의 제공 (국방, 법질서, 재산권보호, 경제안정, 보건, 도로, 상하수도 등)			가난한 사람의 보호(빈곤퇴치, 재해대책)
중간정도의 기능	외부효과시정 (기술교육 환경보호)	독과점규제 (공정거래정책 공익사업규제)	불완전한 정보의 극복 (보험 금융규제 소비자 보호)	사회보험의 제공 (재분배적 연금 가족수당 실업보험)
적극적 기능	민간부문활동의 조정 (시장의 육성, 산업군(群)의 조성)			재분배 (재산의 재분배)

자료: 세계은행, 「세계개발보고서—변화하는 세계에서의 국가」, 1997.

> **한국의 두 가지 개혁 분야**
>
> 한국에는 아주 중요하고, 반드시 이룩해야 할 두 가지 개혁 분야가 있다. 첫째 관료주의를 타파해야 한다는 점이다. 법에는 항상 공무원들이 악용할 여지를 남겨둔다.
>
> 관료주의적 공무원들은 번영을 가로막고, 인위적인 장애물이나 자신의 특권만을 위한 조건을 만든다. 관료주의적 공무원들은 정부에서 당장 추방해야 하며, 민간 부문에서 자신의 살길을 배워야 한다. 관료주의 타파에 실패한 국가는 진정한 경제사회 개방 경험을 가질 수 없다.
>
> 또 하나 중요한 것은 외환의 입출을 자유롭게 하는 방향으로 외환관리법을 개정해야 한다는 점이다. 한국의 관료들은 지금도 해외자본이 한국으로 들어오는 것을 규제하고 있다. 외환위기 극복을 위해 현재 외국자본이 절박하게 필요한 한국에서 이같은 일이 벌어지고 있는 것이다.
>
> — 루디거 돈부시 MIT 경제학 교수

자료: 조선일보 특별기고, 1998. 3. 5.

(다) 정부기능에 있어서 동서양의 차이

일본은 1853년 미국의 앞선 무기 앞에 무릎을 꿇고 나라를 개방했다. 일본은 당시 선진열강의 식민지가 되고 국토분단의 우려 속에 1868년 메이지 유신을 한 후 부국강병의 기치를 내걸고 선진국 따라잡기를 위하여 관(관리), 노(노동자), 사(사용자)가 똘똘 뭉쳤다. 그렇게 하는 데 있어서 정부가 앞장을 섰다. 그리고 일본의 기업들과 국민은 정부를 믿고 따랐다. 그렇게 하는 일본이 외국인에게는 일본 나라 전체가 하나의 주식회사, 곧 일본주식회사(Japan, Inc.)처럼 보였다. 제2차 세계대전에서 패한 뒤에는 더욱 그러했다. 일본정부는 각종 경제계획과 산업정책을 수립하여 선진국을 따라잡는 데 박차를 가했다. 그 결과 일본은 1970년대 초 유럽의 선진국들을 모두 따라잡았고, 지금은 세계 제2의 경제대국이 되어 미국과 경쟁하는 지위에 오르게 되었다.

한국도 1960년대 이후 정부주도형 경제성장을 했다. 한국은 1969년까지 북한에 뒤져 있었고, 빈곤의 굴레를 벗어나야 했으며, 막대한 군사비를 부담해야 했고, 국민들의 패배의식을 극복해야 할 필요성이 컸다. 이런 상황에서 정부가 앞장서서 경제성장 제일주의를 부르짖었다. 에드워드 메이슨 하버드대 교수는 『한국의 경제사회 근대화』에서 한국경제를 자동차에 비유하면 핸들을 잡은 것은 정부라고 했다. 정부가 핸들을 잡고 마음대로 운전했다는 것이다. 한국이나 일본의 경우는 모두 경제발전 초기단계에서 정부가 앞장서서 경제성장을 추진했던 것이다.

한국이나 일본은 강력한 중앙정부의 전통이 있다. 아놀드 토인비는 한국과 일본은 공동으로 중국 다음 세계에서 두 번째 오래된 독립국가라고 한 바 있다. 일본인들은 제 2 차 세계대전때 '천황폐하 만세'를 외치면서 천황을 위하여 목숨을 버리도록 훈련을 받았다. 두 나라 국민 모두 강력한 유교 전통에 따라서 국가에 대한 충(忠)을 중시한다. 공동체주의도 강조한다. 그러나 미국의 경우는 이와는 매우 다르다.

미국은 전세계에서 이민온 사람들이 만든 나라이다. 전통과 문화와 언어의 차이가 많은 사람들이므로 힘을 쉽게 뭉칠 수도 없는 나라이다. 그리고 기독교의 나라로서 개인주의를 강조한다. 미국은 정부가 먼저 있고 다음에 국민들이 있었던 것이 아니라 그 반대였다. 미국정부의 기본철학은 '개인 자유의 보호'이다. 그리고 정부가 국민들을 위하여 적극적으로 나서기보다는 국민에게 피해를 가급적 적게 주도록 하는 데 목적이 있다. 그러므로 한국식 또는 일본식 산업정책이나 경제계획은 할 수도 없고, 또한 해서도 안 된다고 생각한다. 미국의 삼권분립의 근본취지는 입법부, 사법부, 행정부 어느 것도 그 기능이 너무 확대되면 국민에게 큰 피해를 줄 수 있기 때문에, 서로 분립해서 견제토록 해야 한다는 것이다.

옛날 중국의 황제들은 6,300킬로미터나 되는 만리장성을 쌓느라 무수한 국민들을 강제 동원했다. 젊을 때 동원되어 결혼도 못한 채 평생토록 산속에서 성만 쌓다가 슬픈 인생을 마친 사람들도 많다. 당시 중국에는 백성에게 피해만 주는 황제는 멀리 있을수록 좋고, 천둥벼락을 내리는 하늘은 높을수록 좋다는 뜻의 천고황제원(天高皇帝遠)이라는 말이 유행했다. 이런 말을 보면 미국민의 기본철학이 왜 작은 정부가 되었는지 이해가 간다. 작은 정부 또는 시장에 간섭하면 안 된다는 미국인들의 사상의 뿌리는 다음 셋이다.

① 아담 스미스의 보이지 않는 손의 원리. 이는 보이지 않는 손이 경제문제를 해결하므로 정부의 시장개입은 필요없다는 주장이다.
② 토마스 제퍼슨의 작은 정부 사상. 토마스 제퍼슨은 가장 좋은 정부는 가장 적게 다스리는 정부라고 했다.
③ 리카아도의 비교우위론. 국제무역은 비교우위에 따라 이루어지므로 정부가 간섭할 이유가 없다는 것이다.

1980년대 후반 미국의 기업들이 계속하여 일본기업과의 경쟁에서 고전하게 되자 하버드 경영대 교수 10명이 연구팀을 만들어서 미국과 일본 정부를 비교하는 연구를 한 바 있다. 그 결과는 『미국 대 일본』이라는 책으로 하버드 경영대학에서 출판되었는데, 토마스 메크로우 교수는 다음과 같이 여섯 가지로 요약하고 있다. 이는 우리에게도 시사하는 바 크다.

① 일본정부는 일본산업의 국제경쟁력 향상과 세계시장 진출을 장려했으나, 미국정부는 미국산업의 국내경쟁을 중시했다.
② 일본정부의 경제정책 결정자는 세계수준의 전문가이고 그 수는 소수인데 비하여, 미국의 경우에는 민주주의 때문에 정책결정자의 수준은 낮고 수는 이해당사자들 때문에 다수이다.
③ 일본정부는 생산자(기업) 가치관을 중시했으나, 미국정부는 소비자 가치관을 중시했다. 일본은 공동체의 장래를 위한 투자와 성장을 중시했으나, 미국은 개인의 현재를 위한 소비를 중시했다.
④ 정부와 기업간의 관계에 있어서 미국은 계약적, 단기적 및 공식적 관계를 중시하나, 일본은 인간적, 장기적 및 비공식적 관계를 중시한다.
⑤ 일본정부는 다른 나라를 경제적인 경쟁관계의 관점에서 보았으나, 미국은 다른 나라를 안보 차원에서 보았다.
⑥ 정치에 있어서 일본은 농업과 유통 부문을 중시하지 않을 수 없었으나, 미국은 사양산업 보호를 중시했다.

라 글로벌 지식경제시대의 정부의 기능

"본인은 행정력의 전부까지 동원하여 이 경제 해결에 집약하고 싶었던 것이 사실이다."

— 박정희, 『국가와 혁명과 나』

"정부의 역할은 생산성과 경쟁을 위한 환경을 개선하는 것이지 경쟁과정에 직접 개입해서는 안 된다."

— 마이클 포터, 『일본은 경쟁할 수 있는가?』

글로벌 지식경제시대에 정부가 할 일은 무엇보다 기업과 산업과 국가의 글로벌경쟁력 향상이다. 글로벌경쟁력이 무너지면 정부의 국민보호 기능이나 생산 기능도 무너진다. 무너지지 않더라도 글로벌 지식경제시대에는 정부의 기능은 줄어들게 되어 있다. 먼저 정부기능이 줄어드는 이유를 보기로 하자.

정부기능의 감소. 글로벌 지식경제시대에 정부의 기능이 감소하는 이유는 다음과 같이 여러 가지이다.

- 1997년 경제위기 때 경험한 바와 같이 한국정부는 국민을 금융위기로부터 잘 보호하지 못했다. 경제위기가 아니더라도 정부가 세계경제에 통합되어 가는 한국경제를 적절히 관리하는 것은 점점 어렵게 되어간다. 한국경제에 영향을 미치는 외국기업과 국제기구들에 대하여 한국정부가 할 수 있는 일은 제한되어 있다. 전세계에 진출하는 한국기업을 정부가 따라 다니면서 규제하는 것도 어렵게 된다.
- Net경제시대에는 각종 세계 경제정보를 정부가 기업들보다 더 많이 갖게 된다는 보장이 없다. 그리고 인터넷 거래를 정부가 일일이 규제하는 것도 점점 어렵게 된다.
- 글로벌 경제시대에는 IMF(국제통화기금)나 WTO(세계무역기구)와

같은 국제기구의 영향력이 커진다. 한국정부는 경제위기 이후 경제정책에 관하여 IMF와 많은 협의를 해야 했다.

- 세계 금융시장에서 하루에 거래되는 자금의 양은 이미 2000년에 1조 8천억 달러나 되었다. 당시 한국의 외환보유고 천억 달러는 세계 금융시장 거래량의 30분 거래 금액에 불과하다. 한국이 세계 금융회사들간의 금융거래에 미칠 수 있는 영향력은 아주 적었다.
- 이스라엘은 인텔 공장을 유치하기 위하여 인텔사, 브라질은 포드자동차 공장을 유치하기 위하여 포드사에 많은 돈을 지불했다. 이는 정부와 TNC(초국적기업)간의 협상에 있어서 협상력이 TNC에 유리하게 됨을 의미한다. 한국정부도 TNC의 유치를 위하여 많은 노력을 하고 있다.
- 미국의 금리인상이 미국 증권시장을 침체시키고, 이는 한국 증권시장 침체로 이어진다. 미국정부의 정책이 한국정부의 정책 못지않게 한국경제에 영향을 미친다. 일본 엔화나 중국 위안화의 변동도 한국경제에 많은 영향을 미친다. 그러나 한국정부는 미국, 일본 및 중국 정부의 경제정책에 영향력을 행사하기 어렵다.
- 한국에서 앞으로 일자리를 만들어 내는 것은 기업이다. 정부는 작고 효율적인 정부가 되기 위하여 사람을 줄여야 한다. 달러를 벌어들이는 것도 기업이다. 국력을 뭉치고 키우는 것도 기업이다.
- 정부가 기업에 대하여 R&D 촉진관련 특혜를 주면, 이는 국내기업만이 받게 된다는 보장이 없다. 외국회사에 돌아갈 소지도 크다.
- 뿐만 아니라 글로벌 지식기반경제에서 B2B(기업과 기업간 거래)와 B2C(기업과 소비자간 거래)의 증가는 정부의 세금부과를 어렵게 하고 조세수입도 줄어들게 할 소지가 크다. 특히 인터넷이 그렇게 만든다.

인터넷의 보급은 다음과 같은 점에서 정부의 기능을 줄어들게 한다.

① B2B와 B2C 등 거래 당사자간의 직거래는 중간상인을 필요 없게 만든다. 그러므로 도매상이나 소매상에 부과하는 세금이 줄어든다. 또한 직거래는 거래금액을 낮게 하므로 과표도 줄어들게 만든다.

② 한국의 수요자들이 상품을 인터넷으로 외국에서 구입하는 경우, 정부가 일일이 거래를 찾아내어 과세하는 것은 쉽지 않다. 특히 외국의 책, 음악, 소프트웨어 등을 인터넷으로 다운로드 받는 경우에는 더욱 그러하다.

③ 전세계의 구매자는 인터넷으로 상품을 구입할 때 값이 제일 싼 나라의 판매자에게서 사려고 한다. 기업들도 세금이 제일 싼 나라에 가서 생산활동을 하려고 한다. 그러므로 각국 정부는 세금을 낮추어야 된다는 압력을 받게 된다. 이와 같이 인터넷은 세금부과를 어렵게 하고 조세수입을 감소시키므로 정부로 하여금 세원이 확실한 재산세나 상속세의 세율을 높이게 할 소지가 크다. 또한 글로벌 지식경제는 이자율의 정책효과도 반감시킨다. 따라서 정부의 주요 경제정책수단인 이자율과 조세율의 효과는 크게 감소하게 된다.

글로벌경쟁력의 강화. 세계경제 전쟁시대에서 정부가 할 일은 한국기업과 산업과 각종 조직체의 글로벌경쟁력의 강화이다. 그러기 위해서 정부는 어떤 일을 해야 하는가? 마이클 포터 하버드 경영대 교수는 구체적으로 다음과 같은 다섯 가지를 해야 된다고 했다. 그렇게 하는 것이 결국 정부의 보호기능과 생산기능을 다같이 잘하는 길이 된다는 것이다. IMF 경제위기를 맞아 경험했던 것처럼 국가경쟁력 약화로 국가경제가 글로벌 금융기업과 국제 금융기관의 관리로 넘어가면 국민들은 그야말로 실업과 빈곤의 수렁에 빠져서 허덕이게 된다. 그렇게 되면 정부가 잘 보호하려고 해도 잘 할 수 없게 되는 것이다.

① 거시경제적 및 정치적 안정의 유지.

② 도로, 학교, 정보통신 등 일반적(미시경제적) 투입물과 조직체의 질적 향상.

③ 생산성 혁신을 촉진하는 인센티브와 경제게임의 창출.

④ 산업덩어리(cluster) 형성의 조장과 강화.

⑤ 정부, 기업 및 시민을 동원할 수 있는 긍정적이고 독특하며 도전적인 장기 경제비젼과 행동계획의 설정.

(참조: M. Porter, "Building Competive Advantage: Lessons from Other Countries," 1999.)

"오늘날에는 교육이 아마 주정부나 지방정부의 가장 중요한 기능이다."

— 얼 워렌 미대법원 부장판사

㉲ 정부의 비용조달

"정부는 징세권(세금받는 권리)을 올바른 정부목표를 위한 수입원으로 사용해야 한다. 경제를 규제하거나 사회변화를 위하여 사용하면 안 된다."

— 레이건 전 미국 대통령

"스웨덴과 이태리는 정부의 과다지출과 차입의 결과 한때 나라가 크게 불안하게 된 적이 있다."

— 피터 드러커

그럼 정부는 이와 같은 기능을 수행하기 위해서 많은 돈이 필요한데 이를 어떻게 조달하는가? 세 가지 방법이 있다.

· 돈을 더 찍어낸다.
· 개인기업 및 외국 등으로부터 돈을 빌린다.
· 세금을 징수한다.

이를 차례로 살펴보기로 하자.

첫째, 정부가 돈을 더 찍어내는 것은 통화량이 적정수준보다 적을 때는 소망스럽다. 그러나 적정수준일 때 통화를 더 발행하는 것은 소망스럽지 못하다. 인플레 유발 우려가 있기 때문이다.

둘째, 개인기업 및 외국으로부터의 차입이다. 한국은 경제발전에 필요한 많은 자금을 해외에서 차입했다. 그러므로 과거 한때 한국의 경제성장은 외자의존형 성장이었다. 많은 선진국 정부들은 현재 국채나 공채를 발행하여 개인이나 기업으로부터 많은 돈을 빌리고 있다. 사회보장, 의료보험, 사회복지, 국방 등의 이유로 많은 빚을 지고 있다. 정부채무에 대한 이자지불액이 주요한 정부예산 항목이 되고 있다.

셋째, 조세이다. 한국의 중앙 정부수입 중 조세수입이 약 66% 정도 된다([표 25. 2]). 미국정부 세입 중 조세수입의 비중은 95% 가까이 된다. 한국의 조세 종류는 [표 25. 3]에 나타난 바와 같다.

정부수입은 경상수입과 자본수입으로 나누어지는데, 이중 경상수입에

[표 25. 2] 우리나라 정부재정

	금액(조원)	구성비(%)	대GNI비율(%)
정부수입	178.8	100.0	22.9
① 경상수입	177.5	99.3	22.8
조세수입	117.8	65.9	15.1
세외수입	36.9	20.6	4.7
사회보장기여금	22.8	12.8	2.9
② 자본수입	1.3	0.7	0.2
정부지출	171.8	100.0	22.0
① 경상지출	144.8	84.3	18.6
재화와 용역	33.9	19.7	4.3
기타	110.9	64.6	14.2
② 자본지출	27.0	15.7	3.5
중앙정부지출의 기능적 분류	120.1	100.0	15.4
① 일반행정	11.4	9.5	1.5
② 방위비	19.8	16.5	2.5
③ 교육비	22.2	18.5	2.8
④ 경제개발비	30.3	25.2	3.9
⑤ 사회개발비	16.4	13.7	2.1
⑥ 지방재정지원	14.4	12.0	1.8
⑦ 채무상환	2.0	1.6	0.3
기타	3.6	3.0	0.5

주: 2004년 기준, 정부수입과 지출은 통합재정 기준임.
자료: 한국은행, 「경제통계연보 2005」; 「알기 쉬운 경제지표 해설」, 2004. 1; 기획예산처, 「2005 나라살림」, 2005.

는 조세수입, 세외수입 및 사회보장기여금이 있다. 세외수입은 주로 정부가 받는 각종 수수료이다. 자본수입은 정부소유의 토지나 고정자산의 판매수입이다.

그런데 한국에는 각종 준조세가 많다. 전국경제인연합회 조사에 따르면 한국에는 기업이 부담하는 각종 준조세가 637건에 달한다. 그리고 심한 경우는 준조세가 매출액의 19.5%에 해당되는 경우도 있다는 것이다.

미국정부는 한때 부자들이 요트를 많이 타서 사회 위화감을 크게 조

[표 25. 3] 우리 나라의 조세체계

국 세	지 방 세
1. 내 국 세	1. 보 통 세
① 직 접 세	① 도 세
소 득 세	취 득 세
법 인 세	등 록 세
상속세·증여세	면 허 세
부 당 이 득 세	레 저 세
② 간 접 세 등	② 시·군·구 세
부 가 가 치 세	주 민 세
특 별 소 비 세	재 산 세
주 세	자 동 차 세
증 권 거 래 세	농 지 세
인 지 세	도 축 세
	담 배 소 비 세
	종 합 토 지 세
	주 행 세
2. 관 세	2. 목 적 세
	공 동 시 설 세
3. 목 적 세	지 역 개 발 세
교 육 세	지 방 교 육 세
농 어 촌 특 별 세	도 시 계 획 세
교 통 세	사 업 소 세

자료: 한국은행, 「알기 쉬운 경제지표 해설」, 2004.

성한다는 여론이 강해지자 요트 생산에 높은 세금을 물렸다. 그 결과 요트 생산은 기대 이상으로 감소했다. 그 타격은 누가 받았겠는가? 부자들은 비행기를 타고 여행을 하면서 계속 여가를 즐길 수 있었으므로 별 타격을 받지 않았다. 그러나 요트를 생산하거나 수리를 하던 수많은 노동자들이 일자리를 잃었다. 심한 타격을 받은 것은 자본가 계층이 아니라 노동자 계층이었다. 그래서 미국정부는 다시 요트 생산에 대한 세금을 종전처럼 낮추어 요트 생산을 활성화했다. 그 결과 실직했던 많은 노동자들이 일자리를 다시 찾을 수 있었다.

우리 나라 정부가 여론에 따라서 골프장에 높은 세금을 부과하면 적잖은 골프장은 문을 닫게 된다. 그러면 주타격은 누가 받게 되는가? 부자들은 비행기를 타고 해외에 나가서 골프를 치면 된다.

바 정부는 돈을 어떻게 쓰고 있는가?

"전북 어느 군의 경우 인구는 1961년 11만 명에서 1996년 4만 명으로 줄어들었는데, 군 공무원은 오히려 118명에서 667명으로 증가했다. 또 다른 군의 경우, 인구는 1970년 12만 명에서 1996년 5만여 명으로 줄어들었으나 공무원은 같은 기간 2백여 명에서 660명으로 증가했다."

—「조선일보」 1998. 3. 6

"관료들의 수를 감축해야 한다. 예를 들어 2년마다 10%씩은 줄여야 한다. 또 관료의 선발 및 충원 과정도 근본적으로 바꿔야 한다. 일본을 보자. 동경대학을 나와 고시를 통해 선발된 관료들이 이제는 일본경제 성장에 큰 방해물로 작용하고 있다."

— 루디거 돈부시 MIT 경제학 교수

정부는 앞서 말한 바와 같은 일을 하기 위해서 돈을 쓴다. 그 지출내용은 [표 25. 2]에 나타난 바와 같다. 한국의 정부기능은 미국의 경우와 다르므로 정부의 비용지출 내용에서도 차이가 난다. 미국정부 지출 중 가장 큰 항목은 사회보장이나, 한국의 경우는 경제사업이다. 이는 한국의 1인당 소득수준이 아직 낮기 때문에 경제성장을 많이 해야 하고, 따라서 정부도 이와 관련된 일을 많이 해야 하기 때문이다. 경제사업에 대한 지출은 정부지출의 5분의 1이 넘는다. 그 다음으로 큰 지출항목은 국방, 교육, 사회개발의 순서이다. 현재 중앙정부수입의 규모는 GNI의 약 22.9%의 1이고 국민의 조세부담액은 GNI의 약 15% 수준이다.

나라마다 정부의 성격, 기능, 역사 및 전통이 다르기 때문에 재정의 내용도 다르게 된다.

미국은 정부의 존립 목적이 개인의 자유 보호이다. 경제사업 같은 것은 개인이 할 일이고 정부가 할 일이 아니라고 생각한다. 그러나 한국의 경우는 다르다. 한국은 조선 500년간 강력한 정부가 있었다. 왕은 국민에게 언제든지 사약을 내릴 수 있을 정도로 강했다. 그리고 일제 36년간 일본의 강한 식민통치를 받았다. 그 이후에도 공산세력과 대치하고 있는 상태에서 강력한 정부가 필요했다. 또한 경제개발 과정에서도 정부는 강력한 영향력을 행사했다. 그러므로 한국 정부의 예산 중에는 경제사업이나 주택 및 지역개발 관련지출이 많은 편이다. 그러나 사회보장이나 의료보험과 관련된 지출은 적은 편이다. 전체적으로는 총세출이 GNI 수준에서 차지하는 비중이나 조세가 GNI에 차지하는 비중은 미국이나 다른 선진국에 비해서 아직 크게 낮은 편이다.

정부의 주세원은 조세이고, 정부는 조세를 통해서 민간이 사용할 수 있는 자원을 사용하게 된다. 그러므로 정부가 조세를 어떻게 징수하느냐에 따라서 경제는 큰 영향을 받게 된다. 정부의 세금징수 방법에는 세 가지가 있다. 역진세, 비례세 및 누진세가 곧 그것이다. 역진세는 가난한 사람들이 더 많은 비율의 세금을 내도록 하는 것이고, 비례세는 가난한 사람이나 부자나 똑같은 비율의 세금을 내는 것이며, 누진세는 부자들이 더 많은 비율의 세금을 내도록 하는 것이다.

홍콩에서는 한때 부자나 가난한 사람 모두 똑같은 세율의 세금을 내도록 한 적이 있다. 그 이유는 부지런해서 부자가 된 사람은 왜 세금을 더 많이 내고 게을러서 가난하게 된 사람은 왜 세금을 적게 내야 하느냐는 홍콩의 조세철학 때문이었다. 그러나 한국의 조세제도는 심한 누진세로서 부자들이 많은 세금을 내고 있다. 미국에서도 누진세제를 폐지하고 소비세를 통해서 가난한 사람이나 부자나 물건을 소비할 때 동일한 세율의 세금을 내도록 해야 된다는 주장이 가끔 나오고 있다.

사 정부의 재정정책

"구체적으로 말하면 정부는 비공산주의적인 세계에서 돌연적이고 예측할 수 없는 경제와 화폐의 격변을 일으킬 수 있는 폭풍우의 중심이 되었다. 이는 1985년까지 서방 비공산주의 세계를 지배한 케인즈의 이론과 정책에 바탕을 둔 케인즈식 복지국가의 지난 40년간에 걸친 실패의 유산이다."

— 피터 드러커

정부의 경제정책은 개인의 경제행위와 마찬가지로 즉각적인 효과뿐만 아니라 제2차적인 효과도 있다. 의사가 처방한 약이 환자의 병을 낫게 하지만 부작용을 일으키는 것과 같다. 예를 하나 보자. 정부가 한때 산부인과 의사에게 아기 출산료를 산모로부터 3만 7천 원밖에 못 받게 한 바 있다. 그 결과 소파수술로 애기를 낳은 한국 산모의 비율이 선진국의 몇 배나 되었다. 아기들은 태어나자마자 병원에 며칠간 입원하면서 인생을 시작하게 되었다. 나쁜 경제정책 담당자는 정책의 직접적인 영향만 생각하나 훌륭한 경제정책 담당자는 항상 장기적이고 간접적인 영향도 아울러 고려한다.

정부의 재정정책에는 두 가지가 있다. 하나는 자동적인 재정정책이고 다른 하나는 재량적 재정정책이다.

자동적 재정정책. 현대 항공기에는 자동항법장치가 있다. 비행기가 이륙하여 일단 운항궤도에 진입하면 자동항법장치에 의해서도 운항이 가능하게 된다. 이럴 때 파일럿은 조종실을 떠날 수도 있다. 복잡한 현대재정의 경우에도 마찬가지이다. 평상시 국가경제가 자동적으로 경기변동을 조절할 수 있는 자동안정장치 같은 것이 설치되어 있다. 그 예는 누진세제도이다. 경기가 좋게 되면 많은 사람들의 소득이 증가하게 되는데, 소득이 증가하게 되면 누진세 때문에 더 많은 소득이 세금으로 징수되어 정부로 들어간다. 그 때문에 자동적으로 소비지출도 줄어들게 되므로 경기과열이 자동적으로 방지된다.

뿐만 아니라 경기침체시에는 소득이 줄어들어 누진세 때문에 정부에 내는 세금도 줄어들게 된다. 따라서 소비지출도 덜 줄어들게 된다. 경기침체시 소비가 줄어드는데 소비가 줄어드는 것을 방지하기 위해서 누진세제도라는 것이 있다. 정부의 이전지출이나 사회보장제도도 마찬가지로 자동안정장치의 기능을 한다. 경기가 좋을 때나 나쁠 때를 불문하고 정부의 이전지출이나 사회보장지출은 계속되므로 이들 제도는 자동적으로 경기 평준화 기능을 하게 된다.

재량적 재정정책. 아무리 정교한 자동항법장치를 구비한 비행기도 이상기류를 만날 때나 이착륙시에는 조종사가 직접 조종하는 것이 소망스럽다. 현대재정도 마찬가지로 심한 침체나 과열국면을 맞게 될 때는 정부가 재량껏 정부지출을 늘리거나 세금을 줄여서 경기의 과열이나 침체를 방지하게 된다.

아 정부의 금융정책

금융정책은 통화가치, 물가, 투자 및 국내총생산 등에 영향을 미친다. 통화량이 많아지면 이자율이 떨어지고, 이자율이 떨어지면 투자와 소비가 늘고, 소비와 투자가 늘면 총수요가 증가하므로 다른 사정이 같은 상태에서는 국민총생산과 물가가 증가한다. 이렇게 생각하는 사람들은 케인즈주의자들이다. 반대로 통화량의 변화는 국민총생산이나 고용이 아니라 바로 물가에 영향을 미친다고 생각하는 사람들은 통화주의자들이다. 통화가 생산 및 물가에 어떤 영향을 미치는가에 대해서는 이와 같은 두 가지 학설이 있다.

많은 사람들은 자신도 모르는 사이 케인즈주의자나 통화주의자가 된 경우도 있다. 완고한 통화주의자가 되어 있는 경우도 있다. 그런데 중요한 사실은 이 어느 것도 그대로는 현실에 맞지 않으므로 양자를 잘 절충해야 된다는 것이다. 그러나 지금 단계에서는 양자의 주장을 잘 이해할 필요가 있다.

통화주의자들의 주장. 먼저 통화주의자들의 주장부터 보기로 하자. 그렇다면 통화주의자들은 왜 그런 주장을 하게 되었는가? 다음과 같은 교환방정식 때문이다.

$$통화량(M) \times 유통속도(V) = 물가수준(P) \times 실질국민총생산(Q)$$
$$MV = PQ$$

이 식에서 우측은 총거래량이고 좌측은 화폐의 총지출량이니 양쪽은 같을 수밖에 없다. 이를 조금 더 살펴보기로 하자. 가령 한 나라에 갑과 을 두 사람만 있고, 갑은 곡식, 을은 채소만 생산하여 서로 교환한다고 하자. 가령 갑이 5만 원을 을에게 주고 채소를 샀고, 을은 이 돈을 다시 갑에게 주고 곡식을 사서 이 5만 원이 다시 갑으로 돌아왔다고 하자. 만약 전체통화량이 5만 원이라면 총지출은 얼마인가? 10만 원의 총지출을 한 것이다.

그런데 갑과 을이 이 5만 원으로 서로 물건을 계속 사고 팔면 손을 건널 때마다 매출액은 늘어난다. 만약에 돈이 손을 8번 바꾼다고 하면 갑과 을은 각각 20만 원 어치를 판매하게 되므로 총매출액은 40만 원이다. 그래서 $M \times V = P \times Q$에서 M은 5만 원, V는 8이므로 PQ, 즉 총매출액은 40만 원이 된다. 이 예에서 총매출은 모두 최종생산물의 매출이므로 명목GNP가 된다.

이 식에서는 좌측의 통화량이 증가하면 우측에 있는 P나 Q가 증가하게 된다. 만약 P나 Q가 증가하지 않으려면 좌측의 V가 떨어져야 한다. 그런데 통화주의자들은 통화량의 증가에도 불구하고 유통속도(V)는 떨어지지 않는다고 믿는다. 그 이유는 사람들이 돈을 얼마나 빨리 유통시키는가는 통화제도의 구조적 요인과 국민의 돈 쓰는 관습에 따라서 결정되는

데, 이 두 가지는 통화량의 변화에 따라서 곧바로 변하는 것은 아니기 때문이라는 것이다. 즉 V는 아주 안정적이고 예측 가능하다는 것이다. 그러므로 M의 증가는 결국 P나 Q의 증가 또는 PQ(곧 명목GDP) 전체의 증가로 나타난다는 것이다.

이들은 통화증가가 바로 PQ 증가로 나타나므로 케인즈주의자들처럼 이자율에 미치는 영향을 따질 필요가 없다고 주장한다. 뿐만 아니라 이자율은 통화의 수요와 공급에 따라서 결정되는데, 통화당국은 통화수요를 통제하지 못하므로 이자율을 좌우할 수도 없다는 것이다. 그러므로 통화당국은 정책의 초점을 이자율이 아니라 통화공급량 자체에 맞추어야 된다고 한다. 이런 것이 온건한 통화주의자들의 주장이다.

그런데 극단적 통화주의자들도 있다. 이들은 V뿐만 아니라 Q도 안정적이라고 주장한다. 왜냐하면 Q, 곧 실질GDP는 기업들의 생산능력, 기술, 노동시장의 유연성 등의 구조적 요인에 따라서 결정되는 것이지 통화량의 다과에 따라서 결정되는 것이 아니라는 것이다. 그리고 경제는 통화량에 상관없이 잠재GDP 수준에 접근하게 된다는 것이다. 따라서 V도 Q도 일정하므로 통화량의 증가는 곧바로 물가상승으로 이어진다는 것이 극단적 통화주의자들 주장의 핵심이다. 지금까지 설명한 것을 요약하여 보자.

- 온건한 통화주의자들의 주장. 통화의 유통속도가 일정하므로 통화의 증가는 곧바로 물가수준(P)의 상승이나 실질GDP(Q)의 상승 또는 명목GDP(곧 PQ)의 상승으로 나타난다.
- 극단적 통화주의자들의 주장. 통화의 유통속도(V)뿐만 아니라 실질국내총생산(GDP)의 수준도 일정하므로 통화량의 증가는 곧바로 물가상승으로 나타난다.

정책목표로서의 통화량과 금리. 여기에서 이자율의 결정원리를 잠시 보자. 이자율은 통화의 수요와 공급에 의하여 결정된다. 통화의 수요는 거래적 수요(거래적 동기나 예비적 동기에 의한 수요)와 자산적 수요로 나뉘는데, 어느 것이나 이자율이 높게 되면 감소하고 낮게 되면 증가한다. 그러므로 화폐의 수요곡선은 개별상품의 수요곡선처럼 우하향형이 된다.

그러나 통화의 공급은 통화당국에 따라 결정된다. 그러므로 화폐의 수요가 주어진 상태에서 이자율은 통화당국이 통화량을 어떻게 변화시키느냐에 달려 있다.

그럼 통화금융정책의 지표로서 통화량과 이자율 중 어느 것을 사용해야 되는가? 우리는 이미 이에 관한 양자의 주장을 알았다. 되풀이하면 케인즈주의자는 통화의 수요와 공급에 의하여 결정되는 이자율이 투자를 변화시키고, 투자는 총수요의 변화를 통하여 물가나 국민총생산에 영향을 미친다. 그러므로 이자율의 역할을 중시한다. 그러나 통화주의자들은 정책의 초점을 통화량 조절에 맞추어야지 이자율에 맞추어서는 안 된다는 것이다. 그 이유를 다시 한번 요약하면 다음과 같다.

- 통화량은 V나 Q가 일정한 상태에서 바로 물가에 영향을 미친다. 이자율에 대한 영향을 따질 필요가 없다. 즉, 통화량과 물가 사이에 이자율이 들어설 자리가 없다.
- 이자율은 통화의 수요와 공급에 의하여 결정되는데, 통화당국은 통화공급만 조절할 수 있지, 국민들의 유동성 선호에 따라서 좌우되는 통화의 수요는 조절하지도 못한다. 그러므로 이자율은 조절할 수가 없다.
- 명목이자율은 실질이자율에 예상인플레를 더한 것인데 실질이자율은 경제의 실물변수에 따라서 결정되고, 예상인플레율은 통화량의 변화에 따라서 결정된다. 그런데 통화량이 증가하면 실질이자율은 그대로 있고 예상인플레율이 증가하므로 명목이자율은 오히려 증가하게 된다. 케인즈주의자들 주장처럼 명목이자율은 통화량 증가에 따라 감소하는 것이 아니라 오히려 증가한다는 것이다. 그러므로 명목이자율을 떨어뜨리기 위하여 통화량을 증가시켜야 된다는 케인즈의 주장은 말이 안 된다는 것이다. 이를 좀더 살펴보기로 하자.

예를 들어, 연초에 백만 원을 빌려 주고 연말에 이자 8만 원을 합쳐서 108만 원을 돌려 받기로 한다면 이 8만 원은 무엇인가? 명목이자이다. 그럼 명목이자율은 얼마인가? 8%이다. 그럼 인플레율을 3%라고 하면 실질이자율은 얼마인가? 5%가 된다. 명목이자율, 실질이자율 및 인플레율은 다음과 같은 관계가 있다.

명목이자율 = 실질이자율 + 인플레율

8% = 5% + 3%

이자율에는 현실적으로 수많은 종류가 있다. 이는 이미 제23장에서 설명한 바와 같다.

인플레 억제. 그럼 인플레에는 어떻게 대처해야 하는가? 케인즈주의자들이나 통화주의자들 모두 통화량을 줄이면 총지출이 감소되므로 인플레가 감소될 수 있다는 데에 대해서는 의견을 같이한다. 그러나 그 이론적 근거는 다르다. 케인즈주의자들은 통화량을 줄이면 이자율이 높아지고, 이자율이 높아지면 소비와 투자가 줄어들고, 이에 따라 총수요가 감소하므로 인플레도 감소될 수 있다는 것이다. 그러나 통화주의자들은 통화량을 줄이면 위에서 설명한 교환방정식에 의해 물가가 떨어진다고 주장한다. 통화론자들의 핵심적인 주장은 명목이자율은 인플레의 증상이지 해결책이 될 수 없다는 것이다. 따라서 이자율을 통한 인플레 퇴치는 말이 안 된다는 것이다.

케인즈주의자들은 통화량의 변화는 이자율의 즉각적인 변화로 나타난다고 믿는다. 그러나 통화주의자들은 통화당국의 통화긴축 의지가 확고하다는 사실을 국민들이 믿을 수 있어야 인플레 심리가 꺾이므로 명목금리가 떨어진다는 것이다. 따라서 통화량의 변화가 이자율에 미치는 효과는 서서히 나타난다는 것이다. 그러므로 통화주의자들은 돈의 꾸준하고 예측가능한 증가, 즉 매년 가령 3% 정도의 통화량의 고정적인 증가가 필요하다는 것이다. 이를 통화주의자들의 통화준칙(monetary rule)이라고 한다.

실업의 감소. 실업은 어떻게 퇴치하는가? 케인즈주의자들은 통화량을 늘리면 이자율이 떨어져서 총수요가 증가하므로 생산이 늘고 실업이 감소하게 된다고 주장한다. 그러나 통화주의자들은 통화의 증가가 곧바로 물가상승으로 나타나고 사람들의 인플레기대심리를 자극하므로 명목금리가 올라간다고 한다. 그러므로 경기침체기에도 통화를 팽창시키면 실업에 인플레 문제를 오히려 추가시키는 우를 범하게 된다는 것이다. 실질생산이나 고용은 경제의 구조적 요인에 따라서 결정되는 것이지 통화량에 따라서 결정되는 것이 아니라는 것이다. 그러므로 통화주의자들은 경기가 좋을 때나 나쁠 때나 통화량을 안정적이고 예측 가능하게 증가해야 된다는 것이다. 이것이 앞서 말한 통화주의자들의 준칙이다. 그렇게 해야 사람들이 물가변화에 신경을 쓰지 않고 실질생산에 전념한다는 것이다.

어느 주장이 옳은가? 통화주의자들과 케인즈주의자들의 주장 중 어느 것이 옳은가? 여기에서 경제학의 발전과정을 잠시 살펴볼 필요가 있다. 기업이나 소비자 등 경제전체를 구성하는 '부분'들이 경제행위를 잘하면 '경제전체'도 잘 될 수밖에 없다는 것이 대공황 발생 이전의 경제학자들의 주된 주장이었다. 그러다가 1929년 대공황이 발생하자 경제의 구성부분인 기업이나 소비자가 아무리 경제활동을 잘 하려고 열심히 노력해봐도 별 소용이 없었다. 정부도 속수무책이었다. '경제전체'는 '부분'을 설명하는 이론으로 다스려지지 않는다는 사실이 증명되었다. 경제전체에 관한 이론, 즉 거시경제이론이 없는 상태에서 대공황이 발생하자 미국에서는 실업률이 25%나 되고 국민총생산은 반으로 떨어졌다. 이때의 근본문제는 우선 경제전체를 불황의 늪에서 끌어내는 것이었다.

경제전체에 관한 경제학, 곧 거시경제학이 생긴 것은 케인즈 때문이고 또한 대공황이라는 시대적 배경과 미국경제의 특성 때문이었다. 사실 전세계적으로 얼마 전까지만 하더라도 거시경제학이라고 하면 케인즈 경제학뿐이었다. 그러므로 많은 학생들은 케인즈 경제학이 한국 실정에 잘 맞지 않는다고 불평했다. 케인즈 경제학은 다음과 같은 특성이 있음을 잘 알아야 한다.

· 케인즈 경제학은 경제전체에 관한 이론이다.
· 경제를 심한 경기침체 국면으로부터 탈출시키기 위한 필요에서 생긴 이론이다.

· 정부가 재정정책 등을 통해서 적극 나서야 된다는 이론이다.
· 총수요를 중시하는 이론이다.

케인즈이론은 이런 특성 때문에 단점도 많다. 그리고 다음과 같이 많은 학자들의 공격도 받았다.

첫째는 통화주의자들의 반박이다. 케인즈주의자들은 재정정책을 중시한다. 그러나 통화주의자들은 이에 반대한다. "통화만이 중요하다(Only money matters)"는 식으로 통화만의 중요성을 강조한다. 그리고 케인즈가 주장하는 경제에 대한 정부의 재량적 개입은 안 된다는 것이다.

둘째, 케인즈이론은 단기적인 경제안정에 치중한다는 것이다. 마틴 펠드슈타인 하버드대 교수는 올바른 거시경제 정책의 방향은 단기적인 총수요관리 정책이 아니라 장기적인 경제성장이 되어야 함을 주장했다. 따라서 경제정책의 초점은 총수요관리보다는 저축과 투자의 장려, 정부규제 완화, 합리적인 제도개혁 등에 두어져야 한다는 것이다. 이는 사실 한국정부가 지금까지 계속 추진한 것이고, 많은 한국 경제학자들이 계속 주장하는 바이기도 하다. 공급경제학자들도 이와 같은 주장을 하고 있다.

셋째, 케인즈이론 때문에 경제에 대한 정부의 개입이 지나치게 증가했고, 그 결과 정부가 '시장'을 억누르게 되었다. 영국의 「이코노미스트」지는 정부의 중요성을 지나치게 강조한 사뮤엘슨(Paul Samuelson)의 『경제학』 책은 부분적으로 잘못되었다는 사실을 강조한 바 있다. 이 때문에 그레고리 맨큐의 『경제학원론』은 반대로 정부 대신 시장의 중요성을 많이 강조하게 되었다는 것이다.

그럼 케인즈 경제학을 반박하는 이론을 편 통화주의자들의 주장은 얼마나 옳은가? 통화주의자들의 정책처방을 미국이 실험해 보았으나 그 결과는 좋지 않았다. 예를 들면, 1979년 미국중앙은행은 통화주의자들의 주장을 따라 해보았다. 그런데 통화주의자들은 화폐의 유통속도가 일정하다고 했으나 1982년 한 해의 유통속도 변화가 그 이전 몇십 년의 변화와 맞먹을 정도로 심했다. 그 이유 중의 하나는 고금리로 인해 다양하고 혁신적인 금융상품이 만들어졌기 때문이다. 그리고 이때부터 당좌예금에 대한 이자지불도 시작되었던 것이다. 그리하여 미국의 중앙은행(연방준비은행)

은 1982년 M_1과 관련된 유통속도의 사용을 중지했다. 대신 총통화(M_2)와 관련된 유통속도를 사용해 보았으나, 이 역시 불안한 것으로 나타났다. 그리하여 1992년에는 M_2의 사용도 중지했다. 이는 통화량의 증가가 통화주의자들이 주장하는 대로 곧바로 물가상승이나 실질GDP 상승으로 나타나는 것이 아니라는 것이다.

통화는 경기부양과 관련해서는 흔히 끈에 비유된다. 막대기로는 물건을 밀 수는 있으나 당기지는 못한다. 반대로 끈으로는 물건을 묶은 다음 당길 수는 있으나 밀지는 못한다. 미국도 1970년대 중반 경기회복을 위하여 통화정책을 사용해 보았으나 그 효과는 미미했다. 통화는 과열된 경기를 진정시킬 수는 있으나 침체된 경기를 부양시키는 데는 효율적이지 못하다는 사실이 밝혀졌다.

현대주류경제학. 케이즈주의자들의 주장 중 타당한 것과 통화주의자들의 주장 중 타당한 것을 절충하여 개선한 것이 현대주류경제학이다. 현대주류경제학은 통화의 수요와 공급이 이자율을 결정하며, 이자율은 소비와 투자를 변화시키고, 소비와 투자의 변화는 총수요를 변화시키며, 총수요의 변화는 국민총생산과 물가에 영향을 미친다고 주장한다. 그리고 국민총생산과 물가에 영향을 미치는 것은 통화뿐만 아니라 정부지출, 소비, 투자, 순수출 등 여러 가지라는 것이다. 국민총생산과 물가는 통화량, 소비, 투자, 정부지출, 순수출로 구성되는 총수요뿐만 아니라 총공급(생산요소와 생산기술 등)에 의하여 결정된다는 사실을 강조한다. 이것이 현대주류경제학이 중시하는 총공급과 총수요에 의한 국민총생산과 물가의 결정원리이다. 우리는 이를 이미 제15장에서 검토한 바 있다.

자 경제성장과 산업정책

미국에서는 미국도 한국과 일본식 산업정책을 해야하는가에 대해서 많은 의견이 있다. 대부분의 일본학자들은 일본의 산업정책이 공업화에 크게 기여했다고 한다. 그러나 미국 경제학자들은 대부분 이와는 다른 견해를 나타낸다. 그 대표적인 예는 다음과 같다.

일본의 산업정책 수행기관은 통산성(MITI)인데, 통산성이 산업정책을 잘못한 것도 많다는 것이다. 예를 들면, 가전제품산업은 일본산업 중 가장 성공한 산업의 하나인데, 이는 통산성의 보호산업 리스트에서 빠져 있었다는 것이다. 또한 통산성은 일본의 자동차기업을 한때 통합하려고 했는데, 만약 통합에 성공했으면 일본의 자동차산업은 세계적인 경쟁력을 얻지 못했을 것이라는 것이다.

한국의 경우에는 경제성장 초기에는 산업정책이 절대적인 역할을 했다. 특히 사회간접자본이 취약한 상태에서 정부가 공업단지와 수출산업단지를 조성하고, 중화학공업 추진계획을 세우며 중화학공업단지의 배후 단지나 배후 도시, 그리고 관련 항만이나 사회간접자본시설의 건설, 그리고 금융혜택, 조세감면, 수출보조금 등을 통해서 수출산업을 적극 육성했다. 뿐만 아니라 정부는 수출유공자를 적극 표창하고 기업가 정신을 고양함으로써 한국 산업발전에 적극적인 역할을 했다.

차 정부의 기업정책

후진국 정부는 기업을 쉽게 망칠 수도 있고, 일으킬 수도 있다. 심지어 외국에 팔아치울 수도 있다. 정부는 무엇보다 법을 잘 만들어야 한다. 후진국에서는 법이 현실에 맞지 않아서 지킬 수 없는 경우도 많다. 한국에서는 지하철도 법대로 운행하면 안 된다고 한다. 그러므로 지하철 노조는 한때 파업하면서 '준법투쟁'을 하여, 곧 법대로 운행하여 지하철의 정상운행을 방해한다는 주장을 한 바 있다. 가난한 나라의 정부일수록 기업을 못살게 한다. 반대로 선진국 정부는 기업을 잘되게 한다. 그 대표적인 것이 미국정부이다. 그럼 미국정부는 기업을 어떻게 키우는가?

미국정부는 기업에게 필요한 자금을 증권시장에서 잘 조달할 수 있게 한다. 그러므로 미국정부는 증권시장을 활성화하는 데 세계 제일이다. 1991년 이후 미국증시의 종합주가지수는 지금까지 약 4배로 증가했다. 그 결과 많은 기업들은 필요한 자금을 비교적 풍성하게 조달할 수 있었다. 반대로 일본기업은 필요자금을 주로 주거래은행으로부터 조달했다. 그런데 일본 증권시장은 거품경제가 터진 1991년부터 지금까지 계속 침체해

왔다.

한국의 증권시장도 1990년대에 계속 침체해 왔다. 기업들이 필요한 자금을 잘 조달할 수 없었다. 그런데 한국정부가 코스닥시장을 개설하자 수많은 벤처기업들이 생겼다. 자본주의의 꽃과 열매는 증권시장이다. 주식가격 상승으로 기업이 필요한 자금을 잘 조달할 수 있게 하고 국민들도 재산을 잘 늘릴 수 있게 하는 것이 자본주의 열매를 따먹게 하는 길이다. 이러한 점에 있어서 미국정부는 최고의 역할을 한다.

미국과 일본의 주요 은행들은 민간이 소유한 은행들이다. 정부가 '이렇게 또는 저렇게' 경영하라는 소리를 못한다. 그러나 한국정부는 은행을 소유하지 않으면서도 경영을 좌우하고, 은행을 통하여 기업경영을 좌우하는 경우도 있다. 많은 은행들에게 한보 등 부실기업들의 대출을 지시했다. 경제위기 직전 관치금융으로 금융산업이 제 기능을 발휘하지 못한 것이 한국 경제시스템의 큰 문제였다. 금융산업이 오그라들면 다른 산업도 그렇게 된다. 나라경제는 거대한 시스템인데, 그 주요 구성부분인 금융산업이 문제가 되니 다른 부분이 제대로 성장하지 못하는 것이다.

한국정부는 고금리 정책으로 IMF 경제위기 직전 빚 많은 한국기업의 목조르기를 했다. 이자율이 높으면 증시가 침체된다. 한편으로는 기업은 금융부담이 많게 되고, 다른 한편으로는 증시에서 자금조달을 할 수 없게 되었다. 반대로 일본은 계속 저금리정책을 했다. 미국도 금리를 한국보다 낮게 유지했다. 후진국에서 금리가 높으면 부정부패로 돈을 많이 모은 사람은 좋을지 모르나, 기업이 잘 안 되니 결과적으로는 모든 국민이 손해를 본다.

미국정부는 환율을 수출과 수입에 따라서 자동적으로 결정되도록 한다. 그러나 한국정부는 IMF 경제위기 직전 환율을 1,200원 정도는 되어야 할 것을 800원 정도로 낮게 유지했다. 그 이유의 하나는 1,200원으로 높이면 달러로 계산한 국민의 1인당 GNI가 크게 낮아져서 정치적으로 실패했다는 소리를 들을 우려가 있었기 때문이라는 것이었다.

미국정부는 경제에 일일이 간섭하지 않는다. 후진국의 경우는 경제도 잘 모르는 정책담당자들이 경제에 일일이 간섭하려고 드는 경우가 많다. 심지어 기업경영에까지 간섭하려고 든다. 이는 자본주의 경제에서 하면 안 될 노릇이다. 미국정부는 교육을 장려하여 우수한 인재를 배출토록 함으로써 기업을 돕고, 기술정책을 잘하여 기업을 돕기도 한다. 무엇보다 경쟁을 치열하게 함으로써 기업을 활성화하려고 한다. 미국정부의 주된 기업정책은 그 유명한 「독점금지법」으로 독점기업을 규제하여 기업들이 서로 치열한 경쟁을 하도록 만드는 것이다. 그리고 금융정책과 증권시장 정책을 잘하여 미국기업이 자금을 잘 조달할 수 있도록 하는 것이다.

미국 정부의 기업관련 정책은 다음과 같다.

① 금융정책으로 기업활동을 활성화하는 정책: 증권시장정책, 이자율 정책, 통화정책 등.
② 기업간의 경쟁촉진 정책.
③ 공공서비스(치안, 공정거래 촉진, 경제질서 유지)를 통한 기업활동의 촉진.

한국정부가 해야 할 가장 중요한 일 중의 하나는 규제완화와 기업의 경쟁력 향상이다. 그러기 위해서는 무엇보다 기업에 대한 규제를 대폭 줄여야 한다. 전국경제인연합회(전경련)의 「규제개혁의 실효성 제고」라는 보고서에 따르면 정부의 2개 이상 부처가 기업을 규제하는 법률이 무려 292개나 된다고 했다. 예를 들면, 사업장 안전부문에서 노동부, 건설교통부 등 5개 부처가 60개 법률로 중복 규제한다는 것이다. 전경련은 또한 한국기업이 부가금, 예치금, 출연금, 과태료 등으로 부담하는 법정 준조세가 무려 637건에 달한다고 했다.

공무원의 봉급을 대폭 높여야 된다는 주장도 있다. 심지어 SK그룹 창설자인 최종현 전 회장은 한국 공무원의 수를 10분의 1로 줄이면 봉급을 4~5배는 올려 줄 수 있을 것이라고 했다. 그리고 이른바 '정치실세'들이 얼굴을 감추고 기업정책을 하지 못하게 해야 한다. 이들은 무엇보다 경제 전문가가 아니다. 이들이 정책을 하면 누가 어떤 정책을 어떻게 할지 몰라서 기업들은 불안하게 된다. 비선조직이 기업정책에 개입하면 정책의 투명성도 확보되지 않는다. 정부는 무엇보다 법을 제대로 만들고 법에 따라 기업을 규제하고, 공식적인 정부기구를 통하여 기업정책을 펴나가야 한다.

> "기업 목 조르는 규정 하나만 잘 만들면 우리 부서 사람들은 모두 잘 먹고 산다. 물가도 오르는데 이런 규정 하나만 더 만들자."
>
> — 어느 후진국 공무원

카 정부의 실패

정부는 시장의 실패를 바로잡기 위해서도 시장에 개입한다. 그러나 정부도 실패할 수 있고, 때로는 아주 크게 실패할 수 있음도 우리는 잘 알 필요가 있다. 그런데 정부의 실패(government failure)란 정부공무원들이 무능하고 비도덕적이기 때문이 아니라 정부라는 조직의 특성 때문에 발생하는 것이다. 정부실패란 정부가 시장에 개입할 때 효율적으로 하면 발생하지도 않게 될 비용을 잘못하기 때문에 시장 참여자들에게 부담시키게 되는 것이다. 정부의 실패를 일으키는 원인은 다음과 같다.

1) 불완전한 지식과 정보. 1991년부터 미국은 장기상승 국면으로 접어들었고, 일본은 장기침체 국면에 접어들었다. 그 이유는 미국에는 앨런 그린스펀 연방준비제도이사회 의장과 같은 유능한 경제정책 담당자가 있었고, 반대로 일본에는 그런 훌륭한 경제정책 담당자가 없었기 때문이라고 한다. 수많은 후진국이 경제발전을 하지 못하고 계속 경제가 침체상태에서 허덕이고 있는 것은 정부정책 담당자들의 무지와 불완전한 지식과 정보 때문이다. 레스터 서로우 MIT 교수에 따르면 일본대학들이 미국대학보다 생명공학 강의를 22년이나 늦게 하게 된 것은 정부의 허가를 받지 못했기 때문이다.

과거 소련과 중국 등이 공산주의를 채택한 것도 마찬가지였다. 소련은 지도자들의 무지로 70년 동안이나 공산주의라는 잘못된 길을 간 후 나라가 해산되었다. 베트남은 통일 후 남베트남을 북베트남처럼 만들었다. 그러나 그렇게 한 후 잘못된 줄 알고 이번에는 과거 남베트남처럼 시장경제국가로 나라 전체를 뜯어고치는 작업을 하고 있다. 그 과정에서 무수한 보트피플이 나오는 등 국민들은 피눈물나는 고생을 했다.

한국이 1997년 경제위기를 맞이하기 직전 적잖은 정부정책 담당자들은 한국경제의 펀더멘탈(fundamental)은 튼튼하다고 했다. 같은 해 경제위기를 경험했지만 말레이시아 정부는 경제위기 극복에 성공했고, 인도네시아 정부는 그렇게 하지 못했다. 이는 인도네시아 정부정책 담당자들의 무지와 정보 부족에 기인했다. 지금은 프로사회이다. 정부공무원은 정부 활동에 관한 한 프로이다. 그러나 기업이나 시장에 대해서는 프로가 되기 힘들다. 프로가 아닌 사람들이 프로를 관리할 때는 실패하게 마련이다.

2) 정부조직과 기구의 경직성. 정부공무원들은 무엇보다 실패를 잘 인정하려고 하지 않는다. 좋은 예로, 많은 프랑스 정부공무원들은 콩코드 비행기가 손해보는 장사인 줄 이미 오래 전에 알았지만 이를 공식적으로 인정하는 공무원은 나오지 않았다. 정부가 설령 잘못을 인정하고 바로잡으려고 하더라도 그렇게 하는 데는 많은 절차와 시간과 노력이 필요하게 된다. 한국정부는 주민등록증을 고치는 데에도 많은 시간을 소요했다.

그리고 지금은 경제환경 급변시대이다. 과거에 정부가 만들어 놓은 많은 법과 조직은 이런 시대의 현실에는 잘 맞지 않게 되어 있다. 그러나 현실에 맞지 않는 법이라도 고치는 것은 보통 어려운 것이 아니다. 이와 같이 이런 시대의 정부가 환경 변화에 신속하고 유연하게 대응하지 못하는 것이 정부실패의 중요한 원인이다.

3) 정부 정책담당자 개인의 이해관계. 과거 경제정책론자들은 정부자체의 목표는 없는 것으로 가정했다. 그러나 오늘날의 경제학자들은 정부공무원들도 어엿한 경제주체로서, 자신들의 분명한 목표가 있고, 이의 달성을 위하여 노력하는 사람으로 간주한다. 일반적으로 행정부의 공무원들은 진급과 예산과 조직의 극대화를 목표로 하고 입법부의 공무원(국회의원 등)은 다음 선거에서의 당선을 목표로 하는 것이 보통이다.

4) 정부 각 부처는 독점기구이다. 공정거래위원회, 국세청 등 정부의 거의 모든 부서는 한국에 하나밖에 없는 기구들이다. 그러므로 독점기업

들과 마찬가지로 독점력을 행사할 수 있는 위치에 있다. 독점력을 행사하게 된다면 행정서비스의 양은 줄어들고 가격은 높일 가능성이 크다. 정책결정자들은 그야말로 염불에는 마음이 없고 잿밥에만 마음을 두는 경우도 있을 수 있는 것이다.

5) 공공선택의 비효율성. 1인 1표 원칙에 입각한 민주주의적인 경제정책 결정은 수준 높은 소수의 경제전문가의 견해보다는 다수의 비전문가들의 견해에 따라 되기 쉽다. 그리고 다수의 이해 관계보다는 물불을 가리지 않고 자신의 이해관계에 따라서 행동하는 소수집단에 의하여 좌우되기 쉽다. 정치가들은 인기 위주나 선거구민의 표를 의식하여 정책을 펴기 쉽고, 유권자들 또한 자신들의 이해관계를 지지하는 후보를 선택하기 쉽다. 공공부문은 분명한 주인이 없으므로 이해관계자들이 민간기업의 경우처럼 열심히 일을 하지 않을 우려가 있다.

"많은 후진국 사람들은 어떤 원칙을 정해 놓고 그 밑에 들어가서 살아간다. 그러나 미국인들은 이론 위에 올라가서 실용성 위주로 살아간다."

— 송병락

"새로운 형태의 경쟁이 전세계시장에 퍼져 나가고 있다. 그룹대 그룹간의 경쟁이다. 이들 그룹은 네트워크이든, 무리(clusters)이든, 덩어리이든, 가상기업이든간에 여러 가지 형태로 형성된 회사들의 그룹이다."

— 벤자민 고메스카세레스 전 하버드 경영대 교수

"우리는 드디어 적을 찾았다. 그 적은 바로 우리 자신이다."

— 포고

국문색인

ㄴ

ㄷ

ㄹ

ㅁ

ㅇ

영문색인

A

B

C

D

E

H

I

M

N

O

P

Q

R

저자 소개

서울대 경제학과를 졸업하고 동대학 경영대학원 재학중 미국 남캘리포니아대학에서 경제학 박사학위를 취득한 후, 하버드대학에서 포스터닥터 과정을 수료하였다.

한국개발연구원과 Bank of America에서 근무했고, 한국과학기술원 대우교수, 세계은행, 국제연합, 아세아개발은행 등에서 자문위원을 지낸 바 있고, 서울대 경제학부 교수로 재직중 서울대 부총장을 역임했으며, 하버드대 초빙교수로서 동아시아 경제에 관한 강의를 한 바 있다. 현재는 서울대 명예 경제학 교수이다.

지금까지 ***The Rise of the Korean Economy***(옥스퍼드대 출판, 제 3 판), 『경제성장과 도시화문제』(하버드대 출판), 『한국경제의 굴기』(중국 북경 상무인서관), 『한국은 일본을 추월한다』(일본 도쿄 리버티서방), 『마음의 경제학』(박영사), 『부자국민 일등경제』(김영사, 이원복 교수와 공저, 만화)와 베트남어, 러시아어, 중국어 등으로 번역 출판되었으며, 또한 중국에서 번역된 책만도 3권이나 되는 등 많은 저서와 논문들이 있다.

개정판
글로벌시대의 경 제 학

2001年 2月 28日 初版發行
2006年 2月 25日 改訂版發行
2010年 3月 5日 重版發行

著 者 宋 丙 洛
發行人 安 鍾 萬
發行處 (株) 博 英 社
서울特別市 鍾路區 平洞 13-31番地
電話 (733)6771 FAX (736)4818
登錄 1959. 3. 11. 제300-1959-1호(倫)

www.pakyoungsa.co.kr e-mail: pys@pakyoungsa.co.kr

定 價 26,000원 ISBN 89-7189-413-X